Karl Baedeker

Deutschland nebst Teilen der angrenzenden Länder

bis Strassburg, Luxemburg, Kopenhagen Krakau, Lemberg, Ofen-Pesth, Pola, Fiume

- Theil II. Mittel- und Nord-Deutschland

Karl Baedeker

Deutschland nebst Teilen der angrenzenden Länder
*bis Strassburg, Luxemburg, Kopenhagen Krakau, Lemberg, Ofen-Pesth, Pola, Fiume - Theil II.
Mittel- und Nord-Deutschland*

ISBN/EAN: 9783744675925

Hergestellt in Europa, USA, Kanada, Australien, Japan

Cover: Foto ©Andreas Hilbeck / pixelio.de

Weitere Bücher finden Sie auf **www.hansebooks.com**

DEUTSCHLAND

NEBST

THEILEN DER ANGRENZENDEN LÄNDER

BIS

STRASSBURG, LUXEMBURG, KOPENHAGEN, KRAKAU, LEMBERG, OFEN-PESTH, POLA, FIUME.

HANDBUCH FÜR REISENDE

VON

K. BÆDEKER.

ZWEITER THEIL:
MITTEL- UND NORD-DEUTSCHLAND.

Nebst einer Eisenbahnkarte, den Plänen von Berlin, Braunschweig, Bremen, Breslau, Cassel, Danzig, Dresden, Erfurt, Hamburg, Hannover, Kopenhagen, Leipzig, Lübeck, Münster, Schwerin, Weimar, Specialkarten vom Harz, Riesengebirge, der Insel Rügen, Sächs. Schweiz, dem Thüringer Wald, Umgebung von Hamburg und den Plänen des Schlachtfelds von Leipzig, der königl. Gärten bei Potsdam und der Wilhelmshöhe.

ZEHNTE VERBESSERTE AUFLAGE.

COBLENZ.
VERLAG VON KARL BÆDEKER.
1862.

Das vorliegende Reisehandbuch erscheint hier zum zehntenmal. Erste Aufgabe desselben ist, die Unabhängigkeit des Reisenden so viel als möglich zu sichern; ihm die unbehagliche, oft ganz unsichtbare Bevormundung der Lohndiener und Führer, der Kutscher und Wirthe fern zu halten; ihm behülflich zu sein, auf eigenen Füssen zu stehen, ihn frei zu machen, und ihn so zu befähigen, mit frischem Herzen und offenen Augen alle Eindrücke in sich aufzunehmen.

Einen grossen Theil der beschriebenen Gegenden hat der Verfasser im Laufe der letzten Jahre ausschliesslich für diese neuen Auflagen wiederholt bereist. Auch schriftliche Mittheilungen wohlwollender sachkundiger Freunde sind ihm so vielseitig zugekommen, dass er jetzt um so mehr für die Richtigkeit seiner Angaben bürgen zu können glaubt[1]).

Eine buchstäbliche Genauigkeit wird Niemand von einem Reisehandbuch fordern, das theilweise auch über menschliche Einrichtungen (Gasthöfe u. dgl.) Auskunft geben muss, die raschem Wechsel unterworfen sind. Um diese Rücksicht bittet der Verf. namentlich auch in Betreff der Nummern in Gemäldesammlungen. Er pflegt, wo er nicht an Ort und Stelle vergleichen kann, bei jeder neuen Auflage die ihm zugänglichen neuesten Verzeichnisse zu Rathe zu ziehen. In einzelnen Gallerien wird aber so oft geändert, dass die dem Verf. hier und dort mitgetheilte Angabe nicht ungegründet erscheint: der häufige Wechsel finde nur statt, um alle anderen, als die in den Gallerien selbst zum Verkauf ausgestellten Verzeichnisse unbrauchbar zu machen.

Dennoch wiederholt der Verfasser seine Bitte an Reisende, auch ferner ihn auf etwaige Irrthümer oder Auslassungen, die ihnen durch *eigene Anschauung* bekannt werden, aufmerksam machen zu wollen. Die vorliegende neue Auflage wird den Freunden des Buches den besten Beweis liefern, wie dankenswerth dem Verfasser solche Berichtigungen erschienen sind; sie haben wesentlich zu der Anerkennung beigetragen, welche das Buch in weiten Kreisen gefunden hat.

Das vorzugsweise Beachtenswerthe ist durch ein * hervorgehoben.

Den Plänen und Kärtchen im Buch ist eine besondere Sorgfalt zugewendet, sie werden zur Orientirung völlig ausreichen.

---

[1]) Der Verfasser verwahrt sich ausdrücklich gegen Beschwerden, wie sie ihm wohl vorgekommen, die auf ältere Ausgaben fussen. Keine Art von Sparsamkeit ist bei einer Reise übler angebracht, als nach einem alten Reisehandbuch zu reisen. Eine einzige Angabe der neuen Auflage lohnt nicht selten reichlich den dafür bezahlten Betrag.

IV

Der Reisende wird sich manchen Umweg ersparen, wenn er diejenigen Gebäude, welche oder in welchen er etwas sehen will, vor Antritt seiner Wanderung roth unterstreicht. Eisenbahn- und Dampfboot-Fahrpläne, sowie die Abgangszeiten der Posten (nebst Uebersicht der Telegraphen-Verbindungen) sind enthalten in dem alle zwei Monate herauskommenden *Berliner Coursbuch* ($12^1/_2$ Sgr.) und in *Hendschel's Telegraph* (10 Sgr.) in Frankfurt a. M., im Sommer monatlich erscheinend. Unbedingt darf man sich auf dieselben aber nicht verlassen, da häufig während des Drucks neue Fahrpläne erscheinen; man muss vielmehr in den Gegenden selbst, wo man reist, fleissig den neuesten Fahrplänen nachforschen.

Auf die Gasthöfe ist ein ganz besonderes Augenmerk gerichtet worden, denn nicht der kleinste Theil der Annehmlichkeiten einer Reise ist von der guten oder schlechten Beschaffenheit derselben, den Preisen, der Bedienung u. s. w. abhängig. Neben den grossen Palästen neuesten Styls sind auch manche kleinere Häuser genannt. Der Verfasser glaubt hiermit einer nicht unbedeutenden Zahl von Reisenden einen wesentlichen Dienst zu erweisen. Auch hier ist durch einen Stern (*) angedeutet, dass dem Verf. oder seinen Freunden an dem Tage, wo sie den betreffenden Gasthof besucht haben, Verpflegung und Logis preiswürdig erschienen sind. Da aber diese Dinge einem raschen Wechsel unterliegen, da die Anforderungen je nach der Persönlichkeit sehr verschieden sind, und auch die eigene Gemüthsstimmung dabei nie ohne Einfluss ist, so wird ein billig denkender Reisender dem Verf. eine unbedingte Verantwortlichkeit für seine Gasthofs-Sterne nicht zumuthen. Wer mit Frauen reist, wähle allemal einen der ersten Gasthöfe; ein einzelner Herr findet sich leicht allenthalben zurecht.

Als Antwort auf zahlreiche Briefe von Gastwirthen, zum Theil von Geld- und Victualien-Sendungen begleitet, die natürlich sogleich an die Absender zurück gegangen sind, sieht der Verf. sich zu der Erklärung veranlasst, dass seine Empfehlungen nie und durch nichts zu erkaufen sind, weder direct noch indirect. Seine Aufgabe ist, ausschliesslich den Reisenden dienstbar und förderlich zu sein, andere Belange liegen ihm ganz fern. Die Beurtheilung der Gasthöfe gründet sich meistens auf Rechnungen, die, mit Bemerkungen versehen, in grosser Zahl dem Verfasser im Original vorliegen und von den verschiedensten Seiten ihm eingesandt worden sind. Er hat die Genugthuung, dass seine Bemerkungen nicht ohne Einfluss auf den Zustand einzelner Gasthöfe geblieben sind, dass manche den Grund des Tadels beseitigt haben.

Die angegebenen Preise sind zwar durchschnittlich Rechnungen aus den letzten Jahren entnommen; die Steigerung mancher Lebensmittel-Preise hat aber hin und wieder eine Erhöhung einzelner Gasthofspreise zur Folge gehabt. Der Verfasser hat geschwankt, ob er unter diesen Umständen nicht die Preise ganz weglassen sollte; er hat sich aber, selbst auf die Gefahr hin, von einzelnen Reisenden der Unzuverlässigkeit geziehen zu werden, doch für die Beibehaltung entschieden, da sie, wenn auch nur annähernd angegeben, wesentlich zur Characteristik eines Gasthofs gehören. Aehnlichen Schwankungen unterliegen auch die Kutscher- und Führerpreise.

An Gastwirthe richtet er die Warnung, so wenig durch Geschenke, als etwa freie Zeche, sich um die Gunst angeblicher Agenten des Verfassers zu bewerben. Er kennt keine solchen, niemand hat von ihm ein Mandat zu diesem Zweck. Sollte irgend Jemand den Namen des Verf. zu Gelderpressungen bei Gastwirthen missbrauchen, wie das hier und da vorgekommen ist, so wird er es Jedem danken, der die Polizei auf solche Schwindler aufmerksam macht, ihn selbst aber sogleich davon in Kenntniss setzt, damit auch er seinerseits zur Entlarvung derartiger Betrügereien die geeigneten Schritte thun kann.

Die beste ausdauernde Empfehlung eines Gasthofs ist nur durch *Reinlichkeit, gutes Logis, aufmerksame Bedienung* und *preiswürdige Verpflegung* zu erreichen. In dieser Voraussetzung wird der Verf. diejenigen Gasthöfe am meisten berücksichtigen, in welchen jeder Reisende, der mit dem vorliegenden Buche in der Hand ins Haus tritt, als ein von ihm persönlich Empfohlener behandelt wird.

Inhalts-Verzeichniss.

Route		Seite
1.	Berlin	1
2.	Potsdam und Umgebungen	29
3.	Von Berlin nach Hamburg	35
4.	Hamburg	36
5.	Von Hamburg nach Kiel	43
	1. Von Hamburg nach Blankensee	43
	2. Die Probstei	45
	3. Von Kiel nach Kopenhagen	45
	4. Von Elmshorn nach Glückstadt und Itzehoe	45
	5. Die Ditmarschen	46
6.	Von Hamburg nach Rendsburg, Schleswig, Flensburg, Friedrichsstadt, Tönning	46
7.	Von Hamburg nach Lübeck. Travemünde	48
8.	Von Lübeck über Eutin nach Kiel	50
9.	Von Hamburg nach Helgoland	51
10.	Von Hamburg nach Schwerin, Wismar, Rostock, Stralsund	53
11.	Von Stralsund nach Berlin	57
12.	Von Hamburg nach Magdeburg	58
13.	Von Hamburg nach Hannover	59
14.	Von Hamburg nach Bremen	60
	1. Von Bremen nach Hamburg über Bremerhaven und Cuxhaven	60
15.	Bremen	61
16.	Von Bremen nach Norderney	63
	1. Wasserfahrt über Bremerhaven und Wangeroog	63
	2. Landfahrt über Oldenburg und Aurich	68
	3. Rückfahrt über Emden und Leer nach Rheine	70
	4. Von Norderney über Delfzyl und Groningen nach Amsterdam	70
17.	Von Berlin nach Stettin	70
18.	Von Stettin nach Rügen	73
19.	Rügen	74
20.	Von Stettin nach Kopenhagen	79
21.	Kopenhagen	80
	1. Helsingör, Helsingborg, Kullen, Malmö, Lund	89
22.	Von Berlin nach Posen	90
	1. Von Stettin nach Posen	94
23.	Von Berlin nach Danzig	94
	1. Thorn und Marienwerder	95
24.	Danzig	95
25.	Von Danzig nach Stettin (Pommersche Route)	100
	1. Von Belgard nach Colberg	101
26.	Von Berlin nach Königsberg	101
	1. Dampfbootfahrt von Elbing nach Königsberg	105

Route		Seite
27.	Königsberg	104
	1. Das Samland	107
	2. Eisenbahn von Königsberg nach Eydtkuhnen	107
28.	Von Königsberg nach Memel	107
29.	Von Berlin nach Dresden	108
30.	Von Berlin nach Leipzig über Halle	108
	1. Von Berlin nach Leipzig über Bitterfeld	111
	2. Von Magdeburg nach Leipzig	112
	3. Von Cöthen nach Bernburg	112
31.	Von Berlin nach Magdeburg	114
32.	Magdeburg	115
33.	Von Magdeburg nach Minden. Helmstädt	117
	1. Von Oschersleben nach Halberstadt	117
	2. Von Lehrte nach Hildesheim	118
	3. Von Bückeburg nach der Paschenburg	119
34.	Braunschweig	120
35.	Hannover	125
36.	Von Minden nach Köln	128
37.	Von Düsseldorf nach Elberfeld und Dortmund	132
38.	Münster und Osnabrück	133
	1. Von Münster nach Osnabrück	136
	2. Von Osnabrück nach Löhne	137
39.	Von Dortmund über Paderborn nach Cassel	137
	1. Von Cassel nach Carlshafen	139
40.	Von Herford nach Paderborn	139
	1. Grotenburg, Externsteine	139
41.	Von Hagen nach Arolsen	141
	1. Von Hagen nach Siegen. Ruhr Sieg-Eisenbahn	141
42.	Cassel und Wilhelmshöhe	146
43.	Von Cassel über Nordhausen nach Halle	147
44.	Von Cassel nach Frankfurt	148
45.	Die Weser von Hannov. Münden bis Preuss. Minden	151
	1. Von Hameln nach Pyrmont	153
46.	Von Hannover nach Cassel	154
	1. Von Nordheim nach Clausthal	155
47.	Der Harz	156
	1. Der Oberharz. Goslar, Okerthal, Clausthal, Osterode, Andreasberg	157
	2. Der Unterharz Brocken, Rübeland, Blankenburg, Rosstrappe, Stubenberg, Alexisbad, Ballenstedt, Quedlinburg, Stolberg, Josephshöhe	160
48.	Von Berlin nach Breslau	168
	1. Von Hansdorf nach Posen	169
	2. Von Liegnitz nach Reichenbach. Katzbach	169
	3. Von Liegnitz nach Warmbrunn	170
49.	Breslau	170
50.	Von Dresden nach Breslau	173
	1. Hochkirch. Czorneboh	174
51.	Von Löbau nach Zittau. Oybin, Hochwald, Lausche	176
	1. Von Zittau nach Reichenberg	177
	2. Friedland und Liebwerda	177
52.	Das Riesengebirge	178
	1. Von Breslau nach Waldenburg. Zobten	178

Route	Seite
2. Von Königszelt über Schweidnitz nach Reichenbach	179
3. Adersbach und Weckelsdorf	180
4. Von Waldenburg nach Schmiedeberg	180
5. Schnee- oder Riesenkoppe	183
6. Von der Koppe zur Josephinenhütte	185
7. Von der Koppe zur Heuscheuer. Weckersdorf	185
8. Warmbrunn und Hirschberger Thal	187
9. Von Warmbrunn nach Zittau	188
53. Von Breslau nach Glatz und Prag	189
1. Eulengebirge	189
2. Heuscheuergebirge	190
54. Von Breslau nach Wien	190
55. Von Breslau nach Krakau	191
1. Von Brieg nach Gräfenberg	191
2. Von Oppeln nach Tarnowitz	192
56. Leipzig	192
57. Von Leipzig nach Dresden. Meissen	200
58. Dresden	201
59. Sächsische Schweiz	217
60. Von Dresden nach Prag	223
61. Von Dresden nach Chemnitz und Zwickau	224
1. Das Zschopauthal	224
62. Von Leipzig nach Carlsbad	227
63. Von Leipzig nach Nürnberg	228
64. Von Leipzig nach Cassel	230
1. Von Neu-Dietendorf nach Ilmenau	233
65. Weimar	234
66. Erfurt	238
67. Gotha	239
68. Eisenach und Umgegend	241
69. Von Weimar über Jena und Rudolstadt nach Coburg	245
70. Thüringer Wald	248
1. Oestlicher Theil. Von Rudolstadt nach Gotha. Schwarzathal, Paulinzelle, Ilmenau, Schmücke, Oberhof	248
2. Westlicher Theil. Von Eisenach über Liebenstein nach Gotha, Altenstein, Inselsberg, Reinhardsbrunn	251
71. Von Eisenach nach Coburg	255
1. Von Coburg nach Lichtenfels	256
2. Von Coburg nach Sonneberg	256
72. Coburg	257
73. Von Gotha nach Hildburghausen	260
74. Von Eisenach über Fulda nach Frankfurt	261
75. Von Giessen nach Fulda	264
Register	265

Zusatz zu Berlin S. 10.

Auf dem Platz hinter der Bau-Academie ist am 5. Nov. 1860 das *Standbild A. Thaer's* († 1828) enthüllt worden, „*dem Begründer des wissenschaftlichen Landbaues das dankbare Vaterland*". Die 9½' h. Statue ist, noch nach Rauch's Entwurf, in Erz gegossen, das Fussgestell von polirtem Granit mit Reliefs von H. Hagen.

1. Berlin.

Ankunft. An freien Droschken (S. 3) ist bei Ankunft eines Hauptzugs auf den Bahnhöfen nicht selten Mangel. Wer einer solchen sicher sein und rasch vom Fleck will, bestellt sich eine auf einer der letzten Eisenbahnstationen vor Berlin durch den Telegraphen (10 Sgr.).

Gasthöfe. Die Gasthöfe unter den Linden oder in der Nähe der Linden sind für Reisende, welche nicht besondere Zwecke verfolgen, die gelegensten: °Hôtel du Nord (vorzügl. Table d'hôte) Linden 35 Südseite, der Academie gegenüber; °British Hôtel Linden 56 Nordseite, westl. von der Friedrichsstr.; °Victoria (°Table d'hôte) Linden 46, Ecke der Friedrichsstr.; °St. Petersburg Linden 31 Südseite, an der Charlottenstr.; °Rom Linden 39 Nordseite, Ecke der Charlottenstr.; °Meinhardt (gute Table d'hôte) Linden 32 Südseite, Ecke der Charlottenstr.; Arnim Linden 44 Nordseite zwischen Friedrichs- und Charlottenstr., sämmtlich in der belebtesten Gegend der Linden. — Hôtel Royal Linden 3 Südseite, Ecke der Wilhelmsstr., unfern d. Brandenb. Thors. — Hôtel des Princes Behrenstr. 35 bei der kath. Kirche; Hôtel de Russie und Hôtel d'Angleterre (geschmackvolles schönes neues Gebäude), bei der Bau-Academie, in der Nähe der Schlossbrücke. Alle diese Gasthöfe ziemlich gleichen Rangs: Zimmer von 20 Sgr. an, Frühstück 8 bis 10 Sgr., Table d'hôte um 3 oder 4 U. 20 bis 25 Sgr.

Nicht viel billiger sind folgende: °Hôtel de Brandebourg Charlottenstr. 59, am Gensd'armen-Markt, Ecke der Mohrenstr.; Rhein. Hof Friedrichsstr. 59, Ecke der Leipz. Str.; Hôtel de France Leipz. Str. 36. Ecke der Charlottenstr.; Hôtel de Prusse Leipz. Str. 31, zwischen Friedrichs- und Charlottenstr; °Bellevue Mohrenstr. 64, der Dreifaltigkeitskirche gegenüber, Ecke der Kanonierstr.; °Zernickow Charlottenstr. 43, in der Nähe der Linden (nördl.); °Scheible Markgrafenstr. 49, am Gensd'armen-Markt, der Französ. Kirche gegenüber. — Töpfer Carlsstr. 39, in dem Mediziner-Viertel; Happold Alte Grünstr. 1, unfern der Petrikirche; °Rother Adler Kurstr. 38; Kellner's Hôtel de l'Europe Taubenstr. 16, zwischen Friedrichs- und Charlottenstr.; Stadt London Jerusalemerstr. 36, am Döhnhofsplatz. Alle diese Häuser sind im Rang und in den Preisen wenig von einander unterschieden; je näher bei den Linden, um so gesuchter. — °Hotel de Magdebourg, Mohrenstr. 11, wird als gutes Haus 2 Cl. gelobt; Landhaus Mittelstr. 46 und Hôtel de Francfort, Klosterstr. 45, ebenfalls, Z. 15, F. 6.

Am rechten Ufer der Spree, in der Königsstadt, dem Hauptsitz des Gewerbes, daher vorzugsweise von Geschäftsleuten besucht: °König von Portugal, Burgstr. 12; °Hôtel de Saxe Burgstr. 20; Kronprinz Königsstr. 47; Schwarzer Adler Poststr. 30; °Stadt Hamburg Heiligegeiststr. 18; die beiden ersten auch für Vergnügungs-Reisende gut gelegen, an der Spree, der Ostseite des Schlosses gegenüber.

Hôtels garnis. °Linden-Hôtel (Holtfeuer) Linden 60, Nordseite, Ecke der Neustädter Kirchstr.; Z. 15—20, F. 7½, B. 5 Sgr. °Schlösser Jägerstr. 17, Ecke der Friedrichsstr.; Schmelzer Französ. Str. 19, bei der Friedrichsstr.; °Dierbach Ecke der Mohren- und Markgrafenstr. am Gensd'armen-Markt; Köhler Taubenstr. 4; Runde, Jerusalemerstr. 19, Kronenstr. gegenüber, für Damen besonders geeignet, Z. 10—15 Sgr., Kaffe mit Gebäck 5, Thee 4½ Sgr.

Kaffehäuser, nach Art der süddeutschen, wo man bei einer Tasse Kaffe und einer Cigarre die Zeitung liest, giebt's in Berlin nur einzelne: Café Schulz Werderscher Markt (auch Bier und Restauration); Café Français Königsstr. 61; Casteeli Linden 64; Café Belvedère mit Garten, am Opernplatz. Die

Conditoreien sind die eigentlichen Berliner Kaffehäuser, es darf aber in den meisten nicht geraucht werden. °Spargnapani Linden 50 Nordseite, westl. von der Friedrichsstr., viel Zeitungen; °Kranzler Linden 25, Süd-

2 *Route 1.* BERLIN. *Speisehäuser.*

seite, Ecke der Friedrichsstr.; °S t e h e l y Charlottenstr. 53, am Gensd'armen-Markt, der Franz. Kirche gegenüber, viel Zeitungen, von Gelehrten, Literaten, Zeitungscorrespondenten, Schauspielern besucht. — °J o s t y Stechbahn 1, der Südwestspitze des Schlosses gegenüber, G i o v a n o l i Jägerstr. 18, Südseite zwischen Friedrichs- und Charlottenstr.; d'H e u r e u s e u. C o m p. Linden 18, Südseite, westl. von der Friedrichsstr., V ö l k e r Linden 59, alle 4 mit Rauchzimmer; d'H e u r e u s e Köln. Fischmarkt 4, neben dem Kölnischen Rathhaus; S c h i l l i n g Kochstr. 64, Friedrichstr.-Ecke.

Restaurationen (vergl. die drei folgenden Absätze). °C a f é P r i n c e R o y a l (Meser) Linden 23, °C a f é N a t i o n a l (Schulzendorf) Linden 27, °C a f é R o y a l Linden 33, der Academie gegenüber, °R e s t a u r a n t d u P a s s a g e Linden 76, am Durchgang nach der neuen Wilhelmsstr.; alle vier in der Bel-Etage, mit angemessenen Preisen, auch von Damen besucht; °B e l v e d e r e, hinter der kathol. Kirche, mit Garten, sehr besucht, nicht zu theuer; H a p p o l d Alte Grünstr. 1; C a f é d e B a v i è r e Französische Str. 21; C a s t e c l i Linden 64, westl. von der Friedrichsstr.; V o l p i 's K a f f e h a u s (Kuhnerdt) Stechbahn 3. — T ö p f e r Carlsstr. 39, W i e g a n d t Charitéstr. 5. — In der *Königsstadt:* C a f é F r a n ç a i s Königsstr. 61, B u d e r Königsstr. 1, beide unfern der Kurfürstenbrücke; C a f é d u T h é â t r e Königsstr. 32, L e v i n t h a l Königsstr., neben der Post. In einzelnen dieser Häuser wird nicht nach der Karte, sondern nur zu festem Preise gespeist, 3 bis 4 Gerichte für 10 bis 15 Sgr., Glas Bier 2½ Sgr. Nach 4 Uhr pflegt die Essenszeit vorbei zu sein. Die meisten Restaurationen eignen sich nur für Herren. Wer mit Frauen reist, ist daher, will er nicht bei den vornehmen Restaurants jedesmal mehrere Thaler für die Mahlzeit zahlen, mehr oder weniger auf die Table d'hôte im Gasthof angewiesen; wegen der langsamern Bedienung und des Zwanges, der in der Stunde liegt, nicht für Jeden angenehm.

Delicatessen-Handlungen (Frühstückstuben: Austern, Caviar, Seefisch, Hamburger Fleisch, wohl auch ein Beefsteak): B o r c h a r d t Franz. Str. 48, Nordseite, zwischen Friedrichs- und Charlottenstr.; G i e s a u Linden 34, Südseite, der Academie gegenüber; E w e s t Behrenstr. 26 a, Südseite Behren- und Friedrichstr. Ecke; T h i e r m a n n Jägerstr. 56, nahe der Markgrafenstr.; G e r o l d Linden 21, Südseite, westlich von der Friedrichsstr.; S a l a T a r o n e Linden 41, Nordseite, zwischen Friedrichs- und Charlottenstr. (enges Local, Dutzend Austern 15 Sgr., nur kalte Speisen); J o s t y-K e l l e r Markgrafenstr. 43, am Gensd'armen-Markt; E n g l i s c h e r K e l l e r Behrenstr. 34, Ecke der Markgrafenstr.; P a r i s e r K e l l e r am Pariser Platz (Brandenb. Thor); J e r u s a l e m e r K e l l e r Jerusalemerstr. 21, unfern des Hausvoigteiplatzes (beste Ungarweine); R e s t a u r a n t F r a n ç a i s (Keller) Schadowstr. 14, Ecke der Linden; °K l e t t e (Keller) Louisenstr. 46, für die Besucher des Friedr. Wilhelmst. Theaters bequem gelegen; C a f é B a r k o w s k y am Hausvoigteiplatz; D e d e l Leipz. Str. 65, zwischen Markgrafen- und Jerusalemer Str.; H e r c u l e s k e l l e r an der Herculesbrücke, unfern des Monbijou-Platzes; C a p k e l l e r Linden 26, Eingang in der Friedrichsstr. (Dutz. Austern 12½, Beefst. 7½ Sgr.). — T i e m a n n Königsstr. 7, der Post schräg gegenüber, gute Weine. (N. B. in den Keller- und Delicatessen-Handlungen ist 2½ Sgr. Trinkgeld üblich.)

Weinstuben, zugleich Restauration: R ä h m e l Markgrafenstr. 45, Ecke der Taubenstr.; L u t t e r u. W e g e n e r Charlottenstr. 49, Ecke der Französ. Str.; H a b e l Linden 30, zwischen Friedrichs- und Charlottenstr.; °K u h n Werderscher Markt 4, gute 1857er Weine, Speisen nach der Karte, oder „Diner zu 10 Sgr.", Suppe und Rindfleisch, Gemüse und Beilage, Braten und Compot; besonderes Damen-Zimmer. — B e n d f e l d t Werderstr. 5, unfern des Königl. Schlosses; T r a r b a c h Behrenstr. 51 (table d'hôte um 12 U. 8 Sgr., ganz gut), gute Moselweine. — In der *Königsstadt:* M i t s c h e r u. C a s p a r y Königsstr. 40, gute Rhein- und Moselweine; B ä c k e r Königsstr. 61, ebenso; D e i c k e Königsstr. 11 u. 44. — Apfelwein bei P e t s c h Krausenstr. 40, am Dönhofsplatz; S a r b a n Kronenstr. 12.

Bierstuben, in den meisten warme Speisen. Aecht *Bairisch Bier* bei W a l l m ü l l e r, Mohrenstr. 37 A; W a g n e r, Charlottenstr. 36, zwischen Linden und Behrenstr; O e l s c h i g mit Garten (Königs-Garten), Leipz.

Fuhrwerk. BERLIN. *1. Route.* 3

Str. 115 u. 116, in der Nähe des Leipziger Platzes; Beyer Friedrichsstr. 83, dicht bei der Behrenstr.; Walz „zum Waldschlösschen" (grosse Portionen Essen) Dorotheenstr. 91, zwischen Friedrichs- und Charlottenstr. — *Grünthaler Bier* bei Lamm, Friedrichsstr. 62, Ecke der Kronenstr., besonders von Militärs besucht, Waldschlösschen bei Beisgen Taubenstr. 40, Café Suisse Dorotheenstr. 88. *Jostysches Bier*, ein bitteres aromatisches Bier, bei Höhn, Markgrafenstr. 43, am Gensd'armen-Markt, der Neuen Kirche gegenüber. *Weissbier*, das alte Nationalgetränk des Berliner Bürgers, bei Clausing Zimmerstr. 80, zwischen Friedrichs- und Charlottenstr.— Niquet, Fleischwaaren-Handlung, Jägerstr. 41, Ecke der Oberwallstr., schenkt im Keller auch Bier. — Grosse *Bierhallen* mit mehreren Gallerien: Tonhalle Friedrichsstr. 112, am Oranienburger Thor; Walhalla am südl. Ende der Charlottenstr. 92.— *Biergärten* von Schmelzer, Leipz. Str. 14, zwischen Wilhelms- und Mauerstr.; Wassmann Leipz. Str. 33 zwischen Friedrichs- und Charlottenstrasse; Munchener Brauhaus Johannisstr. 13; Schäfer Albrechtsstr. neben dem Friedrich-Wilhelms-Theater. Ferner vor den Thoren: Actien Brauerei am Kreuzberg im ehemaligen Tivoli, Hopf ebendaselbst, Ley, Prell und Wagner vor dem Schönhauser Thor, Lipps am Friedrichshain u. a.

Trinkhallen, an verschiedenen Punkten der Stadt, verschenken Selters- und Sodawasser, 1/2 Sgr. das Glas, mit „Himbeer" 1 Sgr.; in der Trinkhalle bei Lucae, Linden 53, ist es eleganter und sehr reinlich.

Droschken, die Fahrt innerhalb der Stadt oder der Vorstädte 1 Pers. 5, 2 Pers. 6, 3 Pers. 10, 4 Pers. 12 1/2 Sgr. Gepäck besonders, für 1 bis 2 Pers. 2 1/2 Sgr., 3 bis 4 Pers. 5 Sgr. Fahrten nach der Zeit (beim Einsteigen muss der Kutscher die Uhr vorzeigen), bis zu 20 Minuten 5 Sgr., 70 Min. 15 Sgr. u. s. w., wie aus der in jeder Droschke befindlichen Taxe zu ersehen ist. Bei jeder Fahrt muss der Kutscher dem Fahrgast eine Marke einhändigen. Frühfahrten (im Sommer vor 7, im Winter vor 8 U. fr.) 1 Pers. 10, 2 Pers. 12 1/2, 3 Pers. 20, 4 Pers. 22 1/2 Sgr. Nachtfahrten 20 Min. 15, 30 Min. 22 1/2, 50 Min. 1 Thlr., 70 Min. 1 1/2 Thlr.

Omnibus (1 1/2—3 Sgr.) durchkreuzen meist 1/2 stündl. die Stadt nach den verschiedensten Richtungen, u. a. vom Kreuzberg durch die Friedrichsstr. nach der Panke; vom Molkenmarkt nach Schöneberg (botan. Garten); vom Lustgarten nach Moabit, nach Charlottenburg, nach Pankow, vom Alexanderplatz nach dem Hofjäger, nach dem zoolog. Garten; vom Cöpeniker-Thor nach Stralow und Treptow.

Briefpost (Pl. 86) Spandauerstr. 19, von 7 U. fr. bis 8 U. Ab. offen. Briefkasten sind an vielen Strassen aufgehangen. Auch **Stadtbriefe** (Porto 1 Sgr.) werden in dieselben gesteckt und gelangen nach 1—2 St. an den Adressaten. Gewöhnliche so wie recommandirte und Geldbriefe bis 100 Thlr. können auch bei den 8 Stadtpost-Expeditionen abgegeben werden, u. a. Schadowstr. 12, neben den Linden 69, nördlich. Briefe nach auswärts müssen 1 St. vor Abgang der Post im Postamt sein, sie gehen aber, wenn sie nur wenige Minuten vor Abgang des Bahnzugs bei den betr. Bahnhofs-Postämtern abgegeben werden, mit diesen noch ab. Auch Geldbriefe und Packete können auf den Bahnhöfen abgegeben werden. Poste-Restante Briefe werden nur Spandauerstr. 19. ausgegeben, für gewöhnliche Reisende sehr abgelegen. An Sonn- und Feiertagen sind die Posten von 9—5 U. geschlossen.

Telegraphen-Bureau (Pl. 100) Königsstr. 60, für 20 Worte für jede 10 Meilen 12 Sgr., für je 10 Worte mehr für je 10 Meilen 6 Sgr. mehr.

Bäder: Markgrafenstr. 92, Neue Friedrichsstr. 18, Neue Wilhelmsstr. 2, Weidendammerbrücke, u. a. Grosse öffentliche Wasch- und Bade-Anstalten, auch Einzelbäder, Schillingsgasse 7, Auguststr. 21, u. a.

Flussbäder in der Spree, in den Schwimmanst. am Oberbaum (Pl 4), vor dem Schles. Thor und am Unterbaum (Pl.5) hinter dem ehem. Exercierplatz; die ersteren vorzuziehen, weil die Spree beim Einfluss in die Stadt noch vom Schlamm derselben frei ist. Wellenbad an der Moabiter Brücke. Winter-Schwimmanstalt in einem 30 ☐ Fuss grossen Becken, durch Dampfm.-Wasser gespeist, Neue Friedrichsstr. 24, nahe der Königsstrasse.

Kaufläden, die reichsten unter den Linden, Schlossplatz, Breitestr., Brüderstr., Königsstr., in der Bauschule, zwischen dem königl. Palais und

1 *

4 *Route 1.* BERLIN. *Theater.*

dem Opernhaus, im untern Theil der Jäger- und Leipzigerstr. Modewaaren für Damen bei G e r s o n am Werder'schen Markt, und bei I m m e r w a h r Behrenstr. 26 a; Modewaaren für Herren bei G e b r. K o h n Linden 29, und bei L a n d s b e r g e r Jägerstr. 41, Oberwallstr. Ecke. Porzellan in grosser Auswahl, kleine Figuren, Büsten, Transparentbilder u. dgl. in der k ö n i g l. P o r z e l l a n - M a n u f a c t u r, Leipzigerstr 4. Glaswaaren bei H a r s c h Linden 87; Marmorwaaren bei B a r h a i n e Friedrichsstr. 61 u. bei M e n c k e Kurstr. 53 (Fürstenhaus); Bronze-Waaren bei S c h w e d t u. S c h i e l e Linden 59; Bernsteinarbeiten bei H i r s c h Linden 26; Zuckerwaaren, Bonbons u. dgl. bei F e l i x u. C o m p. Friedrichs- und Leips. Str. Ecke, und bei F e l i x u. S a r o t t i Friedrichsstr. 191; Cigarren, grosse Auswahl bei G e r o l d Linden 24.

Classische Musik. Singacademie s. S. 5 u. 9. Mit ihr wetteifert der Stern'sche Gesangverein. Ausserdem jeden Winter ein Cyclus von Concerten des D o m c h o r s (in der Singacademie) und der C a p e l l e der königl. Oper (im Concertsaal des Schauspielhauses die sogen. Symphonie-Soiréen). Die Leistungen dieser verschiedenen Institute auf dem Gebiet der classischen Musik werden in keiner europäischen Hauptstadt übertroffen und gehören zum Bedeutendsten, was Berlin im Bereich der Kunst bietet. In der Singacademie ein Cyclus von Concerten der L i e b i g'schen C a p e l l e, meist Symphonieen, im Sommer mehrmals in der Woche (5 Sgr.) abwechselnd im *Odeum* und bei *Sommer*, Sonntags im *Wintergarten der Gebr. Henning* vor dem Oranienburger Thor.

Theater. Anfang der Vorstellungen meist 6½ Uhr. Mittelpreise im O p e r n h a u s (Pl. 104): Logen des I. Ranges 1 ⅓ Thlr., 2. R. 25 Sgr., R. 17½ Sgr., Parquet (Sperrsitz im Parterre, bester Platz) 1 Thlr., Parterre 20 Sgr. Bei Aufführung grosser Opern pflegen diese Preise um ein Drittel erhöht zu werden. Ballet ausgezeichnet. Im S c h a u s p i e l h a u s (Pl. 105) Loge im 1. Rang 1 Thlr., Parquet und Tribüne 20 Sgr, 2. Rang und Parterre 15 Sgr. V i c t o r i a - T h e a t e r (Pl. 106), Münzstr. 20, mit Wintergarten, grossartig eingerichtet, Loge 1. Rang 20 Sgr., 1. Parquet 20 Sgr., 2 Parquet 15 Sgr., Loge 2. R. 10, Parterre 10 Sgr. Während der Wintermonate im Victoria-Theater mehrmals wöchentlich i t a l i e n i s c h e O p e r zu erhöhten Preisen. Im F r i e d r i c h - W i l h e l m s t ä d t e r T h e a t e r (Pl. 102), im Sommer im Freien, Lustspiele und Possen, Loge 1. Rang 20, Parquet 15 Sgr., Loge 2. R. 10, Parterre 10 Sgr., zuweilen auch erhöhte Preise. In W a l l n e r s T h e a t e r (Pl. 108), Blumenstr. 9b, gleiche Preise. C a l l e n b a c h's T h e a t e r vor dem Halle'schen Thor, 1. R. 12½, Parterre 10 Sgr. Das V o r s t ä d t i s c h e T h e a t e r (Pl. 107) am Wollankschen Weinberg wird von den unteren Ständen viel besucht.

Billete für das Opern- u. Schauspielhaus an Wochentagen von 9—1, Sonntag von 11—2 Uhr, nur am Tage der Vorstellung zu haben, für das Friedrich-Wilhelmstädter-Theater Brüderstr. 3 bei Lassar von 9—12 u. 2—4 U. (Sonnt. nur von 9—12 U.) Für Fremde ist fast unerlässlich, sich zeitig einen guten Platz im Parquet oder auf der Tribüne zu sichern, was häufig nur durch Vermittelung eines Lohndieners (10 Sgr.) zu bewerkstelligen ist. Die Hofbühne ist im Sommer 1—2 Monate lang geschlossen.

Kunstreiter-Circus von R e n z (Pl. 89) Friedrichsstrasse 141a, nördlich der Linden, gewöhnlich jeden Winter, Anf. 7 U., massives Gebäude.

Oeffentliche Vergnügungsorte, meist im T h i e r g a r t e n (S. 24). *K r o l l (Pl. 66), prächtiges Local, nach dem Brand von 1851 binnen 7 Monaten neu aufgeführt, die Säle 366' lang, 95' breit; jeden Abend gut besetztes Concert und Theater, wobei der Hauptsaal mit 600 Gasflammen, die Nebensäle jeder mit 200 erleuchtet sind, Sonntags Table d'hôte um 2 U. zu 20 Sgr. Wer Alles durchmachen will, hört zuerst das Concert, dann Theater, dann zu Nacht speisen, und nun hinab in den Bier-Tunnel, wo auch geraucht wird, was oben verboten ist. Eintritt 5 Sgr., Sitzplätze 20, 15 und 10 Sgr. Eintritt öffnet dem Sommergarten und gewährt einen Stehplatz im Theater; für die Säle sind 5 Sgr. besonders zu zahlen. Bei Sitzplätzen ist mit dem Eintrittspreis Alles berichtigt. — Die Z e l t e, westlich von Kroll sind neu hergestellt, namentlich das von L e y, daher wieder mehr besucht als früher. — An der Südseite des Thiergartens, vor dem Potsdamer Thor: G e o r g e, J o s t y, O d e u m, H o f j ä g e r, M o r i t z h o f, A l b r e c h t s h o f (guter Kaffe), in einigen mehrmals in der Woche Musik.

Sammlungen u. dgl. (Sonntags die meisten geschlossen).

Anatom. Museum im nördl. Flügel des Universitätsgebäudes (S. 8) Mittwoch und Sonnabend im Sommer von 4—6, im Winter 2—4 U.

*Antiken-Sammlung, königl., s. *Museum*.

Antiquarium, Gemmen und Münzen, Vasen, Terracotten, Bronzen s. Museum.

*Bethanien (S. 22), für Fremde tägl. 10—4 U. ausser Sonntag, Einheimische Montag und Donnerstag 2—4 U. Wer zum Besten der Anstalt etwas schenken will, legt es in die Büchse am Thor.

Bibliothek, königl. (S. 8), täglich 9—1 Uhr.

Borsigs Gewächs- v. Palmenhaus (S. 25) Dienstag u. Freitag gegen Eintrittskarten (5 Sgr.), die man im Comtoir der Fabrik erhält.

**Botanischer Garten* (S. 26) für Fremde tägl. von 8—12 U. und von 2—7 U. Omnibus s. S. 3.

Charité (Pl. 31), Krankenhaus für 1000 Kranke, 1—4 U.

*Charlottenburg (Mausoleum S. 25) täglich (ein Einzelner 10 Sgr., eine Gesellschaft 20 Sgr. bis 1 Thlr. Trinkgeld). Omnibus s. S. 3.

*Gemälde-Sammlung, königl., s. *Museum*.

*Gypsabgüsse, königl. Sammlung, s. *Museum*.

Kunstausstellung des Vereins der Kunstfreunde (Pl. 67), neue Bilder, Linden 21 im Hof rechts, täglich von 11—2 U. gratis.

Kunstausstellung von Sachse (Pl. 68), Jägerstr. 30, neue Bilder, 11—3 U., an Sonn- und Festtagen von 11—2 U.; Eintritt 5 Sgr.

Kupferstichcabinet s. Museum.

Mineraliencabinet (S. 8) im ersten Stock des Universitätsgebäudes, Eingang im Hauptportal, Dienstag und Freitag 12—2 U.

*Museum, königl., Sonntag 12—2 U. (gewöhnlich sehr voll), Montag und Sonnabend 10 bis 4 (im Winter 3) U., Eingang von der grossen Freitreppe aus. Mittwoch, Donnerstag, Freitag zu denselben Stunden nur für Solche, welche die Sammlungen zu Studien benutzen wollen und ihren Namen eintragen. Dienstags und an kirchl. Feiertagen ist Alles geschlossen. — Im alten Museum die Gemälde (S. 14), Sculpturen (S. 13), das Antiquarium (S. 16); im neuen die Gypsabgüsse (S. 17), Kupferstiche und Handzeichnungen (S. 18), die histor. Sammlung und Modelle (S. 19), die Sammlung für Völkerkunde (S. 20), die nordischen (S. 19) und die ägypt. Alterthümer (S. 20). „Den Gallerie-Dienern, Portiers etc. ist untersagt, bei Ausübung ihrer Dienstpflicht irgend ein Geschenk anzunehmen."

**Raczynski'sche Gemäldesammlung* (S. 24) täglich 12—2 U.

**Ravené'sche Gemäldesammlung* (S. 23) Dienstag und Freitag 11—1 U.

*Sanssouci (S. 31) Wasserkünste Sonntag, Dienstag, Donnerstag 3 U. bis Abend.

Schinkels Museum (S. 10) Dienstag und Freitag 11—1 U.

**Königl. Schloss* (S. 10) tägl. 10—4 U., Meldung beim Castellan im östlichen Schlosshof. Trinkgeld (ein Einzelner 10 Sgr., eine Gesellschaft 20 Sgr. bis 1 Thlr.) dem Castellan sowohl, als dem Aufseher der Capelle.

**Sculpturen-Sammlung*, königl., s. *Museum*.

Singacademie (S. 9) Dienstag 5—7 U. Probe, Eintritt nach Meldung bei Hrn. Director Prof. Grell, im Local selbst.

Sternwarte (S. 22) Mittwoch und Sonnabend 9—11 U. früh. Für einen Abendbesuch müssen schriftliche Meldungen geschehen.

**Wagener'sche Gemäldesammlung* (S. 23) Donnerstag 10—1 U. gegen Karten, welche im Comtoir ausgegeben werden. Im September geschlossen.

Zellengefängniss (S. 22) täglich 3—5 U.

Zeughaus (S. 9) Mittwoch und Sonnabend 2—4 U., Meldung bei der Commandantur, unter den Linden, dem Zeughaus schräg gegenüber.

Zinkgussfabrik von Geiss (Pl. 115), Behrenstrasse 32, im Hofe stets eine Anzahl hübscher neuer Bildwerke.

**Zoolog. Garten* (S. 25) täglich, 5 Sgr. Eintr., Mittwoch Nachm. 2½ Sgr.; Omnibus s. S. 3.

Zoolog. Museum (S. 8) im linken Flügel des Universitäts-Gebäudes, 2 Treppen hoch, Dienstag und Freitag 11—2 U., ganz freier Eintr. nur gegen Karten, die Tags zuvor 4 U. Nachm. bei dem 1 Treppe tiefer wohnenden Aufseher zu nehmen sind.

6 *Route 1.* BERLIN. *Brandenb. Thor.*

Stundenzettel (vergl. den täglich erscheinenden *Tagstelegraphen* oder den *Vergnügungsanzeiger*, in jeder Conditorei zu finden). **Täglich**: Bibliothek 9—1, Raczynski's Gemälde 12—2, neue Bilder des Vereins der Kunstfreunde 11—2, Sachse's Gemäldesammlung 11—3 (Sonnt. 11—2), Bildergallerie und Capelle im Königl. Schloss 10—4, zoolog. und botan. Garten, Wachtparade (S. 9) 11—12 U. **Sonntag**: Museum 12—2 U. Wasserkünste in Sanssouci 3—Ab. **Montag**: Museum 10—3 resp. 4 U, Festungsmodelle (S. 10) 9—2 U. **Dienstag**: Ravené's Gemälde 11—1, zoolog. Museum 12—2, Mineraliencabinet 12—2, Schinkel's Museum 11—1, Wasserkünste in Sanssouci 3—Ab., Borsig's Gewächshäuser, Singacademie 5—7 U. (Die königl. Museen sind Dienstags ganz geschlossen.) **Mittwoch**: Anatom. Museum im Sommer 4—6, im Winter 2—4, Sternwarte 9—11 Vorm., Zeughaus 2—4, Mineraliencabinet 2—4 Uhr. **Donnerstag**: Festungsmodelle 9—2, Wagener's Gemälde 10—1, Wasserkünste in Sanssouci 3—Ab. **Freitag**: Ravené's Gemälde 11—1, Schinkel's Museum 11—1, zoolog. Museum 12—2 U., Mineralien 12—2, Borsig's Gewächshäuser. **Sonnabend**: Museum 10—3 resp. 4 U., Anatom Museum im Sommer 4—6, im Winter 2—4, Sternwarte 9—11 fr., Zeughaus 2—4 U.

Lohndiener, Bureau Jägerstrasse 11, 1 Thlr. täglich. Die meisten Sammlungen sind durch Vermittelung eines Lohndieners auch an andern als den öffentlichen Tagen zugänglich.

Berlin (94'), die Hauptstadt des preuss. Staats, an der *Spree*, welche durch die Stadt fliesst, mit 480,000 Einw. (19,000 Kath., 16,000 Juden, 1500 Studenten, 19,676 Militairpersonen), in einer sandigen, unfruchtbaren Ebene, war vor der Regierung König Friedrichs I. unbedeutend und auf das rechte Ufer der Spree und die Insel beschränkt, wo jetzt Schloss und Museum stehen. Damals, im J. 1700, zählte Berlin 28,500 Bewohner, 1740 (Regierungsantritt Friedrich's d. Gr.) 98,000, 1786 († Friedr. d. Gr.) 148,000, im J. 1800 172,000, 1816 196,000, 1840 330,000. Ganze Stadttheile, Friedrich-Wilhelmstadt, Anhaltische Vorstadt, Potsdamer Strasse u. a sind namentlich in den letzten 25 Jahren entstanden, die Umgebung der Bahnhöfe belebt sich immer mehr und bildet sich zu Vorstädten aus. Die Stadtmauer hat 5 St. im Umfang, der Durchmesser Berlins in der grössten Länge beträgt $1^1/_4$ St.

Berlin ist eine der schönsten Städte Europa's. Ihr Lichtpunct ist die weite Strecke vom Brandenburger Thor bis zum königl. Schloss (s. unten). Nicht leicht mag man anderswo auf so engem Raum so viele prächtige Gebäude zusammenfinden, jenen Riesenbau, das Schloss, die beiden Museen, links (nördl.) das Zeughaus, die Königswache, die Universität, die Academie; rechts (südl.) das Palais des Prinzen Friedrich Wilhelm („Königs-Palais"), das Opernhaus, die Hedwigskirche, die Bibliothek, das Palais des Prinzen von Preussen, — alles Bauwerke, die man von einem Standpunct übersehen kann, während der Gensd'armenmarkt mit den beiden Kuppelkirchen (der „Neuen Kirche" und der „Französ. Kirche") und dem grossartigen Schauspielhaus nur wenige Schritte entfernt ist. Die Linden und der Platz am Opernhaus sind der Brennpunct des Berliner Glanzes und Lebens.

Das *Brandenburger Thor (Pl. 18), 1789 bis 1792 den Propylaeen in Athen ähnlich aufgeführt, 60' h., 195' br., bildet vom Thiergarten (S. 24) her, von Westen, den Eingang in Berlin. Die in Kupfer getriebene 20' h. *Victoria* im 4spänn. Wagen auf dem Thor hatten die Franzosen 1806 nach Paris gebracht; sie kehrte 1814 zurück. Das Thor begrenzt den *Pariser Platz*, nach den Siegen von 1814 so genannt. Die lange stattliche Strasse, „**unter den Linden**", mit einer doppelten Lindenallee bepflanzt, schliesst sich an. (Vom Brandenburger Thor bis zum Anfang der Linden 157 Schr., bis zum Friedrichsdenkmal 1275, bis Schlossbrücke 550, bis Schlossportal 180 Schr., zusammen 2162 Schritte, oder etwa 21 Minuten; Breite vom Gouvernementsgebäude bis zum Zeughaus 68 Schritte.)

Am Brandenburger Thor tritt südlich das stattliche geschmackvolle Palais des Grafen Redern und das des Grafen Arnim-Boytzenburg (Nr. 1), weiter das der russischen Gesandtschaft (Nr. 7, Pl. 83) hervor; nördlich beim Beginn der Baumreihen die *Artillerie- und Jngenieur-Schule* (Pl. 2).

Am östlichen Ende der Linden steigt auf einem 24' h. Fussgestell das 18' h. ***Reiterbild Friedrich's des Grossen** (Pl. 93) auf, wozu König Friedrich Wilhelm III. wenige Tage vor seinem Tode (7. Juni), am 31. Mai 1840, dem 100jähr. Gedenktage der Thronbesteigung Friedrich's II., den Grund legte, 1851 aufgestellt, ein Bildwerk von gewaltigster Wirkung, mit zahlreichen lebensgrossen Figuren der Zeit- und Kriegsgenossen des grossen Königs, in überraschend lebendiger Darstellung, Alles in Erzguss, von Rauch († 1857) in musterhafter Vollendung entworfen und modellirt.

Das Fussgestell hat drei Abtheilungen, in der obersten an den Ecken 4 Figuren, Mässigung, Gerechtigkeit, Weisheit, Stärke; dann 8 Reliefs, Geburt, Unterricht, Minerva übergiebt dem königlichen Jüngling das Schwert, Friedrich nach der Schlacht bei Kolin, Kunstsinn des Königs, Sinn für Musik, Verbesserung der Industrie, Apotheose. In der mittlern Abtheilung sprengen 4 Reiter aus den Ecken hervor, ö. Prinz Heinrich und Ferdinand von Braunschweig, w. Ziethen und Seidlitz. Die (östl.) Vorderseite hat die Inschrift: „*Friedrich dem Grossen Friedrich Wilhelm III., vollendet unter Friedrich Wilhelm IV. 1851.*" Darüber eine Gruppe, lebensgross, Prinz August Wilhelm G. d. K, v. Lestwitz G. M., v. Prittwitz O. L., v. d. Heyde O., v. Hülsen G. L. und en relief Keith G. F. M., Markgraf v. Brandenburg G. d. I. Nordseite: v. Dieskau G. L., v. Kleist G. M., v. Winterfeld G. L., v. Tauentzien G. d. I., Eugen v. Württemberg G. L. und en relief Prinz v. Preussen Friedrich Wilhelm G. L., v. Belling G. L. Südseite: v. Wedell O. L, v. Wartenberg G. M., v. Gessler G. F. M., Leop. Max Erbprinz v. Dessau G. F. M., v. d. Goltz G. M. und en relief Leopold v. Dessau G. F. M., Schwerin G. F. M. Westseite die Minister v. Finckenstein, v. Schlaberndorf, v. Carmer, hinter ihm Graun der Componist, rechts Lessing und Kant. Die untere Abtheilung enthält Namen bekannter Männer, bes. Soldaten aus Friedrichs Zeit. Der Fuss polirter Granit.

Fünf ***Standbilder** (Pl. 97), ebenfalls von Rauch, begegnen hier weiter dem Blick, rechts am Opernplatz mit gezogenem Schwert der alte *Blücher* († 1819), 1826 aufgestellt; ihm zur Rechten *Gneisenau* († 1831), zur Linken *York* († 1830), die beiden letzteren 1855 aufgestellt, alle drei in Erzguss. Vor der Hauptwache *Bülow* († 1816) und *Scharnhorst* († 1813), beide in Marmor, 1822 aufgestellt, alle überlebensgross, an den Fussgestellen mit Reliefs geziert, Erinnerungen an die Jahre 1813, 1814, 1815.

Eine andere Heldenreihe schmückt den Wilhelmsplatz (Pl. 96,

unfern des Potsdamer Thors), die Feldb. Friedrichs d. Gr. *Schwerin* († 1757), *Winterfeld* († 1757), *Seidlitz* († 1773), *Keith* († 1758), *Ziethen* († 1786), als Husar in Uniform mit Kolpak, von Schadow gearbeitet, 1794 aufgestellt; der „alte Dessauer", Fürst *Leopold von Dessau* († 1747), Führer des preuss. Heeres unter Friedrich Wilhelm I., um dieselbe Zeit von Schadow verfertigt, mit Zopf und Kamaschen. Sie werden durch neue Standbilder in Erz ersetzt, Schwerin und Winterfeld nach neuen Entwürfen von *Kiss.*

Auf der langen oder Kurfürstenbrücke (Pl. 95) neben der s.ö. Seite des Schlosses, das *Reiterbild des grossen Kurfürsten († 1688), aus Erz, von Schlüter entworfen und modellirt, an den Ecken 4 Sclaven, die ganze Gruppe geistreich aufgefasst und kunstvoll ausgeführt, im J. 1703 „*Divo Friderico Guilelmo Magno S. R. I. Archid. et Elect. Brandenb., patri suo*", von „*Fridericus primus e sua stirpe rex Borussiae*" errichtet.

Diese 13 Standbilder und das S. 25 erwähnte Marmorbild König Friedrich Wilhelms III. sind, nebst den Gruppen der Schlossbrücke, die bedeutendsten der öffentlichen Bildwerke Berlins.

Die **Academie** (Pl. 1) *der Wissenschaften* und die *der Künste* sind beide in einem Gebäude, Linden 38, erstere 1700 nach Leibnitz's Plan von Friedrich I. gestiftet, letztere ein Jahr früher, zur Förderung von Wissenschaft und Kunst, jene im Besitz einer ansehnlichen Bibliothek und einer eigenen Druckerei, diese mit Sammlungen von Gypsabgüssen und Kupferstichen. In dem Gebäude finden im September und October der Jahre mit geraden Zahlen grosse *Kunstausstellungen* statt. Nach der Uhr am Academiegebäude werden alle Uhren gestellt.

Das **Universitätsgebäude** (Pl. 110), ehemals Palast des Prinzen Heinrich, Bruders Friedrich's II., 1754 bis 1764 erbaut, von König Friedrich Wilhelm III. der neu gestifteten Universität 1809 geschenkt) („*Universitati litterariae Fridericus Guilelmus III rex a. 1809*" laut Inschrift), enthält sämmtliche Hörsäle und wissenschaftliche Sammlungen (1500 Stud.). Das *zoolog. Museum* (Eintritt S. 5) ist eines der reichsten, vollständigsten und am besten geordneten Europa's, besonders an Vögeln. Unter den Seltenheiten der *Mineraliensammlung* (Eintritt S. 5), reicher als irgend eine in Europa, ist ein, 20 Meilen von der Ostsee gefundenes, über 13 Pf. wiegendes Stück Bernstein. Eine Zierde dieser Sammlungen bilden die Gegenstände, welche A. v. Humboldt aus Süd- und Mittel-America mitgebracht hat. Das *anatom. Museum* (Eintritt S. 5) ist ebenfalls sehr reich an Präparaten. Das *christliche Museum* enthält christl. Kunstdenkmäler in Abbildungen und Gypsabgüssen. Die *Universitätsbibliothek* ist abgesondert, Taubenstr. 29, Nachmittags von 2 U. ab zu besichtigen.

Die **königl. Bibliothek** (Pl. 14, Eintritt S. 5), Eingang vom Opernplatz. in einem 1775—1780 aufgeführten Gebäude, welches seine Gestalt einer Laune Friedrich's II. verdanken soll, der dem

Baumeister eine Commode mit Schiebfächern als Muster gab: 600,000 Bände und 14,000 Handschriften, darunter manche Seltenheiten: Manuscripte (ein Theil der Bibelübersetzung) und erste Drucke Luther- scher Schriften, u. a. die 95 Thesen v. J. 1517. Melanchthon's eigenhän- diger Bericht über das Religionsgespräch zu Worms, Joh. Agricola's Brief aus Eisleben über Luther's Tod; Gutenberg's 42zeilige Bibel auf Pergament von 1450, das erste mit beweglichen Typen gedruckte Buch; der Codex Wittekindi, eine Handschrift der vier Evangelien aus dem 8. Jahrh., angeblich von Carl d. Gr. dem Sachsenherzog (R. 37) geschenkt; eine Reihe Miniaturbildnisse von Lucas Cranach; 36 Bände Bildnisse berühmter Personen mit Handschriften in alphabet. Ordnung; zahlreiche chinesische Bücher auf Seidenpapier, nur auf einer Seite gedruckt; ein klei- ner achteckiger Koran; zwei Halbkugeln, mit welchen Otto von Guericke seine ersten Versuche der Luftpumpe anstellte, u. A.

Die im Hintergrund liegende (kathol.) **Hedwigskirche** (Pl. 47), ganz rund mit Kuppel, 1747—1775 aufgeführt. *„Friderici regis clementiae monumentum"* laut Inschrift. Das ebenfalls von Fried- rich II. 1742 erb. **Opernhaus** (Pl. 104) brannte 1843 gänzlich ab, ward aber im Lauf eines Jahrs mit Beibehaltung des äussern Baues im Innern prächtiger als früher wieder aufgeführt. Es ist neben dem Münchener Hoftheater das grösste in Deutschland. Inschrift der Vorderseite: *„Fridericus rex Apollini et musis"*, der Rückseite: „*Frid. Guil. IV. theatrum incendio consumtum restituit 1844"*.

Neben dem Opernhaus ist das **Palais des Prinzen Friedrich Wilhelm** (Pl. 81), des Thronerben, viele Jahre lang von König Friedrich Wilhelm III. († 1840) schon als Kronprinz, 100 Jahre früher von Friedrich II. ebenfalls als Kronprinz bewohnt, 1857 neu hergestellt und ein Stockwerk mit hoher Attica aufgesetzt.

Die **Königswache** (Pl. 62) an der andern Seite der Strasse mit den S. 7 genannten Standbildern, ist 1818 von Schinkel in Form eines römischen Castrums erbaut. Neben derselben drei sehr grosse 1814 eroberte Geschütze. Zwischen 11 und 12 Uhr, wenn die Officiere hier zur Parole versammelt sind, Militärmusik.

Hinter der Königswache die **Singacademie** (Pl. 92), deren Mitglieder, nach ihrer Stifter *Fasch* († 1800), *Zelter* († 1832) und *Rungenhagen* († 1846) Einrichtung, sich Dienstag von 5 bis 7 Uhr zu Uebungen versammeln. (Vergl. S. 4. Eintr. s S. 5.)

Das **Zeughaus** (Pl. 114, Eintr. S 5), neben der Königswache, unter Friedrich I., dessen Brustbild über dem Hauptportal, 1695 bis 1706 von Schlüter aufgeführt, gilt für das tüchtigste Gebäude Berlins. Es ist ein Viereck, jede Seite 280 Fuss lang. Im Hof bilden die Schlusssteine der 21 Fenster Köpfe sterbender Krieger (*„Schlüter'sche Masken"*), ausgezeichnet durch den Ausdruck des Todeskampfs. Die Räume ebener Erde sind mit Geschütz aller Art angefüllt, neuem und altem, unter diesem zwei schwedische lederne Kanonen aus dem 30jähr. Krieg, und einige türkische von den Russen 1828 zu Varna eroberte Geschütze. Im ersten Stock ist der grosse Gewehrsaal mit 100,000 Gewehren, mit eroberten Fahnen und Siegeszeichen, meist französ., einigen alten und neuen Waffen u. dgl. Im mittlern Raum ist eine für Kunstverständige merkwürdige Sammlung artilleristischer und ingenieurwissenschaftlicher Modelle; ferner das Modell des Breslauer Blücher-Standbildes (R. 50), ein Krupp'sches Geschütz von Gussstahl u. A. An geschichtlichen Erinnerungen ist das Zeughaus arm. Die 18 *Modelle franz. Festungen*, welche 1814 aus Paris mitgebracht wurden, sind am Schlesischen Thor, neben der Pionier-Caserne, Cöpenicker Strasse 11, in einem Gebäude aufgestellt.

Die **Bauschule** (Pl. 12), 1835 von Schinkel aus Backsteinen aufgeführt, südlich von der Schlossbrücke, ein Viereck von 4 Stockwerken, hat im Erdgeschoss eine Reihe schöner Kaufläden. In einem der obern Stockwerke, Eingang neben der Gropius'schen Buchhandlung, ist **Schinkel's Museum** (Eintr. S. 5), eine Sammlung von Bauzeichnungen, getuschten und mit der Feder ausgeführten Landschaften, Entwürfen aller Art, darunter die Originalskizzen der beiden Fresken am Museum (S. 11), aus dem Nachlass dieses geistreichen Baumeisters († 1841).

Die *Schlossbrücke, 1824 erbaut, 156′ l., 104′ breit, zieren seit 1853 *Marmorgruppen, Figuren über lebensgross, südl. 1. Nike (Victoria) lehrt den Knaben Heldengeschichte (von *Emil Wolf*); 2. Pallas (Minerva) unterrichtet den Jüngling in den Waffen (von *Schievelbein*); 3. Pallas reicht dem Kämpfer die Waffen (von *Möller*); 4. *Nike krönt den Sieger (von *Drake*); — nördlich. 5. Nike richtet den verwundeten Krieger auf (von *Wichmann*); 6. Pallas fordert ihn zum neuen Kampf auf (von *Alb. Wolf*); 7. Pallas schützt und unterstützt den fechtenden Jüngling (von *Bläser*); 8. Iris führt den siegreich Gefallenen zum Olymp (von *Wredow*).

Das königl. *Schloss (Pl. 90, Eintr. S. 5) entstand zu verschiedenen Zeiten, seit Kurfürst Friedrich II. sich eine „feste Burg" an der Spree gründete, und ward 1699 bis 1716 unter den Königen Friedrich I. und Friedrich Wilhelm I. vollendet. Es ist in seiner Erweiterung in verschiedenem Baustyl ein leibhaftes Bild vom Wachsthum und der Entwickelung des preuss. Staats Seine jetzige Gestalt, ein längliches Viereck mit zwei Höfen, gaben ihm theils *Schlüter*, theils *Eosander von Goethe*. Dieser namentlich erbaute 1712 nach dem Triumphbogen des Septimius Severus das westliche Portal. Die hohe Kuppel über demselben ist 1849 ff. aufgeführt. Das Schloss (626′ l., 373′ br., 101′ hoch) enthält an 600 Zimmer. Den Eingang vom Lustgarten zieren zwei grosse Gruppen aus Erzguss, *Pferdebändiger*, von Baron Clodt in St. Petersburg gearbeitet, 1742 von Kaiser Nicolaus geschenkt. (*Kurfürstenbrücke*, an der s.ö. Seite d. Schlosses s. S. 8.)

Der schönste Raum liegt unter der Kuppel: die 1848—1854 eingerichtete *Capelle, Wände u. Boden Marmor, mit Fresken von *Henning, Kasslowsky, v. Klöber, Steinbrück, Daege, Schrader, Hopfgarten, Pfannenschmied u.A.*, bibl. Gegenstände u. zahlreiche Bildnisse in ganzer Figur auf Goldgrund, meist christliche und fromme Fürsten darstellend, zum Theil Vorfahren des preuss. Königshauses von Carl d. Gr. an bis zu Friedrich Wilhelm III. Am 1. und 2. Pfeiler rechts vom Eingang: Luther, Wilhelm v. Oranien, A. H. Francke, Melanthon, Th. Beza, Spener, Calvin, Johannes Pomeranus

Altes Museum. BERLIN. *1. Route.* 11

(Bugenhagen), Zinzendorf, Gustav Adolph, Friedrich der Weise, Huss. 10 Marmorsäulen dienen als Candelaber. Der ganze Raum fasst 1500 Menschen und ist 115' hoch. — Der *weisse Saal*, 1846 vergrössert, 105' l., 51' br., 41' h, enthält Marmorbilder der 12 Brandenb. Kurfürsten, ferner oben in Blenden 8 Standbilder, die 8 Provinzen des preuss. Staats versinnbildlichend, darunter Karyatiden mit den Wappenschilden, darüber 8 entsprechende Gemälde. — Die 205' l. Bildergallerie dient ebenfalls zu festlichen Versammlungen. Sie ist besonders mit neuen *Bildern geschmückt: Eybel* der grosse Kurfürst in der Schlacht bei Fehrbellin (S. 35); *Rosenfelder* Kurf. Joachim II. widersetzt sich der Verhaftung des Landgr. v. Hessen gegen Alba; *Krüger* Huldigung vor dem königl. Schloss zu Berlin am 15. Oct. 1840; *Schorn* gefangene Wiedertäufer vor dem Bischof von Münster (R 39); *Kretzschmar* Tod des Dr. Hofmeister, Begleiters des Prinzen Waldemar (S. 20), in einem Gefecht gegen die Sikhs in Indien, 1846; *Bürde* Huldigung auf der königl. Burg Hohenzollern, August 1851; *Menzel* Nachtgefecht bei Hochkirch (R. 51); *Kaiser* Verwundung des Prinzen Friedrich Carl in dem Treffen gegen bad. Insurgenten bei Wiesenthal, 21. Juni 1849; *David* Uebergang Bonaparte's über den St. Bernhard; *de Biefve* Belagerung von Antwerpen. Von älteren Bildern, am Eingang, *Lievens* Bildn. des Sultans Soliman II.; am Ausgang, *Van Dyk* Carl I. von England und seine Gemahlin. — Im Rittersaal der königl. Thron, dann Becher und Prunkgefässe aus Silber und Gold, u. a. Schild und Schale, bei der Huldigung im J. 1840 von der Stadt Berlin geschenkt. Die zahlreichen andern Zimmer enthalten ausser Familienbildnissen nichts Bemerkenswerthes

Das *Alte Museum (Pl. 73. s Grundr. S. 12) dem Schloss gegenüber, 276' lang, 170' tief, 83' hoch, am *Lustgarten*, einem baumbepflanzten Platz (300 Schr lang, 335 Schr. breit), mit der 22' im Durchmesser grossen Granitschale und Springbrunnen, hat die Inschrift „*Fridr. Guil. III. studio antiquitatis omniyenae et artium liberalium museum constituit 1828*". Es ist von Schinkel erbaut und ruht auf vielen tausend Pfählen; die Baustelle war früher ein Arm der Spree, welcher ausgefüllt wurde. Oben die *Tieck'schen Dioskuren* (Castor u. Pollux). Auf der Freitreppe r. die *Amazonen-Gruppe* in Erzguss von Kiss, eine Amazone zu Pferde, den Angriff eines Panthers abwehrend; l. der *Löwenkampf* von A. Wolff (1861 aufgestellt), der Löwe schlägt seine linke Tatze in die Weiche des hochaufbäumenden Pferdes, der Jüngling mit weitausholender Faust, um mit grösster Wucht den zweiten Speer auf den am Boden liegenden Feind zu schleudern Am Eingang l. Tieck's *Marmorstandbild Schinkels* († 1841); gegenüber das Fussgestell für das Standbild *Winckelmanns* († 1786).

Die *Fresken* in der Vorhalle, nach Schinkels Entwürfen, sind am besten vom Platz aus zu sehen, so dass die Säulen im Fortschreiten die einzelnen Bilder abtheilen. Sie stellen in mythologischen Gruppen die Culturgeschichte der Menschheit dar.
Links. „Uranus und der Tanz der Gestirne. — Saturn und die Titanen ziehen in's Dunkel der Vorzeit zurück. Die Heerde des Mondgewölks zieht am Nachthimmel, an das Reich Saturns erinnernd. Jupiter beginnt den neuen Lauf der Welt, das belebende Feuer verbreitend; die Dioskuren, die ersten Lichtspender, ziehen ihm voran; Prometheus raubt das Feuer für die Bewohner der Erde. Selene (Luna) führt leuchtend ihren Wagen durch die Nacht; Himmelsgestalten sind bei der Entfaltung der weiten nächtlichen Decke behülflich, die Nacht entfaltet den Mantel, aus welchem sich die Gestalten' hervordrängen, ihre Kinder sind um sie. Elemente eines mannigfaltigen Lebens entwickeln sich; Mutterliebe; schlummernder Krieg; der heitere Frieden mit Musen; ein Kind giesst befruchtenden Regen auf die Erde herab. Elemente der Wissenschaft, von Natur-

12 *Route 1.* BERLIN. *Altes Museum.*

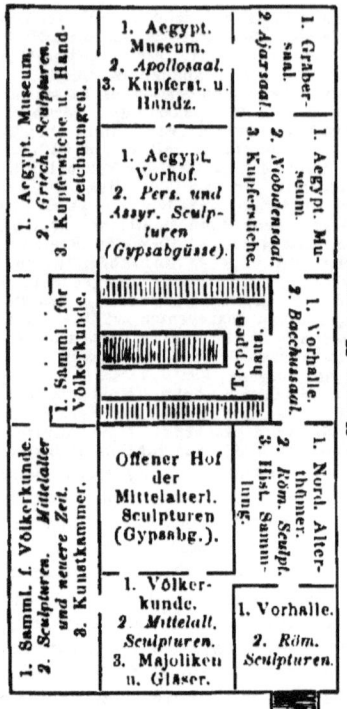

kräften gehemmt. Befruchtung Ein Hahn verkündet den Tag; mit ihm beginnt die Sorge. Aufgang der Sonne. Venus und Eros. Der Sonnengott entsteigt dem Meer. Die Grazien schweben empor."

Rechts. „1. Gruppe, Morgen und Frühling des Lebens; Hirtenvolk; Wettkämpfe; die Muse und Psyche spannen in der Hütte des Dichters die Saiten auf seine Lyra; der Genius des Dichters begeistert ihn. — 2. Sommer und Mittag; die Erndte und ihre Freuden; ein junger Held schöpft Begeisterung; Musik. — 3. Auf den Wolkenhöhen d. Helikon der Erde entspringt unter dem Hufschlag des geflügelten Rosses der Quell der Phantasie, an welchem der Mensch sich erlabt; hinter dem Wasserschleier schimmern i. Schooss der Erde die Gewalten, welche die ewigen Gesetze des Lebens regeln; selige Geschöpfe schwimmen im Element des Schönen — 4. Musik des Waldes; Freude an dem geflügelten Ross; Nymphen giessen in den Brunnen, aus dem ein Dichter schöpft; ein Gesetzgeber naht. — 5. Abend und Herbst; Weinlese; Bildhauerkunst (Schinkel als Bild-

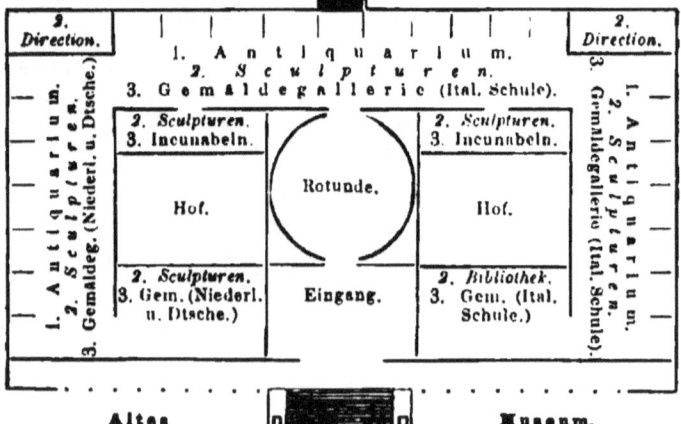

bauer), Baukunst, der Acanthus schlingt sich um die Form des Korinthischen Capitäls; Helden kommen siegreich zurück; Psyche; das Fest der Kelter an der Flamme des Heerdes; das Alter erfreut sich an dem Tanz der Musen; der Weise ergründet den Lauf der Gestirne; ein Greis in Betrachtung des Elements versunken; der Schiffer treibt ins mondbeglänzte Meer hinaus; Nacht und Winter; Luna steigt ins Meer. — Anfang eines neuen Tags. Trauer am Tumulus."

Ueber diesen Fresken sind neuere Wandgemälde von *Däge, Hopfgarten, Stürmer* u. A., links die Geschichte des Herkules in 14 Bildern, rechts die Geschichte des Theseus.

Die *Fresken des obern Treppen-Vorhofs*, am Eingang zur Gemäldesammlung, ebenfalls nach Schinkel'schen Entwürfen, haben den Kampf des Cultur-Menschen gegen die Barbaren und gegen die Elemente zum Gegenstand. Das Gemälde links stellt wilde Horden in eine Hirtenfamilie eindringend dar, das rechts die Noth einer Ueberschwemmung.

Das Museum enthält ebener Erde das Antiquarium, im 1. Stock die Sculpturen und die Bibliothek, im 2. Stock die Gemälde und Incunabeln.

Die *Sculpturengallerie (Eintr. S. 5) verdankt ihr Entstehen hauptsächlich den Ankäufen, welche Friedrich d. Gr. durch Bianconi in Rom machen liess, und dem Ankauf der Sammlung des Cardinals Polignac. Der Eingang führt durch eine grosse runde Halle (Rotunde), welche die Höhe des Gebäudes einnimmt; oben Gobelin-Tapeten (Apostelgeschichte) nach Raphaels Cartons im 16. Jahrh zu Aras gewebt; unten in der Mitte das überlebensgrosse Standbild Friedrich Wilhelms III., als röm. Imperator, Erzguss, von Kiss entworfen; dann zwischen den Säulen 18 antike Standbilder, davon bemerkenswerth 1. Victoria, 4. Minerva, 5. Ceres, 8. Venus u. Amor, 9, 10. Faune, 11. Apollo, 14. Juno.

Unter den 741 Nummern der fast ausschliesslich der röm. Kunst angehörenden Sammlung mögen folgende zu nennen sein. Beim Eintritt in den Götter- und Heroensaal gleich rechts durch bis an's Ende, wo im Hintergrund Nro. 33 das 6' h. Standbild des Meleager mit Speer und Hund. (Im Zimmer nebenan *Sarkophage, Aschen- und Todtenkisten, röm. und etrusk. Ursprungs.*) — 2. Säulen-Abtheilung. *74. Sitzendes Mädchen mit Knöcheln spielend. — 3. Abth. 79. Urania, 80. Euterpe, 100. Clio, 107. Flora, 4½' h. Standbilder. — 4. Abth. 111. Polyhymnia, 112. Apollo Musagetes. — 5.—7. Abth. nichts zu nennen. — 8. Abth. 126. Diana. — 9. Abth. 214. Ganymed. — 10. Abth. 226. Heros als Bogenschütz. — 11. (letzte) Abth. 159. Amor den Bogen spannend; 235. Apollo und Knabe; 236. Antinöus als Mercur; 265. Antinous, Büste mit kleinen Flügeln am Haupt; 267. Bacchantin, kleine liegende Statue; 269. Festzug des Bacchus und der Ariadne, Relief.

Kaisersaal. 1. Abth. 294. Victoria in Erz, 1¼' h. Statuette auf einem Fuss von rothem Porphyr; 295. Caesar in der Toga. — 2. Abth. 307. Vespasian, colossaler Kopf; 324. Julia, des Augustus Tochter. — 3. Abth. 313 Thron (Sella) aus weissem Marmor. — 4. Abth. 359. Trajan als Jupiter sitzend; 362. anbetende Frau. — 5. Abth. 368. Opfernde. — 6. Abth nichts. — 7. Abth. 414. Napoleon I. als Gesetzgeber, von *Chaudet* gearbeitet, das ähnlichste Bild des Kaisers, auf Anordnung König Friedrich Wilhelm's III der Caesar-Statue gegenüber aufgestellt.

Saal der mittelalterl. und neuern Bildwerke. In der Mitte 696. A Mercur, sitzend, von *Pigal* († 1785). *719. Hebe von *Canova* († 1822). 737. Mädchen auf einem Füllhorn, Restauration eines antiken

14 *Route 1.* BERLIN. *Gemäldegallerie.*

Torso durch *Bouchardon* († 1762). 687. Ephebe als Hyacinth, liegende Figur in Erz von *Bosio* († 1845). Am Fenster 740. Cosimo dei Medici, Marmor-Relief von *Andr. Verocchio* († 1488). 675. Macchiavelli, 674. Lorenzo dei Medici „il magnifico", 668. Pier Soderini, Gegner der Medici, drei angemalte Büsten. 640. A. Marmorbüste des Papstes Paul II.
Dann die Säle der griech. und assyr. Bildwerke.
Der Eingangsthür in der Rotunde gegenüber führt eine Doppeltreppe zu dem Bogengang, welcher das alte Museum mit dem neuen verbindet. Es sind hier einige grössere Bildwerke in Erz aufgestellt, an der Treppe: 121a. Victoria auf einer Kugel stehend; am Ende °°140. betender Knabe, in der Tiber gefunden, von Friedrich II. für 10,000 Thaler angekauft.

Die *Gemäldegallerie (Eintr. S. 5) steht in der Anzahl berühmter Meisterwerke unter der Dresdener und Münchener, hat aber vor diesen den Vorzug, dass sie gute Gemälde von einer grössern Anzahl von Meistern, besonders aus der altdeutschen und den italien. Schulen besitzt und durch ihre Anordnung für das Studium der Kunstgeschichte sich trefflich eignet. Sie ist in 37 Gemächer getheilt, jedes hat eine Nummer über dem Eingang. Links vom Eingang durch die Rotunde, im 4. Gemach, beginnt die italienische, im 5 die niederländische Schule. Diese beiden Gemächer können als Ausgangspuncte betrachtet werden. Geht man weiter links, so kommt man durch die Räume der niederländischen Schule, von den Vorgängern van Eycks bis zu den Nachfolgern von Rembrandt und Rubens; wählt man die entgegengesetzte Richtung rechts, so sieht man die Werke der venetianischen, lombardischen, toscanischen, bolognesischen, römischen u. a. Schulen. In jedem Gemach hängt an der Wand ein Verzeichniss der in demselben befindlichen Gemälde (im Ganzen 1250).

Italiener, Spanier, Franzosen. (n. s. ö. w. bedeutet die nördliche, südliche, östliche oder westliche Wand.) 1. Gemach ö. *28. *Mantegna* der Leichnam Christi von zwei trauernden Engeln gehalten, eine sogenannte Pietas. — 2. Gem. w. 57. *Fiesole* jüngstes Gericht; ö. 60. *Fiesole* Maria mit dem Kinde, r. der h. Dominicus, l. Petrus Martyr; ö. 69. *Fra Filippo Lippi* Maria verehrt das Christuskind. — 3. Gem. ö. 96. *Filippino Lippi* Christus am Kreuz. — 4. Gem. w. 99. *Sogliani* Anbetung der Hirten. (Durch die Glasthür gelangt man in die Antiken-Gallerie und in das neue Museum, s. S. 16.) — 5. Gemach. ö. *Francesco Francia* 121. der Leichnam Christi, 122. Madonna mit Kind, unten 6 Heilige, 127. Johannes der Täufer und der h. Stephanus. — 6 Gem. w. 153. *Batista Franco* („'l *Semolei*") Bildniss des berühmten venetian. Architecten und Bildhauers Jac. Tatti, gen. il Sansovino; w. 156. *Giorgiōne* Bildniss eines Venetianers; ö. 161. *Tizian* Bildniss des venet. Admirals Joh. Mauro; ö. 163. *Tizian* eigenes Bildniss; ö. *166. *Tizian* Bildniss seiner Tochter Lavinia; ö. 167. *Moroni* Bildniss eines jungen Mannes. — 7. Gem. w. 186. *Palma Vecchio* Bildniss eines Dogen; w. °187. *Moretto* Anbetung der Hirten; ö. 196. *Pordenone* Ehebrecherin vor Christo; s. 201. *Zelotti* Maria mit Kind und Heiligen. — 8. Gem. w. *207 a. *Correggio* das dornengekr. Antlitz Christi, früher in der Hauscapelle Friedr. Wilhelms III., sein Lieblingsbild; ö. 216. *Correggio* Io von Jupiter in Gestalt einer Wolke umarmt; ö. *218. *Correggio* Leda mit dem Schwan; s. 231. *Sassoferrato* Bildniss der Johanna von Aragonien. — 9. Gem. w. 237. *Sebastian del Piombo* der Leichnam Christi von Joseph von Arimathia gehalten; w. 141. *Raphael* Maria liest in einem Buch, mit dem Kind, das einen Stieglitz hält; w. 144. *Raphael* drei runde Bildchen Christus und zwei Bischöfe; w. 145. *Raphael* Madonna mit h. Hieronymus und h. Franciscus; w. 242. *Franc. Rossi* gen. de' *Salviati* Johannes der Täufer; ö. 246. *Andrea del Sarto* Madonna; ö. 247a. *Raphael* Maria mit Kind und die beiden Johannes („Madonna coi bambini") aus Raphaels erster Periode, für 45,000 Thlr. in

Gemäldegallerie. BERLIN. *1. Route.* 15

Neapel gekauft; ö. °249. *Fra Bartolommeo* Mariae Himmelfahrt; s. 257. *Nach Raphael,* Johannes der Evangelist, auf dem Adler sitzend, schreibt die Offenbarung. — Im 10. Gemach °248. *Raphael* „Madonna di Casa Colonna", so nach dem Palast genannt, in welchem das Gemälde früher sich befand, für 20,000 Thlr. angekauft. — 11. Gem. w. 270. *Giulio Romano* zwei Liebende auf dem Lager, von einer Alten belauscht; ö. 298. 299. 301. *Tintoretto* drei Bildnisse. — 12. Gem w. 307 *Girolāmo Savoldo* weibliche Figur mit gelbem Ueberwurf. — 13. Gem. w. 339 *Salviati* Amor und Psyche; ö. 353. *Caravaggio* Christi Bestattung; 14. Gem. w. 362. *Domenichino* h. Hieronymus; w. 369. *Caravaggio* Amor als Beherrscher der Kunst und Wissenschaft; ö. 371. *Lud. Carracci* Speisung der 5000 Mann. — 15. Gem. w. 404 a. *Zurbaran* Franciscaner und h. Petrus Nolascus; w. 405. *Murillo* Bildniss einer Spanierin; w. 406. *Velasquez* Bildniss; w. °408. *Murillo* büssende Magdalena; ö. 413. *°Murillo* Bildniss des Cardinals *Azzolini:* ö. 414. *°Murillo* h. Antonius mit Christkind; s. 405 a. *Ribera* Maria mit dem Kind und Joseph. —. 16. Gem. w. 419. *Sassoferrato* h. Joseph mit dem Christkind; w. 419 a. *Salvator Rosa* eigenes Bildniss; w. 421. *Salvator Rosa* Schiffbruch; ö. 428. *Claude Lorrain* Landschaft. — Im 17. Gem. nichts nennenswerth. — 18. Gem. n. 461. *Bourguignon* Mondscheinlandschaft; n. 463. *Nic. Poussin* Landschaft; s. 465. *Mignard* Bildniss der Nichte des Cardinals Mazarin; n. 468. *Watteau* Vergnügungen der franz. Comödie; s. 470. *Watteau* Vergnügungen der ital. Comödie; s. °471. *Lebrun* die Familie Jabach in Köln, durch Goethe's Schilderung (Dichtung u. Wahrheit) bekannt; s. 474. *Watteau* Landschaft. — 19. Gem. n. 482. u. 485. *Chodowiecky* Blindekuhspiel und Hahnenschlag; s. 489. *Pesne* Bildniss Friedrichs d. Gr.; 490. 493. 501. 503. *Canaletto* Ansichten aus Venedig.

Nun zurück zum Eingang und links weiter zu den niederländ. und deutschen Bildern. 1. Gemach, ö. **512. — 523 die Perle der ganzen Sammlung, von *Johann* und *Hubert van Eyck,* 12 Gemälde auf 6 Tafeln, welche die Seitenflügel des berühmten Altarstücks bildeten, das unter dem Namen der Anbetung des unbefleckten Lamms in der Kirche St. Bavo in Gent bekannt war. Das Bild bestand ursprünglich aus 13 Tafeln, die von den Franzosen nach Paris gebracht waren. Sechs geriethen 1815 nach der zweiten Pariser Einnahme in die Hände eines Gemäldehändlers und wurden für 100,000 Franken von einem Engländer Namens Solly angekauft, aus dessen Besitz sie für 100,000 Thaler für das Museum erworben wurden. Die 6 andern Tafeln sind zu Gent, die 13. ist verschwunden. Sie stellen dar: 1. die gerechten Richter; der Greis auf dem prächtig geschmückten Schimmel ist der Maler Hubert van Eyck (1366—1426), der zur Seite des blickende im schwarzen Gewand sein Bruder Johann (1400—1445); 2 Streiter Christi, die drei vordersten St. Sebastian, St. Georg und St. Michael; 3. und 4. singende und spielende Engel; 5. heil. Einsiedler; 6. heil. Pilger. Auf der Rückseite der 6 obigen Gemälde sind die 6 folgenden gemalt (die Aufseher wenden täglich einmal die Gemälde um, so dass die am Morgen aufgestellt gewesenen Nachmittags der Wand zugekehrt sind); 7. Johannes der Täufer; 8. Bildniss von Jodocus Vyts, Bürgermeister von Gent, für welchen das Gemälde bestimmt war; 9. u. 10. Verkündigung, Engel Gabriel und h. Jungfrau; 11. Ehefrau von Jodocus Vyts als h. Elisabeth; 12. Evangelist Johannes. Ueber den Zusammenhang der Bilder vergl. die Skizzentafel am Fenster.

In demselben 1. Gemach, ö. 524. 525. *Mich. Coexie* Copien des genannten, in Genf befindlichen Altarblatts, ö. 528. *J. van Eyck* Christuskopf, 1438 gemalt; w. °533. *Memling* der Prophet Elias von Engeln genährt; w. 534. *Rogier van der Weyde* Kreuzabnahme; w. 535. *Memling* Altarbild mit Flügeln, Christi Geburt, Anbetung der Könige, die Sibylle von Tibur, die Geburt verkündend; w. °539. *Memling* judische Familie beim Osterlamm; s. °555. *Memling* der Flügel eines Gemäldes, innere Seite wie bei Nr. 535, äussere Seite: der Engel Gabriel die Verkündigung darbringend. — 2. Gemach ö. 557. *Hans v. Culmbach* Bildniss Jacob Fuggers des Reichen; ö 561. *Quintin Massys* Maria das Kind küssend; w. 577. *Holbein* Bildniss des kaiserl. Feldhauptmanns Georg v. Frundsberg; w. 583. *Amberger* Bildniss des Cosmographen Sebastian Münster; w. 586. *Holbein* Bildniss eines Londoner Kaufmanns; w. 590. *Cranach* Bildniss Johann Friedrichs des Grossmüthigen; w. 593. *Cranach* Brunnen der Jugend. — 3. Gemach n. 618. *Cranach* Luther

16 Route 1. BERLIN. *Antiquarium.*

als Junker Georg. — 4. Gem. n. 671. *Quintin Massys* zwei Wechsler (ganz oben l. in der Ecke). — 5. Gem. n. 734. *Cornelis van Haarlem* Bathseba im Bade; n 774. *Rubens* und *Snyders* Hirschjagd; s. 758. *Rubens* Bildniss der Helena Forman, seiner zweiten Frau; s. 770. *Van Dyck* Geisselung Christi. — 6. Gem. n 788. *Van Dyck* Bildniss der Infantin Isabella Clara Eugenia; n. 778. *Van Dyck* der todte Christus wird von Maria Magdalena, Johannes und einem Engel beweint; n. 779. *Rubens* Christus u. Johannes (¹) als Kinder; n. °782. *Van Dyck* Bildniss des Prinzen Thomas v. Carignan; 783. *Rubens* Auferweckung des Lazarus; 785. *Rubens* Perseus u. Andromeda; s. 787. *Van Dyck* Maria mit Kind, Magdalena, verlorner Sohn, David; s. °790. *Van Dyck* die Kinder Carls I. v. England; s. °791. *Terburg* väterliche Ermahnung; s. 793. *Terburg* Genrebild; s. 795. *Jan Steen* Wirthshausgarten; ö. 798. *Rubens* und *Snyders* Christus mit Maria und Martha. — 7. Gem. n. °802. *Rembrandt* Herzog Adolph von Geldern droht seinem gefangenen Vater; n. 807. *Lievens* Isaak segnet Jacob; n. 808. *Rembrandt* eigenes Bildniss; n. 809. *F. Bol* Bildniss einer ältlichen Frau; n. 810. *Rembrandt* eigenes Bildniss im Alter von 23 Jahren; n. 812. *Rembrandt* Bildniss seiner Frau; s 815. *Gov. Flinck* Abraham verstösst Hagar; s. 819. *Bol* Bildniss eines Geistlichen; s. 821. *Koning* Bildniss eines Rabbiners; ö. 830. *Verelst* Bildniss einer alten Frau. — 8. Gem. n. 838. *Fr. Mieris* junge Dame vor dem Spiegel; n. 841. *Adr. v. Ostade* alte Frau unter einer Weinlaube; s. 848. *Netscher* Küche; s. 852. *Everdingen* Landschaft; s. 853. *Teniers* Alchemist; s. 856. *Teniers* kartenspielende Bauern; s. °859. *Teniers* Versuchung des heil. Antonius; ö. 878. *Snyders* kämpfende Hähne. — 9. Gem. n. °884. *Ruisdael* leicht bewegte See; n. 888. *Backhuyzen* Seesturm; n. 893. *Ruisdael* Landschaft; s. 895. *Backhuyzen* leicht bewegte See; s. 905. *Wulscapele* Frucht- u. Blumengehänge; s. 906. *de Heem* Fruchtgehänge. — 10. Gem. w. 929. *Roos* Vieh; s. 955. *Van Thulden* Triumphzug der Galathea. — 11. Gem. w. °963. *De Heem* Fruchtgehänge; das Mittelstück, Maria mit Kind, von *Begas*; ö. 974. *Snyders* Kampf zwischen Bären und Hunden. — 12. Gem. ö. 1014a. *Denner* alter Mann; 1014b. männl. Bildniss; ö. 1023a. *Dietrich* Wasserfall von Tivoli bei Rom.

Das **Antiquarium** (Eintr. S. 5) besteht aus antiken Vasen, Terracotten (Gefässen aus gebranntem Thon), Mosaiken, Bronzen, Gemmen, Münzen. Unter den *Vasen* (an 1600) sollen manche von Kunstwerth sein. Die kleinen *Erzgebilde*, Penaten, Waffen, Hausgeräthe, Statuetten, Schmucksachen u. s. w., gewähren einen Blick in das häusliche und öffentliche Leben der Griechen und Römer. Ausgezeichnet ist die Sammlung der *geschnittenen Steine* (Gemmen, vertieft *Intaglien*, erhaben *Cameen* genannt), darunter eine Anzahl Kunstwerke ersten Ranges. Die bedeutendsten Gegenstände anderer Sammlungen (Wien, Paris, Haag) hangen in Abgüssen an der Wand. — Das *Münzcabinet*, von welchem nur eine kleine übersichtliche Auswahl aufgestellt ist (das Ganze übersteigt 40,000 Stück), zeichnet sich durch gute chronologische Anordnung aus. Die mittelalterlichen und neuern Münzen sind in einem besondern Local; wer sie zu sehen wünscht, meldet sich im Bureau der Generaldirection in den Stunden, in welchen die andern Abtheilungen des Museums geöffnet sind. Abgüsse und Pasten der besten Gemmen sind bei den Aufsehern billig zu haben.

Das *****Neue Museum** (Pl. 74, s Grundr. S. 12, Eintr. S. 5), durch einen Bogengang (S 14) mit dem alten in Verbindung, nach Stüler's Entwürfen ausgeführt (der Bau begann 1843), ist in der innern Ausschmückung das prächtigste Gebäude Berlins Die Vorderseite, 340' lang, nach Osten, hat die Inschrift: „*Museum a patre beatissimo conditum ampliavit filius 1855.*" Die Inschrift auf der Westseite, den Packhof überragend, lautet: „*Artem non odit nisi ignarus.*" Die Bedeutung des Gebäudes als solches wird erst zur äussern Erscheinung gelangen, wenn die ganze Anlage, welche die Kunst-Academie aufnehmen soll, vollendet sein wird. Die innere Einrichtung und Aufstellung hat in umsichtiger Weise der General-Director der königl. Museen, Hr. Geheime Rath von Olfers geleitet.

Das neue Museum enthält im *Erdgeschoss* die Sammlung nordischer Alterthümer, die Sammlung für Völkerkunde, das aegyptische Museum; im *ersten Stock* Gypsabgüsse berühmter Bildwerke aller Zeiten in chronolog. Ordnung; im *obern Stock* die historische Sammlung und kleine architectonische Modelle, Majoliken und Gläser; kirchliche Gegenstände; die unter dem Namen *Kunstkammer* einst im königl Schloss aufgestellte Sammlung von kleinern Kunstwerken und andern Merkwürdigkeiten; die Sammlung von Kupferstichen, Miniaturen, Handzeichnungen und Kunstdrucken. Der mittlere Raum besteht aus dem das ganze Gebäude durchschneidenden *Treppenhaus*. Wir treten durch den Bogengang (S. 14) zuvörderst in die Säle der **Gypsabgüsse**. Erste Aufgabe der Anordnung war, die Geschichte der Sculptur in ihren bedeutsamsten Erscheinungen möglichst nach der Zeitfolge geordnet vorzuführen. Die einzelnen Gegenstände sind durch Inschriften bezeichnet, der Catalog ist also entbehrlich.

S ü d l. K u p p e l s a a l, drei grosse *Wandbilder:* Einweihung der Sophienkirche durch Kaiser Justinian, gemalt von *Schrader;* Unterwerfung Wittekinds durch Karl d. Gr. (R. 37), nach einem Kaulbach'schen Carton von *Gräf;* Erhebung des Christenthums zur Staatsreligion, von *Stilke*. Mediceische Vase, Agrippina, Schleifer ("Scythe"). (Die südl. Thür führt über den Verbindungsbau in das alte Museum, S. 11.)

R ö m i s c h e r S a a l: Die beiden Säulen am Eingang gemalte Nachbildungen pompejan. Mosaiken. Demosthenes, Athēne, Posidonius, Brunnengruppe (Delphin und Amor) aus Neapel, schnalzender Faun, flöteblasender Faun, Venus Kallipygos, schreitender Faun, Dornauszieher, Faun mit Weinschlauch, Hermaphrodit, Tod und Schlaf. An der Wand 17 altrömische Gegenden.

B a c c h u s - S a a l. Florentiner Hund und Eber. Die kleineren Abgüsse grösstentheils aus Pompeji.

N i o b i d e n - S a a l. An der Wand die berühmte Niobiden-Gruppe, wahrscheinlich einst Giebelfeld für einen Apollotempel: Niobe ihre Kinder vor den Pfeilen des Apoll schützend. An den Fenstern: Discuswerfer, Adonis, Germanicus, Ariadne, *sterbender Fechter, Ringer, *Borghese'scher Fechter, Achill, Schaber. Neben der Thür (r.) niederkauernde Venus.— *Wandmalereien:* Darstellungen aus der griechischen Götter- und Heldengeschichte.

Im nördl. K u p p e l s a a l, u. a. *Ajax mit dem Leichnam des Patroklus, Amazone mit Bogen, Minerva von Velletri, Dionysos-Gruppe, schlafender Faun ("Barberinischer Faun"). *Wandbilder:* Theseus tödtet den Minotaurus, Hercules fängt die Hirschkuh von Cerinia, Bellerophon tödtet die Chimäre, Perseus befreit die Andromēda

A p o l l o - S a a l. Gruppe des *Farnesischen Stiers*, das grösste Bildwerk des Alterthums, das Original einst in der Villa Farnese zu Rom, und danach den Namen führend, jetzt im Museo Borbonico zu Neapel: die Söhne der Antiōpe lassen die Peinigerin ihrer Mutter, die böse Dirke, Gattin des Königs von Theben, durch einen wilden Stier schleifen. Im Fenster: Venus von Milo, Venus von Capua, schlafender Endymion, Torso eines Hercules.

Die 6 Standbilder an den Wänden: Apollino, *Apoll von Belvedere, Bacchus, Ephēbe, *Diana von Versailles, *Venus v. Medici. — Im Durchgang die Apotheose des Homer, Relief.

Griechischer Saal, aus der frühesten Kunstepoche, an der hintern Querwand, oben das Giebelfeld vom Minerva-Tempel zu Aegina, der Kampf um den Leichnam des Patroklus, Original in der Glyptothek zu München. In der Mitte des Saals, Giebelfeld des Parthēnon-Tempels zu Athen, an der langen Wand und den Zwischenwänden Fragmente des Parthenon-Frieses. Die 10 *Wandbilder* stellen griechische Gegenden dar, welche, besagen die Inschriften. — Im Zwischengemach die Gruppe des *Laökoon, des sammt seinen beiden Söhnen von grossen Meeresschlangen erwürgten Oberpriesters des Apollo von Troja.

Mittelalter-Saal. Abgüsse von Sculpturen und Ornamenten, rechts deutscher, links französischer und englischer Kirchen. In der Mitte das Vischer'sche Sebaldusgrab zu Nürnberg.

Neuere Kunst, grosser Saal mit Zwischenbauten. Von grössern Werken u. a.: die Ghiberti'schen Thüren des Baptisteriums zu Florenz, Mercur von Giovanni de Bologna, Grablegung von A. Krafft, Michel Angelo's Denkmäler der Medici zu Florenz, Scene aus der Sündfluth von Kessels.

Dann die Säle der aegyptischen, assyrischen, phönizischen, altgriechischen und kleinasiatischen Bildwerke.

Wir betreten nun das mächtige **Treppenhaus**, 128' tief, 100' hoch, 57' breit, an dessen innern Seiten der Amazonenfries von Phigalia (die berühmten Reliefs eines Apollo-Tempels). Die Treppen sind aus schlesischem Marmor. Auf der mittlern Abtheilung der Treppe sind die 17' hohen Dioskuren (Rossebändiger) des Monte Cavallo zu Rom aufgestellt. An den Wänden Sculpturen aus griechischen Tempeln, oben die ****Kaulbach'schen Wandgemälde**, die schönste Zierde des neuen Museums. Sie stellen Hauptmomente der Geschichte der Menschheit dar, Bilder von grosser Wirkung.

1. Der **Fall Babels**, König Nimrod im Mittelgrund, im Vordergrund die Theilung der Stämme, links die Semiten mit ihren Heerden, in der Mitte die götzendienerischen Nachkommen Hams, rechts die Japhetiten, die Grunder des kaukasischen Stamms. Sclaven steinigen den Baumeister. — 2. Die **Blüthe Griechenlands**. Homer naht auf einem Nachen dem Strande Griechenlands und singt dem lauschenden Volk, links Dichter, Bildhauer, Baumeister u. A., rechts Krieger, den Schildtanz um den Opferaltar tanzend, im Vordergrund Thetis dem Meer entstiegen und ebenfalls dem Gesang Homers lauschend. Oben auf dem Regenbogen Jupiter und Juno und die Götter des Olymp, Apoll mit den Musen und Grazien. — 3. **Zerstörung Jerusalems** durch den röm. Kaiser Titus und seine Legionen, im Vordergrund der Hohepriester, sich und die Seinigen tödtend, links Ahasverus, der ewige Jude, fliehend, rechts eine abziehende Christen-Familie, die schönste Gruppe. Oben die vier Propheten, welche den Untergang weissagen. — 4. Die **Hunnenschlacht**, nach einer alten Sage. Diese erzählt, der Kampf sei mit solcher Erbitterung geführt, dass während der Nacht sich die Erschlagenen wieder erhoben, und in der Luft sich bekämpften. Sie verlegt den Schauplatz nach Rom, desshalb im Bilde Rom als Hintergrund. Oben auf einem Schilde getragen Attila mit der Geissel in der Hand, ihm gegenüber Theoderich, der König der Westgothen. — 5. **Ankunft der Kreuzfahrer vor Jerusalem** unter Gottfried von Bouillon. — Das 6. Bild wird die **Reformation** zum Gegenstand haben. — Neben und zwischen den grossen Gemälden einzelne Gestalten auf Goldgrund, über den Thüren die Sage und die Geschichte, die Wissenschaft und die Urkunst, die Poesie. Zwischen den grossen Bildern die Gesetzgeber Moses, Solon, Carl d. Gr., Friedrich I. Rothbart, über ihnen die Länder Aegypten, Griechenland, Italien, Deutschland. An den Fensterwänden die Künste, Sculptur, Malerei, Architectur, Kupferstechkunst. Um

Neues Museum. BERLIN. *1. Route.* 19

den ganzen Raum läuft unter dem reich verzierten Hängewerk ein **Fries**, welcher Grau in Grau die Entwickelungsgeschichte der Menschheit humoristisch, zum Theil in Kinder- und Thiergestalten, darstellt, mit Humboldt, der auf den Kosmos sich stützt, abschliessend, das Ganze nur durch eine genaue ausführliche Erläuterung verständlich. Die **Karyatidenhalle** mit den 4 Pfeilern ist eine Nachbildung des Pandroseion der Akropolis zu Athen.

Links (im 2. Stock) Eingang zur **Kupferstich-Sammlung**. Reihen von in kunstgeschichtlicher Beziehung wichtigen Blättern sind unter Glas und Rahmen zur Schau ausgestellt, in den Schränken selbst sind die Mappen. Am besten gleich durchschreiten bis ans Ende des Saals und hier mit Besichtigung der westl. Schränke beginnen.

Im **blauen Saal**, an den westl. 6 Schränken Deutsche und Niederländer mit dem „Meister von 1464" beginnend, bis zu Wille, Chodowiecky und Bause: die Niederländer bis zu den „peintre-graveurs" des 17. Jahrh. In den östl Schränken die Italiener, Franzosen und Spanier, Engländer und Russen. — Im **grünen Saal** an den Wänden eine Auswahl vorzüglicher Blätter (Kupferstiche und Handzeichnungen) aus allen Schulen und Zeiten, in gleichzeitigen Rahmen. — Im **braunen Saal** Handzeichnungen, besonders Dürer'sche Aquarelle, Miniaturen. Man kann die Mappen mit den einzelnen Blättern sich vorlegen lassen. In einer Blende Dürers Büste.

Rechts die **historische Sammlung** und die **kleinen Kunstwerke**, zunächst kleine Modelle preuss. Denkmäler, des Grossen Kurfürsten von Schlüter, Friedrichs des Grossen und Blüchers von Rauch; Blüchers Standbild zu Rostock u. a. Die historische Sammlung und die Erinnerungen an das königl. Haus sind in einem abgesonderten Raum, das lebensgrosse Modell des Grossen Kurfürsten, zu den Seiten die Figuren (in Wachs) der Könige Friedrich I. und Friedrich II. in den Kleidern, welche sie bei ihrem Leben trugen, der Hut des Grossen Kurfürsten aus der Schlacht von Fehrbellin, Friedrichs d. Gr. Flöte, Zeichnungen von ihm u. A.; Husaren-Uniform und Kolpak des alten Ziethen; Napoleons Ordenssterne, Hut und Pistolen, am 18. Juni 1815 in Napoleons Wagen bei Genappe erbeutet, u. A. In den Glasschränken zahlreiche *Modelle alter Gebäude*, nach einem Massstab gearbeitet. In den folgenden Abtheilungen *Gläser* und *Majoliken*, in einem abgesonderten Raum *kirchliche Alterthümer*, in dem langen Saal *kleinere Kunstwerke*, Elfenbein- und Holzschnitzwerke, Trinkgefässe, Vasen, Gläser, Schmelzwerke u. dgl., historisch geordnet. Wir kehren nun durch das Treppenhaus zurück und treten ebener Erde in den Saal der **Nordischen Alterthümer**.

In 9 Schauschränken mit Angabe der Fundorte, Schmuck, Statuetten, Gefässe, Waffen, Reitzeug, Geräthe. Die stereochrom. **Wandbilder** erläutern die nord. Götterlehre. Am Eingang r. die Hünengräber, l. Stubbenkammer, auf Rügen **Westl. Wand**: 1. Fenster: Hertha, die nord. Ceres, und Odin, der nord. Jupiter; oben Nacht und Tag. 2. Fenster: Baldur, der nord. Apoll, und Hulda, die Göttin der Häuslichkeit. 3. Fenster: Freyr, der Gott des Frühlings, und Freya, seine Schwester, die Göttin der Liebe; oben Zwerge als Schiffbauer. 4. Fenster: links Odur und Freya auf dem Schlachtfelde die für Walhalla würdigen Todten mit Blut bezeichnend, in der Mitte Walkyrien die Todten in Walhalla einführend, rechts Tyr der Kriegsgott. — Ueber der **Thür**: Allvater Odin, links die Walhalla, der gefallenen Helden Paradies, rechts Helheim, die Unterwelt, Aufenthalt der natürlichen Todes Gestorbenen. — **Oestliche Wand**, böse Gottheiten, am

2*

1. Fenster links Hela, r. Loke; am 2. Fenster Normen (Schicksaalsgöttinnen); am 3 Fenster Wassernixen, Vogel Greif und Kampf der Riesen mit dem Drachen; am 4. Fenster Titania und Elfen, der Donnergott Thor auf einem mit Steinböcken bespannten Wagen.

Aus dem Saal der Nord. Alterthümer tritt man links in die geographisch geordnete **Sammlung für Völkerkunde**, unzählige Gegenstände zur Erläuterung von Sitten und Gebräuchen fremder Völker, in 34 grossen Glasschränken aufgestellt, Kleidung und Schmuck, Geräthe und Waffen, Götzenbilder u. dgl. Die Ueberschriften über den Schränken geben das Vaterland an. In dem Halbrund rechts beim Eintritt, neben dem american. Lederzelt, in Schaukästen die kleinen Gegenstände und Figuren aus America. (In dem angrenzenden offenen Hof sieht man Gypsabgüsse, zur Ergänzung der grossen Sammlung der Gypsabgüsse, s. S 17, meist grosse Reliefs, u. a. die Externsteine im Teutoburger Wald, R. 41.) Im Schrank am 3. Fenster, *Australien* überschrieben, links, der rothe und gelbe Federmantel, den einst der König der Sandwich-Inseln dem König Friedrich Wilhelm III. schenkte, wofür er eine Uniform des 2. Garde-Regiments erhielt. Weiter Modelle von Hütten, Häusern, Schiffen. Im letzten Saal indische, türkische, persische, chinesische, japanische Gegenstände in bunterer reichster Auswahl. Die beiden ersten Schränke links enthalten manche mit Pr. W. bezeichnete Gegenstände, Ausbeute der Reise des Prinzen Waldemar (1846) nach Indien (S. 11), auch des Prinzen Mattenzelt.

Ausgang in die auf 4 Säulen von italien. Marmor gestützte Vorhalle des Treppenhauses: hier in das **aegyptische Museum**, eine der bedeutendsten Sammlungen aegypt. Alterthümer, von Passalacqua angelegt, von Lepsius 1845 sehr erweitert, ein lebendiges Bild vom ganzen Haushalt der Aegypter gewährend, dem Zustand der Gesittung und Kunst, wie er bei diesem Volk vor 3000 Jahren war, Bildsäulen ihrer Könige, Sarkophage, menschliche und Thier-Mumien, verhüllt und abgewickelt; Schiffmodelle, Waffen, Kleidungsstücke u. dgl. Die Sammlung ist in 5 Räumen aufgestellt, deren künstlerische Ausschmückung wesentlich zur Erläuterung beiträgt.

Vorhof von 16 Säulen getragen. Die Wandgemälde von *Schirmer*, *Pape* u. A. stellen aegypt. Landschaften dar. Die Hieroglyphenschrift am Gesimse meldet, dass die Aufstellung auf Befehl des Königs Friedrich Wilhelm IV. stattgefunden hat. In der Mitte zwei Widdersphinxe (der rechts eine Gyps-Nachbildung), im Hintergrund zwei gewaltige Colosse von Porphyr, sitzende Königsbilder, links Ramasses II., den die Griechen Sesostris nannten, ganz unversehrt, wie er aus Aegypten kam, rechts Sesursaten I. (2000 J. v. Chr.), dieser grösstentheils aus zusammengesetzten und ergänzten Bruchstücken entstanden. — In dem von 8 Säulen getragenen Säulengang: an den Wänden beschriebene *Papyrusrollen* unter Glas; im Hintergrund die Colossalstatue des Königs Horus. — Der historor. Saal (links) enthält theils Bildsäulen von Göttern (am Eingang r. die Göttin Pecht oder Isis, mit Löwenkopf und Sonnenscheibe), von Königen, Priestern und Würdenträgern des Reichs, theils andere Denkmäler, Opfersteine, Inschriften, Wandmalereien u. dgl.; am Ende des Saals unter einem Baldachin die jugendliche Königin Ramaka. In den Glasschränken kleinere Gegenstände verschiedenster Art aus dem häuslichen und religiösen Leben, Geräthe, menschliche Mumienköpfe, Mumien der heil. Thiere, Katzen, Fische, Schlangen, Krokodile, Frösche, Ibisse, Heuschrecken; Amulette, geschnittene Steine, Schmuck, Münzen, Früchte. — Gräbersaal (rechts der Säulenhalle) am Eingang die Göttin Hathor. Die *Grabkammern* sind aus den von Prof. Lepsius aus der Nekropolis zu Memphis hierher gebrachten Bruchstücken ganz in der ursprünglichen Gestalt aufgebaut, von innen und aussen mit zahlreichen Hieroglyphen. Der anstossende astronom.-mythol. Saal enthält vorzugsweise Sarkophage und Mumien, der in der Mitte unter Glas aufgestellte Sarkophag, zu Theben ausgegraben, der werthvollste.

Westlich vom Museum steht die unbedeutende, von Friedrich II. 1747 erbaute **Domkirche** (Pl. 41), unter Friedrich Wilhelm III. erneuert. Im Gewölbe die königl. Familiengruft. In der Kirche die Prachtsärge des grossen Kurfürsten und Königs Friedrich I.; dann das metallene Denkmal des Kurfürsten Johann Cicero († 1499) und Joachims I. († 1535), von Johann Vischer aus Nürnberg um 1540 gegossen. Die angrenzende Begräbnisshalle, dem *Campo santo* in Pisa nachgebildet, zu Königsgräbern bestimmt, mit ihrer Rückseite in die Spree hinein reichend, ist noch unvollendet.

Von den übrigen 40 ältern **Kirchen** Berlins verdienen nur einzelne in baulicher oder kunstgeschichtlicher Hinsicht einige Beachtung. Die nachgenannten vier ältesten sind am r. U. der Spree: in der *Nicolaikirche* (Pl. 58), aus dem 13. Jahrh., das Grab des berühmten Rechts- und Staatsgelehrten Puffendorf († 1690); in der *Garnisonkirche* (Pl. 45) ein Gemälde von Begas, Christus am Oelberg, und andere Bilder, den Tod einiger Generale des 7jähr. Kriegs darstellend; die *Marienkirche* (Pl. 54), aus dem 13. Jahrhundert, ziert ein 1790 erbauter 286' hoher Thurm; in der goth. *Klosterkirche (Pl. 51) am Altar und Chor Frescogemälde von Hermann. — Die *Neustädter-* oder *Dorotheenkirche* (Pl. 42) enthält u. a. das Denkmal des Grafen von der Mark, natürlichen Sohns Friedrich Wilhelms II. († 1787), von Schadow. Die Kuppelkirchen auf dem Gensd'armenmarkt, die *neue* (Pl. 57) und die *französische* (Pl. 44), liess Friedrich II. erbauen Die *Werder'sche *Kirche* (Pl. 61) erbaute Schinkel 1824—1830 im goth. Styl; sie hat 2 Thürme mit abgeplatteten Spitzen und enthält ein Altarblatt von Begas, die Auferstehung Christi, zur Seite die vier Evangelisten von W. Schadow. Die (kathol.) *Hedwigskirche* s. S. 9.

Die *neuesten Kirchen sind: *Johanniskirche* in Moabit (Pl. 50), Backsteinbau (1834) von Schinkel; *Jacobikirche* (Pl. 48), Basilikenstyl, Backsteinbau (1845) von Stüler; *Mathaeikirche* (Pl. 55) vor dem Potsdamer Thor am Thiergarten, Backsteinbau (1847) von Stüler; *Petrikirche (Pl. 59), die Gewölbe von 48' Spannung (5' mehr als die des Kölner Doms), goth. Styls, Backsteinbau (1846—1854) von Strack. Thurm 301' h.; *Marcuskirche (Pl. 53), roman. Styls, 1848—1855 von Stüler; *Andreaskirche* (Pl. 38), 1854—1856 von Strack; *Bartholomaeuskirche (Pl. 39), mit 215' h. Thurm, goth. Styls, Backsteinbau, 1854—1858 von Stüler. Die *St. *Michaelskirche* (Pl. 56), roman. Styls, nach Sollers Entwürfen als kathol. Garnisonkirche 1856 aufgeführt, in der Nähe des Krankenhauses Bethanien, Kreuzkirche, 194' l., 98' br., Kuppel 150' h., auf dem Giebel der h. Michael, von Kiss, ist die schönste Kirche Berlins; Verzierungen u. Standbilder in gebranntem Thon. Der *israelit. Tempel* (Pl.101) in der Johannisstr., für die Reformgemeinde, nach Stier's Entwürfen, durch seine Kuppelanlage sehenswerth, SonntagsGottesdienst.

22 *Route 1.* BERLIN. *Schöne Gebäude.*

Ausser den schon genannten möchten als **schöne Gebäude** noch die nachstehenden anzuführen sein: *Palais des Prinzen von Preussen* (Pl. 82), Linden Nr. 37, 1834—1836 von Langhans erbaut; des *Prinzen Carl* (Pl. 79), Wilhelmsplatz Nr. 9, mit einem ausgezeichneten Waffensaal, 1737 als Palais des Johanniter-Ordensmeisters erbaut, 1827 von Schinkel umgeschaffen· des *Prinzen Albrecht* (Pl. 78), Wilhelmsstrasse 102, ebenfalls von Schinkel neu eingerichtet; des *Grafen Redern*, Linden 1, von Schinkel im Florent. Styl erbaut; des *Kaisers von Russland* (Pl. 83), Linden 7; des *Grafen Arnim-Boytzenburg*, am Pariser-Platz. Das *Schauspielhaus* (Pl. 105), auf dem Gensd'armenmarkt, 1820 von Schinkel erbaut, vor dessen Freitreppe die Statuen von Schiller und Göthe aufgestellt werden sollen. Die *Sternwarte* (Pl. 98) an der Lindenstrasse, 1835 von Schinkel erbaut, mit einer bemerkenswerthen Kuppel. Der neue *Packhof* (Pl. 76) beim Museum, ebenfalls nach Schinkels Entwurf. Das *Kriegsministerium* (Pl 64), Leipzigerstrasse 5—7, 1844 umgebaut, auf den Pfeilern an den Einfahrten 4 Soldaten-Standbilder, Husar, Kanonier, Grenadier, Cürassier. Das *Handelsministerium* (Pl. 34) am Wilhelmsplatz. Das *Hôtel d'Angleterre*, neben Schlossbrücke und Bauschule. — Ganze Reihen geschmackvoller zierlicher neuer *Privathäuser* finden sich in den neuen Strassen vor den s.w. Thoren, namentl. in der *Thiergartenstrasse*, am südlichen Saum des Thiergartens u. der *Victoriastrasse*.

In dem neuen Stadttheil, der an der s.ö. Seite Berlins sich anbaut, erhebt sich ein grossartiges 1847 vollendetes Gebäude, anscheinend ein Castell mit einer langen Vorderseite, aus welcher zwei Thürme aufsteigen, mit zwei Flügeln, *Bethanien (Pl. 13) genannt (Eintr. S. 5), Central-Diakonissen-Anstalt und Muster-Krankenhaus, unter der Leitung evangel. Diakonissen, „christlich gesinnter Jungfrauen zu christlicher Krankenpflege vereinigt".

Das aus Beiträgen kathol. Confessionsverwandten 1854 erbaute **kathol. Krankenhaus** (Pl. 63), an der entgegengesetzten nördl. Seite der Stadt, Hamburger Strasse, wird von barmherzigen Schwestern geleitet. Das 1855 errichtete, mit einem Pensionat verbundene *kathol. Erziehungshaus*, in der Lindenstr., zugleich Waisenhaus für Mädchen und höhere Töchterschule, leiten Ursulinerinnen.

Das neue Krankenhaus der *jüdischen Gemeinde*, Auguststr. 15, nach Entwürfen von Knoblauch, wird 1861 eröffnet.

Neben dem Hamburger Bahnhof ist das 1847 vollendete ***Zellen-Gefängniss** (Pl. 113) für 820 Gefangene Unfern desselben die neue grosse **Ulanen-Caserne** (Pl. 30), an Moabit (S. 25) angrenzend. — Den Raum der am 19. März 1848 niedergebrannten Artillerie-Wagenhäuser vor dem Oranienburger Thor nehmen drei grosse stattliche **Casernen-Gebäude** (Pl. 24) ein, jedes 550' lang.

Am Hallischen Thor, auf dem Belle-Alliance-Platz, die **Friedenssäule** (Pl. 32), zu welcher im J. 1840 zum Gedächtniss des 25jähr. Friedens der Grundstein gelegt wurde, eine 22' h. Granitsäule, oben

Wagener's Gem.-Samml. BERLIN. *I. Route.* 23

eine Victoria von Rauch, in der Linken den Palmzweig, in der
Rechten den Siegeskranz der Stadt zutragend. Das Thor schliesst
die 4250 Schritte (³/₄ St.) lange *Friedrichsstrasse*, welche Berlin von
S. nach N. durchschneidet und n. mit dem Oranienb. Thor endet.
Die *Wagener'sche Gemälde-Sammlung (Pl. 111, Eintr. S. 5),
über 200 Bilder neuerer Meister, grossentheils Düsseldorfer und
Münchener, in der Wohnung des Consuls, Brüderstr. 5. Viele dieser
Bilder, namentlich die frühern, sind durch Steindrücke bekannt.
   Im Eingangszimmer, das erste rechts (das Zimmer gerade aus ist
das 6. Zimmer, s. unten): 90. *Kolbe* Strasse in einer altdeutschen Stadt,
134. *Plüddemann* Columbus, 184. *Schröder* rheinisches Wirthshaus. Im letzten Zimmer rechts, am Fenster: 156. *Riedel* badende Mädchen, 88. *Koeckoeck* Winterlandschaft, 185. *Schroedter* Don Quixote, 204. *Horace Vernet* Sclavinnen-Markt, 188. *Schröder* Capt. Fluellen nöthigt den Fähnrich Pistol,
Lauch zu essen (Shakspeare Heinr V, Aufz. 5. Scene l). An der Wand:
197. *Schinkel* Felsenlandschaft aus Friaul, 106. *Lehnen* Stillleben, 2. *Adam*
Pferdestall, 81. *Kiedrich* Tod des Maltheser-Grossmeisters Johann v. Lavalette,
167. *Lessing* ital. Felsenlandschaft. Zweites Zimmer: 109. *Lessing* Capelle auf einem Felsenhügel, 154. *Rethel* b. Bonifacius, 70. *Hildebrandt*
Räuber, 69. *Hildebrandt* Räuber und Kind, 110. *Lessing* Abendlandschaft,
66. *Peter Hess* Griechen. Drittes Zimmer: 78. *Jordan* Tod des Lootsen,
138. *Preyer* Weinrömer und Früchte; im Glase spiegelt sich der Maler in
seiner Werkstatt, 139. *Preyer* Blumenstück, 176. *Schirmer* grosse Waldlandschaft mit See, 161. *Rustige* Wolkenbruch, 107. *Lessing* Felsenschloss. Viertes Zimmer: 19. *Jordan* normännische Schiffer ziehen ein Boot an Land,
114. *Maes* Römerin und Kind, 59. *Henning* Mädchen aus Frascati bei Rom,
181. *Schorn* Papst Paul III. Luther's Bild betrachtend, 208. *Wach* Amor und
Psyche, 72. *Hübner* Christkind, 89. *Koeckoeck* Sommerlandschaft, 122. u. 123.
Mücke h. Catharina und h. Elisabeth. Fünftes Zimmer: 199. *Steinbrück*
Elfenmährchen, 108 *Lessing* Felsgebirge, 64. *Peter Hess* plündernde Kosacken,
77. *Jordan* Heirathsantrag, 133. *Pistorius* eingeschlafener Krankenwärter,
58. *Heine* Gefangene in der Kirche, 6. *Ahlborn* Florenz, 4. *Albr. Adam* Werkstatt des Malers, der einen Schimmel malt, 53. u. 52. *Hasenclever* Lesezimmer und Weinprobe, 164. *Schinkel* gothische Kirche am Meer. Sechstes
Zimmer: *Riedel* Mädchen aus Albano bei Rom, 63. u. 65. *P. Hess* österr.
Soldatenscenen, 29. *Dargs* Capuziner und Chorknabe, 65. *Rahm* Chorherren,
62. *P. Hess* am St. Leonhardsfest am Schliersee, 163. *Schendel* Fischhändlerin
bei Licht, 140. *Preyer* Fruchtstück, 136. 137. *Preyer* Blumen und Früchte.
   Die *Ravené'sche Gemäldegallerie (Pl. 87, Eintr. S. 5), neue
Grünstrasse. Wallstrassen-Ecke, eine kleine sehr gewählte Sammlung (147 Nummern), nur Bilder neuer deutscher und französ.
Meister, neuern Ursprungs als die Wagener'sche Sammlung, in vortrefflicher Beleuchtung. Man geht am besten gleich durch die
ersten Zimmer die Treppe hinauf in den von oben beleuchteten Saal.
   An der ersten Wand: 30. *Hasenclever* Jobs als Nachtwächter, 129.
Schröder Eulenspiegel als Bäckergeselle, 97. *Meyerheim* Kirchgang, 84. *Lessing* westphäl. Landschaft, 135. *Tidemand* norweg. Begräbniss, 140. *Horace
Vernet* ein Zuave als Amme, 76. *Krüger* Pferdestall, 29 *Hasenclever* Weinprobe. Zweite Wand: 94. 95. *Meyerheim* Harzerinnen, 138. *Verboeckhoven* Küche, 1. *Andr. Achenbach* norweg. Küste im Winter, 98. *Meyerheim*
Familienglück, 49. *Hilgers* Winterlandschaft, 85. *Leu* grosse norweg. Landschaft. Dritte Wand: 67. *C. Hübner* Jagdrecht, 108. *Preyer* Stillleben,
34 *Hasenclever* Jobs als Schulmeister, 119. *Robert Fleury* Judenmord am
Krönungstage (975) Eduard's II. in London, 118. *Henry Ritter* der ertrunkene Fischersohn, 41. *Hildebrandt* Sonnenuntergang bei Rio-de-Janeiro,
31. *Hasenclever* Jobs im Examen. Vierte Wand: 123. *Scheuren* flache
Gegend am Niederrhein, 93. *Menzel* Friedrich d. Gr. auf Reisen, 134. *Tidemand* der Wolfsjäger. Auf Staffeleien: *Grääb* Fontana Medina in Neapel,

24 *Route 1.* BERLIN. *Thiergarten.*

62. *Hilgers* Harzlandschaft, 124. *Schmidt* Kaiser Carl's V. letzte Augenblicke. 19. *Gallait* böhm. Musikanten. In den untern kleinern Zimmern, im ersten: 110. *Preyer* Spatzenfrühstück, im zweiten: 43. *Hildebrandt* Mondscheinlandschaft bei Rio-de-Janeiro, im dritten: 82. *Lepoittevin* „éducation d'Achille", ein junger verwundeter Soldat wird von einer Marketenderin verbunden, 131. *Steffeck* Hunde im Vorzimmer, 6. *Biard* Schmuggel-Versuch in einem französ. Zollhause, im vierten Zimmer: 111. *Preyer* Erd- und Johannisbeeren, 4. *C. Becker* Juwelenhändler und Senator.

Unmittelbar vor dem Brandenburger Thor (S. 6) dehnt sich der *Thiergarten aus, ein ³/₄ St. l., ¹/₄ St. br. Park mit stattlichen alten Bäumen, hier und da hübsche Wasserpartien, namentlich in der Nähe des zoolog. Gartens (S. 25). Die Landstrasse nach Charlottenburg theilt den Thiergarten in zwei ungleiche Hälften. An der Ostseite der nördl. Hälfte, an der Stadtmauer, sind die Maler-Gebäude (s. unten), an der Westseite das Kroll'sche Etablissement (S. 4), hinter diesem die unter dem Namen der Zelte (S. 4) bekannten Vergnügungsorte, weiter Schloss Bellevue (s. unten), diesem gegenüber am rechten Ufer der Spree Moabit und die Borsig'sche Maschinenfabrik (S. 25). Unweit des westl. Endes des Thiergartens beginnt Charlottenburg (S. 25), an der Südwestspitze der zoolog. Garten (S. 25) und die „Neuen Anlagen", am südlichen Saum die kleine Louiseninsel und das Denkmal Friedrich Wilhelm's des III. (S. 25), dann eine Anzahl viel besuchter Vergnügungsorte (S. 4), unfern des s.ö. Saumes zwischen dem Brandenburger und Potsdamer Thor, eine Reihe geschmackvoller neuer Wohnhäuser (S. 22).

Die oben genannten *Malerhäuser*, drei durch einen Säulengang verbundene 1846 vollendete Gebäude an der Ostseite des ehem. Exercierplatzes, unmittelbar rechts vor dem Brandenburger Thor, enthalten die *Wohnung des Directors Cornelius*, ein *Gebäude für Maler-Werkstätten*, und im mittleren Gebäude die *Raczynski'sche Gemälde-Sammlung (Pl. 88, Eintr. S. 5), 122 Nummern, meist gewählte, grösstentheils neuere Bilder.

1. *Cornelius* Christus in der Vorhölle, 2. *Kaulbach* die Sage, 3. *Kaulbach's* Carton zur Hunnenschlacht (S. 18) bedeckt fast die ganze Wand, 4. *Cornelius* allegorische Gruppe, 5. *Overbeck* Sposalizio, 8. *Führich* Triumph Christi, 21. *Schadow* Tochter der Herodias, 22. *Stilke* Pilger in der Wüste, 27. *Schadow* Templer, 33. *Hildebrandt* Söhne Eduards, 37. *Kaulbach* Hirtenknabe aus Rom, 115. *Paul Delaroche* Pilger in Rom, 116. *Robert* Schnitter, 118. *Verboeckhoven* Stier, 131. *Teniers* (?) Quacksalber, 132. *Le Poitevin* Fischer am Strand. *Rubens* heil. Familie auf der Flucht (Zeichnung).

An der Westseite des Platzes ist *Kroll's Etablissement* (S. 4). In derselben Richtung, 15 Min. im Thiergarten weiter westlich, liegt an der Spree das königl. Schloss **Bellevue** (jetzt unzugänglich), in welchem ebenfalls eine *Sammlung von Bildern neuerer Meister*.

1. Zimmer. *Lessing* Hussitenpredigt, *Schirmer* römische Landschaft, *Friedrich* drei Landschaften. — 2. Z. *Köhler* Davids Triumphzug, *Begas* Abels Tod. — 3. Z. *Sohn* Raub des Hylas, *Girardet* protest. Gottesdienst in den Cevennen. — 4. Z. *Ahlborn* römische Landschaft, *Catel* Säulenhalle der Peterskirche. — 5. Z. links, *Hasenpflug* Dom zu Erfurt und Dom zu Magdeburg. — 7. Z. *Scheuren* das halb fertige Schloss Stolzenfels am Rhein, *Hermann* Schloss zu Stettin, *Gregorovius* Danzig, *Koekkoeck* Landschaft. — 8. Z. *Catel* röm. Pifferari, *Fiedler* Amphitheater zu Pola, *Schmidt* Hallstadt

im Salzkammergut, *Schrödter* Kuche. — 9. Z. rechts, *Brizzi* Ischl, *Hasenpflug* Halle im Schnee, Dom zu Magdeburg, *Hübner* Fischer, *Geyer* genuesische Küste. — 10. Z. *Kessler* Tilsit, *Schultz* Gefecht bei Hainau. — 11. Z. *Bendemann* Jeremias, *Schultz* Marienburg.

Dem Schloss Bellevue gegenüber am rechten Ufer der Spree liegt das Dorf **Moabit** mit zahlreichen Belustigungsorten für das Volk, und der grossartigen *Borsig*'schen *Maschinenfabrik (Pl. 16) (3000 Arbeiter), auch sehenswerthe Gewächshäuser (Eintr. S. 5). Die *Johannes-Kirche* (Pl. 50) hier ist 1834 von Schinkel erbaut.

Charlottenburg, jetzt eine Stadt mit an 12,000 Einw., erstreckt sich fast bis zum Westende des Thiergartens. Sie ist aus dem Dorf erwachsen, welches sich um das, 1696 von Schlüter (S. 10) für die Kurfürstin Sophie Charlotte erbaute Schloss angesiedelt hatte (1 St. westl. vom Brandenburger Thor, Fahrt und Eintr. s. S. 3 und 5). Im Schlossgarten, n.w. Seite (beim Eintritt links an der Orangerie hinab bis ans Ende, dann die Tannenallee rechts, 10 Min. Gehens vom Eintritt), liess König Friedrich Wilhelm III. einen Grabtempel (*„Mausoleum"*) errichten und die Hülle seiner Gemahlin Louise († 19 Juli 1810) darin beisetzen; er selbst († 7. Juni 1840) ruht ebenfalls hier. Die **Marmorbilder der Königl. Ehegatten, von Rauchs Meisterhand geschaffen, die edle Gestalt der Königin, der König in Uniform auf dem Feldmantel, auf zwei Sarcophagen, bilden eine Gruppe von ergreifender Wirkung (S. 33). Zu beiden Seiten *Kandelaber, rechts mit den 3 Parzen von Rauch, links von C. F. Tiek mit den Horen. Ausbau und Ausschmückung dieser würdigen Todtenhalle sind nach den Angaben König Friedrich Wilhelm's IV.; das Crucifix ist von Achtermann in Rom. An den beiden Todestagen ist hier Gottesdienst. — Die beiden stattlichen Gebäude mit den Kuppelthürmen, dem Schloss gegenüber, sind *Casernen*, 1856 von Drewitz erbaut. (Café Restaurant, auch Bier, im *Café Hippodrôme* am Eingang des Ortes von Berlin her; bester Kaffe in *Zipter's Conditorei*, Berliner-Str. links, Mitte.)

Vor dem Potsdamer Thor, an der Südseite des Thiergartens, auf halbem Weg zum Hofjäger (S. 4), in der Nähe der Louiseninsel, erhebt sich auf einem 18' hohen Gestell mit *Haut-Reliefs (Segnungen des Friedens) das ***Marmorstandbild Friedrich Wilhelm's III.** (Pl. 94), von Drake, der König im Ueberrock, welches 1849 die „dankbaren Bewohner Berlins" errichten liessen. Auf der *Louiseninsel* erinnert ein kleines von Schadow gearbeitetes Denkmal, von den Bewohnern des Thiergartens „ihrer heimkehrenden Königin" im J. 1809 nach der Rückkehr der königl. Familie aus Königsberg errichtet, an die Königin Louise.

Der ***zoologische Garten** (Pl. 116), am s.w. Ende des Thiergartens, hinter dem Hofjäger, 20 Min. Fahrens (s. S. 3) vom Brandenburger Thor, ist 1844 durch Versetzung der sonst auf der Pfaueninsel bei Potsdam befindlichen Menagerie hierher begründet, und wird fortwährend durch neue Anschaffungen vergrössert. Er enthält auf einem grossen waldbedeckten und mit Anlagen durchschnittenen Raum Thiere jeglicher Gattung. Affenkasten, Bärenzwinger und Elephantenhaus sind stets mit Neugierigen besetzt, die mit Obst und Brod die Affen, die Familie Petz, besonders aber sich selbst ergötzen Beim Affenkasten ist angeschlagen: „Jeder hüte sich vor Taschendieben." Das Führerbuch ist ganz entbehrlich: die Zahlen an den Stangen geben die einzuhaltende Richtung an. Beim Eingang Lichtenstein's Büste, des Gründers des zoolog. Gartens. — Angrenzend n.w. das *Hippodrom*. (Vom zoolog. Garten bis zum Charlottenburger Schloss 20 Min. Fahrens.) Der *botan. Garten (Pl. 17, Eintr. S. 5) an der Potsdamer Chaussee, bei Schöneberg, 20 Min. vor dem Potsdamer Thor, enthält 18 Gewächshäuser und 16,000 verschiedene Arten von Gewächsen. Er ist einer der reichsten Europa's, besonders an Palmen- und Cactus-Arten.

Am Stralower Thor (s.ö.) sind seit 1855 acht grosse Dampfmaschinen für die **Wasserleitung** (Pl. 112) thätig, indem sie Spreewasser in grosse Wasserbehältnisse treiben, namentlich in das grosse Wasserbecken vor dem Prenzlauer Thor, auf dem höchsten Punct von Berlin (80' über der Spree), welches einen grossen Theil der Häuser Berlins mit Wasser versorgt und die öffentlichen Brunnen speiset. Grosse *Wasch- und Badeanstalten* Schillingsgasse 8 u. 9 u. a. stehen ebenfalls damit in Verbindung.

Kirchhöfe. Auf dem *Invalidenkirchhof (Pl. 37), neben dem Hamburger Bahnhof, u. a. folgende Denkmäler:

Südl. Abtheilung: Generallieut. v. *Gagern* († 1846), Gen. d. Inf. *Du Moulin* († 1845), Feldmarschall v. *Boyen* († 1848), Gen. d Cav. v. *Reyher* († 1857), Generallieut. *Friedr. v. Rauch* († 1850) „dem treuen Freunde und tapferen Krieger Friedrich Wilhelm IV."; Gen. d. Inf. v. *Wolzogen* († 1845), Generallieut. v. *Sack* († 1844), v. *Wiebel* († 1847) u. *Büttner* († 1844), Armee-Aerzte, Generallieut. v. *Schlieffen* († 1842), General d. Inf. *Gustav v. Rauch* († 1841), Fr. *Friesen* († 1814), Lieut. u. Adjut. im Lützow'schen Freicorps; Generallieut. v. *Witzleben* († 1837) „sein Andenken ehrend Friedrich Wilhelm III."; Generallieut. *Gerhardt v. Scharnhorst* († 1813), das 18' h. Denkmal (in Marmor) 1826 errichtet „Scharnhorst die Waffengefährten von 1813" mit 4 Reliefs, nach Tiecks Entwurf, oben ein ruhender Löwe von Gusseisen; nebenan der Sohn Generallieut. *Wilh. v. Scharnhorst* († 1850); Gen. d. Inf. v. *Schöler* († 1855), Gen. d. Inf. v. *Reiche* († 1855), Gen. d. Inf. *Hiller v. Gärtringen* († 1856), Generallieut. v. *Held* († 1851), Generallieut. v. *Winterfeld* († 1757), die Gebeine 1857 hier beigesetzt (in Marmor mit Medaillonbild). — Nördl. Abtheilung: Generallieut. *Georg Dubislav v. Pirch* († 1838) und Generallieut. *Otto Carl Lorenz v. Pirch* († 1824), Generallieut. v. *Köckritz* († 1821) „sein Andenken ehrend Friedrich Wilhelm III."; Generallieut. v. *Dedenroth* († 1850), General d. Inf. Graf *Tauentzien v. Wittenberg* († 1824), Gen. d. Inf. v. *Rohdich* († 1796).

Im Invalidengarten, dem *Invalidenhaus* (Pl. 37) gegenüber, ist auf einem 19' h. Fussgestell eine 101' h. gusseiserne korinth. Säule, unten allegor. Haut-Relief-Gruppen von *Albert Wolff*, oben von einem mächtigen Adler, 6' h., 25½' Flügelspannung, überragt: das 1854 eingeweihte *National-Krieger-Denkmal (Pl. 75) „zum Gedächtniss der in den Jahren 1848 und 1849 treu ihrer Pflicht für König und Vaterland, Gesetz und Ordnung gefallenen

Brüder und Waffengenossen, errichtet durch den Unterstützungs-Verein von Berg und Mark". Ihre Namen (475) sind auf Marmortafeln in der dreiseitigen Umfassungsmauer genannt: 24 Namen als in Berlin gefallen und an Wunden gestorben, 116 in Posen, 152 in Schleswig-Holstein, 5 in Mainz, 9 in Frankfurt a. M., 7 in Erfurt, 7 in Breslau, 10 in Dresden, 2 in der Rheinpfalz (Ludwigshafen), 140 in Baden, 2 in Iserlohn, 1 in Elberfeld. Eine eiserne Wendeltreppe führt auf 181 Stufen bis zu den Füssen des Adlers, von wo ein guter Ueberblick über Berlin, namentlich über das neue Berlin, südl. Invalidenhaus, Hamburger Bahnhof. Zellengefängniss, Ulanen-Caserne, im Hintergrund das Fabrikdorf Moabit; nördl. die drei grossen Casernen (S. 22) besonders hervortretend. Die Stadt selbst ist in Fabrik-Schornsteinrauch gehüllt. Das n.w. angrenzende Gebäude, dem Invaliden-Kirchhof gegenüber, ist die *Central-Turn-Anstalt*, zur Ausbildung von Turnlehrern.

Vor dem (n.w.) *Oranienburger Thor* liegen gleich links drei Kirchhöfe zusammen. Der erste zunächst dem Thor ist der *Hedwigs-* oder *alte katholische Kirchhof*. — Auf dem zweiten, dem der *französischen Colonie*, etwa 50 Schritte vom Eingang, ruht *Ludwig Devrient* († 1832), der grosse Schauspieler, und *„Frédéric Ancillon"* († 1837), der Staatsmann, dem König Friedrich Wilhelm IV. ein Denkmal mit franz. Inschriften errichten liess. — Der dritte ist der *alte Dorotheenstädter Kirchhof*, wo links in der Hauptreihe und weiter an der Mauer folgende Denkmäler stehen: *Schinkel* († 1842), mit Medaillonbild; die Finanzminister *Maassen* († 1834) und *von Motz* († 1830); Crimin.-Gerichts-Director *Hitzig* († 1849); *Buttmann*, der Philolog († 1829), mit Medaillonbild; *Hufeland* († 1836); *Solger*, Prof. d. Philos. († 1819); Bibliothekar *Biester* († 1816); *Gans*, der Jurist († 1839); *Schadow* „Bildhauer" († 1850) mit der Statuette; *Hegel* († 1831); *Fichte* († 1814), eine dreiseitige hohe Spitzsäule mit Medaillonbild; *Klenze*, der Jurist († 1838); *Amalie von Imhof*, geb. *von Helwig* († 1831), die Dichterin; *Rauch* († 1857), der berühmteste Bildhauer; *Borsig* († 1854), der Eisenfabrikant (S. 25), mit Büste in einem Marmortempel — Rechts (n.ö.) vor dem Oranienburger Thor ist der *Sophienkirchhof* mit dem Grabdenkmal des Componisten *Lortzing* († 1851), eine 15′ h. goth. Bogennische mit Medaillonbild in Bronze und Inschrift: „Deutsch war sein Lied und deutsch sein Leid, u. s. w."

Unter den neuen Kirchhöfen, welche östlich die Stettiner Bahn berührt, vor demselben Thor jenseits der neuen Casernen (Pl. 24), in der Liesenstrasse, ist nur rechts der neue *katholische* bemerkenswerth, auf welchem gleich am Eingang links unter einem Denkmal mit Medaillonbild der berühmte Schauspieler *K. Seydelmann* († 1843) ruht, weiter an der Mauer die Sängerin *Anna Milder* († 1838). Zahlreiche Grabinschriften in polnischer, französischer, italienischer, selbst in spanischer Sprache finden sich hier.

Vor dem (s.w.) *Hallischen Thor*, der Dragoner-Caserne gegenüber, sind zwei Kirchhöfe, der *neue Jerusalemer Kirchhof*, mit den Gräbern (bei der s. Mauer) von *A. v. Chamisso* († 1838) und (bei der Pumpe) des Kammergerichtsraths *E. T. W. Hoffmann* († 1822), des Verfassers der Phantasiestücke, „ausgezeichnet im Amte, als Dichter, als Tonkünstler, als Maler". — Unmittelbar daneben ist der *alte Dreifaltigkeits-Kirchhof* mit dem Grabe (in der n.w. Ecke) von *F. Mendelssohn-Bartholdy* († 1847) — Etwa 15 Min. südlich, zwischen Kreuzberg und Hasenheide, liegen wieder 4 Kirchhöfe neben einander; der westlichste ist der *neue Dreifaltigkeits-Kirchhof* mit den Gräbern von *Schleiermacher* († 1834) mit Büste, *Marheineke* († 1846) mit Medaillonbild, und *Neander* († 1850); Minister *von Altenstein* († 1840); *Heinr. Steffens* († 1845) mit Medaillonbild; *Curl Lachmann* († 1851) mit Medaillonbild, *Ludwig Tieck* († 1853), *Varnhagen von Ense* († 1858). Buchhändler *Georg Reimer* († 1842) und dessen Söhne *Karl Reimer* († 1858) und Dr. *Siegfried Reimer* († 1860). — Auf dem *Matthäi-Kirchhof*, zwischen dem Kreuzberg und dem botanischen Garten, ruhen der Staatsminister *C. O. von Raumer* († 1859), *Wilhelm Grimm* († 1859) und der Oberappellations-Gerichts-Präsident *Aug. Wentzel* († 1860).

Der *Kreuzberg, ein Sandhügel an der s.w. Seite von Berlin, ¹/₄ St. vor dem Hallischen Thor (Omnibus S. 3), ist fast die einzige Anhöhe um Berlin, den besten Ueberblick gewährend. Auf dem Gipfel eine goth. 61' h. *Spitzsäule aus Gusseisen, von König Friedrich Wilhelm III. als Siegesdenkmal errichtet, am 30. Mai 1821 eingeweiht, Entwurf von Schinkel, Standbilder und Reliefs von Rauch, Tieck und Wichmann jun. Ein Invalide ist Hüter des Denkmals, er öffnet auf Verlangen (5 Sgr.) das Gitter.

Inschrift: „*Der König dem Volke, das auf seinen Ruf hochherzig Gut und Blut dem Vaterlande darbrachte, den Gefallenen zum Gedächtniss, den Lebenden zur Anerkennung, den künftigen Geschlechtern zur Nacheiferung.*" Ostseite, Hauptfigur (zur Erinn. an die Schlacht v. Gross-Görschen, 2. Mai 1813) Prinz von Hessen-Homburg, der blieb; zu den Seiten König Friedrich Wilhelm III. (Culm, 30. Aug.), Bülow (Dennewitz, 6. Sept.). — Nordseite: Siegesgöttin (Leipzig, 18. Oct.), York (Wartenburg, 3 Oct.), Kaiser Alexander (La Rothière, 1 Febr. 1814). — Westseite: Königin Louise (Paris, 30. März 1814), Prinz von Preussen (Bar sur Aube, 27. Febr. 1814), Prinz Wilhelm von Preussen, Bruder Friedrich Wilhelms III. (Laon, 9. März 1814). — Südseite: Kaiserin von Russland, geb. Prinzessin Charlotte von Preussen (Belle-Alliance, 18. Juni 1814), König Friedrich Wilhelm IV. als Kronprinz (Grossbeeren, 23. Aug. 1813), Sohn des Fürsten Blücher (Katzbach, 26 Aug. 1813).

Unter den **Umgebungen** Berlins werden die beiden Spreedörfer *Stralow* und *Treptow*, ³/₄ St. s.ö. vor dem Cöpeniker Thor (Omnibus s. S. 3), viel besucht; n. der *Gesundbrunnen* und *Pankow* (S. 70), in der Nähe Schloss *Schönhausen* mit Park und den schönsten Bäumen; w *Charlottenburg (S. 25) mit seinen zahlreichen Kaffe- und Speisewirthschaften (Türkisches Zelt, das besuchteste) und Vergnügungsorten. Alle diese Anstalten müssen indess den anmuthigen Umgebungen von *Potsdam* weichen, seitdem diese durch die Eisenbahn so nahe gerückt sind.

2. Potsdam und Umgebungen.

Eisenbahn von Berlin nach Potsdam in 30—45 Min. für 21, 16, 10½ Sgr., Billet für Hin- und Rückfahrt bis zum folgenden Tage gültig zu 40, 30 und 20 Sgr. Im Sommer Sonntag, Dienstag, Donnerstag 3 U. Nachmittags, Sonntags auch 6 U. fr., ein Billet bis zur Wildpark-Station (°Restauration) hin und zurück 2. Klasse 15 Sgr., 3. Klasse 10 Sgr.

Droschke 1—2 Personen 5 Sgr., 3—4 Personen 7½ Sgr. Babelsberg 10 (3 oder 4 Pers. 15), die Rückfahrt, wenn solche innerhalb einer Stunde erfolgt, 5 oder 7½, für jede weitere Stunde 5 Sgr. Wartegeld; über Nowawess auf den Babelsberg ohne Unterbrechung hin und zurück, 1 bis 2 Pers. 20 Sgr., 3 bis 4 Pers. 1 Thlr., wird unterwegs 1 St. gehalten, 15 Sgr. für diese, Wartegeld für 2 bis 6 St. im Ganzen 1 Thlr. Neues Palais 1 bis 2 Pers. 7½ Sgr., 2 bis 4 Pers. 12½ Sgr. Pfaueninsel 1 bis 4 Pers. hin 25 Sgr., zurück 15 Sgr., wenn innerhalb einer Stunde, bei längerm Verweilen im Ganzen 1 Thlr. für die Rückfahrt. Sechs Stunden Fahrzeit kosten für 1 bis 4 Personen 2 Thlr.

Gesellschaftswagen zu 8 Personen stehen im Sommer auf dem Bahnhof bereit, den halben Tag 2 Thlr., den ganzen Tag 4 Thlr.

Plan, die Umgebungen von Potsdam rasch zu besichtigen: Eisenbahn bis zur Wildpark-Station, dann zu Fuss zum Neuen Palais (Inneres, Zimmer Friedrichs d Gr.), durch den Garten (Rotunde, Freundschaftstempel) nach Charlottenhof (Gärtner-Wohnung, Bäder), japanisches Haus, Sanssouci (Fontaine, Friedenskirche, Schloss), durch den sizilianischen Garten, bei der Windmühle vorbei auf den Ruinenberg oder nach dem neuen Orangerie-Haus, dann zurück zum Obelisk. Diese Wanderung wird 3 bis 4 St. in Anspruch nehmen. Führer unnöthig. Bei beschränkter Zeit nimmt man nun eine Droschke und fährt durch die Stadt zu dem ½ St. entfernten Bahnhof, um von da den neuen Brauhausberg zu besteigen, der namentlich bei Abendbeleuchtung eine der schönsten Aussichten auf Potsdam und dessen reizende Umgebung bietet, die keinenfalls versäumt werden darf. Wer aber Alles geniessen will, fährt vom Obelisk zum Pfingstberg, Marmor-Palais und weiter nach Glienicke (gute Restauration), und über den Babelsberg (Schloss besichtigen) zum Bahnhof, eine Fahrt von 3 St., wenn man sich nicht ungewöhnlich aufhält. Die Wasserkünste von Sanssouci springen Sonntag, Dienstag, Donnerstag von 3 U. bis zum Abend. Die Fontaine bei dem japan. Haus nur Sonntag von 11—12 U. Die Raphael'schen Copieen im Orangeriehaus sind Donnerstag und Sonntag von 4 U. Nachmittags, für Fremde täglich zu sehen. Der Castellan wohnt im Gebäude selbst.

Trinkgelder in den königlichen oder prinzlichen Schlössern ein Einzelner 10—15 Sgr., mehrere Personen 1 Thlr.

Restauration im Potsdamer Bahnhof gut; ebenso im nahen Schützenhaus; Voigt's Blumengarten (auch table d'hôte), n. von der Stadt, nahe der russ. Colonie vor dem Nauener Thor, am Wege vom Pfingstberg nach Sanssouci; Hôtel Einsiedler (°table d'hôte) in der Stadt beim Schloss; Dortschy vor dem Brandenburger Thor nahe bei Sanssouci.

Frühstückstuben: Lehmann am Markt, Hormess am Wilhelmsplatz.

Kaffe, Bier und kleinere Erfrischungen: Wildpark-Station (s. oben), der Invalide hinter dem Neuen Palais, Drachenhäuschen bei Belvedere, Wackermann's Höh' auf dem Brauhausberg (S. 35).

Gasthöfe. Einsiedler Z. 20, L. 5, B. 7½ Sgr., Deutsches Haus.

Potsdam, zweite königl. Residenz, in schönster Lage, an der *Havel*, die hier einen See bildet, von bewaldeten Hügeln umgeben, mit 39,962 Einw. (1500 Kath.) und 8000 M. Besatzung, durch den Grossen Kurfürsten gegründet, verdankt seinen Glanz Friedrich dem Grossen. Potsdam war zu seiner Zeit eine Stadt der Paläste, nicht allein wegen der vier königl. Schlösser, sondern weil selbst die Privathäuser von ihm mit wahrhaft königl. Aufwand nach berühmten Gebäuden angelegt wurden.

Unmittelbar an der 350' l. *Langen Brücke*, die vom Bahnhof in die Stadt führt, gelangt man durch eine offene Einfahrt in den von zwei Säulenreihen eingefassten **Lustgarten**. Links ein 340' l., 140' br. Bassin mit einer Insel und grosser Gruppe, Thetis und Neptun auf dem Muschelwagen; in der Nähe die Büsten von York, Tauentzien, Blücher, Bülow, Kleist, weiter Gneisenau, Kaiser Alexander, Scharnhorst, Herzog Carl von Mecklenburg, sämmtlich in Erz von *Rauch*. An der Nordseite steht eine Reihe mythologischer Figuren, zu Anfang des vorigen Jahrhunderts aus Holland durch Erbschaft hierher gelangt, ohne besondern Werth. Im Lustgarten ist Sonntags um 11 Uhr Wacht-parade mit Musik.

Das angrenzende königl. **Residenzschloss** (Castellan im Hof links, Trinkg. s. S. 29), 1660 bis 1701 aufgeführt, ist vorzugsweise wegen der Erinnerungen an Friedrich II. sehenswerth. Seine Zimmer sind unverändert geblieben, sein mit Dinte befleckter Schreibtisch, ein Bücherschrank mit franz. Werken, Musikpult, Stühle und Sopha, deren seidene Ueberzüge fast abgerissen sind von seinen Hunden und später von Reliquien-Jägern, Hut, Schärpe, Augenschirm. Neben dem Schlafzimmer ein kleines Cabinet mit doppelten Thüren, in welchem ein Tisch vermittelst einer Fallthüre hinabgelassen werden konnte. Hier speiste der König zuweilen mit vertrauten Freunden, ohne dass das Gespräch von Bedienten gehört werden konnte, da die Speisen auf jenem Schenktisch aufgetragen wurden. Auch die Zimmer Friedrich Wilhelms III. mit mancherlei Soldaten- und Schlachtbildern und den Fahnen und Standarten der Potsdamer Regimenter, ferner die Zimmer seiner Gemahlin, der Königin Louise (S. 25), sind unverändert, die weissen Vorhänge sind grau geworden, die Zeit hat ihnen die Trauerfarbe gegeben. In den von Friedrich Wilhelm IV. bewohnten Räumen manche hübsche neuere Bilder, im Eingangszimmer: *Kalkreuth* Grossglockner, Rudolphsthurm am Hallstädter See, Dachstein in Oberösterreich, Schloss Stahleck bei Bacharach, *Hoegg* Kirche zu Alken an der Mosel; in den folgenden Zimmern Bilder von *Hasenpflug*, *Sohn*, *Begas*, *Klöber*, *Poluck*, *Gudin* u. a.

Die *Nicolaikirche, dem Schloss gegenüber, von Schinkel und Persius 1830—1837 erbaut, hat durch Stüler und Prüfer (1842—1850) eine mächtige durch ein eisernes Gerippe gebildete Kuppel von 74' Durchmesser und 42' Höhe erhalten. Das Giebelfeld der Eingangs-Säulenhalle ist mit einer Hautreliefs-Darstellung der Bergpredigt geschmückt, von Kiss (S. 11) nach Schinkels Angaben ausgeführt. Im Innern ein grosses Frescobild auf Goldgrund, Christus mit den Aposteln und Evangelisten, nach Schinkel's Entwurf unter Cornelius Leitung gemalt, neuerdings auch noch andere sehr reiche bildliche Darstellungen in der Kuppel und den Gewölbebogen. Einlass durch den Küster Schäfer, rechts

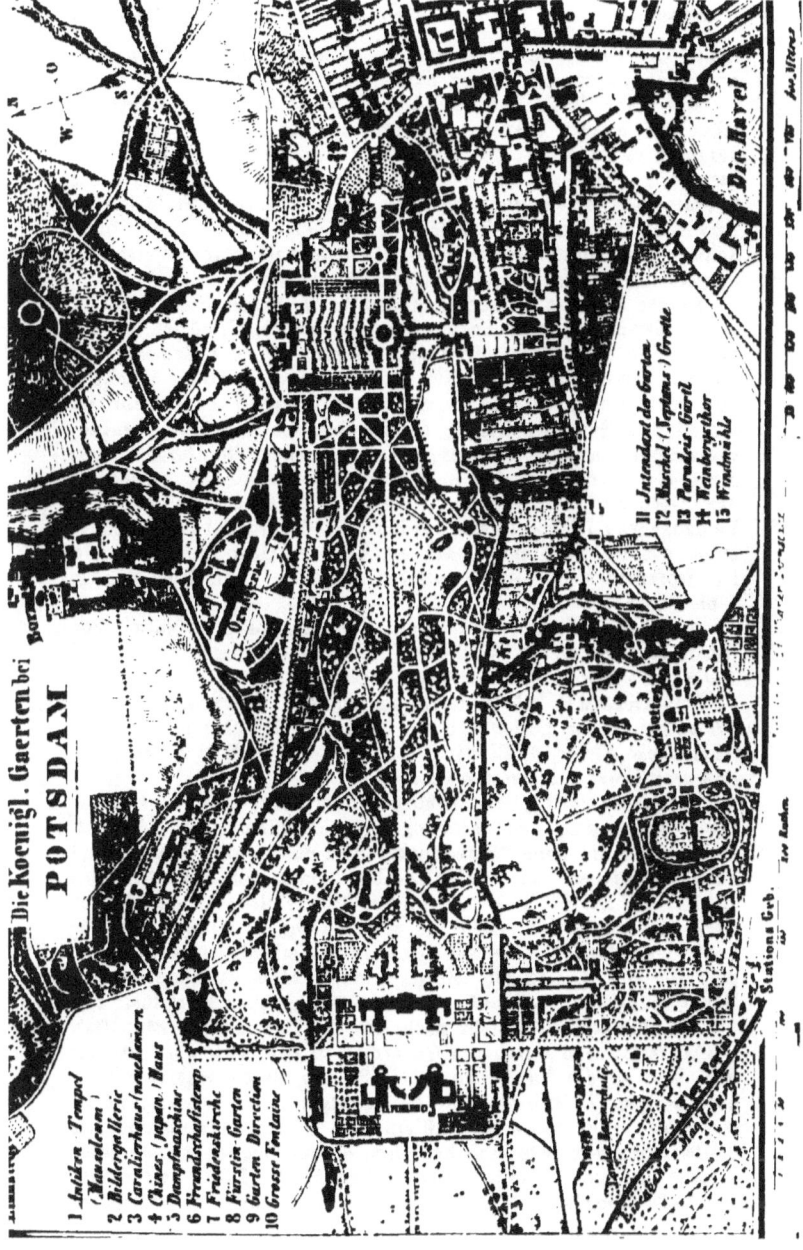

neben der Kirche im Predigerhaus. Schöne Aussicht über Stadt und Gegend von der offenen Säulenhalle der Kuppel.

Das nahe **Rathhaus**, 1754 nach dem Amsterdamer erbaut, trägt auf seinem Giebel einen grossen aus Kupfer getriebenen vergoldeten Atlas mit der Weltkugel. Am *Obelisk* vor dem Rathhaus, 74' hoch, in einem Medaillon-Relief die Brustbilder des Grossen Kurfürsten und der drei ersten Könige, Friedrich I., Friedrich Wilhelm I., Friedrich II. Gleich davor neben dem Schloss der neu angebaute *Palast Barberini* mit grossen Versammlungssälen für Kunst- und wissenschaftliche Vereine.

In der **Garnisonskirche**, an der Westseite der Stadt, ruht in einem Gewölbe ebener Erde unter der Kanzel Friedrich d. Gr., neben ihm sein Vater Friedrich Wilhelm I., der Erbauer der Kirche. Zu beiden Seiten der Kanzel hängen französ., bayrische und württembergische Fahnen, welche 1813—1815 erobert wurden, sammt den Gedächtnisstafeln der Gebliebenen und dem Namensverzeichniss der Besitzer des Eisernen Kreuzes im Garde-Corps; hinter der Kanzel werden in 3 Mahagoni-Truhen die Uniformen der 3 Monarchen aufbewahrt, welche von diesen während des Feldzugs von 1813 getragen wurden. Der Thurm hat ein Glockenspiel, das beim Schlag der vollen und der halben Stunden spielt. Der Hofküster wohnt etwas entfernt, Kietz Nr. 11 im Hof; Trinkg. 5 bis 7½ Sgr.

Auf dem Wilhelmsplatz erhebt sich das von Kiss entworfene *Standbild **Friedrich Wilhelm's III.**, mit der Inschrift: „*Dem Vater des Vaterlandes die dankbare Vaterstadt.*"

Von Gebäuden wären noch zu nennen: das grosse *Militär-Waisenhaus;* das *Casino*, 1822—1824 von Schinkel erbaut; die *französische Kirche*, 1752 nach dem Pantheon in Rom erbaut; das *Schauspielhaus;* die *Husaren-Caserne*.

Vor dem (westl.) Brandenburger Thor führt eine Allee rechts nach *Sanssouci. Am Eingang, vom Bahnhof ⅓ St. Gehens, erhebt sich die neue *Friedenskirche (Pl. 7), im Basilikenstyl nach den Plänen von Persius 1850 vollendet, mit 3 Schiffen (das mittlere 87' l., 31' br.) und unverhüllter Holzdecke als Hängewerk, mit einem Mosaikbild aus einer Kirche zu Murāno bei Venedig. Im Vorhof *Rietschel's Pietas (des Heilands entseelter Körper mit der trauernden Mutter), dann eine galvanoplastische Nachbildung des *Thorwaldsen*'schen auferstandenen Christus. Der 130' h. Glockenthurm steht nach Art der italienischen ganz frei.

Schreitet man durch das Gitterthor in den Garten, so gelangt man bald an die *grosse Fontaine* (Pl. 10), deren Wässer 120 F. hoch steigen (S. 29), während im Hauptgang und in dessen nächster Umgebung, sowie im sizilianischen Garten an verschiedenen Stellen andere Künste sich befinden, deren eine das Wasser einer grossen Glasglocke ähnlich sich senken lässt. Die Porphyrbüste des Paolo Giordāno, Herzogs zu Bracciano, eines im Mittelalter berühmten Freischaarenführers, welche vor dem grossen Becken aufgestellt ist, soll Friedrich II. angeblich für 20,000 Thlr. erworben haben. Die Franzosen hatten sie nach Paris mitgenommen. Von den 20 Figuren, die das Becken einschliessen, sind nur die beiden der Terrasse nächsten bemerkenswerth: Venus von Pigalle, dem berühmten Pariser Bildhauer in der Mitte des vorigen Jahrh. gearbeitet, und eine von Wichmann gefertigte Nachbildung des im Schloss befindlichen ebenfalls Pigalle'schen Mercurs.

Eine ansehnliche 60' hohe breite Treppe, durch 9 *Terrassen* abgetheilt, führt bei der grossen Fontaine aus dem Park zum Schloss. Am östl. Ende der obersten Terrasse liegen Friedrich's d. Gr. Windspiele und Schlachtrosse unter Steinplatten begraben. Es war sein Lieblings-Aufenthalt.

Das *Schloss, auf einer, Stadt und Umgebung überragenden Anhöhe, liess er 1745—1747 erbauen und wohnte fast ausschliesslich darin. Es stand an 50 Jahre leer, bis König Friedrich Wilhelm IV. ihm neuen Glanz verlieh. Seine grösste Bedeutung hat es durch die zahlreichen Erinnerungen an Friedrich d. Gr., dessen Zimmer meist noch im frühern Zustand sich befinden. Eine Uhr, welche er selbst aufzuziehen pflegte, blieb im Augenblick des Todes (17. August 1786) stehen. Die Zeiger weisen noch auf 20 Min. nach 2 Uhr. An dem Sessel, in welchem er gestorben, sind noch die Blutspuren von dem letzten Aderlass. Das Bildniss von Pesne, im 56. Lebensjahr gemalt, soll das einzige sein, zu dem er gesessen hat.

Die in einem abgesonderten Gebäude befindliche *Bildergallerie* (Pl. 2) hat ihre bessern Bilder an das Berliner Museum abgegeben. Das *Cavalierhaus* (Pl. 3, neue Kammern) war im Winter Orangeriehaus, im Sommer franz. Theater. In der Nähe ist der sogen. *sizilianische Garten* mit tropischen Gewächsen, Wasserkünsten und Statuen (u. a. von A. Wichmann wasserschöpfendes Mädchen).

Weiter westlich ist in den letzten Jahren ein 330' l. *Orangeriehaus aufgeführt, von dessen Thurm schöne *Aussicht, Solchen zu empfehlen, welche nicht weiter gehen wollen. In einem Saal ebener Erde befinden sich *Copien Raphael'scher Bilder* (Eintr. S. 29); die Einrichtung der Wohngemächer zu beiden Seiten des *Raphaelsaales* ist ebenfalls sehenswerth. Vom *Belvedere*, an der n.w. Spitze der Gärten und vom Orangeriehaus hübsche Aussicht.

Gleich hinter dem Schloss liegt die bekannte *Windmühle* (Pl. 15), den Nachkommen jenes Müllers gehörig, der sich weigerte, sie Friedrich II. abzutreten. Ein Weg führt von hier in 15 Min auf den *Ruinenberg*, eine Anhöhe mit künstlichen Ruinen, die das grosse, 150' im Durchmesser haltende 12' tiefe Becken verbergen, aus welchem die Wasserwerke von Sanssouci gespeiset werden. Das Wasser wird aus der Havel durch Dampfmaschinen hierher getrieben. Vom Thurm (129 Stufen, 3 Sgr. Trinkg.) weite und schöne *Aussicht auf den vielfach hervortretenden Spiegel der Havel, Pfaueninsel, Glienicke, Babelsberg, auf Potsdam, Sanssouci und das neue Dorf Bornstädt mit königl. Amtsgebäuden.

Ein fast ½ St. langer Baumgang durchschneidet Garten und Park von Sanssouci von Osten nach Westen. Vor dem östl. Portal steht der *Obelisk* (S. 31). Diesem nördlich gegenüber ist in Form eines Triumphbogens ein *Weinbergs-Thor* (Pl. 18), „*1851 erbaut, 106 Jahre nach der Gründung von Sanssouci*", mit Reliefs aus gebranntem Thon, die Rückkehr des Prinzen von Preussen aus dem bad. Feldzug darstellend, nach der Gartenseite die Inschrift: „*Dem Feldherrn der Führer und Krieger, welche den Aufruhr in der Rheinpfalz und in Baden 1849 besiegten.*"

Garten und Park von Sanssouci zeichnen sich durch prächtige Anlagen und stattliche Bäume aus. In der Nähe des östl. Portals ist die *Muschel-* oder *Neptunsgrotte* (Pl. 12). Das *chines.* oder *japanische Haus* (Pl. 4) nannte Friedrich II. seinen Affensaal, wegen der allenthalben angemalten Affen; der an der Decke scheint, je nachdem man rechts oder links steht, in die Schranken oder hinauszuspringen. Aehnliche optische Täuschungen wiederholen sich noch an verschiedenen Stellen. In der Nähe ein grosser Springbrunnen mit 4 colossalen Seepferden, von Kiss entworfen. Der *Antikentempel* (Pl. 1), eine kleine Nachbildung der Rotunda in Rom, beim Neuen Palais nördlich, enthält das *Marmorbild der Königin Luise (S. 25), von Rauch zum zweitenmal und vollendeter gefertigt. Der Castellan des N. Palais öffnet ihn auf Verlangen. In der offenen Säulenrotunde des *Freundschaftstempels* (Pl. 6), beim N. Palais südlich, ist die Statue der Markgräfin von Baireuth, Schwester des grossen Friedrich, sitzend dargestellt.

Am westl. Ende des langen Baumgangs erhebt sich das ***Neue Palais** (Vorderseite 680′ l.), dessen Bau Friedrich II. im J. 1763, gleich nach beendigtem siebenjährigen Krieg begann, und mit einem Aufwand von mehreren Millionen Thalern vollendete.

Es enthält an 200 zum Theil reich geschmückte Zimmer. In der Vorhalle eine grosse vom Kaiser Nicolaus geschenkte Porzellan-Vase Der Grottensaal ist mit Muscheln, die Friese sind mit Mineralienstufen und edlen Steinen eingelegt. In den obern Räumen einzelne gute Bilder: *Tintoretto* Danae, *Poussin* Moses, *Domenichino* Artemisia, *Guido Reni* Cleopatra, Maria, *Tizian* Christus zu Emmaus, *Rubens* Anbetung der Könige. In den Zimmern Friedrich's d. Gr. sein Arbeitstisch, Lichtscheere, in der Bibliothek seine Handschrift („*Eloge du sieur La Mettrie*"), auch ein von ihm gezeichnetes Bildniss Voltaire's. Das Theater hat Raum für 600 Personen. Im Concert- und Tanzsaal u. a. *Guido Reni* Lucretia, Diogenes, *Luca Giordano* Urtheil des Paris und Raub der Sabinerinnen. Der Marmorsaal ist 100′ l., 60′ br., 40′ hoch.

Vor dem Neuen Palais westlich sind die sogen. *Communs*, ehemals Gebäude für die Dienerschaft, jetzt Caserne des Lehr-Infanterie-Bataillons, eines aus allen Regimentern des Heeres zusammengesetzten Truppentheils, dessen Mannschaften jedes Jahr erneuert werden, um Uebereinstimmung in Handhabung des Exercier-Reglements herbeizuführen. Im linken Flügel wohnt der Obercastellan, welcher das Neue Palais und den Antikentempel zeigt.

An den Park von Sanssouci grenzt, 20 Min. s.ö. vom Neuen Palais, *Charlottenhof, seit 1826 von Friedrich Wilhelm IV. als Kronprinz aus einem einfachen Landhaus zur ital. Villa umgeschaffen. In der Nähe der Villa ist ein altröm. offenes Badehaus aufgeführt. Charlottenhof giebt Zeugniss von dem fein gebildeten reichen Geist des königl. Bauherrn. Castellan im Souterrain.

Im Norden der Stadt Potsdam, etwa 15 Min. vom Jäger- oder vom Nauener Thor, ist die russ. Colonie **Alexandrowka**, aus 11 russ. Wohngebäuden, einer griech. Capelle, der Wohnung des Popen und einem Wirthshaus bestehend, im J. 1820 von König Friedrich Wilhelm III. angelegt, um den damals beim 1. Garde-Regiment angestellten russ. Sängern einen ihrer Heimath entsprechenden Wohnsitz anzuweisen.

In der Nähe, östlich, ist der *neue Garten* mit dem *Marmor-Palais*, 1786—1796 von König Friedrich Wilhelm II. erbaut, von Friedrich Wilhelm IV. vollendet. In einem der Zimmer starb Friedrich Wilhelm II. am 16. Nov. 1797.

Unter der kleinen offenen, nach dem Garten gerichteten Säulenhalle Arabesken nach *Kolbe's* und *Hesse's* Entwürfen, Gegenstände aus dem Nibelungenlied; darüber von *Lompeck* a tempera gemalte Landschaften aus dem Schauplatz des Nibelungenlieds, links (Rhein) Aachen, Speier, Worms, Island, Drachenfels, Lorch, Bacharach, Trier, Metz, Pfalz bei Caub, Köln; rechts (Donau) Wien, die Hunnenburg, Passau, Melk, Traisenmauer, Aggstein, Persenbeug, Pechlarn, Pressburg, Theben, Buda-Pesth. In den verschiedenen Räumen im Innern neuere Bilder, aegypt. u griech. Landschaften von *Frey* und *Eichhorn*, grosse mytholog. Darstellungen von *Klöber*, dann neuere Bildhauerwerke, Busten und Statuetten von *Thorwaldsen*, *Canova*, *Hopfgarten*, *Drake*, *Wolf*, *Troschel*, *Wichmann*, *Meyer*, *Tassard*. In einem Zimmer die Bildnisse von Boeckh, C. Ritter, Link, A. v. Humboldt, Leop. von Buch, Mendelssohn, Meyerbeer, Ideler, Bessel, Spontini, Jac. Grimm, Schelling, Cornelius, Schinkel, Ludw. Tieck, Rauch, Schadow, Radowitz, alle von *Begas* gemalt. — Die 50 Schritte entfernte Küche, von aussen einem in den Heiligen-See versunkenen Tempel ähnlich, ist durch einen unterirdischen Gang mit dem Marmor-Palais verbunden.

Auf dem nahen *Pfingstberg ein grossartig angelegtes königl. Lustschloss, dessen beide Thürme (152 Stufen) bestiegen werden können und eine weite Aussicht gewähren über die Stadt und die Havel hinweg bis Berlin, Spandau, Nauen und Brandenburg, namentlich schön bei Abendbeleuchtung. Ein guter Fahrweg führt hinauf. Am südl. Fuss des Pfingstberges ist der grosse *Exercierplatz*.

Am linken Ufer der Havel, an der Berliner Landstrasse, liegt bei dem Dorf **Glienicke** (gute Restauration) ein dem Prinzen Carl gehöriges Landhaus mit grossem Jagdpark.

Ganz nahe (15 Min.) ist der Eingang zu Park und Schloss *Babelsberg, Eigenthum des Prinzen von Preussen, der Park vom Fürsten Pückler angelegt, das ansehnliche Schloss 1835 nach Schinkels Plänen im normänn. Styl erbaut, vortrefflich eingerichtet. Zweckmässig ist, als Führer durch den Park den Sohn des Portiers (5—10 Sgr.) mitzunehmen. Trinkgeld im Schloss s. S. 29.

Die prächtigen Räume im Innern sind sinnreich benutzt und höchst geschmackvoll ausgestattet mit zahlreichen kleinern und grössern Gegenständen, alterthümlichen Möbeln, Erzbildwerken, Erinnerungen an den bad.

Feldzug u. A. Reizend die Aussicht aus dem dichten Waldesgrün über Potsdam, Sanssouci, Pfingstberg, Marmorpalais, Glienicke, auf den grossen Havelsee und die belaubten Berge. Die von einer Dampfmaschine getriebenen Fontainen am Schloss steigen 100' hoch. An der Ostseite des Schlosses in einem Denkmalbau ein Erzengel Michael, Geschenk des Königs Friedrich Wilhelm IV. Südlich ragt ein 1856 aufgeführter hoher Rundschauthurm über den Wald hinaus.

Die 1 St. n.ö. von Potsdam gelegene **Pfaueninsel**, einst des Königs Friedrich Wilhelm III. Lieblingsaufenthalt, und von ihm zu einem anmuthigen Park umgeschaffen, mit einem Reichthum an hohen schönen Eichbäumen, wird wenig besucht. Das *königl. Landhaus*, in Form einer verfallenen römischen Villa mit zwei viereckigen Thürmen, ist aus den Steinen eines alten gräflich Schlieffen'schen Hauses zu Danzig errichtet; die *Meierei* am Ende der Insel hat die Form einer goth. Ruine; die *Fregatte* im Hafen ist ein Geschenk Georgs IV. von England; das *Palmenhaus* u. dgl. m.

Schönste Aussicht bei Abendbeleuchtung vom **Brauhausberg* (Restauration s. S. 29), unmittelbar südl. an den Bahnhof grenzend.

3. Von Berlin nach Hamburg.
Eisenbahn in 8 St., für Thlr. 7. 15, 5. 20 oder 4. 5 Sgr.

An dem Bahnhof zu Berlin grenzt rechts das Invalidenhaus und der Invaliden-Kirchhof (S. 26), links das neue Zellengefängniss und die Ulanen-Kaserne (S. 22). In der Nähe des Schlossparks zu *Charlottenburg* (S. 25) überschreitet die Bahn die *Spree* (im Hintergrund die *Pichelsberge*), bei **Spandow** *(Adler)* die *Havel*, die hier die Spree aufnimmt. Spandow ist stark befestigt. Die St. Nikolauskirche, ein hübsches Gebäude des 16. Jahrh., hat einige merkwürdige Denkmäler und ein sehr altes metallnes Taufbecken. Das neue Geschütz-Giesshaus tritt besonders hervor.

Dann geht's schnurgerade auf *Nauen*, *Paulinenau* und *Friesack* los. Zwei Meilen östl. liegt *Fehrbellin*, wo der Grosse Kurfürst am 18. Juni 1675 mit 5000 brandenburg. Reitern das 11,000 M starke Heer der Schweden schlug. Ein Denkmal erinnert daran.

Bei *Neustadt* (links ein grosses Gebäude, das Friedrich-Wilhelm-Gestüt) überschreitet die Bahn die *Dosse*. *Zernitz* (Station für *Kyritz* und *Wittstock*), *Glöven* (an der Strasse nach *Havelberg*), *Wilsnack* mit der ältesten Kirche des Landes, *Wittenberge* (*Bahnhofs-Restauration) heissen die folgenden Stationen. Wittenberge liegt an der Elbe. Die Magdeburger Bahn (R. 12) mündet hier.

Zwischen *Warnow* und *Grabow* überschreitet die Bahn die Mecklenburgische Grenze. Dann folgt **Ludwigslust** *(Hôtel de Weimar)*, kleine schnurgerade Sommer-Residenz des Grossherzogs von Mecklenburg-Schwerin. Im Schloss ist eine Gemäldesammlung (etwa 200 Bilder, darunter einige gute niederländische) und eine Sammlung slavischer meist in Mecklenburg gefundener Alterthümer; neben dem Schloss grosse Park- und Gartenanlagen. Die russische Capelle enthält das Grabmal der Erbgrossherzogin Helene, Grossfürstin von Russland († 1803).

Bei *Wöbbelin*, 1 Meile n. von Ludwigslust, an der Strasse nach Schwerin, ruht unter einer Eiche Theodor Körner. Ein Denkmal von Gusseisen bezeichnet seine Ruhestätte. Er fiel bei Gadebusch, 4 M. w. von Schwerin, am 26. Aug. 1813. Den Platz neben der Eiche und einen umgebenden Raum schenkte der Herzog dem Vater Körners. Körners gleichgesinnte Schwester Emma ruht unter demselben Grabhügel.

Bei *Hagenow* beginnt die mecklenburgische Bahn (R. 10), bei *Brahlsdorf* sieht man einen Landsitz des Grafen Oeynhausen. Bei *Boitzenburg* berührt die Bahn nochmals die Elbe, entfernt sich aber sogleich wieder von derselben, überschreitet bei *Büchen* die canalisirte *Stecknitz*, welche die Elbe unfern *Lauenburg*, wohin in ½ St. eine Zweigbahn von Büchen führt, mit der Ostsee bei Lübeck in Verbindung bringt (Zweigbahn nach Lübeck s. S. 48).

Jenseit der Lauenburgischen Orte *Büchen* und *Schwarzenbeck* tritt sie in den durch seine stattlichen Buchen ausgezeichneten, von Schwarzenbeck bis vor Bergedorf sich erstreckenden Sachsenwald. *Friedrichsruh* und *Reinbeck* sind als Vergnügungsorte von Hamburgern viel besucht. Bei dem „beiderstädtischen" (Hamburg und Lübeck gemeinschaftlich gehörenden) **Bergedorf**, wo Weiber und Mädchen in der der Landschaft eigenthümlichen Tracht Blumen und Früchte anbieten, streift die Bahn die *Vierlande*, den Gemüse- und Obstgarten Hamburgs; die Bewohner der Vierlande sind wahrscheinlich Abkommen holländischer Anzügler. Der holsteinische Ort gegenüber, *Sande* oder *auf dem Sande*, war vormals Sammelplatz der Bettler aus dem südlichen Holstein. Folgt die Marsch-Landschaft *Billwärder*. Vor Hamburg zeigt sich links der hohe Thurm der Wasserkunst (S. 42).

4. Hamburg.

Geld. Im gewöhnlichen Verkehr wird in Hamburg nur nach Mark courant gerechnet. 16 Schilling (f.) auf 1 Mark, der preuss. Thaler 2½ Mark, die Mark also 12 Sgr., der Schilling 9 Pf.; preuss. Geld, Papier und Courant wird zu diesem Cours gern genommen, preuss. Gold nur mit Verlust. Banco-Marc ist keine wirkliche Munze; *Banco* heisst nämlich die Währung, in welcher die Zahlungen geleistet werden, die durch die Bank gehen; 4 Mark banco sind 5 Mark courant.

Gasthöfe. *Streits Hôtel am Jungfernstieg; *Hôtel de l'Europe am Alsterdamm; *Victoria Hôtel (beste Küche) am Jungfernstieg. Preise überall ziemlich gleich, Z. 32, L. 16, F. 12, M. 32, ½ Fl. W, 16, B. 12 f. — *Hôtel St. Petersburg am Jungfernstieg, aufmerksamer Wirth, Z. 20, L. 12, F. 12, M 32, 1/2 Fl. W. 12, B. 8 f. Hôtel Belvedere und *Alster-Hôtel (Z. 16, F. 12, B. 8 f.) am Alsterdamm; Hôtel de Russie, Kronprinz, am Jungfernstieg, alle mit schöner Aussicht auf das grosse Alsterbassin; Hôtel de Baviere, Grosse Bleichen; Waterloo-Hôtel in der Dammthorstrasse, mehr Hôtel garni; *Zinggs Hôtel (Z. 16, L. 12, M. 24, B. 8 f.), der Börse gegenuber, mit Kaffehaus, vor Beginn der Börse sehr lebhaft. Sonne am Neuenwall (Z. 20, L. 12, F. 12 f.), Kaisershof am Ness 10, Weidenhof am grossen Burstah, Hôtel de Francfort in der Poststrasse u. a. Table d'hôte meist um 4 Uhr. — Hôtel garni am alten Jungfernstieg Nr. 2 sehr besucht. Hôtel de Saxe, Hermannsstr. (Z. u. F. 26, M. 20), Abendthee und Butterbrod 12, B. 4 f.), auch Hôtel garni, wird als bürgerlich gut gelobt.

Kaffehäuser. Alsterpavillon am alten, Alsterhalle am neuen Jungfernstieg, für Fremde die gelegensten, Tasse Kaffe 2 f.; Nachmittags heiterste Unterhaltung in dem bunten Treiben am Jungfernstieg. Abends gewöhnlich auch Harmonie-Musik. Zinggs grosses Kaffehaus s. oben.

HAMBURG. *4. Route.* 37

Restaurationen. "Wiezels Hôtel (zugleich Gasthof), auf der Höhe dem Harburger Landeplatz gegenüber. Dann die Austernkeller, *Wilkens* am Neuenwall; Utesch am Alsterdamm, Bergstrassenecke; Eckhoff am alten Jungfernstieg; Sanssouci am Neuen Wall. Bei Bargstedt Admiralitätsstr. 2, engl. Küche. London-Tavern in der Vorstadt St. Pauli. Neales Austernkeller Hafenstr. 51, in St. Pauli, billiger als die Hamburger. Das Zeichen der Austernkeller ist ein Muschelhaufen neben dem Eingang. Hamburger Rauchfleisch berühmt.

Conditoreien. Giovanoli am neuen Jungfernstieg, Waitz am Alsterdamm und viele andere.

Bier u. a. im Bier-Convent, eine der grössten Bierhallen in den untern Räumen der Tonhalle, am Neuen Wall. Convent-Garten (s. unten) an der Fuhlentwiete. Hantelmann's Nachfolger (Mutzenbecher) Erlanger Bierhaus, Marienstr. 32. Stelzer's Culmbacher Bierhaus, Langereihe 47 in St. Pauli.

Omnibus alle 7 Minuten vom (östl.) Steinthor abwechselnd auf zwei verschiedenen Wegen durch die Stadt bis zu Rainville's Gasthof jenseit Altona (S. 43) die Fahrt 4 ʃ.; nach Hamm und Horn (das Rauhe Haus, S. 42), liegt gleich am Anfang des Orts) und nach Wandsbeck (S. 43) alle halbe St. vom Speersort beim neuen Schulgebäude; nach Blankenese (S. 43) für 12 ʃ., einmal täglich, vom Fischmarkt an der Elbe zu Altona mehrmals; nach der Uhlenhorst (auch Dampfboot s. 8.38), nach Billwärder etc. Nach Harburg 3mal täglich von Schlüter bei der Petrikirche (10 ʃ.).

Droschken. 1—2 Pers. eine Fahrt in der Stadt 8 ʃ., 1 St. in der Stadt 1 M., 1½ St. 10 ʃ., zum Landungsplatz der Harburger Dampffähre in St. Pauli 14 ʃ., für jeden Koffer 4 ʃ. mehr, Bahnhof zu Altona 12 ʃ., für jeden Koffer 4 ʃ. mehr, vom Berlin-Hamburger nach dem Altonaer Bahnhof 1 M., Flottbeck 2 M. 4 ʃ., Vorstadt St. Georg 10 ʃ., Grasbrook 10 ʃ., Wandsbeck (S. 43) 1 M. 8 ʃ.

Flussbäder in der Elbe in Johns Schwimmanstalt, am Grasbrook 5 ʃ., ebenso in der Aussen-Alster 4 ʃ., letztere am meisten besucht. Wasch- und Badeanstalt für die ärmeren Classen am Schweinemarkt. Bäder aller Art bei Donnen an der Lombardsbrücke in der Aussen-Alster, Flamm Königstr. 3, Olissmann Schopenstehl 28, Vachez Grosse Bleichen 36.

Theater. Vorstellungen im Stadttheater (Pl. 13), nach Schinkel's Plänen erbaut, in der Dammthorstrasse, tägl. 6½ U., Opernpreise: Parquet und 1. Rang 2 M. 8, 2. Rang 1 M. 12, 3. Rang 1 M. 4, numerirter Parterre-Platz 1 M. 8, Parterre 1 M.; kleine Preise etwas geringer. Das zweite Theater, Thalia (Pl. 14) am Pferdemarkt, im Renaissance-Styl sehr zierlich aufgeführt, besonders für Lustspiele, sehr besucht, Parquet und 1. Rang 1 M. 8 ʃ., 2. Rang 1 M., Parterre 10 ʃ. Ein drittes Theater, Tivoli (Pl. 15), gehört zu den viel besuchten Volksgärten dieses Namens in der Vorstadt St. Georg, nicht zu verwechseln mit Schmidt's Tivoli in St. Pauli. Characteristisch das Volkstheater für die untersten Klassen in St. Pauli, 1. Pl. 4 ʃ. — Concerte und Schaustellungen in dem grossen (113' l., 65' br.) Saal der Tonhalle am Neuenwall; im Conventgarten hinter einem Hause der Neustädter Fuhlentwiete.

Zeitungen und Zeitschriften in umfassendster Auswahl aus allen Welttheilen in der Börsenhalle (Pl. 8), wo man auf einige Tage durch ein Mitglied eingeführt sein muss; Monatspreis 4 Mark. In der Lesehalle (1 Mark wöchentl.), an der Bleichenbrücke, woselbst auch populär-wissenschaftliche Vorträge gehalten werden. Im Athenäum grosse Bäckerstr. 28, unweit der Börse, 2 Treppen, auf 14 Tage unentgeldliche Einführung durch ein Mitglied, Monatspreis 1 Thlr. In der Patriotischen Gesellschaft beim alten Rathhaus ebenfalls viele Zeitungen (Einführung durch ein Mitglied).

Posten. In dem neuen *Postgebäude* (Poststrasse), an dessen ö. Ecke sich der, nach Einrichtung der electrischen Telegraphen (Börsenarcaden) in Ruhestand versetzte *Telegraphenthurm* erhebt, ist die Stadtpost (Pl. 18), die Thurn- und Taxissche, die Hannoversche und die Schwedische Post. Das Mecklenburgische und Dänische Postamt (Pl. 20) ist links um die Ecke auf den Grossen Bleichen, das Preussische (Pl. 19) in der Nähe am Gänsemarkt; die drei letztern haben auch Expeditionen auf dem (Berliner-) Bahnhof.

38 *Route 4.* HAMBURG.

Dampfboote nach *Amsterdam* alle 5 Tage in 30—36 St.; *Antwerpen* wöchentl. 1mal; *Christiania (Christiansand, Arendal* u. *Langesund* anlaufend) jeden zweiten Sonnabend; *Drontheim* jeden Sonnabend; *Dundee* alle 14 Tage; *Grimsby, Havre, Leith* (Edinburg in 54)—60 St.), jeden Sonnabend; *Hull* 2mal die Woche in 36—40 St.; *Liverpool* alle 10 Tage; *London* Dienstag, Donnerstag und Freitag in 30—40 St.; *New-York* am 1. u. 15. jeden Monats; *Rotterdam* den 5., 15. und 25. jeden Monats; *Buxtehude* tägl., *Stade* tägl. 3mal, *Blankenese* im Sommer tägl. Sonntags 4 bis 6mal. Nach *Cuxhaven* und *Helgoland* s. S. 51. Ueber die Elbe nach *Harburg* 8mal täglich in 1 St. für 8 ß.

Oeffentliche Belustigungsorte. Das S. 37 genannte Tivoli in der Vorstadt St. Georg. Weiter an der Alster entlang hübscher Spaziergang oder mit Dampfboot (s. unten) zur *Uhlenhorst*, wo die grossartigen Vergnügungsorte Walhalla u. Fährhaus, gute Garten-Musik und häufig Feuerwerke, Vauxhalls u. dgl., stets gute Gesellschaft. Elbpavillon (Pl. 21) neben dem Millernthor; 5 M. weiter vom Stintfang (Elbhöhe, Pl. 22) oberhalb des Landeplatzes der Harburger Dampffähre, Aussicht sehr belebt, rückwärts schöne Gartenanlagen, vorn der Hafen mit seinem Wald von Masten und die von Inseln durchbrochene 1 M. breite Elbe, rechts die Vorstadt St. Pauli, bekannter unter dem Namen Hamburger Berg, mit seinen Volkstheatern, Thierbuden, Kunstreitern, Seiltänzern, Ringelspielen u. dgl. Es ist der Schauplatz jeglicher Art von Belustigungen für die niedern Klassen, besonders von Matrosen besucht, und gehört zu den Eigenthümlichkeiten der Seestadt. In die öffentlichen Ballsäle in und ausser der Stadt, obgleich nicht von der anständigsten Gesellschaft besucht, mag der Fremde ebenfalls einen Blick werfen.

Zoologischer Garten im Entstehen.

Ausflüge nach *Altona, Rainville's Garten* und *Blankenese* s. S. 43, nach *Wandsbeck* u. zum *Rauhenhause in Horn* S. 42. Am hübschen Alsterufer zur *Uhlenhorst* (Dampfboot 3 ß.) oder nach *Harvestehude*, wo des Dichters Hagedorn († 1754) Linde auf dem Licentialenberg, und nach *Eppendorf* Vergnügungsort mit Restauration im *Andreasbrunnen*. Zu empfehlen eine *Fahrt auf einem der 4 kleinen Schraubendampfer, welche fast den ganzen Tag zwischen dem Jungfernstieg, Uhlenhorst, Winterhude u. s. w. hin- und herfahren. Mit Eisenbahn nach *Bergedorf, Reinbeck* und *Friedrichsruh*, an und im Sachsenwald s. S. 36.

Kathol. Gottesdienst in der kleinen Michaelskirche.

Hamburg ist die lebhafteste und ansehnlichste Handelsstadt Deutschlands, die wichtigste der freien Städte des Deutschen Bundes. (Einwohnerzahl einschliesslich der Vorstädte St. Georg und St. Pauli 169,718, darunter etwa 2000 Kath. und 10,000 Juden; das ganze Gebiet des kleinen Freistaats hat etwa 220,000 Seelen.) Die *Elbe*, welche unter Hamburgs Mauern fliesst und sich 15 Meilen weiter in die Nordsee ergiesst, ist so tief, dass mit der zweimaligen täglichen Fluth auch die schwersten Seeschiffe bis in den Hafen gelangen; Hamburg kann deshalb auch die wichtigste Seestadt des Festlands genannt werden.

Seine geschichtlichen Denkmäler, seine Sammlungen für Kunst und Wissenschaft sind, die *Stadtbibliothek* (S. 41) ausgenommen, für eine so alte und reiche Stadt wenig erheblich, obgleich Hamburg bis zu Anfang dieses Jahrhunderts einen nicht unbedeutenden Antheil an Deutschlands literarischem Ruhm hatte, besonders durch die erste lustige Opernbühne in Deutschland 1678, durch Lessing, der sich 1767 längere Zeit hier aufhielt, durch Klopstock, der 30 Jahre lang, von 1774—1803 hier in der Königsstrasse Nr 27 wohnte (S. 43), durch Reimarus († 1768), Büsch († 1800), Schröder († 1816), Claudius († 1815 s. S. 43) u. A.

In den neuerdings sehr erweiterten *Häfen, zu welchen noch die im Bau begriffenen Docks auf dem *Grasbrook* kommen, entfaltet sich stets das regste und bunteste Handels- und Seeleben. Hunderte von Schiffen, darunter immer eine Anzahl aus fernen Ländern, liegen hier vor Anker. Für den Binnenländer ist der Aufenthalt in Hamburg lehrreich, wenn er jede müssige Stunde dem Hafen zuwendet. Den besten Begriff von der grossen Menge von Schiffen erhält man, wenn man einen Kahn (*Jölle*, Taxe für 1—3 Pers. die Stunde 1 Mark) nimmt und sich in den verschiedensten Richtungen im Hafen umher fahren lässt. Von der, dem Hafen gegenüber liegenden Insel *Steinwärder*, wo die grossen Sloman'schen Docks, bester Blick auf den Hafen; von der Landungsbrücke am Hafen fährt man für 2 ʃ. nach dem Steinwärder. Schöner Ueberblick über Hafen und Umgebung von dem S. 38 genannten *Stintfang* oder *Elbhöhe* (Pl. 22).

In der Stadt macht das kaufmännische Leben sich vorzugsweise Mittags auf der *Börse (Pl. 8) bemerklich. Zwischen 1 und 2 U. ist hier die Handelswelt Hamburgs, Altona's und Harburgs versammelt, an 3 bis 4000 Menschen, um geschäftliche Angelegenheiten zu besprechen und abzuschliessen. Ein Blick von der Gallerie auf dieses eigenthümlich summende Gewühl, einem grossen Bienenstock nicht unähnlich, ist merkwürdig. Das stattliche Gebäude am Adolphsplatz, kurz vor dem Brand (S. 40) fertig geworden, ist bei diesem unbeschädigt geblieben, obgleich die ganze Umgebung verbrannte. Die beiden Gruppen oben neben dem Giebel der Vorderseite sind von Kiss (S. 13). Eine Treppe hoch ist die S. 37 gen. *Börsenhalle*, Abonnements-Institut mit Restauration, Lesezimmer u. dgl., Versammlungsort vor und nach der Börsenzeit. Die *Commerzbibliothek* im Börsengebäude besitzt an 40,000 Bände; sie ist reich an neuern Werken der Geographie, Staatswissenschaften, Statistik und neuern Geschichte. In den Börsen-Arcaden ist der Beginn einer städtischen *Gemäldesammlung*, täglich von 12—4 U. geöffnet (der Bau einer *Kunsthalle* ist beschlossen). Der Börse schräg gegenüber ist das neue *Bankgebäude*. Die Sitzungen des *Handelsgerichts*, aus zwei rechtsgelehrten Präsidenten, einem Rechtsgelehrten und 10 Kaufleuten als Richtern bestehend, Mont., Mittw., Donnerst. und Sonnab., von 10 U. an, sind im interimistischen Rathhaus (ehem. Waisenhaus) in der Admiralitätsstrasse, öffentlich mit mündlicher Verhandlung. Kaufleute und Juristen sind überhaupt die Regenten dieses kleinen Freistaats. Ein *neues Rathhaus* soll auf dem Platz hinter der Börse erbaut werden.

Neben der Elbe hat Hamburg noch einen kleinen Fluss, die **Alster**, welche von Norden her aus dem Holstein'schen kommt, ausserhalb der Stadt ein grossartiges, von Wiesen, Gärten, Anlagen und Landhäusern umgebenes Wasserbecken *(die Aussen-Alster)*, innerhalb des Walls ein kleineres Bassin *(die Binnen-Alster)*, 2300 Schritte im Umfang, bildet, welches von den Promenaden der beiden Jungfernstiege, des Alsterdamms und des Walls bei der *Lombardsbrücke* eingefasst ist (S. 41). Diese Promenaden sind, zumal an Sommer-Abenden, der Vereinigungspunct der schönen Welt, die sich auch häufig mit Wasserfahrten hier belustigt, oder an den „Regatten" der Ruder-Clubs ergötzt. Schaaren von Schwänen, seit Jahrhunderten auf der Alster heimisch und Winters durch testament. Verfügung einer alten Dame unterhalten, ziehen auf beiden Bassins umher. Die Alster, welche die 1854 vollendete neue *Stadt-Wassermühle* in der Poststrasse treibt, durchfliesst die Stadt in zwei Hauptarmen, die durch Kastenschleusen mit den vielen Elbarmen oder Canälen *(Flethe)* in Verbindung stehen, von denen die niedriger gelegene Altstadt zum Nutzen der Waaren-Magazine durchschnitten ist. Sehr bewährt haben sich die 1842 angelegten unterird. gemauerten Abfluss-Canäle *(Siele)*, welche den Unrath aus den Häusern und Gassen in sich aufnehmen und mittelst Alsterspülungen in die Unter-Elbe führen.

Der Hafen am Frühmorgen, die Börse um 1 Uhr und der Abend an der Alster, umfasst das Sehenswürdigste von Hamburg; es sind die Brennpuncte des Hamburgischen Lebens.

Ein furchtbarer **Brand** zerstörte am 5. bis 8. Mai 1842 fast ein Viertheil der Stadt. Ein neues Hamburg ist aus der Asche erstanden, von grossartigen und zum Theil auch geschmackvollen Gebäuden, welche der Stadt nun den Ruhm einer schönen gebührend sichern. Der Gegensatz zwischen dem alten und neuen Hamburg tritt nirgend greller hervor, als in der Breiten Strasse, in der Nähe der Jacobikirche (Pl. 2): an der Südseite, die vom Brand verschont blieb, das kleine Gewerbe in bürgerlichen Wohnhäusern, wie sie das 17. u. 18. Jahrh. schuf (mittelalterl. Gebäude sind in Hamburg selten), gegenüber hohe vierstockige Neubauten.

Unter der nach Verhältniss der Volkszahl geringen Anzahl von **Kirchen** wird vor allen die *Nicolaikirche (Pl. 3), im englisch-gothischen Styl mit durchbrochenem Thurm (soll 464' h. werden), ähnlich dem Münster in Freiburg, hervorragen, die an der Stelle der abgebrannten nach Entwürfen von Gilbert Scott aufgeführt wird. Der Eingang ist an der Nordseite, wo ein Modell der Kirche aufgestellt ist. Sie liegt am *Hopfenmarkt*, dem belebtesten Markt Hamburgs, reich an See- und Flussfischen, dem schönsten Fleisch und allen Arten von Gemüsen, Obst und anderen Esswaaren. Die *Petrikirche (Pl. 1), ebenfalls abgebrannt, ist im goth. Styl des 14. Jahrh. neu erbaut; im Chor neuere Glasmalereien von Kellner in Nürnberg. Der Thurm-Rumpf, welcher dem Brand widerstand, ist als Branddenkmal stehen geblieben. Die *Catharinen-*, *Jacobi-* und *Michaeliskirche* blieben verschont. In der *Catharinenkirche* (Pl. 4) ein neuer kunstvoller Altar, darüber ein Münchener Glasgemälde (Christus mit den Jüngern das Vaterunser betend) nach Overbeckscher Zeichnung und einem Carton von Schwind. — Die *grosse Michaelskirche* (Pl. 5). 1750 bis 1765

im Zopfstyl erbaut, hat einen der höchsten (456') Thürme in
Europa, *Aussicht über Stadt und Elbe, fast bis zur Nordsee, n.
über einen Theil von Holstein, s. von Hannover. Unter der
Kirche eine Krypta mit 269 Gräbern; man wendet sich an den
Kirchenbeamten Appel, in der Nähe des westl. Portals, Engl.
Planke Nr. 2, 1 Pers. 1 M., 2 Pers. 1½ M., 3—8 Pers. 2 Mark
Trinkgeld. — Nahebei die (kath.) *kleine Michaeliskirche*. Die neue
Kirche der deutsch-reformirten Gemeinde ist an der Ferdinandsstrasse. Auf dem Valentinskamp die geschmackvolle 1860 geweihte *Anscharcapelle*, für christl. Vereinszwecke erbaut.

In dem 1834 im ital. Styl aufgeführten *Bibliothek- und Schulgebäude* (Pl. 10) sind die unter dem Namen *Johanneum* bekannte
gelehrte Anstalt, das acad. Gymnasium und die Realschule vereinigt. In dem Hauptgebäude befindet sich die musterhaft aufgestellte **Stadtbibliothek** (Pl. 11) (Bibliothekar Prof. D. Petersen),
mit 5000 Handschriften und über 250,000 gedruckten Büchern,
an Seltenheiten nicht arm, besonders zur bibl. Literatur aus dem
Nachlass des hebr. Philologen Wolff und des Hauptpastors Goeze,
durch seine Fehde mit Lessing bekannt. Im Erdgeschoss das
naturhistor. Museum (tägl. von 11—1 U.) in 7 Sälen aufgestellt,
besonders reich an Skeletten, die Conchiliensammlung gehört zu
den vollständigsten Deutschlands; ferner das *Museum für Hamburgische Alterthümer*, in welchem das früher in dem, 1805 abgebrochenen, auf derselben Stelle gestandenen Dom befindliche alte
Wahrzeichen Hamburgs: ein Grabstein, darauf ein Esel den Dudelsack bläst, mit der Umschrift „*de Welt heft sick ummekehrt,
drum hebbe ich arme Esel pipen gelehrt*".

Das grosse allgemeine **Krankenhaus** in der Vorstadt St. Georg
ist als eine der ausgezeichnetsten Anstalten dieser Art bekannt;
in der Capelle ein gutes Bild von Overbeck, Christus am Oelberg.
Hamburg ist reich an öffentlichen milden Stiftungen. Die bedeutendsten sind das neue *Werk- und Armenhaus* bei Barmbeck,
unfern der Uhlenhorst (900 Erwachsene, 100 Kinder), und das
neue *Waisenhaus* ebendaselbst; das neue *Gasthaus* in St. Georg;
das *Schröderstift* vor dem Dammthor. In der Vorstadt St. Pauli
das *Juden-Krankenhaus* von Sal. Heyne gestiftet.

Das Schönste und Eigenthümlichste bleiben die *Umgebungen
der Binnen-Alster (S. 39), der *alte* und *neue Jungfernstieg* und
der *Alsterdamm*, mit ihrer Reihe von Palästen, ein Anblick, wie
er in keiner deutschen, selbst europ. Stadt sich wiederfindet.
Der Alsterarm ist hier durch eine 120' breite Brücke, die *Reesendammsbrücke*, bedeckt. Am alten Jungfernstieg der *Bazar,
352' lang, eine mit fortlaufender Glaskuppel überwölbte Strasse
von zwei Reihen Kaufläden, mit Marmor und Bildwerk verziert.

Die ehemaligen Festungswerke sind in anmuthige *Anlagen
verwandelt, lohnend ein Spaziergang in denselben, namentlich
vom Wall an, der die Aussen- von der Binnen-Alster trennt, bis

zum Berliner Bahnhof. Auf diesem Wall steht eine kleine *Spitz-säule* (Pl. 17) mit Medaillonbild zum Andenken an den durch seine Schriften über den Handel bekannten Prof. Büsch († 1800); Aussicht reizend, nördlich auf den grossen See der Aussen-Alster, südlich auf das mit neuen Palästen umgebene Becken der Binnen-Alster, über welche die Thürme der reform. Kirche, der Jacobi-, Petri- und Catharinenkirche, die neue Nicolaikirche, der Telegraphenthurm und der hohe Thurm der Michaeliskirche hervorragen. Einige 100 Schritte weiter zwischen der Alster und dem Steinthor, steht ein *Denkmal* (Pl. 24) aus Eisenguss, welches 1821 „die dankbare Republik" dem „Andenken Adolphs IV. 1224—1239 Grafen in Holstein-Stormarn und Wagrien aus dem Hause Schauenburg" widmete, dem Gründer der Bürgerfreiheit Hamburgs und Stifter des *St. Johannis-* und des *St. Maria-Magdalenenklosters* (Pl. 25) für unverheirathete Bürgertöchter, beide 1839 in der Nähe neben dem Steinthor wieder neu aufgebaut. Unfern des Bahnhofs erinnert eine polirte *Granitsäule,* 1854 aufgerichtet, an einen Hrn. *H. C. Meyer,* Kaufmann und Stockfabrikanten. *Aussicht von der *Altmannshöhe* am Steinthor, dem höchsten Punct in den Anlagen.

Jenseits des Berliner Bahnhofs, ½ St. vor dem Deichthor, ist die grossartige *Stadt-Wasserkunst, durch welche ganz Hamburg mit frischem Wasser versorgt wird, Besuch in technischer wie landschaftlicher Beziehung lohnend (ohne Trinkgeld). Die *Aussicht von der Plateforme des Thurms (379 Stufen) erstreckt sich über ganz Hamburg und die zahlreichen Inseln der Elbe.

An der westl. Seite des Alster-Walls, gleich links vor dem Dammthor, liegt der botan. Garten, einer der reichsten Deutschlands, gegenüber die als Gärten angepflanzten Begräbnissplätze. Ein Sarkophag an der Nordseite, dem Petrikirchhof gegenüber, 1841 von Ottensen hierher versetzt, erinnert an 1138 Hamburger, *„welche mit vielen Tausenden ihrer Mitbürger von dem franz. Marschall Davoust im härtesten Winter 1813 und 1814 aus dem belagerten Hamburg vertrieben, ein Opfer ihres Kummers und ansteckender Seuchen wurden".*

Dieselbe Richtung führt in den Anlagen weiter an dem neuen *Holstenthor,* der *Seemannsschule* und dem *Millernthor* vorbei zu der S. 38 gen. Elbhöhe (Pl. 22). Auf dem Wall vor der Sternwarte auf einem Granitsockel mit Reliefs die eherne Büste eines Hrn. *Repsold,* Mechanicus und Astronom, als Oberspritzenmeister 1830 bei einem Brand verunglückt.

Wer den Zwecken der innern Mission nicht fern steht, wird reiche Belehrung im Rauhen Haus zu *Horn* finden, 1 St. östlich von Hamburg, an der Strasse nach Bergedorf (Omnibus s S. 37). Alle Zweige derselben werden hier, aus kleinen Mitteln entstanden, mit grossem Erfolg gepflegt, namentlich die Erziehung und Besserung sittlich verwahrloster Kinder. Gründer der Anstalt und fortwährend Leiter derselben ist Hr. Dr. Wichern.

Wandsbeck, ein holst. Flecken, in gleicher Entfernung und fast gleicher Richtung, mehr nordöstlich (Omnibus s. S. 37), ist durch Matthias Claudius (Asmus) († 1815), den „Wandsbecker Boten" berühmt geworden, der mit seiner Frau auf dem Kirchhof ruht. Ein einfaches Denkmal im ehem. gräflich Schimmelmann'schen Park, ein nur an einer Seite behauener Granitblock, mit Namen, Hut, Wandertasche und Stab des Boten, erinnert an ihn.

5. Von Hamburg nach Kiel.

Eisenbahn von Altona bis Kiel in 3 St. für 3, 2 oder 1 preuss. Thaler. Omnibus u. Droschken von Hamburg bis Altona s. S 37. Das Gepäck wird auf dem Altonaer Bahnhof von Zollbeamten durchsucht. In den Herzogthümern wird nach dän. Reichsmünze (R 21) gerechnet.

Eine vierfache Baumreihe führt vom Millernthor zu Hamburg an den Kneipen und Buden der *Vorstadt St. Pauli* (*„Hamburger Berg"*, S. 38) vorbei zum Nobisthor (Inschrift *Nobis bene, nemini male*) in Altona, 15 Min., von da zum Bahnhof wieder 15 Min.

Altona (*Holsteinisches Haus*, *Schweizerhalle* am Bahnhof, Z. 20, F. 10 ʃ., zugleich Restauration, Kaffeehaus u. Conditorei), am nördl. Ufer der Elbe (40,625 Einw.), 1713 durch den schwed. General Steenbock gänzlich niedergebrannt, hat in Folge dieses Brandes das äussere Ansehen einer neuen Stadt mit breiten regelmässigen Strassen. Handel und Fabriken blühen, die Stadt selbst liegt ausserhalb des holstein'schen Zollgebiets, ist also Freihafen, dennoch erscheint sie im Vergleich zu Hamburg sehr still. Ihre Lage dagegen an dem hochaufsteigenden Ufer der Elbe, in einem Kranz von Gärten und Landhäusern, kann, besonders von der Elbe aus gesehen, reizend genannt werden. Die mit Linden bepflanzte *Palmaille* ist eine der schönsten Strassen Deutschlands, inmitten derselben das 1852 errichtete eherne Standbild des langjähr. Gouverneurs von Altona, des dän. Oberpräsidenten Grafen *Conrad von Blücher* († 1845), von Schiller entworfen.

Am Nordende von Altona, an die Stadt grenzend, beim Bahnhof, liegt das Dorf **Ottensen**, auf dessen Kirchhof Klopstock mit seinen beiden Frauen ruht. Eine alte Linde, einige Schritte vor der Kirchthür, beschattet das gemeinsame Grab. Zu Ottensen starb am 10. November 1806 an den in der Schlacht bei Auerstädt erhaltenen Wunden Herzog Carl Wilhelm Ferdinand von Braunschweig. Seine Gebeine wurden in der Welfengruft unter dem Dom zu Braunschweig (R. 35) beigesetzt.

Verfolgt man den mit den schönsten Gartenanlagen und Landhäusern prangenden Weg an der Elbe weiter nach Blankenese, etwa 3 St. von Hamburg, so zeigt sich links nahe beim Ottenser Kirchhof *Rainville's Gasthof und Garten*, mit einem schönen Blick auf die Elbe, an hübschen Sommer-Nachmittagen, besonders Sonntag und Donnerstag, bei Harmonie-Musik von der Hamburger feinen Welt zahlreich besucht. Omnibus s. S. 37. Booth's Gärten zu Flottbeck sind für Gartenliebhaber sehenswerth, ebenso der grossartige Park des Hamburger Senators Jenisch mit den ansehnlichen Gewächshäusern. Zwischen Parish Garten in Nienstädten und Caesar Godeffroy's Park in Dockenhuden hat an dem hohen schroffen Elbufer der hamb. Senator Gustav Godeffroy ein

44 *Route 5.* **KIEL.**

Landhaus im Rheinburgenstyl 1855 aufführen lassen. Die grossartigste Elbansicht hat man vom *Süllberg, einer Spitze der dortigen Hügelgruppe, in deren Thälern das Fischer- und Schifferdorf Blankenese liegt. Auch Baur's Garten zu Blankenese mit den schönsten Anlagen gewährt dem Besucher von der Höhe treffliche Aussicht auf die Elbe. Alle diese Anlagen sind auch dem Publikum zugänglich. Omnibus u. Dampfboot s. S. 37. Die Aussicht auf die Blankeneser Berge von der Elbe aus ist so eigenthümlich, dass man zu Wasser hin-, zu Lande zurückfahren sollte. Restauration zum *Fährhaus* in Blankenese, schön gelegen, mässigen Ansprüchen genügend; besser bei Jacob in Nienstädten, aber „dîner 4½ Mark".

Erste Station an der **Altona-Kieler Eisenbahn** („König Christian VIII. Ostseebahn") ist *Pinneberg*. Vorher liegt r. Rellingen mit der schönsten Landkirche Holsteins. *Tornesch* ist Station für den nahen Flecken *Uetersen*. Kloster Uetersen, ein weltliches Damenstift für adelige Fräulein aus der Schleswig-Holstein'schen Ritterschaft, sieht man links in der Ferne. Zu *Elmshorn*, wohlhabender Ort an der *Krückau* in fruchtbarer Umgebung, links Marschland, mündet die Glückstadt-Itzehoer Zweigbahn (S. 45).

Links bei Stat. *Wrist* auf einer Anhöhe, die eine hübsche Aussicht gewährt, der runde alte Thurm von *Kellinghusen*. Zu *Neumünster* (*Harms Hôtel), Stadt mit ansehnlichen Tuchfabriken, zweigt die Rendsburger Bahn (S. 46) ab.

Folgt Stat. *Bordesholm*, Kirchdorf, ½ St. links von der Bahn, reizend am See gl. Namens. Die Kirche ist wegen der Grabmäler sehenswerth. Hier ruhen u. a. Friedrich I., König von Dänemark († 1533), und dessen Gemahlin Anna; Christian Friedrich, Herzog von Holstein-Gottorp, Stammvater des russischen Kaiserhauses; Herzog Georg Ludwig, der Stifter des heutigen grossherzoglich Oldenburgischen Hauses; dann verschiedene berühmte Kieler Professoren. Die Gegend, bisher flach (Heide und Ackerland), wird freundlicher, die Bahn durchschneidet bis in die Nähe von Kiel das liebliche *Eiderthal*. Bald nachdem die Bahn dieses Thal verlassen, führt sie in einem Einschnitt durch die bei *Dorfgaarden* gelegene Hügelreihe. Beim Ausgang zeigt sich der Kieler Hafen und fern die offene Ostsee.

Kiel *(Brandts, *Marsily's Hôtel; Stadt Kopenhagen* meist von Dänen besucht; *Bahnhofshôtel* und Restauration), neben Itzehoe die älteste Stadt des Herzogthums Holstein, Sitz des General-Commando's und des Ober-Appellationsgerichts, mit über 17,000 Einw., fast ausschliesslich Lutheraner, seit 1665 Universität (150 Studenten), mehr Handels- als Universitätsstadt. Unter den Sammlungen der Universität ist die der vaterl. *Alterthümer* und das *mineralog. Museum* hervorzuheben, letzteres in einem besondern Gebäude in der Küterstrasse, der Gelehrtenschule gegenüber. Das *Kunstmuseum* im Schloss enthält u. a. Gypsabgüsse der berühmten Marmorreliefs, welche einen Theil des Frieses und Giebels des Parthenon und des Tempels des Erechtheus zu Athen bildeten, nach Zeichnungen von Phidias gearbeitet, von Lord Elgin zu Anfang dieses Jahrh. in Griechenland gesammelt, unter dem Namen der

GLÜCKSTADT. *5. Route.* 45

Elgin Marbles jetzt im British Museum zu London aufgestellt; ferner Abgüsse kleinerer Thorwaldsen'scher Bildwerke, sowie die Gruppe des Farnesischen Stiers (s. S. 19).
In der *Kunsthalle* des Kunstvereins befindet sich eine Sammlung (im Entstehen) guter neuerer Bilder. Als Handelsstadt gewinnt Kiel täglich grössere Bedeutung. Sein weiter *Hafen gestattet den grössten Seeschiffen unmittelbar an der Stadt vor Anker zu gehen. Hier ist das lebendigste Treiben. Zahlreiche kleine Fahrzeuge vermitteln hier den Verkehr zwischen den dänischen Inseln; Kiel ist für ihre Producte, namentlich Fettwaaren, der Markt. Die Landschaft am westlichen Ufer des Hafens (von Kiel durch das anmuthige Gehölz *Düsternbrook* bis zum Gasthaus Bellevue ½ St.), ist reizend; beim Eingang in das Gehölz eine wohleingerichtete *Seebad-Anstalt.* Von der *Wilhelminenhöhe* an der andern Seite des Hafens und dem am Einfluss der *Schwentine* gelegenen *Neumühlen* schöne Aussicht. Hübsche Wasserfahrt nach Wilhelminenhöhe, und dann wieder hinüber nach Bellevue; für die Stunde verlangen die Schiffer 1 Mark Cour. Zurück von Bellevue nach Kiel zu Fuss.

Der belohnendste *Ausflug von Kiel ist folgender: am 1. Tage durch die wegen ihrer eigenthümlichen Landwirthschaft und der Volkssitten der Bewohner (Wenden oder holländ. Colonie?) merkwürdige Probstei nach Salzau, stattliches Schloss und Park des Grafen Blome; am n. U. des *Selenter See's* weiter nach Panker, dem Landgrafen Wilhelm zu Hessen-Cassel gehörig. In der Nähe der *Pielsberg, einer der höchsten Puncte in Holstein, mit dem Thurm Hessenstein (*Aussicht über Land und Meer), bei hellem Wetter Kiel, ö. die Insel Fehmarn, n. die ferne dänische Insel Laaland. Dann über den Meierhof Stöss (wieder schöne Aussicht) nach dem *Hassberg, Seebad zum Gute *Neudorf* gehörig, wo Catharina II. von Russland ihre Jugendjahre verlebte. Abends nach Lütjenburg (Lütjohann). Am 2. Tag entweder über Rantzau nach Ploen und Eutin (S. 50) oder über Seelent (in der Nähe die *Blomenburg*, Jagdschloss des Grafen Blome) nach Rastorf bis zur Rastorfer Mühle, wo man den Wagen nach Neumühlen (s. oben) fahren lässt, und die letzte Meile zu Fuss durch das reizende Schwentinethal zurücklegt. — Der Ausflug lässt sich mit der Reise nach Lübeck (S. 48) verbinden, wenn man in Kiel einen Wagen nimmt und früh Morgens über Blomenburg, Hessenstein, Panker, Stöss, Lütjenburg nach Ploen fährt, von da mit der Post (1860 4 U. Nachm.) über Eutin.

Von Kiel nach Kopenhagen. Dampfboot nach *Korsör*, an der Südwestküste von Seeland, jeden Abend nach Ankunft des letzten Hamburger Zugs in 8 St. für 4 Rthlr. 16 ſ. dänisch. Von Korsör nach *Kopenhagen* Eisenbahn in 3¼ St. (4 Rthlr. 24, 3. 16, 2. 12 ſ. dan.), Bahnhof am Landeplatz des Dampfboots; einförmige Fahrt, fortwährend Haide, Torfmoor, dürftige Felder und ärmliche Hütten, Stationen: *Slayelse, Soröe, Borup, Roeskilde, Hedehusene* und *Glostrup*, mit einem grossen Zellengefängniss. — Dampfboot nach Kopenhagen direct alle 4 Tage in 14 St. für 6 Rthlr. 16 ſ. dän.

Die S. 44 genannte Zweigbahn von *Elmshorn* führt meist durch Moor- und Marschland, berührt *Siethwende* und *Herzhorn* und erreicht in ¾ St. **Glückstadt** *(Stadt Hamburg),* an der Elbe, Sitz des Obergerichts für Holstein und des Landeszuchthauses für die Herzogthümer, 1620 von Christian IV. befestigt. Es galt seitdem für den Schlüssel Holsteins und wurde schon 1628 von Tilly,

46 *Route 6.* RENDSBURG.

1643 von Torstenson erfolglos belagert, 1814 aber an die Verbündeten übergeben und 1815 geschleift. Hafen vernachlässigt, ohne Leben. — Von Glückstadt nach Itzehoe (Itzehoe auszusprechen, nicht Itzehö) über *Krempe*, 38 Min. Fahrzeit.

Itzehoe *(Helmund's Gasth.)*, älteste Stadt in Holstein, an der *Stoer*, schon zu Anfang des 9. Jahrh. gegründet, Versammlungsort der Holstein'schen Stände. Die Laurentiuskirche ist ein Gebäude des 12. Jahrhunderts.

Das fruchtbare Marschland, welches sich an 10 Meilen weit im Norden von Glückstadt an der Nordseeküste bis zur Eider hinstreckt, ist das Land der Ditmarschen Bauern, berühmt durch ihre kühnen blutigen Freiheitskämpfe mit den Herzogen von Holstein, die 1559 mit der Unterwerfung unter Herzog Adolph endeten. Der Hauptort des Landes ist *Meldorf*, wo Carsten Niebuhr, der berühmte Reisende, lebte, und sein Sohn Barthold Georg (geb. 1776 zu Kopenhagen, gest. 1831 zu Bonn) seine Jugend (1778 bis 1792) zubrachte. Auch Boie, der Herausgeber des Göttinger Musen-Almanachs (1770—75), lebte damals zu Meldorf.

6. Von Hamburg nach Rendsburg, Schleswig und Flensburg. Tönning.

Eisenbahn bis Rendsburg in $3\frac{1}{4}$ St, von Rendsburg nach (Schleswig in $1\frac{1}{4}$) Flensburg in 3 St., von Rendsburg nach Tönning in $2\frac{1}{2}$ St.

Bis *Neumünster* s. S. 44. Hier und zu *Nortorf*, der folgenden Station, hatten auf Veranlassung des offenen Briefes Christian's VIII. im Sommer 1846 grosse Volksversammlungen statt, der Beginn der späteren Ereignisse. Der Zug erreicht Rendsburg, er fährt rechts von den Wällen des *Neuwerks* vorbei, über die Eider, durch die Altstadt, wieder über die Eider, in das ehem. *Kronwerk*, wo der Bahnhof, 20 Min. hinter der Stadt (in der Stadt selbst ist nur eine Haltestelle).

Rendsburg *(Im Prinzen,* *Pahl's Hôtel im Neuwerk, *Stadt Hamburg und *Lübeck* in der Altstadt), Stadt und Festung, 1645 von dem schwed. General Wrangel erfolglos belagert. Die Festung bestand aus drei durch die Eider getrennten Werken, der *Altstadt*, auf einer Insel in der Mitte, dem *Neuwerk* südlich, dem *Kronwerk* nördlich. Die Wälle des Kronwerks und der Altstadt sind 1854 ff. von den Dänen geschleift. Die *Eider* trennt die Altstadt vom Kronwerk, ein Arm derselben die erstere vom Neuwerk; sie fliesst bei Tönning in die Nordsee, steht aber auch mit der Ostsee durch den in den 80^r Jahren des vor. Jahrh. angelegten schleswig-holsteinischen Canal in Verbindung, der bei *Holtenau* in den Kieler Hafen mündet.

Die Bahn durchschneidet Heide- und Moorland. *Duvenstedt* ist erste Station. (Die Strasse rechts führt am *Wittensee* vorbei nach dem 2 Meilen n.ö. gelegenen *Eckernförde*, in dessen Hafen am 5. April 1849 die beiden Kriegsschiffe Christian VIII. und Gefion für die Dänen verloren gingen.) Folgen Stat. *Owschlay* und *Klosterkrug*, wo Wagenwechsel für den Zug nach Schleswig.

Vor Schleswig öffnet sich plötzlich eine schöne Aussicht auf die weite Bucht der Schlei und die Stadt. Der Wall, welcher hier das

SCHLESWIG. *6. Route.* 47

flache Land durchzieht, ist das im J. 1848 viel genannte *Dänewerk (Dannevirke)*, welches am Ostermorgen (23. April) 1848 die Preussen unter Wrangel in raschem Sturm nahmen und in Schleswig einrückten.

Schleswig (*Ravens *Gasthof* in der Altstadt, *Stadt Hamburg* bei Mad. Esselbach; *Stehns Gasthof* beim Bahnhof), vormals Sitz der Statthalterschaft und der Regierung für beide Herzogthümer und der Stände Schleswigs, mit 11,000 Einw., aus einer einzigen um den Meerbusen *Schlei* 5/4 St. lang sich hinziehenden Strasse bestehend, bietet wenig Bemerkenswerthes, ausser seiner schönen Lage (beste *Aussicht vom *Erdbeerenberg* an der Südwestseite) und dem alten *Dom* mit einem berühmten Holzschnitzwerk, das Leiden Christi, eine Reihenfolge kleiner Tafeln, als Altarblatt dienend. Schloss *Gottorf* war einst Residenz der Herzoge von Schleswig, später Sitz verschiedener Behörden, jetzt Caserne. Am n. Ende der Stadt ist die 1821 aufgeführte *Irrenanstalt*, am s. das *Taubstummen-Institut*. Die kleine Insel heisst der *Mövenberg*, von zahllosen Möven bevölkert, die regelmässig am 12. März von der Insel Besitz nehmen (so dass die ganze Insel dann wie mit einem weissen Tuch überzogen scheint), hier ungestört nisten, und im Herbst wieder fortziehen, so viel ihrer von der allgemeinen Jagd, die im Juli abgehalten wird, ein Volksfest für die Umgebung, dann noch übrig geblieben sind.

Dampfboot 4mal wöchentl. in 3½ St. nach Cappeln, an den anmuthigen Ufern der *Schlei*, belohnende Fahrt. Die Halbinsel zwischen der Schlei und dem Flensburger Fjord, das Land Angeln, ist ein wellenförmiges fruchtbares Hügelland; die Aecker sind wie in der Vendée und im östl. Holstein von Erdwällen (Knicke) mit lebendigen Zäunen und hohem Gebüsch umzogen. Schöner Ueberblick über das ganze Land vom Schersberg.

Stationen zwischen Klosterkrug und Flensburg sind: *Ellingstedt, Holm, Oster-Orstedt* (Zweigbahn nach Tönning), *Sollerup, Eggebek, Turp, Holzkrug.* Gegend meist Heide und Moor.

Flensburg (*Stadt Hamburg bei Döll), lebhafte Handelsstadt, liegt ebenfalls sehr schön am Abhang der Berge, am Flensburger Fjord, einem jener tiefen und tief ins Land einschneidenden Meerbusen, welche an der Ostküste Schleswigs und Holsteins die trefflichen Häfen bilden. Flensburg hat 16,000 Einw., der südl. Theil der Stadt deutsch, der nördliche, wo die Schiffer wohnen, meist dänisch. Schöne Aussicht auf die Stadt und den Fjord von *Bellevue*, einem auf der westl. Anhöhe, in der Nähe der Windmühlen gelegenen Kaffehaus (auch Bier).

Die *Tönninger Bahn* zweigt sich zu *Oster-Orstedt* (s. oben) ab, berührt *Schwesing, Husum*, Hafenstadt an der Nordsee (Aussicht auf die grosse Insel *Nordstrand*, Dampfboot nach dem besuchten Bad *Wyk* auf der Insel *Föhr*, und der mehr n. gelegenen Dünen-Insel *Sylt*, wo ein neues kräftiges Seebad). Die Bahn wendet sich nun südlich nach **Friedrichsstadt** *(Windahls Hôtel)*, Stadt im holländischen Charakter mit breiten Strassen und Ziegelsteinpflaster, von Canälen durchschnitten, n. an die *Treen*, einen kleinen Fluss, gränzend, s. unfern der *Eider*, zugleich Festung, die am 4. October 1850 die Schleswig-Holsteiner vergeblich zu erstürmen versuchten und von den Dänen mit grossem Verlust zurückgeschlagen wurden. Folgt Station *Harbleck*.

Tönning (*Hôtel Victoria* bei Jensen) an der Nordsee, an der Mündung der *Eider*, die hier einen guten Hafen bildet, früher Festung, deren Werke 1714 die Dänen schleiften.

Wer die Marschen (S. 46) kennen lernen will, fährt von Friedrichsstadt über *Heide* und *Meldorf* (S. 46) nach *Glückstadt*, im Sommer bei guten Wegen eine gute Tagereise.

7. Von Hamburg nach Lübeck.

Eisenbahn bis Büchen in 1¼ St., von da nach Lübeck 1¼ St.

Bis Büchen s. S. 36. Die Zweigbahn, welche Lübeck mit der Hamburg-Berliner Bahn verbindet und zu Büchen mündet, berührt das malerisch an einem See, den die Bahn durchschneidet, gelegene Städtchen *Mölln*, wo, wie das Volksbuch berichtet, Till Eulenspiegel (im Munde des Volks „der selige Herr") im J. 1350 gestorben, und sein angeblicher Leichenstein, sein Spiegel, Kamm u. dgl. gezeigt werden.

Ratzeburg (Daniel's Hôtel), halb zu Lauenburg, halb zu Mecklenburg-Strelitz gehörend, einst berühmter Bischofssitz auf einer Halbinsel des Ratzeburger Sees, liegt hinter dem Walde und ist von der Bahn nicht zu sehen. Später tritt auf kurzer Strecke rückwärts über dem See hin die Domkirche hervor. Das Land ist hügelig, daher mehrfach Einschnitte, Gegend hübsch und belebt. Bald zeigt sich höchst stattlich das alte Lübeck. Der Eisenbahnfahrer betritt die Stadt durch das ansehnliche *Holstenthor*, aus zwei Thoren bestehend, das äussere mit dem Lübischen Adler und der Inschrift *Concordia domi et foris pax* versehen, 1585 erbaut. Das innere Thor, 1477 vollendet, gewährt ein gutes Bild alter fester Bollwerke dieser Art, fängt aber an baufällig zu werden.

Lübeck (**Stadt Hamburg; *Düffcke's Hôtel; *Hôtel de l'Europe; Fünf Thürme; Steinhagen's Hôtel; Stadt London*) an der *Trave*, die erste freie Hansestadt, mit 30,717 Einw. (300 Kath.), zum Theil noch mit Mauern und Wällen umgeben, hat in ihrer äussern Erscheinung Manches, was an die Bedeutung der Stadt im Mittelalter erinnert, als von hier aus jener mächtige Hansebund geleitet wurde (1260—1669) und hier die Flotte desselben vor Anker lag. „Die stolzen Thürme, scharf'gen Zinnen", die alten Giebelhäuser, die festen Thore, die gothischen Kirchen, das ehrwürdige Rathhaus geben noch Zeugniss von jener Zeit. Des Bundes Abnahme begann, als der kühne Plan des Bürgermeisters Jürgen Wullenweber, eine demokratische Herrschaft über die scandinavischen Reiche zu begründen, fehlgeschlagen war (1531—1535). Mit dem Untergang des Bundes sank auch Lübecks Wohlstand.

LÜBECK

LÜBECK. 7. *Route.* 49

Das schönste Gebäude Lübecks ist die *Marienkirche* (Pl. 2), eines der vorzüglichsten Denkmäler des den baltischen Gegenden eigenthümlichen ernsten goth. Styls, aus Backsteinen aufgeführt, 1304 vollendet, mit drei Schiffen, das Mittelschiff von ungewöhnlicher (134') Höhe, am westl. Portal die „*Briefcapelle*", so genannt, weil Ablassbriefe hier verkauft wurden, eine von zwei schlanken *Monolithen getragene hohe Vorhalle. Zwei 430' hohe Glockenthürme überragen das ansehnliche Gebäude.

Im Innern Grabmäler, darunter die von Ohnmacht in Strassburg gearbeitete Büste des Burgermeisters Peters († 1788). Die *Bilder von *Overbeck*, einem Lübecker, Christi Einzug in Jerusalem, 1824 vollendet, und die Trauer um den dahingeschiedenen Heiland, 1845 gemalt, sind in verschlossenen Capellen, die der Küster öffnet. Der Todtentanz, auch in einer verschlossenen Capelle, wird irrthümlich Holbein zugeschrieben. Die schönen alten niederdeutschen Unterschriften (*O dot, wo sal ick dat verstuhn? Ick sal dansen unde kan nich gahn,* sagte z. B. das Wiegenkind zum Tod) haben zu Anfang des vorigen Jahrh. schlechtem Magister-Hochdeutsch weichen müssen. Als eine Seltsamkeit mag die Uhr erwähnt werden, hinter dem Hochaltar, aus dem J. 1405, aus welcher vermittelst eines Kunstwerks um Mittag der Kaiser und die Kurfürstin hervortreten, beim Heiland sich vorbei bewegen und an der andern Seite verschwinden; darunter ein astronomisches Zifferblatt. Schräg gegenüber hängt an einem Pfeiler ein vortreffliches älteres Bild, dreitheilig, aussen Adam u. Eva, im Innern Christi Geburt, Anbetung der Könige und Flucht nach Aegypten, 1518 gemalt, angeblich von *Jan Mostaert*. Die Glasgemälde dahinter hat 1436 ein Florentiner verfertigt. Einige eherne Grabplatten aus dem 15. und 16. Jahrh. werden von Kunstkennern nicht unbeachtet bleiben.

Ganz in der Nähe der Marienkirche liegt am Markt das 1517 vollendete *Rathhaus* (Pl. 9), ein wunderlicher Bau aus rothen und schwarzen verglasten glänzenden Backsteinen, mit fünf eigenthümlichen Thurmspitzen und vergoldeten Wetterfahnen. Innerhalb seiner Mauern wurden jene Versammlungen gehalten, zu welchen 85 deutsche Städte, die Glieder des Hansebundes, ihre Abgeordneten sendeten; von hier wurden die hanseatischen Niederlassungen und Factoreien im Ausland, zu Brügge, London, zu Bergen in Norwegen, zu Nowogorod in Russland, geleitet, hier schloss der Bund seine Verträge mit mächtigen Reichen. Der Hansesaal ist jetzt in kleinere Gemächer getheilt, der alte Rathskeller aus dem J. 1443 zu einer modernen Restauration (Austern zu haben) gemacht, jedoch mit völlig erhaltenen ungemein stattlichen Gewölben. Das Kamingesims in dem Gemach, in welchem die Hochzeitsgelage statt zu finden pflegten, hat die Inschrift: „*Mannich Man lude synghet, wenn man em de Brudt bringet; wiste he wat man em bröchte, dat he veel lever wenen möchte.*"

Die *Domkirche* (Pl. 1), 1170—1341 erbaut, hat viele Denkmäler Lübecker Familien und Bischöfe, dann ein ausgezeichnetes *Bild mit der Jahreszahl 1491 von Memling (?), Leiden Christi in 23 Gruppen, auf den Flügeln aussen Verkündigung, innen Johannes der Täufer, der h. Hieronymus, Blasius und Philippus. Ferner das liegende Erzbild des Bischofs Bockholt; die Kanzel von Steinhauerarbeit (1568), der Taufstein aus Erz (1445). In der Mitte des Chors ein grosses Kreuzbild. Der Küster wohnt Hartengrube 740.

Bædeker's Deutschland II. 10. Aufl. 4

Die schöne, nicht mehr zum Gottesdienst benutzte *Catharinenkirche* (Pl. 8) mit dem zierlichen, von Säulen getragenen Chor, hat auf diesem eine sehenswerthe Sammlung Lübecker Kunstalterthümer. Die Klostergebäude dienen theils dem Gymnasium, theils der Bibliothek, die manche historische Schätze enthält.

Das *Hospital zum heil. Geist* (Pl. 12), eine musterhaft geleitete milde Stiftung des 13. Jahrh., ist von zierlichem Bau. Die *Jacobikirche* (Pl. 3) hat gute Bilder, besonders in der Bromsen-Capelle. Das Haus der *Kaufleute-Compagnie* (Pl. 11), Nr. 800 in der Breitenstrasse, hat vorzügliche Holzschnitzwerke in einem Zimmer.

Belohnender Spaziergang auf den *Wällen* (wo 5 M. vom Bahnhof eine hölzerne Warte mit hübschem *Ueberblick); namentlich am Hafen, gute Aussicht. Das malerische *Holstenthor* s. S. 48.

Nach der Schlacht von Jena zog Blücher sich mit den Trümmern des preuss. Heers hierher zurück, verfolgt von drei franz. Marschällen, Bernadotte, Soult und Murat. Blutige Gefechte hatten am 6. Nov. 1806 um und in Lübeck, namentlich an und vor dem Burgthor statt, die mit Vertreibung der Preussen und einer dreitägigen Plünderung der Stadt endeten.

Zwei Meilen n.ö. von Lubeck (Dampfboot tägl. 2mal) liegt **Travemünde** (*Hôtel de Russie, Stadt Lübeck, Stadt Hamburg* u. a.), Seebad, und bisher Hafenort für Lübeck, da die Trave nur Schiffe von 14' Tiefgang trug. Nach Vollendung der umfassenden Stromarbeiten hat es in dieser Beziehung seine Bedeutung für Lübeck grossentheils verloren, der Fluss ist jetzt so ausgetieft, dass auch die grössten Seeschiffe an die Stadt gelangen können. Dampfboote nach *Kopenhagen* in 16 bis 20 St. 2mal wöchentlich; nach *Stockholm* 2mal wöchentlich in 60 bis 65 St.; nach *Petersburg* von Anfang Mai bis Ende October in 75 bis 80 St. einmal wöchentlich; nach *Riga* einmal wöchentlich.

8. Von Lübeck über Eutin nach Kiel.

10⅓ Meilen. Eilwagen täglich in 11 Stunden.

Die Gegend, die „holstein'sche Schweiz", ist besonders um Ploen und Eutin eine der schönsten in Holstein. Die gute Landstrasse führt über *Schwartau, Pansdorf* und *Schulendorf* nach

4 *Eutin* (Ranniger), zum Fürstenthum Lübeck gehörige Stadt, wegen seiner freundlichen Lage an einem See von den Bischöfen von Lübeck, in der letzten Zeit aus dem holstein. Fürstenhaus, häufig bewohnt. Jetzt gehört Stadt und Schloss dem Grossherzog von Oldenburg. In Eutin lebte im vor. Jahrh., unter dem Schutz des Herzogs Peter, ein Kreis ausgezeichneter Männer, die Stolberg, J. H. Voss, F. H. Jacobi u. a. Das Geburtshaus des Tonsetzers C. M. v. Weber († 1826) ist durch eine Inschrift bezeichnet.

Nördlich liegt der kleine von Wald umgebene malerische *Uglei-See* bei *Sielbeck*, dann der nahe *Kellersee*, auf welchen man von *Grevismühlen* aus die beste Aussicht hat. Westlich in der anmuthigsten Umgebung zwischen zwei Seen die kleine Stadt.

2 *Ploen* (Stadt Hamburg, zum Prinzen), mit einem königl. dän. Schloss; von der Terrasse im Schlossgarten belohnende Aussicht. Zwischen Ploen und Preetz nur Sand, keine Landstrasse.

CUXHAVEN. *9. Route.* 51

2 *Preetz* (Stadt Hamburg, Bracker's Hôtel), ebenfalls an einem See, dem *Lanker-See*, mit einem adeligen Fräuleinstift, 1220 als Nonnenkloster gegründet. Dann über *Raisdorf* nach
2¼ Kiel. Der Weg über Rastorf (S. 45) ist schöner.

9. Von Hamburg nach Helgoland.

Dampfboot nach Cuxhaven 4mal wöchentlich in 4—6 St., nach Helgoland im Frühling und Herbst 2-, im hohen Sommer 3mal (Dienst,, Donnerst., Samst., zurück Mont., Mittw., Freit), in 7—8 St. für 12½ Mark, hin und zurück 20 Mark.

Die Fahrt auf der Unter-Elbe gehört zu den anmuthigsten Flussfahrten des nördlichen Deutschlands. Mühsam windet sich das Dampfboot durch das Gewimmel von Fahrzeugen aller Art, von dem stattlichen Dreimaster bis zum langschnabeligen Ewer und der raschen Jölle. Hat es aber das Fahrwasser erreicht, so übersieht man nochmals das gewaltige Hamburg, mit seinem belebten Hafen und dichten Mastenwald.

Der *Hamburger Berg* (S. 38), der Tummelplatz der Matrosen, reicht bis an den Ufersaum; dann folgt *Altona* (S. 43), fast eine Vorstadt von Hamburg. Zahlreiche Landhäuser schimmern von den Hügeln aus Anlagen und Parken bis weit unter *Blankenese* (S. 43) hervor.

Links landeinwärts zeigt sich die hannov. Stadt und Festung **Stade,** durch einen Canal mit der Elbe verbunden, weiter am Ufer r. das holstein'sche *Glückstadt* (S. 45). Die Ufer treten nun weiter zurück, das Fahrwasser wird durch rechts weisse, links schwarze an Ankern liegende Tonnen angedeutet Das Schiff nimmt die völlig westliche Richtung; das Auge erblickt fern die offene See.

Cuxhaven *(Belvedere),* Hamburgs Hafen (auch Seebad), mit Bremerhaven (S. 64) nicht zu vergleichen, liegt im hamb. Amt *Ritzebüttel,* dessen uraltes vormals stark befestigtes Thurmschloss von der Elbe aus sichtbar ist. (Nach Bremerhaven Post 3 U. Nachm., eigener Wagen etwa 6 Thlr.) Dann weiter an der Insel *Neuwerk* mit ihrem Leuchtthurm, 1290 zum Schutz gegen Strandräuber erbaut, und ihren Baken, hohen hölzernen Signalgerüsten, vorbei.

Vor der Mündung der Elbe liegen zwei „*Feuerschiffe*", welche des Nachts erleuchtet sind, an schweren Ketten vor Anker; zwischen diesen liegt das *Lootsenschiff*. Bei Windstille und Ebbe liegen hier oft viele Schiffe, die zum Einlaufen in die Elbe günstigen Wind oder die Fluth abwarten. Eine grosse *rothe Tonne* links, an einer Ankerkette befestigt, zeigt an, dass man sich auf offenem Meer befindet. Die stärkere Bewegung des Schiffs, der kräftigere Wellenschlag fangen an, auf Manchen ihre Wirkung zu äussern, indem sich die Vorboten der Seekrankheit einstellen. Solchen als einziger Trost sei gesagt, dass die Fahrt von Cuxhaven nach Helgoland nur 4 bis 5 St. dauert.

Auf Helgoland wird man aus der von Felsen und Düne gebildeten Rhede in grossen Booten ans Land gesetzt, und hat hier die Revue neugieriger Badegäste (die sog. „Lästerallee") zu passiren, welche bei Ankunft des Boots am Landeplatz aufmarschirt stehen. Ausschiffen 12 ∫.; das Gepäck wird nach dem Conversationshaus gebracht, von wo jedes Stück nach dem Unterland für jeden Träger 2 ∫., nach dem Oberland 4 ∫. Gasthöfe: *Stadt London, *Queen of England, beide gut, im Oberland; *Mohr, Krüss (letzterer nur zum wohnen), beide im Unterland, gut für Touristen. Table d'hôte überall um 3 U. meist für 1 M. 12 ∫ (Abonnement 1 M. 8 ∫.), auch im Conversationshaus; nach der Karte wird im *Deutschen Hof bei Jasper M. Bufe im Unterland und *Fremdenwillkomm (Köln. und Voss. Ztg.), dann in der reichlich versehenen Restauration auf der Düne gespeist. Kaffeehaus: der Pavillon unten am Strand. Gutes Bier (bair.) bei *Jansen, zunächst der Kirche im Oberland und in der *Erholung im Unterland an der Treppe. Für Badegäste sind die Wohnungen mit Aussicht auf die See am Falm im Oberland am theuersten (12 bis 15 M. wöchentlich); billiger im Unterland, am billigsten in den Seitengässchen des Oberlands (etwa 8 M.). Wer im Gasthof wohnen will, wird sich für Wohnung, Frühstück, Mittagstisch und Abendthee leicht zu etwa 30 Mark (12 Thaler) wöchentlich einigen. Preuss. Geld, Papier und Courant, nimmt man zum Hamburger Cours (S. 36) gern. Das Trinkwasser wird gewöhnlich aus Regenzisternen genommen; gutes Brunnenwasser ist in der Bierbrauerei zu haben (4 ∫. wöchentlich). Der Badeplatz ist auf der 10 Minuten s.ö. liegenden Sanddüne, wohin man für 4 ∫. hin und zurück übergesetzt wird. Ein einzelnes Bad 12 ∫., ein Dutzend 8 Mark. Die Badezeit ist hier nicht von Ebbe und Fluth (Unterschied 6 Fuss), wohl aber die Ueberfahrt zum Badeplatz und auch der Wellenschlag vom Winde abhängig (vergl. S. 66). Die Fluth stürzt oft mit grosser Gewalt durch den 20' tiefen Meeresarm, welcher die Düne von der Klippe trennt, und spült immer mehr von der Düne weg. Die Entfernung von Hamburg beträgt 23, Cuxhaven 9, Norderney 8, Wangeroog 6 M.

Helgoland, früher zu Schleswig gehörig, 1807 von den Engländern besetzt und seitdem unter ihrer Herrschaft, war zur Zeit der Continentalsperre (1812) ein Hauptsitz des Smuggelhandels. Es ist eine von drei Seiten fast senkrecht aus dem Meer an 200' hoch aufsteigende Klippe von hartem rothem Thon und Mergel, ein langes schmales Dreieck (an 6000' lang, 2000' br.); nur an der s.ö Seite taucht aus dem Wasser ein niedriges kleines flaches Stück Sandland auf, das Unterland, mit Badhaus und Conversationshaus (Lesezimmer gratis, Hazardspiel), Apotheke, Speisehäusern u. a. Gebäuden. Am Ende der Strasse („Bindfadenallee") ein Badeplatz, das „rothe Meer", so genannt, weil hier das Wasser vom Anschlagen der Wellen stark roth gefärbt ist. Wenn wegen Sturm nicht zur Düne übergefahren werden kann, wird hier gebadet.

Vom Unterland führt eine bequeme Treppe von 190 hölzernen

SCHWERIN.

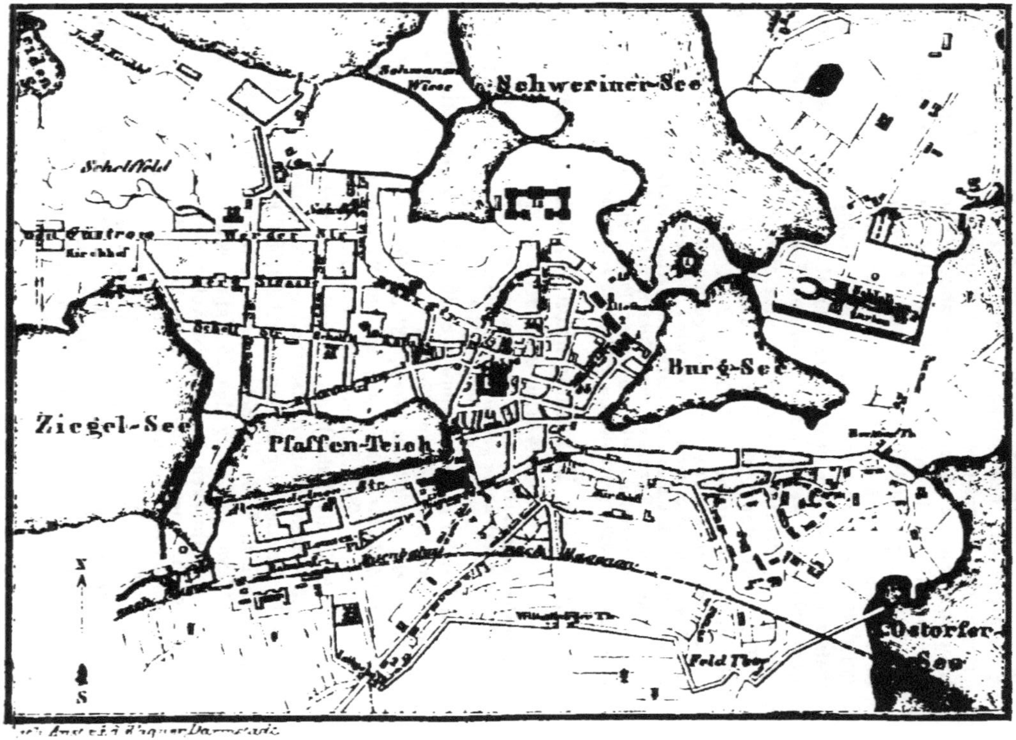

1 Das Schloss.
2 Palais J.K.H.d.F. Grosherzg.
3 Schauspielhaus
4 Collegiengebäude
5 Katholische Kirche
6 Rathhaus d. Altstadt
7 Stadthaus
8 Dom-Kirche
9 Palais S.K.H.d. Grosherzg.
10 Schelfkirche
11 Rathhaus d. Neustadt
12 Krankenhaus
13 Münze
14 Synagoge
15 Posthof
16 Arsenal
17 Gemälde-Gallerie
18 Marstall
19 Pauldenkmal.
20 Gewerbehaus

Stufen auf den Felsen, das sogenannte *Oberland*. Dieses bildet eine meist mit Kartoffeln bepflanzte Ebene; die Grasweide nährt nur noch Ziegen und an 500 Schafe. („Grün ist das Land, roth ist die Kant, weiss ist der Strand, das ist die Flagge von Helgoland.") In 420 Häusern wohnen über 2000 Einwohner (Nordfriesen), ein in Sitte und Tracht höchst eigenthümliches, abgabenfreies Volk friesischer Zunge. Hochdeutsch ist aber Kirchen- und Schulsprache. Das Seebad und Fischerei sind ihre Erwerbsquellen; den Ertrag der Fischerei, besonders Hummer, bringen die Helgolander meist nach Hamburg und Bremen. Das Lootsenwesen ist grossentheils in andere Hände übergegangen. Sehenswerth ist der mit Vermeidung alles brennbaren Materials aus Stein, Kupfer und Eisen aufgeführte *Leuchtthurm* (Trinkg. 2 ʃ.). Sehr belohnend ist die *Fahrt (1 St.) um die ganze Insel. Man fährt dicht an den zerklüfteten Felsen, Höhlen, ausgewaschenen Felsenthoren (welche in der Regel einmal in der Saison mit Fackellicht erleuchtet werden) hin; einzelne Felsstücke haben Namen, wie Nonne, Prädtstuhl u. a. Preise für ein kleines Boot bis 4 Pers. 1 Thlr., Mittelboot bis 10 Pers. 2 Thlr., grosses Boot 3 Thlr., auf Fischfang sammt Zurüstungen 3—4 Thlr.

Das **Meerleuchten** wird bei Helgoland häufiger und stärker beobachtet, als anderswo, meist bei Südwind, dunkelm Himmel und schwüler stiller Luft. Schlägt man in's Wasser, so erscheint jedes Wasserstäubchen ein feuriger Funke Es entsteht von zahllosen unscheinb., dem blossen Auge kaum sichtbaren Molluskenthierchen (Noctiluken), die, wenn sie im Wasser sich bewegen oder geschüttelt werden, wie Johanniswürmchen leuchten.

10. Von Hamburg nach Stralsund, über Schwerin und Rostock.

Eisenbahn bis Rostock in 6 St., von da tägl. 2mal Eilw. nach Stralsund in 8—9 St. Mecklenburg rechnet in Schillingen, deren 48 auf den Thaler gehen, der Schilling ist also ½ ggr.

Von Hamburg bis Hagenow s. S. 36. Hier beginnt die Mecklenburgische Bahn, deren Züge in ¾ St. Schwerin erreichen.

Schwerin (*Hôtel du Nord*, *Stadt Hamburg*, *Stern's Hôtel*; *Eisenbahnhôtel*, klein, aber bequem am Bahnhof gelegen, M. 20, F. 8, Z. m. L. 20 ʃ.; *Conditorei* von Brusch und von Krefft. *Droschke* 6 ʃ. die Fahrt), die besonders in ihrem neuen, in den letzten 25 Jahren erbauten Stadttheil schöne Hauptstadt des Grossherzogth. Mecklenburg-Schwerin, hat 21,584 Einw. und liegt an dem 3 Meil. l., ¾ M. br. *Schweriner See*, in lieblicher Umgebung.

Der *Dom*, zu Anfang des 15. Jahrh. vollendet, eine der S. 49 genannten gothischen Kirchen, ist vollständig hergestellt.

Für die h. Blutcapelle hinter dem Hochaltar, die Begräbnissstätte des Grossherzogs Paul Friedrich († 1842), hat Cornelius Cartons gezeichnet, Christi Himmelfahrt nebst sieben grossen Figuren, Apostel u. Evangelisten, von Gillmeister in *Glasmalerei* ausgeführt. Das *Altarblatt* hat unter Cornelius Beirath der Hofmaler Lenthe gemalt. Ein *Epitaphium* der Herzogin **Helena** († 1524) mit dem Mecklenburgischen Wappen, an einem südlichen Pfeiler, hat der berühmte Peter Vischer zu Nürnberg in Erz gegossen. Die merkwürdigen vier *Grabplatten* von Messing mit gravirten Figuren, 15' h.,

54 *Route 10.* SCHWERIN.

sind vom J. 1473. Im nördl. Schiff ein grosses *Grabdenkmal* des Herzogs Christoph († 1595) u. seiner Gemahlin, aus Marmor mit Reliefs von Coppens.
Die grossherz. *Gemäldesammlung* (Alexandrinenstr. 1025), an 800 Bilder, ist täglich, Dienst. und Sonnab. ausgenommen, von 11—12 U. geöffnet; die Kupferstich- und die Sammlung plast. Kunstwerke in demselben Gebäude nur Sonntag von 12—2 U. 1. Zimmer. *Mantegna* triumph. Christus, *Ferrari* kreuztrag. Christus, *Murillo* Blinde und Lahme. — 2. Z. *Floris* Jan van Leyden und Frau, *Cranach* Judith, *Holbein* zwei Bildnisse, *Teniers* eigenes Bildniss, *Mierevelt* zwei Bildnisse, *Ravenstein* Bildniss der Frau Hugo Grotius. — 3. Z. *Rembrandt* Saul und David, Prophet Zacharias; *Lievens* Bildniss eines alten Mannes; *Van Dyck* Catharina von Medicis, *seine beiden Töchter; *Potter* zwei Kühe, *Dow* Zahnarzt. — 4. Z. *Bol* alter Mann, *Terburg* Dame Brief lesend. — 5. Z. Nichts Besonderes. — 6. Z. *Hamilton* todter Fuchs. — 7. u. 8. Z. 38. Thierstücke von *Oudry*, einem franz. Maler († 1755), der Wolf in der Falle, sehr gut. — 9. Z. Acht Bildnisse von *Denner*. — 10 Z. Neuere Bilder, darunter *Pommerenke* ein verwundeter Unteroffizier des 20. preuss. Inf.-Reg. wird in dem Treffen vor Schleswig (S. 47) von seiner Braut verbunden, *Begas* Mädchen auf dem Berge, *Rabe* überraschende Meldung an zechende Generale Friedrich's d. Gr.

Das *Antiquarium* (Amtsstr. 167) enthält die trefflich geordneten Sammlungen des Vereins für mecklenburg. Alterthumskunde.

Als 1629 Wallenstein zum Unterpfand für aufgewandte Kriegskosten mit dem Herzogthum Mecklenburg vom Kaiser belehnt wurde, liess er auf einer kleinen Insel ein *Schloss* bauen, vor einigen Jahren zum Theil abgetragen, seitdem aber neu aufgeführt, ein Gebäude von solchem Umfang und grossartigen Verhältnissen, dass sie für ein Königsschloss mehr als ausreichend wären. Die angrenzenden *Anlagen* dienen zu Spaziergängen. Auf dem grossen *Exercierplatz* hinter dem Schlossgraben eine 10' h. Spitzsäule aus Granit: „den in Schleswig und Baden 1848 und 1849 gefallenen Mecklenburgischen Kriegern", mit den Namen der (47) Gefallenen.

Zwischen Schloss und Schauspielhaus steht Rauch's grosses *Erzstandbild*, welches „ihrem Paul Friedrich die Stadt Schwerin" im J. 1849 errichten liess. In dem kleinen unscheinbaren Haus an der Ecke wohnt die Grossherzogin Mutter, geb. Prinzessin Alexandrine von Preussen.

Das stattlichste neuere Gebäude ist das 1844 erbaute *Arsenal*, am Weg vom Bahnhof zur Altstadt. Es dient theils als Zeughaus, theils als Caserne. Auch der neue *Marstall* ist sehenswerth.

Die *Eisenbahn* verlässt bei Schwerin den See und erreicht ihn erst wieder bei *Kleinen*.

Eine Seitenbahn zweigt sich hier nach **Wismar** (*Post*) ab, mecklenburgische Seestadt mit 12,833 Einw. und einem vortrefflichen Hafen, dem besten an der Ostsee, in welchem jährlich an 300 Schiffe ankommen und eben so viel abgehen. Wismar hat 3 schöne Kirchen, der Fürstenhof ist die ehemal. Residenz Mecklenb. Herzoge. Dampfboot nach Kopenhagen 2mal wöchentl. in 14—16 St. — Das Seebad zu **Boltenhagen** (*Hôtel Wichmann*), Dorf zwischen Wismar und Travemünde, wird in neuerer Zeit viel besucht. Pensionspreis wöchentlich $7^2/_3$ Thlr.

Die Rostocker Bahn führt von Kleinen weiter über *Blankenberg* nach *Bützow* (Erbgrossherzog), ansehnliches Städtchen, in dessen Nähe das grosse Landeszuchthaus *Dreibergen*. (Hier zweigt sich die Bahn nach *Güstrow* ab.) Zwischen *Schwaan* und Rostock überschreitet die Bahn die schiffbare *Warnow*, welcher sie eine Zeit lang nahe bleibt.

Rostock *(Hôtel de Russie, Sonne,* *Hôtel du Nord neben d. Post, Z. 20, M. 20, F. 8 ʃ., *Conditorei* von Heinz am Markt; *Droschke* 6 ʃ.), die bedeutendste mecklenburgische Stadt, mit 25,105 Einw., an der *Warnow*, in der äussern Erscheinung Lübeck ähnlich, mit ansehnlichem überseeischem Handel, welcher durch 278 eigene Schiffe, die grösste Handelsflotte in der Ostsee, gefördert wird. An der 1419 gestifteten Universität (100 Stud.) war einst der Astronom Keppler Lehrer, von Wallenstein, als Herzog von Mecklenburg 1629 während seines kurzen Regiments, hierher berufen.

In der grossen saubern im 13. Jahrh. erbauten *Marienkirche*, der Lübecker (S. 49) ähnlich, zahlreiche Grabdenkmäler, namentlich der Familie von Meerheimb. An einem Pfeiler eine Tafel zum Gedächtniss der 1812 im Feldzug gegen Russland gebliebenen 1500 Mecklenburger, mit Angabe der Namen der Offiziere. Eine Steinplatte bezeichnet die Stelle, wo die Leiche des aus seinem Vaterland verbannten Hugo Grotius, der hier auf der Durchreise als schwed. Gesandter am franz. Hof 1645 starb, beigesetzt war, bis sie später nach Delft in Holland gebracht wurde.

Der Thurm der *Petrikirche* ist 420′ hoch, der Seefahrer erblickt ihn, wenn er noch 4 bis 5 Meilen von der Küste entfernt ist.

Den Blücherplatz ziert das eherne *Standbild des Feldmarschalls Blücher* (zu Rostock am 16. Dec. 1742 in der Altbettelmönchstrasse geboren), von Schadow entworfen, mit der Goethe'schen Inschrift: „*In Harren und Krieg, in Sturz und Sieg, bewusst und gross, so riss er uns vom Feinde los*", bei seinen Lebzeiten (1819) von Mecklenburgern errichtet. Die allegor. Reliefs deuten auf Blüchers Fall bei Ligny und des Feindes Vertreibung bei Waterloo.

Die *Warnow* ist bei Rostock 8 bis 10′ tief, sie bildet hier einen lebhaften Hafen, in welchem stets eine Anzahl Seeschiffe vor Anker liegen. Ein *Spaziergang am Hafen, weiter an der Stadtmauer entlang über die Wälle der ehemaligen Festung, die heute noch von Gräben umgeben sind, ist belohnend und nimmt etwa 45 Min. in Anspruch. An der s. Stadtmauer ragt ein Thurm hervor, den 1618 Tycho de Brahe als Sternwarte aufführen liess, jetzt als Lazareth dienend, an der abweichenden Bauart leicht zu erkennen.

Warnemünde an der Ostsee, der Hafen von Rostock, in den an 700 Schiffe jährlich ein- und auslaufen, liegt 2 Meilen nördl. von Rostock. Dampfboot 2mal täglich. Die Seebäder zu Warnemünde zählen im Juli und August an 4000 Badegäste.

Doberan *(Logierhaus, Lindenhof)*, 1½ M. w. von Rostock, früher eines der berühmtesten vornehmen Seebäder an der Ostsee, hat nach dem Tode des Grossherzogs Paul Friedrich sehr verloren. Das Schloss von einem Park umgeben, und die gothische Kirche mit Denkmälern der grossherzogl. Familie, sind die ansehnlichsten Gebäude. Die Bäder sind ½ Meile entfernt, auf dem *Heiligen-Damm*, wo auch Bad- und Gasthäuser. Mehrmals täglich Schnellwagen (12 ʃ.) zwischen Doberan und Heiligen-Damm.

56 *Route 10.* **STRALSUND.**

Der Eilwagen von Rostock nach Stralsund fährt über
3½ *Ribnitz* (auf einsamer ermüdender Landstrasse), freundliches reinliches Städtchen am Saaler-Bodden, einem Meerbusen.
½ *Dammgarten* an der *Rechnitz*, die hier in den Saaler-Bodden (Bucht) sich ergiesst und die Grenze zwischen Mecklenburg und Pommern bildet. Dammgarten hat ein kleines Schiffswerft.
2½ *Löbnitz*, dem Fürsten Putbus gehörig, dann *Redebas*, *Curnin*, ein Hrn. v. Pachelbl gehöriges Gut, endlich *Puntlitz*.
3¼ **Stralsund** *(Goldner Löwe, *Hôtel de Brandebourg,* Z. 15, L. 5, M. 15, F. 6, B. 5 Sgr.; **Ressource,* wo im Lesezimmer der Gesellschaft 13 grosse Bildnisse schwed. Regenten hängen), mit 19,000 Einw. (200 Kath), im 14. Jahrh. neben Lübeck die wichtigste Stadt des Hansebundes an der Ostsee, 1648 im westphäl. Frieden Schweden zugesprochen und Hauptstadt von Schwedisch-Pommern, seit 1815 preuss., hat in der äussern Erscheinung manche Aehnlichkeit mit Rostock und Lübeck. Von schwed. Erinnerungen hat sich in Sitten und Gebräuchen Einzelnes erhalten.

Stralsund ist ganz von Wasser umgeben, nur durch 3 Brücken hängt es mit dem Festland (Knieper-, Triebseer- und Franken-Damm oder Vorstadt) zusammen. Die Festungswerke, von den Franzosen 1809 zum Theil zerstört, hat Preussen wieder hergestellt. Am Frankenthor war in der Rückwand einer Blende ein Stein mit der Inschrift: *Sweriges konung Carl den XII. hade här sit wanliga nattläger da Stralsund belägrades af 3 kunungar fran den 19. Octob. til den 22. Dec. 1715.* (Schwedens König Carl XII. hatte hier sein gewöhnliches Nachtlager, als Stralsund von 3 Königen [Preussen, Polen, Dänemark] belagert wurde.) Der Stein, seit 1809 auf dem Rathhaus, ist 1849 in einer fast an derselben Stelle neu aufgeführten Graben-Caponière eingemauert.

Der *Strela-Sund*, eine ½ St. breite Meerenge, trennt Stralsund von der Insel Rügen (S. 74). Aus dieser Meerenge steigt, etwa 1000′ von der *Reiferbahn* auf dem Frankendamm entfernt, die von Schiffern und Fischern bewohnt ist, der *Dänholm* auf, eine runde befestigte Insel (2500′ im Durchm.), seit 1848 mit Hafen-Einrichtungen für Kanonenboote versehen.

Die *Nicolaikirche* aus dem 13. und die *Marienkirche* aus dem 14. Jahrh. sind nach Art der S. 49 genannten Kirchen äusserlich und innerlich in architecton. Hinsicht sehr schön, enthalten indess an Denkmälern und Gemälden wenig Bemerkenswerthes; in der Marienkirche (Küster „hinterm Marienkirchthurm C. 195") zwei 80′ hohe Fenster in Glasmalerei, Geschenke König Friedrich Wilhelm's IV. im J. 1855. Vom Thurm (211 Stufen) der Marienkirche *Aussicht über das malerisch im Wasser gelegene Stralsund, einen grossen Theil der Insel Rügen und weit ins Mecklenburgische.

Das stattliche *Rathhaus* ist 1316 aufgeführt, der Unterbau im 18. Jahrh. angefügt. Das *Johanniskloster* (Armenhaus), schon vor

dem 13. Jahrh. errichtet, erinnert in seinen Einrichtungen an die
grossen Beginenhöfe in Belgien.

Bis Stralsund hatte Schill seine kühne Schaar geführt, als am
31. Mai 1809 ein Kampf gegen Holländer unter Gratien und Dänen
unter Ewald, in den Strassen seinem Leben ein Ende machte.
Ein Stein im Trottoir der Fährstrasse (vor dem Hause Litt. A,
Nr. 67), mit der Inschrift: „*Schill, † 31. Mai 1809*" bezeichnet
die Stelle, wo er fiel. Sein Haupt, welches der Feind vom Körper getrennt und nach Leyden, wo es in Spiritus aufbewahrt war,
gebracht hatte, ist 1840 in Braunschweig beigesetzt worden (S. 125);
sein Rumpf ruht auf dem *Knieperkirchhof*, 15 Min. vor dem Knieper Thor; das Grab befindet sich in der n.ö. Ecke, es ist von
6 weissen mit einer Kette verbundenen Pfosten umgeben. Am
25jähr. Jahrestag der Leipziger Schlacht haben vaterländische Männer in Stralsund am Kopfende des Grabes eine eiserne Platte aufgestellt, ohne Namen, ohne Todestag, da Beides nicht gestattet
wurde, lediglich mit der Inschrift (nach Virg. Aen. II. 557, 558):

Magnum voluisse magnum.
Occubuit fato: iacet ingens litore truncus,
Avolsumque caput tamen haud sine nomine corpus.

Es soll jetzt dort ein Denkmal errichtet werden.

Vor Stralsund brach auch Wallenstein's Kriegsruhm. Er hatte geschworen, die Stadt zu nehmen, „und wenn sie mit Ketten an den Himmel
geschmiedet wäre". Die tapfere Vertheidigung der Bürger, von Dänen und
Schweden zur See unterstützt, machte seinen Schwur zu Schanden. Er
musste, obgleich er den Dänholm schon besetzt hatte, nach einem Verlust
von 12,000 Mann im J. 1628 die Belagerung aufheben. Noch jährlich wird
am 24. Juli zum Andenken an die Befreiung ein Fest gefeiert.

Dampfboot nach Ystadt in Schweden 2mal wöchentl. in 8 bis
10 St., von wo Gelegenheit über Malmö nach Kopenhagen.

11. Von Stralsund nach Berlin.

Bis Passow 22¼ M., tägl. 1mal Schnellpost in 14 St., 2mal Personenposten
in 17 St. Von Passow (S. 71) bis Berlin Eisenbahn.

Die Gegend bietet auf der ganzen Strasse in landschaftlicher
Beziehung wenig: flaches, fruchtbares Ackerland. Der Wagen
fährt durch die S. 56 genannte Frankendamm-Vorstadt.

2½ *Reinberg* (Post), Dorf, ½ Meile von Stahlbrode (S. 75)
und der Gletwitzer Fähre entfernt.

2 **Greifswald** *(Deutsches Haus bei Amelung)*, Universität (200
Stud.), 1456 gestiftet, und ansehnliche Stadt mit 14,000 Einw.
und einzelnen stattlichen alten Giebelhäusern, namentlich am Markt.
Die *Nicolaikirche* gehört zu den S. 49 genannten. Auf dem Universitätsplatz steht ein *Denkmal* zur Erinnerung an die 400jähr.
Stiftungsfeier (1856) der Universität, Zinkguss bronzirt, mit den
Medaillonbildern ehemal. Professoren: Joh. Bugenhagen (15. Jahrh.),
Mevius (17. Jahrh.), Berndt und E. M. Arndt, zugleich die 4 Facultäten verkörpernd; in den Nischen 4 Landesfürsten, 2 Herzoge
von Pommern, Friedrich I. von Schweden als Erbauer des Uni-

versitätsgebäudes, Friedrich Wilhelm III. von Preussen. — Die Salzwerke bei Greifswald sind nicht unbedeutend. Die Stadt steht durch einen kleinen Fluss, den *Rick* oder die *Hylde*, mit dem ½ Meile entfernten grossen *Greifswalder Bodden*, einem Arm der Ostsee, in Verbindung. Unfern der Mündung, bei den Trümmern des von den Schweden zerstörten Cisterzienserklosters *Eldēna*, liegen die Gebäude der berühmten landwirthschaftlichen Lehranstalt.

2½ *Möckow*. Die thätige Handelsstadt *Wolgast*, Stammort der Pommerschen Herzöge, an der *Peene*, liegt 1½ M. ö. von Möckow.

2¼ **Anclam** (**Traube, Böhmers Hôtel*), Stadt mit 11,000 Einw., an der *Peene*, die hier kleine Seeschiffe trägt und früher die Grenze zwischen Schweden und Preussen bildete. Auch Anclam hat, wie Greifswald, manches alte Giebelhaus, der Thurm des Steinthors ist vorzugsweise schön. Kaum ½ Meile vor dem Thor erhebt sich an der Strasse aus einer Umwallung ein alter Wartthurm, der *Hohe Stein*, den einst die Stadt Anclam zum Schutz gegen die Grafen von Schwerin aufrichtete. Das ganze Gebiet der Stadt war mit solchen Wartthürmen und Gräben (Landwehr) umgeben.

3 *Finkenbrück*, einzelnes Posthaus, in dessen Nähe zu Anfang des 7jähr. Kriegs Blücher, damals Junker in dem schwed. Husaren-Regiment v. Mörner, gefangen wurde und in das preuss. Husaren-Regiment v. Belling eintrat. Die Hügelkette r. auf der Mecklenburg. Grenze ist Wasserscheide zwischen Ost- und Nordsee.

3¼ *Pasewalk* (Kronprinz), kleine Ackerstadt an der *Ucker*, die uralte Garnison des 2. Cürassierregiments, welches („Anspach-Baireuth-Dragoner") 1745 bei Hohenfriedberg 67 Fahnen eroberte.

3¼ **Prenzlau** (*Hôtel de Prusse, Deutsches Haus)*, ansehnliche Stadt an der *Ucker* mit 13,000 Einw., die alte Hauptstadt der Uckermark, an der Nordspitze des 1½ M. l., ½ M. br. *Uckersees*. Die *Marienkirche* aus dem 14. Jahrh. gilt für die schönste des Landes; sie hat ein hübsches Altarblatt v. *Rhode*. Schönes Stadtthor.

3½ *Passow*, Station an der Berlin-Stettiner Bahn, s. S. 71.

12. Von Hamburg nach Magdeburg.

Eisenbahn in 8½ St für 7 Thlr. 6, 5 Thlr. 5, 3 Thlr. 17 Sgr.

Bis *Wittenberge* s. S. 35. Hier über die Elbe, dann durch flaches Land über *Seehausen* (3 Meil. w. der tiefe *Arendsee*, über 1 M. im Umfang, wirft häufig Bernstein aus), *Osterburg, Stendal, Demker, Tangerhütte*, grosse Eisengiesserei, *Mahlwinkel, Rogätz, Wollmirstädt*, von da an die Elbe entlang nach *Magdeburg*.

Zu **Stendal** (**Adler, Schwan)*, Hauptstadt der Altmark, der einzige Ort von Bedeutung an der ganzen Bahn, ist 1768 der berühmte Alterthumsforscher Winckelmann geboren, dem hier 1859 ein *Standbild* (von L. Wichmann) errichtet ist. Dom und Marienkirche aus der Mitte des 15. Jahrh., die Rolandssäule (S. 62), ein Schloss Kaiser Heinrichs des Voglers, jetzt Schenke, und zwei stattliche alte Stadtthore sind bemerkenswerth. In den Sandbergen der Umgebung werden häufig alte Urnen ausgegraben.

LÜNEBURG. *13. Route.* 59

Tangermünde, 1½ M. s.ö. von Stendal, malerisch am hohen Elbufer, merkwürdig wegen seiner reich verzierten Ziegelbauten aus dem 14. Jahrh. Auf dem gräfl. Gneisenau'schen Gut *Sommerschenburg*, 5 Meil. w., liegt der Feldmarschall Gneisenau († 1831) begraben. König Friedrich Wilhelm III. liess ihm hier ein Denkmal errichten.

13. Von Hamburg nach Hannover.

Eisenbahn von Harburg ab in 4—5 St. für 4, 3 oder 2 Thlr.

Ueberfahrt (S. 38) über die Elbe nach Harburg dauert 1 St. Landeplatz des Boots 15 Min. vom Bahnhof. Omnibus s. S. 37.

Harburg (*König von Schweden* Z. 20, L. 4, B. 5 gr., *Weisser Schwan*, *Bahnhofs-Restauration*), kleine hannov. Stadt, Freihafen, daher Zollvisitation; grösseres Gepäck wird in verschlossenen Wagen auf den Bahnhof gebracht. Droschke zum Bahnhof 5 Sgr. Vom *Schwarzen Berg*, 20 M. w, hübsche Aussicht.

Winsen an der *Luhe* ist erste Station. Vor Lüneburg berührt der Zug *Bardewieck*, einst, als Hamburg noch ein Fischerdorf war, die mächtigste Handelsstadt des deutschen Nordens, von welcher von der Zerstörung durch Heinrich den Löwen (1189) nur Reste des gewaltigen Doms übrig geblieben sind.

Lüneburg (*Deutsches Haus, Hoffnung*), mit 14,855 Einw., ansehnliche alte Stadt, ähnlicher Art wie Braunschweig (S. 120). Im *Rathhaus* einige Holzschnitzwerke aus dem 16. Jahrh, ältere Silberarbeiten u. Glasmalereien. Die fünfschiff. *Johanniskirche* ist aus der Mitte des 14. Jahrh. Das Gefecht bei Lüneburg (12. April 1813) zwischen Russen und Preussen unter Dörnberg gegen Franzosen und Sachsen unter Morand, der blieb, war der erste Sieg auf deutschem Boden in jenem Krieg. Bedeutende Salinen.

Die Gegend, welche die Bahn nun durchschneidet, ist höchst einförmig, meist Heideland, die *Lüneburger Heide*.

Bienenbüttel, Bevensen, Stationen. Zwei Meilen östlich ist der grosse *Göhrder Wald*, wo am 16. September 1813 Wallmoden die franz. Division Pecheux schlug. Die Lützow'sche Freischaar nahm lebhaften Antheil am Gefecht.

Bei *Uelzen* finden sich mehrfach grosse Steinblöcke mit einer Bedachung, wahrscheinlich Hünengräber. Folgen Station *Suderburg, Unterlüss* und *Eschede*. Gegend hügelig, hin und wieder kleines Tannengebüsch, auch dürftiges Ackerland.

Celle *(Hannov. Hof, Sandkrug, Adler)* an der *Aller*, zweite Residenz des Königs von Hannover mit 14,000 Einw., einem alten hergestellten Schloss, dessen Capelle sehenswerth, und einem neuen stattlichen Gebäude für das Ober-Appellationsgericht. Der berühmte Marstall hat ausgezeichnete Pferde. Im franz. Garten ein Denkmal für die Königin Caroline Mathilde von Dänemark († 1775), Schwester Georgs III. von England. Die alte Pfarrkirche enthält das Grabgewölbe des Hauses Braunschweig-Lüneburg.

Lehrte, Station zwischen Hannover und Braunschweig, s. S. 118.

14. Von Hamburg nach Bremen.

15 M. Courier-Droschken 2mal tägl. in 12 St. für 3 Thlr. Abfahrt 6¼ U. Ab. von Schlüter bei der Petrikirche N⁰ 2, und ebenf. Ab. 6¼ U. vom Hôtel de Brandebourg, Paulstr. 26. Eisenb. v. Harburg über Hannover 9 St. für 7 Thlr., 4 Thlr. 20, 2 Thlr. 27½ Sgr. Ueber Cuxhaven nach Bremerhaven s. unten.

Die Fahrt auf der schlechten steingepflasterten Poststrasse unternimmt man höchstens wegen der Zeit- (Nachtfahrt) und Kostenersparniss. Die Stationen sind: 1¼ Meile *Harburg*, 3¾ *Tostedt*, 3¾ *Rotenburg*, 2½ *Ottersberg*, 3½ *Bremen*.

Eisenbahnfahrt von Hamburg bis Hannover s. S 59. Von Hannover fährt man auf der Mindener Bahn in ¾ St. bis *Wunstorf*, wo die Bremer Bahn nördlich sich abzweigt. Der ganze Landstrich, welchen die Bahn bis Bremen durchschneidet, bietet nichts: dürftiges Ackerland, Heide und Moor, Sand.

Vor *Neustadt* glänzt fern w. ein langer Wasserstreifen, das Steinhuder Meer, ein grosser Landsee, in welchem auf einer künstlichen Insel Graf Wilhelm von der Lippe († 1777) eine Musterfestung, den *Wilhelmstein*, anlegte und zugleich eine Kriegsschule auf derselben gründete, in welcher der berühmte preuss. General v. Scharnhorst († 1813, s. S. 26) seine erste militair. Erziehung erhielt. Erlaubniss zum Besuch des Wilhelmsteins, der eine kleine Invalidenbesatzung hat, ertheilt der zu *Hagenburg*, an der Nordseite des Sees wohnende Commandant. Die Schiffer, welche überfahren, haben feste Taxe. Am w. U. liegt *Rehburg*, ein freundl. Bad- und Molkencurort.

Hagen, *Linsburg*, Stationen. *Nienburg* (Stadt London) war bis 1807 Festung, die Franzosen schleiften damals die Werke und sprengten auch 1813 den mittlern Brückenpfeiler. Folgen Station *Eistrup* und *Döverden*. Vor *Verden*, dem von Carl d. Gr. gestifteten Bischofssitz, dessen thurmloser Dom die kleine Stadt weit überragt, überschreitet die Bahn die *Aller*, die sich unterhalb Verden in die Weser ergiesst.

Folgen Stat. *Langwedel*, *Achim*, *Sebaldsbrück* Ehe der Zug im Bahnhof zu Bremen hält, durchschneidet er den grossen Friedhof.

Von Bremen nach Hamburg über Cuxhaven mit Dampfboot nach Bremerhaven (S. 64), von hier Post (1860 6 U fr) nach dem 6 Meilen entfernten *Cuxhaven* (S 51), und nun mit Dampfboot die Elbe hinauf: eine zweitägige aber interessante Fahrt.

15. Bremen.

Geld. 1 Krone = 8 Thlr 28 Gr. Gold, 1 Louisd'or = 5 Thlr. Gold, 1 Thlr. Gold = 72 Grote oder 1 Thlr. 2½ Sgr. preuss. Der preuss. Thaler gilt 66 Grote, der Grote also fast 6 Pf preussisch. 1 Grote = 5 Schwaren.

Gasthöfe. *Hillmann's Hôtel (Pl. b)*, *Hôtel de l'Europe (Pl. a)*, beide vor dem Heerdenthor, zunächst am Bahnhof. Z. 36, L. 12, Fr. 18, M. 48 Gr ; Lindenhof (Pl. c) am Domshof; *Stadt Frankfurt (Pl. d) am Domshof, Z. 30, L. 12, F. 18, M. 36, B. 12 Gr. *Siedenburgs Hôtel (Pl. f), dem Theater gegenüber, in den untern Räumen auch Restauration, M. um 2 U. 1 ₂ Thlr., Z. 30, L. 12, Fr. 18, B. 12 Gr. *Hannoversches Haus (Pl. e) neben der hannöverschen Post.

Kaffeehäuser. Börsenhalle am Domshof, sehr viele Zeitungen. Stehely und Josty (Pl. g) am Domshof, auch Conditorei. Kaffeehaus neben Hillmann's Hôtel.

Restaurationen. Bohlen u. Comp. Unser-Lieben-Frauen-Kirchhof; Hasselmann St. Wilhadi; Rheinischer Keller unter Hôtel de l'Europe, gutes bair. Bier, auch Austern. Bei Bergmann, Schlachte 35. auch Austern. Wigger's Keller, Pariser Keller, Theaterkeller.

Bierhallen. Haake u. Comp. Kirchenstr. 6; Thorenkiste (früher Narrenhaus) eben daselbst; Hannoversches Haus (bair. Bier). C. H. Haake, Wachtstrasse. — Drost's Garten, vor dem Bischofsthor, ist ein beliebter Vergnügungsort, besonders Abends (häufig Musik) sehr besucht.

Droschke ¹/₄ St. 15 Grote, ¹/₂ St. 22 Gr, 1 St. 39 Gr. für 1—2 Pers., jede Pers. mehr 3 Gr., Koffer 3 Gr. Vom Bahnhof oder von den Landeplätzen der Dampfboote in die Stadt 18 Gr.

Trägertaxe. Koffer 6, Nachtsack oder Hutschachtel 3 Gr.

Theater tägl., im Winter im *Stadttheater*; *Sommertheater* im Volksgarten.

Schwimmanstalt in der kleinen Weser vor dem Werderthore.

Dampfboote nach *London* oder *Hull* 1—2mal wöchentl., nach *New-York* direct 2mal monatlich und über Southampton in 12—16 Tagen monatl. 2mal, nach *Bremerhaven* und *Norderney* s. S. 63, nach *Oldenburg* S. 68.

Bremen, freie Reichs- und Hansestadt mit an 80,000 Einw. (4000 Kath., etwa 100 Juden), macht den wohlthuenden Eindruck eines regen Bürger- und Geschäftslebens, eines durch alle Klassen verbreiteten behaglichen Wohlstandes. Der Verkehr ist zwar mit dem grossartigen Hamburgs nicht zu vergleichen, Bremen hat dafür aber auch wenig Proletariat. Seine Rheder haben 300 grössere oder kleinere Fahrzeuge in See, kein anderer deutscher Seeplatz, als Bremen, sendet Schiffe zum Wallfischfang in die Südsee, viele Tausende (1854 76,875) von Auswanderern schiffen sich jährlich von *Bremerhaven* (S. 64) nach America ein, und halten sich vorher oft wochenlang in Bremen oder Bremerhaven auf, meist in der auf dem linken Weser-Ufer gelegenen Neustadt. Die ehem. Festungswerke, seit der franz. Zeit ganz abgetragen, sind in schöne *Anlagen* verwandelt. In der Nähe des Heerdenthors ist 1856 eine Vase aufgestellt, von Steinhäuser, einem Bildhauer aus Bremen, mit Reliefs, den „Klosterochsenzug" darstellend, den Mitte October jährlich stattfindenden Umzug von 2 gemästeten Ochsen, die zum Besten der Krankenanstalt verloost werden. Auf der Ostseite der Anlagen, um welche ein schöner neuer Stadttheil sich zu bilden begonnen hat, ist das *Theater* (Pl. 20), die *Union* (Pl. 21), Versammlungsort der jüngern Kaufleute mit reichem Lesecabinet, und die *Kunsthalle* (Pl. 8), mit Steinhäuser'schen Bildwerken und meist neuern Gemälden. In der Nähe steht *Olbers Standbild († 1840) (Pl. 18), 1850 errichtet, 9' hoch, aus carrar. Marmor von Steinhäuser, am Fussgestell Reliefs: Pallas und Vesta (Sinnbilder der beiden von Olbers entdeckten Planeten), Olbers in der Betrachtung des Himmels, und als Arzt am Krankenbett.

Das *Rathhaus (Pl. 14), um 1410 erbaut, der schöne Bogengang und die drei Giebel später angefügt, hat an der Südseite 8 grosse Standbilder, 7 Kurfürsten und den Kaiser. Oben in dem grossen Saal (immer geöffnet) ist 1860 das *Standbild Smidt's († 1857), des berühmten Bürgermeisters von Bremen, aufgestellt, aus carrar. Marmor ebenf. von Steinhäuser; die *Güldenkammer*, wo die Frauen bei Bürger-Aufzügen Platz nahmen, hat eine schön geschnitzte Treppe. An der Westseite ist der Eingang in den berühmten, nur mit Rhein- und Moselwein gefüllten Weinkeller, durch Hauff's „Phantasien im Bremer Rathskeller" allgemeiner bekannt. Er ist stets geöffnet, bis 10 U. Abends, Sonntags nur von 3 U. Nachm. an. Man kann den Wein in Flaschen oder in Gläsern, wie in einem Weinhaus bekommen (auch Austern und Zwieback). Die ältesten Fässer sind die Rose und die 12 Apostel; sie liegen in besondern Abtheilungen des Kellers. Bei der Rose hielt, so sagt man, vor Zeiten der Magistrat wichtige Sitzungen, was da „sub rosa" verhandelt wurde, erheischte tiefstes Stillschweigen.

Vor dem Rathhaus der 18' h. *Roland (Pl. 15), 1412 an der Stelle eines hölzernen von Stein neu aufgerichtet, ein altes, besonders in Niedersachsen häufiges Sinnbild der Marktfreiheit und des Königsbanns, das Palladium der städt. Freiheit. Am linken Arm trägt der Riese einen Schild mit dem Reichsadler und der Umschrift: „Vryheid do ik ju openbar, de Carl (d. i. Carl d. Gr.) unn mannig Vorst verwahr, deser Stadt gegeven hat, des danket Gode is min Rad." Das blosse Schwert in der rechten Hand deutet auf die der Stadt verliehene peinliche Gerichtsbarkeit, noch bestimmter durch Kopf und Hand eines Verbrechers zu den Füssen des Roland bezeichnet. (In den Anlagen des vor dem Hohe-Thor gelegenen grossen *Schützenhofs* trägt die sogen. „Wrangel-Statue" die Inschrift: „Bremen wes ghedechtich, late neict mer in du beist ohrer mechtich"; sie befand sich früher auf dem Heerdenthor.)

Dem Rathhaus s. gegenüber der Schütting (Pl. 16), Versammlungsort der Handelskammer, w. die Börse (Pl. 3, Börsenstunde 1 Uhr), 1608 erbaut (eine neue Börse ist im Bau), n.w. die 1160 erbaute Liebfrauenkirche (Pl. 10), nach der Marktseite kürzlich restaurirt, sonst nicht weiter bemerkenswerth, n.ö. das Stadthaus (Pl. 17) mit der *Hauptwache* (12 U. Wachtparade).

Die kirchlichen Gebäude sind, mit Ausnahme des im 12. Jahrh. erbauten *Doms (Pl. 7) (297' l., 124' br., 100' h.), ohne Bedeutung. Das nördl. Schiff, von gleicher Höhe mit dem Mittelschiff, ist im 16. Jahrh. angebaut; das Innere ist neu hergestellt und für den prot. Gottesdienst musterhaft eingerichtet. Die 1848 verfertigte Orgel wird in Deutschland nicht ihres Gleichen haben, von dem alten schönen Lettner ist nur das Steinbildwerk vor der Orgel noch vorhanden. Die beiden Glasfenster mit den Bildnissen Luthers und Melanthons, neuester Zeit in Nürnberg gefertigt, ebenso die im Chor. Die Rococo-Kanzel ein Geschenk der Königin Christina von Schweden. Im südl. niedrigen Seitenschiff steht ein angeblich 900 Jahre alter metallner Taufstein. Ebenda führen einige Stufen in den wenig tiefen Bleikeller (hier wurde das Blei für die Dachbedeckung gegossen), welcher einige unverweste lederartig eingetrocknete Leichen birgt, die älteste 400, die jüngste 60 J. alt. Diese Eigenschaft des Gewölbes ist heute noch ungeschwächt, wie das aufgehängte eingetrocknete Geflügel beweist. Die Wohnung des Küsters Neumann ist Domshaide 9.

Den grossen Platz an der Nordseite des Doms, den Domshof, begrenzen n. die Gasthöfe Lindenhof und Stadt Frankfurt. Neben denselben, an der w. Seite, das **Museum** (Pl. 11), geselligen und wissenschaftl. Zwecken gewidmet, mit hübschen naturw. und ethnograph. Sammlungen, und die **Börsenhalle** (Pl. 4), Eintritt hier frei, mit Restauration und Lesezimmer, zur Börsenzeit und Abends von Maklern viel besucht.

Das *Standbild **Gustav Adolphs** (Pl. 19), nach einem Entwurf des schwed. Bildhauers Fogelberg zu München in Erz gegossen, war für Gothenburg bestimmt. Das Schiff strandete und Helgolander Schiffer bargen das Bild. Bremer Kaufleute haben es angekauft und ihrer Vaterstadt geschenkt, die es 1856 auf der Donishaide aufgestellt hat, mit dem Fussgestell an 25' hoch.

Gegenüber das im goth. Styl neu hergestellte Local des **Künstlervereins**, ein Prachtbau des 13. Jahrh., für gesellige Zwecke eingerichtet; in dem untern höchst geschmackvollen, mit Medaillonbildern berühmter Deutschen geschmückten Raum ist die Restauration (gutes Bier), oben der Saal für Concerte, lebende Bilder (wöchentl. 1mal) u. s. w. Fremde müssen durch ein Mitglied eingeführt sein.

Die **Ansgariikirche** (Pl. 2) (324' h. *Thurm), 1243 erbaut, besitzt ein im J. 1818 für 2000 Thlr. angekauftes Altarblatt von Tischbein: „Lasset die Kindlein zu mir kommen." Die Kirche ist kürzlich hergestellt (bei welcher Gelegenheit ältere Frescobilder zum Vorschein kamen) und mit neuen Glasbildern versehen. Sie ist gedielt und wird im Winter mit Wasserdämpfen geheizt.

Die (kath.) **Johanniskirche** (Pl. 9) (200' l., 62' br.), ein 60' hohes Gewölbe, ruht auf 8 schlanken Säulen. Prinz Louis François de Bourbon Condé († 1757) ist darin begraben.

Zwei **Brücken** verbinden das rechte und linke Weser-Ufer, die Alt- und Neustadt. Hübsche Aussicht von der grossen Brücke auf Stadt und Weser, namentlich auf den Schauplatz des Schiffsverkehrs, das die *Schlachte* gen. Werft am rechten Ufer. Das stattliche Gebäude südl. der Brücke ist *Arbeitshaus* für Bettler.

Am südl. Wall der Neustadt liegen die **Casernen** (Pl. 5 u. 6) und der *Exerzierplatz* für Bremens stehendes Heer, *Hanseaten* genannt (700 Mann Infanterie). Die Neustadt ist, wie S. 61 bemerkt, der Tummelplatz der Auswanderer.

16. Von Bremen nach Norderney.
a. Wasserfahrt.

Dampfboot nach Norderney in 13—15 St., für 5 Thlr. 36 Gr., einschliessl. des Mittagessens, im Juli, August und September alle 4 Tage. Abfahrt früh Morgens, Ankunft Abends. Wenn das Boot sehr früh Morgens abfährt, geht man besser Abends schon an Bord. Nach Wangeroog und Spickeroog mit demselben Boot in 9—10 St. Nach Bremerhaven mehrmals tägl. in 6 St. für 48 oder 30 Gr.

Die Wasserfahrt ist bei gutem Wetter der Landfahrt um so mehr vorzuziehen, als die Gegend landschaftlicher Schönheiten entbehrt. Die Ufer der Weser bieten zwar ebenfalls wenig, sie sind anfangs kahl, aber die Wasserfahrt ist bequemer. Bei

r. *Moorlose*, dessen neue Kirche aus rothem Ziegelstein am

Ufer sich erhebt (der Ort selbst mehr landeinwärts), wird das linke Ufer oldenburgisch. Die Baggermaschinen neben der Insel l. dienen zur Entsandung des Fahrwassers. r. Mündung der *Lesum.*

r. *Vegesack*, mit saubern Häusern anmuthig zwischen Bäumen gelegen, das Ufer etwas gehoben. Die hübschen Landhäuser gehören Bremer Rhedern, das oberhalb entferntere Hrn. Tiedemann, das burgartige unterhalb des Orts Hrn. Fincke. Vegesack hat bedeutende Schiffswerfte. Es ist Hauptquartier vieler Schifferwittwen und Strohwittwen, die hier in schiffsmässig eingerichteten kleinen Behausungen weilen. Unterhalb Vegesack ist das linke Ufer der Weser hannoverisch.

r. *Rönnebeck* mit Eisengiesserei und Porzellanfabrik, letztere nur für die überseeische Ausfuhr.

l. *Warfleth* mit alter Schifferkirche. Weiter unterhalb vor

l. *Elsfleth,* mündet die *Hunte* (S. 67) in die Weser. Schiffe aller Art, fahrende und ankernde, fertige und im Bau begriffene beleben den immer breiter werdenden Strom. Das linke Ufer ist durch Baumgruppen und Häuser von nun an freundlicher, als das kahle rechte, das mehr in der Ferne bleibt.

l. *Brake,* oldenburgischer Hafen und Schiffswerft. Seeschiffe treten immer mehr hervor. Von hier gehen Auswanderer-Schiffe in See. Das Gebäude rechts diente früher dem optischen Telegraphen.

l. *Rodenkirchen.*

r. *Dedesdorf,* auf einem kleinen, ebenfalls oldenburg. Gebiet.

l. *Strohhausen.* Die Weser nimmt allmälig eine seeartige Ausdehnung an. Die Ufer treten immer weiter zurück, der Wellenschlag wird stärker. Ein Wald von Masten kündet

r. **Bremerhaven** *(*Steinhoff's Hôtel,* Z. u. L. 42, F. 15 Gr.; **Lloyd's Hôtel, Behrmann's, Twietmeyer's Hôtel)* an, Bremens Hafen, auf einem kleinen, 1827 von Hannover erworbenem Gebiet, am Ausfluss der *Geeste* in die Weser, seitdem mit jedem Jahr an Bedeutung zunehmend, jetzt Stadt mit über 6000 Einw., mit grossartigem Schiffs- und Handelsverkehr und ansehnlicher Rhederei. Die *Hafenbassins* stehen an Grösse und zweckmässiger Einrichtung den zu Antwerpen nicht nach; man hat hier die beste Gelegenheit, die grossen transatlant. Dampfboote zu besteigen und die innere Herrichtung für den Auswanderer-Transport zu sehen. Ein 1849 gegründetes grosses *Auswanderer-Haus* (S. 61) mit Sälen für 600 bis 800 Personen, dient zur Aufnahme von 2500 Auswanderern, die hier bis zur Abfahrt als Zwischendeckpassagiere verpflegt werden. In der Küche wird täglich für 6000 Pers. gekocht, da auch viele Arbeiter und Matrosen hier ihre Speise holen. Vom Leuchtthurm (138 Stufen) hübsche Rundsicht. Der neue Kirchthurm ist meilenweit sichtbar.

An der oberen Schleuse südl. das kleine hannov. *Fort William.* An der Mündung der *Geeste* hat hier Hannover ebenfalls einen Hafen, *Geestemünde* (König von Hannover), angelegt.

NORDERNEY. *16. Route.*

Das linke Ufer ist die Ostspitze des *Buitjädinger Landes*, der Absatz eines 3 M. br., 5 M. l. Halb-Insel-Stiefels, dessen westliche Fussspitze Preussen im J. 1853 von Oldenburg zur Benutzung der Anlage seines *Jahde-Kriegshafens* angekauft hat (S. 68).

Bald ist die Küste dem Auge ganz entschwunden. In der Ferne zeigt sich das zweite, dann das erste *Bremer Leuchtschiff*, weiter die *Bremer Bake*, ein thurmartiges Gebäude. Dann erscheint allmälig links ein Inselstreif. Es ist **Wangeroog** (*Oog*, *Oye*, das rheinische Au, Insel), n.w. von der weiten Münnung der *Jahde*, die erste einer Gruppe von Inseln, welche vielleicht früher mit einander oder mit dem Festland verbunden waren, oldenburgisch, Seebad, Wohnungen reinlich und gut, bescheidene Verpflegung, Alles billig; Bad 5 Sgr., Badstrand 5 Min. von den Häusern entfernt. Die Insel verliert mit jedem Jahr mehr Land durch Abspülungen, die in Folge der Stürme in den ersten Neujahrstagen 1855 sehr erheblich waren. Doch kann das Bad immerhin noch Jahre lang bei mässigen Ansprüchen befriedigen.

Das Dampfboot fährt nun durch das *Watt*, wie die an Sandbänken reiche Wasserstrasse zwischen den Inseln und dem ostfriesischen Festland genannt wird, bei Ebbe an einzelnen Stellen für Wagen fahrbar (S. 69), der Name wahrscheinlich von „Waten". Am südl. Festland sieht man nach und nach den *Carolinen-Siel*, freundlich mit Windmühlen, den *Neuharlinger-Siel*, die Kirche des fernen *Wittmund*, näher den hohen schmalen Kirchthurm von *Esens*, zuletzt die sehr hohe thurmlose Kirche von *Norden*. Nördlich zeigen sich die Inseln *Spikeroog* (auch Bad, Wangeroog ähnlich, Badstrand aber 1/2 St. vom Dorf entfernt), *Langeroog*, *Baltrum*. Der Dämpfer legt an der Südwestküste der 3 St. br., 1/2 St. l. (Umfang 5 St. Wegs) Insel **Norderney** an, wo Schaluppen zum Ausschiffen und Wagen bereit sind die Reisenden (Pers. 5 gr.) an das Conversationshaus zu führen. Das Gepäck ist später am Lagerhaus, Marienstr., in Empfang zu nehmen; Transport dorthin 2—5 gr. das Stück.

Die Badesaison dauert vom 15. Juni bis 15. October und ist in dieser Zeit von der Aristokratie und den Begüterten Norddeutschlands, Russlands, Oesterreichs, Hollands u. a. stark besucht. Das grosse *Logirhaus* ist fast ausschliesslich für den König von Hannover bestimmt. Die Gasthäuser *Schmidt*, *Bretharst* (M. o. W. 15 gr., Abonnem. 12 1/2 gr., ausser dem Hause 10 gr.) werden nur zu kurzem Aufenthalt benutzt und sind im Juli u. August gewöhnlich stark besetzt. Alles hat in Norderney seine feste Taxe, Wohnungen, Verpflegung, Trinkgelder. Musik (das übliche Empfangs-Ständchen am nächsten Vormittag nach Ankunft 1 Thlr.), Privatwohnungen (wöchentlich 3—4 Thlr. Zimmer mit Bett; Stube u. Kammer von 5 Thlr. an) sind wohl zu finden, besser ist's aber, dieselben durch den Badecommissair Major von Landesberg in Hannover (in Norderney vom 15. Juni ab), oder Inspector

Schulz und Amtsvogt Hasse aus Norderney im **Voraus** zu bestellen. In dem Miethpreise mit einbegriffen ist die Lieferung von kochendem Wasser zu Thee u. Kaffe, so wie das nöthige Geschirr zu diesen und zum Mittagstisch.

Im **Conversationshause** (nächst dem Strande der Hauptvereinigungspunkt des Badelebens) Speisesaal, Frühstückszimmer. Lesezimmer u. Tanzsaal. Table d'hôte (Juli u. Aug. 300—400 Pers. tägl.) um 3 U., o. W. für Herren 22½ gr. (incl. Musik), f. Damen 20 gr. Um 1 U. sogen. Kinder-Table-d'hôte 12½ gr. (f. Kinder 7½ gr.), viel von Erwachsenen benutzt, die einfach u. früher speisen wollen. Zu 18¾ gr., 12½ gr., oder 6¼ gr. die Portion (letztere sehr einfach aber reichlich) kann man die Speisen auch ins Haus holen lassen. Getränke jeder Art sind zu mässigen Preisen alle sehr gut.

Der **Bazar**, links vor dem Conversationshause, enthält oben Zimmer zur provisor. Aufnahme von Badegästen, unten Kaufläden, Buchhandlung u. Leihbiblioth. des Commissariats (Abonnem. 15 gr.).

Die Fluth (8′) tritt zur Zeit des Vollmonds und Neumonds um 10 U. ein, dann mit jedem Tag ungef. 50 M. später. Badezeit (beide Geschlechter getrennt) von früh 5 bis Nachm. 2 U; am angenehmsten von 2 St. vor bis 1 St. nach der höchsten Fluth (an sehr heissen Tagen sind [bei Ebbe oder Fluth] vor 8 U. die erquickendsten Bäder); Badekarten à 7½ gr. (Kinderbillets 4 gr.) sind im Conversationshause zu haben. Badetücher werden am Strande verabreicht, wofür wöchentl. 7½ gr.; dasselbe Trinkgeld in die Strandbüchse für Waschen u. Aufbewahren der ersteren oder der mitgebrachten Badetücher (Damen bedürfen zweier Badetücher). Weitere persönl. Bedienung im Bade selbst (für Damen unumgänglich nothwendig) ist ebenso noch besonders zu honoriren. — Bewährte Baderegeln sind: (s. Flügge's Baderegeln 5 gr.) mit dem Rücken die Wellen zu empfangen, nur kurze Zeit (5 bis höchstens 10 Min.) im Wasser zu bleiben u. nach dem Bade eine Stunde am Strande zu spazieren. Vor 2 U. darf kein Herr den Damen-Badestrand (Weststrand) betreten, dagegen ist der ganze Nordnordweststrand in seiner stundenlangen Ausdehnung zu jeder Zeit den Spaziergängern zugänglich. Dieser herrliche Strand (Nachm. von 5 bis 8 Uhr am belebtesten, 2 mal wöchentl. von 6 bis 8 Uhr Musik) u. die geringe Entfernung der Badeplätze für Damen und Herren vom Orte selbst, bilden die Hauptvorzüge Norderney's vor andern Nordseebädern.

Die Anlagen zwischen Bazar und Georgstrasse bilden den **Georgsgarten**. In den Anlagen zwischen dem grossen Logirhaus (auch Schloss oder Palais genannt) wird Nachm. von 4—5 U. bei Musik der Kaffe (Tasse 2½ gr) eingenommen. Rechts vom gr. Logirhaus gelangt man unter einer Brücke in die „Seufzerallee" u. den „Philosophengang", die Dünen entlang zur *Marienhöhe* (beim Damenstrand), weiter in nordöstl. Richtung zur *Georgs-*

höhe (beim Herrenstrand). Südl. hinter dem gr. Logirhaus rechts der *Schiessstand*, links die Wiese genannt der *kleine Polden*. Geht man in derselben Richtung, die Marienstrasse entlang, weiter, so gelangt man nach der *Schanze*, von den Franzosen im J. 1811 zur Zeit der Continentalsperre für eine Besatzung von 200—300 Mann gegen die Engländer erbaut, jetzt zu anmuthigen Anlagen benutzt (Kaninchen werden hier gehegt). Nach Süden übersieht man von hier die *Rhede*, wo an 60 Schaluppen vor Anker liegen. Von hier gelangt man in nördl. Richtung zur *Bake*, einem schwarzen auf einer Düne stehenden Thurmgerüst (Zeichen für Schiffer), von wo ab man einen guten Ueberblick über die Insel hat; eine noch freiere Aussicht geniesst man über See und Inseln von der *weissen Düne*, am kahlen sand- u. muschelreichen Ostende der Insel. Sie ist das Ziel weiterer Ausflüge, vom Weststrand in 1 St. zu erreichen (Wagen 2 Thlr.). Georgshöhe u. Marienhöhe (S. 66) gewähren herrliche Aussicht auf's Meer. Bei letzterer wurde durch den Sturm in der Neujahrsnacht 1855 viel Inselland abgespült und der Strand dadurch sehr eingeschränkt, das Dorf selbst bedroht. Zum Schutze ist 1858 vom s.w. Strande ab (hinter dem Turnschoppen) bis fast zur Georgshöhe ein Damm von gehauenen grossen Steinen aufgeführt.

Zu Wasserfahrten liegen am Damenstrande bei ruhigem Wetter Nachmittags Schaluppen bereit zur zweistündigen Fahrt in See (à Person 5 gr.). Eine Fahrt nach den benachbarten Inseln *Juist* oder *Baltrum* kostet 2 bis 3 Thlr.

Norderney sichert durch seine Taxen vor Uebervortheilung und gewährt neben dem reichen Badeleben auch die Möglichkeit, unbemerkt und billig seiner Kur nachzugehen.

Dampfboot nach Bremen s. S. 63, nach Emden S. 69. *Wagen* mit 2 Pferden nach Norden 6 Thlr., nach Emden 10 Thlr.

Im August ist auf Norderney ein Unterkommen nur schwer zu finden. Mancher ist genöthigt, dann eine Zuflucht zu den benachbarten Inseln *Borkum*, *Juist*, *Baltrum*, *Langeroog*, *Spikeroog* zu nehmen, wo auch gebadet wird, jedoch mit sehr unvollkommenen Einrichtungen. *Wangeroog* s. S. 65.

Borkum, an der Mündung der Ems n.w. von Emden, 2 Meilen vom holländ. Festland gelegen, wird namentlich von Frauen mit Kindern wohl besucht. Alles ist aber noch in Urzuständen, nur ein einziges kleines Wirthshaus, Quartier in Fischerhäusern, Schlafstellen fast nur Kojen, frisches Fleisch fehlt oft tagelang, Badestand vorzüglich, aber 20 Min. vom Ort, Weg tiefer Sand, Badekarren unbekannt. Auskunft ertheilt der Vogt Rhode. Dampfboot von Emden nach Borkum in 4 St. mehrmals wöchentlich.

b. **Landfahrt.**

19 Meilen. Von Bremen nach Oldenburg 2mal tägl. Eilwagen in 4 St., von Oldenburg nach Norden 1—2mal täglich in 11 St. Dampfboot von Bremen nach Oldenburg, bis Elsfleth (S. 64) auf der Weser, dann auf der Hunte, 2mal tägl. in 4 1/2 St.

2 *Delmenhorst*, erster oldenburgischer Ort. — 2 *Sandersfeld*.
2 **Oldenburg** (*Erbgrossherzog, Z. 36, F. 18, M. 36, B. 12 Grote
(S. 60); *Hôtel de Russie, Römischer Kaiser)*, Hauptstadt des Grossherzogthums mit 8000 Einw. Die bemerkenswerthesten Gebäude sind das grossherzogl. Schloss und die Lambertuskirche. In dem Galleriegebäude hinter dem herrschaftlichen Palais an 210 Gemälde, manche von Werth. Auch die ansehnlichen früher in Eutin (S. 50) befindlichen kunstgeschichtl. Sammlungen sind jetzt hier. Auf dem Friedhof hat der verstorbene Herzog den beiden unter Vandamme's Schreckensherrschaft (S. 43) am 10. April 1813 zu Bremen erschossenen Räthen v. Finkh und v. Berger ein Denkmal errichten lassen. Die Umgebungen von Oldenburg sind durch geschmackvolle Aussenwohnungen und Gärten sehr freundlich. Südwestlich von Oldenburg viele Meilen weit Moorland.

Wangeroog (S. 65) ist von Oldenburg aus auch zu Lande in 6—8 St. zu erreichen. Entfernung von Oldenburg bis *Varel*, gewerbreiche Stadt und Hafenort am *Jahder Meerbusen* 4 M., *Jever* 4 M., *Carolinen-Siel* 2 Meilen. Ueberfahrt in 1—2 St. nach Wangeroog. Am Jahder Meerbusen, im 13. Jahrh. durch den Untergang von 7 Kirchspielen entstanden, bei *Heppens*, am linken (westl.) Ufer der Jahde, wird ein *preussischer Kriegshafen* erbaut (S. 65).

2½ *Zwischenahn* (Post), freundlich an einem kleinen waldumgebenen See gelegen, mit Gärten, Waldanlagen und Badhäuschen, eine Sommerfrische der Oldenburger und Bremer. 2¼ *Moorburg*.

2¼ *Hesel*. Die Landstrasse durchschneidet das *Groteveen*, eine stundenlange Colonie mit etwa 3000 Einw. Die *Veentiefe* sind schiffbare Canäle, die in das nördlich über einen viele Meilen weiten Landstrich sich erstreckende Hoch-Moor hinein geführt werden und mit der See in Verbindung stehen. Sie dienen zur Entwässerung und zur Schifffahrt, zunächst zum Verfahren des Torfs.

3¼ **Aurich** *(Deutsches Haus, Piqueurhof, Bär)*, Hauptstadt des von 1744 bis 1806 preuss., seit 1815 hannov. Fürstenth. Ostfriesland. Im *Landschaftssaal 27 Portraits ostfries. Herrscher von Ulrich I. († 1466) bis zu König Ernst August († 1851), einschliesslich der preuss. Könige Friedrich d. Gr., Friedr. Wilh. II. u. Friedr. Wilh. III.

Eine Stunde westl. von Aurich ist noch ein Hügel, der *Upstallsboom*, wo im Mittelalter die sieben friesischen Seelande, die sich vom Rhein bis zur Eider erstreckten, unter drei hohen Eichen ihre Volksversammlungen und Gerichte hielten.

3¼ *Norden* (bei Dippel zum Weinhaus, nicht übel, billig). Schöner Marktplatz mit Baumanlagen, sehenswerth die reform. Kirche aus dem 15. Jahrh. Fünf christliche Confessionsgemeinden, darunter Mennoniten und Herrnhuter, leben hier friedlich sammt einer israelitischen Gemeinde neben einander.

Die Küste *(Norderdeich)* ist 1 St. von Norden; es gehen Omnibus (in ½ St., 5 gr.) dahin ab, welche mit den Fährschiffen in Verbindung stehen, die während der Fluth tägl. in 1—3 St.

je nach dem Wind nach der Insel Norderney fahren und Personen für 12—15 gr. mitnehmen. Zur Zeit der Ebbe fährt die Post von Norden in 4—5 St. (1½ Thlr.) nach Norderney, zuerst durch einen fruchtbaren Landstrich nach dem 1¼ St. n.ö. gelegenen *Hilgenrieder-Siel*. Das Meer tritt auf dem Watt (S. 65), der zwischen der Küste und der Insel gelegenen grossen Sandbank, während der Ebbe so weit zurück, dass man ohne Gefahr zu Wagen, auch zu Pferde, aber nicht zu Fuss, nach der Insel gelangen kann. Wirklich im Meer fährt man etwa ½ St. Zu der ganzen höchst merkwürdigen Fahrt gebraucht man vom Hilgenrieder-Siel bis ins Dorf *Norderney* etwa 3 St. Ein besonderer Wagen mit 2 Postpferden kostet von Norden bis Norderney 6 Thlr. Die Fährschiffe sind unbequem. Im Gasthaus des Strandvogts am Hilgenrieder-Siel nötigenfalls Nachtquartier. Er muss auch, wenn er es nöthig findet, Reisende begleiten (20 gr.). Post 3mal tägl. von Emden nach Norden (4 M.) in 3¼ St. für 1 Thlr.

c. **Rückfahrt über Emden und Leer nach Rheine.**
Dampfboot fast tägl. im Sommer von Norderney nach Emden in 4 bis 5 St., 1. Pl. 1⅔, 2. Pl. 1 Thlr.; Eisenbahn von Emden nach Leer in 30 bis 50 Min., nach Rheine 3¼ bis 5 St. (Post tägl. von Leer nach Oldenburg in 7¼ St.).

Das Dampfboot fährt an der Insel *Juist* (S. 67) vorbei und gelangt bald in die breiten Mündungen der *Ems*, deren Westküste zur holländ. Provinz Groningen gehört, die Ostküste zu Ostfriesland. Das Boot durchschneidet den *Dollart*, einen grossen Meerbusen, 1277 durch eine Ueberschwemmung entstanden. Die Küsten bleiben stets im Angesicht; auf der ostfriesischen Küste treten namentlich die Dörfer mehrfach hervor.

Emden (*Börse*, neben der Rathhausbrücke, Z. u. F. 22½, B. 5 gr.; *Weisses Haus*; *Prinz v. Preussen*; *Van Daelen)* (12,490 Einwohner), von 1595 bis 1744 freie Reichsstadt, von 1744 bis 1804 preussisch, früher unmittelbar an der Ems gelegen, jetzt eine halbe Stunde von dieser entfernt, durch ein tiefes Fahrwasser mit der Ems und der See verbunden, so dass zur Fluthzeit Schiffe von 12 F. Tiefgang einfahren können, heute noch die lebhafteste Handelsstadt des Königreichs Hannover, mit 150 eigenen Schiffen. Ausfuhr besonders Hafer, Butter und Käse. Emden trägt schon ganz den holländ. Charakter, die Häuser mit Giebelfronten, grosse Sauberkeit, schiffbare Canäle in der Stadt u. s. w.

Im Sommer 2mal täglich Dampfboot nach Norderney.

Das *Rathhaus*, 1576 erb., 62 Schr. lang, reiche Renaissance, nach Art der grossen belg. Rathhäuser, der Thurm nicht in der Mitte (der nördl. Flügel hat 7, der südl. 10 Fenster), besitzt eines der merkwürdigsten *Zeughäuser*, an alten Radflinten und andern schönen alten Schusswaffen sehr reich, angeblich aus einem von Emdenern genommenen Schiff, auf welchem Graf Ernst von Mansfeld († 1626), der Anführer im 30jähr. Kriege, seine Beute nach England zu bringen gedachte; auch zwei Automaten, ein trommelnder

70 *Route 16.* RHEINE.

Tambour und zwei Ritter im Zweikampf. Unten im Rathszimmer die Bildnisse der preuss. Könige Friedrich II., Friedrich Wilhelm II. und III. und Georgs IV. von England. Vom Thurm ein guter Ueberblick über die ganze Lage von Emden. Trinkg. 5 gr. nach Taxe, die an der Thür der Rüstkammer angeschlagen ist. In der *grossen Kirche* das Marmor-Denkmal des Grafen Enno II. v. Ostfriesland. Im *naturhistor. Museum* reiche Bernstein-Sammlung.

Emden steht seit 1856 durch eine **Eisenbahn** mit Hannover und Münster in Verbindung. Der Verkehr ist im Ganzen unbedeutend, das Land meist Marschen, Moor und Heide, in welcher Gehöfte und Ortschaften als grüne Oasen erscheinen. Die Bahn lässt die vielfach sich krümmende sehr selten sichtbare Ems stets westlich. Stationen *Oldersum, Neermoor,* dann

Leer *(*Prinz von Oranien,* Z. u. F. 22¹/₂ gr., *Voigt's Hôtel)*, rasch aufblühende Handelsstadt mit über 7000 Einw., in der fruchtbarsten Gegend von Ostfriesland, an der Mündung der *Leda* in die Ems, lang an der Leda sich hinziehend. Die Schiffe löschen unter den Fenstern der Handelshäuser. (Die S. 68 genannte Poststation *Hesel* liegt zwei Meilen nördlich von Leer.)

Weiter die Stat. *Ihrhove, Papenburg,* die grösste jener Veen-Colonien (S. 68), mit 5000 Einw. und Hunderten von Seeschiffen, die durch die Ems ihre Verbindung mit der See haben; *Aschendorf, Clus-Dörpen, Lathen, Kellerberg, Meppen* (Gasth. Bünger), kathol. Stadt, am Bahnhof eine neue evangel. Kirche (bei der Weiterfahrt über die *Haase,* einen kleinen Fluss); *Lingen* (Gasth. Langschmidt), **Hauptstadt** der frühern Grafschaft gl. Namens, meist evangelisch, am Bahnhof eine neue kath. Kirche (hier über die Ems); *Leschede, Salzbergen,* **Rheine** (*Bahnhofs-Restauration: in der Stadt: *Hôtel Schulze, gefälliger Wirth), lebhafte preuss. Handelsstadt mit alter stattlicher gothischer Kirche und Thurm und saubern neuen Gebäuden am Bahnhof. In Rheine führt der ö. Strang über *Osnabrück* nach *Löhne,* der südliche über *Münster* nach *Hamm,* beide Endpuncte Stationen an der Köln-Mindener Bahn. Fahrzeit zwischen Emden, Münster, Hamm 6 St., zwischen Emden, Osnabrück, Minden 7 St. Vergl. R. 39.

Mancher wird mit der Rückreise von Norderney gern einen Besuch von Holland verbinden. Das Norderney-Emdener Dampfboot legt unterwegs selten an, dagegen fährt täglich von Emden ein Boot in 1¹/₄ Stunde (20 gr. der Platz) nach Delfzyl (*de Beurs*, leidlich); weiter ein kleines Dampfboot von Delfzyl in 3¹/₂ St. nach **Groningen** (**Doelen,* **Frigge);* Postwagen in 8 St. über *Leeuwarden* und *Franeker* nach **Harlingen;** Dampfboot (Verpflegung gut und nicht zu theuer) über die Südersee in 6¹/₂ St. nach **Amsterdam** (**Hôtel des Pays-Bas* u. a.) Vergl. *Baedeker's Belgien und Holland* (7. Aufl.), zu Amsterdam u. A. zu haben in der *Seyffardt'* schen Buchh. neben der Börse; bei *J. Müller* und bei *Sülpke,* beide in der Kalverstraat.

17. Von Berlin nach Stettin.

Eisenbahn in 3³/₄ St. für 4, 3 oder 2 Thaler.

Die Bahn macht sogleich eine Krümmung und führt am *Louisenbrunnen, Pankow* (S. 28) u. a. Dörfern vorbei nach *Bernau,* kleines Städtchen, bekannt durch den tapfern Widerstand, welchen seine Bürger 1432 den Hussiten leisteten. Die erbeuteten Rüstungen werden noch im Rathhaus gezeigt. *Biesenthal*, Station, dann *Neustadt-Eberswalde*, betriebsame Stadt am Finow-Canal.

Freyenwalde (*König von Preussen, Adler*), kleiner Badeort, liegt 2 M. ö. in der anmuthigsten Gegend der Mark Brandenburg („*Märkische Schweiz*"), von den Höhen hübsche Aussichten auf das Oderthal

Unmittelbar hinter Neustadt fährt der Zug über den Finow-Canal. Rechts hübsche Aussichten auf Tannenwald und Wiesen, besonders in der Nähe des alten Cisterzienserklosters *Chorin*, dessen Gebäude, jetzt zu Wirthschaftszwecken benutzt, aus der Hügelreihe hervorragen. Vor *Angermünde*, alte Stadt mit alter hoher Kirche, berührt die Bahn den *Paarsteiner See*.

Schwedt (*Deutsches Haus*) an der Oder, 2 3/4 M. ö. von Angermünde. Das Schloss war Sitz der 1769 ausgest. Markgrafen von Brandenburg-Schwedt.

Die Bahn durchschneidet nun zum Theil auf Dämmen die Flussthäler der *Randow* und *Welse*, und den *Pommerensdorfer Wiesengrund* und führt durch mehrere lange Erd-Durchschnitte über trefflich gebautes Runkelrübenland. *Passow* und *Tantow* heissen die letzten Stationen. Von Zeit zu Zeit öffnen sich rechts Aussichten auf den grossen *Damm'schen See*.

Stettin. (*Hôtel de Prusse*, Z. 20, L. 5, F. 7 1/2, M. 17 1/2, B. 6 Sgr.: *Hôtel du Nord*, *Drei Kronen*, *Hôtel de Petersbourg*. — Restauration: in *Truchot's Keller*, unter dem Hôtel de Prusse, Austern und Delicatessen. Bei *Gebr. Tichauer*, gr. Domstr., gute Ungarweine; bei *Herbing*. Reifschlägerstr. 18 u. 19, guter Rheinwein. — Bair. Bier bei *Arndt*, Breitestr. 39, „zum lustigen Schneider" (hat kein Schild), wo stets gute Gesellschaft zu finden. — *Aussicht von der *Wallbrauerei* in der Nähe des Bahnhofs. Bäder: in der *Moritz'schen Badeanstalt* (Fluss-, Wannen- u. Russ. Bäder) am r. Ufer der Oder und in der *Militair-Schwimmanstalt*. — Droschken 1—2 Pers. 5 Sgr., 3-4 Pers. 7 1/2 Sgr.)

Stettin, Festung und Hauptstadt der Provinz Pommern mit 67,855 Einw. (1000 Kathol.) und 4000 M. Besatzung, der erste Handelsplatz des Zollvereins, liegt auf dem linken Ufer der *Oder*, und ist durch 4 Brücken mit der Vorstadt *Lastadie* (deutsch Abladeplatz) auf dem rechten Oderufer verbunden.

Die Seestadt, mit dem regen Leben und Treiben der Handels- und Schiffsbevölkerung, macht sich besonders am *Hafen* bemerklich, an der Oder, vom Bahnhof bis zum Dampfschiffsbollwerk. Der Fluss hat von Swinemünde bis hier durchschnittlich 16' Tiefe, so dass beladene Seeschiffe bis Stettin gelangen. Stettin hat an 200 Schiffe in See, welche Korn, Holz, Spiritus, Zink aus-, und meist Farbhölzer, Thran und Colonialwaaren einführen.

Die Stadt, an „Sehenswürdigkeiten" arm, hat in dem letzten Jahrzehend an Grösse bedeutend zugenommen; ein ganz neuer Stadttheil, die *Neustadt*, ist erstanden mit bedeutenden Gebäuden, u. a. die *Friedrich-Wilhelms-Schule*, in welcher eine kleine Samm-

72 *Route 17.* STETTIN.

lung neuer Gemälde (Mittwoch v. 12—2 U.; sonst öffnet der Schulwärter Glasow, Trinkg. 5 Sgr.). Das hervorragende alte *Schloss* aus dem J. 1575 war Sitz der Pommerschen Herzoge, die mit Bogislaw XIV. 1673 ausstarben. Im westphälischen Frieden (1648) kam Stettin an Schweden, 1720 durch den Frieden zu Stockholm an Preussen. Das Schloss wird von verschiedenen Behörden (Oberpräsidium, Obergericht, Regierung) benutzt. Eine Sammlung nordischer Alterthümer im Schloss ist im Entstehen. Im Schlosshof die Büste des Grossen Kurfürsten, in Erz, von Wichmann. In der Schlosskirche die Gruft der Herzoge von Pommern; über dem Altar ein Gemälde, Einzug des Herzogs Bogislaw X. in Venedig nach seiner Rückkehr von der Wallfahrt nach Jerusalem (1497). Am Thurm des südl. Flügels ist eine Uhr, deren Zifferblatt ein Gesicht bildet, welches bei jedem Pendelschlag die Augen verdreht, das Handwerksburschen-Wahrzeichen Stettins. Die Zahl im Munde bezeichnet den Monatstag. Vom Thurm beste *Aussicht auf Stadt und Umgegend.

Im *Rathhaus* ist eine Sammlung hierher geschenkter russ. Denkmünzen seit der Kaiserin Catharina II. (1729) und Maria Feodorowna (1759), der Gemahlin Pauls, beide in Stettin geboren. Die Väter, Prinzen von Anhalt-Zerbst und von Württemberg, waren in preuss. Diensten Gouverneure von Stettin. Dem Rathhaus gegenüber ist die neue *Börse* (Börsenstunde 12½ bis 2 U.), im Lesezimmer viele Zeitungen.

Am weissen Paradeplatz (Königsplatz) das schöne 1793 von den Ständen Pommerns errichtete *Standbild Friedrichs des Grossen*, in Marmor, von Schadow. Weiter an demselben Platz, vor dem neuen *Theater*, das 1849 „von der dankbaren Stadt" errichtete *Standbild Friedrich Wilhelms III.*, in Marmor, von Drake. Die Thore an den beiden Paradeplätzen, Königs- und Berliner Thor, mit kriegerischen Sinnbildern geschmückt, gehören zu den schönsten Festungsthoren Deutschlands, unter Friedrich Wilhelm I. erbaut.

Die kirchlichen Gebäude verdienen wenig Beachtung, so massenhaft und ehrwürdig auch, fast allenthalben sichtbar, sich die im Mittelpunkt der Stadt auf einem Hügel gelegene *St. Jakobikirche* ausnimmt, deren älteste Theile in das 13. Jahrh. reichen, die aber nach der Belagerung von 1677 umgebaut wurde. Der Thurm, der damals seine Spitze verlor, erinnert wie eine zerschossene Standarte an diese Belagerung. Das Altarblatt, eine Kreuzabnahme von Lengerich, ist hübsch, sonst aber enthält die Kirche nur Zopf, die Pastorenbildnisse nicht ausgenommen. Die *St. Peters- und Paulskirche* (Wallkirche) ist die älteste christl. Kirche Pommerns, „erbaut durch Bischof Otto von Bamberg 1124, zerstört während der Belagerung von 1677, verwüstet durch den Krieg von 1806, wieder hergestellt 1816 u. 1817"; sie besitzt einige neuere Glasgemälde, Geschenke des Königs Friedrich Wilhelm IV. und des Prinzen von Preussen.

Der *Logengarten* 20 Min. vor dem Königsthor, Nachmittags der Sammelplatz der schönen Welt, gewährt eine gute Aussicht. *Dampfboote* nach Swinemünde und Putbus s. unten; Kopenhagen S. 79; nach Wollin und Cammin; nach Stralsund (S. 56) über Swinemünde und Putbus 2mal wöchentlich in 14—15 St.

18. Von Stettin nach Rügen.

Dampfboot fast täglich nach Swinemünde in 4, von Swinemünde nach Lauterbach (Putbus) in 4—5 St., hin u. zurück ermässigter Preis.

Unterhaltende Fahrt auf dem belebten Fluss und dem Grossen Haff (Binnensee). Die Oder, anfangs schmal, wird durch Baggermaschinen stets in gehöriger Tiefe erhalten. Die Abfahrt von Stettin gewährt ein malerisches Bild. Brücke und Werft sind gewöhnlich mit Menschen zahlreich besetzt, hunderte von Flaggen und Wimpeln flattern in den Lüften, die Stadt steigt amphitheatralisch am Anhang empor, vom Schloss überragt, gewerbliche Anlagen mancherlei Art ziehen sich am Ufer hin.

Frauendorf, ein Vergnügungsort, blickt mit seinen grauen Häusern und dem ansehnlichen Wirthshaus am Abhang links aus Bäumen hervor. Rechts auf weiter Strecke nur Wiesenland.

Dann berührt das Boot den *Damm'schen See*, lässt links die kleine Stadt *Pölitz*, und läuft in das breitere *Papenwasser*, 2 St. nach der Abfahrt von Stettin aber in das **Grosse Haff** ein, nachdem sich rechts die kleine Stadt *Stepenitz* gezeigt hat. Aus diesem weiten Wasserbecken (im Umfang 16 Meilen, die westliche Küste ist dem Auge des Dampfbootfahrers zeitweise entrückt) ergiesst sich die Oder durch drei Mündungen, *Peene*, *Swine*, *Dievenow*, in die Ostsee, wodurch zwei grosse Inseln gebildet werden, *Usedom*, auf welcher Swinemünde liegt, wo Gustav Adolph am 24. Juni 1630 mit 17,000 Mann landete, und *Wollin*, mit der Stadt gl. Namens, vom Boot sichtbar. Wenn dieses das Haff verlässt und in die *Swine* einläuft, zeigen sich rechts die *Lebbinder Sandberge* mit ihren waldgekrönten Abhängen. Auch hier sind Dampfbagger in Thätigkeit, das Fahrwasser in gehöriger Tiefe zu erhalten.

Swinemünde *(Drei Kronen, Hôtel de Prusse)*, Hafen von Stettin für die grössten Seeschiffe, deren, namentlich russische Kron-Dampfboote, hier häufig vor Anker liegen. Die saubern Häuser kündigen Swinemünde zugleich als Seebad an. Die Bäder (Badezeit 20. Juni bis 20. Sept.) liegen 20 Min. n.w. von der Stadt, der Weg führt durch schattiges Gehölz *(Plantagen)*.

Heringsdorf (Pahl's, Ruskow's Hôtel), 1 M. n.w., ziehen Viele vor, wegen der ländlichen Abgeschiedenheit und hübschen Lage, inmitten von Buchenwaldungen, als auch des reinen Seewassers und kräftigen Wellenschlags wegen. Es ist theurer dort, als in Swinemünde. Der Weg führt durch *Ahlbeck*, nur von Fischern bewohnt, deren Geräthschaften am Strand ausgebreitet sind; Häringe, „Speckflunder" und Störe werden gefangen. — Die Aussicht von dem 150' h. *Streckelberg*, 1½ M. n.w. von Heringsdorf, wird sehr gerühmt. Bei **Karstädt** zu *Koserow* in der Nähe des Streckelbergs gute Unterkunft.

Wineta, die sagenhafte üppige Hauptstadt und Meerfeste der wendischen Anwohner der Ostsee, soll am Fuss des *Streckelbergs*, ebenfalls auf

Usedom gelegen haben, bis vor undenklichen Zeiten das Meer sie bedeckte. Ihre zahlreichen Thürme und Paläste erblicken Seher heute noch tief unter der blauen Fluth, während weniger poetische Gemüther nur grosse Steinblöcke sehen.

Das Boot fährt nun durch die *Molen*, über 4000′ lange ins Meer spitz auslaufende Faschinen-Steindämme, 1829 vollendet, zum Schutz gegen das Versanden der Swine, an deren ö. Seite ein hoher Leuchtthurm. An beiden Seiten kleine Forts. Dann verkündet ein je nach Wind und Wetter mehr oder weniger fühlbares Schwanken des Boots die offene See. Bei heiterer windstiller Luft ist das Meer selbst nervenschwachen Naturen nicht gefährlich, unter andern Umständen aber erleiden wohl auch stärkere auf dieser kurzen Fahrt einen Anfall von Seekrankheit.

Rechts die unermessliche Wasserfläche, links die waldbedeckte Küste von *Usedom*, weiterhin das pommersche Festland mit den Thürmen von *Wollgast* und *Greifswald* (S. 57); vor dem Einfluss der Peene erscheint die kleine Insel *Ruden*, nur von einigen Lootsen bewohnt. Zur Rechten tauchen die steil abfallenden Ufer der *Greifswalder Oie* (S. 79) aus dem Meere auf mit Leuchtthurm, im Hintergrund erscheint Rügen, namentlich der östlichste Punct, das Vorgebirge *Peerd* auf der Halbinsel *Mönchgut*. Das Boot durchfährt nun den *Rugianischen Bodden* (Bucht) bei der kleinen Insel *Vilm* vorbei und landet zu *Lauterbach*, wo Wagen nach dem ½ St. entfernten *Putbus* bereit sind. Das S. 75 genannte Standbild des Grossen Kurfürsten ist vom Boot zu sehen. Rechts vom Landungsplatz die Bäder mit dem Badehaus, vom 15. Juni an geöffnet.

19. Rügen.

Reiseplan. Zwei Tage: Von *Putbus* nach *Bergen*, bei der *Lietzower Fähre* (Fährmann Spehr, Ueberfahrt 9 Pf., Wagen 3 Sgr.) über den Jasmunder Bodden, *Sagard*, *Stubbenkammer*, hier übernachten; andern Tags in einem Segelboot (2 Thlr.) nach *Sassnitz*, sehr belohnend, aber nur bei günstigem Wind, hübscher Weg über *Crampas* in 1½ St. nach *Mucran* (wo eine unscheinbare, aber ganz gute Wirthschaft), dann am Meer entlang auf dem harten Sand (gut baden) nach (3 St.) *Binz* (beim Parkthor Abstecher nach dem Kieköwer), zum (¾ St.) *Jagdschloss*, von wo in 2½ St. nach *Putbus*. Nur der zweite Tag ist für Fussgänger belohnend, denn die schönen Puncte sind zu weit von einander entfernt (Putbus Stubbenkammer 4 M., Stubbenkammer Arcona 4 M.); das dazwischen liegende Land ist meist tiefer Sand, und bietet sehr wenig, so dass selbst ein leidenschaftlicher Fussgänger bald ermüden wird.

Drei Tage: Man gehe nach Ankunft des Stettiner Boots (s. oben) Abends noch nach *Bergen* (Rugard besteigen). Folgenden Tags über *Patzig*, *Tribbewitz*, *Neuenkirchen* (Hochhilgord besteigen) nach *Vieregge* in 5 St., mit Fähre nach *Cammin* und in 4 St. nach *Arcona* (oder von Neuenkirchen ein Boot für 1 Thlr. nehmen, über den Breeger Bodden nach *Breege* fahren und in 3 St. nach Arcona wandern). Im Leuchtthurm übernachten. 2. Tag: Segelboot (3 Thlr.) über das Tromper Wieck in 2—4 St., je nach dem Wind, nach Stubbenkammer; Nachmittags Herthahain, Herthasee. 3. Tag: die oben angegebene kurze Seefahrt, oder auch ganz zu Fuss (von Stubbenkammer nach *Mucran* 3 St., von da über *Binz* und *Jagdschloss* nach *Putbus* 6 St., oder von Stubbenkammer in 2 St. nach *Sagard* und von hier zu Wagen (3 Thlr.) nach dem Jagdschloss (5 St. Gehens) u. die letzte Strecke (2½ St. bis Putbus) wieder zu Fuss. Arcona müsste jedenfalls vor Stubbenkammer besucht werden, es macht nach Stubbenkammer wenig Eindruck.

Wagen (Zweisp. 3½—4 Thlr. tägl.) zu Putbus, Bergen, Alte Fähre, auch wohl zu Glewitz je nach der Jahreszeit immer zu haben. Fahrzeit von Putbus zum Jagdschloss 1½ St., vom Jagdschloss nach Stubbenkammer 4½ St., von Stubbenkammer nach Arcona 5½ St., von der Alten Fähre nach Bergen 2 St., von Putbus nach Bergen 1¼ St., von Bergen nach Sagard 2½ St., von Sagard nach Stubbenkammer 1½ St.

Fähren: zwischen Stralsund und der Alten Fähre Dampfboot, 10 Min. Fahrzeit; zwischen Stahlbrode (1½ M. n.ö. von *Reinberg* (S. 57), Poststation zwischen Greifswald und Stralsund) und der Glewitzer Fähre Seegelboot in 30—40 Min. 10 Sgr., grosses Boot für Fuhrwerk 20 Sgr.

Gasthöfe, gute, zu Putbus, Bergen, Stubbenkammer.

Rügen ist die grösste deutsche Insel, 28 M. im Umfang, s.w. durch eine kaum ½ St. breite Meerenge (S. 56) vom Festland getrennt. Das kleine Eiland und die benachbarte Küste von Pommern war die Wiege Odoaker's und der Rugier, die im J. 476 das Röm. Reich nach 1200jähr. Bestehen stürzten. Diese geschichtlichen Erinnerungen, die blauen Buchten, die prächtigen Buchenwälder, die myth. Spuren des altdeutschen Herthadienstes (S. 76) geben Rügen einen eigenthümlichen Zauber. Rügen war lange ein sehr beliebtes Wanderziel, namentlich für die Bewohner der flachen Marken. Der Besuch hat sich zwar nicht gemindert, die Massen aber strömen auf den Eisenschienen jetzt mehr nach dem Harz, dem Thüringer Wald, dem Schlesischen Gebirge. Immerhin aber bleibt Stubbenkammer ein Punct höchster Schönheit.

Putbus (*Fürstenhof*, Z. 20, L. 6, B. 5, F. 7½ Sgr.; *Bellevue*, *Hôtel du Nord*, überall ziemlich gleiche Preise; *Adler* für bescheidene Ansprüche nicht übel), ist ein aus stattlichen Häusern bestehender moderner Badeort, dessen Bewohner von den Badegästen u. Sommer-Reisenden leben. Eine 1845 errichtete Spitzsäule erinnert an die „Gründung des Orts Putbus 1810 durch Malte Fürst zu Putbus" († 1854).

Im **Schloss** einige gute Gemälde und Marmorbildwerke von Thorwaldsen und Canova, auch eine Sammlung von Alterthümern, auf der Insel gefunden; im Park hübsche Spaziergänge. Vor dem Schloss das 1859 errichtete *Standbild* des Fürsten, von Drake entworfen, „aus Liebe und Verehrung gewidmet von Louise Fürstin zu Putbus" († 1860), von weissem Marmor, Sockel mit Reliefs. Die Bäder (S. 74) sind ½ St. vom Ort entfernt, die Lage im Angesicht der kleinen Insel *Vilm*, durch hohe waldbewachsene Ufer und langgedehnte Vorgebirge geschützt, ist reizend.

Auf einer in den Bodden vortretenden kleinen Halbinsel, bei *Neuencamp*, 1 St. südl. von Putbus, in der alten Schwedenschanze, ist 1854 auf Anordnung des Königs Friedrich Wilhelm IV. auf 24′ h. Granitsäule ein in Sandstein von Stürmer gearbeitetes 9′ h. Standbild des Grossen Kurfürsten aufgerichtet, an derselben Stelle, wo er mit einem Theil seines Heeres am 18. September 1678 zur Vertreibung der Schweden landete. Bei *Stresow*, 1 St. östl. von Putbus, 250 Schritte r. vom Wege zum Jagdschloss, ist 1855 eine andere Säule der Art errichtet: „Friedrich Wilhelm I. König von Preussen landete hier mit Friedrich IV. König von Dänemark am 15. September 1715 und erkämpfte den Frieden."

76 *Route 19.*   RÜGEN.   *Jagdschloss.*

Das **Jagdschloss**, 2½ St. ö., in einem Wildpark (viel Damhirsche), auf dem Fürstenberg, hat einige gute neuere Bilder von *Kolbe* und *Eibel*, grosse histor. Darstellungen aus der Geschichte Rügens. Eine freiliegende luftige gusseiserne Treppe von 154 Stufen führt auf die Plateforme (Trinkg 7½ Sgr., Gesellschaft 20 Sgr. bis 1 Thlr.), *Aussicht. (Im Sommer Gastwirthschaft im Försterhause.) Umfassender noch ist die Aussicht von dem ½ St. ö entfernten Vorgebirge *Kieköwer* (Guckfiber), welches 200' vom Meer aufsteigt und die Forsten der *Granitz* überragt. Bei stillem Wetter sieht man an diesem Strandufer wohl Seehunde, auch Delphine sich sonnen. Die eigenthümlich zerklüftete kahle Halbinsel *Mönchgut* wird am besten zu Boot von Putbus aus besucht.

Vom Jagdschloss führt ein Weg am *Schmachter See* vorbei über die Hügelketten der *Prora*, durch einen langen Hohlweg; und weiter über die Landenge *Schmale Heide* nach **Sagard** *(Fürstenkrone)*, Hauptort der Halbinsel Jasmund. Herr Schepler, der frühere Wirth zur Fürstenkrone, hat eine Sammlung Alterthümer und Versteinerungen. In der Nähe ist der grösste Hünen-Grabhügel Rügens, *Dubberworth* genannt, 170 Schritte im Umkreis.

Vom **Jagdschloss nach Stubbenkammer** (6½ St.) direct über *Mucran* s. S. 74. Zwischen *Mucran* und *Sagard*, etwa 10 Min. vor dem neuen Forsthaus, führt bei einer Eiche ein Fusspfad r. ab, welcher in 5 M. den *Schanzenberg erreicht, eine baumfreie Anhöhe mitten im Wald, mit lohnender Aussicht über den Jasmunder Bodden, Prorer Wiek, Jagdschloss, Putbus, Bergen u. s. w.

Die Ostseite der Halbinsel Jasmund schmückt ein prächtiger Buchenwald, die *Stubbenitz*, der sich mit seinen tiefen Schluchten 4 St. lang von S. nach N. an der Küste hinzieht. In diesem den alten Rugiern heiligen Hain sollen sie die Hertha (oder Nerthus), die Göttin der Erde, verehrt haben. Der **Herthasee**, ein kleiner Waldsee, 15 Min. westl. von Stubbenkammer, etwa 300 Schritte im Durchmesser, und die *Herthaburg*, am w. Ufer, ein 50' h. sich im Halbkreis hinziehender Erdwall, erinnern an diesen Cultus. Drei Granitblöcke im Wald, 100 Schritte rechts vom zweiten Wegweiser auf der Strasse von Stubbenkammer nach Putbus, unfern des Herthasees, werden für Opfersteine ausgegeben. Aehnlichkeit mit Vorrichtungen zu Blutopfern ist da.

„Auf einem Eiland des Oceans ist ein keuscher Hain *(castum nemus)*, in demselben ein geweihter Wagen, in welchem, mit Kühen bespannt, die Göttin zu Zeiten im Lande umherfährt. Fröhlich die Feste und festlich die Orte, welche sie ihres Gastbesuchs würdigt. Die des Umgangs mit Sterblichen gesättigte Göttin kehrt zum Tempel zurück. Wagen, Gewand und die Göttin selbst werden im geheimen See *(secreto lacu)* gewaschen. Sclaven verrichten den Dienst, welche sogleich der See verschlingt."
Tacitus (Germ. c. 40).

***Stubbenkammer.** (*Gasthof, 80 Betten, doch ist's im Sommer an schönen Sonntagen oft so voll, dass späte Gäste auf Zimmer und Bett verzichten und sich mit einer Streu begnügen müssen; an Bedienung ist dann gar nicht zu denken, wie dies Pfingsten 1860 vorgekommen und worüber vielfach geklagt wurde; Bett 15,

Licht 5, Mittag 20, Abend 15, Frühstück 7½ Sgr.). Das Vorgebirge **Stubbenkammer** (slaw. *stopien* Stufen, *kamien* Fels) ist eine 400' hohe, unmittelbar aus dem Meer aufsteigende, vielfach zerklüftete Kreidewand, von deren vorspringendem umzäuntem Gipfel, dem *Königsstuhl*, weite *Aussicht, unbegrenzt über das Meer. Er hat seinen Namen von Carl XII. von Schweden, der von hier einem Seegefecht zwischen Schweden und Dänen zuschaute. Ein bequemer Schlängelweg führt (unten in der Tiefe der Schlucht zwischen hohen Buchen an einer klaren kalten Quelle vorbei) in 10 Min. hinab an den Fuss der Stubbenkammer, wo eine in anderer Weise grossartige Aussicht auf die Kreidefelsen selbst sich darbietet. Stubbenkammer ist der schönste Punct auf Rügen. Einen eigenthümlichen prächtigen Anblick gewährt es, wenn in dunkler Nacht die glühenden Kohlen eines auf der Spitze des Kreidefelsens abgebrannten Holzhaufens den glatten Fels hinabgestossen werden und für etliche Momente rothe Bäche bilden, einem feurigen Wasserfall nicht unähnlich. Für diesen „Feuerregen" berechnet Behrendt, der Wirth, 20 Sgr., welche auf sämmtliche Gäste vertheilt werden. Von gewaltiger Wirkung ist, von unten gesehen, die Beleuchtung durch bengalisches Feuer (weiss 64 Theile Salpeter, 22 Th. Schwefel, 16 Th. Antimon, leicht entzündlich), auf Stubbenkammer aber selten zu haben. (Die *„kleine Stubbenkammer"*, ein vorspringender Fels, 10 Min. s. vom Königsstuhl, ebenfalls sehenswerth.)

Ein ermüdender Sandweg führt von Stubbenkammer nach Arcona (7 St.) über *Bisdamitz*. Auf der ersten Strecke gewährt die Richtung über Quoltitz, Bobbin und Spyker, wenn auch etwas weiter, einige Abwechselung. Bei *Quoltitz* zahlreiche Heidengräber, aus grossen im Kreis aneinandergesetzten Feldsteinen bestehend und mit Granitblöcken bedeckt. Am Quoltitzer Berg, jetzt Ackerland, ö. vom Ort, liegt ein roher Block, der *Opferstein*, an welchem man die Vorrichtungen zu Blut- und Brandopfern noch erkennen kann. *Spyker* ist ein wunderlich gebautes Schloss, nach dem 30jähr. Krieg vom General Wrangel aufgeführt.

Der schmale öde, über 1 Meile lange, 700—1000 Schr. breite Dünenzug, welcher die Vorländer *Jasmund* und *Wittow* verbindet, heisst die *Schaabe*. Am n. Ende dieser Dünen liegt links vom Wege in einem ehem. Park das verfallene Landhaus *Juliusruhe*, wo Erfrischungen zu haben sind. Der gewöhnliche Weg nach Arcona führt nun landeinwärts, weit schöner aber ist der Weg am Meer über *Goor* und *Vitte*. Bei Vitte hält der Pfarrer von Altenkirchen zur Zeit der Häringsfischerei acht Sonntage hinter einander vor den bei ihren Booten zum Häringsfang versammelten Fischern die sog. Uferpredigten. Eine Figur, angeblich des Götzen Swantewit, ist in die Wand der Kirche eingemauert.

Das Vorgebirge **Arcona**, der nördlichste Punct Deutschlands, 173' ü M., trägt einen 75' hohen Leuchtthurm, 1827 nach Schinkel's Plan aufgeführt, Aussicht auf die Küste von Jasmund, die Insel Hiddensöe und die entfernte dänische Insel Möen. Auf Arcona stand die alte Feste der Wenden, eine runde 30—40' h. Verschanzung mit einer Oeffnung gegen Nordwest, innen der Tempel des vierköpfigen wendischen Götzen Swantewit, der von den Dänen unter König Waldemar I. im J. 1168 mit Sturm genommen und zerstört wurde. Die Schätze wurden nach Dänemark gebracht und das Christenthum auf der Insel eingeführt. Im Leuchtthurm kann man übernachten, Betten und Bewirthung gut. Der Wirth, Schilling, ein alter Seemann, sorgt bestens, er weckt seine Gäste zum Sonnenaufgang, wenn „da war", und lässt sie bei trübem Wetter ausschlafen.

Von Arcona wird die Rückreise am besten so gemacht: zu Wagen (2½ St. Gehens) von Arcona nach *Breege*, grosses Fischerdorf am nördl. Ufer des Breeger Boddens; hier für 1 Thlr. ein Segelboot nehmen und bei gutem Wind in 1 St. nach *Vieregge* fahren, oder bei ungünstigem Wind von *Cammin*, 1 St. von Breege, in der gewöhnlichen Fähre in 15 Min. nach Vieregge übersetzen. Zwischen Vieregge und dem ½ St. entfernten Kirchdorf *Neuenkirchen* (*Whs.) erheben sich die „*Hochhilgord*" genannten Hügel, ohne Zweifel einst Opfer- und Begräbnissstätten, mit ausgedehnter Aussicht auf den n. Theil der Insel. Wer zu Wagen bis Breege oder Cammin kam, lässt diesen mit 1½ Meilen Umweg bei der Wittower Fähre (die Camminer ist nur für Fussgänger eingerichtet) übersetzen und nach Neuenkirchen nachkommen. Bergen ist 2 kl. Meilen von Neuenkirchen entfernt. Der gewöhnliche Fahrweg von Arcona über *Altenkirchen* (Schwarz, Whs.), *Wieck*, *Wittower Fähre*, *Trent* nach Bergen ist ermüdend, meist ebenes Ackerland. Wer Zeit hat, mag in *Wieck* ein Boot nehmen, und die nahe Insel *Hiddensöe* besuchen, deren Bewohner, ein dürftiges Naturvolk, ihr armseliges Fischerleben in elenden Hütten zubringen.

Bergen (**Prinz v. Preussen*, *Rathskeller*, *Adler*) ist die Hauptstadt der Insel, mit 3500 Einw. Unmittelbar vor dem hochgelegenen Ort erhebt sich ö. ganz unmerklich der *Rugard*, das „Auge des Landes", mit einer Erdumwallung, dem einzigen Ueberrest der 1316 zerstörten Burg. Die *Aussicht ist eben so umfassend als malerisch schön. Die ganze Insel mit ihren tief gezackten Küsten, ihren Vorgebirgen, waldigen Höhen, mit ihren grossen Binnenseen, liegt wie eine Karte zu den Füssen des Beschauers. Stralsund, Greifswald, Wolgast, die Insel Usedom mit ihren dunklen Tannenwäldern sind sichtbar. Der Kreidefels von Arcona tritt n., das Jagdschloss s.ö. besonders hervor. Der Blick ö. über die grüne Insel, die blauen Buchten, dann hinaus in's Meer, ist der schönste. An der n.w. Seite der *Kirche* ist l. ein Mönchsbild, dessen Scheitel mit der Thurmspitze der Marienkirche in Stralsund in gleicher Höhe sein soll.

Bergen steht durch gute Landstrassen mit Putbus (1¼ M.)

und Stralsund (3½ M.) in Verbindung. (Zwischen Bergen und Stralsund zweimal täglich Schnellpost.) Zu *Samtens*, halbwegs Stralsund, trifft die Landstrasse von dem 1 St. entfernten *Gurs* (bei Henke einfach, aber ganz gut) ein, in dessen Nähe (¾ St.) *Schoritz* liegt, wo Ernst Moritz Arndt († 1860) am 26. Dec. 1769 geboren ist. Damals war Rügen (von 1648—1815) schwedisch.

„Schoritz war denn höchst anmuthig hart an einer Meeresbucht gelegen, welche die Halbinsel *Zudar* von der grössern Insel abschneidet; gegen Osten umgab den Hof ein prächtiger Eichenwald, in welchem Tausende von Ackerraben ihren horstenden Wohnsitz zu haben pflegten; ein Viertelstündchen weiter der grössere Wald *Krewe*" u. s. w.

Der jetzige Pächter von Schoritz heisst Dalmer, dessen Familie das Gut durch die Humanität der Fürsten und Grafen zu Putbus bereits seit 80 Jahren bewohnt.

20. Von Stettin nach Kopenhagen.

Dampfboot (Geiser) im Sommer 2mal wöchentl. in 15—20 St., I. Platz 7½, II. 5¼ preuss. Thlr. Familienbillet (selbst für 2 Pers) billiger, ebenso hin u. zurück. Vortreffliches Schiff, gute Verpflegung.

Die Boote fahren gewöhnlich um Mittag von Stettin ab und legen gegen 5 U. bei Swinemünde an (S. 73). Die *Greifswalder Oie* zeigt sich, nachdem man 2 St. in offener See gewesen, links; dann *Rügen* als lang gestrecktes Eiland. Auf der ö. Spitze ist das Jagdschloss (S. 76) deutlich zu erkennen. Die Kreidefelsen von *Stubbenkammer* (S. 76) leuchten bei der nächtlichen Fahrt hell. Vor Mitternacht ist das Boot auf der Höhe von *Arcona* (S. 77), dessen Leuchtthurm schon weithin sichtbar war. Dann werden nach 3 U. die Kreidefelsen der dänischen Insel *Möen* und die Küste von *Seeland (Själland)*, nach 4 U. die schwed. Küste, namentlich der Leuchtthurm von *Falsterbo* sichtbar, auf der Süd-Westspitze der schwed. Grafschaft *Schoone (Skaane)*, einer grossen Bucht auf dänischer Seite, der *Kiöge-Bugt* gegenüber.

Dragör auf der Insel *Amack (Amager)*, deren grasreiche Küste mit einzelnen Waldungen sich weit hinzieht, ist ein fast nur von Lootsen bewohnter Ort, welche fremde Schiffe von hier durch die sonst gefährlichen *Drogden* geleiten. Rechts, auf schwed. Seite, die Stadt *Malmö* (S. 90), dann die Insel *Saltholm* und nun treten mehr und mehr die Thürme von Kopenhagen hervor. Das Boot umfährt zwei befestigte Batterien, die *Lünette* und die *Drei-Kronen-Batterie (Tre Kroner)*, die in der Seeschlacht vom 2. April 1801 (S. 82) den Engländern so verderblich wurden, und erreicht gegen 6 U. Morgens den von der Citadelle *Friedrichshafen (Frederikshavn)* unmittelbar vertheidigten Eingang in den *Hafen* von Kopenhagen, den grössten und sichersten an der Ostsee. Eine Barre trennt ihn von dem Kriegshafen *(Orlogshavn)*, in welchem eine Anzahl Kriegsfahrzeuge theilweise abgetakelt liegen.

Die Zoll-Förmlichkeiten in der *Zollbude (Toldbod)* am Hafen sind bald beseitigt. Gepäckträger für jedes Stück vom Dampfboot in die Zollbude und von da zur Droschke 1 Mark. Droschke s. S. 80.

21. Kopenhagen.

Sprache. Fast in allen Kaufläden wird auch deutsch gesprochen, ebenso findet man in den meisten Restaurationen u. s. w. deutsche Kellner. Es wird aber doch gut sein, sich einige der gebräuchlichsten Worte zu merken, was wegen mancher Aehnlichkeit, namentlich mit dem Plattdeutschen, nicht sehr schwierig sein wird. Ja *ja, jo*; nein *nei*; der, die, das *den, det* pl. *de*; dieser, diese, dieses *denne, dette* pl. *disse*; was gibt es *hvad er der*; wie heisst *hvad hedder*; wie viel *hvormeget*, Suppe *Suppe*; Fleisch *Kjöd*; Fisch *Fisk*; Kartoffel *Kartoffel*; Gemüse *Grönt*; Obst *Frugt*; Wein *Viin*; Rothwein *Rödviin*; Bier *Öl* (kurz ausgespr.); Wasser *Vand*; Mittagsessen *Middagsmad*; Frühstück *Frokost*; Gade Strasse; *Vei* Weg; *Torv* Markt; *Nytorv* Neumarkt; *Gammeltorv* Altmarkt; *Halmtorv* Strohmarkt; *Kultorv* Kohlenmarkt; *Port* Thor; *Bro* Brücke, Damm; *Höibro* Hohebrücke; *Knippelsbro* Knüppelbrücke; *Vester-, Nörre-, Österbro*, westliche, nördliche, östliche Vorstadt; *Holm* Insel; *Have* Garten; *Harn* Hafen; *Kjöbenhavn* (Kopenhagen) Kaufhafen; *Kongen* König; *Dronning* Königin u. s. w.

Geld. Schilling, Mark, Reichsthaler, 1 Rthlr. (22 1/2 Sgr. preuss. = 6 Mark, 1 Mark (3 3/4 Sgr. preuss.) = 16 Schillinge, also 1 skill. dansk = 3 Pf. preuss.). Der preuss. Thaler (Silber oder Papier) gilt 8 Mark und wird gern genommen. Der dänische Species ist 2 Rthlr., also 1 1/2 preuss. Thaler. Dänisches Papiergeld hat gleichen Werth mit dem Silbergeld, Zettel zu 5, 20, 50 oder 100 Reichsthaler. Dänisches Gold ist schwer zu verwerthen.

Gasthöfe. °Hôtel Royal, Gammelstrand 18, dem Christiansburgschloss gegenüber, Z. 5, L. 2, F. 2 1/2, M. 6 M. °Hôtel Phönix, Bredgade 37, mit Kaffeehaus, Preise gleich. °Hôtel d'Angleterre (Z. 5, L. 2, M 5, 1/2 Fl. W. 3, F. 2 1/2 Mark), zugleich Kaffeehaus, am Königs-Neumarkt 31 (*Kongens Nytorv*); in allen diesen Häusern wird deutsch gesprochen. — Zweiten Rangs: °Hôtel Kronprindsen (früher Löven), Nyhaven 21, Stadt Flensborg, Stadt Lauenborg, Hôtel Stockholm. In der Nähe der Zollbude ist eine besuchte gute Restauration mit Aussicht auf den Hafen und einem stehenden Fernrohr, zur Beobachtung der ein- und auslaufenden Schiffe, das Toldbod-Viinhuus (Suppe, Fisch und Kartoffeln, Braten und Gemüse und 1 Fl. Bier für etwa 4 Mark; Makrelen sind ein sehr guter Fisch).

Conditorei und Café. °A. Porta u. Co., Kongens Nytorv 17, auch Restaurant, sehr elegant. °Grandjean Strandsträde 3, in beiden auch Damenzimmer; Gianelli u. Co., Schucani und a Porta, Café Suisse, alle am Kongens Nytorv; Cloetta u. Co., Amagertorv 4, im 1. Stock, von Einheimischen viel besucht; a Porta Nytorv 3.

Restaurants. °Vincent Kongens Nytorv 21, °Schwalbe Östergade 56, Gravesen Vimmelskaftet 27, überall auch Damenzimmer; Beckmann Vimmelskaftet 31.

Weinstuben. Petersen grosse Königsstr. 66, Mönster Kongens Nytorv 23, Lorentzen Nytorv 5.

Bierstuben (Ölhalle). °Baiersk-Ölhalle (Ryberg) Östergade 13, deutsche Kellner, rechts °Restauration mit Bier, links Delicatessen u. Wein; °Baiersk-Ölhalle nebst Restauration von Ginderup Vimmelskaftet 38; bair. Bierbrauerei Svanholm alter Königsweg (*gammel Kongevei*) mit hübschem Sommerlocal.

Droschken und Cabs (letztere nur für 2 Pers.), die Fahrt innerhalb der Stadt auf Christianshafen 1 M. 12 ſ.; nach der Citadelle, Tivoli und dem Bahnhof 2 M. (Trinkg. 4 ſ.), nach Vesterbro bis zur Frederiksbergallee, Nörrebro bis zum Assistenz-Kirchhof, Österbro bis zum Triangel 2 M. 8 ſ., Frederiksberg u. Söndermarken (S. 88) 3 M.

Omnibus nach Frederiksberg, alle Viertelstunden von Amagertorv 12, 8 ſ., Nörre- und Österbro von Amagertorv 8, 8 ſ., Bellevue (Thiergarten) von Kongens Nytorv 8, 24 ſ.; nach Lyngby von Kongens Nytorv 14, 21 ſ.

Seebäder an der Strandpromenade (lange Linie), n. Seite der Stadt, bei Engelbrecht u. Beck, das Bad 8 ſ, Handtuch 4 ſ.; an der Langenbrücke, w. Seite der Stadt, Ryssensteen's Badeanstalt, das Bad 12—20 ſ., in dessen dort auch Frauenbäder; im *Urlogshavn* (Kriegshafen) die Badeanstalt Venedig (22′ tief), Ueberfahrt, Bad u. Handtuch 12 ſ., Ueberall auch für Nichtschwimmer.

Theater. KOPENHAGEN. *21. Route.* 81

Post Kjöbmagergade 33. An Bahnhof und Zollbude auch Postbureaus. In store Helligeiststräde 7 ein „Comptoir für directe Expedition von Reisenden in ganz Dänemark", sehr bequem und billig.

Thorwaldsens Bildwerke in Biscuit (zollpflichtig) sehr schön, in der königl. Porzellanfabrik, Kjöbmagergade 50 zu haben; dergleichen bei Bing Kronprindsensgade u. Pilesträde-Ecke. Ebenso Gypsabgüsse.

Wachtparade tägl. 11 1/2 U. auf dem Königs-Neumarkt; bei Anwesenheit des Königs im Christiansborger Schlosshof um 12 1/2 U.

Theater (Pl. 19) am Königs-Neumarkt vom 1. Sept. bis 31. Mai, natürlich in dän. Sprache; Schauspieler ausgezeichnet, besonders auch Ballet. Das *Casinotheater* (Pl. 20), ein Volkstheater im bessern Sinn, wird viel besucht. Es befindet sich in dem grossen Casino-Gebäude in der Amalienstrasse 10. *Volkstheater* (Pl. 21) Nörregade 31.

*Tivoli (Pl. 22, Eintr. 1 M., bei grössern Festlichkeiten 1 M. 8 ß.), vor dem Westerthor, ist eine sehr ausgedehnte, ähnliche Anstalten zu London und Paris weit übertreffende Anlage zu öffentlichen Lustbarkeiten, mit Einrichtungen der verschiedensten Art, Theater im Freien, Feuerwerk, Concerten nach Art von Strauss, Rutschbahn, Circus, wilden Thieren, Panoramen, Fernrohr, Kraftmesser, mit kleinen Kaufläden, Restaurationen, Conditoreien u. dgl., den ganzen Tag geöffnet, Nachmittags und gegen Abend aber besonders viel besucht. Aehnliche Anstalten sind *Alhambra*, dann für die untern Volksklassen Sommerlust, Alleenberg u. viele andere, alle in der Friedrichsberger Allee.

Dampfboote nach Helsingör 2mal, nach Helsingborg oder Malmö 1mal täglich; Sonntags gewöhnlich Lustfahrten („Lysttoure") zu ermässigten Preisen, in einem Tag hin und zurück „Tour und Retour"; nach Flensburg, Kiel, Lübeck, Wismar, Stettin 2mal wöchentlich; nach andern europ. Häfen 2–4mal monatlich.

Eisenbahn von Kopenhagen nach Korsör (s.w. Küste von Seeland) in 4 St. über *Roeskilde* (S. 89), *Ringsted* (Bahnhofsrestaur. sehr theuer), *Sorö*, in reizender Lage, *Slagelse*. Von *Korsör* jeden Abend Dampfboot nach Kiel in 6–8 St. s. S. 45. Von Korsör nach Flensburg Montag, Mittwoch u. Freitag um 10 1/2 Morgens, also *Tagfahrt, in 9–10 St., sehr zu empfehlen; der Dämpfer durchzieht, bei zahlreichen Inseln vorbei den *Grossen Belt*, erreicht nach 3 St. *Svendborg*, tritt in den *Kleinen Belt*, umfährt die Insel *Alsen*, hält bei *Sonderburg* und erreicht gegen 8 Uhr *Flensburg*.

Kahnfahrt von Nyhavn nach Christianshavn 4 ß., Zollbude 24 ß., Knippelsbro und Börse 12 ß., Langebro 12 ß. — Dampffähre jede 1/2 St. von Stormgaden nach der Zollbude und jede 1/2 St. zurück, mehrer Plätze anlaufend, 6 ß. die Person.

Schöne Aussicht auf den Hafen und die Einfahrt, die Insel Amack und den Sund von der Citadelle Friedrichshafen (freier Zutritt), namentlich bei der Flaggen-Standbatterie (jeden Donnerstag von 6–7 U. Ab. Militairmusik). Sehr besuchter *Spaziergang die lange Linie (in der Nähe das *Blinden-Institut*), und der Wall rings um die innere Stadt.

Kath. Gottesdienst in der 1841 erbauten (röm. kathol.) Capelle (Pl. 31) bei der österreich. Gesandtschaft, in der Breiten Strasse (Bredgade). In Reverentsgade eine griech. kathol. Capelle.

Stundenzettel veränderlich (in *Dagbladet* unter „Erindringsliste" zu ersehen): Sonnt. Gemäldesammlung 12–2, Thorwaldsen's Museum 11–2, naturhistor. Museum 11–1 Uhr. Mont. Nord. Alterthümer 5–7, Münzcabinet in der Rosenburg 12–2 Uhr. Dienst. Gemäldesamml. 3–7, Thorwaldsen's Museum 11–2, naturhistor. Museum (Stormgaden 187) 11–1, Kupferstichcabinet 11–2, Antikencabinet 12–2 Uhr. Mittw. Ethnograph. Museum 5–7, runder Thurm 12–1, Moltke'sche Gemäldesammlung (besonders Niederländer) 12–2, Zeughaus 1–3 Uhr. Donnerst. Nord. Alterthümer 11–1, botan. Garten 8–2, 4–7, naturhist. Museum 11–1 Uhr. Freit. Gemäldesamml. 11–3, Thorwaldsen's Mus. 4–7, Kupferstichcabinet 11–2 U. Sonnab. Ethnograph. Museum 12–2, runder Thurm 12–1, physiol. Museum 9–11, anatom. Sammlung 9–11, Kunstmuseum 12–2 Uhr. In Thorwaldsen's Museum jederzeit Eintritt für 3 Mark, ob ein Einzelner oder eine Gesellschaft ist gleich.

Bædeker's Deutschland II. 10. Aufl. 6

Kopenhagen ist die Hauptstadt des Königreichs Dänemark mit über 160,000 Einw. (200 Reformirte, 600 Kathol., 2200 Juden), Residenz des Königs, Sitz des Ministeriums und der Kammern. Zwei Ereignisse zu Anfang dieses Jahrhunderts waren für Dänemark von den verderblichsten Folgen, die Seeschlacht am 2. April 1801, und die Beschiessung Kopenhagens und Wegnahme der ganzen ansehnlichen Flotte (18 Linienschiffe, 15 Fregatten u. s. w.), am 2. bis 5. Sept. 1807, beides Gewaltstreiche der Engländer. Als Veranlassung wurde 1801 Dänemarks Bündniss mit Schweden und Russland, 1807 aber die Besorgniss angegeben, dass die Franzosen sich der Flotte bemächtigen würden. Die Dänen fochten jedesmal mit kühner aufopfernder Tapferkeit, sie konnten aber der gewaltigen Uebermacht nicht widerstehen. Bei der Seeschlacht war die englische Flotte unter Nelson's und Parker's Befehlen: der Erstere war um die Insel *Amack (Amager)*, welche Kopenhagen gegenüber liegt, und nur durch einen schmalen Seearm von ihm getrennt ist, gesegelt und leitete den Angriff von der Südseite, der andere von der Nordseite.

Als Handelsstadt (*Kjöbenhavn*, Kaufmannshafen) hat Kopenhagen hierdurch einen Theil seiner Bedeutung eingebüsst, doch bleibt der Schiffsverkehr im Neuhafen, am Schloss und der Börse immerhin besonders für den deutschen Binnenländer sehr beachtenswerth. Die grossen Waaren-Magazine am Hafen, aus früherer Zeit, haben freilich meist eine andere Bestimmung erhalten. Die Anzahl der Schiffe, welche Kopenhagener Rhedern gehören, beträgt über 300 (Stettin hat etwa 200). Im Durchschnitt laufen jährlich 5400 Schiffe ein, darunter 600 preuss., 250 engl., 115 finnische, 170 schwed., 120 norweg., 50 russ., 30 holländische. Der wichtigste Theil des Handels ist der mit Korn und Thran, überhaupt mit Erzeugnissen der Faröer, Islands und Grönlands. Die Niederlagen und Werfte sind auf *Christianshafen*, dem oben genannten durch den Strom getrennten östlichen Theile von Kopenhagen, in der Nähe des königl. *Kriegswerfts*, in welches durch Vermittelung eines Lohndieners der Eintritt und die Besichtigung wohl gelingt. Trinkgeld an den Beamten nicht üblich. Die *Festungswerke*, die Citadelle, die Stadtbefestigung und die von Christianshafen auf Amack, werden sorgfältig unterhalten; die frühern Stadtthore Nörre-, Öster-, Vester- und Amagerport sind jetzt abgebrochen.

Die Strassen, welche von der Zollbude zum Königs-Neumarkt führen, die Amalien- und Breite Strasse sind wenig belebt; es sind die Strassen der Paläste, wo die Fürsten, die Gesandten, der höhere Adel wohnen. Die Amalienstrasse wird durch einen achteckigen Platz, den Friedrichsplatz, unterbrochen, auf welchem das eherne *Reiterbild Friedrichs V.* († 1766) „*clementi pacifico artium tutori*", von der asiat. Handelsgesellschaft 1771 errichtet. Die vier Gebäude, welche den Platz einschliessen, die *Amalienburg* (Pl. 1) genannt, dienen der Königin Wittwe und einigen Prinzen als Wohnung. In der Nähe die S. 81 genannte kathol. Capelle (Pl. 32).

Der grösste und ansehnlichste Platz ist der *Königs-Neumarkt (Kongens Nytorv)*, einer der schönsten Plätze europ. Hauptstädte, in welchen 13 Strassen, darunter die belebtesten, münden, vom Theater, der Kriegsschule *(Militär-Höiskole)*, dem Charlottenburg-

Schloss, der Hauptwache, ansehnlichen Gast- und Privathäusern umgeben. In der Mitte ragt das *Reiterbild Christian's V.* († 1699), aus Blei gegossen, hoch empor. Neben dem Charlottenburg-Schloss ist der *botanische Garten* (Pl. 3) mit seinen Palmen und Orchideenhäusern, für Leute von Fach täglich, sonst nur Donnerstag von 8—2 und 4—7 U. geöffnet, Eingang vom Neuhafen her. Oestlich begrenzt der *Neuhafen (Nyhavn)* den Königs-Neumarkt, westlich die 2200 Ellen lange Gothersgade, die am Wall ihr Ende findet. Nach Westen liegen die lebhaftesten Strassen, die Osterstrasse, *(Östergade)*, der Hochbrückplatz *(Höibroplads)*, der Gemüse- und Fischmarkt und die Vimmelskaft, mit zahlreichen Kaufläden.

Am Ende dieses westl. Strassenzugs liegt der *Alt-* und *Neumarkt (Gammel- og Nytorv)*. In der Ecke links das *Gerichts-* und *Rathhaus* (Pl. 15), 1815 von Hansen erbaut, mit einer Säulenhalle, im Giebelfeld die Anfangsworte des jütländischen Gesetzbuchs von 1240: „*Med Lov skal man Land bygge*", wörtlich: mit dem Gesetz soll man das Land regieren, oder wie die Ueberschrift des Burgthors in Wien lautet: *Justitia regnorum fundamentum*.

Wir wenden uns wieder rechts, gehen an einem von Christian IV. errichteten Springbrunnen vorüber und stehen nun nach wenig Schritten vor der *Frauenkirche *(Vor Fruekirche)* (Pl. 26), der Metropolitankirche des Reichs. Küster (*Graver Zweidorff* Studiesträde 7), 1—12 Pers. 3 Mark. Vom Thurm Aussicht so gut, wie vom Runden Thurm (S. 87). Das alte Gebäude wurde 1807 in Trümmer geschossen, das jetzige, von Hansen erbaut, ist eine einfache evang. Kirche im edelsten Styl, ohne Bilder, ohne Farben. Neben dem Eingang r. Moses mit der Gesetztafel von Bissen.

Ihr einziger keuscher Schmuck sind die herrlichen **Marmorgebilde, welche *Albert (Bertel) Thorwaldsen* entworfen und theilweise auch selbst ausgeführt hat, ein auferstandener Christus und die zwölf Apostel, überlebensgross, ein knieender Engel von wunderbarer Schönheit, mit einer Muschel als Taufbecken; über dem Altar und in den beiden Capellen Hautreliefs, Kreuztragung, Taufe und Abendmahl, über den Almosenbecken der Schutzengel und die christl. Barmherzigkeit. Unter den Aposteln mag wohl Paulus, mit dem Schwert, der bedeutendste sein, ihn hat der Meister selbst ausgeführt; die übrigen sind nach seinen Modellen von seinen Schülern und unter seiner Aufsicht gearbeitet. Johannes, Jacobus, Matthäus können noch hervorgehoben werden. Ueber der Eingangsthür der Einzug in Jerusalem, Gyps-Hautrelief; im äussern Giebelfeld eine Gruppe aus gebranntem Thon *(Terra cotta)*, Johannes der Täufer in der Wüste predigend, beide ebenfalls von Thorwaldsen. Alle diese Bildwerke sind ein Cyclus der christlichen Religionsgeschichte, mit Johannes dem Täufer beginnend, mit dem auferstandenen Heiland schliessend.

Gegenüber ist die **Universität** (Pl. 24) 1479 gestiftet (1807 niedergebrannt), mit über 1000 Studenten, darunter mehr als die Hälfte Theologen. In der Vorhalle neben dem Aufgang Apollo und Minerva in Marmor von *Bissen*, oben einige *Fresken von *Hansen*. Daneben ist das neue Gebäude der *Universitätsbibliothek*, etwa 150,000 Bände, welche bisher über der Trinitatiskirche sich befand. Die *königl. Bibliothek*, neben Christiansburg-Schloss, hat über 450,000 Bände, besonders reich an Werken aus und über Scandinavien.

84 *Route 21.* **KOPENHAGEN.** *Christiansburg.*

Zwischen der Universität und der Frauenkirche ist dem Naturforscher *Joakim Frederik Schouw* († 1852) ein Büstendenkmal errichtet. Die Tage „1. Oktober 1835, 25. Mai 1849" sind aus seinem politischen Leben bedeutungsvoll.

Ohne der in der Nähe liegenden deutschen *Petrikirche* weitere Aufmerksamkeit zu widmen, wenden wir uns sogleich zu ***Thorwaldsen's Museum** (Pl. 23, Eintr. S. 81, über dem Haupteingang eine Siegesgöttin im Viergespann, Erzguss), neben dem Schloss, einem seltsamen neuen Bau, von Bindesböll 1848 vollendet, in halb ägypt., halb pompej. Geschmack, mit schrägen Pfeilern, einem braun ausgemalten Hallengang und offenem Hof, in dessen Mitte die Hülle des am 24. März 1844 heimgegangenen Meisters (geb. 1770) eingesenkt ist. Kopenhagen ist eigentlich die Stadt Thorwaldsen's, durch ihn hat sie erst eine künstlerische Bedeutung bekommen, allenthalben begegnen uns seine Werke, wenn auch meist nur in Gypsabgüssen (Abbildungen in Biscuit s. S. 81), Thorwaldsen hat Kopenhagen zu einer classischen Stadt gemacht, und nicht mit Unrecht schwärmen ihre Bewohner für ihren grossen Mitbürger.

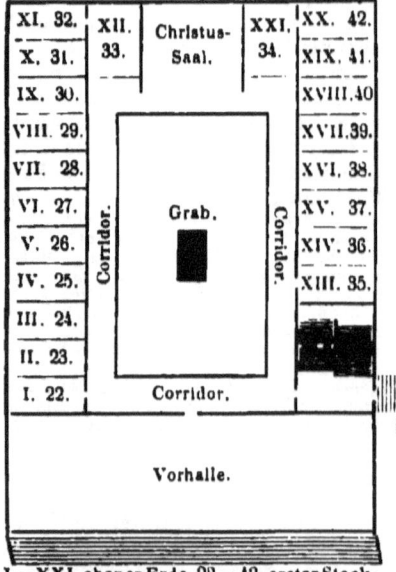

I.—XXI. ebener Erde. 22.—42. erster Stock.

Vorhalle: 142 bis 145. Das Denkmal für Pius VII., 123 Reiterbild Poniatowsky's, 114 bis 116. Gutenberg, 156. Herzog v. Leuchtenberg, 503. Einzug Alexanders in Babylon. Corridor: 55.56. Karyatiden, 119. sterbender Löwe; im Corridor links Johannes u. die Evangelisten, rechts Büsten, Reliefs und der Alexanderzug. Die 21 Zimmer ebener Erde enthalten u. A. jedes ein grösseres Werk von Thorwaldsen, theils in Marmor, theils nur Gypsabgüsse; links 1. Z. Ganymed, 2. Amor u. Psyche, 3. Grazien u. Amor, 4. Venus, 5. Jason, 6. Hebe, 7. Mars, 8. Die Hoffnung, 9. Vulkan, 10. Mercur, 11. Gräfin Ostermann, 12. Fürst Poniatowsky. In dem *Christus-Saal sind die Modelle der Bildwerke der Frauenkirche (S. 83) aufgestellt. Nun folgt 21. Z. Christian IV., 20. Thorwaldsen an die Hoffnung gelehnt, 19. Hirtenknabe, 18. Grazien, 17. Adonis, 16. triumphirender Amor, 15. Fürst Wladimir Potocki, 14. Ganymed, 13. liegender Löwe, Byron. — An der Treppe, die in die obern Räume führt, Hercules. — Oben 22—34. Z. Thorwaldsen'sche Gemälde und Skizzen, nebst denjenigen anderer Meister; auch Bildwerke; 42. unvollendete Arbeiten und andere Gemälde, 41. Bibliothek, 40. griech. und etrur. Vasen, 39. antike Statuen, Büsten u. s. w., 38. Münzen, 37. antike Gemmen u. Pasten, 36. griech., etrur. und röm. Alterthümer, 35. aegypt. Alterthümer.

Gemäldesammlung. KOPENHAGEN. *21. Route.* 85

Unmittelbar neben Thorwaldsen's Museum erhebt sich Schloss **Christiansburg** (Pl. 6), die Residenz des Königs, ein hohes umfangreiches stattliches Gebäude, 1830 nach Hansen's Plan vollendet, auf einer Insel, dem *Christiansholm*, mit seiner grossen Anzahl von Nebengebäuden einen kleinen Stadttheil einnehmend. (Der Schlossverwalter Lüders, Breitestr. 19, zeigt es für 3 Rthlr., Anmeldung Tags zuvor.) Den Brand des alten Schlosses, welches 1794 ganz und gar bis auf die Mauern zerstört wurde, schildert Steffens im ersten Theil seines Romans „die Familien Walseth und Leith" sehr lebendig. An der Vorderseite des neuen Schlosses sind vier Reliefs von Thorwaldsen oben eingemauert: Minerva und Prometheus, Hercules u. Hebe, Jupiter u. Nemesis, Aesculap u. Hygiea, in den Blenden grosse Figuren in Erz, von Thorwaldsen und Bissen, Weisheit, Stärke, Gerechtigkeit, Gesundheit. In der Christiansburg sind viele Gemälde aus der dän. Geschichte, im Staatsrathszimmer die Bilder der Könige halb erhaben aus Lindenholz, Thorwaldsen's Alexanderzug u. a. Der Eingang zu der **Gemäldesammlung** *(Maleriesamling)* (Eintr. S. 81), in 13 Sälen aufgestellt, ist im Hauptportal, links die Treppe hinauf, ganz oben.
Nach dem Schlosshof. *1. Saal.* 20. *Cignani* Joseph u. Potiphar, 65. *Salvator Rosa* Prophet Jonas. *2. Saal.* 258. *Jordaens* Hercules. *3. Saal.* 456. *Utevael* Johannes predigt vor einer modernen Gesellschaft von Kriegsleuten, 882. *Rubens* Salomons Urtheil. Durch den 2. Saal kommt man in die zehn nach dem Schlossplatz zu gelegenen Räume; wir durchschreiten die vier Zimmer links und finden im letzten, nach dem Plan dem neunten: 19. *Cignani* h. Familie, 79. *Leonardo da Vinci* h. Catharina. — Im 8. Zimmer: 409. *Schaubrück* ein Dorf. — Im 7. Z. nichts Nennenswerthes. — Im 6. Z. 311. 312. *Mierevelt* Mann und Frau, 383. *Rubens* Bildniss des Abtes Irselius, 418. *Slingeland* Familienbild; 124. 125. *Ferd. Bol* Frau von Stand, Admiral de Ruyter, 167. *Van Dyck* Maria mit Christuskind und Joseph, 161. *Gerh. Dow* Urindoctor, 387. *Rubens* Bildniss eines alten Mannes. — Im 5. Z. 366. *Paul Potter* Kühe auf der Weide zur Melkzeit, 473. *J. Victors* der sterbende David und Salomon, 168. *Van Dyck* Frauenbildniss. — Im 4. Z., dem oben genannten Eintrittszimmer: 352. *v. Veen* allegorisches Bild, des Menschen Uebergang von weichlicher Wollust zur That, 81. *P. Aertsen* Speisekammer, 189. *F. Floris* Kain u. Abel, 251. *Huysum* Blumenstück. — Im 3. Z. 419. *Slingeland* junge Holländerin mit Papagei, 123. *F. Bol* ein Engel zeigt den Frauen das Grab des Herrn, 388. *Ruisdael* Bergstrom. — Im 2. Z. 306. 307. *Mierevelt* Mann und Frau, 370. *Rembrandt* Jesus zu Emmaus, 116. *Bloemart* Niobe, ihre Kinder von den Pfeilen Apoll's und Diana's schützend, 179. *Everdingen* Wasserfall. — Im 1. Z. neuere Bilder, 539. *Köbke* Capri in Morgenbeleuchtung, 559. 560. *Gurlitt* Klippenküste, Motiv von den Kullen, und jütländische Gegend.

In dem kgl. *Marstall*, im Seitenflügel der Christiansburg, Isabellenpferde, gelblichweisse Rosse mit rosenrothen Nüstern, die im vorigen Jahrh. in keinem vornehmen Marstall fehlen durften. An der Nordseite ist die *Schlosskirche*. Im *Zeughaus* Mittwoch 1—3 U. freier Zutritt.

Das ***Museum nordischer Alterthümer** (Eintr. S. 81), im Prinzen-Palais, jenseit der Brücke, hinter dem Schloss, über 20,000 Nummern in 18 Sälen vortrefflich geordnet, ist bedeutender, als irgend eines der Art in der Welt und für die Culturgeschichte Scandinaviens höchst wichtig. Es hat 2 Abtheilungen, aus der heidnischen Zeit Waffen, Geräthschaften und Schmuck

86 *Route 21.* **KOPENHAGEN.** *Börse.*

aus Stein (bis 1500 v. Chr.), Kupfer (bis Chr. Geb.), Eisen, Silber und Gold (1000 n. Chr.); aus der christl. Zeit mittelalterliche Waffen und Geräthe, Holzarbeiten, Webereien, Thon-, Metall- und Glasgefässe. Angefügt ist eine Sammlung *american. Alterthümer.*

Das *ethnographische Museum*, ebenfalls im Prinzen-Palais (Eintr. S. 81), ist eines der reichsten, in 35 Sälen aufgestellt. Es zerfällt in 3 Abtheilungen, 1. Waffen, Kleidungsstücke, Geräthe, Schmuck von Völkern, welche das Metall nicht bearbeiten können, 2. Sachen von Völkern, welche das Metall bearbeiten, aber keine selbständige Literatur besitzen, 3. Gegenstände von Völkern, welche beide Eigenschaften in sich vereinigen. Die ganze Sammlung besteht fast ausschliesslich aus Originalen; Gegenstände aus Grönland und Ostindien finden sich am zahlreichsten, auch grössere Sachen, Boote, eine grönländ. Sommerwohnung mit der ganzen Einrichtung, ein indischer Pagodenwagen etc.

Das *Museum für Kunst und Sculptur* (Kunstmuseum) auch im Prinzen-Palais (Eintr. S. 81) besitzt neuere schöne Sculpturarbeiten.

Das *Antikencabinet* (Eintr. S. 81), aegypt., griech. und röm. Alterthümer, etrur. Vasen etc., wenig bedeutend, und das *Kupferstich-Cabinet* (Eintr. S. 81) sind in demselben Gebäude.

An der Ostseite des Schlosses, am Hafen, liegt ein über 400′ langes festes dauerhaftes Gebäude, 1615 im Uebergangsstyl aus den letzten Zeiten des deutschen Baustyls zur Geschmacklosigkeit des 18. Jahrh. aufgeführt, schon halb Rococo, die *Börse (Pl. 4), mit einem über 150′ h. Thurm, dessen Spitze durch 4 Lindwürmer gebildet wird, die, auf den Bäuchen ruhend, ihre Schwänze in einander schlingen. Gleich am Eintritt von der Schlossseite ist der Börsensaal, dessen Wände mit Bildern aus der Geschichte Dänemarks geziert werden sollen; dem Eingang gegenüber das Standbild Christian IV., in Erzguss von Thorwaldsen. Der untere Theil des Gebäudes ist zu Kaufläden eingerichtet, die jedoch nicht Kopenhagens glänzendste Waaren ausgestellt haben, die oberen Räume nehmen Privatbanken, Versicherungsanstalten u. s. w. ein. Börsenstunde ist tägl. 1½—2½ Uhr.

Das stattliche dreithürmige königliche Schloss **Rosenburg** (Pl. 17), am Ende der Gothersgade, in einem der Börse ähnlichen Styl aufgeführt, hat in seiner innern Ausschmückung manche Aehnlichkeit mit dem grünen Gewölbe in Dresden. Es enthält eine grosse Anzahl von Kostbarkeiten aller Art, in Gold, Silber und Edelstein, Möbel, Waffen, unter diesen die Schwerter Gustav Adolphs und Carls XII. von Schweden, Münzen und Medaillen, Orden, Uniformen, besonders zahlreich von Friedrich VI. († 1839), mancherlei Bildnisse u. dgl. m., Alles nach der Zeitfolge der verschiedenen Könige, von Christian IV. an, geordnet. (Einlass 3 Rthlr. für 6 oder mehr Pers., Eingang vom Osterwall.)

Das Schloss ist mit Gräben umgeben, östlich begrenzt von dem *Rosenburg-Garten (Rosenborg-Have)*, einem anmuthigen Park, der besonders den Ammen als Spaziergang zu dienen scheint.

südlich vom *Exercierplatz*. Am Osterwall, Rosenburg gegenüber, die neue *Sternwarte* (1860 im Bau; die alte befindet sich auf der Plateforme des 115' h. Thurms der Trinitatiskirche, dem sogen. *runden Thurm (Pl. 17, Eintr. S. 81), wegen der trefflichen Aussicht auf die Stadt, die umliegende Gegend (Thürme von Roeskilde), den ganzen Sund, den Hafen und die ferne schwed. Küste (Malmö) viel besucht. Ein mit Klinkern gepflasterter breiter Schlängelweg führt hinauf. Mittwoch und Sonnabend Schlag 12 Uhr wird eine Flagge gesenkt, das Zeichen, nach welchem alle Uhren in Kopenhagen gerichtet werden.

Als eine Merkwürdigkeit verdient der Thurm der **Erlöserkirche** *(Vor Frelsers Kirke)* (Pl. 25) genannt zu werden, 288' h., 1749 erbaut, um welchen ausserhalb eine durch eine Brustwehr geschützte Wendeltreppe führt, 397 Stufen bis zur Spitze, welche das Bild des Erlösers ziert. Die *Aussicht reicht bis nach Schweden hinüber, man sieht noch Land, Malmö und Landskrona. Der Küster *(Graver)*, Dronningensgade 67, erhält von 1 bis 4 Pers. für Kirche besichtigen und Thurm besteigen 6 Mark.

In der h. **Geistkirche** (Pl. 29) ist ein Bild eines Kopenhagener Künstlers, Müller († 1844), Luther auf dem Reichstag zu Worms, welches gerühmt wird. In der **Holmenskirche** (Pl. 30), Anfangs des 17. Jahrh. erbaut, in neuerer Zeit hergestellt, dem Christiansburg-Schloss gegenüber, Grabmäler mehrerer dän. Seehelden, Niels Juul († 1647), Peter Tordenskjold († 1720) u. a. In der Nähe ist der *Nicolaithurm*, Ueberrest einer durch den grossen Brand im J. 1795 zerstörten Kirche.

Die n.w. Spitze der Stadt bildet eine Reihe parallel laufender Strassen mit gleichförmigen einstöckigen Häusern, die **Neubuden** *(Nyboder)*, von Matrosen und andern Schiffsleuten mit ihren Familien, auch von einigen Offizieren bewohnt, unter Christian IV., dem Kopenhagen überhaupt manche Bauten verdankt, zu Anfang des 17. Jahrh. angelegt, von Christian VII. Ende des vor. Jahrh. bedeutend vergrössert, mit Raum für 10,000 Menschen. Manche Namen dieser Strassen erinnern an Thiere und Pflanzen entfernter Welttheile: *Balsam*, *Björn* (Bären), *Delphin*, *Elsdyr* (Elenthier). *Elephant*, *Kameel*, *Pindsviin* (Stachelschwein) u. a. Die Neubuden werden nach und nach grössern Gebäuden weichen.

Kirchhöfe. Der *Begräbnissplatz* für die Bevölkerung dieses Stadttheils *Sö-Etatens-Kirke-Gaard* (Seestaatskirchhof) ist in der Nähe, einige 100 Schritte vor dem ehemaligen Österthor, links an der Strasse. Ein eigenthümliches Grabmal, links nicht weit vom Eingang, haben die in der Schlacht vom 2. April 1801 (S. 82) Gefallenen, nach nordischer Sitte einen Grabhügel, umgeben von einer Reihe Steinen, worin die Namen der Schiffe und der Gefallenen eingehauen sind, am Fuss eine Säule mit einer Inschrift, welche die Thaten der hier Ruhenden verkündigt. — Dem Schiffskirchhof gegenüber an der rechten Seite der Strasse ist der Kirchhof der Landtruppen *(Land-Etatens-Kirke-Gaard)*; dem Eingang gegenüber das Büstendenkmal des Generals *Olaf Rye*, fiel bei Fridericia den 6. Juli 1849. — Der dritte und grösste Kirchhof, mit mancherlei Denkmälern, der *Assistenzkirchhof*, liegt vor dem ehem. Norderthor links an der Strasse, einige 100 Schritte jenseit der grossen Süsswasser-Seen, welche Kopenhagen umgeben. In der Nähe das grosse neue *Krankenhaus*. — Der nahe *Judenkirchhof* ist rechts von der Strasse.

Schloss *Friedrichsberg, einesn der zahlreichen Lustschlösser, welche die Dänischen Könige in der nähern oder weitern Umgebung Kopenhagens für sich erbauten, liegt ½ St. vor dem ehem. Westerthor, an welchem stets Fuhrwerk aller Art angespannt bereit steht. (Auf einem Platz vor dem ehem. Westerthor steht die *Freiheitssäule (Frihedsstötten)*, eine 1778 von den Bauern errichtete Spitzsäule aus röthlichem Granit zum Andenken an die in diesem Jahr gesetzlich aufgehobene Leibeigenschaft.) Am Eingang des Gartens das 1858 errichtete *Standbild* des Königs Friedrich VI. († 1839) von Bissen. Das Schloss, unter Friedrich IV. († 1730) im italien. Styl erbaut, liegt auf einem Hügel, und überragt weit die ganze Umgebung; es hat wenig Bemerkenswerthes, das schönste ist die Aussicht von der Plateforme, derjenigen vom runden Thurm (S. 87) sehr ähnlich. — Hinter dem Schloss, in dem prächtigen schattenreichen Park *(Söndermarken)*, ist das grosse Bassin für die Wasserleitung Kopenhagens; in der Nähe der *zcolog. Garten* (im Entstehen). Die Friedrichsberger Allee mit ihren unzähligen Wirthshäusern (S. 81) wird besonders Sonntags und Mittwochs viel besucht.

Schloss **Friedrichsburg** *(Frederiksborg)*, 4½ Meil. nördl. von Kopenhagen, einst prächtiger Sommersitz des Königs, ist am 17. Dec. 1859 gänzlich niedergebrannt, bei welcher Gelegenheit eine werthvolle Gemäldesammlung u. viele Kostbarkeiten zu Grunde gegangen sind. Das Schloss soll im alten Styl wieder aufgebaut werden.

Das geschmacklose Schloss **Friedensburg**, in der Nähe, zum Andenken an den 1720 zwischen Dänemark und Schweden geschlossenen Frieden erbaut, zeigt sich links auf einer waldigen Anhöhe an einem See, wenn man von Hilleröd nach Helsingör fährt. In dem nahen Park die schönsten Buchen. Fahrzeit von Kopenhagen nach Hilleröd 4 St. (Extrap. 6 Rthlr.), von da nach Helsingör 2½ St. (Extrapost 4 Rthlr.).

Wer zwischen dem 1. Juni und 31. Juli in Kopenhagen ist, möge nicht versäumen, an einem schönen Nachmittag, am besten Sonntags, nach dem 1¼ M. n. gelegenen *Thiergarten (Dyrehave)* zu fahren, dem Kopenhagener Prater, 1 Meile lang, 1 Meile breit (beste Restauration in Bellevue, S. 89). Vor dem ehem. Österthor stehen unzählige Wagen jeglicher Art für diese Fahrt bereit, Omnibus 1½ Mark die Person. Auf dem ganzen Weg, der stets am Strand durch mehrere Fischerdörfer bei dem königl. Lustschloss *Charlottenlund* vorbeiführt, und die anmuthigsten Aussichten auf das Meer gestattet, folgt an solchen Tagen Wagen hinter Wagen.

HELSINGÖR. 21. Route. 89

Auch kleine Dampfboote fahren hin, Abfahrt vom Neuhafen, Sonntags 3 bis 4mal, bis zur *Bellevue* am Eingang des Thiergartens in 45 Min., 1. Pl. 24 ʃ., hier und bei *Klampenborg*, Wasserheil- und Seebade-Anstalt, gute Restauration. Der Thiergarten selbst ist ein stattlicher Eichen- und Buchenwald, in welchem Hochwild gehegt wird. Am nördl. Ende ist das Jagdschloss *Eremitage* auf einem Hügel; man sieht hier nicht selten Heerden von Hirschen, Damhirschen und Rehen. Es ist jedoch in dem oben genannten Zeitraum der weniger beachtenswerthe Punct. Während der genannten 5 Wochen nämlich ist der Thiergarten, und zwar der südliche Saum, Sammelplatz unzähligen Volks, Städter wie Landleute, diese, namentlich Weiber und Dirnen in der kleidsamsten Tracht, wobei die rothe Farbe entschieden vorherrscht. In der Nähe einer Quelle, *Kirsten-Piils* genannt, drängt sich Bude an Bude, grösstentheils mit Lebensmitteln aller Art, dann mit glänzendem Schmuck und Kleinigkeiten, wie sich der seeländische Bauer liebt. Daneben treiben Seiltänzer, Ringer, Puppen- und Ringelspiel, Drehorgel, Bänkelsänger und Mordgeschichten ihr lautes Wesen. Das Alles in dem prächtigen Waldrahmen gewährt eine anmuthige Anschauung des Volkslebens und der eigenthümlichen Art dieser Insel-Bewohner.

Lyngby, Dorf mit zahlreichen Sommerwohnungen, 1 Meile w. von Klampenborg, 1½ M. n.w. von Kopenhagen (Omnibus tägl. von der Gothersgade für 1½ M.), seiner Umgebungen wegen (besonders *Dronninggard* am *Fuur-See*, ½ M. n.w.) viel besucht.

Roeskilde, kleine Stadt, 4 M. w. von Kopenhagen (Eisenbahn 1 St., s. S. 81), bis zu Anfang des 16. Jahrh. Königs- und Bischofssitz, hat von seinem Glanz nichts als den schönen Dom aus dem 11. Jahrh. bewahrt, die Gruftkirche der dänischen Könige mit manchen Denkmälern. Sie verdient einen Besuch.

Jedenfalls aber kann ein freier Tag in Kopenhagen nicht besser als zu einer *Fahrt nach Helsingör verwendet werden. Dampfboote fahren in 2½ St. mehrmals täglich (s. S. 81) an der schönen seeländ. Küste hin, deren Buchenwälder bis zum Meer reichen, dazwischen freundliche Fischerdörfer und anmuthige Landhäuser, Sommerwohnungen der Kopenhagener. Das Dampfschiff hält bei *Bellevue* (s. oben), *Taarbek*, *Skovsborg*, des Königs Sommerresidenz; dicht am Strand ist der Speisesaal, in Form und innerer Einrichtung einem Dampfschiff ähnlich gebaut. *Vedbek*, dann bei der schwedischen Insel *Hveen* vorbei, die rechts bleibt. *Rungsted*, *Humlebek*. **Helsingör** (**Hôtel d'Öresund*, Wirth spricht deutsch; *Hôtel du Nord*), kleine Handelsstadt (8000 Einw.), wo bis 1857 die dän. Regierung den Sundzoll von allen durchfahrenden Schiffen (an 15,000 jährlich) erheben liess. Die Meerenge trennt das dän. Seeland *(Själland)* von der schwed. Grafschaft Schoonen *(Skaane)*.

Das schöne feste Schloss **Kronburg**, 1577—1585 aus Quadersteinen erbaut, mit Wällen und breiten Gräben umgeben, kann die

90 *Route 21.* HELSINGBORG.

Durchfahrt durch den Sund zwar erschweren, aber nicht verhindern, wie dies die englische Flotte (S. 82) zweimal bewiesen hat. Nur unter Mitwirkung der schwedischen Küstenbatterie zu Helsingborg würden durchfahrende Schiffe vielleicht mit Erfolg beschossen werden können. Von der *Terrasse* des Schlosses schönste Aussicht auf den Sund, von der Insel Hveen an bis zu den weit auslaufenden Kullen (umfassender vom Leuchtthurm). In der nördl. Flaggen-Bastei ist ein stehendes Fernrohr zur Beobachtung der ein- und auslaufenden Schiffe, welche von einem Wachtposten genau verzeichnet werden. Auf dieser Terrasse lässt Shakspeare im Hamlet den Geist des alten Dänenkönigs an den Wachen vorüber schreiten. In der *Schlosscapelle* an Wänden, Kanzel und Chorstühlen Holzschnitzwerk von deutschen Meistern.

Marienlust, ein königl. Lustschloss (jetzt Badeanstalt), ¹/₂ St. von Helsingör, wohin Omnibus (1¹/₂ M.) vom Landungsplatz der Dampfboote, bietet eine hübsche Aussicht auf Schweden und auf Helsingör. Eine Säule ohne Inschrift soll Hamlets Grab bezeichnen.

So nah an Schweden möchte es schwer werden, der Versuchung zu widerstehen, wenn auch nur einen Fuss auf schwedischem Boden zu setzen. Das Helsingörer Boot fährt auch nach **Helsingborg** (*Hôtel de Munthe*), dem oben genannten kleinen schwed. Hafenort, hinüber. Im Hafen ist ein Denkstein mit der Inschrift: „*Kronprinsen Carl Johan enhälligt vald* (einhellig gewählt) *af Swenska folket, landsteg* (landete) *här 20. Oct. 1810*", auf der Rückseite: „*Under Konung Carl XIV. Johans regering byggdes hamnen och fullbordades 1832*" (gebaut der Hafen und vollendet). Schwedische Husaren, hübsche Leute von kriegerischem Aussehen, haben die Hafenwache. Helsingborg selbst bietet gar nichts. Auf der Höhe ragt ein alter halb verfallener Wartthurm in die Lüfte, der einzige Rest des aus den Kriegen der Hansa mit Dänen und Schweden bekannten festen Schlosses. *Ramlösa*, besuchter Sauerbrunnen, ist 1 M. südl. von Helsingborg.

Belohnendster Ausflug von Helsingborg nach den **Kullen**, etwa 3 Meil. nördl., Wagen bis Kullagaard, 1 St. vom Leuchtthurm, etwa 12 dän. Rthlr. Die Kullen (Berge) sind ein Höhenzug aus Gneiss, Granit und Grünstein, etwa 2 Meilen lang von NW. nach SO. ausgedehnt, hier unterbrochen, weiterhin aber in gleicher Richtung wieder einige Meilen nach SO. sich hinziehend, grösste Höhe (700′ ü. M.) etwa ¹/₂ Meile vom n.w. Ende, dann abnehmend, ein schmaler Rücken mit steilen Abfällen, wie die norweg. Scheeren, in die See hinein, die seine oft senkrechten Felsen von 3 Seiten bespült. Ganz nahe der äussersten Spitze in etwa 200′ Höhe steht der Leuchtthurm. Zwischen Helsingborg und den Kullen liegen die Steinkohlengruben und Ziegelei bei *Högands*. Die Arbeiter-Colonie hat musterhafte Einrichtungen, Schulen, Kirche, Krankenpflege etc.

Malmö, schwed. Hafenstadt mit über 10,000 Einw., durch den am 26. Aug. 1848 zwischen Dänemark und Preussen hier abgeschlossenen Waffenstillstand bekannt geworden, erreicht das Dampfboot von Kopenhagen in 3 St. Zwischen Malmö und Lund, 2 Meil. n.ö. von Malmö, Eisenbahnverbindung. Zu **Lund** ist eine angesehene, 1168 gegründete Universität, und Bischofssitz mit berühmter alter Domkirche, roman. Styls. An der Universität war der Dichter Tegner († 1846) Professor. Es ist ihm hier 1853 ein Standbild errichtet.

22. Von Berlin nach Posen.

Schnellzug in 7¹/₂ St. für 8 Thlr. 27 oder 6 Thlr. 13 Sgr.; Personenzug in 8¹/₂ St. für 7 Thlr. 28, 5 Thlr. 29, 3 Thlr. 28 Sgr.

Bei der Ausfahrt, rechts einige Fabrikschornsteine; dann der dicke Thurm der Wasserkunst (S. 26) mit dem Bassin hinter dem

FRANKFURT. *22. Route.* 91

Wall; weiter die grosse Bäckerei der Schutzmannschaft, dann die neuen Waisenhäuser, dahinter der Thurm von *Stralow* (S. 28). Das Schloss zu *Cöpenick* war 1825 Gefängniss der „demagogischer Umtriebe" angeklagten Studenten, jetzt Lehrer-Seminar. Vor *Erkner* berührt die Bahn einen Arm des *Müggelsees.* Die *Müggelsberge,* waldige 350' hohe Anhöhen, schliessen den Hintergrund südlich, nördlich liegen die uralten berühmten *Rüdersdorfer Kalksteinbrüche. Fürstenwalde* ist ein kleines Städtchen. Rechts die *Rauenschen Berge,* wo Braunkohlen gefördert werden. Folgt Station *Briesen.* Die Bahn führt bis Frankfurt fast unausgesetzt durch einförmigen Tannenwald.

Frankfurt an der Oder *(Deutsches Haus, Goldener Adler, Prinz von Preussen;* bair. Bier und *Rest. bei *Ludwig* und bei *Eckhardt* am Markt, bei *Sachse* Grosse Scharnstrasse), neben Berlin und Potsdam die bedeutendste Stadt der Mark Brandenburg mit 32,725 Einw. (1500 Kath.), nimmt sich, wenn man vom Bahnhof über die breiten Plätze schreitet, ganz stattlich aus. Auch die alten Theile der Stadt sind regelmässig gebaut; vier Strassen, neben einander laufend, durchschneiden sie von Süd nach Nord.

Das ansehnlichste Gebäude ist die *Marien- oder Oberkirche,* Mitte des 13. Jahrh. aus Backsteinen aufgeführt, kürzlich hergestellt. Hochaltar in Holzschnitzwerk, reich vergoldet mit 8 alten Bildern auf Goldgrund. Auch die gemalten Glasfenster, Darstellungen aus der Schöpfungsgeschichte, dem alten und neuen Testament, sind sehr alt. Ein 12' h. siebenarmiger Leuchter mit Reliefs aus dem 14. Jahrh. ist angeblich vor 300 Jahren bei Leubus in der Oder gefunden. Am Taufstein ebenfalls Reliefs. Kanzel neu. Neben dem südl. Eingang ein Gemälde von Rhode, Auffindung der Leiche des Prinzen Leopold von Braunschweig, des Neffen Friedrichs d. Gr., der am 27. April 1785, im Begriff eine Familie aus der Oder zu retten, ertrank.

Jenseit der Oderbrücke, einige 100 Schritte abwärts, da wo der Prinz sein Leben verlor, hat ihm die Freimaurerloge ein *Denkmal* errichtet, eine dreiseitige Spitzsäule mit Medaillon und einer von Ramler verfassten Inschrift, am Fuss Freimaurerzeichen.

Im Park, an der Südseite der Stadt, dem ehem. Kirchhof, hat die Loge dem Dichter *Ewald von Kleist,* der hier am 24. August 1759 an den in der Schlacht bei *Kunersdorf* (1 St. n. von Frankfurt) erhaltenen Wunden starb, ein Denkmal errichten lassen, eine dreiseitige Spitzsäule mit Medaillonbild und Freimaurerzeichen und einer französ., deutschen und latein. Inschrift, 1859 hergestellt. Unmittelbar daneben sind noch andere Denkmäler, Professor Daries († 1791), General von Diringshofen († 1776) u. a.

Auf dem grossen parkartigen *städtischen Kirchhof,* auf einer Anhöhe in der Nähe des Bahnhofs ist u. a. das Grab des Generals v. Thiele („I."), an der ö. Mauer, von 2 Säulen getragen, mit dem gemalten Haupte des Evangelisten Johannes, u. Inschrift: „*Ludwig*

Gustav von Thiele, K. Pr. Gen. d. Inf., Geh. Staats- uud Kriegsminister, geb. 1781, † 1852. Seinem theuren Freunde und bewährten Rathe, König Friedrich Wilhelm IV. in treuer Dankbarkeit 1853."
 Das stattliche *Rathhaus am Markt, in der Nähe der Oberkirche, wurde 1607 aufgeführt: am südl. Giebel die Zeichen des Hansabunds, eine eiserne Stange von einer kürzeren unterstützt, so ⋏. Das *Schauspielhaus* an dem grossen Platz bei der Eisenbahn, ist 1842 vollendet. Die *Universität* wurde 1811 nach Breslau verlegt. Die drei *Messen*, Margaretha, Reminiscere, Martini, sind besonders durch polnische Einkäufer belebt.
 Zu Frankfurt verzweigt sich die Bahn, s. nach Breslau (R. 49). n. über *Lebus* und *Podelzig* (r. eine Hügelreihe, am n. Abhang eine hübsche neue Kirche, Ziegelbau), nach Cüstrin.
 Cüstrin *(Kronprinz. Adler)*, starke Festung am Einfluss der Warthe in die Oder. Im Schloss sass Friedrich II. als Kronprinz gefangen, in der Nähe desselben wurde sein Jugendfreund und Liebling, der Lieutenant von Katte, am 6. Nov. 1730 angeblich „als Deserteur" enthauptet, weil er den Kronprinzen auf der beabsichtigten Flucht nach England begleiten wollte.
 Zorndorf, wo am 25. August 1758 Friedrich II. und Seydlitz mit 30,000 Preussen die 50,000 Russen unter Fermoor besiegten, liegt 1 Meile nördlich. Ein Denkstein auf dem Schlachtfeld bezeichnet die Stelle, von welcher Friedrich die Schlacht leitete.
 Die Bahn durchschneidet die Festungswerke an der nördl. Flanke und überschreitet dann die Oder und die an ihrer Mündung canalisirte Warthe (Friedrich-Wilhelm-Canal). Bei Stat. *Tamsel* ein gräfl. Schwerinsches Schloss. Links eine Kette bewaldeter Hügel, r. fruchtbare Niederung, viel Weideland (Warthe-Bruch). Folgt Stat. *Vitz*. Vor Landsberg erreicht die Bahn die schiffbare *Warthe*.
 Landsberg *(König von Preussen, *Bahnhofs-Restauration)*, ansehnliche Stadt mit 13,000 Einw., an einem Hügel hübsch gelegen, in fruchtbarer Gegend, lebhafte Schifffahrt. Aus den Häusern ragt das Hospital, ein stattlicher Neubau mit 2 Thürmchen und Uhr hoch hervor. An der ö. Seite der Stadt eine neue Synagoge.
 Die Bahn bleibt bis Stat. *Zantoch* in der Nähe der Warthe, die, von Süden kommend (rechts Blick über die weite fruchtbare Gegend, hin und wieder Schiffe mit hohen Masten und vollen Segeln), hier die *Netze* aufnimmt. An den Sandhügeln bei Stat. *Driesen* Weinbau. Der nicht unansehnliche Ort liegt 1/2 St. südl. Folgt Stat. *Kreuz* (Bahnhofsrestauration), Knotenpunkt unserer und der Stettin-Posener Bahn (S. 94).
 Folgen Stat. *Wronke* an der Warthe, *Samter, Rokietnica, Posen.*
 Posen. *(*Hôtel de Rome; *Hôtel du Nord; *Mylius Hôtel de Dresde; *Hôtel de Bavière;* in allen gleiche Preise, Z. 15, L. 5. M. 15. F. 6 Sgr. *Conditoreien:* Beeli und Jacob Prevosti (viel Polen), beide in der Wilhelmsstr.; Freund am Wilhelmsplatz, viel Offiziere; *Droschke* innerhalb der Stadt 3, ausserhalb 5 Sgr.)

Posen, poln. *Posnán*, bis 1296 Residenz der poln. Könige, im Mittelalter Mitglied des Hansabundes, seit 1815 Hauptstadt der gleichnamigen preuss. Provinz, am Einfluss der *Cybina* in die *Warthe*, hat 40,928 Einw., mehr als die Hälfte Deutsche, über ein Viertel Protestanten und eben so viele Juden. Der schönste Theil der Stadt ist erst nach der preuss. Besitznahme entstanden.

Der Bahnhof ist 10 Min. vom Berliner Thor entfernt. Beim Eintritt in die Stadt zeigen sich die saubern Festungsbauten; bald folgt der stattliche *Wilhelmsplatz*, an welchem das *Stadttheater* und die *Raczinsky'sche Bibliothek* in einem 1836 aufgeführten, mit 24 korinth. Säulen aus Gusseisen an der Vorderseite geschmückten Gebäude, 20,000 Bände, besonders reich an poln. Geschichtswerken, beides von dem Grafen Raczinsky der Stadt geschenkt.

Unter den ältern Gebäuden ist das *Rathhaus* das bemerkenswertheste, 1512—1530 im Rundbogenstyl aufgeführt, der Thurm 1730 aufgesetzt. Die Vorhalle hat am Gewölbe wunderliche ausgemalte Reliefs en medaillon, die Thierzeichen und Sternbilder darstellend; im Sitzungszimmer mehrere Bildnisse poln. Könige.

Der *Dom*, am rechten Ufer der Warthe, in der besonders von der armen polnischen Volksklasse bewohnten Vorstadt *Wallischei* (*Chwaliszewo*), ist 1775 neu aufgeführt. Er ist als Gebäude unbedeutend, birgt aber einzelne Kunstwerke.

An vier Pfeilern vier gravirte grosse metallene °Grabplatten aus dem 15. Jahrh., darunter die des Woywoda (Statthalters) Gurka († 1472), dann eine Anzahl Grabdenkmäler von Bischöfen in ganzer Figur, von rothem Marmor, zur Seite auf Sarkophagen liegend. Ausgezeichnet ist die 'goldene Capelle, 1842 auf Kosten eines poln. Adels-Vereins, auf besonderes Betreiben des Grafen Eduard Raczinsky, an den Dom angebaut und mit aller Pracht des byzantin. Styls, mit bunten Farben und reicher Vergoldung, mit Gemälden (*Suchodolski* Einführung des Christenthums, *Brozowsky* Otto III. beim Grabe des h. Adalbert) und Mosaik geschmückt. Die schönste Zierde bilden die von Rauch entworfenen vergoldeten Erz-Standbilder der beiden ersten polnischen christlichen Könige, Mieszyslaw I. und Bolislaw I. Chrobry (des Tapfern). Auch das Hautrelief-Grabmal des Powodowski, von 1585, in der Capelle rechts neben der goldenen, darf nicht übersehen werden. In einer der folgenden ist das von Friedrich in Strassburg gearbeitete Standbild des in den religiösen Wirren des Jahrs 1837 viel genannten Erzbischofs von Dunin († 1842).

Der Küster wohnt im Dom selbst, rechts an der Ecke der Vorderseite des Gebäudes. Gegenüber am Domplatz der *erzbischöfl. Palast*.

Die *Pfarrkirche* (Maria-Magdalenen- oder Stanislauskirche), 1651 von Jesuiten aufgeführt, in dem ihnen eigenthümlichen Styl (170' l., 96' br.), hat gewaltige Säulen aus rothem Marmor, sonst aber nichts Bemerkenswerthes.

Die beste Umschau auf Posen und die hügelige wasserreiche Gegend gewähren die Zinnen des *Forts Winiary*, der Citadelle der neuen, in Anlage und Ausführung gleich ausgezeichneten Festung (5000 M. Besatzung), deren Bau 1828 begann und Posen zu einem festen Platz ersten Ranges macht. Erlaubnisskarten im Bureau des Platzmajors am Wilhelmsplatz.

Am Fuss des Forts Winiary liegt der *Garnison-Kirchhof*, auf welchem das 5. Armeecorps seinem 1843 gestorbenen Commandirenden General einen grossen polirten Granitblock mit der einfachen Inschrift: „*Grolman*" errichten liess. Ein Kreuz erinnert an sechs am 4. und 5. Mai 1848 bei Buk gefallene Soldaten des 18. Inf.-Regiments, ein kleiner Würfel an den Lieut. v. Michaelis vom 6. Inf.-Regiment, der am 22. April 1848 bei Xionz blieb.

Von Stettin nach Posen, Fahrzeit 6 St. Die Bahn überschreitet bei Stettin die *Oder*, vor Damm die *Reglitz*, den 4 Meilen südlich bei *Garz* abfliessenden östl. Arm der Oder, der bei Damm in den *Dammschen See* sich ergiesst. Der Bau durch diesen niedrigen nassen Wiesengrund musste auf weiter Strecke hin vermittelst Bockbrücken bewirkt werden. Jenseit Station *Carolinenhorst* fährt der Zug in der Nähe des *Madü-Sees*, des grössten pommerschen Landsees, berühmt durch seine Fische (*Marenen*).

Stargard (*Prinz von Preussen*) ist die ansehnlichste Stadt in Hinterpommern, an der schiffbaren *Ihna*, mit 12,000 Einw. (200 Kath.), von einer wohlerhaltenen Ringmauer mit stattlichen Warten und Thoren umgeben. Die *Marienkirche* aus dem 14. und 15. Jahrh., innerlich durch die grossartigen Verhältnisse, äusserlich durch reichen Bauschmuck ausgezeichnet; sodann das *Rathhaus* aus dem 16. Jahrh., verdienen besondere Beachtung. (Hinter-Pommersche Bahn, Stargard-Cöslin s. S. 101.)

Folgen Stat. *Dölitz*, *Arnswalde*, *Augustwalde*, *Woldenberg*, *Kreuz*, wo die Stettin-Posener und die Berlin-Posener Bahn zusammentreffen (S. 92).

Von Posen nach Breslau, Fahrzeit 5 Stunden. Stationen *Moschin*, *Czempin*, *Kosten*, *Alt-Boyen*, *Lissa*, *Reissen*, *Bojanowo*, *Rawicz*, *Trachenberg*, *Gellendorf*, *Obernigk*, *Schebitz*, *Breslau*.

23. Von Berlin nach Danzig.

Schnellzug in 12 St. für 16 Thlr. 4, oder 11 Thlr. 16 Sgr., Personenzug in 16 St. für 13 Thlr. 25, 10 Thlr. 11, oder 6 Thlr. 27 Sgr.

Bis Kreuz s. S. 90—92. Weiter folgt *Filehne* an der *Netze*, in grüner, wasserreicher Umgebung, *Schönlanke*, hügeliges Ackerland, dann durch Sand und Tannengestrüpp nach *Schneidemühl*. Der Zug überschreitet nun das *Schwarzwasser*, welches sich 1 Meile südlich in die *Netze* ergiesst. Die vorliegenden Sandhügel haben manche tiefe Einschnitte nöthig gemacht. So weit das Auge reicht, übersieht es rechts den Lauf der Netze. Die weite Niederung, das *Netze-Bruch*, ist fruchtbares Ackerland. Folgen Stat. *Miasteczko*, *Bialoslive*, *Ossiek* Station für *Wirsitz*, endlich die betriebsame Stadt *Nakel* an der Netze, die vermittelst eines von Friedrich d. Gr. erbauten Canals mit der *Brahe* verbunden ist, welche 1 Meile östlich von Bromberg in die Weichsel fällt.

Bromberg (**Hôtel Moritz*, Z. 15, L. 4, F. 7, M. 15; **Rios Hôtel*, *Hôtel Arlt*) an der Brahe, 15,000 Einw. (3000 Kath., 2500 Soldaten), Sitz einer Regierung und eines Appellationsgerichts.

Zwischen Bromberg und der 7 M. ö. an der Weichsel gelegenen ansehnlichen alten Stadt und Festung **Thorn** (**Hôtel Sanssouci*, Z. 15, L. 8, F. 7 1/2 Sgr.) täglich Post- und Dampfboot-Verbindung (Eisenbahn im Bau). Bemerkenswerth das schöne *Rathhaus* aus dem 14. u. 16. Jahrh.; der „krumme Thurm", der auf 50' Höhe 5' überhängt; das *Kulmer Thor*, darauf ein Koch mit Kochlöffel als altes Wahrzeichen; das alte *Schloss*, 1200 aus Stein erbaut, 1420 durch die Bürger zerstört, noch wohl erhalten der vorgebaute „*Danzk*", zu dem zwei Schwibbogen führen; der *Katzenschwanz*, ein stattlicher Befestigungsthurm. In der *Johanniskirche* das Denkmal des 1473 zu Thorn geb. Copernicus († 1543).

MARIENWERDER. *23. Route.* 95

Von Bromberg an folgt die Bahn dem Lauf der *Weichsel*, jedoch stets 1 bis 1½ Meilen vom Fluss entfernt; sie berührt ganz unbedeutende Orte, *Terespol, Warlubien, Czerwinsk*.

Oestlich von Stat. *Czerwinsk* (2½ M., tägl. 4 Posten in 2 St.) liegt **Marienwerder** (*Heltzners Hôtel Z. u. L. 21 Sgr.), hübsche Stadt, Sitz einer Regierung und eines Obergerichts und des Landgestüts (100 Hengste). Der Glockenthurm der grossen 1384 erb. *Domkirche* dient der Deutsch-Ordensburg zugleich als Eckthurm. Das 1233 gegründete *Schloss*, jetzt Landgericht und Gefängniss, ist merkwürdig durch zwei weit vorspringende Thürme *(Danzke)*, zu deren einem ein Viaduct von 2, zum andern von 5 Bogen hinausführt.

Folgt Stat *Pelplin* (Sitz des Bischofs von Culm, Dom sehenswerth), wo die Bahn die *Ferse* überschreitet, dann *Dirschau* (S. 101, schönste Wartesäle), Stadt an der Weichsel (Königsberger Bahn s S. 101); endlich *Hohenstein* und *Praust*. Je mehr die Bahn in dem fruchtbaren Danziger Werder sich Danzig nähert, um so anmuthiger wird die Gegend. Die *Ohraer Hügel* l. erheben sich bis zu 100' Höhe. Die Bahn durchschneidet Wall u. Graben der Festung und endigt nahe bei dem Legethor auf der Speicher-Insel.

Die Landstrasse zwischen Bromberg und Danzig zieht sich zwischen der Eisenbahn und der Weichsel hin, durch höchst fruchtbares stets hügeliges Ackerland; sie gewährt an einzelnen Stellen reizende Aussichten. Der Blick von dem Heiligen-Häuschen (*Boschamenka*, Gotteshaus) oberhalb 6 **Schwetz** auf die weitläufige Stadt, die alte Kirche, den hohen Wartthurm „Klimek", die neuen grossen Gebäude der Irrenanstalt für die Provinz Westpreussen, auf die Weichsel und die breite grüne Niederung, in der Ferne auf dem hohen rechten Ufer des Flusses die Stadt Culm (*Schwarzer Adler*), ist höchst überraschend in dieser Gegend. Der Freund schöner Natur wird sich belohnt finden, wenn er zu *Terespol*, Station für Schwetz, aussteigt und die paar Stunden bis zum Abgang des nächsten Zugs dieser Umgebung von Schwetz widmet. Auch die Aussicht von

2¼ *Gruppe* auf das fern am rechten Ufer der Weichsel liegende starke **Graudenz** (*Goldener Löwe*) ist ganz hübsch. Als im J. 1807 die Franzosen den alten preuss. General von Courbière mit der Bemerkung zur Uebergabe aufforderten, dass das Königreich Preussen zu sein aufgehört habe, erwiderte er: „Dann bin ich König von Graudenz." Eine Geschützkugel, die damals über dem Thor des Commandantur-Gebäudes einschlug, ist dort eingemauert und bildet das O in der Ueberschrift.

6¼ **Mewe** (*Deutsches Haus), alte Stadt an einer ansteigenden Höhe, mit einer wohl erhaltenen Deutsch-Ordens-Burg, unmittelbar an der Weichsel, die hier einen kleinen Hafen bildet, liegt nicht minder malerisch. Von 4 *Dirchau* bis *Danzig* s. oben.

24. Danzig.

Gasthöfe. *Englisches Haus, Z. 15, L. 6, M. 15, F. 8 Sgr., umfassende Rundsicht vom Thurm des alterthüml. Hauses, einst Halle engl. Tuchmacher. *Hôtel de Berlin, dem Bahnhof zunächst. Schmelzers Hôtel. Hôtel de Thorn. Preussischer Hof, Langgasse.

Conditoreien. Kaismann und Sebastiani, Langgasse.

Restaurationen. Leutholz Langemarkt, Rösch Schnüffelmarkt, Rathskeller unter dem Artushof. Gehring u. Dänzer, Langemarkt.

Bier. Scheerbarth Hundegasse, Local eng, Bier und Essen gut. Gambrinus-Halle, schönes Local mit Garten, am Ketterhager Thor, mitten in der Stadt, in der Nähe des Hôtel de Berlin. Walter's Bierhalle. Kreis neben dem Zeughaus; Seitz neben dem Theater.

Theater. Sperrsitz oder 1. Rangloge, beste Plätze.

Bernsteinarbeiten gute Auswahl bei Gebr. Hoffmann, Johannesgasse 32 und bei C. W. v. Roy, Breites Thor 4.

Danziger Goldwasser, ein berühmter Liqueur, sehr gut bei G. A. Fischer („im Lachs"), Breitegasse 51, 52.

Fuhrwerk. Droschken 1 bis 2 Pers. 5 Sgr., 3 P. 7½, 4 P. 10 Sgr., bei Fahrten von und nach dem Bahnhof werden für Passagiergut noch 2½ Sgr. für die Person mehr vergütet. Zeitfahrten für die erste Stunde 12½, 15 oder 17½ Sgr., bei Annahme auf mehre Stunden 10, 12½ oder 15 Sgr. Für den halben Tag (7 bis 1 U. oder 2 bis 9 U.) 2 Thlr. Sonntags ausserhalb der Stadt die Hälfte mehr. **Taradeys**, Wagen für andere Fahrten, stehen in grosser Anzahl besonders vor dem Hohen Thor, sie haben keine feste Preise, Fahrt nach Oliva hin und her und kurzer Aufenthalt daselbst, je nach der Jahreszeit 20 Sgr. bis 1 Thlr.

Omnibus nach **Zoppot** (S. 100), vom Langemarkt abfahrend, vom Mai bis October mehrmals täglich in 1½ St. für 6 Sgr.

Seebäder. Die besuchtesten zu **Brösen**, mit Dampfboot stündlich in ¾ St. (2½ Sgr.) nach Neufahrwasser und von da Omnibus (1¼ Sgr.) in 20 Min. nach Brösen. Auf der **Westerplatte**, jenseit des Hafencanals, und zu **Weichselmünde** (S. 99) ebenfalls Bäder.

Von allen nord. Städten hat keine sich ihr bestimmtes geschichtliches Gepräge so zu bewahren gewusst, wie Danzig. Die Zeiten der Hansa, die Zeiten des mächtigen Freistaats, eines grossartigen Handelslebens, treten in den äussern Formen der Stadt dem deutungskundigen Beschauer erfreulich entgegen. Danzig ist das Nürnberg des Nordens. Als die Verbindung mit dem Deutschen Orden um die Mitte des 15. Jahrh. sich lösete, begab sich Danzig 1454 als freie Stadt unter den Schutz der Könige von Polen, ein Bündniss, welches erst die zweite Theilung Polens (1793) aufhob. Von da bis zum Tilsiter Frieden (1807) blieb Danzig preussisch, wurde wieder Freistaat mit einem Gouverneur und kam 1814 an die Krone Preussen.

Danzig, poln. *Gdansk*, hat 64,000 Einw. (13,000 Kathol., 3000 Juden, 5000 Soldaten). Die *Mottlau*, ein kleiner Niederungs-Fluss, der aber bis Danzig nicht zu grosse Seeschiffe trägt, durchfliesst die Stadt in 2 Armen und trennt die ältern Stadttheile von den neuern (Speicherinsel, Langgarten), und mündet, nach Aufnahme der *Radaune*, in den Arm der *Weichsel*, der sich 1 Meile nördl. bei Neufahrwasser in die Ostsee ergiesst. Vor dem 1. Febr. 1840 war die Wassermasse, welche die Weichsel an Danzig vorbeiwälzte, weit bedeutender. Damals brach sich der Eisgang des Stroms einen neuen Ausfluss durch die Dünen bei *Neufähr*, 1½ Meile ö. von Danzig. Doch haben die Wasserbauten diesen Durchbruch für die Danziger Schifffahrt unschädlich gemacht, so dass Danzig von seiner Bedeutung als **Seehafen** nichts eingebüsst hat. Sein Verkehr ist jetzt umfangreicher, als je: von keinem Platz in der Welt findet eine so ausgedehnte Getreide-Ausfuhr statt, namentlich von Weizen, der meist aus Polen auf der Weichsel hierher gebracht wird. Die Korn-Niederlagen befinden sich in hohen Gebäuden auf der sonst unbewohnten *Speicher-Insel*, auf welche, um Brand zu verhüten, weder Feuer noch Licht gebracht werden darf. Auch der Holzhandel, der seine Niederlagen in dem „*Langgarten*" genannten Theil der Stadt, ö. der Speicher-Insel hat, ist sehr ansehnlich. Bernstein wird jetzt von Danzig mehr versendet als von Königsberg (S. 107).

Die preuss. **Kriegsmarine** hat hier ihren Haupt-Sitz, ihre Magazine, Werfte und einige Schiffe, hier ist das Stations-Commando (Contre-Admiral), ein Marine-Depot, die Matrosen-Stamm-Division und eine Compagnie des See-Bataillons.

DANZIG. *24. Route.* 97

Danzig ist zugleich **Festung** ersten Ranges; mittelst der *Steinschleuse*, unfern des Bahnhofs, wo die Mottlau in die Stadt fliesst, kann die Umgegend nach drei Richtungen hin überschwemmt werden. Nach der hochgelegenen Westseite hin ist die Stärke vorzugsweise in den grossartigen Befestigungen des *Bischofs-* und *Hagelsbergs*. (Vom Bischofsberg und dem dahinter liegenden *Gottesacker* schöner Blick auf Stadt und Werder und die Küstenhöhenzüge.) Auch der *Holm*, eine durch die Weichselarme gebildete Insel im Norden der Stadt, am rechten Ufer der Weichsel, ist befestigt und vermittelt die Verbindung mit der Festung *Weichselmünde*, welche den Ausfluss der Weichsel beherrscht.

Danzig hat zu verschiedenen Zeiten vom 15. Jahrh. an mehrfach schwere Belagerungen erlitten. Im J. 1807 übergab der preuss Feldmarschall von Kalkreuth erst nach einer sehr hartnäckigen Vertheidigung, bei welcher der Angriff der Franzosen vorzugsweise auf den Hagelsberg gerichtet war, die Festung an den franz. Marschall Lefebvre, der hiervon den Namen „Herzog von Danzig" erhielt, ganz unter denselben Bedingungen, unter welchen 1793 die Uebergabe von Mainz von dem franz. General d'Oyré an Kalkreuth stattgefunden hatte. Die Vertheidigung im J. 1813 leitete der franz. General Rapp gegen das preuss.-russ. Belagerungsheer unter dem Herzog v. Württemberg, der am 2. Jan. 1814 in Danzig einzog. Die Vorstädte waren während der beiden Belagerungen niedergebrannt.

Danzigs Glanzpunct ist die *Langgasse und der *Langemarkt, eine breite Strasse, welche die Stadt von W. nach O. durchschneidet, w. vom *Hohen Thor*, einem stattlichen, 1588 erbauten Festungsthor, welches nach aussen oben den poln. Adler und das Danziger und westpreuss. Wappen trägt, oder eigentlich dem 1612 erbauten *Langgassenthor* begrenzt, weil hier erst die Langgasse beginnt, ö. vom *Grünen Thor*. Dieser Strassenzug und die Flussseite vor dem Grünen Thor, die *Langebrücke* genannt, ein mit Buden mancherlei Art besetztes Werft, welches sich vom Grünen- bis zum Johannisthor hinzieht, der Sammelplatz der Schiffer, Matrosen und Sackträger, ist der Mittelpunct des Danziger Lebens. Langgasse und Langemarkt bestehen aus einer Reihenfolge der schönsten alten Häuser, meist aus dem 16. bis 18. Jahrh., zum Theil Prachtbauten, wie sie in diesem alterthümlichen Glanz keine deutsche Stadt wieder aufzuweisen hat. Jedes Haus hat einen breiten mit Platten belegten Vorplatz, hier *Beischlag* genannt, zu dem Freitreppen führen, deren Aufgang mit Löwen und anderm Bildwerk geschmückt ist, das theilweise in Venedig gefertigt ist. Auch die Vorderseiten einzelner Häuser sind aus Portugal und Italien hierher gebracht.

Das ansehnlichste Gebäude ist hier das *Rathhaus (Pl. 11), aus dem 14. Jahrh., mit einem 1556 aufgesetzten schlanken Thurm zierlichster Art. Im Innern ist die Sommer-Rathsstube (1 Treppe links, stets offen), mit rothem Sammet ausgeschlagen, mit einer Decke von gutem Holzschnitzwerk und einzelnen Gemälden (ein aus einem Fenster blickender Mann, gut). Rechts der Remter, hohes Gewölbe auf einer einzigen Granitsäule, hier die Anfänge einer städt. *Gemäldegallerie*, Bilder neuer Meister, *Rosenfelder* Pan-

Bædeker's Deutschland II. 10. Aufl. 7

cratius Klein, *Schrader* Crescentius vor Papst Gregor u. a. Auch die Treppe ist eigenthümlich.

Neben dem Rathhaus ist ein grosser *Springbrunnen*, den ein stattlicher *Neptun, von Seepferden gezogen, ziert, um die Mitte des 17. Jahrh. wahrscheinlich in Augsburg gegossen.

Angrenzend der *Artus- oder Junkerhof (Pl. 10) (im Mittelalter wurden die grossen Kaufleute in Danzig Junker genannt), Mitte des 16. Jahrh. erbaut, an der später mehrfach veränderten Vorderseite unten die Medaillonbildnisse Kaiser Carls V. und seines Sohnes Don Juan d'Austria, oben röm. Helden und allegorische Figuren. (Restauration im Rathskeller unter dem Artushof s. S. 95.)

Der hohe gewölbte *Saal des untern Stocks, ursprüngl. zu kaufmänn. Versammlungen und Gelagen (Tafelrunden) bestimmt, dient heute noch als Börse (Börsenstunde 11—2 U.). Er ruht auf 4 schlanken rohen Granitpfeilern, denen des Marienburger Schlosses (S. 102) ähnlich, und ist in höchst eigenthüml. Weise verziert, mit Gemälden, Reliefs, Statuen aus der christlichen und heidnischen Sagenwelt. Das Bemerkenswerthere mag Folgendes sein: Beim Eintritt rechts ein grosses jüngstes Gericht von *Möller*, zu Anfang des 17. Jahrh. gemalt; Madonnenbild von *Stech*; Aktaeon, eigenthümliche Vereinigung von Gemälde, Relief und Hirschgeweih; Auszug mittelalterlicher Kriegsleute, ein gutes Bildchen, welches Hoffmann (S. 28) zu der Erzählung, der Artushof (Serapionsbrüder 1. Bd.), Veranlassung gab. In der Ecke ein 38' hoher Kachelofen. In der Mitte ein Marmorstandbild Königs August III. von Polen, an der andern Seite Reinold, eines der 4 Haimonskinder, auf dem Spiess der Kopf des Königs Carlmann; daneben die 4 Haimonskinder zu Pferde gemalt; der grosse Christoph. Der Eulenspiegel, ein derber Scherz, und das täuschend gemalte brennende Licht, in der Spitze des Orpheusbildes, gelten als Handwerksburschen-Wahrzeichen.

Die *Marienkirche (Pl. 1) ist eine der schönsten in den baltischen Gegenden (S. 49), 1343 begonnen, 1503 vollendet, die grösste evang. Kirche, 358' l., 142' br., 96' hoch (Dom zu Magdeburg 408' l., 110' br.), drei Schiffe von gleicher Höhe und gleicher Länge. Das Aeussere macht weniger Eindruck, weil die Kirche allenthalben zu nah von Häusern umgeben ist.

In einer Capelle des s. Chorumgangs ein *gekreuzigter Christus, in Holz geschnitzt, vortrefflich und wahr gearbeitet; die Danziger nennen Michel Angelo als den Meister. Im nördl. Kreuz neben der Uhr am Altar gutes altes Holzschnitzwerk mit so alten Bildern. Gegenüber in der grün verhangenen Capelle ist das Kleinod der Kirche, ein grosses Altarblatt mit Flügeln, 1467 gemalt, in kühner und grossartiger Auffassung das *jüngste Gericht darstellend, früher J. v. Eyck zugeschrieben, nach der Restauration von 1851 aber unzweifelhaft als ein Bild von *Memling* anerkannt. Einer Sage zufolge war es für den Papst bestimmt, wurde aber auf dem Wege von Brügge nach Rom von Seeräubern genommen, welchen ein Danziger Schiff es wieder abjagte und der Marienkirche verehrte. Im J. 1807 nahmen es die Franzosen mit nach Paris, jedoch „als das ew'ge Gericht des Kleinods Räuber ergriffen, gab der gerechte Monarch uns das Erkämpfte zurück", wie die Unterschrift berichtet. König Friedrich Wilhelm III. bot damals der Stadt Danzig vergeblich 40,000 Thlr. dafür. Man muss sich vom Küster (5 Sgr. Trinkg.) aufschliessen lassen, um es genau zu betrachten. Die drei neuen Glasgemälde hat König Friedrich Wilhelm IV. 1843—1845 der Kirche geschenkt. Der sehr grosse Taufstein mit Säulengitter ist 1554 in den Niederlanden gegossen, ohne Kunst, aber von bedeutendem Metallwerth. Die beiden Kronleuchter von Messing können musterhaft genannt werden. In der Schuhmachercapelle, dem Taufstein nördl. gegenüber, liegt der Dichter *Martin Opitz* begraben, der, vor den Stürmen des 30jähr. Kriegs aus Schlesien flüchtig, hier 1639 an der Pest starb. Die ausgehängten Fahnen enthalten die Wappen der in den Capellen beerdigten Familien. Die Kirche besitzt ausserdem kostbare sehr alte Messgewänder und Kirchengeräthe.

Die übrigen Danziger Kirchen sind wenig bedeutend. Die *Catharinenkirche* (Pl. 5) hat ein Glockenspiel, welches alle halbe Viertelstunden seine Weise ableiert, und ausserdem noch täglich von 11—11½ U. Vorm. und Sonntags von 5—6 Uhr von einem Musiker gespielt wird. Die *Trinitatiskirche* (Pl. 3), 1514 vollendet, hat nach der Westseite einen eigenthümlichen schönen Giebel mit mehreren Thürmchen und Verzierungen aus gebrannten Ziegeln.

Die *Dampfbootfahrt (S. 96) nach Neufahrwasser ist sehr zu empfehlen. Das Boot windet sich auf der Mottlau durch Fahrzeuge aller Art hindurch und gelangt dem *Holm* gegenüber in die Weichsel. Bei der Festung **Weichselmünde**, aus deren grünen Wällen ein uralter nicht mehr gebrauchter Vertheidigungsthurm hervorblickt, legt das Boot an und hält darauf bei dem schräg gegenüber gelegenen **Neufahrwasser**, einem nur vom Schiffsverkehr lebenden Ort. Zwei Stunden reichen zur Besichtigung der Molen, des Leuchtthurms und zu einem Seebad aus, so dass die Rückfahrt mit dem nächsten Boot geschehen kann.

Zwei Anhöhen in der nähern Umgebung der Stadt gewähren Aussichten, wie sie weder an der Ostsee noch an der Nordsee sich wiederfinden, wie sie nur einzelne Puncte am adriat. und mitteländ. Meer darbieten. Zuerst der *Johannisberg bei *Langfuhr*, ½ M. n.w. von Danzig, wohin vom Olivaer Thor eine Doppelallee schöner Linden führt. Der Weg links mitten im Ort führt auf den Johannisberg, von dessen Gipfel, 311′ ü. M., man einen Theil der Stadt Danzig, dann s.ö. über die Hügel hinweg den fruchtbaren Danziger Werder, links zur Seite das anmuthige *Jeschkenthal* und ö. viele Meilen weit das Meer überschaut, welches hier eine grosse Bucht bildet, links von der 6 Meilen langen Landzunge *Hela* begrenzt, auf deren äusserster Spitze der schlanke Leuchtthurm hervorragt, rechts im Vordergrund Neufahrwasser und Weichselmünde und weiter die Frische Nehrung bis zu den Hügeln des Samlandes (S. 107), bei Sonnenuntergang ein Anblick, lieblicher und zugleich grossartiger, als irgend einer in Norddeutschland. *Bellevue* oder *Zinglerhöhle*, *Gasthaus, mit einem sehr guten Frauenhofer'schen Fernrohr.

Die Aussicht vom *Carlsberg oberhalb Oliva, in derselben Richtung n.w. ¾ M. weiter als der Johannisberg, 1 St. Fahrens von Danzig (S. 96), ist zwar s. mehr beschränkt, da die vorliegenden Hügel das Danziger Flachland verdecken; sie übertrifft aber die Aussicht vom Johannisberg durch den Blick w. auf das durch Hammerwerke belebte liebliche *Schwabenthal*, ö. durch den Olivaer Vordergrund, dann durch die theils mit Buchen, theils mit Nadelholz belaubten nahen Höhen. Die Fernsicht auf das Meer ist dieselbe. Auf dem Gipfel, 342′ ü. M., ist zwischen zwei grossen Flaggenstangen ein Belvedere.

Am Fuss des Berges liegt die einst reiche, 1829 aufgehobene Cisterzienser-Abtei **Oliva** *(mons olivarum)*, jetzt Pfarrkirche, ein stattliches 1581 aufgeführtes Gebäude, 300' l., 100' br., 75' h., Seitenschiff ganz niedrig, mit 24 Altären und einer grossen Orgel. Im Chor hangen an einer Seite die lebensgrossen Bildnisse von 6 Königen von Polen, von Przemislaus an, an der andern Seite 5 Bildnisse Pomerellischer Herzoge, darüber das Bildniss des Siebenbürgischen Polenkönigs Stephan Bathŏri; im südl. Kreuzschiff gutes Holzschnitzwerk von 1619. Das durch drei Säulen gestützte gewölbte Refectorium ist mit den Brustbildern sämmtlicher Aebte von 1170 an, dem Gründungsjahr der Abtei, geziert. Im Friedenssaal neben dem Kreuzgang wurde am 3. Mai 1660 der bekannte Friede zwischen Schweden und Polen geschlossen, welcher den 61jähr. nordischen Krieg beendigte. Während der Friedensunterhandlungen war der kriegslustige Schwedenkönig Carl Gustav gestorben. Ueber der Thür des Gemachs sieht man einen Reiter, hautrelief, mit den schwed. Farben angemalt, angeblich das Bild des Boten, welcher die Todesnachricht brachte. Das Schloss der ehemal. Aebte, deren letzter, Joseph Fürst von Hohenzollern († 1831), der zugleich Bischof von Ermeland war, ist jetzt nebst dem durch hübsche Anlagen ausgezeichneten *Garten und dem Carlsberg Eigenthum des Königs von Preussen.

Noch ½ Meile weiter n. (Omnibus s. S. 96), ebenfalls an der Landstrasse, liegt das Dorf Zoppot *(*Kreiss)*, und etwas rechts am Meeresstrand das *Seebad* mit Cursaal und allen Einrichtungen solcher Seebäder, einem abgesonderten Badeplatz n. für Männer, einem andern s. für Frauen, mit Buden zum Aus- und Ankleiden, aus welchem der Badende auf langen Stegen sogleich ins Meer geht. Ein einzelnes Bad 2½ Sgr., Abonnement für die ganze Badezeit (15. Juni bis Ende September) 2½ Thlr. In nächster Umgebung die *Thalmühle*, *Elisen-* und *Königs-Höhe* mit schönen Aussichten. Das ½ Meile n. von Zoppot in der Nähe der Poststation *Katz* (S. 101) gelegene, in die See vorspringende, 200' hohe belaubte Vorgebirge *Adlershorst* gewährt einen reizenden Blick sowohl s. auf die Zoppoter Bucht, als auch n. auf eine zweite Bucht, welche durch die weit vorragende *Oxhöffter Spitze* gebildet wird. Vor 1848 war Zoppot viel von Polen und Russen besucht, jetzt sind vorzugsweise Danziger dort zu finden.

Vier Meil. s.w. von Danzig liegt im Kassubenland das ehem. Carthäuser-Kloster *Marien-Paradies*, gewöhnl. Carthaus genannt, mit Dorf (Kreisort) und gutem Wirthshaus, in einer Gebirgs- und Waldsee-Gegend; 2 Meil. s. der *Schönberg* (1080' ü. M.), einer der höchsten Berge zwischen Harz und Ural.

25. Von Danzig nach Stettin. *(Pommersche Route.)*

46¾ M. Bis Cöslin 26½ M., 2mal täglich Schnellpost in 22 St.; von da Eisenbahn (Hinter-Pommersche Bahn). — Bahn über Bromberg s. S. 94.

Strasse und Eisenbahn durchschneiden die Provinz Pommern von Osten nach Westen, sie führen meist durch fruchtbares hügeliges Ackerland, bieten aber in landschaftlicher Beziehung wenig.

Beginn der Fahrt, *Langfuhr, Oliva, Zoppot*, s. S. 100.

2½ *Klein-Katz*, in dessen Nähe das obengenannte Vorgebirge *Adlerhorst*. Unfern der ebenfalls S. 100 genannten *Oxhöffter Spitze* verlässt die Strasse die Ostsee.

3¾ *Neustadt*, kassubisches Kreisstädtchen. Vor 2½ *Klein-Ankerhols* tritt die Strasse in die Provinz Pommern. Zu beiden Seiten der Strasse in einiger Entfernung lange Ketten bewaldeter Hügel, namentlich südl. die *Schönberge* (S. 100).

2 *Lauenburg* (Hôtel de Prusse), Kreis- und Kreisgerichtsort an der *Leba*, mit alter Rathhausfaçade.

2½ *Carlshöhe*. Bei *Poganitz* über die *Lupow*.

2¼ *Dumröse*. Vor

2¼ *Stolp* (*Fenske's Gasthof*) senkt sich die Strasse in den Thalkessel der *Stolpe*, die sich 2½ Meile von hier ins Meer ergiesst. Stolpe ist eine ansehnliche Stadt mit 11,500 Einw. und mehreren Kirchen und alten Stadtthoren.

3½ *Schlawe* an der *Wipper*, die bei dem 3 Meilen westlich gelegenen *Rügenwalde* ins Meer fliesst.

2¾ *Panknin*. Zwischen *Zanow* und Cöslin erreicht die Strasse den waldigen *Gollenberg*, 300' ü. M., dessen Umgebungen die Pommern ihre Schweiz nennen. Links ein kleines Denkmal für die in den Kriegen von 1813—1815 gefallenen Pommern.

2½ **Cöslin** (*Dürre's Hôtel*), die bedeutendste Stadt an der Strasse, mit 10,000 Einw., Sitz der Regierung. Auf dem Markt steht ein Standbild des Königs Friedrich Wilhelm I.

Von Cöslin an Eisenbahn, Fahrzeit bis Stettin etwa 4 St., über (Stationen) *Nassow, Belgard* (Zweigbahn nach *Colberg* s. unten), *Schievelbein, Labes, Wangerin, Freienwalde, Trompke, Stargard* (S. 94), Knotenpunct für diese und die Stettin-Posener Bahn.

Von Belgard nach Colberg (¾ St. Fahrzeit) Zweigbahn, über *Cörlin*. **Colberg** (*König von Preussen*), fast am Meeresufer, an der Mündung der *Persante*, Festung, hochberühmt durch die kühne erfolgreiche Vertheidigung während des 7jähr. Kriegs, besonders aber in den J. 1806 und 1807, welche die Namen Gneisenau, Schill und Nettelbeck mit einem Strahlenkranz umgeben. — Das neue hübsche *Rathhaus* hat Zwirner, der Kölner Dombaumeister, vor etwa 30 Jahren erbaut. In der *Marienkirche* sehenswerthe Alterthümer, ein Leuchter mit Figuren der Apostel vom J. 1327, Holzschnitzwerk von 1523 u. A. Nicht unbedeutender Hafen. Besuchtes Seebad.

26. Von Berlin nach Königsberg.

Schnellzug in 15 St. für 20 Thlr. 7 Sgr. oder 14 Thlr. 13 Sgr.; Personenzug in 19 St. für 17 Thlr. 10 Sgr., 13 Thlr. oder 8 Thlr. 20 Sgr.

Bis **Dirschau** (*Kronprinz Z*. 15, F. 6) s. S. 90 u. 95. Dirschau war früher, besonders im Winter, ein sehr lebhafter Ort wegen des Verkehrs beim Weichsel-Uebergang, der oft schwierig war und tagelangen Aufenthalt verursachte. Diesem Uebelstand hat die grossartige und trefflich gebaute, 1857 vollendete *Eisenbahn-Gitterbrücke* ein Ende gemacht. Sie ruht auf 5 Mittelpfeilern von je 31' und zwei Endpfeilern von 98½' Durchmesser, die 6 Brückenöffnungen haben eine Weite von 386', die ganze Brücke ist also

2668' lang, 12' über dem höchsten Wasserstand der Weichsel, die Gitter 37²/₃' h. Bei gewöhnlichem Wasserstand ist die Weichsel hier nicht breiter, als der Rhein bei Köln (etwa 1300').

Die Bahn durchschneidet nun die fruchtbare Niederung bis zur *Nogat*, dem 2 Meilen südl. (bei der *Montauer Spitze*) vom Hauptstrom der Weichsel östl. sich trennenden Arm. Das Land liegt unter dem Hochwasser dieser Flüsse, und ist, wie in Holland, durch Deiche und Windmühlen vor Ueberschwemmungen geschützt. Die Eisenbahnbrücke über die Nogat hat zwei 312' br. Oeffnungen.

Marienburg (*Hochmeister*, billig), alte Stadt an der *Nogat*, mit Rathhaus und Thor aus dem 14. Jahrh. und einer schönen Hauptstrasse mit Bogengängen zu beiden Seiten, einst Sitz des Hochmeisters des mächtigen Deutsch-Ritterordens, dem im 13. Jahrh. der König von Polen das umliegende Land abtrat. Das stattliche *Schloss*, in einem den baltischen Gegenden eigenthümlichen goth. Styl, besteht aus drei Theilen. Das *Hochschloss*, eine gewöhnliche Ordensburg aus dem 13. Jahrh., im Viereck erbaut, mit der Schlosskirche und St.-Anna-Capelle (Küster 5 Sgr), darin die Gruft der Hochmeister, die goldene Pforte, Betstühle der Ritter. An der äussern Ostseite ist oben in einer Blende ein 26' hohes Marienbild von Mosaik. Das *Mittelschloss*, ursprünglich die Vorburg des ersteren, ist nach Verlegung des Hochmeister-Sitzes von Venedig hierher (1309) als ritterlicher und landesherrlicher Palast ausgebaut (unter Leitung des Oberschlosswart Starck zu besichtigen). Die *Vorburg* ist jetzt von verschiedenen öffentlichen und Privatgebäuden besetzt (Gasthaus zum Hochmeister, St.-Lorenz-Capelle u. a.). Die Eisenbahn führt durch dieselben.

Das Schloss wurde 1457 den Polen übergeben, nachdem es 148 Jahre im Besitz des Ordens und Residenz von 17 Hochmeistern gewesen. Es ist von aussen und innen in den J. 1817 bis 1820 hergestellt worden, durch besondere Fürsorge des damaligen Kronprinzen von Preussen (König Friedrich Wilhelm IV.) und die lebendige Betheiligung der königl. Familie, so wie aller Stände, Städte und Kreise der Provinz Preussen, wie dies namentlich die zahlreichen gemalten Wappen u. dgl. in den Glasfenstern aussprechen. Alle Räume durch alle Stockwerke sind gewölbt. Der grosse *Remter (des Hochmeisters Remter)*, ein 45' l., 45' br., 32' hoher Saal, in welchem der Orden seine Versammlungen hielt und fremde Gesandte empfing, wird durch einen einzigen 17' dicken, 13½' hohen Granitpfeiler gestützt. Als die Polen im J. 1410 Marienburg belagerten, war dieser Pfeiler das Ziel ihrer Geschütze, um unter den Trümmern den Hochmeister mit seinen Rittern zu begraben. Eine Kugel blieb in der Ecke des Zimmers stecken, wo sie noch zu sehen ist. Ein 63' l., 10½' br., 24' h. *Gang* führt von dem grossen Remter zur Haupttreppe. Die Fresken sind nach Entwürfen von Rosenfelder, Graef, Menzel und Herrmann. Die im Spitzbogen emporstrebenden Gewölbe des

ELBING. 26. Route. 103

Convents-Remter werden von 3 schlanken Granitpfeilern getragen; der Saal ist 96' l., 48' br. und 28' h.; man sieht hier auf zwei Glasbildern, von dem Königsberg'schen und dem Marienwerder'schen Kreis gestiftet, einen Ordensritter mit der Unterschrift: „*Dargeboten wird dir Brod und Wasser und ein altes Kleid für das Kreuz. Vor Acre im November 1190*", und einen Landwehrmann mit der Unterschrift: „*Gott und dem Könige treu. Auf dem Landtage zu Königsberg im Februar 1813*". Von den Zinnen des Schlosses guter Ueberblick über die Gegend.

Die Bahn durchzieht nun die fruchtbare Marienburger und Elbinger Niederung (Werder), Stationen *Altfelde, Grunau*, dann **Elbing** (*Stadt Berlin*, Z. 15, L. 8, F. 7, M. 15 Sgr.; *Königl. Hof*), saubere Handelsstadt am *Elbing*, mit 23,702 Einw. (4000 Kath.). Einzelne Strassen mit ihren Beischlägen (S. 97) erinnern an Danzig, obgleich Elbing im Allgemeinen den Charakter einer modernen Stadt hat. An Sehenswürdigkeiten besitzt sie nichts.

Von hier macht die Bahn, um die Hügelkette am östlichen Ufer des Haff zu umgehen, einen weiten Bogen über *Güldenboden, Schlobitten, Mühlhausen*, bis *Braunsberg* (Deutsches Haus), Stadt an der *Passarge*, und so weiter über *Heiligenbeil, Wolitnik, Ludwigsarth, Kobbelbude*, nach *Königsberg*.

Dampfboot von Elbing nach Königsberg 3mal wöchentlich, Fahrzeit 8 St. Das Boot fährt 1 St. lang auf dem an beiden Ufern sehr belebten *Elbing* und gelangt dann in's *Frische Haff*, einen 12 M. l., 1 M. br. Süsswasser-Binnensee, durch eine schmale lange öde Landzunge, die *Frische Nehrung*, von der Ostsee getrennt, am s.ö. Ufer von einer waldigen Hügelkette begrenzt, in deren Nähe, bei der Wasserheilanstalt *Raimannsfelde*, weiter dem waldumkränzten Kloster *Cadienen* vorbei, das Boot auf weiter Strecke bleibt, und 2¹/₂ St. nach der Abfahrt von Elbing bei **Frauenburg** (Whs. zum *Copernicus*) anlegt, einem Fischerort, Sitz des Bischofs von Ermeland, dessen neues Schloss auf der Höhe liegt. Der Dom ragt, ringsum mit Thürmen und Mauern befestigt, weithin sichtbar hervor, ein äusserlich schönes goth. Backstein-Gebäude aus dem 14. Jahrh. (S. 49); die innere Ausschmückung, Altäre, Gemälde u. dgl., gehört ganz dem geschmacklosen 17. und 18. Jahrh. an. Im s. Seitenschiff erinnert ein Marmorstein in der Wand an den 1841 „*manu nequissima*" hier ermordeten Bischof von Hatten. Copernicus, der berühmte Astronom, starb hier im J. 1553 als Domherr. Den Thurm der Wasserkunst hat er erbaut.

Fast gegenüber auf der Frischen Nehrung liegt *Kahlberg*, ein Seebad. Das Dampfboot richtet seinen Lauf, indem es das Haff durchschneidet, n.ö. auf den Leuchtthurm von *Pillau*, wo ein schmaler Wasserarm das Haff mit der Ostsee verbindet. Pillau ist Hafen von Königsberg für grössere Seeschiffe, zugleich Festung.

Das Boot steuert nun ö. auf die Sandhügel los, an welchen der Fischerort *Brandenburg* liegt. Es erreicht, 2¹/₂ St. nach der Abfahrt von Pillau, den *Pregel* und nach einer weitern halben Stunde *Königsberg*, wo es unfern der Citadelle *Friedrichsburg*, die den Pregel vertheidigt, anlegt.

An der Bucht, welche das Haff nördl. bildet, auf der Verlängerung der Frischen Nehrung, liegt 2 St. n. von Pillau, 1 St. s.w. von der Küstenstadt *Fischhausen*, Burg *Lochstädt*, wohin der seiner Würde entsetzte Hochmeister Heinrich von Plauen 1413 verbannt wurde. Etwa ¹/₂ St. weiter n., ¹/₄ St. s. von *Tenkitten*, steht ein 1836 an der Ostsee, an der Stelle der alten *Adalbertscapelle* errichtetes Kreuz, an dem Ort, wo im J. 997 die heidnischen Preussen den h. Adalbert, Erzbischof von Gnesen, den ersten Verkündiger des Evangeliums in diesen Gegenden, ermordeten.

27. Königsberg.

Gasthöfe. Deutsches Haus, Z. 20, M. 20, F. 7½, B. 8, „Aufenthaltskarte" 5 Sgr. Hôtel du Nord am Königsgarten. *Hôtel de Prusse, vormals Schönenberg bei der Börse, billiger.

Restaurationen. Kaiser Rossgärtner Markt, Skibba Kneiphöf'sche Langgasse. Das Blutgericht, ein Keller mit guten Weinen im Schlosshof. **Conditoreien.** Pomatti am altstädt. Markt an der Südseite des Schlosses, bester Marzipan, das berühmteste Erzeugniss Königsbergs. Siegel und Zappa, beide an der Franz. Strasse, viel Zeitungen.

Bernsteinarbeiten bei Schlesinger an der Franz. Strasse.

Königsberg, an 78,000 Einw. (1800 Kath., 2500 Juden) und 5000 Soldaten, einst Hauptstadt des Königreichs Preussen, jetzt der Provinz, seit einem Jahrhundert die Wiege geistig bedeutender Männer, Kant's, Herder's, Hamann's, Hippel's u. a., liegt auf hügeligem Boden, am *Pregel*, kaum eine Meile von dessen Mündung ins *Frische Haff*, welches aber tief genug ist, grosse Seeschiffe zu tragen (s. S. 103). Die hohen *Speicher-Gebäude* am Fluss, unter welchen das 1844—45 aufgeführte königl. *Körnermagazin* hervorragt, geben Zeugniss von dem regen Handelsverkehr. Im Hafen liegt immer eine Anzahl kleinerer Seeschiffe, und polnische Weizenschiffe, bemannt mit Leibeigenen in elendester Volkstracht.

Das **Schloss,** von Ottokar, König von Böhmen, um 1257 gegründet, nachdem er einen Kriegszug gegen die heidnischen Preussen geleitet hatte, wurde später Sitz des Grossmeisters des Deutschen Ordens, von 1525 an Residenz der Herzoge von Preussen. Die Ostseite soll 1532 von Herzog Albrecht, die Südseite 1551 erbaut sein. Die Westseite wurde 1554 angebaut. Es wird nun von verschiedenen Behörden benutzt. In der *Schlosskirche* setzte Friedrich III., Kurfürst von Brandenburg, am 18. Januar 1701 sich selbst die Königskrone auf, und nannte sich fortan Friedrich I., König in Preussen. Sein kleines *Standbild* steht vor dem östl. Schlossportal, „*dem edlen Volk der Preussen zum immerwährenden Denkmal gegenseitiger Liebe und Treue den 18. Jan. 1801 gewidmet von Friedrich Wilhelm III.*" Die grossen eng beschriebenen Gedächtnisstafeln in der *Schlosskirche* bezeugen am besten, dass im J. 1813 die Provinz, welche damals auch die Wiege der Landwehr war, nicht allein ihr Gut auf dem Altar des Vaterlands niederlegte, sondern dass auch das Blut ihrer Söhne stromweise für die Befreiung desselben geflossen ist. Ueber der Kirche ist der 265' lange, 57' breite *Moscowitersaal*, einer der grössten Deutschlands; er dient zu grossen Festlichkeiten, Kunstausstellungen u. dgl. Vom Schlossthurm, auf den bis zur Gallerie 225 Stufen führen, ausgedehnte Aussicht.

Am Wege vom Schloss zum Königsgarten zweigt sich von der Junkerstr. links eine kleine Strasse ab, die Prinzessinstrasse. Ueber der Thür des kleinen Hauses Nr. 3 meldet eine Inschrift: „*Immanuel Kant wohnte und lebte hier von 1793 bis 1. Febr. 1804*", seinem Todestag. Unmittelbar gegenüber ist das 1848—49 aufgeführte grosse *Postgebäude*, neben diesem die 1839—43 nach

Schinkels Plänen erbaute *Altstädtische Kirche*, in welcher man vor lauter Pfeilern den Prediger kaum sehen kann.

In der Nähe dieser Kirche, auf dem *Königsgarten*, dem Paradeplatz von Königsberg, ist neben dem *Theater* im J. 1851 auf einem 20′ h. Sockel das 15½′ hohe vergoldete *Reiterbild Friedrich Wilhelms III.* aufgerichtet, Erzguss, von Kiss entworfen. Die Inschrift sagt: *„Ihrem Könige die dankbaren Preussen 1841. Sein Beispiel, seine Gesetze machten uns stark zur Befreiung des Vaterlandes. Ihm verdanken wir des Friedens Segnungen."*

Die Reliefbilder stellen dar: 1. Familienleben des Königs während seines Aufenthalts zu Königsberg in den J. 1807—1809. 2. Der König übergiebt Hardenberg die vollzogene Urkunde der wichtigen Gesetze aus jenen Jahren; Scharnhorst und Stein freuen sich derselben. 3. Errichtung der Landwehr im Februar 1813. York in der Mitte zwischen den Grafen Alexander und Ludwig Dohna giebt einem Studenten das Gewehr. Bardeleben stützt sich auf den Säbel. Rechts in der Ecke Bürgermeister Heidemann im Landwehrrock, links ein Reiter des National-Cavallerie-Regiments. Das 4. und 5. Feld deutet auf die Segnungen des Friedens hin, die beiden vordern Figuren des letztern sind Hans v. Auerswald (im Sept. 1848 zu Frankfurt ermordet) u. Bessel, der Astronom, im Hintergrund die Sternwarte.

Das Denkmal kann sich den gelungensten Bildwerken zur Seite stellen, sein schönster Schmuck sind aber die stets frischen Kränze, welche die Liebe des Volks am Denkmal niederlegt. Auf dem grossen nach zwei Seiten hin unvollkommen angebauten Platz steht es vereinsamt. Man beabsichtigt, ein neues *Universitäts-* und ein neues *Gerichtsgebäude* dort aufzuführen.

Vom Königsgarten gelangt man ö. durch die Schlossteichsgasse an den **Schlossteich**, einen, die Stadt fast in ihrer ganzen Länge von S. nach N., vom Schloss bis fast zum Rossgärter Thor durchschneidenden Teich, der von Linden- und Castanienbäumen, und von Gesellschafts- (namentlich dem Garten der Börsenhalle und den beiden Logengärten) und Privatgärten umgeben ist. Er liegt 38′ über dem Pregel, und erhält seinen Zufluss durch den unmittelbar n. mit ihm in Verbindung stehenden 34′ höher gelegenen *Oberteich.* Die Schlossbrücke, am Ende der Schlossteichsgasse, ist die einzige Ueberbrückung des Schlossteichs. Dann gehts weiter durch die Weissgerbergasse, über den Rossgärtschen Markt in die schnurgerade lange Königsstrasse. In dieser steht, Nr. 57, vor dem **Stadt-Museum**, eine hohe Spitzsäule, *„dem Staatsminister Heinrich Theodor von Schön bei seinem Austritt aus dem Staatsdienst den 8. Juni 1843 von seinen dankbaren Mitbürgern"* errichtet. Die *Gemäldesammlung*, mit der *Kunstschule* verbunden, ist Sonntags von 11—2 U. geöffnet, gegen Trinkgeld (10 Sgr.) täglich, etwa 200 meist neuere Bilder.

Rechts: 1. Zimmer. 174. *Kolbe* Ungarnschlacht auf dem Lechfeld; 192. *Schrödter* Eulenspiegel und der Kellermeister. — 2. Z. *157. *Campanella* Chor des Capuzinerklosters auf Piazza Barberini in Rom; 161. *Friedrich* Landschaft aus dem Gebirg um Teplitz. — 3. Z. *Bellini* Madonna. — 4. Z. 111. Hippels († 1796) Bildniss; 42. *Conegliano* Madonna. — Links: 1. Z. 115. Schön's Bildniss; 179. *Perrot* Neapel; 150. *Adam* Pferde; 178. *Maes* betende Römerin. — 2. Z. *198. *Stilke* Auszug syrischer Christen aus dem h. Land nach der Zerstörung von Ptolemais 1291; 195. *Sohn* Dame mit Spiegel; *182. *Le Poittevin* Golf von Neapel; 153. *Blanc* Kirchgängerin; 110. Hamann's († 1788) Bildniss. — 3. Z. 176. *Lehnen* Stillleben; 183. *Quaglio* Dom zu Frauenburg (S. 103); 112. Zelter's († 1846) Bildniss. — 200. *Vennemann* Nachmittagsschlaf; 114. Bessel's († 1832) Bildniss. — 4. Z. 188. *Schorn* Cromwell weissagt im Lager von Dunbar den Sieg; *89. *Schotel* Schiffbruch. — 5. Z. *Waldmüller* Sonntag Nachmittag; 100. *Van Eycken* Winterlandschaft; 167. *Hübner* Pfändung; 187. *Schirmer* Abendruhe; 169. *Jacobs* Kalif und Scheherzade; *173. *Köhler* Findung Mosis; 192. *Schulz* Chor des Doms zu Königsberg.

In derselben Strasse, Nr. 66, ist das Gebäude, in welchem die königl. **Bibliothek** aufgestellt ist, über 160,000 Bände mit mancherlei Handschriften, namentlich von Luther.

Von den 1843 begonnenen **Festungsbauten** verdient die grosse 1851 vollendete *Defensions-Caserne*, auf dem Herzogsacker, links in der Nähe des Königsthors, genannt zu werden: ferner der *Dohna*- und der *Wrangel-Thurm* an der Ausmündung des Oberteichs in die Gräben. Die östl. Thore gehören ebenfalls dazu: das *Sackheimer Thor* mit den Bildnissen Yorks und Bülows, das *Rossgärter Thor* mit den Bildnissen Scharnhorsts und Gneisenau's und das *Königsthor*. Die beiden ersten sind 1854 und 1855 fertig geworden, das Königsthor schon 1846. In den Blenden des letztern die Standbilder des Königs Ottokar von Böhmen, des Herzogs Albrecht von Preussen und des Königs Friedrich I. von Preussen, der Gründer und Erhalter der Stadt Königsberg.

Einer der ältesten Stadttheile ist der **Kneiphof**, auf einer ganz vom Pregel umflossenen Insel. Der Weg vom Bahnhof in die Stadt führt über die Grüne Brücke, an welcher die von Holz gezimmerte *Börse* liegt, durch die mit Vorbauten (S. 95) versehene Kneiphöfsche Langgasse. Auf dieser Insel erhebt sich der **Dom**, dessen Bau 1333 begann, ein stattliches goth. Gebäude, 247' l., 82' br., drei gleich hohe (54') Schiffe, Thurm 160' hoch.

In dem von der Kirche durch ein Gitter getrennten zum Gottesdienst nicht benutzten Chor alte Denkmäler, darunter namentlich das grosse fast die ganze Ostwand einnehmende des Herzogs Albrecht I. von Preussen († 1568), des Stifters der Universität, in der Geschichte von Königsberg die am meisten hervorragende Persönlichkeit. Die Tumba über seinem Grabgewölbe zeigt ihn nochmals in Stein gehauen, nebst seiner ersten Gemahlin Dorothea, an den Seiten 6 vor ihm verstorbene Kinder. Auf der Nordseite ist das Grabdenkmal des Kanzlers Johann v. Kospoth, aus schwarzem und weissem Marmor. Gegenüber in einer Vertiefung ein liegendes rohes Ritterbild, angeblich das Grabmal des Hochmeisters Herzog Lutherus von Braunschweig († 1335), der den Dombau begann. In den Grüften sind eine Anzahl Hochmeister und Landesfürsten beigesetzt, zuletzt am 30. August 1809 ein Sohn des am 28. September 1851 gestorbenen Prinzen Wilhelm von Preussen.

In einer mit Gitter verschlossenen Halle „*Stoa Kantiana*", an der nordöstlichen Aussenseite des Doms, ist *Kant* († 1804) beerdigt. Sein Wohnhaus ist S. 104 genannt.

An den Dom grenzt das **Universitätsgebäude**, das *Collegium Albertinum*. Die Universität wurde 1544 gestiftet, sie zählt etwa 350 Studenten, welche ein silbernes Abbild des Universitätssiegels, das Bild des Herzogs Albrecht, wie es an der Wand des Gebäudes en relief zu schauen, an der Mütze tragen. Im grossen

Hörsaal ist die früher auf Kant's Denkmal in der Stoa befindliche Büste des Philosophen, von Schadow gearbeitet, aufgestellt. Die von Bessel († 1846) eingerichtete mit treffl. Instrumenten versehene **Sternwarte** ist 1811—1813 auf einer alten Bastei an der Westseite der Stadt erbaut. In der Nähe der *botan. Garten*.

Früher wurde von Königsberg ein nicht unbedeutender Handel mit Bernstein betrieben, die Zahl der Bernsteindrechsler belief sich auf 70. Jetzt ist Danzig der Ort, von wo die stärkste Versendung statt findet (S. 95). Die Hauptausfuhr ist nach dem Orient, wo der Bernstein besonders als Mundstück zu Tabakspfeifen benutzt wird. Er findet sich an der ganzen Küste von Ost- und Westpreussen. Nach heftigen Stürmen, besonders aus Norden, wirft die See häufig Seegras aus, in welchem Bernstein sich verwickelt findet. Auch im Boden, selbst in bedeutender Entfernung von der Küste, gräbt man Bernstein (S. 58), gewöhnlich an der Oberfläche; selbst aus grösserer Tiefe wurde dieses vorweltliche Pflanzenharz schon zu Tage gefördert. Der Bernsteinhandel war anfangs ein Vorrecht der Hochmeister des Deutschen Ordens, welche oft die Ausgaben ihres ganzen Hofes mit den Bernstein-Einkünften bestritten. Später wurde es königliches Monopol, und in frühern Zeiten durch sehr strenge Gesetze aufrecht erhalten; jetzt ist das Recht, Bernstein zu sammeln, an die Bewohner der Stranddörfer verpachtet und der Fremde, der an der Küste Bernstein suchen und aufheben wollte, könnte in Unannehmlichkeiten verwickelt werden. Stücke von 1 Loth werden mit 15—20 Sgr., von 1 Pfund mit 100 Thlr. und mehr bezahlt. Am meisten geschätzt sind nicht die hellen, sondern die milchig durchscheinenden Stücke, welche fast nie an der Oberfläche, sondern meist in 30—50' Tiefe gefunden werden, auch bei *Gluckau* und *Bissow*, 1½ Meile östl. von Danzig.

Samland. Der n. und n.w. Strand der Ostsee, 4—6 M. von Königsberg entfernt, bis Pillau mit Dampfboot, von da zu Fuss oder zu Wagen zu besuchen, erinnert an Rügen (S. 74); er hat meistens ein schroffes hohes Ufer, durch viele, theils kahle, theils mit Wald bewachsene Schluchten unterbrochen. In der Mitte dieses Küstenlandes, dessen s.ö. Spitze Königsberg bildet, des *Samlandes*, liegt 363' ü. M. der **Galtgarben**, die höchste Höhe dieses im Innern fruchtbaren und mit Wäldern zum Theil bedeckten, an den Küsten aber sandigen Hügellandes. Er wird häufig besucht, namentlich von Königsberger Studenten am 18. Juni und 18. October. Auf seinem Gipfel erhebt sich ein grosses Kreuz aus Gusseisen zur Erinnerung an die Befreiungskriege. Die Dörfer des nördl. Strandes sind meist zu Seebädern eingerichtet. **Cranz**, das bedeutendste, liegt 4 Meil. n. von Königsberg, an der Strasse, die über die Kuhrische Nehrung nach Memel führt; dann *Neukuhren* u. a.

Leichter als der Galtgarben ist der **Hausenberg**, von *Fischhausen* (S. 103) aus in 4 St. zu erreichen, eine mit mächtigen vier- bis fünffachen heidnischen Ringwällen umgebene Höhe, ¾ St. n w. von *German*, 1 St. von der Ostsee, 242' über dieser. Man erblickt die Leuchtthürme von *Pillau* und n. von *Brüster Orth*, und hat eine umfassende Uebersicht über das waldige fruchtbare Samland, von der Ostsee und dem Haff begrenzt. An der Westküste sind Bernsteingruben. *Lochstädt* u. *St. Adalbertskreuz* s. S. 103.

Eisenbahn von Königsberg nach Eydtkuhnen in 48t., Stationen *Wehlau*, wo eine grosse Gitterbrücke über die *Aller*, *Taplacken*, *Insterburg*, *Gumbinnen*, *Stallupöhnen*.

28. Von Königsberg nach Memel.

29 Meilen. Personenpost nach Tilsit, Morgens u. Abends in 13, Schnellpost Nachmittags in 10¼ St., Personenpost von Tilsit nach Memel 2mal tägl. in 11¼ St.; Personenwagen von Königsberg nach Cranz (s. oben) in 3 St., Dampfboot v. Cranz nach Memel täglich ausser Sonntag in 8 St., zwischen Königsberg und Tilsit und zwischen Tilsit und Memel Dampfboote 3mal wöchentlich.

1½ *Pogauen*, 2½ *Tapiau* (das durch die Deutschen Ritter

erbaute Schloss ist jetzt Armenhaus), $2^3/_4$ *Taplacken*, 3 *Mehla-wischken*, 2 *Kelmienen*.

$2^1/_2$ **Tilsit** (**Hôtel de Russie; Prinz Wilhelm*), an 14,000 Einw. (500 Kath.), an der *Memel*, über welche eine 1170' lange Schiffbrücke führt. Auf einem unterhalb derselben in der Mitte des Stroms festgeankerten Floss wurde am 9. Juli 1807 der Friede zwischen Napoleon, Alexander und Friedrich Wilhelm III. unterzeichnet, welcher Preussen die Hälfte seiner Länder raubte.
(Die neue Strasse von Berlin nach St. Petersburg vermeidet Memel gänzlich, und geht gleich über *Tauroggen* nach *Mitau* und *Riga*, wodurch 14 Meilen gewonnen werden.)

$3^1/_2$ *Szumeitkehmen*, $2^3/_4$ *Werdenberg*, $1^3/_4$ *Noakuiten*, $2^1/_2$ *Prökuls*.

3 **Memel** (*Hôtel de Russie; Weisses Ross*) mit 17,000 Einw., die nördlichste Stadt in Preussen, am Eingang in das Kurische Haff, mit einem grossen Hafen und Leuchtthurm, der Mittelpunct für den Holzhandel an der Ostsee, 1854 theilweise abgebrannt.

Auf der *Nehrung*, der schmalen Landzunge, welche die Ostsee vom *Kurischen Haff* trennt, kann man auch von Königsberg nach Memel gelangen. Der Weg ist kürzer als die Poststrasse.

29. Von Berlin nach Dresden.
Eisenbahn in 6 St. für Thlr. 5. 15, 3. 20, 2. 10 Sgr.

Bis Jüterbog s. unten. Die Dresdener Bahn zweigt sich hier links von der Anhaltischen ab, und führt durch eine einförmige, grossentheils sandige unfruchtbare Ebene an den Stationen *Holsdorf*, über die *schwarze Elster* nach *Herzberg*, *Falkenberg*, *Burgsdorf* vorbei nach *Röderau*, wo diese Zweigbahn von der Leipzig-Dresdener (R. 58) aufgenommen wird. Selbst der wissbegierigste Reisende verliert gar nichts, wenn er die Fahrt von $2^1/_2$ St. zwischen Jüterbog und Röderau verschläft.

30. Von Berlin nach Leipzig.
Eisenbahn in $4^3/_4$ St. (Schnellzug in 4 St.): Thlr. 5. 16, 3. 24, 2. 23 Sgr.

Kaum hat der Zug den Bahnhof verlassen, so tritt links der *Kreuzberg* (S. 28) hervor; rechts *Tellow*, dann der Windmühlenberg von *Ruhlsdorf*, den während der Grossbeerener Schlacht der Kronprinz von Schweden mehrmals erstieg, um zu erspähen, ob der rechte Augenblick, seine Schweden aus der Reserve vorrücken zu lassen, gekommen sei. Links *Gross-Beeren*, bekannt durch die Schlacht vom 23. Aug. 1813, in welcher die Preussen unter Bülow und Borstel das fast ausschliesslich aus Sachsen bestehende franz. Corps unter Oudinot schlugen und 2000 Gefangene und 18 Geschütze eroberten. Im J. 1817 ist auf dem Schlachtfeld eine mit 7 kleinen Thürmchen gezierte Kirche erbaut, ganz in der Nähe des eisernen Schlachtendenkmal, mit der Inschrift: „*Die gefallenen Helden ehrt dankbar König und Vaterland. Sie ruhen in Frieden.*" — Folgen *Trebbin* und *Luckenwalde*, kleine Städte. In der Kirche zu *Jüterbog*, deren beide Thürme hoch oben verbunden sind, wird einer der Ablasskasten Tetzel's (S. 117) gezeigt. Sehenswerth die alten Stadtthore. Ueber einem derselben hängt eine Keule mit der wunderlichen Ueberschrift: „*Giebst du deinen Kindern Brot und leidest nachmals selber Noth, schlag ich dich mit dieser Keule todt.*" (Zweigbahn nach Dresden s. S. 108.)

Vor dem Bahnhof, 1/2 M. von Jüterbog, liegt links Dennewitz, wo am 6. Sept. 1813 Bülow, der von diesem Tage den Namen von *Dennewitz* führte, die Franzosen unter Ney und Oudinot, deren Verlust 15,000 Mann betrug, besiegte, 80 Geschütze nahm, und so Berlin vor einem Ueberfall, dem Zweck des Vorrückens der Franzosen, rettete. Gegenüber, auf den Hügeln von *Nieder-Görsdorf*, ist zum Gedächtniss ein Denkmal errichtet.

Wittenberg *(Stadt London; Schwarzer Bär;* *Bahnhofs-Restauration)* an der Elbe, mit 11,000 Einw. (50 Kath.), bis 1542 Residenz der Kurfürsten von Sachsen, dann Festung, 1760 von den Oesterreichern beschossen und fast bis zu einem Drittheil zerstört, 1813 von den Franzosen besetzt, am 15. Januar 1814 von den Preussen unter Tauentzien, der von diesem Tage den Beinamen *von Wittenberg* erhielt, mit Sturm genommen.

Das ehem. kurfürstl. *Schloss* mit den beiden runden Thürmen ist jetzt *Citadelle*. An den von den Franzosen verbrannten Thüren der *Schlosskirche* schlug Luther am 31. Oct. 1517 seine 95 Thesen an (S. 9). Sie sind 1858 durch 10' h. neue Metallthüren (Geschenk des Königs Friedrich Wilhelm IV.) ersetzt, auf welchen der ursprüngliche latein. Text der 95 Thesen eingegraben ist, darüber ein Lavabild auf Goldgrund, der Gekreuzigte, zu seinen Füssen Luther († 1546) und Melanthon († 1560), die in der Schlosskirche beerdigt sind; oben r. und l. Standbilder der ebenfalls in der Schlosskirche beerdigten Kurfürsten Friedrich der Weise († 1525) und Johann der Beständige († 1532), von Drake entworfen. In der Kirche ebenfalls Denkmäler; das des Kurf. Friedrich ist von Pet. Vischer zu Nürnberg 1527 gegossen; (ein Relief, Krönung der Jungfrau, ist auch von ihm;) das des Kurf. Johann, von Peters ältestem Sohn Hermann. Die Bildnisse der Reformatoren sind von Lucas Cranach, einst Bürgermeister von Wittenberg.

Die Altargemälde in der *Stadtkirche*, in welcher Luther häufig predigte, sind ebenfalls von Cranach, Christus am Kreuz, Anbetung der Hirten, Pauli Bekehrung, der Weinberg des Herrn mit allerlei Anspielungen und den Bildnissen Luthers, Melanthons, Justus Jonas, Bugenhagens u. a. Reformatoren. Das Taufbecken hat 1457 Herm. Vischer zu Nürnberg gegossen.

Im ehem. *Augustinerkloster*, jetzt Prediger-Seminar, war Luther Mönch, wie zuvor zu Erfurt. Seine Zelle ist fast ganz unverändert. Tisch, Armsessel, Trinkkanne werden noch gezeigt. Die Wände sind mit Namen bedeckt, unter diesen der Peters d. Gr. unter Glas. Der Schlossküster zeigt Kirche und Zelle.

Das *Rathhaus* hat ebenfalls Gemälde von Cranach, so Luthers Bildniss und die zehn Gebote, 1516 gemalt. Luthers und Melanthons Wohnhäuser sind jetzt Schulhäuser.

110 *Route 30.* WÖRLITZ.

Luthers grosses *Standbild*, von Schadow entworfen, unter einer gothischen Bedachung auf dem Markt, hat die Inschrift: „*Ist's Gottes Werk, so wird's bestehen, ist's Menschenwerk, wird's untergehen.*"
Vor dem Elsterthor bezeichnet eine mit einem Geländer umgebene Eiche die Stelle, wo Luther öffentlich am 10. Dec. 1520 die päpstliche Bannbulle verbrannte.

An einem neuen Haus in der Mittelgasse ist ein alter Stein aus der Reformationszeit eingemauert, mit der Inschrift: „*Gottes Wort und Lutheri Schrift, ist des Babstes und Calvini Gift.*"

Die früher so berühmte, 1502 gestiftete Universität, an welcher Luther 1508 öffentlicher Lehrer und 1512 Doctor der h. Schrift wurde, ist 1817 mit jener in Halle vereinigt.

Zu Wittenberg zweigt sich die **Anhaltische Bahn** (nach Cöthen u. Bernburg) in westl. Richtung ab; sie bleibt in der Nähe der *Elbe*, die man zwar wenig sieht, wohl aber hin und wieder die Segel der Schiffe. Der Zug erreicht bald *Kosswig*, mit herzogl. Dessauischem Schloss.

(Unterhalb Kosswig, 1/4 St., ist eine Fähre, welche den Fusswanderer auf das linke Ufer der Elbe übersetzt, von wo er in 3/4 St. nach **Wörlitz** geht, einem Städtchen, welches aber selten ein Reisender betritt, da der Gasthof (Eichenkranz) ausserhalb am Eingang des berühmten *Gartens und Parks liegt. Die Anlagen sind sorgfältig unterhalten, sie gewähren die anmuthigsten Spaziergänge, eigenthümlich durch die seeartigen Gewässer. Der eigentliche Löwe des Gartens ist das *gothische Haus*, ein geschmackloses, theilweise gothisch angemaltes Gebäude, mit einer Anzahl kleiner aber guter Bilder, besonders niederländischer und altdeutscher, mit Bildnissen Anhaltischer Fürsten oder anderer geschichtlichen Personen, alten Trinkgefässen, Rüstungen u. dgl. (Trinkg. 7 1/2 gr.). Im Park giebt's künstliche Felsen, Berge, Grotten, Einsiedeleien mit Ueberraschungen, ein Labyrinth mit Denksprüchen nach Art der Zauberflöte, ein Bergwerk, sogar einen feuerspeienden Berg, und was sonst noch das vorige Jahrhundert in einem solchen Park für wesentlich hielt. Es gehen 3 Stunden darauf, den Park ganz zu durchwandern; ein Führer, der 7 1/2 gr. erhält und im Eichenkranz sich vorfindet, ist wegen der mancherlei Wasserverbindungen erforderlich. Rascher lässt sich Alles in einer Gondel (20 gr.) besichtigen, man verliert dann aber das Schönste, die Spaziergänge nämlich. Wörlitz ist von Dessau 2 1/2 St. entfernt (Einsp. 1 1/2 Thlr.); der Weg führt theilweise durch schattiges Gehölz. In der Nähe von Dessau, rechts am Weg, ist ebenfalls ein kleines Schloss mit Park, das *Louisium*.)

Die Bahn läuft in gerader Richtung von Kosswig nach *Rosslau*.

(Nach Ankunft des Bahnzugs geht ein Eilwagen in 1 1/4 St. nach dem 2 M. n.w. gelegenen **Zerbst** (*Löwe*, *Hôtel d'Anhalt*), alte Stadt mit 10,000 Einw., einst Sitz der 1793 ausgestorbenen Fürsten von Anhalt-Zerbst, mit grossem Schloss und ansehnlicher Reitbahn. Auf dem von stattlichen Giebelhäusern eingefassten Markt ist in der Nähe eines kürzlich von Heideloff aufgefrischten *Roland* (S. 62) auf einer schlanken Säule eine kleine vergoldete weibl. Figur, die *Butterjungfer* genannt, an deren Erhaltung ein Theil der Privilegien der Stadt geknüpft sein soll. Auf dem *Rathhaus* eine auf Pergament gedruckte Bibel, deren Holzschnitte von Luc. Cranach ausgemalt sind. Die grosse schöne *Nicolaikirche* ist vom jetzigen Herzog mit Geschmack hergestellt. Berühmtes Gymnasium [*Franciscum*])

Bei Rosslau biegt die Bahn im rechten Winkel nach Süden, setzt auf einer 720′ l. Brücke über die *Elbe*, etwas weiter auch über die *Mulde*.

Dessau (116′) (*Hirsch; *Goldner Beutel), die grösste Stadt der Anhaltischen Lande mit 13,861 Einw. (200 Kath.), Sitz des Herzogs, kleine stille moderne Residenz mit breiten Strassen, meist einstöckigen saubern Häusern, mit Schlössern und Gärten, Springbrunnen und geschornen Taxusbäumen, in einer anmuthigen, von der Mulde bewässerten, wiesenreichen walddurchwachsenen Gegend.

In der *Schlosskirche*, zu Anfang des 16. Jahrh. erbaut, einige gute Bilder von Cranach, namentlich sein bekanntes Abendmahl, mit den Bildnissen der bedeutendsten Theilnehmer und Förderer der Reformation. Luther predigte häufig in dieser Kirche.

Das *herzogliche Schloss* enthält über 600 Oelbilder, darunter einzelne von Tizian, Fr. Francia, Lippi, Cimabue, Giulio Romano, Sassoferrato, Carlo Dolci, Rubens, Van Dyck u. A., dann in der sogenannten Gypskammer, im untern Geschoss, einzelne Kostbarkeiten, Alterthümer, Münzen und geschichtliche Denkwürdigkeiten, unter diesen des Fürsten Leopold, „des alten Dessauers" (s. unten) Degen und Stock, Napoleons silberner Becher und seine Teller, nach der Schlacht von Belle-Alliance erbeutet. (Trinkg. 1 Thlr.)

Das Erziehungswesen erlitt von Dessau aus gegen Ende des vor. Jahrh. eine Umgestaltung. Aus dem berühmten *Philantropin*, welches 20 Jahre lang (1774–1793) unter Basedows Leitung blühte, gingen Campe, Salzmann, Gutsmuths u. A. hervor. Die Anstalt befand sich in demselben Gebäude, in der Zerbster Strasse, in welcher jetzt die *Amalienstiftung* ist, eine Armenanstalt, gegründet von der Tochter des Fürsten Leopold. Im obern Stock an 700 Gemälde besonders deutscher und niederländischer Meister, von Wohlgemuth, Dürer, Hans Baldung (Grün), Grünewald, Cranach, Rembrandt, Ostade, Van Dyck u. A.

Vor der Hauptwache am Schlossplatz täglich 11 U. *Wachtparade*; die Musik beginnt jedesmal mit dem Dessauer Marsch *(ça donc, ça donc)*, Lieblingsmarsch des Fürsten Leopold, dem 1860 ein *Standbild* errichtet worden ist. Auch seinem Sohn, dem Herzog Leopold Friedrich Franz († 1817) ist 1858 ein von Kiss entw. *Standbild* in Erzguss errichtet: „Dem Vater des Vaterlands der fürstliche Enkel und das dankbare Volk."

Der alte und neue *Gottesacker* vor dem Askanischen Thor hat sehenswerthe Denkmäler. Auf dem rechten ruht, in einem Gewölbe der rechten Seitenwand, Wilhelm Müller († 1827), der Sänger der Griechenlieder; eine epheuumrankte Marmorplatte nennt Namen, Geburts- und Todesjahr. Beerdigungen geschehen in Dessau gewöhnlich 10 U. Abends mit Laternenbegleitung.

Der berühmte Park und Garten von *Wörlitz* ist S. 110 schon genannt. Ein Einspänner (1½ Thlr.) fährt in 1½ St. hin.

Rechts in der Ferne schimmert der Thurm von *Aken* hervor. Die Gegend von Dessau bis Cöthen (S. 112) ist ganz anmuthig.

Der Leipziger Zug fährt, nachdem er Wittenberg verlassen, auf einer 906' l, auf 12 Bogen ruhenden Brücke über die Elbe. Stat. *Bergwitz, Gräfenhainichen,* Geburtsort des berühmtesten geistlichen Liederdichters (u. a. „Befiehl du deine Wege") Paul Gerhardt († 1676), dem zu Ehren eine Capelle vor der Stadt errichtet ist. *Burgkemnitz,* dann über die Mulde nach *Bitterfeld,* Knotenpunct der Berlin-Halle- und Dessau-Leipziger-Bahn. *Delitzsch, Zschortau, Ragkwitz* sind die letzten Stationen.

Breitenfeld, wo am 7. Sept. 1631 Gustav Adolph die Feldherren der Liga, Tilly und Pappenheim besiegte, liegt rechts, kaum ¼ St. von der Bahn entfernt. Die Schlacht wurde eigentlich mehr östlich geschlagen: Gustav Adolph kam von Delitzsch her, die Sachsen von Eilenburg, bei dem Podelwitzer Hölzchen stand die kaiserl. Artillerie und dort fielen auch die letzten kaiserl. Kerntruppen. Erst bei Verfolgung der Kaiserlichen kam Gustav Adolph bei Breitenfeld vorbei; dort, wo er nach gewonnener Schlacht niederkniete, auf dem höchsten Punct der Wahlstatt, erhebt sich ein von 8 Fichten umgebener Denkstein, 1831 errichtet.

Leipzig s. S. 192. Der Bahnhof liegt 20 Min. vor der Stadt, man sichere sich daher bei Zeiten eine Droschke, auf die sonst nicht immer zu rechnen.

31. Von Magdeburg nach Leipzig.

Schnellzug in 2 St. 40 M. für Thlr. 4, 2. 20 oder 1. 26 Sgr., Personenzug in 3¼ St. für Thlr. 3 6, 2. 4 oder 1. 10 Sgr.

Der Zug fährt unter dem *Fürstenwall* (S. 116), bei der *Sternschanze* (S. 116) vorbei, dann zeigt sich *Kloster Berge*; Stationen *Westerhusen, Schönebeck*, letzteres gewerbsame Stadt, welche mit *Gross-Salza*, wo man kürzlich mächtige Steinsalz-Flötze erbohrt hat, und *Frohse* ein regelmässiges Dreieck bildet, indem diese Orte durch drei von Friedrich' II. 1772 angelegte Colonistenstrassen verbunden sind.

Von Schönebeck führt eine Zweigbahn über *Stassfurt* nach *Aschersleben* (Deutsches Haus, Löwe, *Schwarzes Ross), Stadt mit 13,000 Einw., von wo tägl. Postverbindung mit Harzgerode und Ballenstedt im Harz, s R. 48.

Dann folgt der Herrnhuter-Ort *Gnadau* (Gnadauer Bretzel, ein nicht übeles kleines Gebäck, werden auf dem Bahnhof angeboten) und fährt der Zug nun, auf einer 1370' l., auf 30 Pfeilern ruhenden Brücke über die Saale. Rechts erblickt man *München-Nienburg*, ferner die Thürme und Schloss von *Bernburg*, l. in der Ferne den Kirchthurm der alten Stadt *Aken* an der Elbe. Stat. *Wulfen* und **Cöthen** (*Prinz von Preussen)*, Knotenpunct der Magdeburg-Leipzig und Anhaltischen Bahn (S. 110), hat ausser der ansehnlichen Naumann'schen († 1826) ornitholog. Sammlung im neuen Schloss nichts Bemerkenswerthes. Die grosse Caserne und die kath. Kirche mit ihren rothen Thürmen treten besonders hervor.

Vor *Stumsdorf* geht es auf einem Damm über die *Fuhne-Niederung*. Links die alte Wendenstadt *Zörbig*, rechts der *Petersberg* (1125' ü. M., 640' ü. d. Saale), 1½ M. von Halle, Porphyr, eine weite Rundsicht gewährend. Aus der im 12. Jahrh. erb. Klosterkirche mit den Gräbern Wettin'scher Fürsten, ist durch Neubau, 1857 vollendet, eine stattliche Pfeiler-Basilika erstanden, 181' l., im Querschiff 95' br., Pfarrkirche für die umliegenden Dörfer.

Halle (*Stadt Hamburg* neben der Post, *Kronprinz*, *Stadt Zürich*, *Ring* am Markt (gutes Bier), *Goldner Löwe*. *Mente's Hôtel zur goldenen Kugel* und *Hôtel zur Eisenbahn* die nächsten bei den Bahnhöfen. Droschke 1 Pers. 3, 2 Pers. 5, 3 Pers. 7½, 4 Pers. 10 Sgr. die Fahrt) mit 40,300 Einw. (600 Kath.), an der *Saale*, berühmt durch seine 1694 gestiftete Universität, mit welcher 1817 jene von Wittenberg vereinigt wurde. Das *Universitätsgebäude* ist 1834 aufgeführt; 700 Studenten, meist Theologen.

Auf dem Markt erhebt sich ein einzeln stehender 268' hoher Glockenthurm, der *rothe Thurm*. Ferner das von Heidel entworfene 10' h. *Standbild* des 1685 hier gebornen grossen Tondichters *Händel* († 1751), 1859 in Erz „errichtet von seinen Verehrern in Deutschland und England". Die Jahreszahl 1741 deutet das Jahr der ersten Aufführung des Messias an, welche in der Marktkirche, wo Händel Organist war, statt hatte; der Meister in der englischen Hoftracht; auf der Rückseite des Notenpults die h. Cäcilie (Portrait der Sängerin Jenny Lind).

Die mit einem kuppelförmigen Kupferdach versehenen durch eine Brücke verbundenen beiden Thürme der grossen, von 1529 bis 1554 erbauten *Marktkirche* dienen dem Thürmer als Wohnung. Der Küster wohnt an der Halle Nr. 6, hinter der Kirche die Treppe hinab.

In der Kirche ein grosses schönes Altarblatt, ein Moment aus der Bergpredigt, von dem zu Dresden lebenden Maler *J. Hübner*. Rechts neben dem Altar ein kleineres Bild von *Cranach*, die 14 Nothhelfer. Den schönsten Schmuck hat die Kirche in einem grossen *Doppel-Flügelbild, welches *Cranach* 1529 im Auftrag des Cardinals Albrecht von Brandenburg, des Erbauers der Kirche, malte, vier Heilige in ganzer Figur (Magdalena, Ursula, Erasmus, Catharina), die Himmelskönigin, zu ihren Füssen der Stifter, an den Seiten der h. Mauritius und der h. Alexander, der letztere seinen Fuss auf den röm. Kaiser Maximin setzend; auf den Aussenseiten die Verkündigung, dann der Evangelist Johannes und der h. Augustin. Das Bild ist verschlossen, Küster (5 Sgr.) s. oben. An einem Pfeiler hängt das Bildniss des Justus Jonas, des ersten evangel. Predigers an dieser Kirche.

Die schönste Kirche ist die *St. Moritzkirche* (Küster: an der Ostseite der Kirche Nr. 6), im untern Theil der Stadt, neben den Salinen, angeblich aus dem 12. Jahrh.; am Altar Christus und Maria mit Heiligen, 1488 in Holz geschnitzt, sehr gut, dabei alte Flügelbilder; Kanzel (Reliefs von 1588), auf einem Pfeiler ruhend, der Sünde, Tod und Teufel darstellt.

Die *Salzquellen* waren schon in den ältesten Zeiten bekannt. Die bei denselben beschäftigten Arbeiter (*Halloren*) sollen Nachkommen der alten Wenden, nach Andern keltische Ansiedler sein; sie haben Sitten und Gebräuche ihrer Vorfahren beibehalten. Einige Salzquellen entspringen in der Stadt und werden dort versotten, die königl. Salinen liegen ausserhalb der Stadt auf einer Insel in der Saale. Der jährliche Ertrag ist an 220,000 Centner Salz zu 125,000 Thlr. geschätzt.

Die *Francke'schen Stiftungen*, 1698 von Aug. Herm. Francke im gläubigen Vertrauen auf Gott ohne alle Mittel begonnen, bestehen aus einem Waisenhaus, mehreren ausgedehnten Schulanstalten, Pädagogium, Apotheke, Laboratorium, einer Buchhandlung und Buchdruckerei in Verbindung mit der Canstein'schen Bibelanstalt. Im Hof des Waisenhauses das *Standbild des Stifters* († 1727) aus Erz, von Rauch.

In der *Domkirche* ein hübsches Altarblatt, den Stifter des Altars, Herzog August von Sachsen mit seiner Familie darstellend. Neben derselben die ehem. *Residenz* der Magdeb. Erzbischöfe, in welcher Landgraf Philipp von Hessen nach der Schlacht von Mühlberg (1547) gezwungen wurde, vor Kaiser Carl V. den Fussfall zu thun. Sie dient jetzt der Universität zu verschiedenen Zwecken. Die ansehnlichen *Sammlungen des thüringisch-sächsischen Alterthümer-Vereins* sind ebenfalls hier aufgestellt.

Unweit des Doms die Ruinen der *Moritzburg* und der *Jägerberg*, welcher eine gute Uebersicht über die Stadt gewährt. Am Weg nach Giebichenstein das neue *Provinzial-Zuchthaus* und jenseit der Saale das *Irrenhaus* der Provinz Sachsen.

Viel besucht wird, besonders von den Studenten, die *Bergschenke zu Kröllwitz, 1/2 St. n. von Halle, dem Giebichenstein, Ruine mit Gartenanlagen, gegenüber. Ludwig der Springer, Landgraf von Thüringen, sass hier 1102 gefangen, und rettete sich, so erzählt die Sage, durch einen Sprung von der Höhe in die Saale. Auch Herzog Ernst II. v. Schwaben, den Uhland besungen, war längere Zeit hier gefangen. Das nahe bei Giebichenstein gelegene Bad *Wittekind hat im Sommer viel Badegäste und ist auch ein viel besuchter Vergnügungsort (1 Uhr *table d'hôte 20 Sgr.).

In der Nähe der Station *Schkeuditz* kommt man über die preuss.-sächs. Grenze. An *Möckern* führt die Bahn fast unmittelbar vorbei. Dreimal wurde am 15. Oct. 1183 das Dorf von den Preussen unter York erstürmt, zweimal von den Franzosen unter Marmont wieder genommen, bis endlich der Angriff der preuss. Reiterei diesen blutigsten aller Schlachttage entschied und die Franzosen auf Leipzig zurückwichen. Unmittelbar vor Leipzig links liegt in geringer Entfernung das in den Kämpfen jener Tage ebenfalls viel genannte *Schönfeld*; dann führt die Bahn über die *Parthe* nach *Leipzig* (S. 162).

32. Von Berlin nach Magdeburg.

Schnellzug in 3 1/2, Personenzug in 4 1/4 St. für 4, 3 oder 2 Thlr.

Potsdam s. S. 29. Vor der Einfahrt in den Bahnhof schaut rechts der neue hohe Thurm von Babelsberg (S. 34) aus dem Wald hervor. Hübscher Blick über den Havelsee, oben rechts das Schloss auf dem Pfingstberg (S. 34).

Der Zug fährt über die *Havel*. Links das stattliche *Proviant-Magazin* mit dem neuen Thurm, weiter der *Brauhausberg* mit dem Belvedere, r. die S. 29 gen. Neptunsgruppe und die Geschütze, links das *Dampfmaschinen-Gebäude* in Form einer türk. Moschee mit einem 130' h. Minaret, dem Schornstein zum Betrieb der Wasserwerke von Sanssouci; rückwärts der hohe Thurm der Friedenskirche; dann die *Dampfmühle*, ein von Persius ausgeführtes stattliches Gebäude im maurischen Styl; weiter an Sanssouci und Charlottenhof (S. 31 und 34) vorüber. Später durchschneidet die Bahn den von der Havel gebildeten *Zern-See*; links auf einer Insel zeigt sich das niedliche Dorf *Werder*. Jenseit Stat. *Gross-Kreuz* bilden die *Götzige Berge* kleine bewaldete Höhen.

Brandenburg *(Schwarzer Adler, Hôtel de Brandenbourg)*, ansehnliche Stadt mit breiten stillen Strassen, an 20,000 Einw. (500 Kath.) und 1500 Mann Besatzung, an der *Havel*, die hier einen breiten See, den *Plaueschen See*, bildet, 1153 von Albrecht dem Bären, Grafen von Askanien erstürmt, der sich fortan Markgraf von Brandenburg nannte. Die sogen. Burg oder der Dom auf der Insel bildet einen besonderen Stadttheil. Die *Domkirche*, 1318 erbaut, 1836 von Schinkel zum Gottesdienste neu eingerichtet, hat ein ausgezeichnetes altes Altarbild auf Goldgrund von einem unbekannten Meister. An den Wänden sind damals die Grabsteine eingemauert, welche früher den Boden bedeckten. Die Gruftkirche unter dem Dom mag aus dem 11. oder 12. Jahrh. sein. Die gemalten Glasfenster sind aus neuester Zeit.

Die *Catharinenkirche*, ein goth. Gebäude aus Backsteinen, von 1401, hat einen prächtigen alten Altar von Holzschnitzwerk, in Vergoldung und Malerei kürzlich neu hergestellt, dann ein sehenswerthes Taufbecken aus Erz von 1440 und mehrere Denkmäler. Hinter dem Altar hangen an der Wand eine Anzahl weisser Sterbekissen mit den Namen der Gestorbenen. Am Markt eine 18' hohe *Rolandsäule* (s. S. 62). Hübsche Aussicht von dem 200' hohen *Marienberg*, n w. vor der Stadt.

Die Gegend zwischen Brandenburg und Magdeburg ist meist Haide und Sand, zuweilen dürftige Tannenholzung. Die Bahn durchschneidet die grossen Havelseen bei Brandenburg und berührt zuweilen den *Plaueschen Canal*, der die Elbe mit der Havel verbindet. Stat. *Wusterwitz*, *Genthin*, kleines Städtchen, an der Westseite ein hoher Schrottthurm, *Güsen*. *Burg*, an 15,000 Einw., hat grosse Tuchfabriken, von franz. Protestanten gegründet, die nach Aufhebung des Edicts von Nantes (1688) sich hier niederliessen.

Schon von fern zeigen sich die Thürme von Magdeburg, die Bahn macht hier einen weiten Bogen. Die Elbe bildet vor Magdeburg mehrere kleine Inseln. Der Zug durchschneidet den Brückenkopf des rechten Ufers und fährt dann auf zwei zur Vertheidigung eingerichteten Gitterbrücken über die beiden Arme der Elbe. Links liegt der Stern (S. 116).

33. Magdeburg.

Gasthöfe. *Stadt London am Breiten-Weg. *Erzherzog Stephan am Bahnhof (Z. u. L. 25 Sgr.), mit Kaffhaus u. Restauration. Stadt Prag am Breiten-Weg, Z. u. F. 20 Sgr. mit Restauration. Schwan.
Conditerei. Schallehn am Bahnh., Giovanoli am Breiten-Weg u. a.
Restauration. *Maacks Austern-Keller am Breiten Weg 24, Richters Weinstube am Breiten-Weg. Bair. Bier bei Schattenberger, Johannisfahrstr., unweit der Johanniskirche.
Droschke 1 Pers. 2½, 2 Pers. 5 Sgr.; die Stunde 10 Sgr.

Magdeburg (128') (einschliesslich der Vorstädte, *Neustadt*, *Sudenburg* und *Bockau* an 83,000 Einw., darunter 3000 Kath., und 5000 Soldaten), an der Elbe, ist eine der bedeutendsten Handelsstädte in Preussen, der Mittelpunkt von vier Eisenbahnen (Berlin, Leipzig, Braunschweig, Wittenberge, Bahnhof für letztere am nordöstl. Ende der Stadt, am Fischerufer). Magdeburgs Leben zeigt sich für den Fremden fast ausschliesslich am Breiten-Weg, einer grossen Strasse, welche die Stadt von Süden nach Norden, vom Sudenburger bis zum Krökenthor durchschneidet. Eine Tafel, an dem vor einigen Jahren nach einem Brande neu aufgeführten Hause am Breiten-Weg Nr. 146, etwa in der Mitte der Strasse, hat die Inschrift: „*Gedenke des 10. Mai 1631.*" Nach einer Sage hat das Haus damals der Verräther der Stadt an Tilly bewohnt.

Als *Festung* hat Magdeburg mancherlei Schicksale erduldet, die härtesten im 30jähr. Krieg. Sieben Monate lang leistete es 1629 Wallenstein glücklichen Widerstand, wurde aber zwei Jahre später, am 10. Mai 1631, durch Tilly mit Sturm genommen und

116 *Route 33.* MAGDEBURG.

so verwüstet, dass nur 139 Häuser stehen blieben. Otto von Guericke, der Erfinder der Luftpumpe, war damals Bürgermeister.

Der *Dom, eine der schönsten Kirchen in Norddeutschland, mit prächtigem Portal, wurde zwischen 1208 und 1363 erbaut, die Thürme um 1520 vollendet. Die älteren Theile zeigen noch den Rundbogen, die neueren sind im ausgebildeten Spitzbogenstyl. Zur franz. Zeit war das Gebäude als Magazin, zuletzt sogar als Schafstall benutzt worden, und hatte mancherlei Beschädigungen erlitten König Friedrich Wilhelm III. liess es mit einem Kostenaufwand von 221,000 Thlrn. herstellen. Die Länge beträgt 350′, die Höhe des nördlichen, ganz ausgebauten Thurms 330′. Dem südlichen Thurm fehlt die Krone, nach einer grundlosen Sage während der Tilly'schen Belagerung abgeschossen. Belohnende Aussicht von der Gallerie (166 Stufen). Der Küster (Trinkgeld 7½ Sgr.) wohnt im Kreuzgang.

Das bedeutendste Kunstwerk im Innern, in der Capelle unter den Thürmen, ist ein *Denkmal des Erzbischofs Ernst, eine der frühern Arbeiten des berühmten Erzbildners P. Vischer zu Nürnberg, 1497 vollendet, ein grosser Sarkophag, auf dessen Deckel der Erzbischof ruht, an den Seiten Apostel und zwei Heilige und mannigfaches Zierwerk. Im Chor ruht unter einer einfachen Marmorplatte Kaiser Otto der Grosse († 973), hinter dem Hochaltar seine Gemahlin Editha († 947); das Denkmal ist wahrscheinlich aus dem 14 Jahrh. An den Wänden und Pfeilern zahlreiche Grabdenkmäler, meist aus dem Ende des 16. und Anfangs des 17. Jahrh., Kanzel aus derselben Zeit Die drei Figuren, s. im Chor, Otto I., Otto II., Johannes, sollen aus dem 10., die drei andern aus dem 13. Jahrh. sein. Helm, Commandostab und Handschuhe Tilly's, dann ein Ablasskasten des Dominicaners Tetzel (S. 109) werden ebenfalls gezeigt.

Auf dem *Altenmarkt*, vor dem Rathhaus, erhebt sich das stattliche hohe *Denkmal Otto's des Grossen, ein Reiterbild, nach dem Tode des Kaisers († 973) aus Dankbarkeit vom Magistrat errichtet, das älteste Denkmal der Stadt. An den 4 Säulen, welche die Platte tragen, auf welcher das Bild des Kaisers und seiner Gemahlinnen Editha († 947, Tochter Königs Eduard I. v. England) und Adelheid († 999, Wittwe des Königs Lothar v. Italien), stehen 4 geharnischte Männer, früher mit dem Wappen der Erbländer Otto's geschmückt, alle lebensgross, aus Sandstein.

Auf dem freien Platz neben der Hauptwache beim Altmarkt hat „*ihrem Oberbürgermeister August Wilhelm Francke († 1851) die Stadt Magdeburg 1856*" ein von Bläser entworfenes in Erzguss ausgeführtes Standbild errichtet.

Der *Fürstenwall an der Elbe ist der beliebteste Spaziergang innerhalb der Stadt. Unter demselben sind Casematten, deren Rauchfänge hin und wieder zwischen den Bäumen zu erblicken sind: sie dienen der Eisenbahn- und Postverwaltung als Passagier- und Expeditionszimmer. Das stattliche Gebäude rechts mit zinnengekrönten Thürmen ist Wohnung des Oberpräsidenten. Weiter links ist ein Badhaus mit einer Inschrift aus Pindars 1. Olympiade: ΑΡΙΣΤΟΝ ΜΕΝ ʽΥΔΩΡ (das Beste ist das Wasser).

Südlich erhebt sich der **Stern**, ein bastionirtes Fünfeck,

HALBERSTADT. *34. Route.* 117

gleichsam die Citadelle von Magdeburg, besonders durch seinen
Erbauer, den Ingenieur Wallrave, und den Major von Trenk bekannt, welche beide, angeblich als Verräther, auf Friedrichs II.
Befehl jahrelang hier gefangen sassen. Auch Lafayette sass hier
im J. 1793 eine kurze Zeit, bevor er nach Olmütz abgeführt wurde.
Am Glacis liegt der **Friedrich-Wilhelmsgarten**, theilweise
mit zur Befestigung gehörend. Er umfasst die nächste Umgebung und Gartenanlage des einst so berühmten *Klosters Berge*.
Auf der Höhe, wo dieses stand, ist jetzt ein nach Schinkel'schen
Entwürfen erbautes grosses Gesellschaftshaus mit guter Wirthschaft. Ein Denkstein erinnert an das 937 gegründete, 1810 aufgehobene und 1812 zerstörte Kloster. An der Südseite liegt das
Dorf *Buckau* mit vielen Landhäusern und Gartenanlagen.

Auf dem **Kirchhof** vor dem Krökenthor bezeichnet, etwa in
der Mitte des grossen Todtenfeldes, ein einfacher schwarzer Marmorstein mit dem Namen *Carnot* das Grab dieses nach der zweiten Rückkehr der Bourbonen verbannten, 1823 hier gestorbenen
französischen Ingenieur-Generals.

Auf dem *Militär-Kirchhof*, unmittelbar vor dem Sudenburger
Thor, sind nur zwei sehenswerthe Denkmäler, die der Generale
von *Lobenthal* und von *Hacke*.

34. Von Magdeburg nach Minden.
Halberstadt, Helmstädt, Hildesheim.

Schnellzug in 6, Personenzug in 9 St. Fahrpr. 6 Thlr. 7½, 4 Thlr. 12½,
2 Thlr. 27½ Sgr.; bei den Schnellzügen 15 bis 20% höher.

Die Eisenbahn durchschneidet das wellenförmige fruchtbare
Ackerland, die *Magdeburger Börde* genannt. Stationen *Dodendorf*,
wo Schill am 7. Mai 1809 nach blutigem Kampf die Franzosen
zurückwarf, *Langenweddingen, Blumberg, Hadmersleben, Oschersleben*.
Bei Oschersleben mündet die Halberstädter Zweigbahn, auf welcher
man in 40 Min. nach **Halberstadt** (*Prinz Eugen*, *Hôtel Royal*) gelangt,
alte stille Stadt an der Holzemme mit 22,000 Einw. (2000 Kathol., 1000 Juden). Die *Holzarchitectur des Mittelalters hat sich in Halberstadt schön
erhalten, namentlich am Markt die ansehnlichsten Gebäude, *Rathskeller* von
1440, *Tetzel's Haus* von 1500, *Schuhhof* von 1580, das *Rathhaus* 1630—1680
hergestellt, an demselben ein *Roland* (S. 62), auf dem Gürtel die Jahreszahl 1435. Gegenüber ist die ehemal. *Bischofsresidenz*, jetzt Hauptzollamt.
Das bedeutendste Gebäude ist der *Dom*, um die Mitte des 13. Jahrh.
begonnen, im 14. Jahrh. beendigt, 1850 hergestellt, Nordseite und Kreuzgiebel die sehenswerthesten Theile. Im Innern verdient der im reichsten
goth. Styl ausgeführte Lettner („*Bischofsstuhl*"), der das Schiff vom Chor
trennt, aus dem J. 1510, besondere Beachtung; dann eine Kreuzigung, 1509
von Raphon, einem Maler aus Eimbeck; auch noch andere Bilder und
Alterthümer, namentlich reiche in kunstgeschichtlicher Hinsicht merkwürdige Messgewänder.

Die Westseite des grossen baumbepflanzten Domplatzes schliesst die
schöne ebenfalls hergestellte *Liebfrauenkirche*, Pfeiler-Basilica, von 1005 bis
1284 im spätesten roman. Styl aufgeführt, für Kunstfreunde wegen einer
Reihenfolge von Relieffiguren aus der Zeit der Erbauung und eines Wandgemäldes aus dem 15. Jahrh. sehenswerth, in einer Capelle.

Gute neuere Bilder bei Hrn. Domherr *von Spiegel* und Hrn. *Dr. Lucanus*.
Die ornithologische Sammlung des Hrn. Oberamtmanns *Heine* soll die vollständigste Deutschlands sein.

118 *Route 34.* HILDESHEIM.

Die *Spiegel'schen Berge*, 1/2 St. s., werden der Aussicht wegen besucht. Das grosse Weinfass daselbst hält 967 Ohm.

Halberstadt war am 29. Juli 1809 Zeuge eines blutigen Kampfes zwischen den schwarzen Schaaren des Herzogs von Braunschweig-Oels und dem 5. westph Regiment, der mit gänzlicher Niederlage und Vertreibung der Westphalen aus der Stadt endigte. Am *Kühlingerthorthurm*, dem nach Quedlinburg führenden, sind einige Kugeln zur Erinnerung eingemauert.

Zu *Oschersleben* übernehmen braunschweigische Beamte die Führung der Züge. Die belaubten Berge des *Harzes*, namentlich der *Brocken*, begränzen den südlichen Gesichtskreis, die waldigen Hügel der *Elm* erheben sich im Norden. Von Stat. *Jerxheim* führt eine Zweigbahn in 3/4 St. nach

Helmstädt (*Deutsches Haus, Erbprinz*) einst durch seine Universität berühmt Die Stephanskirche ist aus dem 12. Jahrh. Vor dem Schützenhaus ein Denkmal von Gusseisen zum Gedächtniss der bei Waterloo Gefallenen. Ein eisernes Kreuz erinnert an den h. Ludgerus, den ersten Verkündiger des Evangeliums in diesen Gegenden. In der Nähe der Stadt sind die *Lübbensteine*, nicht unwahrscheinlich heidnische Opferaltäre.

Schöppenstedt, das braunschweigische Abdera, weiter das alte **Wolfenbüttel** (Goldner Löwe, Knust's Hôtel), liegen rechts an der Bahn, letzteres besonders durch seine Bibliothek berühmt, an welcher Lessing längere Zeit Bibliothekar war. Luthers Bild mit Anmerkungen von seiner Hand, sein Trauring, Trinkglas, Dintenfass, sein von Cranach gemaltes Bildniss u. A. wird hier gezeigt.

Zu Wolfenbüttel mündet die Harzburger Zweigbahn (S. 156). Dann sauset der Zug an dem herzogl. Park mit den Schlössern *Richmond*, dem ältern 1768 aufgeführt, und *Williamscastle*, dem neuern nach 1830 im normännisch-gothischen Styl erbauten, vorüber.

Braunschweig, (s. S 120), stattlicher Bahnhof, *Restauration.

Stat. *Vechelde, Peine;* dann schimmert rechts der Kirchthurm von *Sievershausen* hervor, wo 1853 dem Kurfürsten Moritz von Sachsen, Kaiser Carls V. Gegner, ein Denkmal von Sachsen errichtet wurde, an demselben Tage (8. Juli), an welchem 300 Jahre früher den Kurfürsten im Kampf gegen Markgraf Albrecht von Brandenburg-Baireuth die tödtliche Kugel traf. Zu *Lehrte* zweigt sich nördlich die Harburger- (S. 59), südlich die

H i l d e s h e i m e r B a h n ab: *Sehnde, Algermissen, Harsum* heissen die Stationen an der letztern; sie führt zuerst über Haide-, dann über Ackerland, zuweilen durch Erdeinschnitte. Rechts begrenzt das steinkohlenreiche *Deistergebirge* den Hintergrund. Die Fahrt bis Hildesheim dauert 40 Min.

Hildesheim (*Wiener Hof, Rheinischer Hof*), uralter Bischofssitz, jetzt eine stille Ackerstadt mit 15,923 Einw. (Hälfte Prot.) und manchem alterthümlichen Häusern mit schönem Holzschnitzwerk.

Der *Dom*, Grundbau aus der zweiten Hälfte des 11. Jahrh., hat mancherlei Veränderungen erlitten. Merkwürdig die ehernen Thorflügel aus dem J. 1015 mit Reliefs aus der Geschichte des ersten Menschen und Christi (Sünde und Erlösung von der Sünde) von bedeutendem Kunstwerth, das eherne Taufbecken aus derselben Zeit mit biblischen und allegor. Darstellungen, und der vergoldete Sarkophag des h. Godehard im Chor. Vor dem Aufgang zum Chor eine kleine Säule, anscheinend aus versteinertem Holz, die *Irmensäule* (Irman Sül), angeblich von den heidnischen Sachsen zu Ehren eines göttlichen Wesens *Irmin* oder *Irman* aufgerichtet. Lettner zwischen Schiff und Chor schöne Steinarbeit. Das Innere des Doms ist sauber gehalten, aber Rococo verunziert. An der Aussenwand der Gruftcapelle des Doms breitet 35' hoch und 30' weit ein *Rosenstock* seine Zweige

BÜCKEBURG   34. Route.   119

aus, von dem die Sage berichtet, Kaiser Carl d. Gr. habe ihn gepflanzt. Der Wurzelstock ist urkundlich 800 Jahre alt.

Auf dem Domhof erhebt sich die 13' hohe *Christus-Säule*, aus Erzguss, auf welcher in 28 Gruppen halb erhaben die Geschichte Christi von der Taufe bis zum Einzug in Jerusalem dargestellt ist, nach Art der Trajanssäule zu Rom, die Figuren plump und roh. Bischof Bernward liess sie um 1022 anfertigen. Sie ist vor Zeiten aus altem Bauschutt bei der Michaeliskirche ausgegraben und dann neben dem Dom aufgestellt.

Die *Michaeliskirche*, eine schöne Basilika, ist zu gottesdienstlichen Zwecken wieder eingerichtet, das Kloster wird als Irrenanstalt benutzt. Das Spitzbogengewölbe des daran stossenden Kreuzgangs gehört zu den zierlichsten. Auch die *Godehardikirche*, 1133 vollendet, ist ein Meisterwerk roman. Styls, 1852 wieder hergestellt.

Eigenthümlich ist das *Haus des Hauptmanns Wilke* am Längenhagen, Vorderseite ganz Steinarbeit, röm. Kaiser in ganzer Figur in den Fensterkreuzen, und eine Anzahl Kaiserköpfe en medaillon, aus dem 17. Jahrh.

Zwischen Lehrte und Hannover führt die Bahn auf weiter Strecke über Haide und Moor.

Hannover s. S. 125, grossartiger Bahnhof.

Bei der Weiterfahrt ist *Herrenhausen* (S. 128) links sichtbar. Der Zug führt über die *Leine*. In der Ferne s.w. das Wesergebirge. Stat. *Seelze*, dann *Wunstorf* (im Sommer 2mal Post nach Rehburg, am Steinhuder Meer, s. S. 60), wo die Bahn nach Bremen (S. 60) abzweigt, ferner *Haste*, *Lindhorst*, *Stadthagen*, das Lippische Abdera, an der Kirche ein Grabdenkmal des Fürsten Ernst.

Bückeburg (*Deutsches Haus*, *Berliner Hof*), Hauptstadt des Fürstenthums Lippe-Schaumburg, eine stille Landstadt mit Schloss, hübschem Park und einer 1613 erbauten Kirche, von innen und aussen Zopf, die ganz mit Recht die grosse Inschrift hat: „*Religionis non structurae exemplum.*"

*Ausflug nach der *Paschenburg*, Zweisp. laut Taxe im Bückeburger Bahnhof 3 2/3 Thlr., Wegegeld besonders, ausserdem für je 30 Min. Aufenthalt 10 Sgr., daher besser mit dem Kutscher ein Uebereinkommen für die ganze Fahrt zu treffen. Fussgänger wandern von Bückeburg über den *Harrel*, einen Bergrücken, s.ö. von Bückeburg (40 Min.), oben ein hoher Thurm von 120 Stufen, von der Eisenbahn gesehen am Saum des Gebirges aus Waldung besonders hervortretend, mit ausgedehnter Gebirgsfernsicht. Auf der Höhe des Wegs steht ein Wegweiser, der rechts zu den Steinbrüchen führt, von dem der Thurm einige Minuten entfernt ist. *Eilsen*, 20 Min. weiter im Thal, kleines Schwefel- und Schlammbad.

Nun stets durch Weiden in 45 Min. zur *Arnsburg* (in der Nähe die *Ludener Klippe* und der *Arnsberg* mit hübscher Aussicht, ähnlich der von der Paschenburg), dann ehemaliges Amthaus auf einem Hügel, in welchem Gastwirthschaft (sehr guter Kaffe) betrieben wird, und weiter auf der Landstrasse in 45 Minuten nach *Bernsen*. Am letzten Haus des Dorfs führt ein Fussweg rechts von der Strasse ab durch's Feld, der 15 Min. weiter den Fahrweg durchschneidet. Man geht links bergan bei dem Steinbruch vorbei, zuletzt durch Alleen und ein kleines Tannengehölz, und erreicht von Bernsen aus in 45 Min. die ***Paschenburg** (1115'), ein grosses Wirthschafts-Gebäude mit Tanzsaal und kleinen Zimmern, auch zum Uebernachten, aus der ganzen Umgegend als Vergnügungsort viel besucht, in ähnlicher Lage wie die Bastei in der Sächs. Schweiz, auf einem der höchsten Weserberge, herrliche Aussicht in die unten gelegene verfallene malerische *Schaumburg*, Stammschloss der Grafen dieses Namens, und in das Thal der Weser, die man an 21 Stellen, von Hameln bis unterhalb Rinteln erblickt. Man sieht bei hellem Wetter den Brocken; die Kettenbrücke bei Hameln, die Grotenburg mit dem Hermannsdenkmal, die Schiffbrücke bei Rinteln und an 100 Dörfer zu seinen Füssen. Neuere Untersuchungen wollen den Schauplatz

120 *Route 34.* MINDEN.

der Schlacht bei Idistavisus, im J. 16 n. Chr., in das breite Flussthal verlegen, welches man von der Paschenburg überblickt. Rinteln ist von der Paschenburg 2 St. südl., Bückeburg 3 St. nördl. entfernt.

Minden (*Bahnhofsrestauration; Twietmeyer's Hôtel* am Bahnhof. *Victoria Hôtel, Stadt London, Stadt Bremen, Prinz von Preussen* in der 15 Min. entfernten Stadt), 12,089 Einwohner (2000 Kath., 2000 Soldaten) an der *Weser*, über welche eine 1518 erbaute Brücke führt, von der die Franzosen 1813 einen Bogen sprengten, später durch Holzwerk ersetzt. Die alten Festungswerke liess Friedrich II. nach dem 7jähr. Krieg sprengen; sie sind in neuerer Zeit stärker als zuvor wieder aufgeführt, in Folge der Eisenbahnbauten ansehnlich erweitert, der Bahnhof durch eine Erdumwallung und drei Forts vertheidigt. Der braun geaderte Sandstein giebt den Bahnhofs-Gebäuden ein stattliches Ansehen, nicht minder den Neubauten in der Stadt, dem Regierungsgebäude im Rundbogenstyl neben dem Dom, dem Proviant-Magazin neben der Martinikirche u. a. Sonst bietet Minden wenig. Der *Dom* ist eines der schönern Gebäude des Uebergangsstyls, Ende des 12. Jahrh. Neben dem südl. Eingang ist unter dem Altarblatt ein langes schmales Bild von Heinr. Aldegrever, einem westphäl. Meister aus der ersten Hälfte des 16. Jahrh., die Zusammenkunft Carls d. Gr. mit dem Sachsenherzog Wittekind (S. 129) darstellend. In der *Martinikirche* ist ein Cranach'sches Bild.

Auf dem Schlachtfeld von **Todtenhausen**, 1 St. n., auf einer Anhöhe unfern der Landstrasse nach Petershagen, ist 1859 ein 40' h. goth. Denkmal zum Gedächtniss der gegen die Franzosen siegreichen Schlacht (1. Aug. 1759) errichtet, mit den Medaillonbildern (in Erz) der Feldherren, der braunschweig. Fürsten Ferdinand und Carl Wilhelm Ferdinand, des Grafen Wilhelm von Schaumburg-Lippe, und des Königs von Preussen Friedrich II.

35. Braunschweig.

Gasthöfe. *Deutsches Haus* Z. 20, L. 7½, M. 20, F. 7½, B. 6 gr, *Schrader's Hôtel* (gute Küche) gleiche Preise; *Hôtel d'Angleterre, Hôtel de Prusse, Blauer Engel,* letzterer von Kaufleuten viel besucht. — *Stadt Petersburg,* gutes Haus 2. Cl., Z. 12½, L. 5, M. 15, B. 5 gr.; ebenso werden gelobt *Wiener Hof, Deutsche Eiche, Stadt Bremen,* diese vier letztern in der Nähe der Eisenbahn.

Conditorei und Café. Denicke am Kohlmarkt, kleines räucheriges Local. *Bahnhofs-Restauration* (auch Kaffe) sehr gut. Im Bankkeller, unter dem Bankgebäude, gutes Essen und das beste Bier. — *Mumme* ist ein süsses dickes stark eingekochtes Waizenbier von nicht angenehmem Geschmack.

Theater (Neubau s. S. 124) im Mai und Juni geschlossen.

Braunschweig (292') (38,397 Einw., 1000 Kath.) hat in seinen äusseren Formen, wie Danzig, Lüneburg, Lübeck, ein sehr entschiedenes mittelalterliches Gepräge sich bewahrt. Die 1000jähr. Geschichte der Welfenstadt ist heute noch in ihren Bauwerken zu erkennen, weit bis in die Zeiten der Vorfahren Heinrichs des Löwen reichend, des zweiten Begründers der Stadt. Ihre Blüthe fällt in die zweite Hälfte des 14. und den Anfang des 15. Jahrh., da es Hauptstadt des dritten Quartiers des Hansebundes war. Aus jener Zeit sind die schönsten der Kirchenbauten, fast alle

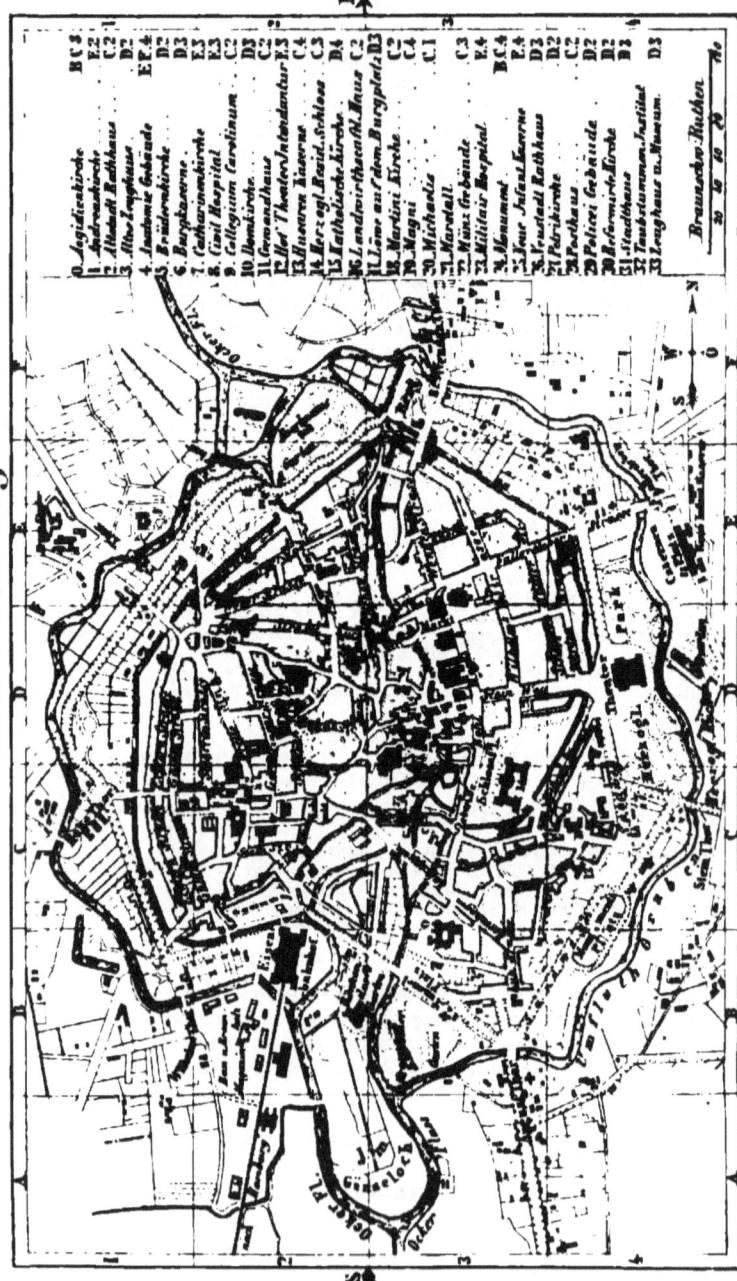

ganz vollendet, obgleich die Stadt sich rasch der lutherischen Lehre zuwendete, und bereits 1528 den Dr. Joh. Bugenhagen als Prediger berief. Die bürgerl. Kämpfe des 16. und 17. Jahrh. endeten 1671 mit völliger Unterwerfung unter die herzogl. Gewalt. Seitdem blieb Braunschweig der Herzoge Residenzstadt, den kurzen Zwischenraum der Franzosenherrschaft (1806—1813) abgerechnet. In neuester Zeit scheint Braunschweig zurück zu gehen, während Hannover sich hebt.

Das älteste grosse kirchliche Gebäude ist der *Dom (Pl. 10) (St. Blasius- oder Burgkirche), 1173 von Heinrich dem Löwen nach seiner Rückkehr aus dem gelobten Lande aufgeführt, die südl. Seitenhalle 1434, die nördliche mit den gewundenen Säulen 1469 angebaut. Die Thürme brannten im J. 1194 ab und sind nie erneuert worden. Das Innere ist 1854 von allem Zopf gesäubert und mit weisser Tünche versehen, gegen welche das bunt ausgemalte Chor grell absticht. Dort hat man nämlich einige alte Wandmalereien zu verewigen gesucht, die bei Säuberung der Kirche zu Tage getreten waren. Der Küster („Opfermann") wohnt dem westl. Portal gegenüber, und erhält für Kirche und Gruft, die beleuchtet wird, von 1—4 Pers. 20 gr., 5—8 Pers. 1 Thlr., 9—12 Pers. 1 Thlr. 10 gr.

Inneres. Das Grabdenkmal des Gründers († 1195) und seiner Gemahlin Mechthildis († 1189) aus jener Zeit, im Schiff am Chor aufgestellt, besteht in einem Deckstein, auf welchem die Gestalten beider hoch erhaben ausgehauen sind. Die Altarplatte, aus Muschelmarmor, auf 5 metallenen Säulen ruhend, vor dem hohen Chor, schenkte Mechthildis der Kirche. Den mit seltsamen Ungethümen gezierten 7armigen 16' hohen Leuchter aus Messing liess Heinrich der Löwe giessen und hier aufrichten. Der Fuss ist neu. Das Denkmal des Herzogs Ludwig Rudolph († 1735) in der Mitte des Schiffs, aus Zinnguss, verdient keine Beachtung. — Unter dem Chor die Krypta oder Gruftkirche, dem Bau vor Heinrich dem Löwen angehörend, wo seit Jahrhunderten die Leichen der Fürsten aus dem tapfern Welfenhaus beigesetzt sind, unter diesen neun, die auf Schlachtfeldern fielen (S. 124). Der älteste Sarg ist in der Vorhalle, der des Markgrafen *Ekbert II.*, der 1090 von seinen eigenen Dienern erschlagen wurde; neben demselben steht der Sarg der Schwiegermutter Lothars, *Gertrud* († 1117), der Aeltermutter Heinrich des Löwen. Auch einige alte Holzschnitzwerke und Steinbilder sind hier aufgestellt.

An der Nordseite des Doms, auf dem Burgplatz, steht auf einem, wie die Inschrift besagt, 1616 und nochmals 1792 erneuten Fussgestell, ein stattlicher *Löwe aus Erzguss mit geöffnetem Rachen, den Einige für das Werk eines griechischen, Andere mit mehr Recht eines niedersächsischen Meisters halten. Heinrich der Löwe liess ihn 1166 hier aufrichten, als Zeichen seiner Oberhoheit, seiner obersten Gerichtsbarkeit, ein anderer Roland (S. 62). Bis zum J. 1486 hielten hier die Burggrafen (Raugrafen), die herzogl. Vögte öffentl. Rügegericht. Die *Burg-Caserne* (Pl. 6) gegenüber, ebenfalls von Heinrich dem Löwen gegründet, später vielfach an- und umgebaut, war bis 1753 herzogl. Residenz.

Das *Residenzschloss (Pl. 14), ein 400′ l. Gebäude, von Ottmer an der Stelle des in den Septembertagen 1830 niedergebrannten „altes Hofes" aufgeführt, eine der schönsten neuern Fürsten-Wohnungen, enthält ausser einer Anzahl prächtiger Zimmer und Säle mit Bildnissen Braunschwaigscher Fürsten nichts Sehenswerthes. Die Rückseite stellt sich höchst geschmackvoll als Gartenpalast dar. Der Eintritt in die Zimmer und Säle wird für einen Einzelnen oder eine Gesellschaft mit 2 Thlr. beim Schloss-Verwalter erkauft. Der Durchgang durch's Schloss und der Besuch der Gartenanlagen ist Jedem gestattet.

Der *Altstadtmarkt ist von verschiedenen schönen alten Gebäuden umgeben. Die Mitte desselben ziert ein 1408 in Zinn gegossener, 1847 hergestellter *Brunnen* mit mancherlei Bildwerk. Figuren aus dem Heidenthum, dem alten und neuen Testament bis zu Carl d. Gr. und Gottfried von Bouillon, mit Wappen und Bibelsprüchen in niederdeutscher Mundart. Zur Rechten liegt das 1852 hergestellte *Altstadt-Rathhaus (Pl. 2), ein Bau zierlichsten goth. Styls aus dem 13., 14. und 15. Jahrh., kaum einem in Deutschland nachstehend, mit einem Laubengang von durchbrochener Arbeit, an dessen neun Pfeilern oben lebensgrosse Standbilder von Fürsten aus dem Welfenstamm, von Heinrich dem Finkler bis zu Heinrich dem Kind, aufgestellt sind. Als die Stadt 1671 ihre Unabhängigkeit verlor (S. 121), wurde das Rathhaus geschlossen und nur zur Zeit der Messe dem Verkehr der Messfremden geöffnet. Die ehemaligen Verliesse werden von der Rittmeier'schen Weinhandlung als Keller und Weinstube benutzt.

Kirchen. *Martinikirche* (Pl. 18), im 13. Jahrh. erbaut, die s.w. angebaute Annen-Capelle 1434. Taufstein aus Erzguss von 1441, für die Kunstgeschichte beachtenswerth; an der Kanzel gute Marmor-Bildwerke, Ende des 16. Jahrh., Bildwerke ähnlicher Art am Hochaltar von 1725. Unter den Standbildern an der Aussenseite nach dem Markt zu, ist auch das Luthers. An der dem Rathhaus zugewendeten äusseren Ecke ist ein Grabdenkmal, Sandstein-Relief, eingemauert, einen Fähnrich v. Rauchhaupt in voller Waffenrüstung darstellend, der bei der Belagerung der Stadt 1615 im Dienst des Herzogs blieb und hier beerdigt wurde. — *Andreaskirche (Pl. 1), 1200 begonnen, 1340 bis zum ersten Umgang aufgeführt, 1532 vollendet. An der Südseite in den Giebelfeldern merkwürdige *Bildwerke aus dem J. 1401, Krüppel allerlei Art darstellend. Nach einer Sage soll nämlich die Kirche durch reiche Krüppel, deren damals unter den Kaufleuten mehrere gewesen, gegründet worden sein. Die angrenzende Strasse heisst heute noch die *Kröppelstrasse*. In der Nähe die *Petrikirche* (Pl. 27), 1292 vollendet. Beide Kirchen als Bauwerke sehr beachtenswerth, im Innern nichts hervorzuheben. Neben der Andreaskirche ist die alte *Waye*, 1434 erbaut. — Die *Catharinenkirche* (Pl. 7), aus der zweiten Hälfte des 13. Jahrh., Chor 1450 vollendet, der Andreaskirche ähnlich, hat treffliche Grabdenkmäler aus dem 16. bis

18. Jahrh., namentlich das eines Grafen von der Schulenburg von 1619. Die 12 grossen Passionsgemälde an der nördlichen Wand, aus der zweiten Hälfte des 17. Jahrh., mögen kaum für die Kunstgeschichte bemerkenswerth sein. Die 3 Glasgemälde im hohen Chor sind von 1553. — Die grosse *Brüdern-* oder *Ulrichskirche* (Pl. 5), 1345 vollendet, besitzt einen alten Taufstein aus Erzguss und verschiedene Gemälde. — Die kleine *Magnikirche* (Pl. 19), hinter dem Schloss, 1031 eingeweiht, ist die älteste. — Die *Aegidienkirche* (Pl. O), im 15. Jahrh. neu erbaut, wird zu Kunst- und Gewerbe-Ausstellungen benutzt.

Das *Collegium Carolinum* (Pl. 9), eine 1745 gegründete höhere Bildungsanstalt, hat nicht unbedeutende naturwissenschaftliche Sammlungen.

Das *Zeughaus*, einst Paulinerkloster, als solches von 1311 bis 1343 aufgeführt, 1712 für seine jetzige Bestimmung eingerichtet, birgt in seinen obern Räumen das herzogliche *Museum (Pl. 33), im Sommer täglich, Montag ausgenommen, von 11—1 Uhr für Jedermann geöffnet, im Winter gegen Eintrittsgeld von 2²/₃ Thlr. für 1—6 Pers. Es enthält neben der bedeutenden *Gemälde-Sammlung auch Elfenbein- und Perlmutter-Schnitzwerke, Uhren, Trinkgefässe, Arbeiten in Filigran, Schmelz- und Porzellan-Malereien, Büsten, röm. und aegypp. Alterthümer, chines. und japan. Gefässe. Ferner geschichtliche Erinnerungen, Wachsbossirungen, Friedrich den Gr. in der Kleidung, welche er im 7jähr. Krieg getragen, mit seinem Hut aus der Schlacht von Mollwitz; seine Todten-Maske; Uniformstücke des Herzogs Friedrich Wilhelm (S. 124), mit Bildniss; Uniformstücke des Herzogs Christian aus dem 30jähr. Krieg; Sattel Carl Wilhelm Ferdinands (S. 124) u. dgl.

Erste Gallerie. 2. *J. M. Roos* Viehstück, 58. *Van der Helst* Frau und Kind, 67. *Mierevelt* Mann und Frau, 70. *Teniers* Landschaft, 78. *Rembrandt* Christi Erscheinung, 81. *Van Dyck* zwei Pferde, 103. 105. *Tizian* zwei Bildnisse von Venetianern, 106. *Van Dyck* Schäferstück, 107. *Joh. de Wett* Troja in Brand, 110. *Droogsloot* Teich Bethesda, 111. 112. 115, drei Bilder auf Goldgrund, aus dem 13. Jahrh., Madonna und Heilige.
Zweite Gallerie. 125. *Raphon* grosses Altarbild mit Flügeln, 136. *Kneller* Bildniss des Grosskanzlers Macclesfield, 139. *Van Dyck* Reiterbild (Lord Stafford), 141. *Hanemann* weibl. Bildniss (Lady Wattingsfield?), 146. *J. van der Lys* grosse Landschaft, 154. *Jansens* Tobias und der Engel. 160. *Rigaud* Bildn. der Prinz. Elisabeth Charlotte von der Pfalz („Lieselotte"), Gemahlin des Regenten Philipp v. Orleans, *169. *Moojaert* Abberufung des Matthäus, 177. *Tizian* sterbende Cleopatra, 182. *P. Brill* Landschaft, 184. *Franz Floris* Mann mit Falke, 189. *Van Dyck* männl. Bildniss, 193. 197. *Peti* Verstossung der Hagar, der verlorene Sohn, 194. *Victor* Esther u. Hamann, 195. *Jordaens* Bekränzung d. h. Joseph, *205. *Rubens* Spinola's Bildniss, 211. *Van Dyck* (?) männl. Bildniss, 215. *Rubens* männl. Bildniss, 226. v. d. *Keulen* weibl. Bildniss, *229. *Steenwyck* Architecturstück, 233. *Carravaggio* eigenes Bildniss, 234. v. d. *Keulen* männl. Bildniss, *239. *Jordaens* Bohnenfest,
Dritte Gallerie. 255. *A. van der Werff* Adam und Eva, 259. *Cranach* Luthers Bildniss, 261. *Rembrandt* Landschaft, *262. *Teniers* Alchymist 271. *Elsheimer* Landschaft, 280. *Dietrich* Sarah führt dem Abraham die Hagar zu, 282. *Ruysdael* Landschaft, 284. *Sraneveld* Landschaft, *286. *Rubens* Judith, 287. *Pourbus* männl. Bildniss, 291. *Ruysdael* Wasserfall, 293. *Van Dyck* Madonna, 294. *Holbein* Bildniss des Thomas Morus, 298. *Ruysdael*

Wasserfall, 300. *Jordaens* Anbetung der Hirten, 301. *C. de Moor* männl. Bildniss, 303. *Ruysdael* Landschaft, 305. *A. v. d. Neer* grosse Winterlandschaft, 312. *Dietrich* Eleasar und Rebecca, 325. *Brackenburg* Bauernstube, 332. *Netscher* Schäferstück, 347. *Everdingen* Landschaft, 350. 352. *Denner* alter Mann und alte Frau, 366 *Cranach* Hercules von der Omphale verspottet, 375. *Holbein* männl. Bildniss, 383. *Dow* eigenes Bildniss, 384. *Wouwermann* Christi Himmelfahrt, 400. *Ruysdael* Landschaft, 418. *Holbein* männl. Bildniss, 421. *Bassano* Verspottung Christi, 424. *Everdingen* Wasserfall, 431. *A. v. Ostade* Verkündigung, 449. *Domenichino* Venus nach dem Bade belauscht, 460. *Dürer* Jesus im Tempel, 471. *Huchtenburg* Schlachtstück, 473. Tilly's Bildn. von unbekanntem Meister, 478. *Zorg* die Arbeiter des Weinbergs.
Vierte Gallerie. 483. *Ravenstein* holland. Familie, *490. *499. *Dürer* Frau und Mann in schwarzer Pelzkleidung, 493. *Victor David* von Salomo zum König gesalbt, 524. *Berghem* Pomona und Vertumnus, *527. *Corn. de Vos* Familie Rubens, 532. *Ann. Carracci* Christus am Oelberg, *536. *Tintoretto* Abendmahl, 549. *Hondekoeter* Thierstück, *575 u. *566. *Rembrandt* Hugo Grotius und Frau, 570. *Lievens* Abraham und Isaak, 579. *Bisccaine* Christi Geburt.
Fünfte Gallerie. *591. *Cranach* Melanthon predigt als Johannes in der Wüste vor Kurf. Friedr. d. Weisen, 596. 604. *Moucheron* zwei Landschaften, *599. *Guido Reni* Prokris u. Cephalus, *607. *629. *Jan Steen* lustige Gesellschaft, Ehevertrag, 633. *Tintoretto* Lautenspieler, 638. *Lairesse* Entdeckung Achill's, *645. *Van Mander* das Mahl des reichen Mannes
Sechste Gallerie. *662. *Rembrandt* Grablegung Christi, *665. *Rembrandt* eigenes Bildniss, *662. *Eckhout* (oder *Rembrandt*) Beschneidung Christi, 676. *Vinckboons* Jahrmarkt, 682. *Sandrard* alte Fischhändlerin, 691. *Eckhout* Salomo opfert fremden Göttern, *695. *Giorgione* Adam und Eva.

Die *Wälle* der 1797 geschleiften Festung bilden jetzt die schönsten Spaziergänge; sie sind noch von Gräben umgeben, die ihr Wasser aus der *Oker*, welche die Stadt durchfliesst, erhalten. Westl. vom Bahnhof in der Nähe der Aegidienkirche, erhebt sich auf einem granitenen Fussgestell das 1853 errichtete ***Standbild Lessings** in Erzguss, „dem grossen Denker und Dichter das deutsche Vaterland", von Rietschel entworfen, sehr glücklich in der Tracht seiner Zeit dargestellt. Dann folgt das *Augustthor*. weiter der **Monumentsplatz** (Pl. 24), auf welchem die Bürger Braunschweigs eine 72′ hohe *Spitzsäule* von Gusseisen errichtet haben mit den Inschriften: „*Seinen für Deutschland gefallenen Fürsten ihr Vaterland. 1822. Den Einbruch in das Vaterland mit seinem Blute wehrend, sank Braunschweigs Welfe Carl Wilhelm Ferdinand, mit ihm seines Volkes Glück. Des Vaterlandes vom Feinde neu bedrohtes Glück schützend in rettender Schlacht, sank Braunschweigs Welfe Friedrich Wilhelm an seiner Krieger Spitze. Ihr Ruhm lebt ewig, dauere mit ihm ihr Stamm dem Vaterland zum Segen.*"
Am nördlichen Ende des Platzes steht die *Husaren-Caserne*. Den Raum vom Steinthor bis zum Fallersleber Thor nimmt der *herzogl. Park* ein. Am Steinthor erhebt sich das von Wolf im Rundbogenstyl erbaute neue ***Theater**, im August 1861 bei der Feier der 1000jähr. Gründung der Stadt eröffnet. An Stelle des alten soll eine Fruchthalle errichtet werden. Vor dem Fallersleber Thor die von Ottmer im florentinischen Styl aufgeführte schöne *Infanterie-Caserne*.
Wir kehren zum Steinthor zurück. Ausserhalb desselben führt ein Weg von der Landstrasse links ab zu dem mit Anlagen um-

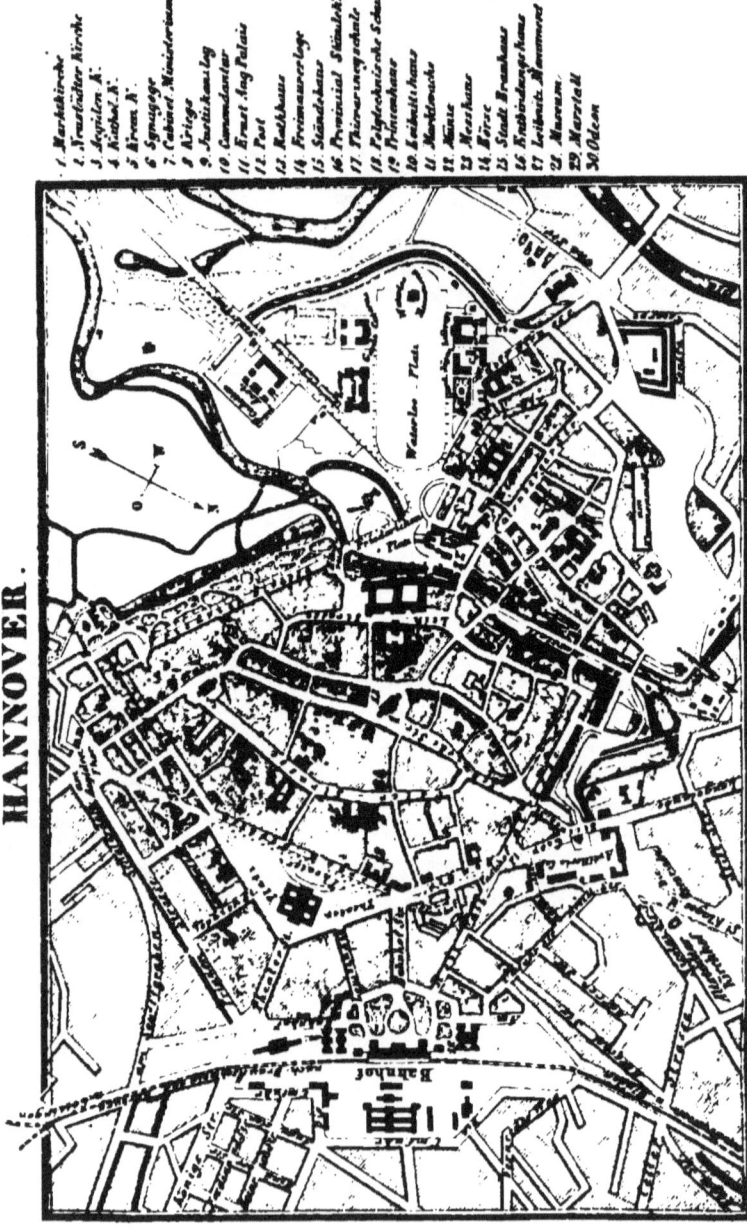

BRAUNSCHWEIG. *35. Route.* 125

gebenen *Exercierplatz*, an welchem eine 25' hohe **Denksäule** an den General *Olfermann*, der die Braunschweiger in der Schlacht bei Waterloo anführte, erinnert.

Rechts von der Landstrasse gelangt man zu dem grossen **Kirchhof** *der Domgemeinde* (zahlreiche Denkmäler). Auf dem kleinen Kirchhof der Magnigemeinde daneben ruht *Lessing* († 1781); ein einfacher Stein bezeichnet sein Grab. Auch *Campe* († 1818), der Jugendschriftsteller, ruht nicht weit von da, im Park seines, jetzt seinem Enkel, Hrn. Buchhändler *E. Vieweg* gehörigen Gartens. In der s.ö. Ecke des sandigen grossen Raums, welcher den Garten und die Kirchhöfe einerseits, s. das Dorf *St. Leonhard* begrenzt, 15 Min. s.ö. vom Steinthor, steht das ***Denkmal Schills**, welches 1840 ihm und den 14 Waffengefährten errichtet wurde, die am 31. Mai 1809 zu Stralsund gefangen, im Juli hier erschossen wurden. Schills Haupt (S. 57) und die Gebeine seiner 14 Waffengefährten, deren Namen das Denkmal nennt, sind unter demselben beigesetzt.

Eine kleine Capelle, an das von einem alten Soldaten bewohnte Wächterhaus angebaut, enthält zahlreiche Schill'sche Reliquien: seine Büste, nach der Todtenmaske entworfen, von Stiglmayr 1839 gegossen, ein Geschenk König Ludwigs von Bayern, drei Geschütze, von König Friedrich Wilhelm IV. von Preussen geschenkt; das Bildniss des Erzherzogs Carl, von ihm selbst geschenkt; Hofer's Bildniss vom Magistrat zu Innsbruck, das Bildniss des Herzogs von Braunschweig-Oels von der Stadt Braunschweig geschenkt; Schill's Säbel, Cartouche, Pistolen, Weste, Husarenjacke, seine Geldbörse, seine Brieftasche mit den eigenhändigen Worten der Königin: „*Für den braven Herrn von Schill. Königsberg, 21. Mai 1808. Louise.*" Die Wände sind mit den Wappenschilden der Offiziere Schill's behangen. Eine Glocke, mit welcher an den Todestagen Schill's und seiner hier und bei Wesel erschossenen Gefährten, auch des Herzogs von Braunschweig-Oels und Hofer's geläutet wird, schenkte die Kurfürstin von Hessen, die Schwester des Königs Friedrich Wilhelm III. von Preussen.

36. Hannover.

Gasthöfe am Bahnhof: Hôtel Royal, Z u. L. 20, M. 15, F. 7½, B. 5 gr., Union-Hôtel, B. 6 gr. „Portier und Hausknecht ausgenommen", Hôtel de Russie, überall gleiche Preise. *Rheinischer Hof, Z. 15, F 7½, M. 12½, B. 5 gr., *Hartmann's Hôtel (auch Restauration), *Europ. Hof. — In der Stadt, in der Georgstr.: *British Hôtel, Z. u. L. 20 gr., B. 6 gr., Victoria Hôtel, Meinecke's Hôtel (mit Café), dem Theater gegenüber; in der Neustadt: Hôtel d'Hanovre, Stadt Hamburg, Z. 10, F. 6 gr.

Conditorei u. Café. *Café Royal in Meinecke's Hôtel, Georgstrasse 21, *Robby, Leinstrasse 29, neben dem Palais, *Spohn Leinstrasse 19.

Kaffegärten. Innere Stadt: Odeon Nicolaistr., Tivoli; äussere Stadt: Bellavista (oft Militairmusik) am Neuenthor. Schöne Aussicht vom Lindener Berg (Omnibus bis Linden 1 gr.), nahe der Stadt

Restaurationen. *Hartmann's Tunnel, Eber's Telegraph, beide am Bahnhof; Louisenkeller in der Louisenstrasse, Hipp's Café im Victoria Hôtel, *Kasten's Georgshalle, hinter dem Theater, Müller's Theaterkeller ebendaselbst, Bankkeller Georgstr., Wallhalla Windmühlenstr., Pfeiffer's Keller unter dem Hôtel d'Hanovre, Café Waterloo am Neustädter Markt, Hoftraiteur Rudolph Burgstrasse.

Droschken. 1 Person 4, 2 Pers. 5, 3—4 Pers. 6 gr. die Fahrt in der Stadt. Nach Herrenhausen 10, 12½, 15 gr. je nach Personenzahl, zurück dasselbe. Nach der Zeit: ¼ St. 1—2 Pers. 5, 3—4 Pers. 7½ gr., ½ St. 1—2 Pers. 7½, 3—4 Pers. 10 gr., 1 St. 1—2 Pers. 10, 3—4 Pers. 15 gr.

126 *Route 36.* HANNOVER. *Museum.*

Omnibus. Vom Bahnthor durch die Stadt nach dem Vorort Linden und zurück, Vormittags stündlich, Nachmittags ½ stündl., Person 1 gr.
Theater (Gebäude wie Vorstellungen ausgezeichnet) August geschlossen. Im Winter Concerte.

Hannover (202'), die rasch aufblühende Hauptstadt des Königreichs mit 61,800 Einw. (3000 Kath.) und 4100 Soldaten, an der *Leine*, hat seit dem Regierungsantritt (1837) des Königs Ernst August († 1851) eine ganz andere Gestalt erhalten. Ein neuer Stadttheil (Ernst August Stadt) ist in der Nähe des Bahnhofs entstanden, in welchem man, wie in den sonstigen neuen Theilen der Stadt unter den durchgängig stattlichen Gebäuden eine grössere Zahl findet, welche durch einen in Hannover selbständig entwickelten, auf den reinen Constructionsbau in Ziegeln oder Haustein mit Rundbogen-Ueberwölbungen sich stützenden ernsten und würdigen Baustyl sich auszeichnen. Wir nennen als solche das Museum, Lyceum und höhere Bürgerschule, Schwurgerichtsgebäude, Militärhospital, Bekleidungs-Commission, Bankgebäude, Christuskirche (im Bau) und zahlreiche Privatgebäude, ebenso das 1852 eröffnete **Theater**, wohl eines der grössten und schönsten Deutschlands. — Die bronzene *Reiterstatue des Königs Ernst August* (der König in Husarentracht) von *A. Wolff*, einem Schüler Rauch's, soll am 7. Juni 1861 auf dem Bahnhofsplatz enthüllt werden. Die colossale *Schiller-Statue*, wozu Engelhardt, ein Schüler Schwanthalers, ein ausgezeichnetes Modell angefertigt hat, soll auf dem Georgsplatze aufgestellt werden.

Das *Museum (Pl. 28) für Kunst und Wissenschaft, 1856 vollendet, mit den Sammlungen des histor. Vereins für Niedersachsen, der naturhistor. Gesellschaft und den Gemälden und Sculpturen, Sonnt. 12—2 Uhr. und Mittw. 2—4 U., für Fremde tägl. 10—1 U. gegen 5 Gr. — *Permanente Kunstausstellung* daselbst (Februar u. März geschlossen) tägl., ausgenommen Freitag, 11 bis 4 U. gegen 5 Gr. — Ebener Erde befinden sich die Versammlungsräume des Künstler- und Architecten-Vereins.

Das **Schloss** (tägl. ausser Sonntag 9—1 U. Eintrittskarten im westl. Flügel ebener Erde, Trinkg. 5 Gr., hier auch Karten für die Silberkammer S. 127 und das Mausoleum S. 128), von ansehnlichem Umfang, ist in seiner innern Einrichtung eines der prächtigsten fürstl. Schlösser, mit vielen neuen Bildern.

Hervorzuheben sind: die Bildnisse der Regenten von Herzog Heinrich dem Löwen an. *Riepenhausen* Heinrich der Löwe schützt Friedrich Barbarossa gegen aufrührerische Römer, *Portmann* Marine; *A. Becker* Norweg. Landschaft; *Gurlitt* Sundlandschaft, Comersee; *Achenbach* Mündung der Maas am Briel, Niederländ. Landschaft; *J. Hübner* h. Georg; *Blanc* Kirchgängerin; *Krüger* König Ernst August mit Gefolge; *Oesterlei* Leonore, Jephta; *W. Schirmer* Wald; *Adam* Napoleon in der Schlacht bei Regensburg; *Northen* Napoleon auf dem Rückzuge, und La Haye sainte; *Scheman* Wald; *Laurence* Bildnisse von York, Pitt, Canterbury u. A.; *Schirmer* Wald; *Kretschmer* Sturm in der Wüste; *Ahlborn* Salzburg und drei grosse Italien. Landschaften; *Camphausen* Puritaner; *Metz* Scene aus dem Bauernkrieg; *Lessing* Kaiser Heinrich V. vor dem Kloster Prüfening; *Begas* Lorelei; *Knille* der todte Cid; *Lucas* Wellington; *Busse* Wald; *Koken* Kirchhof im Schnee; *Bergmann* Kaiser Carl V. und Rembrandt; *Carl* Landschaften;

Waterlooplatz. HANNOVER. *36 Route.* 127

Kotsch Landschaft; *Beyer* Architecturstücke; *C. Hübner* die Verlassene, Heimkehr der Söhne; *Leu* Gebirgsschlucht; *Jacke* Kölner Dom; *Ainmüller* Stephanskirche; *Marie Wiegmann* Pflanzerkinder.
Von ältern Bildern: *Van Bassen* Saal im Renaissance-Styl; *Carlo Dolce* Jüngling; *G. Dow* Greis eine Feder schneidend; *van Dyck* Christus und der Schiffbrüchige; *Everdingen* Felsen; *van der Helst* männl. u. weibl Bildniss; *Miereveld* weibl. Bildniss; *Rubens* Entführung der Deïanira; *Snyders* Bär; *Snyders* u. *Rubens* Mann ein Reh ausweidend; *Ruysdael* Ruinen; *Teniers* Schlachthaus; *Tisian* Bildn. eines Greises, weibl. Bildniss; *Ph. de Campagne* Bildn. eines Greises; *P. Veronese* Christus; *J. Veenix* todter Haase und Geflügel. — In der Schlosscapelle: *L. Cranach* Kreuzigung; daselbst eine vorzügliche Sammlung von *Kirchengeräthen* und *Reliquienbehälter*, in der Regel nur Kennern zugänglich.

Die *Silberkammer* (tägl. ausser Sonnt. 9—12 U., Eintrittsk. s. S. 126, Trinkg. 5 Gr.), ebenf. im Schloss, ist eine der reichsten in Deutschland, an ältern wie an neuern ausgezeichneten Arbeiten.

Dem Schloss gegenüber ist das alte königl. *Palais* mit der königl Privatbibliothek, Kupferstich-Sammlung, Münzcabinet und Waffensammlung. — Die ehem. *Hausmann*'sche, jetzt königl. Gemäldesammlung am Holzmarkt 4 (Sonnt. 12—2 U.), besitzt eine Anzahl vorzügl. Bilder der Niederländ. u. Altitalienischen Schule. — Die königl. *Bibliothek* im *Archiv-Gebäude, gegen 120,000 Bände und 2000 Handschriften, darunter Leibnitz's literar. Nachlass, ist tägl. von 12—2 geöffnet. — Die Sammlung des Legationsraths *Aug. Kestner* († 1853), Kupferstiche, Autographen, Alterthümer, befindet sich Leinstr. 10, tägl. ohne Trinkg.; die *Culemann'sche Sammlung* mittelalterlicher Kunstwerke, Autographen, Druckwerke u. s. w. Osterstrasse 53.

An der Südseite des Schlosses fliesst die Leine. Ein sehr grosser Platz, der **Waterlooplatz**, dehnt sich hier aus, der Exercierplatz für die Besatzung, im Hintergrund von der 160' h. *Waterloosäule* begrenzt, „*den Siegern von Waterloo von dem dankbaren Vaterland*" errichtet, mit den Namen aller Gebliebenen, etwa 800. Von oben guter Ueberblick über die Lage von Hannover. Rechts und links *Casernen*, links (südl.) das 1846 erbaute grosse Zeughaus *(Arsenal)*, und das Cadettenhaus. An der Nordseite des Platzes das 1848 errichtete *Standbild des Generals Graf Alten* († 1840), des Führers der Hannoveraner bei Waterloo und der engl.-deutschen Legion in Spanien, in Erzguss, von Kümmel. Zwischen diesem und den Casernen steht in Anlagen ein Tempel (Pl. 27) mit der Büste von *Leibnitz* († 1716). In der Nähe das Palais des Königs (Pl. 11).

Das ehemalige *Wohnhaus von Leibnitz* (Pl. 20), Ecke der Schmiede- und Kaiserstr., hat einen Erkervorbau mit 16 biblischen Darstellungen auf Steintafeln. In diesem Theil der Stadt finden sich auch sonst noch manche alterthümliche Häuser aus dem 16. und 17. Jahrhundert.

Der königl. **Marstall** (Pl. 29) ist wegen seiner Pferde berühmt, namentlich der seltenen weissgebornen und der Isabellen (S. 85), welche im östl. Marstallgebäude am Eingang stehen. Grosse Reitbahn, daneben die neuen Wagenschoppen mit den Staatswagen, besonders dem „goldenen" Wagen. Eintritt unverwehrt.

An der andern Seite der Leine, in der Neuen Strasse, ist 1859 an dem *Armenhaus* eine Inschrift mit Relief-Büdniss angebracht, meldend, dass der Herzog Friedrich Wilhelm von Braunschweig-Oels auf seinem Heldenzuge vom Erzgebirge nach der Nordsee am 3. Aug. 1809 in diesem Hause (damals Gasthof) übernachtet hat.

Unter den Kirchen ist nur die **Marktkirche** (Pl. 1) nennenswerth, um 1350 erbaut; an der Aussenseite einige hübsche Grabdenkmäler eingemauert, früher auf dem Kirchhof, im Innern 1856 hergestellt. Die Südseite des stattlichen **Rathhauses** (Pl. 13) gegenüber ist 1846 erneuert.

Unter den 36 öffentl. und 8 Privat-Schulanstalten sind die *polytechnische Schule* mit ihren Sammlungen und das Schulgebäude am Georgsplatz, worin Lyceum, Handelsschule und höhere Bürgerschule, hervorzuheben.

Umgebungen. Nach dem königl. Schloss *Herrenhausen ($\frac{1}{2}$ St. Gehens, Droschke in 20 Min. s. S. 125) führt eine 6828' lange prächtige Lindenallee. Es war Lieblingsaufenthalt Georgs I. († 1727) und Georgs II. († 1766). Der im franz. Styl angelegte fast 182 Morgen grosse Garten enthält ein Gartentheater, Fontainen und Wasserwerke, die von Pfingsten bis Michaelis spielen und zwar Sonnt. 3—5$\frac{1}{2}$ U., Mittwoch im Juli 5—7 U., im August 4—6 U., im September 3—5 U. Nahe dem Schloss zwei grosse Orangeriegebäude und der durch reichen Blumenflor sich auszeichnende *Berggarten*, mit einem Palmen- und Orchideenhaus und dem Hause einer Victoria regia. Im Hintergrund des Gartens das *Mausoleum* mit den von Rauch gearbeiteten Grabdenkmälern des Königs Ernst August († 1851) und seiner Gemahlin Friederike († 1841). Zugänglich im Sommer Mittw. u. Sonnabend von 3—5 U., gegen Eintrittsk. im Schloss zu Hannover (S. 126) zu haben (Trinkg. 5 Gr.). — Auf der östl. Seite der Allee der *Georgenpark* mit Schloss und einer Sammlung älterer Bilder und Sculpturen. Zugänglich ohne Karte (Trinkg. 7$\frac{1}{2}$ gr.) Im Park Kaffewirthschaft. — Auf der westl. Seite der Allee das im Bau begriffene Schloss *Königssitz*, früher Montbrillant, mit Garten. — Der *Thiergarten bei Kirchrode* (Eisenb. 2$\frac{1}{3}$ gr., Droschke 1 Thlr.) mit zahmem Rothwild; Erfrischungen im Försterhaus zu haben. — Die *Marienburg* bei Nordstemmen (Station an der Bahn nach Hildesheim S 154), königl. Schloss im mittelalterlichen Styl, im Bau (1861).

37. Von Minden nach Köln.

Schnellzug in 6$\frac{3}{4}$ Stunden Personenzug 9$\frac{3}{4}$ Stunden. Fahrpreis 7 Thlr. 4$\frac{2}{3}$ oder 3$\frac{1}{2}$ Thlr.; bei den Schnellzügen 15 bis 20% höher.

Die Bahn durchschneidet die kleine Ebene zwischen Minden und dem Wesergebirge und dringt durch den engen Einschnitt, den die Weser sich hier gebahnt hat, die *Weserscharte*, gewöhn-

HERFORD. 37. *Route.* 129

licher *Porta Westphalica (Hôtel Porta) genannt, in das westphälische Gebirgsland. Der Fluss, die Landstrasse am linken, die Eisenbahn am rechten Ufer füllen diesen Einschnitt aus. Hier werden die zu den Neubauten in Minden benutzten schönen Sandsteine gebrochen (S. 120). Die Schichtungen des Gesteins liegen hier grossartig zu Tage. Das Stationsgebäude, welches sich hart an die Felswand drängt, gleicht einer kleinen festen Ritterburg. Die Aussicht von den beiden Bergen, dem Jacobsberg (600′ ü. M., 500′ ü. d Weser) am rechten, dem Wittekindsberg (800′ ü. M.) am linken Ufer, ist sehr ausgedehnt und belohnend. Als Rundschau auf diesem ist ein 75′ h. Thurm erbaut. In der daneben befindlichen, nur noch in den Umfassungsmauern und einem rohen Altar und Taufstein erhaltenen Capelle *(Margarethen-Cluse)* soll Wittekind (s. unten) getauft sein.

Nun über die Weser, unweit des Dorfes *Hausberge*, welches links am Abhang des Gebirges in einem Wald von Obstbäumen liegt. Bei *Rheme* (Vogeler's Hôtel) ist die bedeutende Saline *Neusalzwerk* mit einem 2220′ tiefen Bohrloch, wohl die grösste Tiefe, zu welcher bis jetzt unter dem Meeresspiegel eingedrungen ist. Eine 26° warme kohlensaure Salzquelle kommt durch dieses Bohrloch zu Tage; sie wird zu viel besuchten Bädern, *Oeynhausen's Bad* (Robert's, Vogeler's, Victoria Hôtel) genannt, benutzt. Eigenthümlich ist das Dunstbad, ein künstlicher Wasserfall der Heilquelle in einem bedeckten und geschlossenen Raum. Der Abfluss des Wassers bildet, wie der Kalksinter zu Carlsbad, Incrustationen. Löhne ist Mündepunct der Osnabrück-Emdener Bahn (S. 70 und 137).

Vor **Herford** (*Wessel's Hôtel*) überschreitet die Bahn einen kleinen Fluss, die *Werre*, welche bei Rehme in die Weser fällt, nicht mit der Werra zu verwechseln, durch deren Vereinigung mit der Fulda bei Münden (R. 46) die Weser entsteht. Herford (10,000 Einw.) ist die zweite Hauptstadt der Grafschaft Ravensberg. Die Frauen-Abtei auf dem Hügel an der Nordseite stiftete Wittekind, der Engern König, der Sachsen Herzog, der Franken und Carls d. Gr. hartnäckigster Gegner, der in langjährigen Kämpfen sein altes Recht und seinen alten Glauben gegen die fränkischen Eindringlinge vertheidigte, zuletzt ihren Priestern aber dennoch sein Haupt zur Taufe beugen musste (s. oben). Er hatte seinen Königssitz zu *Enger*, jetzt ein unbedeutendes Städtchen, 1 Meile westlich von Herford. Keine Spur der alten Herrlichkeit mehr; nur seine Gebeine werden noch in der Kirche gezeigt und ein Sarkophag mit dem Steinbild und der Inschrift: *„Monumentum Wittekindi, Warnechini filii, Angrivariorum regis. XII. Saxoniae procerum ducis fortissimi"*, welchen Kaiser Carl IV. 1377 errichten liess. Die Könige von Preussen und Sachsen nennen in ihrem grossen Titel sich auch Herzoge von Engern.

Zwischen Herford und Bielefeld, jenseit *Brake*, unfern *Schil-*

desche, führt die Bahn über einen 1200′ langen Viaduct. **Bielefeld** *(Ravensberger Hof, Drei Kronen)* mit 11,000 Einw. (1000 Kath.) ist Mittelpunct des westph. Leinwandhandels, sehr gewerbreicher Ort (Spinnereien, Dampfmühlen). Auf den n.w. Ausläufern des *Osning*, des Bergkamms, der s.ö. mit dem Teutoburger Wald (S. 139) zusammenhängt, erhebt sich der hohe runde Thurm der Feste *Sparenberg*, im 12. Jahrh. von dem Welfischen Grafen Bernhard von der Lippe, auf dem Gebiet seines Waiblingen'schen Gegners, des Grafen Hermann von Ravensberg erbaut und Löwenburg genannt, ein Trutz-Ravensberg, das aber sehr bald, als der Stern des Welfischen Löwen sank, von den Ravensberger Grafen genommen wurde, die nun ihr Wappen, den Sparren, weit daran aussteckten und die Feste Sparrenberg nannten. Der jetzige Bau ist 1545 aufgeführt, nach Dürer'schem System befestigt; er dient seit 100 J. als Gefangenhaus. Oben *Schenkwirthschaft und schöne Aussicht, ebenso vom *Johannisberg*, s.w. von Bielefeld.

Die Bahn verlässt nun das Gebirge, sie tritt durch den Einschnitt, welchen der *Lutterbach* durchfliesst, in die Ebene. An den s. Abhängen des *Osning* oder *Teutoburger Waldes*, etwa 2 Meil. ö. von Stat. *Brackwede*, wird eine Stelle als der Ort bezeichnet, wo im J. 9 n. Chr. der junge Cheruskerfürst Hermann den röm. Feldherrn Varus schlug. Ueber den Ort des Schlachtfeldes ist viel gestritten, doch bleibt kaum unzweifelhaft, dass es die Schluchten des Teutoburger Waldes (S. 140) waren.

Das Land ist Anfangs steinig, bald wechseln aber Ackerland, Wiese und Weiden mit buntem Rindvieh und Wald, dazwischen Bauernhöfe mit rothen Dächern. Von **Gütersloh** *(Schmale)* aus wird ein ansehnlicher Handel mit westphälischen Schinken und Würsten betrieben; der hiesige Pumpernickel, das kräftige wohlschmeckende westphälische Schwarzbrod, wird als der beste gerühmt

Vor *Rheda* (Omnibus-Verbindung mit Lippstadt) fährt der Zug über die *Ems*, die unfern Emden (S. 69) in Ostfriesland sich in die Nordsee ergiesst. *Oelde* und *Ahlen* heissen die folgenden Stationen. Dann über die *Lippe* nach **Hamm** (*Prinz von Preussen*, beim Bahnhof; *von der Mark* in der Stadt), mit 10,022 Einw., Hälfte Kath., einst Hauptstadt der Grafschaft Mark, wo eine Seitenbahn nach *Münster* und *Emden* (S. 69), eine andere nach *Paderborn* und *Cassel* (S. 143) abzweigt.

Die Hauptbahn geht weiter über *Camen*, wo in der Ferne die Gebirge der Ruhr sichtbar werden, nach **Dortmund** (*Röm. Kaiser*, *Bellevue* am Bahnhof), mit 22,099 Einw., (¹/₃ Kath.). einst Reichs- und Hansestadt, die ihre eigenen Grafen hatte, heute noch ganz mit Mauern umgeben. An der Westseite des Bahnhofgebäudes stehen, von dem Beil des Eisenbähners verschont, die zwei alten Linden, unter welchen der Steintisch „mit des Reiches Aar", auf welchem „das nackte Schwert einst und die Weidenschlinge" lag, der berühmteste Freistuhl des Vehmgerichts auf „rother Erde". Von den kirchlichen Gebäuden sind nur zwei bemerkenswerth, die grosse *Reinoldikirche*, daneben die hohe schlanke *Marienkirche*, mit einem Gemälde eines Meisters der zu Anfang des 15. Jahrh. blühenden westphälischen Schule. Die kath. *Dominicanerkirche* hat ebenfalls ein bemerkenswerthes, aber schlecht gehaltenes grosses Altarblatt derselben Schule, von 1508.

Dortmund ist Knotenpunct für die Köln-Mindener, die Dortmund-Soester und die *Bergisch-Märkische Bahn*. Die letztere führt durch die gewerbreichsten, belebtesten und schönsten Gegenden der Grafschaft Mark und des Herzogthums Berg, Ruhrthal, Enneperthal, Wupperthal, über Witten, Hagen, Schwelm und Elberfeld nach Düsseldorf, fast in derselben Zeitfrist, wie die Hauptbahn. Wer nicht gebunden ist, steige hier aus und fahre über Elberfeld nach Düsseldorf, s. S. 132.

Die *Köln-Mindener Bahn* bietet auf dieser Strecke weniger. Sie bleibt in der Ebene und umgeht in weiten Bogen die Gebirge, welche die Elberfelder Bahn durchschneidet. Allenthalben die urgermanische Eigenthümlichkeit: Wald, Wiese, Kornfeld, frisches Ackerland, dazwischen einzeln zerstreut die rothbedachten Bauernhöfe, in malerischer Abwechslung, wie sie schon Tacitus *(Germ. XVI.)* beschreibt, jetzt durch zahlreiche gewerbliche Anstalten, Gruben und Hüttenwerke sehr belebt.

Mengede, Castrop, Herne, Gelsenkirchen heissen die folgenden Stationen. Auf dem Bahnhof von *Essen* zwei stattliche Villen, von Hrn. Huyssen erbaut. Die alte Stadt **Essen** *(Schmidt, Sauer, Berghaus)* selbst, ½ St. vom Bahnhof, sieht man nicht. In ihrer schönen Münsterkirche steht ein grosser siebenarmiger Leuchter von Messing, den im J. 998 Mechtildis, die Schwester Kaiser Otto's III., der von ihr gegründeten Münsterkirche nebst vier in der Schatzkammer aufbewahrten mit Edelsteinen reich gezierten Goldkreuzen schenkte. Essen (17,165 Einw., ⅓ Prot.) ist Mittelpunct der ergiebigen Steinkohlengruben. Allenthalben hohe Schornsteine der Gruben-Dampfmaschinen, der leuchtthurmartige Schornstein der berühmten *Krupp'schen Gussstahlfabrik* ist weithin sichtbar.

Station *Berge (Borbeck)* dient nur dem Kohlentransport. Vor *Oberhausen* zeigen sich rechts eine Anzahl hoher Schornsteine, zu den grossartigen Eisenwerken der HH. Jacobi, Haniel und Huyssen gehörend. Die Umgebung ist Haideland, die *Lipperhaide*. Eine kleine Bahn zweigt sich hier über Oberhausen nach Ruhrort (und Aachen) ab, eine andere nach Wesel und Arnheim.

Vor **Duisburg** *(Rhein. Hof)*, Stadt mit 18,060 Einw. (⅓ Kath.), überschreitet die Bahn die *Ruhr*. Die Salvatorkirche, eines der schönen kirchlichen Gebäude des 15. Jahrh., ist 1850 hergestellt. Folgen Stationen *Grossenbaum, Calcum*, in dessen Nähe *Kaiserswerth* mit den grossen milden Stiftungen des evang. Pfarrers Fliedner; dann *Düsseldorf, Benrath*, wo ein königl. Lustschloss, *Langenfeld;* weiter an Schloss *Reuschenberg*, dem Grafen Fürstenberg gehörig, vorbei, über die *Wupper*, *Küppersteg*, *Mühlheim* nach *Deutz* und *Köln*, alle im 1. Theil dieses Reisehandbuchs beschrieben. Gasthöfe in *Deutz* Hôtel de Bellevue, Prinz Carl, in *Köln* Holländischer Hof, Kölnischer Hof, Hôtel du Nord, Hôtel Disch, Mainzer Hof, Hôtel Clement u. a. Ausführlichere Nachrichten über die Rheingegenden in *Baedeker's Rheinlande*, 11. Auflage.

38. Von Düsseldorf nach Elberfeld und Dortmund.

Eisenbahn bis Elberfeld in 1 St., von da bis Dortmund in 2 St. Fahrpreise Thlr. 2. 12, 1. 22 1/2, 1. 4 1/2 Sgr.

Diese Bahn verbindet die gewerbreichsten Gegenden des Wupperthals und der Grafschaft Mark mit der Köln-Berliner Bahn. Wer schöne Landschaften, belebte Fabrikgegenden, grossartigen Bahnbau aufsuchen will, wird in Deutschland kaum eine mehr belohnende kurze Eisenbahnfahrt machen können (vergl. S. 131).

Die Bahn bleibt (1. Stat. *Gerresheim*) bis *Erkrath* in der Ebene und steigt dann bis Stat. *Hochdahl*, 480' höher als Düsseldorf.

Bei *Vohwinkel* mündet die **Prinz-Wilhelms-Bahn**, welche den Verkehr der Steinkohlengruben der Ruhr mit dem Wupperthal vermittelt, ebenfalls eine sehr belohnende Fahrt von 1 1/2 St., besonders da, wo die Bahn das Ruhrthal erreicht.

Die Elberfelder Bahn tritt bald hinter Vohwinkel plötzlich aus dem Gebirge in das Thal der *Wupper*, überschreitet diese, und bleibt nun am Abhang des Gebirges.

Elberfeld *(*Churpfälzer Hof,* * *Weidenhof)* und das benachbarte *Barmen* haben an 100,000 Einw. (15,000 Kath.) Beide Städte mit ihren saubern schieferbedeckten Häusern erhoben sich schnell seit der letzten Hälfte des vor. Jahrh. zu ihrer jetzigen Bedeutung. Höchst ansehnlich sind die Baumwolle-, Seide- und Bandfabriken und die Türkischroth-Färbereien. Wer diesen keine Aufmerksamkeit schenkt, wird einen kurzen Aufenthalt in Elberfeld am belohnendsten mit einem Besuch des **Belvedere auf der Haardt* („Elisenhöhe"), 20 M. von Elberfeld, ausfüllen. (Hier steht seit 1859 eine Bildsäule des h. Suitbert, des Apostels dieser Gegenden.) Die Aussicht auf das gewerbreiche, dicht bevölkerte, lang sich hinziehende Gewerbthal mag in dieser Eigenthümlichkeit kaum von einer andern im deutschen Land erreicht werden.

Barmen, aus mehreren selbständigen Ortschaften, *Wichlinghausen*, *Gemarke*, *Rittershausen* u. a. bestehend, bei der Wupperbrücke beginnend, ist ganz mit Elberfeld vereinigt, so dass man von der Westseite Elberfelds bis zur Ostseite Barmens fast 2 St. lang unausgesetzt zwischen Fabriken und Wohnhäusern hindurch geht. Links nahe der Bahn steht ein eisernes *Denkmal*, welches Barmer Bürger zum Gedächtniss des Königs Friedrich Wilhelm III. († 1840) errichteten. Der Zug saust, unmittelbar nachdem er den hochliegenden Bahnhof zu Elberfeld verlassen hat, an dem Denkmal vorbei. Die Plätze links gestatten den besten Ueberblick, jetzt auf das häuserreiche Wupperthal, wie später von Schwelm bis Hagen auf das gewerbliche Enneperthal.

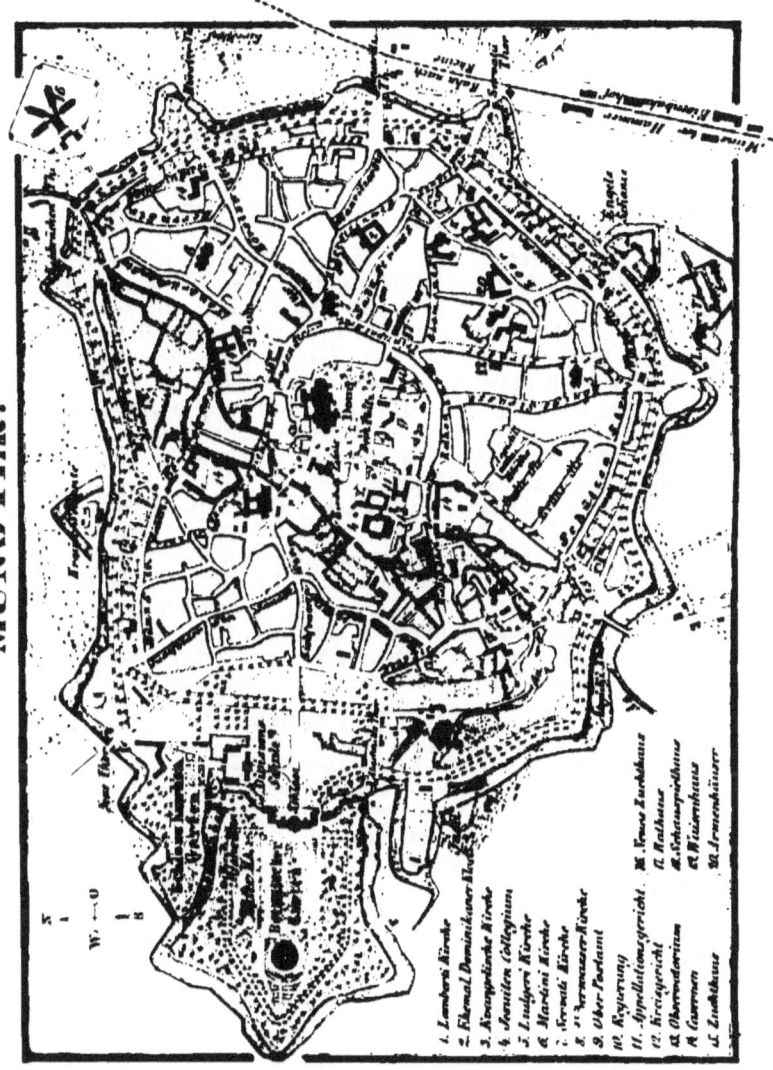

Vor **Schwelm** *(Hôtel Rosenkranz)* überschreitet die Bahn die Grenze zwischen Berg und Mark, die alte Völkerscheide zwischen Franken und Sachsen (S. 129). Beim *Schwelmer Brunnen* ist ein ansehnlicher Einschnitt im Gebirge. Jenseit desselben, an der *Milspe*, öffnet sich eine überraschende Aussicht oben vom Berge hinab in das breite Thal der *Ennepe*, das nun die Bahn, stets am Abhang des Gebirges nach und nach sich senkend, durchdringt. Der kleine Fluss treibt unzählige Eisenhämmer, hier ist's, „wo der Märker Eisen reckt".

Bei der gewerbreichen Stadt **Hagen** *(Deutsches Haus, Hôtel Lünenschloss)* geht's über die *Volme*, dann folgt *Herdecke* (Ruhr-Sieg-Bahn s. S. 141). Den Gesichtskreis n.ö. begrenzt, steil von der Ruhr abfallend, das Ardey-Gebirge. Auf einem dieser vortretenden Berge, $1^{1}/_{2}$ St. n ö. von Herdecke, der *Hohen-Syburg*, ist 1857 ein 90' hoher Rundschauthurm zu Ehren des Freiherrn Ludwig von Vincke († 1844), Oberpräsidenten von Westphalen, aufgeführt, neben den Trümmern der Wittekindsburg, von Carl d. Gr. um das Jahr 775 belagert. Einer Sage nach soll der Sachsenherzog hier getauft sein (vergl. S. 129).

Der Zug umfährt nun einen Hügel. Dann tritt plötzlich auf einer Anhöhe des rechten Ruhrufers ganz malerisch **Wetter** mit seiner Burg hervor, jetzt eine grosse Maschinenfabrik bergend, Nun weiter im schönen Thal der Ruhr, die der Zug hier überschreitet, bis **Witten** *(Hôtel Gräfe, *Glitz)*, im Hintergrund der malerischen Landschaft Burg *Steinhausen*, Hrn. van Braam gehörig.

Bei dem gewerbreichen Witten verlässt die Bahn die Ruhr und führt nun durch hügeliges Ackerland nach *Dortmund* (S 130).

39. Münster und Osnabrück.

Eisenbahn von Hamm nach Münster 1 St, von Münster über Rheine (S. 70) nach Osnabrück $2^{1}/_{4}$ St., von Osnabrück nach Minden $2^{1}/_{4}$ St.

Die Bahn zwischen Hamm und Münster bietet nichts Bemerkenswerthes. Stationen *Drensteinfurt*, kleines Städtchen mit Schloss des Freih. v. Landsberg, und *Rinkerode*.

Münster (**König von England* bei *Gerbaulet*, Z. u. F. 20, B. 5 Sgr.; *Rheinischer Hof bei *Tüshaus*, *Neuhaus, **Westphälischer Hof* bei *Berkemeier*, diese drei 2. Rangs, billig), Hauptstadt der Provinz Westphalen mit 23,000 Einw. (2000 Prot.) und 3000 M. Besatzung, neben Osnabrück und Paderborn einer der ältesten, von Carl d. Gr. gestifteten Bischofssitze, hat auch im Aeussern mit seinen vielen alterthümlichen Gebäuden und den schönen Kirchen den Character einer Stadt des Mittelalters bewahrt. Er findet sich vorzugsweise auf dem Principal- und Roggenmarkt ausgeprägt, mit den Laubengängen und schönen alten Giebelhäusern, der Lambertikirche an der einen, dem Rathhaus an der andern Seite. Ebenso gehören die grossen Häuser *(Hof)* des meist begüterten Adels zu den Eigenthümlichkeiten Münsters, z. B. der *Erbdrosten-Hof*, der *Romberger-Hof*, im Palaststyl des 18. Jahrhunderts, u. a.

Man erblickt von der Eisenbahn zuerst vor Münster den stattlichen Neubau (1859) der Stiftskirche von *St. Mauritz* (aus dem 12. Jahrh.), im roman. Styl mit 4 Thürmen und Chor von 1451. Das Grabmal des Stifters, Bischof Erpho (1084—1097), befindet sich in der 1371 errichteten Capelle an der Westseite.

In der Nähe das im goth. Styl 1856 erbaute *Krankenhaus*. Ferner die Klöster „vom guten Hirten" und „Kindlein Jesu".

Dann tritt links die malerische *Thurmkrone der Ludgerikirche (Pl. 5) hervor, erbaut um 1170 im roman., nach dem Brand von 1383 im goth. Styl erweitert, seit 1856—60 schön hergestellt. Die farbige Ausschmückung des Schiffs und des Chors, mit geschnitzten Altären, die neue Kanzel (im roman. Styl), sind sehenswerth; in den 3 Hauptfenstern desselben schöne Glasgemälde von Böhm. Im Chor ferner 8 Statuen von 1600.

Beim Eintritt in die Stadt vom Bahnhof gleich links die *Servatiikirche* (Pl. 7), als Capelle um 1197 im roman. Styl erbaut, erneut im 15. Jahrh., 1854 mit Malerei und Glasgemälden, 1858 mit einer neuen Thurmspitze geschmückt.

Dann weiter die schöne goth. *Lambertikirche (Pl. 1), aus dem 14. Jahrh. Im Chor ein hübscher durchbrochener Treppenaufgang; am ersten nördl. Pfeiler des Schiffs ein Christus am Kreuz mit den Frauen, von Aldegrever (S. 120). Ueber dem südl. Portal von aussen der Stammbaum Christi. Oben an der Südseite des n.w. stark geneigten Thurms 3 eiserne Käfige, in welchen die Körper der mit glühenden Zangen 1536 hingerichteten Wiedertäufer-Häuptlinge Joh. von Leiden, Knipperdolling und Krechting niedergelegt waren. Das gleichzeitige Bildniss des Johann und seines Scharfrichters befindet sich in der Bibliothek der Academie. Seine Wohnung war hinter der jetzigen Post und ist jetzt eine Dom-Curie.

Das nahe *Rathhaus* (Pl. 17) aus dem 14. Jahrh. hat eine schöne goth. Vorderseite. Im „Friedenssaal" ward am 24. Oct. 1648 der westphälische Friede unterzeichnet. Der Saal ist 1853 aufgefrischt, damals auch der hübsche Camin von 1577 reichlich mit Vergoldung und Farben versehen, die Bildnisse der Friedens-Gesandten und einiger Fürsten jener Zeit, meist von G. Terburg, dem bekannten Niederländer, damals nach der Natur gemalt. Die Kissen, auf denen sie sassen, bedecken zum Theil noch ihre Sitze. In einem Schrank alte Pocale u. dgl.; in einem besondern Raum alte Rüstungen sammt den oben genannten Zangen.

Der *Dom* wurde vom 13. bis 15. Jahrh. in seiner jetzigen Gestalt aufgeführt; er hat zwei Querschiffe, die Seitenschiffe auffallend niedrig. In der südl. Vorhalle (Paradies) altromanisches Steinbildwerk und Säulen. An der Aussenseite findet sich überhaupt der roman. und goth. Baustyl mehrfach vereinigt.

Der alte Schmuck des Innern ist von den Wiedertäufern ganz zerstört worden. Unter dem 1857 hergestellten westl. Chor eine *Marmorgruppe von Achtermann, zu Rom 1850 vollendet, eine Pietà (der verschiedene

Heiland im Schooss der Jungfrau Maria). Ueber dem südl. Portal ein grosses Haut-Relief von 1692, das jüngste Gericht. Gegenüber über dem nördl. Portal Reste eines sehr alten Gemäldes des 14. Jahrh., Friesen bringen dem Bischof Tribut. Am nördl Pfeiler der grosse Christoph, am südl. ein Grabmonument von 1625. Der *Apostelgang, ein 1542 ausgeführter Lettner im reichsten Flamboyantstyl, trennt das Chor vom Schiff. Chorumgang. Grabdenkmal des Dompropstes *F. v. Plettenberg* († 1712), Christus am Oelberg. Gegenüber (vorläufig) ist Achtermanns *Kreuzabnahme, grosse Marmorgruppe. An der Chorwand eine um 1400 verfertigte astronom. Uhr. Hinter dem Hochaltar die Capelle mit dem Denkmal des krieger. Bischofs *Bernhard von Galen* († 1678), welcher jahrelang, namentlich während der franz.-niederl. Kriege, ein Heer von 42,000 M. Fussvolk, 18,000 Reitern und 200 Kanonieren unterhielt, seinen holländ. Nachbarn viel zu schaffen machte, und thätig in die Begebenheiten jener Zeit mit eingriff. Chor: Grabstein der Bruder *Droste von Vischering*, Clemens August († 1845), Erzbischof von Köln, und Caspar Max († 1846), Bischof von Münster. Grabdenkmal des Bischofs *Friedr. Christ. von Plettenberg* († 1706). Ueber den Chorstühlen Marmor-Reliefs von 1720, u. a. Schlacht Wittekinds gegen Carl d. Gr., eigentlich die Schlacht Constantins. Sacramentshäuschen von 1536. Der Credenztisch ist das alte Brettspiel der Wiedertäufer.

Bei der um 1340 im edelsten goth. Styl aufgeführten *Liebfrauen- oder Ueberwasserkirche (Pl. 8) ist besonders auch der schöne Thurm zu beachten, dessen Spitze während des Wiedertäufer-Regiments (1533—1535) abgetragen wurde, „damit alles Hohe erniedrigt werde". Die 12 Apostel sammt der h. Jungfrau, von Alard gearbeitet, über dem südl. Portal, sind 1850 aufgestellt.

Die *Aegidiikirche* aus dem 18. Jahrh mit neuen (1859) Fresken von Steinle, Settegast und Mosler.

Die *Ignatiikirche*, den Jesuiten gehörig, 1857 u. 1858 im goth. Styl erbaut, auf demselben Grundstück, das einst von der Fürstin Amalie von Gallitzin bewohnt war, hat Glasgemälde von Didron in Paris, im Styl des 16. Jahrh., und andern von Hagemann in Münster, sowie goth. geschnitzte Altäre.

Die *Martinikirche* (Pl. 6) im roman. Styl, ein schöner Bau des 12. Jahrh. mit spätern Zusätzen, ist 1859 geschmackvoll erneut worden.

Hinter dem 1767 erbauten *Schloss*, früher fürstbischöfl. Residenz, sind schöne Park- und Garten-Anlagen (sehr besucht, Kaffehaus), mit dem zur Academie gehörigen, gut gehaltenen *botan. Garten*. Die Befestigungen rings um die Stadt wurden nach dem 7jähr. Krieg durch den Minister Franz von Fürstenberg in schattenreiche Baumgänge verwandelt. In jener Zeit war Münster als Aufenthalt von Fürstenberg, Franz Hemsterhuis, Overberg, der Fürstin Gallitzin, Hamann, F. L. von Stolberg u. A. für die geistige Entwickelung Deutschlands von Bedeutung. Von der damals gestifteten Universität bestehen noch die theologische und philosophische Facultät unter dem Namen einer Academie.

In dem sogen. *Stadtkeller*, an der Ecke der Clemensstr., sind die Sammlungen des *Kunstvereins*, mit merkwürdigen Gemälden älterer Zeit, sowie andere der italien. und deutschen Schule.

Auf dem *Ueberwasserkirchhof*, n.w. unmittelbar am Neuthor, einige Denkmäler: 67 Schr. vom Haupteingang, links, Denkmal mit Trauer-Urne „*Jo. Ge. Hamanno, viro christiano*" († 1788),

1848 durch König Friedrich Wilhelm IV. erneuert, mit der alten Hemsterhuis'schen Inschrift (*„Judaeis scandalum, Graecis stultitiam"* etc.). In der Nähe die als theol. Schriftsteller bekannten Domherren *Kellermann* († 1847), *Brockmann* († 1837), *Kistemaker* († 1834). Weiter *„zu den Füssen des Gekreuzigten, seiner und unser Aller einzigen Hoffnung, der Vater des Vaterlandes und der Armen Freund Franz Friedrich Wilhelm Frhr. v. Fürstenberg zu Herdringen* († 1810), *Minister weil. Max Friedrich Kurfürst von Köln"*, wie die Inschrift lautet. Das gusseiserne Denkmal des Generals v. *Horn* († 1829), ein auf hohem Fussgestell ruhender Löwe, von *„dem 7. k. pr. Armeecorps seinem Führer und Vorbilde in Treue und Tapferkeit"* errichtet. Daneben soll dem General *Roth von Schreckenstein* († 1858) ein ähnliches Denkmal errichtet werden.

Vor dem Hörsterthor das neue grosse *Zuchthaus*, Zellengefängniss.

Die Eisenbahn zwischen Münster und Rheine durchschneidet Acker- und Haideland. Stat. *Sandrup, Greven, Emsdetten, Mesum*, **Rheine** (s. S. 70), preuss. Stadt an der *Ems*, die lebhaften Handel treibt, mit einer alten stattlichen goth. Kirche und Thurm, Knotenpunct der k. preuss. westphälischen (S. 137) und der k. hannov. Nordseebahn (S. 70), die in Emden endigt.

Hier Wagenwechsel. Die hannov. Bahn überschreitet in östl. Richtung bei Rheine die Ems. Stat. *Hörstel, Ibbenbühren*, durch ergiebigen Bergbau bekannt, *Velpe, Osnabrück*. Die waldige Hügelkette rechts, die n.w. Ausläufer des Teutoburger Waldes (S. 139), verschönert die auch sonst ganz anmuthige Landschaft. Zwischen Velpe und Osnabrück tritt die Bahn in hannov. Gebiet. Bei der Einfahrt in den Bahnhof links auf dem mit Gartenhäusern und Obstbäumen bedeckten Bergabhang das 1803 aufgehobene Benedictiner-Nonnenkloster *Gertrudenberg*, jetzt Militärspital.

Osnabrück (*Schaumburg am Bahnhof; *Düttings Hôtel*), Hauptstadt eines von Carl d. Gr. gegründeten, 1803 aufgehobenen Bisthums (seit dem westph. Frieden wechselte die Bischofswürde zwischen einem kath. und einem evang. Fürsten), jetzt hannov. Provinzialstadt und seit 1858 kath. Bischofssitz mit 14,855 Einw. (¹/₃ Kath.). Der *Dom* (kath.) ist aus dem 12. Jahrh., eine grosse Kreuzkirche mit drei verschiedenen Thürmen (nördl. der älteste), über dem Chor ein achteckiger; das n. Portal (zugemauert) aus der Zeit der Gründung, das w. Portal 1840 erneuert. Im Innern nichts bemerkenswerth.

Auf dem grossen, n. angrenzenden Platz, der Domsfreiheit, steht *Möser's Standbild* in Erzguss nach einem Entwurf von Drake mit der einfachen Inschrift: *„Justus Möser"* († 1794), diesem *„westphälischen Franklin"* 1836 errichtet. Er liegt in der Marienkirche begraben.

Die *Marienkirche (evang.), Langhaus Anfangs des 14., Chor zu Anfang des 15. Jahrh. aufgeführt, in Zeiten, wo die Bürgerschaft es der Geistlichkeit zuvorthun wollte, eine nicht grosse gothische Kirche in edelster Form, auf sehr hohen schlanken Säulen ruhend. Als *Altarblatt dient eine sehr reiche, zierliche, ganz correcte Holzschnitzarbeit aus dem 15. Jahrh., vergoldet, in 7 Abtheilungen, Darstellungen aus dem Leben des Heilands (7 Sacramente), die Kreuzigung in vortrefflichster Gruppirung, das Ganze von grosser Aehnlichkeit mit dem Altaraufsatz in der St-Michaelscapelle im Dom zu Köln. Die acht gleichzeitigen Flügelgemälde erinnern an Joh. v. Eick; sie mögen der alten westphälischen Schule angehören (S. 120).

Angrenzend das zu Ende des 15. Jahrh. erbaute *Rathhaus* (Pförtner in der Polizeiwache schräg gegenüber), in welchem von 1643—1648 über den Westphäl. Frieden verhandelt wurde; im Friedenssaal sind noch Erinnerungen an jene Zeit, Bildnisse von Fürsten und 36 Gesandten, dann Bischofs- und neuere Kaiserbilder, alte Pocale, Wiedertäufer-Münzen u. A.

Die Bahn führt von Osnabrück an *Wissingen* und *Melle* vorbei. ⅜ St. nördl. von Melle die dem Graf v. d. Schulenburg-Wolfsburg gehörige *Dietrichsburg*, von deren kürzlich erbautem Thurm, der weithin sichtbar, umfassende Aussicht; am Fuss derselben liegt *Ostenwalde*, Besitzung des Freiherrn Georg Vincke.

Folgende Stat. *Bünde*, dann *Löhne*, wo die Bahn die Köln-Mindener (S. 129) erreicht.

40. Von Dortmund über Paderborn nach Cassel.

Westphälische Eisenbahn, Schnellzug 6, Personenzug 7 St. Fahrpreise Thlr 4. 16, 3. 5 oder 2. 4 Sgr.

Das flache Ackerland, durch welches die Bahn anfangs führt, bietet wenig Bemerkenswerthes; von Paderborn an aber ist die Gegend sehr schön, Bahnbau grossartig und mit Ueberwindung bedeutender Hindernisse ausgeführt. An landschaftlicher Schönheit übertrifft die Westphälische, Hessische und Thüringer Bahn bei weitem die Köln-Minden-Magdeburger Bahn. Stationen sind *Unna*, mit Salinen, und *Werl*, kleine Ackerstädte. Vor Soest rechts die Gebirge des *Westphälischen Sauerlandes* (Süderlandes).

Soest *(*Overweg, Brüning)* mit 10,157 Einw. (4000 Kath.) einst zum Hansebund gehörige Stadt mit alten stattlichen Thoren (bes. das Osthoventhor), mit Mauern und Gräben und drei alten Kirchen, dem roman. (kath.) Dom (an einem Pfeiler des Portals die Inschrift: *Bruno Othonis Magni frater, hujus ecclesiae fundator*, † 965), der *Petrikirche*, und besonders der 1314 gegründeten, im 15. und 16. Jahrh. ausgebauten, 1850 hergestellten goth. (evang.) *Wiesenkirche*. Sie besitzt im n. Seitenschiff ein schönes Altarblatt, die Leiden und Freuden der h. Jungfrau darstellend, mit Flügeln, aus dem J. 1437. Auf einem Glasgemälde der nördl. Seitenthür, das h. Abendmahl darstellend, fehlt das landesübliche Gericht, der Schinken, nicht auf der Tafel des Herrn.

Folgt Stat. *Sassendorf*. Der Zug durchschneidet das Gradirhaus der Saline, hält bei *Benninghausen* (an den adeligen Häusern *Beringhausen* und *Overhagen*, Hrn. v. Schorlemmer gehörig, vorbei), bei *Lippstadt* (Köppelmann), Städtchen an der Lippe. die hier schiffbar wird, bei *Geseke* und *Salzkotten*. Vor Paderborn (vom Bahnh. Omnibus nach dem 1 Meile n. gelegenen Bad *Lippspringe*, S. 140) überschreitet die Bahn die *Alme*.

Paderborn *(Löffelmann, Dultrop)*, an 11,000 Einw. (900 Prot.), ältester Bischofssitz in Westphalen, von Carl d. Gr. gegründet. Der *Dom*, ein stattliches Gebäude des Uebergangsstyls, 1143 vollendet, mit 2 schönen *Portalen, hat im Innern wenig Sehenswerthes. Unter den zahlreichen Grabsteinen von Bischöfen ist das am nördl. Choraufgang eingemauerte Metall-Reliefbild Remberts von Kersenbrock († 1568) das beste; das prächtigste ist im Domchor links das figurenreiche Grabmal des Fürstbischofs Theodor von Fürstenberg († 1618) Im Hochaltar steht der 1627 sehr kunstreich gearbeitete silberne Sarg des h. Liborius. Den alten silbernen Sarg, der früher den Leichnam des Heiligen barg, nahm Herzog Christian von Braunschweig bei seinem Kriegszug durch Westphalen im J. 1622 nebst anderen kostbaren Domgeräthen mit und liess daraus Thaler schlagen mit der Umschrift: *„Gottes Freundt, der Pfaffen Feindt."* — Im *Kreuzgang* (ausserhalb) zahlreiche Grabsteine, im mittleren Fenster oben eine Steinmetzarbeit, drei Hasen mit nur 3 Ohren, so eigenthümlich gestaltet, dass jeder Hase seine beiden Ohren zu haben scheint, das Handwerksburschenwahrzeichen von Paderborn. In der Nähe die alte äusserlich unscheinbare *Bartholomäuscapelle* aus dem 11. Jahrh. für Bauverständige bemerkenswerth. Unter dem Dom und an dessen Nordseite entspringt die *Pader* aus zahlreichen Quellen, die so stark fliessen, dass sie schon wenige Schritte von ihrem Ursprung eine Mühle treiben.

Das *Rathhaus*, in der Nähe der *Jesuitenkirche*, ist ein 1615 aufgeführtes Gebäude wunderlichsten gemischten Baustyls.

Die Bahn umzieht in einem weiten Halbkreis die Höhen des Dorfes *Benhausen*, berührt das hübsch gelegene *Neuenbeeken*, tritt auf einem hohen Erdaufwurf und dem 720' l. Dune-Viaduct (85' hoch, 13 Bogen) in das *Beekethal*, überschreitet dieses bei *Altenbeeken* auf dem 1530' l. Beeke-Viaduct (110' hoch, 24 Bogen) und erreicht, sich an eine hohe Bergwand lehnend, Station *Buke*. (Bad *Driburg*, Eisenquelle und Schwefelschlammbad, liegt 1 Meile östlich.) Das Gebirge links ist der Teutoburger Wald. Die Bahn führt an hohen Bergwänden hin, so dass man stets Aussicht über das Waldgebirge und die Wiesengründe hat. Sie durchdringt das *Egge-Gebirge*, führt durch einen 80' tiefen Quader-Sandstein-Einschnitt (höchster Punct der Bahn, 600' höher als Paderborn), gleich darauf über einen 115' h. Damm, an dessen Fuss *Neuenheerse*, und erreicht, abwechselnd durch tiefe Berg- und Felseneinschnitte und auf hohen Dämmen, Stat. *Willebadessen*.

Nun geht's über *Bonenburg* nach **Warburg** (*Bracht*), preuss. Grenzstadt an dieser Seite, alte einst wichtige dem Hansebunde beigetretene Stadt an der *Diemel*, hübsch an und auf einer kleinen Anhöhe gelegen. Links steigt ein Kegelberg auf, der die Trümmer der Burg *Desenberg* trägt, Eigenthum der Familie von Spiegel, die den Namen der Burg ihrem Namen beifügte.

Vor *Liebenau* überschreitet, auf der kurhess. Grenze, die Bahn die Diemel und vereinigt sich bei *Hümme* mit der Cassel-Carlshafener Bahn. Sie berührt den Badeort *Hofgeismar*, wo sich eine neue grosse Cavallerie-Caserne besonders bemerklich macht, dann *Grebenstein*, mit alten stattlichen Wartthürmen und einer Ruine auf dem Burgberg. Im Hintergrund treten südlich die *Dörnberge* scharf hervor, eine Gruppe bewaldeter zackiger Bergkuppen. *Mönchehof* heisst die letzte Station vor Cassel. Auf dem Kamm rechts der Hercules, weiter blickt aus Wald auf halber Bergeshöhe die Löwenburg hervor, am Fuss des Berges das Wilhelmshöher Schloss (S. 146). *Cassel s.* S 143.

Die Carlshafener Bahn führt von *Hümme* nördlich nach *Trendelburg*, an der Diemel. Der runde gedeckte Thurm mit dem Gebäude daneben ist Sitz der Rentei. Die Bahn umfährt in weitem Bogen den Ort, nach 1 Min. erscheint er nochmals von der andern Seite. Dann *Helmarshausen*, finsteres Städtchen, von den Trümmern der *Kruckeburg* überragt. Carlshafen *(Schwan)*, an der Mündung der Diemel in die Weser reizend gelegenes Städtchen, ist Endpunct der Bahn. Das erste Gebäude beim Bahnhof, ein stattlicher Flügelbau, hat die Inschrift *Hôtel der Carlshafener Invaliden*. Landgraf Carl gründete 1704 den Ort, um seinem Lande, nachdem Münden hannoverisch geworden war, einen neuen Weserhafen zu schaffen. Er ist als solcher ganz lebhaft. Das lange Gebäude an der Weser ist Lagerhaus. Schöne Aussicht von der (10 Min.) *Juliushöhe*, oben Gastwirthschaft. Fahrzeit von Carlshafen nach Cassel 1 3/4 St. (Dampfboote s S. 151.)

41. Von Herford nach Paderborn. Grotenburg. Externsteine.

8 1/4 Meile. Schnellpost täglich.

Die Strasse führt über *Salzuffeln* (Krecke's Gasth.), *Schötmar*, wo ein Schloss des Baron v. Stietencron, und *Lage* (Gödecke's Gasth.), wohlhabende Orte des Fürstenthums Lippe. Die Gegend ist fruchtbares hügeliges Ackerland, bietet aber landschaftlich wenig.

3 1/4 **Detmold** (*Stadt Frankfurt*, Z. u. F. 16, M. 12 1/2 Sgr.), Hauptstadt des Fürstenthums Lippe-Detmold mit 4000 Einw., eine der freundlichsten kleinen Residenzstädte mit hübschem Schloss, Park mit Wasserkünsten und Marstall mit etwa 50 Pferden am Schlossplatz, merkwürdig durch eine eigenthümliche Race, *Senner* genannt, von grosser Ausdauer, welche den Sommer über in die Steppen der Senne, den südwestl. Abhang des Lippischen oder Teutoburger Waldgebirgs getrieben werden. Das Gestüt ist zu *Lopshörn*.

Südwestlich von Detmold (1 St.) liegt die °**Grotenburg**, 1200' ü. M., 800' über Detmold, eine der höchsten Höhen des Teutoburger Waldes. Auf dem Gipfel ist, weithin sichtbar, ein 90' h. goth. Bogenbau für 40,000 Thlr aufgeführt, der als Fussgestell für das 45' h. *Hermanns-Standbild* (S. 130) dienen sollte, welches Handel entworfen hat. Die Aufstellung desselben würde, selbst wenn die Geldmittel vorhanden wären, an den Sturmwinden scheitern, welchen die grossen Flächen des Bilds nicht würden Widerstand haben leisten können. Die einzelnen in Kupfer getriebenen Theile liegen, fast ganz vollendet, im Turnhaus zu Detmold. Immerhin aber ist der Besuch der Grotenburg wegen der weiten Umsicht sehr lohnend, die sich nördlich und westlich bis zu den Wesergebirgen und der Porta Westphalica, über die bevölkerte ortreiche Grafschaft Ravensberg und die ganze Kette des Teutoburger Waldes ausdehnt, und östlich (nach dieser Richtung hin jedoch nur von dem Gipfel des Bogenbaues zu überschauen) die reizendste Aussicht auf Detmold u. s. w. gestattet. Der Weg von Detmold zur Grotenburg ist nicht zu verfehlen. Er führt $1/2$ St. lang durch schattige Spaziergänge, dann 5 Min. auf der Landstrasse und nun links bei zwei Häusern ab, gleich rechts weiter durch Wald stets in der Richtung rechts auf das Tannengebusch los, in 25 Min. oben. Man kann von der Grotenburg geradezu auf die Externsteine losschreiten (nur mit Führer) und gewinnt dann 1 St. Wegs.

1 *Horn* (Post, *Wittenstein, gut und nicht theuer). (In der Nähe Bad *Meinberg*, Gas-, Schwefel- und Salz- auch Schlammbäder, gegen Gicht und Rheumatismus wirksam, mit 4 Curhäusern.)
$1/2$ St. s. von der kleinen Stadt Horn,

die *Externsteine, eine 100' bis 125' h. Felsgruppe, 5 in einer Linie gelegene, wie Riesenzähne aus der Erde aufstrebende Felsblöcke, in welcher eine 36' lange, 11' br. und 8 bis 9' h. Grotte casemattenartig eingehauen ist. Eine 15' lange, 7' br., 6' h. Höhlung hat ihre Oeffnung in der Hauptgrotte. Neuere Untersuchungen wollen die Entstehung dieser Grotten auf den Mithras-Cultus zurück leiten. An der Nordseite der untern Wand eines der mittlern Felsen sind nach aussen Reliefs, angeblich 1115 unter Bischof Heinrich von Paderborn ausgehauen, in drei Feldern, unten der Sündenfall, in der Mitte die Kreuzabnahme in 5 colossalen Relieffiguren, der todte Heiland, Joseph von Arimathia, Nicodemus, Maria und der Evangelist Johannes; oben Christus der Weltheiland mit der Siegesfahne, segnend, rechts und links Sonne und Mond; das Ganze ein 16' h., 12' br Altarbild, das älteste deutsche Sculpturwerk dieses Umfangs. Mehrere her höchsten Felsen sind auf Treppen ersteigbar; mitten durch diese Gruppe führt die Poststrasse nach Paderborn.

Diese Strasse, so wie die gerade von Detmold nach Paderborn, womit sie 1 M. hinter den Externsteinen wieder zusammentrifft, durchschneidet den *Teutoburger Wald* und namentlich an seinen südlichen Abhängen das muthmassliche *Schluchtfeld* (S. 130), welches Viele hierher verlegen. Die Strasse hat sich nach und nach gesenkt. Am Ausgang der Schluchten liegt *Kohlstädt*, wo gutes Bier gebraut wird. Bei *Schlangen*, an der Südspitze der *Senne* (S. 139), vereinigen sich beide Strassen.

2 **Lippspringe** *(Post)*, ein erst in neuerer Zeit aufgeblühter Ort, dessen 1832 entdeckte gegen Brustleiden bewährte warme (17° R.) Mineralquelle (Hauptbestandtheile schwefelsaures Natron, schwefelsaurer und koblensaurer Kalk und viel Stickgas) an 1000 Gäste jährlich anzieht. Die Quellen der *Lippe* (378' ü. M.) und des *Jordan* brechen gleich massenhaft aus der Erde, ein Bassin bildend, prachtvoll, klar und kühl. Auch ist ein Curhaus mit Trinkhalle und Inhalations-Saal (zum Einathmen des Stickgases) aufgeführt. Die alte Burg, deren Trümmer aus den neuen Häusern hervorragen, war einst im Besitz der Tempelherren, später des Paderborner Domcapitels. Sie verfiel nach dem 30jähr. Krieg, wurde aber erst nach der franz. Revolution völlig Ruine. Bis

1 *Paderborn* (S. 138) dürftiges Ackerland und Moor.

42. Von Hagen nach Arolsen.

19 1/2 M. Von Hagen mit Eisenb. in 3/4 St. bis Lethmate; von da an jeden Zug Postanschluss, in 3/4 St. nach Iserlohn. Zwischen Iserlohn und Arnsberg 2mal Post in 4 1/2 St., zwischen Arnsberg und Bredelar 1mal in 7 St., zwischen Bredelar und Arolsen keine Postverbindung.

Die Gegend bis Arnsberg gehört zu den schönsten und gewerbreichsten der westphälischen Mark (Grafschaft Mark), sie eignet sich zu einer sehr lohnenden Fusswanderung: am ersten Tag von Hagen über Limburg nach Altena und wieder zurück nach Iserlohn; folgenden Tags Sundwicher Höhle, Felsenmeer, über den Klusenstein durch das Hönnethal nach Hachen und Arnsberg. (Vergl. S. 142.)

Die 14 1/2 Meile lange **Ruhr-Siegbahn** (Hagen-Siegen) bringt das gewerbreiche Lenne-Gebiet und die bedeutenden Erzlager und Hüttenwerke des Siegener Landes mit dem Ruhr-Kohlenrevier in Verbindung. Sie zweigt sich bei *Hagen* und *Herdecke* von der Bergisch-Märkischen Eisenbahn ab, und folgt zunächst dem Thal der *Volme* und der *Ruhr*, von Hohensyburg ab dem Thal der *Lenne*, die hier in die Ruhr sich ergiesst. Sie bleibt nun bis Altenhunden in dem gewerbreichen (Metall-Industrie), höchst malerischen viel gewundenen, von Gebirgen eingeschlossenen engen Thal dieses Flusses (Stationen *Limburg*, *Altena*, *Werdohl*, *Plettenberg*, *Finnentrop*, *Grevenbrück*, *Altenhunden*), und tritt bei *Altenhunden* in das *Hunden-Thal*, durchbricht bei *Welschen-Ennest* mittelst eines Tunnels die Wasserscheide (1300' ü. M) der *Rahrbacher Höfe*, und führt dann oder *Creusthal* nach *Siegen*, wo sie mit der Köln-Giessener Bahn sich vereinigt. Die engen Windungen des Lenne-Thals machen 16 Brücken über den Fluss und 8 Tunnels nöthig, die Bahn ist daher neben ihrem Reichthum an Naturschönheiten (dem rheinischen Ahrthal ähnlich) und dem gewerblichen Leben, auch durch Grossartigkeit ihrer Bauwerke eine der sehenswerthesten Deutschlands.

Hagen, *Herdecke* und *Hohensyburg* mit dem Vincke-Thurm s. S. 133. Vor Limburg, rechts auf dem Berg, ist eine Spitzsäule zum Andenken an einen Fürsten von Limburg aufgerichtet.

Limburg (*Bentheimer Hof an der Brücke, *Post*, nicht billig), Städtchen in hübscher Lage, ist von dem auf einer steilen waldbewachsenen Anhöhe sich erhebenden Schloss des Fürsten von Bentheim-Tecklenburg-Rheda überragt.

Jenseit **Lethmate** zweigt sich die Iserlohner Strasse von der Ruhr-Siegbahn ab.

Auf der letztern erreicht man in 1/2 St. das 2 St. s. sehr malerisch gelegene Städtchen Altena *(Quetmann)*, dessen altes Schloss, das Stammhaus der Grafen von der Mark, eine treffliche Aussicht gewährt. Ein grosser Theil der Bewohner dieses Thals ist in den Drahtziehereien beschäftigt.

An der *Grüne*, wo die Iserlohner Strasse die Lenne verlässt, ist bei zwei starken allein stehenden Felsen, dem „Pater" und der „Nonne", eine Höhle, die *Grürmannshöhle*, reich an versteinerten Knochen urweltlicher Thiere. In der Nähe eine Zink- und Messinghütte; der Galmei dazu wird ebenfalls da gewonnen. Weiter auf einem vorspringenden Berg ein hohes eisernes Kreuz, zum Andenken an die Befreiungskriege errichtet.

Iserlohn *(Quinke, Weisspfennig)*, 13,467 Einw. (3000 Kath.), eine der bedeutendsten Fabrikstädte Westphalens, wo besonders Eisen- und Bronze-Waaren, Knöpfe, Nadeln, Draht u. dgl. verfertigt werden. Die ganze Umgebung ist voller Werkstätten, Schmieden, Papiermühlen, sie ist reich an malerischen Felspartien, Burgtrümmern, schönen Thälern und Höhen.

Die Poststrasse führt über *Menden*, Städtchen an der *Hönne*, die 1 St. von hier in die *Ruhr* fliesst, nach

2³/₄ *Wimbern* (*Schlünder). Bei *Neheim* (Vehling) erreicht die Strasse die *Ruhr*, überschreitet den Fluss zweimal, bei *Hüsten* (*Haus) die *Röhr* (¹/₄ St. westlich *Schloss Herdringen*, von Zwirner, dem Kölner Dombaumeister, vor einem Jahrzehend erbaut, Stammhaus des Grafen Fürstenberg), dann nochmals die Ruhr, die sie nun nicht wieder verlässt bis

2¹/₂ **Arnsberg** *(Linhof, Weipert)*, hübsche Stadt, deren neuerer Theil erst nach 1815 entstanden ist, auf einer von der Ruhr umflossenen Anhöhe. Von der Höhe, welche die Trümmer des erst nach dem 7jähr. Krieg verfallenen Schlosses trägt, hat man eine weite herrliche Aussicht, eben so von den reizenden Anlagen des *Eichholzes*, an der Südseite der Stadt. Am Fuss die ehem. Prämonstratenser-Abtei *Weddinghausen*, jetzt Gymnasium.

Fusswanderern ist ein näherer (7¹/₂ St.) schönerer Weg zu empfehlen: Von Iserlohn in gerader Richtung ö. nach (1¹/₄ St.) S u n d w i c h, in dessen Nähe eine sehenswerthe *Tropfsteinhöhle*, in welcher viel Schädel und Knochen urweltlicher Bären und Hyänen gefunden wurden. Auf der (10 M.) Anhöhe das *Felsenmeer*, ein 250′ tiefer Kessel von baumdurchwachsenen Felsgruppen umgeben, durch alten Eisensteinbergbau entstanden. In gerader Richtung weiter ö. auf Fusswegen in weniger als 1 St. zum K l u s e n s t e i n, Trümmern einer alten Burg auf einer steilen waldbewachsenen Felswand, die sich tief in das wilde Thal der *Hönne* hinabsenkt, einer der schönsten Puncte dieses Thals. Nun im Thal auf der Landstrasse bis S a n s s o u c i, *Gasthaus, 1 St. vom Klusenstein, wo man die Hönne verlässt. Ueber einen hohen Bergrücken führt die Landstrasse nach H a c h e n (2 St.) an der *Röhr* (s. oben), und weiter ein Fussweg (nur mit Führer) über die Berge in 2 St. nach A r n s b e r g.

3¹/₄ *Meschede* (Schäfer) an der Ruhr. Vor Meschede ist schön gelegen das dem Grafen von Westphalen gehörige Gut *Laer* mit Park. Auf einem waldbewachsenen Berg ein Thurm als Rundschau.

An der Strasse nach Brilon, 1 Meile östl. von Meschede, öffnet sich südlich das enge waldige Thal von *Ramsbeck*, durch Bergbau auf Blei und Silber bekannt.

3 *Brilon* (Krüper), eine der ältesten Städte Deutschlands. Die grosse Pfarrkirche soll schon 776 unter Carl d. Gr. erbaut sein.

2 *Bredelar*, schön gelegen, mit einer grossen Eisenhütte in einem ehemaligen Kloster. Bei *Giershagen* tritt malerisch auf einem Bergkegel die uralte Stadt *Marsberg* hervor, früher starke Feste, von den Schweden im 30jährigen Krieg gründlich zerstört, Sitz der Irren-Heilanstalt für die Provinz Westphalen. In der Nähe soll die Irmensäule (S. 118) gestanden haben, welche Carl d. Gr. den heidnischen Priestern zertrümmerte.

2³/₄ **Arolsen** *(Römer)*, Residenz des Fürsten von Waldeck (2000 Einw.), mit einer sehenswerthen Sammlung von Alterthümern aus Herculanum und Pompeji, auch einigen Gemälden, u. a. *West* Tod des Generals Wolf in der Schlacht von Quebeck. Rauch, der berühmte Bildhauer (S. 7), und Kaulbach, der nicht minder berühmte Maler (S 18), sind in Arolsen geboren. Von dem ersten sind in der Stadtkirche drei Marmorstatuetten.

CASSEL.

1 Residenz Palais
2 Museum
3 Kstl.Verwaltungs Gebäude
4 Katholische Kirche
5 Kreisberg
6 Schloß Bellevue
7 Bildergallerie
8 Bad haus
9 Gouvernements Gebäude
10 Theater
11 Siechenhaus
12 Post
13 St Martinis Kirche
14 Synagoge
15 Infanterie Caserne
16 Hotel Dürers
17 Zeughaus
18 Artillerie Kaserne
19 Garde du Corps Kaserne
20 Orangerie mit den Marmorbad

43. Cassel.

Gasthöfe: *Römischer Kaiser, neben der St. Martinskirche. Z. 15, L. 5, M. 20, F. 7½, B. 5 Sgr.; *Hôtel Schirmer, Z. 12½, L. 2½, M. 15, F. 7½, B. 5 Sgr.; König von Preussen, neben der Post; alle drei auf dem seines sechsfachen Echo's wegen merkwürdigen runden, 456' im Durchmesser grossen Königsplatz; 2. Cl.: *Ritter, Hôtel Prinz Friedrich Wilhelm (in der Nähe des Bahnhofs, auch bairisch Bier), Goldene Krone.

Kaffehäuser: Café Lüttebrand und Puth, beide am Königsplatz. Gute Rundsicht von der *Kaffemühle (Ostheims Felsenkeller), Kaffe-, Bier- und Speisewirthschaft, zwischen dem holländischen und dem Weserthor, 10 Min. von letzterem, hinter der grossen Henschel'schen Maschinen-Fabrik, und vom Belvedere. AehnlicheGartenwirthschaften (Felsenkeller) mit hübschen Aussichten, sind auf dem Weinberg vor dem Frankfurter Thor.

Restaurationen: Bohne; *Gölner am Friedrichsplatz; Adolph am Königsplatz, alle drei Weinwirthschaft. Bei Meyer, untere Königstr., früher Hôtel de Russie, Restauration u. Bair. Bierwirthschaft. *Cimiotti, Bair. Bierhaus. Stracke Bierhäuser mit Gärten in der Nähe des Bahnhofs. Felsenkeller s. oben.

Conditoreien: Wulp, Jung, am Friedrichsplatz, Gruneberg am Steinweg, Möll, untere Carlsstrasse.

Droschken: Vom Bahnhof in die Stadt, und auf den Bahnhof jede Person 3 Sgr.; ausserdem (innerhalb der Stadt) 1 Pers. 3, 2 Pers. 5, 3 Pers. 8 Sgr. Bei Zeitfahrten ¼ St. 1 Pers. 4, 2 Pers. 6, 3 Pers. 9 Sgr. Kinder unter 10 Jahren zahlen die Hälfte der Preise. „Hat ein Fahrgast eine Droschke genommen, es melden sich aber gleichzeitig noch Andere zum Mitfahren, so hat Ersterer, will er allein fahren, den Preis von zwei Personen zu zahlen." Für jedes Stück Gepäck wird 1 Sgr. gezahlt, Hutschachtel und Reisesack unter 15 Pfund sind jedoch frei.

Fiaker nach Wilhelmshöhe bis an den Gasthof 2, bis zur Löwenburg oder bis zu den Cascaden 3, bis zum Riesenschloss 4 Thlr., Trinkgeld (15—20 Sgr.) besonders. Einspänner (Droschke) bis zum Fuss der Wilhelmshöhe 1 Pers. 20, 2 Pers. 25 Sgr., 3 Pers. 1 Thlr. Sonntag und Mittwoch Nachmittags, an welchen Tagen (von Himmelfahrt bis October) die Wasser springen, stehen immer am Wilhelmshöher Thor Wagen, die für 1 Thlr. bis zum Gasthof fahren, ein Platz gewöhnlich 6 Sgr. — Eisenbahn (2. Cl. 4, 3. Cl. 2½ Sgr.) bis Wahlershausen, von da noch 20 Min. bis zum Gasthof auf Wilhelmshöhe.

Bäder. Zu den Badehäusern an der Fulda führt der Weg durch die Aue, links von der Orangerie. Durch diese, an den Gewächshäusern vorbei, Weg nach der Schwimmanstalt. — Warme Bäder (auch Russisches Dampfbad) bei Stück, Fuldagasse, und bei Hartdegen, jenseit der Fulda.

Theater. Sonntag, Montag, Mittwoch, Donnerstag, Sonnabend.

NB. In der Nähe des kurf. Palais und bei den Schildwachen vorbei darf nicht geraucht werden.

Cassel (483'), Hauptstadt des Kurfürstenthums Hessen mit 36,800 Einw., an der Fulda, welche die kleinere Unter-Neustadt von der grössern Altstadt trennt. Die Ober-Neustadt, der schönste Theil von Cassel, ist auf einer Anhöhe erbaut. Einen Theil derselben bildet der *Friedrichsplatz, 1000' lang, 450' br, in der Mitte das *Standbild des Landgrafen Friedrich II.* (1760—1785), von den Ständen diesem Fürsten noch bei seinen Lebzeiten errichtet, von Nahl entworfen. Die Inschrift der Rückseite: „*Guilielmus I. Elector statuam patris e sua sede ab hostibus avulsam reponi fecit 1818*", deutet an, dass zur westphälischen Zeit (1806—1813) das Standbild entfernt worden war. Bei der Inschrift der Vorderseite „*Friederico II. patria*" darf nicht unerwähnt bleiben, dass von

144 *Route 43.* CASSEL.

1776—1784 für 22 Mill. Thaler 12,000 Landeskinder nach America an die Engländer verkauft wurden.

Die Südseite des Friedrichsplatzes ist nicht angebaut; durch das schöne *Friedrichsthor* gewährt sie einen hübschen Blick über den Auegarten (S. 145) in das Fuldathal, in der Ferne abgeschlossen durch eine Gebirgskette, in welcher links der Meissner (S. 147) hervortritt. An der Ostseite eine Reihe ansehnlicher Gebäude, unmittelbar an der Königsstrasse das *Residenz-Palais* (Pl. 1), Wohnung des Kurfürsten; dann ein *Palais des Kurfürsten Wilhelm II.* († 1847); ferner das durch ein Säulen-Portal hervortretende *Museum* (Pl. 2), das *Hof-Verwaltungsgebäude* (Pl. 3), die *katholische Kirche* (Pl. 4). An der Westseite schöne Privatwohnungen. Nördlich ist das *Theater* (Pl. 10), das schlossartige *von Waitz'sche* Haus und das *Commandantur-Gebäude* (Pl. 9).

In der Nähe die *Kattenburg (das „alte Schloss", Pl. 5), welche 1820 Kurfürst Wilhelm I. († 1821) zu bauen begann. Nach seinem Tode blieb der Riesenbau (552' l., 403' br.) liegen. Er ist aus rothen Sandsteinquadern aufgeführt; jedoch nicht bis zum Schlussstein der untern Fenster gediehen, Gräser und Gesträuch sprossen auf den unvollendeten Mauern, Disteln, Unkraut und Schlingpflanzen nisten in den innern Räumen.

Das **Museum** (Pl. 2) enthält im 1. Z. Mosaiken, im 2. Z. alte und neue Uhren, Chronometer, mit Steinen eingelegte Toilettentische und Spiegel; im 3. Z. eine grosse Anzahl Medaillen, Marmor- und Achatarbeiten, Terracotten, Trinkgefässe in reicher Auswahl, Elfenbeinschnitzwerke, Bernsteinarbeiten; im 4. Z. röm. und etrur. Alterthümer, Statuetten, Penaten, eine berühmte antike Victoria, röm. Münzen, Gemmen. In den folgenden (unzugänglichen) Zimmern ein Relief, Triumphzug des Bacchus, ausgezeichnet; Modelle altröm. Gebäude aus Kork, Büsten, Statuen. Neuere Büsten und Statuen; die Napoleonische Familie in 14 Büsten von Canova. Vier grosse Marmorreliefs von Godefroy. — Im 6. Saal die unbedeutende Sammlung naturwiss. Gegenstände, darunter an 500 Baumarten in Form gebundener Bücher, der Rücken von Rinde u. s. w — Im 7. Saal physic. Instrumente, ein grosser Brennspiegel, ein täuschender Blumenstrauss in einem Hohlspiegel u. dergl. Im 8. Saal geschichtliche Waffen aller Art, Todtenmasken, Wachsarbeiten, Bildnisse hessischer Fürsten.

Im Museumsgebäude ist auch die *Landes-Bibliothek*, deren grosser Saal die Vorderseite des Gebäudes einnimmt, mit 34,000 Werken und vielen Handschriften, täglich von 10—1 U. offen.

Das **Bellevue-Schloss** (Pl. 6), sehr weitläufiges Gebäude mit vielen Nebengebäuden, von 1811—1813 Residenz des Königs Jerôme, später Wohnung der Kurfürstin († 1841), jetzt unbewohnt, enthält die *Bildergallerie (1392 Bilder, worunter viele vorzügliche, 28 Rembrandts, 17 v. Dycks, 6 Raphaels, 5 Tizians u. s. w.), gegen 20 Sgr. (Familie 1 Thlr.) Trinkgeld täglich zu besichtigen.

CASSEL. *43. Route.* 145

6. *Dürer* Bildniss eines Mannes mit Rosenkranz; 9. *Cranach* Ehebrecherin vor Christo; 23. *Tirian* Cleopatra, 25. Bildniss des Marquis de Guasto, Generals Kaiser Carls V.; 48. *Holbein* eigenes Familienbild; 58. *Mabuse* kleines Altarblatt, Flügelbild, Triumph der christl. Religion; 97. *Palma vecchio* Venus, 98. Andromeda; 147. *Caravaggio* Leiermann, 151. Pilatus sich die Hände waschend; 170. *Guido Reni* Cleopatra, 171 Madonna; 181. *Rubens* trunkener Silen, 183. Bildniss eines Griechen, 186. Diana auf der Jagd von Satyrn überfallen, 188. Mars; 214. *Neefs* Cathedrale zu Antwerpen; 216. *Teniers* Bauernkirmess; 230. *C. de Craeyer* Anbetung der Hirten; 268. *Jordaens* eigenes Familienbild; 270. Breiesser; 272. Bohnenfest; 291. *Van Dyck* Bildniss des Syndikus Meustraten; 293. Familienbild des Burgemeisters van Leers in Antwerpen; 294. Bilder eines Antwerpener Rathsherrn; 201. Bildniss einer Dame; 307. *Rembrandt* Jacob segnet die Söhne Joseph's; 364. Bildniss des Burgemeisters Fix, 369. Gefangennehmung Simsons, 371. Holländischer Bürgerfähndrich; 433. *Murillo* Joseph und Potiphars Weib; 577. *Hondekoeter* weisser Pfau, 578. und 579. Hahnenkampf.

Die *St. Martinskirche* („grosse Kirche", Pl. 13), Schiff im 14., Chor Anfangs des 15. Jahrh. aufgeführt, 1842 mit Kunstsinn und Geschmack hergestellt, ist eine der wenigen gothischen, für den protest. Gottesdienst durchaus zweckmässig eingerichteten Kirchen, und kann in dieser Beziehung als Muster gelten. Das Glöckchen in der Wetterfahne, also eine Glocke *über* dem Thurm (Cassels Wahrzeichen), ertönt bei Wind und Wetter. Der Küster wohnt Hohenthorstr. 944.

Im Chor, an der Stelle des Hochaltars, das grosse Denkmal Phillipps des Grossmüthigen († 1567) und dessen Gemahlin, von Beider Sohn Wilhelm IV. errichtet, mit den Standbildern, das Denkmal selbst von schwarzem Marmor mit weissen Reliefs und viel Vergoldung. Vor dem Denkmal bezeichnet ein Stein mit dem gut gearbeiteten Wappen das Grab Wilhelms IV.; Denkmal des Landgrafen Moritz, von buntem Marmor, 1662 errichtet; gegenüber ein Denkmal aus Erzguss mit dem Bilde der Landgräfin Christine († 1549). An den Wänden der Emporbühne hängen 5 Tafeln mit den Namen der Männer aus Cassel, welche den Krieg von 1813 und 1814 mitmachten.

Schöne neuere Gebäude sind das *Ständehaus* (Pl. 11) an der Nordseite der Ober-Neustadt, an der lindenbepflanzten Friedrich-Wilhelmsstrasse, und die 1839 erb. *Synagoge* (Pl. 14) am Holländ. Thor. Hier sind auch die *Infanterie-Casernen* (Pl. 15), an welche die **Kirchhöfe** grenzen. Auf dem *alten* nicht mehr benutzten Kirchhof, Eingang der *Real-Schule* gegenüber, ruht im n.w. Theil, fast in der vom Eingang entgegengesetzten Ecke, Johannes von Müller († 1809). König Ludwig von Bayern liess 1852 ein Denkmal errichten, auf 10' h. Sockel, an den Seiten eine Muse, oben die Büste, mit der Inschrift: „*Was Thukydides Hellas, Tacitus Rom, das war er seinem Vaterland. — Dieses Grabmal setzte der Bewunderer seiner Geschichtswerke K. L. v. B.*" Auch einige andere Denkmäler verdienen Beachtung, so das grosse Mausoleum der vorletzten Kurfürstin, neben demselben das einfache der letzten Kurfürstin (S. 144), das des jungen Grafen Reichenbach-Lessonitz († 1822) an der Nordseite u. a. Der *neue Friedhof* mit hübschen Denkmälern ist vor dem Holländischen Thor: auf demselben das Grabmal des Componisten *L. Spohr* († 1859).

Der S. 144 genannte *Auegarten* oder die *Carlsaue*, unweit des Friedrichsplatzes, der besuchteste Spaziergang, ist ein östlich

146 Route 43. WILHELMSHÖHE.

von der Fulda begrenzter, 1709 nach des Pariser Gartenkünstlers Le Nôtre Plan entworfener Park mit Anlagen mancherlei Art, sehr grosser Orangerie, Fasanerie, Wasserbassin, Kaffehaus u. dgl. Das *Marmorbad* (Pl. 20), gleich unten am Wege vom Friedrichsplatz hat eine Anzahl Marmor-Bildwerke, Gegenstände nach Ovids Metamorphosen (10 bis 20 Sgr. Trinkg.), von Monnot, einem franz. Künstler des vorigen Jahrhunderts.

Zur *Wilhelmshöhe (1 St. s.w., Eisenbahn und Fiaker s. S. 143), prächtiger Hochwaldpark mit den schönsten Wasserkünsten, an der ö. Abdachung des *Habichtswald-Gebirges*, führt eine gerade Lindenallee; an derselben viele neue saubere Häuser.

Neben dem *Wilhelmshöher Schloss* (Pl. 1), welches der Kurfürst im Sommer mit seiner Familie gewöhnlich bewohnt, ist ein grosser *Gasthof* (Pl. 11) (Z. 20, L. 4, M. 15, B. 5 Sgr.). Die Anlagen verdanken vorzüglich dem Landgrafen Carl († 1730) und dem Kurfürsten Wilhelm I. († 1821) ihre Entstehung. Die Besichtigung, welche an 4 St. erfordert, hat am zweckmässigsten in dieser Reihenfolge statt, wobei ein Führer (10 Sgr.) unnöthig ist: Vom Gasthof (in dessen Nähe die *Wache* und der *Marstall*, Pl. 10) r. an den *Gewächshäusern* (Pl. 9) vorbei, führen durch den Wald bequeme, zum Theil aus Felsen gebildete Schlängelwege nach dem *neuen Wasserfall* (Pl. 3), 130' h., 50' br., und von da, links hinan zum *Tempel des Mercur* (Pl. 5), dann auf Waldwegen zum *Riesenschloss* oder *Octogon* (Pl. 8), auf dem höchsten Punct der Anlagen, 1312' über der Fulda. Das Octogon besteht aus drei mit grosser Kühnheit über einander gestellten Tonnengewölben, von denen das oberste von 192 gekuppelten 48' hohen Säulen getragen wird. Auf der leicht zu ersteigenden, eine herrliche Rundsicht gewährenden Plateforme desselben eine 96' hohe Spitzsäule, von welcher die 31' hohe Nachbildung des Farnesischen *Hercules* („der grosse Christoph") aus geschlagenem Kupfer herabschaut. In seiner Keule haben 9 Personen Raum. In der *Grotte* vor dem Octogon rechts ist ein Vexirwasser. Rechts neben dem Octogon ein kleines Wirthshaus.

Vom Octogon ziehen sich die *Cascaden* den Berg hinab. Ihre Länge beträgt 900', ihre Breite 40'; von 150' zu 150' werden sie durch grosse Wasserbecken unterbrochen. Auf schönen Waldwegen gelangt man rechts bergab etwa auf halber Berghöhe bei dem *Steinhöferschen Wasserfall* (Pl. 7) vorbei zur *Löwenburg* (Pl. 6), einer 1793 von Kurfürst Wilhelm I. († 1821), der auch hier beigesetzt ist, erbauten Ritterburg mit allem Zubehör, Burgcapelle, Rüstkammer u. dgl., eine ganze Bibliothek Spiess- und Cramerscher Ritter-Romane nicht ausgeschlossen. Liebhabereien dieser Art werden heutzutage mit mehr Kunstsinn und Geschmack ausgeführt. Das Beste auf der Löwenburg ist die Aussicht.

Unterhalb der Löwenburg ist die *Fasanerie* und nächst dieser das *chinesische Dorf*, einige kleine Häuschen, angeblich in chine-

Wilhelmshöhe.

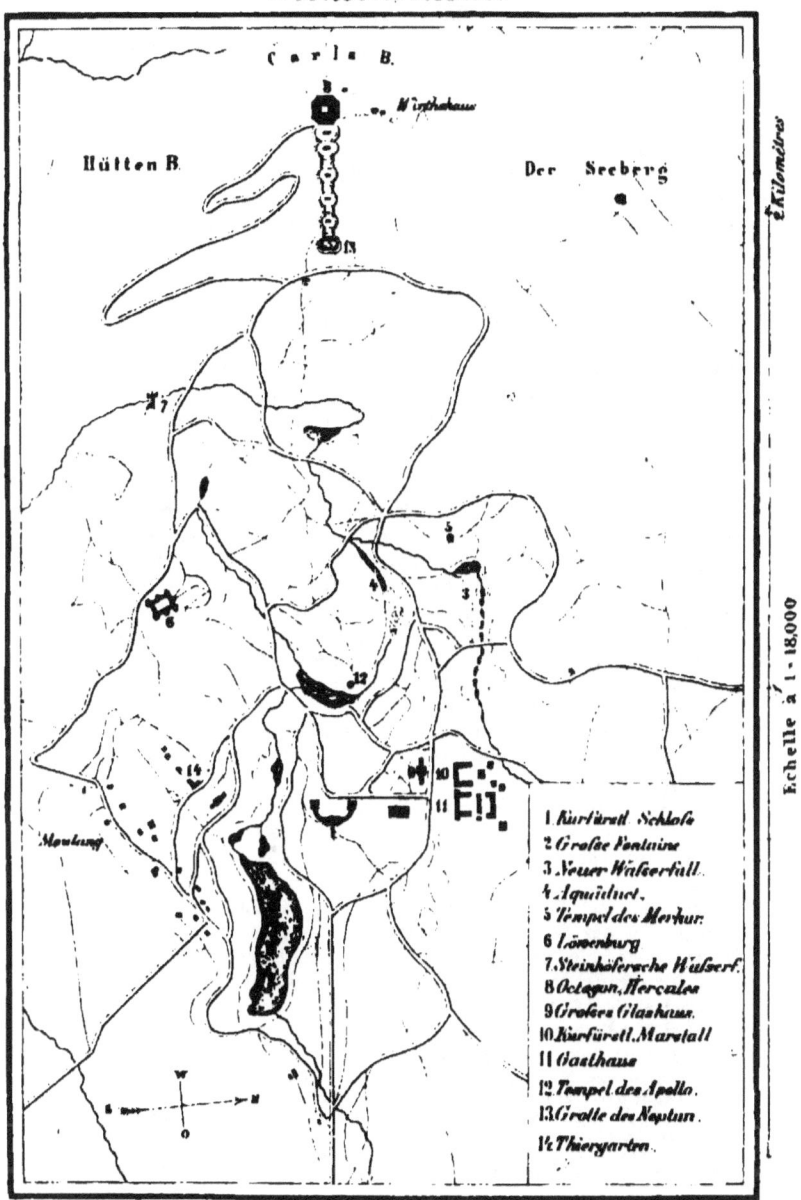

sischem Geschmack, mit einem Gartensaal mit bunten Scheiben und chinesischen Vasen. In der Nähe einige *Einsiedeleien*.

Vor dem Schloss, von diesem durch einen weiten Rasenplatz geschieden, ist der Teich mit der *grossen Fontaine* (Pl. 2), einem 12" starken, 190' hohen Wasserstrahl, dem höchsten in Europa, das Wunder von Wilhelmshöhe. Nicht fern von dieser liegt links die *Teufelsbrücke*, rechts der *Aquaeduct* (Pl. 4) mit einem hohen prächtigen Wassersturz. Die Umgebungen eines andern grossen Teichs, den man den *grossen Lac* (!) nennt, östlich vom Schloss, fast unmittelbar an der Strasse nach Cassel, sind besonders schön.

Die *Wasserkünste* springen, von Himmelfahrt an bis October (die „Cascaden" nur Sonntag), Sonntag um $2^1/_2$, Mittwoch um 3 U., und zwar vom Hercules, wo das speisende grosse Wasserbecken ist, beginnend, die Cascaden hinab, dem Steinhöfer'schen Wasserfall zu, Teufelsbrücke, Aquaeduct, grosse Fontaine, neuer Wasserfall. Da der Wasservorrath nicht lange vorzuhalten pflegt, so ist wohlgethan, um $2^1/_2$ resp. 3 U. am Fuss der Cascaden zu sein und nun dem Lauf des Wassers, wie oben angegeben, zu folgen.

44. Von Cassel über Nordhausen nach Halle.

27 Meil. Schnellpost tägl. in 28 St.; Thüring. Eisenb. (R. 65) in $8^3/_4$ St.

2 *Helsa*. Bei *Gross-Almerode*, durch seine Töpferwaaren bekannt, erhebt sich der *Meissner* (2481'), der Brocken des Hessenlandes, eine mehrere Stunden im Umfang haltende Hochfläche mit Wiesen. Er besteht aus Basalt, dessen Säulen an mehreren Orten, am schönsten bei der *Kizenkammer*, zu Tage stehen.

$2^3/_4$ *Witzenhausen* an der *Werra*, in anmuthiger Gegend, an den Bergen etwas Weinberg.

3 *Heiligenstadt* (Preuss. Hof, deutsches Haus), früher Hauptstadt des kurmainz. Fürstenthums Eichsfeld, jetzt preussisch.

$3^3/_4$ *Wülfingerode*.

3 **Nordhausen** *(Römischer Kaiser, Berliner Hof)*, an 16,000 Einw. (1000 Kath.), bis 1803 freie Reichsstadt, in fruchtbarer Gegend am südl. Abhang des Harzes (R. 48), mit bedeutenden Branntweinbrennereien, Cichorien- und chemischen Fabriken, im Mittelalter mehrfach Sitz von Fürstenversammlungen und Concilien. In der St. Blasienkirche zwei Gemälde von Cranach, ein Ecce Homo und das Begräbniss des Jünglings zu Nain, unter den Leidtragenden Luther und Melanthon. Am Rathhaus eine Rolandssäule (S. 62).

Bei Nordhausen beginnt die *goldne Aue*, ein fruchtbares von der *Helme* durchströmtes Thal, welches sich bis Sangerhausen ausdehnt.

Südlich von Nordhausen ($2^1/_2$ M.) liegt **Sondershausen** (*Erbprinz*), Hauptstadt des Fürstenth. Schwarzburg-Sondershausen. Im Schloss eine Sammlung Alterthümer, unter welchen der *Püsterich*, eine 2' hohe sehr alte Erzfigur, angeblich ein Götzenbild. — Vortreffliche Aussicht vom Rondel am *Göllner* (1100') $1/_2$ St. südl. von Sondershausen, ebenso $1/_2$ St. weiter südl. vom *Possen*, fürstl. Lustschloss mit Rundschauthurm. — **Frankenhausen**

(Mohr), mit Soolbädern und ansehnlichen Salzwerken, die jährlich 55,000 Centner liefern, liegt 2½ M. östlich von Sondershausen.

2¾ *Rossla*, mit einem Schloss des Grafen Stolberg.

Kaum 1 St. südlich erhebt der **Kyffhäuser** (1206') sein waldbewachsenes Haupt mit den ansehnlichen Ueberresten eines von Kaiser Heinrich IV. im 11. Jahrh. erbauten umfangreichen Schlosses. An den Kyffhäuser knüpft sich die alte Sage, dass Kaiser Friedrich Barbarossa tief im Kern des Berges schlummere, dass er aber hervortreten werde, wenn Deutschland zu alter Herrlichkeit gelangt sei. Oben eine Wirthschaft. Besser soll die auf der Ruine *Rothenburg* (1023') sein, ⅜ St. n.w., wohin man, wie auf den Kyffhäuser, ebenfalls zu Wagen gelangen kann. Die Stadt Frankenhausen (S. 147) liegt 2 St. s. vom Kyffhäuser.

2¼ *Sangerhausen* (Löwe). Eine Steintafel über der Thür der Ulrichskirche berichtet, dass Ludwig der Springer sie 1079 als Lösung eines auf dem Giebichenstein abgelegten Gelübdes erbaut hat (S. 114).

2¼ **Eisleben** *(Goldenes Schiff; Mansfelder Hof;* **Restaur.)*, Stadt mit 10,000 Einw. Luthers Geburtshaus (geb. 10. Nov. 1483, † 18. Febr. 1546), in der Nähe der Post (über der Thür sein Bildniss von Stein, ist seit 1½ Jahrh. zu einer Freischule für arme Kinder eingerichtet, in den obern Räumen mancherlei Andenken, Handschriften, Bildnisse, Büsten, Denkmünzen. In der *Andreaskirche* die Kanzel, auf welcher er predigte; eine Büste von Luther (Inschrift: „*Gottes Wort ist nicht gebunden*") und von Melanthon (Inschrift: „*Alles in der Liebe*") schenkte zum Reformations-Jubilaeum 1817 König Friedrich Wilhelm III. von Preussen hierher. Auch sehenswerthe Grabmäler Mansfelder Grafen sind in dieser Kirche. — In der *Petri-Paulkirche* der Taufstein, an welchem Luther getauft worden, ein Stück seines Mantels und sein ledernes Käppchen. — Bedeutender Bergbau auf Kupfer und Silber.

2½ *Langenbogen* mit ansehnlichem Braunkohlen-Bergbau.

Man kommt vorher bei zwei Seen vorbei, von denen jener zur Rechten salzig ist, der andere süsses Wasser hat.

2 *Halle* s. S. 112.

45. Von Cassel nach Frankfurt.

Schnellzug in 4½, Personenz. in 6—8 St. für Thlr. 5.12, 3.18 oder 2. 7½ Sgr.

Die Bahn durchschneidet bei Stat. *Wilhelmshöhe* die Wilhelmshöher Allee (S. 146). Zu *Guntershausen* (**Bahnhofsrest.*, *Gasth. *Bellevue*, aufmerksamer Wirth) trennt sich die Eisenacher Bahn (R. 65) von der Cassel-Frankfurter. Die Frankfurter Bahn überschreitet die *Edder*. Bei *Gensungen*, links der steile *Heiligenberg*, rechts auf Basaltkegeln der schlanke hohe Thurm der Burg *Felsberg* (1335') und etwas weiter der *Altenburg*, ersterer wohl erhalten. Im Hintergrunde rechts Ruine *Gudensberg*. Die Bahn tritt nun in das anmuthige Thal der *Schwalm*, und berührt *Wabern*, wo ein kurfürstliches Lustschloss (*Wildungen*, Badeort mit Spielbank, 2½ St. westl.); ferner *Borken*, *Zimmersrode*, *Treisa*, wo sie die Schwalm verlässt, in deren Wiesenthal, ½ St. ö. von Treisa, die kleine verfallene Festung *Ziegenhain* sichtbar wird.

Der Bach, dem die Bahn nun folgt, ist die *Wiera*. Jenseit Stat. *Neustadt* ein bewaldeter Bergkegel, auf dem das alte Städtchen *Amöneburg* liegt, mit der angeblich ältesten Kirche des Landes, von dem h. Bonifacius gegründet, unfern *Kirchhain*, wo die Bahn die *Ohm* erreicht, der sie bis zu ihrem Einfluss in die Lahn unfern Marburg folgt. Der Fluss ist selten sichtbar, breite Wiesenthäler, zu beiden Seiten eine Hügelkette. Bei jedem Einschnitt in den rothen Sandstein öffnet sich eine neue Aussicht. Vor Marburg tritt die Bahn auf das linke Ufer der Lahn.

Marburg (**Hôtel Pfeiffer*, Z. u. F. 18, B. 5 Sgr.; **Ritter*, **Bahnhofsrest.*) an der *Lahn*, halbkreisförmig von den steilen Schlossberg gebaut, unten die Elisabethkirche, reizende Lage. Das wohlerhaltene ansehnliche *Schloss* (951), 20 Min. steilen Steigens von der Elisabethkirche an, jetzt Strafanstalt, enthält nichts Bemerkenswerthes. Die Aussicht lohnt aber das Steigen reichlich. Sylv. Jordan sass hier von 1839—1845 gefangen. Philipp der Grossmüthige, der 1527 die *Universität* (250 Studenten) gegründet hatte, die erste ohne päpstliche Privilegien, versammelte zwei Jahre später hier Luther, Zwingli, Melanthon, Oecolampadius u. a. Reformatoren, um eine Vereinigung über die Abendmahlslehre zu veranlassen, ein Versuch, der an Luthers Hartnäckigkeit scheiterte („Hoc est corpus meum", schrieb er mit grossen Buchstaben an die Wand). Der Rittersaal, in welchem dieses Religionsgespräch statt hatte, ist ganz kahl. Unter dem Schloss liegt am Abhang *Buckings Berggarten*. Bier und Aussicht gut.

Die Perle von Marburg ist die **St. Elisabethkirche*, 1235 bis 1383 im reinsten goth. Styl aufgeführt, 1860 restaurirt, 202′ l, 59′ br., ein treffendes Beispiel, wie diese Bauart, auch ohne reiche Verzierung allein durch ihre edlen hochaufstrebenden Formen die mächtigste Wirkung hervorbringt.

Bald nach dem Tod der heil. Elisabeth († 1231 in ihrem 24. Jahr), Tochter des Königs Andreas II. von Ungarn, Gemahlin Ludwigs des Milden, Landgrafen von Thüringen, deren Gebeine hier beigesetzt waren, entstand über ihrem Grabe die Kirche. Pilger aus halb Europa wallfahrteten hierher. Kaiser Friedrich II., der selbst hier war, widmete dem Haupt der Heiligen eine goldene Krone. In einem kunstreich mit Reliefs von vergoldetem Silber geschmückten Sarg wurden ihre Gebeine niedergelegt. Der oben genannte Landgraf Philipp liess sie, um den Wallfahrten ein Ziel zu setzen, herausnehmen, und an einem nur Wenigen bekannten Ort in der Kirche selbst begraben. Der Sarg ist noch vorhanden, in der verschlossenen Sacristei neben dem Hochaltar. Die Franzosen hatten ihn 1810 nach Cassel gebracht und seiner Edelsteine beraubt, 1814 kam er nach Marburg zurück. An der Grabcapelle eine Krönung der h. Jungfrau in Schnitzarbeit und Flügelbilder von Dürer (?), inwendig Geburt Christi und Mariae Tod, an den 4 Seitenaltären ebenfalls altes Schnitzwerk und Dürer'sche Bilder. Die zahlreichen Denkmäler Hessischer Fürsten und Deutsch-Ordens-Comthure sind 1847 durch einen Wolkenbruch zerstört, das ganze Innere der Kirche lag seitdem wüst, ist aber jetzt hergestellt.

Die *luther. Kirche* auf einer Terrasse mit schöner Aussicht, im 15. Jahrh. in edlen Verhältnissen vollendet, enthält einige grosse Grabdenkmäler, des Landgrafen Ludwig IV. († 1604) und seiner Gemahlin Hedwig († 1594), einer württembergischen Fürstin, und das des Landgrafen Ludwig V. († 1626) und seiner Gemahlin Magdalena († 1616), Tochter des Kurfürsten Joh. Georg von Brandenburg, beide mit Standbildern.

Das *Rathhaus* ist 1512 aufgeführt, *Sternwarte* und *Anatomie*, zwei hervortretende neuere Gebäude, im J. 1842.

Die Bahn bleibt bis Giessen in dem breiten fruchtbaren Thal der *Lahn*, sie überschreitet den Fluss bei Marburg und jenseit *Fronhausen;* an der Bahn links das neue 4 thürm. Schloss des Herrn v. Rabenau; auf einer Anhöhe links *Stauffenberg* mit ansehnlichen Schlosstrümmern. Jenseit *Lollar* zeigen sich fern rechts auf Basaltkegeln die Schlossthürme von *Gleiberg* (*Gastwirthschaft), 1646 zerstört, mit dem Dorf, dann weiter zurück *Fetzberg*, beide preussisch. Hinter Giessen ragt auf einem Bergkamm das grossherzogl. hessische Schloss *Schiffenberg* hervor, früher Deutsch-Ordenshaus, $^3/_4$ St. s.ö. von Giessen, oben gute Gastwirthschaft und weite Aussicht.

Giessen *(Einhorn, Rappe, Prinz Carl*, gutes Bier und schöne Aussicht im *Felsenkeller)*, an der Lahn, ist eine grossentheils moderne Stadt, mit wenig alten Gebäuden, Sitz einer 1607 gegründeten Universität (400 Studenten), mit herkömmlichen Universitäts-Apparaten und Sammlungen.

Strasse nach Fulda s. R. 76, nach Coblenz s. im I. Theil.

Folgt Stat. *Langgöns*, dann *Butzbach*, Städtchen in der fruchtbaren Wetterau. Links etwa 1 St. entfernt die ausgedehnten Trümmer des im 30jähr. Krieg zerstörten Schlosses *Münzenberg* mit zwei Thürmen, von dem einen (145' h.) weite Aussicht.

Nauheim *(*Hôtel de l'Europe*, Z. u. F. 1 fl. 18 kr.; Nr. 7 ist über der Küche, hat also bis Mitternacht Küchenlärm; *Curhaus; Hôtel Henckel, Hôtel de Paris)*, Saline und Badeort am n.ö. Abhang des Taunus, nimmt sich von dem hochgelegenen Bahnhof ganz stattlich aus, besonders wenn der 1855 erbohrte 27° warme *Soolsprudel milchweiss und schäumend in einer Perlengarbe 56' hoch armdick aufsteigt, was bei Vorüberfahrt der Bahnzüge zuweilen geschieht. Nauheim, kurhess. Enclave, ist als Saline lange bekannt, als Badeort aber erst seit einigen Jahren, besonders seitdem auch hier der grüne Tisch seine Gäste anzieht, etwa 3000 Curgäste jährlich. Der grösste Theil des Orts besteht aus neuen Häusern. Zu beiden Seiten des Sprudels lange Trink- und Badehallen. — Vom *Johannisberg*, einer bewaldeten Anhöhe, 20 M. w. vom Cursaal, umfassende Umsicht; auf dem Gipfel der Thurm eines alten Klosters. Der alte runde epheuumrankte Thurm im Thal ist der Rumpf eines Windmühlenthurms.

Zwischen den Gradirhäusern hindurch fährt der Zug in wenig Min., zuletzt auf einem 70' h. Viaduct, nach **Friedberg** *(Hôtel Trapp, Simon)*, einst freie Reichsstadt, mit 2 schönen goth. Kirchen und ansehnlichen Ringmauern, die an der Ostseite der Bahn haben weichen müssen; an der Nordseite ein wohlerhaltener schöner hoher Wartthurm; bei demselben in den ehem. Festungsgräben der reizende Schlossgarten.

Folgt Stat. *Nieder-Wöllstadt* (rechts das Taunusgebirge), *Gross-Karben*, *Dortelweil*, *Vilbel* (hier über die *Nidda*), *Bonamēs* (Stat für Bad Homburg), *Bockenheim* mit der Warte, *Frankfurt*, Bahnhof neben dem Taunusbahnhof (Gasth. Westendhall zwischen den beiden Bahnhöfen; in der Stadt Russ. Hof, Röm. Kaiser, Engl. Hof, Schwan, Landsberg, Brüsseler Hof, Pariser Hof u. a., siehe im 1. Theil dieses Reisehandbuchs).

46. Die Weser von Hannov.-Münden bis Preuss.-Minden.

Dampfboot 3mal wöchentl. (1860 Mont., Donnerst., Samst.) nach Hameln in 10 St., von da nach Preuss.-Minden 3mal wöchentlich in 6 St. — Die Weser-Ufer gehören von Münden bis Minden zu den anmuthigsten des nördlichen Deutschlands, reich an geschichtlichen Erinnerungen aus den Zeiten der Römer (Hermannschlacht, Idistavisus) und den ersten des Vordringens des Christenthums in diese Gegenden (Carl d. Gr., Abtei Corvey).

r. *Münden* (S. 155), Station an der Cassel-Hannoverschen Eisenbahn (S. 154), Bahnhofs-Restauration gut.

r. *Gimte.*

l. *Hilwarthshausen.* Das Waldgebirge zur Rechten ist der *Solling*, das zur Linken der *Reinhardswald*, dessen höchste Spitze, der *Stauffenberg*, eine mit Eschen bewachsene Basaltkuppe, oberhalb

l. *Veckerhagen* sich erhebt. In dem ehem. Schloss ist jetzt eine chem. Fabrik. Gegenüber liegt *Hemeln.* Die Trümmer der

r. *Bramburg*, eines früher den Herren von Stockhausen gehörenden Schlosses, bleiben lange im Gesichtskreis, da die Weser hier eine grosse Krümmung macht.

r. *Bursfelde*, ehemalige Benedictiner-Abtei, 1091 gegründet, mit einer bemerkenswerthen Rundbogenkirche aus jener Zeit.

r. *Oedelsheim*, kurhessisch. — r. *Lippoldberge*, und etwas weiter

r. *Bodenfelde*, zwei ansehnliche hannover. Marktflecken.

l. *Carlshafen*, Endpunct der Casseler Bahn s. S. 139. Die Lage des Orts ist ganz hübsch, einzelne Gruppen zerklüfteten rothen Sandsteins am linken Ufer heben das Malerische der Gegend. Die Gebirge treten indess mehr und mehr zurück.

l. *Herstelle*, einst Carls des Grossen Sitz, der es nach seinem Stammhaus *Heristal* bei Lüttich so nannte. Er hielt hier von Weihnachten bis Ostern 797, umgeben von seinen Söhnen und den überwundenen Sachsenherzogen (S. 129), ein glänzendes Hoflager, und empfing hier die Gesandten aus Spanien und Ungarn. Von der alten Feste keine Spur mehr. An ihrer Stelle erhebt sich jetzt aus Baumgruppen malerisch hervorblickend das neue zinnengekrönte Schloss des Herrn v. Zuidtwick.

l. *Beverungen* mit einem alten Gefängnissthurm, preussisch.

r. *Lauenförde*, gegenüber, hannoverisch.

l. *Blankenau*, ein im 13. Jahrh. von dem Abt zu Corvey aufgeführtes festes Schloss, jetzt Amtshaus.

l. *Wehrden*, altes Schloss des Frhrn. von Wolf-Metternich.
r. *Schloss Fürstenberg*, auf der Höhe, jetzt Porzellanfabrik, u.
r. *Bofzen*, beide braunschweigisch.

l. **Höxter** *(Stadt Bremen, Berliner Hof)*, sehr alte einst freie Reichs- und Hansestadt, jetzt preuss., von Mauern umgeben, mit einer neuen Brücke, vor welcher der Dampfschiff-Schornstein sich beugt. Carl d. Gr. bestand hier im J. 775 eine der blutigsten Schlachten gegen die Sachsen. Der alte Wartthurm auf dem *Brunsberg*, im Hintergrund, soll der Ueberrest einer Feste sein, welche Bruno, der Bruder Wittekinds (S. 129), aufführen liess, die Eginhard, der Schwiegersohn und Geschichtsschreiber Carls d. Gr., eine der festesten Sachsenburgen nennt. Eine Doppel-Allee von Linden, 3600' lang, führt von Höxter nach Corvey.

l. *Corvey*, die alte gefürstete 1803 aufgehobene Reichsabtei, das berühmteste Benedictinerstift des nördlichen Deutschlands, 816 von Ludwig dem Frommen gegründet, die Wiege christlicher Gesittung in diesen Gegenden. Von hier gingen die Sendboten nach allen Richtungen, den heidnischen Völkern das Evangelium zu verkünden, unter ihnen der berühmteste, der h. Ansgarius (S. 63), der Apostel des Nordens. Papst Gregor V. war vorher Abt von Corvey. In der jetzt zerstreuten Klosterbibliothek fand man im J. 1514 die verloren geglaubten fünf ersten Bücher der Annalen des Tacitus. Die schlossartigen thurmreichen Gebäude, welche mit Hof und Kirche ein grosses Viereck bilden, ohne architecton. Werth, gehören dem Prinzen Victor von Hohenlohe-Schillingsfürst, Herzog von Ratibor, Fürst von Corvey; sie sind aus der Hessen-Rothenburgschen Erbschaft an ihn gekommen. In einem der Säle hängen die Bildnisse aller Aebte. Zwischen Corvey und Holzminden macht der Fluss eine solche Krümmung, dass man nach Höxter zurück zu fahren vermeint.

r. *Holzminden* (Buntrock), braunschweigische Stadt, an den nördlichen Ausläufen des Sollinger Waldgebirges, mit einem alten berühmten Gymnasium, welches in dem mit „Deo et litteris" bezeichneten Gebäude am Ufer seinen Sitz hat.

l. *Heinsen*, hannov. Die Weser macht eine grosse Krümmung.

l. *Polle*, mit den Trümmern einer im 30jähr. Krieg zerstörten Burg, liegt an der Westspitze dieser Krümmung.

Dann folgen die Dörfer l. *Brevörde*, r. *Reileilfzen*, l. *Grave*, l. *Dölme*, wo eine früher gefährliche Stromenge, das „Binger Loch" der Weser. Gegenüber steigt eine steile Felswand auf, aus deren Schluchten ein Bach sich hoch herab auf die Räder der *Teufels-* oder *Steinmühle* stürzt, die „Lurley" der Weser, deren Echo durch einen Schuss vom Schiff geweckt wird. Eine eigenthümlich gestaltete Klippe wird der „*Pastor von Dölme*" genannt.

l. *Pegelsdorf* (hannov.), r. *Rühle* (braunschweig.), zwei Dörfer.

l. *Bodenwerder*, hannoversche Stadt mit einer Schiffbrücke. Der rothe Sandstein tritt eigenthümlich zu Tage.

HAMELN. *46. Route.* 153

l. *Kemnade* (braunschweig.), mit fliegender Brücke. Die alte Kirche enthält Erbbegräbnisse mancher adeligen Familien.

l. *Hehlen.* Das stattliche vierthürmige Schloss, im 16. Jahrh. erbaut, ist Eigenthum des Grafen von der Schulenburg, eines Nachkommen des berühmten Feldmarschalls, der im Dienst der Republik Venedig im J. 1716 die Insel Corfu so tapfer gegen die Türken vertheidigte. Rossschweife und türkische Waffen, die der Graf damals erbeutete, werden noch im Schloss gezeigt.

l. *Grohnde.* Bis Fischbeck (S. 154) sind beide Ufer hannov.

r. *Hagenohsen*, mit einem Schloss der alten Grafen von Everstein, jetzt Domänen-Amt.

r. *Tündern.* Auf der Höhe, $^3/_4$ St. von Tündern, liegt *Hastenbeck*, durch die Schlacht vom 26. Juli 1757 aus dem 7jährigen Krieg bekannt, wo die Verbündeten unter dem Herzog von Cumberland von den Franzosen besiegt wurden, was die Capitulation von *Kloster Seven* zur Folge hatte.

l. *Ohr*, mit einer neuen Kirche, welche die Inschrift hat: „*der Geist ist frei, und ohne Zwang der Glaube*", von Hrn. v. Hacke erbaut. Das Hacke'sche Schloss hat hübsche Gartenanlagen. Schönste Aussicht auf Hameln und die Weser von dem nahen *Ohrberg*, oben Gastwirthschaft.

r. **Hameln** *(Sonne, Z. u. F. 20 gr., B. 5 gr., Stadt Bremen)*, ansehnliche hannov. Stadt, früher Festung, am 20. Nov. 1806 von dem preuss. Commandanten an die Franzosen übergeben (vergl. Chamisso's, der damals als preuss. Lieutenant bei der Besatzung stand, Werke, 4. Aufl., 5. Bd. S. 186), von den Franzosen 1808 geschleift. Oberhalb am Fluss tritt das grosse 1827 erbaute Zuchthaus stattlich hervor. Die 1839 vollendete 816' lange Kettenbrücke verbindet hier beide Weser-Ufer. Eines der ältesten Gebäude ist das Münster, die alte Stiftskirche des h. Bonifacius mit einer Krypta. Der Sage vom Rattenfänger von Hameln liegt die Thatsache zu Grunde, dass in der Schlacht von *Sedemünden* (1259), welche die Stadt Hameln mit ihren Verbündeten gegen den Bischof von Minden schlug, der grösste Theil der wehrhaften Jugend von Hameln getödtet und gefangen wurde.

Personenwagen nach *Hannover*, 22½ gr. der Platz; 15 gr. nach dem 3 Meilen westlich gelegenen **Pyrmont** *(Stadt Bremen; Krone, Lippischer Hof)*, früher eines der berühmtesten Bäder. Die am meisten benutzten Quellen sind der *Stahlbrunnen* in Pyrmont selbst, und der *Salzbrunnen* auf der 20. Min. entfernten Saline. Als Hauptversammlungsort dient den Curgästen (an 5000 jährlich) die *Allee* (von der Trinkquelle bis zu dem fürstl. Waldeckschen Schloss reichend), zu deren beiden Seiten der Cursaal, das Theater, das Kaffehaus, die Conditorei und zahlreiche Verkaufsläden sich anreihen. Das Wasser bringt eine erfrischende aufregende Wirkung hervor, wenn man mehrere Gläser hinter einander trinkt. *Personenposten* tägl. nach Hannover (S. 125) in 8 St., Herford (S. 129) in 7, Paderborn (S. 138) in 8 St.

l. Der *Klüt*, ein früher befestigter Berg; oben von dem Thurm schöne Aussicht, in der Nähe Bierwirthschaft zum *Felsenkeller* und in *Dreyer's Garten*.

l. *Helpensen*, dem Herrn v. Mengersen gehörig.

r. *Wehrbergen.* Von Fischbeck bis unterhalb Rinteln sind beide Ufer kurhessisch.
r. *Fischbeck* mit einem adeligen Fräuleinstift.
r. *Oldendorf;* 1 Meile ö. der *Hohenstein* (1075') senkrecht aufsteigend.
r. *Grossen-Wieden.* Die S. 119 genannte *Paschenburg,* oberhalb der Trümmer des alten Stammschlosses der Grafen von *Schaumburg,* ist kaum 1 Stunde von hier entfernt.
l. **Rinteln** *(Stadt Bremen, Rathskeller),* Hauptstadt der hessischen Grafschaft Schaumburg, mit einer Steinbrücke über die Weser, von 1619 bis 1809 Universität, von 1665 bis 1807 Festung.
r. *Eisbergen.* Das rechte Ufer ist preussisch, das linke lippisch.
l. *Varenholz,* mit fürstl. Schloss am Abhang eines Hügels.
r. *Veltheim.* r. *Vlotho* (Alte Post), betriebs. Stadt in schönster Lage.
r. *Uffeln,* dann *Vössen.*
l. *Rheme,* preuss. Saline, Eisenbahnbrücke (S. 129).
l. *Wedigenstein* mit Trümmern einer alten Sachsenburg.
r. *Hausberge,* am Fuss des Jacobsbergs, gegenüber der Wittekindsberg, zwischen beiden die *Porta Westphalica* (S. 129).
l. *Minden* (S. 120).

47. Von Hannover nach Cassel.

Courier- u. Schnellz. in 4¼, Personenz. in 5 St f. Thlr. 3. 18, 2. 21, 1. 24 8gr.

Die Bahn durchzieht das flache Ackerland unfern der *Leine* am r. Ufer des Flusses. Zwischen Stat. *Rethen* und *Sarstedt* über die *Innerste,* einen kleinen von Hildesheim kommenden Fluss, links die *Hildesheimer Berge,* rechts das steinkohlenreiche *Deister-Gebirge.* Zu *Nordstemmen* mündet die Hildesheimer Zweigbahn. Grosser hübscher Bahnhof. Rechts auf der Höhe Schloss Marienburg (im Bau, s. S. 128). Der Zug überschreitet hier die Leine. Folgt Stat. *Elze,* dann *Banteln,* Sitz des Grafen Bennigsen.

Die Bahn tritt nun in's Gebirge. *Alfeld,* Stadt mit doppelthurmiger Kirche und altem Wartthurm, liegt am Fuss der *Sieben Berge* oder *Sieben Brüder,* deren höchster 1440' ü. M. Folgt Stat. *Freden,* in einem der anmuthigsten Theile des Leine-Thals, auf welches dort die Ruine des Hauses *Freden* und die *Winsenburg* herabschauen. Zu *Kreiensen* mündet die Braunschw. Verbindungsbahn (*Kreiensen, Seesen, Sulzgitter, Börssum,* wo sie in die Harzbahn (S. 156) fällt, Fahrzeit zwischen Kreiensen und Braunschweig 3 St.).

Folgt *Salzderhelden* mit Saline und Burgtrümmer, Station für die ½ Meile n.w. gelegene alte bierberühmte Stadt *Eimbeck,* Hauptstadt des hannov. Fürstenthums Grubenhagen.

Nordheim *(*Sonne),* alte Stadt mit hübscher dreischiffiger Kirche von 1519 (am Altar altes Holzschnitzwerk, am Chorfenster ein kleiner Rest guter Glasbilder von 1404), Station für Reisende, die von dieser Seite her den Harz besuchen.

GÖTTINGEN. *47. Route.* 155

Von **Nordheim** nach **Clausthal**, $4^{3}/_{4}$ M., Post 2mal täglich in $4^{1}/_{2}$ St., Strasse ganz hübsch, vor Osterode (S. 159) etwas bergan, im Hintergrund das Harzgebirge. Von Osterode an steigt die Strasse, an den Seiten Bergwände mit Ahorn bewachsen, jenseit *Lerbach* (S. 159) weite Aussicht nach S. und W., auf der Höhe ö. der Brocken als Hintergrund.

Auf der Höhe von *Nörten* ein schlanker Wartthurm, über Nörten die stattliche Ruine *Hardenberg*, jenseit Nörten Ruine *Plesse*

Göttingen (412') (**Krone; Stadt London*), die 1737 von Georg II. gestiftete berühmte Universität (*Georgia Augusta*, 700 Stud.), als Stadt (11,228 Einw.) ohne Bedeutung, hat eine grosse *Bibliothek* (350,000 Bände, 5000 Handschriften), an ausländ. geschichtlichen Werken besonders reich. Im Saal Marmorbüsten berühmter Gelehrten, Gauss, K. F. Hermann u. A. Das kleine Kuppelgebäude am Bahnhof ist die *Anatomie*, in welcher eine Anzahl Präparate. Die *naturwissensch. Sammlungen* enthalten u. A. auch Blumenbach's berühmte Schädelsammlung. *Krankenhaus*, *Sternwarte*, *physic. Cabinet* mögen Sachverständige ebenfalls besuchen.

Auf dem Wilhelmsplatz steht das eherne *Standbild des Königs Wilhelm IV.* in Erzguss von Bandel: „*Statuam posuit cum saecularia Georgiae Augustae sacra celebrarentur civitas Gottigensis*" meldet die Inschrift. Gegenüber die *Aula*, ebenfalls 1837 aufgeführt, ein grosses Gebäude für academ. Feierlichkeiten, für Bureaus, für die Sitzungen der Academie und die Kupferstich-Sammlung; im Giebel ein Relief von Bandel, in der Mitte der Genius der Wissenschaft, zu den Seiten die 4 Facultäten.

Die Bahn verlässt bei Göttingen das Leinethal, dem sie von Hannover an gefolgt war, und wendet sich in weiten Bogen s.w. der Hochfläche zu, auf welcher *Dransfeld* liegt. Landschaft hügelig, mehrfach Dämme, Thal-Ueberbrückungen, tiefe Einschnitte. Links weit das Thal der Leine, rechts fern das Wesergebirge. *Dransfeld* liegt auf dem höchsten Punct der Bahn, die hier in einem Tunnel ($^{1}/_{2}$ Min. Durchfahrt) durch das vorliegende Gebirge dringt, und sich dann allmälig in das Thal der *Weser* hinabsenkt, rechts stets ein weiter Blick über das Flussthal unterhalb *Münden*, das mit der grossen Kirche und alten hohen Warten von der Höhe sich stattlich ausnimmt. Der Zug umfährt den Ort auf hohem Damm in weitem Bogen und überschreitet die *Werra* kurz vor ihrer Vereinigung mit der Fulda auf einer sechsbogigen Brücke.

Münden (*Krone*, *Goldener Löwe*, *Hessischer Hof*, **Bahnhofs-Restauration*) liegt auf einer Landspitze, welche durch die Vereinigung der *Fulda* und *Werra* entsteht, die unterhalb der Stadt zusammenfliessen und von da an *Weser* heissen, eine alterthümliche, lebhaften Speditionshandel betreibende Stadt. Die ansehnliche St. Blasiuskirche ist aus dem 14. Jahrh. Das als Magazin dienende grosse Schloss mit den zahlreichen zum Theil vermauerten Fenstern, erbaute nach 1571 Herzog Erich II. von Braunschweig-Lüneburg, der in der Blasiuskirche begraben liegt. An der Aussenseite der Garnisonkirche, unfern des Bahnhofs ist der

Leichenstein des durch das Volkslied bekannten *Dr. Eisenbart, des „hochedeln hocherfahrnen weltberühmten k. grossbr. und curf. braunschw. lüneb. priv. Landartz, wie auch k. preuss. Raht und Hofoculiste"* († 1727). Hübsche Aussicht von *Andree's Berggarten* (gutes Bier), 10 M. von der Stadt.

Die Bahn bleibt nun auf weiter Strecke, stets in anmuthiger Gegend, an der *Fulda*, und folgt den Windungen des Flusses am r. U., überschreitet ihn, und verlässt ihn sogleich auf kurhess. Gebiet. Bald zeigt sich dann Wilhelmshöhe, und am Kamm des Gebirges der Hercules (S. 146). Vor Cassel erreicht diese Bahn die Cassel-Carlshafen-Paderborner (S. 137). *Cassel s. S. 143.*

48. Der Harz.

Der *Harz*, der nördlichste Gebirgszug Deutschlands, 12 M. l., 4 M. br. gehört grösstentheils Hannover, dann Preussen, Braunschweig und Anhalt-Bernburg. Er wird in den Ober- und Unterharz eingetheilt, der erstere die dem Brocken westlich, der andere die östlich gelegene Hälfte. Der Oberharz hat tiefer eingeschnittene Thäler, steile und finstere Schluchten und meist Tannen- und Fichtenwaldung. Der Unterharz bietet eine grössere Anzahl lieblicher Landschaften. Die Gebirgsart besteht aus Granit, die jüngern Gebilde sind Grauwacke und Thonschiefer.

Der Unterharz, wenigstens die Vorberge, werden gewöhnlich schon zu Pfingsten besucht und erscheinen dann besonders wegen des frischen Waldgrüns und der wasserreichen Bäche sehr malerisch. Die beste Zeit zum Besuch des Oberharzes und Brockens, wie überhaupt des obern Gebirgslandes, ist von Ende Juli bis Ende September. Die meisten Gegenden sind zwar zu Wagen (Zweispänner 4–5 Thlr. täglich) zu erreichen, wahren Genuss von der Reise hat aber nur der *Fussgänger*. Ein Führer ist nur in den weniger betretenen Gegenden nöthig, indess ist die Begleitung desselben Sonntags-Fussgängern überall angenehm und rathsam. Der Führer erhält 1 Thlr. (nebst 5 Sgr. für die Meile Rückweg) und ist aller Orten, wo die Harzreise gewöhlich beginnt, zu finden.

Reisende, welche von Westen an den Harz gelangen, benutzen die täglich von Nordheim (S. 155) in 2½ St nach Osterode, in 4½ St. nach Clausthal fahrende Post. Von Süden dient am besten die von Cassel nach Nordhausen (S. 147) und von hier täglich über Harzgerode u. Alexisbad nach Quedlinburg und Halberstadt fahrende Personenpost Oestlich ist Halberstadt (S. 117) oder Quedlinburg (S. 167) (Post von Halberstadt nach Quedlinburg 3mal, nach Blankenburg 2mal tägl.) der nächste Punct. Nördlich reicht die Braunschweig-Harzburger Eisenbahn unmittelbar an den Fuss des Harzes: von Braunschweig bis Harzburg in 1½ St. Stationen *Wolfenbüttel* (S. 118), *Börssum* (S. 154), *Schladen, Vienenburg, Harzburg.* Auf der ganzen Strecke hat man die *Oker* zur Seite.

Harzburg, besser *Neustadt-Harzburg* (Bahnhof 786′ ü. M). (*„*Hôtel de Bronswick"; *Hôtel de Bellevue; *Lindenhof*, alle am Bahnhof; **Juliushalle*, „Restauration und Logirhaus" am Fuss des Burgbergs 25 Min. vom Bahnhof; **Gasthof auf dem Burgberg*, 40 Min. Steigens von hier, sehr gut bewirthschaftet, klein aber hübsch eingerichtet, Z. 12½ bis 20, F. 5, M. um 1 U. 15 Sgr., im Sommer sehr besucht, daher auf ein freies Zimmer nicht immer zu zählen (eine im ganzen Harzburger Thal sichtbare aufgezogene Flagge bedeutet, dass noch freie Betten vorhanden), sonst wegen der vortrefflichen Aussicht den Gasthöfen unten vorzuziehen). Harzburg wird für die überwiegend grösste Mehrzahl von Reisenden der Anfang der Harzreise sein. Führer, Esel, Fuhrwerk zu

festen Preisen (S. 160); in der Bellevue ein Zweisp. 4½ Thlr. täglich. Die Reise in den Oberharz nimmt 3, die in den Unterharz 4 Tage in Anspruch. Wer nur einen Abstecher in den Oberharz machen will, geht von Harzburg oder dem Burgberg mit Führer bis zur *Ahrendsberger Klippe* (2½ St.), von da hinab ins Okerthal zur Landstrasse, die längs der Oker durch prächtigen Tannenwald und einsame Tiefthäler (S. 159) bis zum Dorf *Oker* (*Post) führt. Von hier auf Richtwegen in 1½ St. nach Harzburg oder in 2½ St. auf den Burgberg.

1. Oberharz.

Von Vienenburg (S. 156) tägl. 3 mal Personenpost in 1 St. nach Goslar. Von Goslar nach Clausthal 4 St., Osterode 2½ St., Andreasberg 4 St., Oderteich 2 St., auf den Brocken 3 St., zusammen 18 St. Man kann auch in gerader Richtung von Clausthal nach dem 4 St. entfernten Oderteich gelangen.

Goslar (*Kaiserworth*, uraltes Gildehaus, mit stattlicher Vorderseite, davor die Statuen der Kaiser Heinrich I., Otto I., Heinrich II., Conrad II., Heinrich III., IV., V., Lothar II.; *Hôtel de Hanovre*; *Röm. Kaiser*), alte früher bedeutende bis 1802 freie Reichsstadt, von 1802 bis 1806 preussisch, dann westphälisch, seit 1816 hannoverisch. Zu Goslar ist im J. 1050 Kaiser Heinrich IV. geboren, es war oft Aufenthaltsort der Kaiser. Mehrere Reichstage wurden hier gehalten, so unter Friedrich Barbarossa 1188 jener, durch welchen der Welfenherzog Heinrich der Löwe verurtheilt wurde, drei Jahre lang sein Erbland zu meiden.

Der Dom, im J. 916 von Kaiser Conrad II. erbaut, ist im J. 1820 wegen Baufälligkeit abgetragen. Nur die Vorhalle ist stehen geblieben („*propylaeum aed. cathedr. tuendis antiq. Germ. monum. instaur. A. D. 1824*", meldet die Ueberschrift). Ueber dem Portal 5 Figuren, Kaiser Conrad II., seine Gemahlin Gisela, Matthäus, Simeon und Juda. In dieser sogen. *Domcapelle* sind zahlreiche Ueberreste der alten Ausschmückung aufbewahrt, Steinbildwerk, Grabsteine, Glasbilder, Crucifixe, Tapeten u. dgl., dann der „*Crodo-Altar*", ein etwa 3′ l., 2¼′ br., 2½′ h. viereckiger Kasten aus Messingplatten, auf 4 gebückten Figuren ruhend, mit zahlreichen runden Oeffnungen, früher ohne Grund für ein Opferaltar der heidnischen Götzen Crodo gehalten, wahrscheinlicher ein einst mit Steinen und Krystallen geshmückter Reliquienkasten. Die Franzosen hatten ihn nach Paris mitgenommen. Der Aufseher der Capelle (Buchbinder van Geldern, Hokenstr. 221, in der Nähe des Markts) erhält von 1 bis 2 Pers. 8, 3 bis 4 Pers. 15, 5 bis 7 Pers. 20 gr., 8 und mehr Pers. 1 Thlr. Trinkg.

An dem grossen grünen Platz *(Casernenplatz)* steht rechts ein langes Gebäude, ein Theil der über 1000 J. alten *Kaiserpfalz*, jetzt als Getreide-Magazin benutzt.

In dem stattlichen sehr alten *Rathhaus werden, in einem ehem. Sitzungszimmer, alte Evangelienbücher, Urkunden, Wachstafeln, Fahnen, Marterwerkzeuge u. dgl. gezeigt. Wände und Decken sind zu Ende des 15. Jahrh. ausgemalt, mit Kaiser- und Sibyllenbildern. Nebenan in einer Capelle eine silberne reich verzierte Bergkanne von 1407 und 2 Kelche von 1519. An der Aufgangstreppe steht die „Beisskatze", ein hölzerner Latten-Kasten mit Durchschlag, in welchem vor Zeiten zänkische Höckerweiber eingesperrt wurden.

Marktkirche, goth. Bau von 1519; in der Bibliothek ältere Urkunden und Bücher, namentlich Luther's kleinere Streitschriften. An der Westseite ein sehr altes Haus, das *„Brusttuch"*, unter dem Gesims satyr. Darstellungen in Holzschnitzwerk, das Handwerksburschen-Wahrzeichen von Goslar.

An der s.ö. Seite der Stadt, am Breitenthor, sehr stattliche runde Thürme, zur alten Befestigung gehörig. Der bedeutendste ist der *Zwinger*, 19 Schritt Durchmesser, die Mauern 8 Schritt stark, in welchem eine Gastwirthschaft betrieben wird.

In der Nähe die *„Farbensümpfe"*, Teiche, in welchen die Okerfarbe gewonnen wird, aus den Abflüssen des Rammelsbergs, der die Stadt südlich überragt. Unfern eine einzeln, an 100' aufragende Sandsteingruppe, die *Klus*, mit eingehauener Grotte und Capelle, angeblich von Agnes († 1077), der Gemahlin Kaiser Heinrichs III. gestiftet.

Der südl. die Stadt überragende erzreiche **Rammelsberg** (1940' ü. M., 1092' ü. d. Thalsohle), liefert seit 800 Jahren Gold, Silber, Kupfer, Blei und Zink. Selten mögen so verschiedene Metalle auf so engem Raum zusammen gefunden werden. Der Berg ist nach allen Richtungen von Gängen und Schächten durchbohrt; seine Reichthümer sind noch nicht erschöpft, doch deckt die Ausbeute kaum die Kosten des Betriebs. Die aus dem hier geförderten Gold geprägten Ducaten haben die Inschrift: „*ex auro Hercyniae*". Die Gewinnung des Erzes wird durch das „Feuersetzen" sehr erleichtert, durch hohe Holzhaufen, die in den Gruben neben dem harten erzhaltigen Thonschiefer aufgerichtet und angezündet werden und dann 8 St. lang brennen, während welcher Zeit alle Oeffnungen und Gänge geschlossen bleiben. Die Hitze macht das Gestein einige Fuss tief mürbe, so dass es leicht abzulösen ist. Sonnabend 8 U. fr. wird das Feuer angelegt; die Feuergluth in der Grube gewährt einen eigenthümlichen Anblick. Montag 8 U. fr. werden die Gruben geöffnet. Man kann in der Woche an jedem Tag in das Innere des Bergwerks hinabsteigen, ist es mit so geringen Beschwerden verknüpft, dass selbst Frauen an der Befahrung Theil nehmen können. *F. H. Jacobi* schreibt an *Heinse* (1780): „Ich fuhr mit meiner Schwester und meinen beiden Knaben hinein. Uns allen schauderte ein wenig bei den schnurgeraden Hinunterklettern der ersten Fahrten. Noch fürchterlicher war tiefer hinein das gewaltsame Rauschen des Wassers, der Anblick der ungeheuren Räder, die davon umgetrieben werden, und an denen dicht vorbei wir immer hin und her mussten, 98 Klafter tief hinab. Wir wanderten in diesem unterirdischen Reich 2 St. herum Doch hatten wir, wie schnell wir auch gewesen waren, in dieser Zeit nicht die Hälfte der Gänge durchwandern können." Das Bergamt ertheilt die Erlaubniss; in der Wohnung des Geschworenen, in der Nähe des Einfahrtsschachts zeigt man den Schein und erhält Grubenkleider und Führer mit Lichtern. Ein Einzelner zahlt dem Führer 15, zwei Personen 25, mehr als 2 Pers. jede 10 gr. Trinkgeld.

Zwei Wege führen von Goslar nach Clausthal, die meist steigende Landstrasse (2¾ M., 2mal tägl. Post in 2½ St., oben an grossen Teichen vorbei), und ein Weg für leichte Wagen durch das wilde *Okerthal, der letztere etwas um, für den Freund von Naturschönheiten aber weit vorzuziehen. Er folgt bis zu dem braunschw. Dorf (1 St.) *Oker* (*Post), durch seine grossartigen Hüttenwerke bekannt, der harzburger Landstrasse und wendet sich dann südlich in das prächtige wilde von der Oker durchströmte Thal, an dem waldigen östl. Bergabhang ansteigend. Von Zeit zu Zeit öffnen sich auf vortretenden Klippen vortreffliche Aussichten in das einsame tiefe Thal, so unter dem *Ziegenrücken*, an dem *Treppenstein*, der *Studentenklippe*, der *Kistenecke* u. a. In der Nähe der letztern, auf der *Rohmkersbrücke* (1½ St. von Oker), überschreitet der Weg die Oker. Der s.ö. aufsteigende Berg ist die *Ahrendsberger Klippe* (S. 157), über welche man (mit Führer) sowohl nach Harzburg, als auf den Brocken gelangen kann. Eine neue Strasse, von Oker im Thal aufwärts, meist am Fluss entlang, ist in Arbeit. Einsp. von Goslar nach Oker und aufwärts bis zur Rohmkersbrücke, dann zurück nach Oker und weiter nach Harzburg bis zum Fuss des Burgbergs (Juliushalle, S. 156) 2 Thlr., 4 St. Fahrens.

Die Clausthalerstrasse erreicht von der Rohmkersbrücke bald die *Schulenburger Schmelzhäuser*, dann *Zellerfeld* (Deutsches Haus) und **Clausthal** (*Krone*, Z. 10, F. 6, M. 10 gr., *Rathhaus*), Hauptstadt des Harzes, Sitz der Berghauptmannschaft. Die 14,000 Bewohner beider Städte sind fast ausschliesslich Berg- und Hüttenleute. Gegend öde und rauh, 1740' ü. M., Getreide gedeiht kaum. Häuser meist von Holz, Marktkirche mit Kupfer gedeckt. Die *Bergschule* in einem Eckhaus am Markt hat eine ansehnliche Sammlung von Modellen und Mineralien. (Zweisp. von Clausthal durch das Okerthal nach Harzburg 4 Thlr., nach Nordheim ebenfalls 4 Thlr.)

Die am meisten besuchten Bergwerke um Clausthal sind die Gruben *Caroline* und *Dorothea*, ½ St. von Clausthal; das Befahren ist weniger bequem, als im Rammelsberg. Die Grube *Georg Wilhelm* hat den tiefsten Schacht am Harz, 2000', also in gleicher Höhe etwa mit dem Spiegel der Ostsee. Die Bergwerke um Clausthal werden durch den über 2 St. langen *Georgsstollen*, welcher sein Mundloch bei der kleinen Stadt *Grund* hat, ihrer Gewässer entledigt. Gewöhnlich kommt hier der Reisende, welcher eine der Gruben befährt, wieder zu Tage.

Von Clausthal ½ St. w. die grosse Frankenscharner Silberhütte; die Gegend umher ist eine öde Wüste wegen der zerstörenden Wirkungen, welche die Blei- und Arsenikdämpfe auf die Pflanzenwelt ausüben.

Die Landstrasse (der Fussweg führt ½ St. hinter Clausthal ab) von Clausthal nach Osterode (2 Meilen, täglich 2mal Post in 1¼ St.) gewährt mehrfach weite schöne Aussichten, namentlich bei der *Ziegelhütte* (*Whs., 1 St. s. von Clausthal), und senkt sich dann allmälig (für Fussgänger Richtwege) nach dem langen Dorf *Lerbach* und weiter nach Osterode. Die Bergwände an den Seiten der Strasse sind theilweise mit Ahorn bewachsen.

Osterode (*Englischer Hof, Krone, Kronprinz*), Stadt mit manchen alterthümlichen Häusern, an der *Söse*. Am Rathhaus hängt an einer Kette die „Hünenrippe", ein fast 3 Ellen langer Knochen, Ursprung unbekannt. In der Marktkirche mehrere Grabdenkmäler.

160 *Route 48.* ANDREASBERG. *Der*

Halbwegs Herzberg liegt rechts an der Strasse die *Jettenhöhle* mit Tropfsteingebilden, der Baumannshöhle sehr nachstehend.

In *Herzberg* (Ross) verdient nur das Schloss als Geburtsort des Herzogs Ernst August, ersten Kurf. v. Hannover, des Vaters Georgs I., genannt zu werden. Auch Georg II. ist wahrscheinlich hier geboren. Es war Residenz der Herzöge von Braunschweig-Celle, bevor diese 1634 ihren Sitz nach Hannover verlegten. In der Nähe die *Einhornhöhle*, seit dem 11. Nov. 1859 „Schillerhöhle" benannt, in welcher an einer Felswand „Friedrich Schiller 1792" noch lesbar ist.

Von Herzberg nach Andreasberg bleibt man, bis zum *Königshof*, in der Nähe von Andreasberg, stets im Thal der *Sieber*. **Andreasberg** (*Rathhaus*), eine der sieben hannov. Bergstädte, in einer wilden Gegend zwischen steilen Abhängen, mit Wald oder dürftigen Wiesen bedeckt. Die Stadt selbst bietet nichts. Die Zündwaaren- und Stahlfabrik von Deig ist eine der grössten Deutschlands. Die Silbergrube *Samson* ist (an der Kunststiege) sehr bequem zu befahren. Silberhütte, Arsenikwerk, Spitzenklöppelschule.

Von Andreasberg kann man zwei Wege auf den Brocken einschlagen, den Fahrweg über *Braunlage*, *Elend* und *Schierke* (S. 163), oder den weit merkwürdigern kürzern Fussweg, den *Rehberger Graben* (2 St) entlang zum *Oderteich*, und von da über *Oderbrück* (*Försterwhs.) in 3 St. auf den Brocken. Zur Rechten stürzt die Oder sich über zahllose Granitblöcke, zur Linken steigen die Granitmassen des Rehberges auf, die bei den *Rehberger Klippen*, einer steilen Felswand, die sich jäh in den Graben hinabsenkt, besonders grossartig sich darstellen. Der *Oderteich* wird durch einen 325' l., 60' h. quer durch das Thal gezogenen Damm gebildet, hinter welchem das Wasser der Oder sich sammelt, damit in den Berg- und Hüttenwerken des Oberharzes nie Wassermangel entsteht. Der *Rehberger Graben* führt aus dem Oderteich Wasser nach Andreasberg. Von Oderbrück bis zum Brockenhaus ist ein Führer kaum zu entbehren.

2. Unterharz.

Eine Fussreise über den Brocken zu den sehenswerthesten Puncten des Unterharzes wird zweckmässig so eingerichtet: *Erster Tag:* Von Harzburg Fussweg nach Ilsenburg 2½ St., Ilsenstein besteigen 1 St., Brockenhaus 3½ St. (oder geradezu von Harzburg über den Burgberg auf den Brocken in 4½ St.). — *Zweiter Tag:* Ueber Schierke 1½ St., Elbingerode 2 St., Rübeland 1 St., Mittag. Baumannshöhle besichtigen. Blankenburg 2½ St. — *Dritter Tag:* Schloss zu Blankenburg. Regenstein. Von Blankenburg mit Führer auf die Rosstrappe 2 St., dann zur Blechhütte 1 St., Mittag. Stubenberg 2 St. — *Vierter Tag:* Victorshöhle 1½ St., Alexisbad 1½ St., Mägdesprung 1 St., Falkenstein 3 St., Ballenstedt 2 St. Von hier fahren täglich Posten nach Halberstadt und nach Nordhausen.

Harzburg und Burgberg s. S. 156. Führer von Harzburg auf den Brocken (4½ St. Gehens) 20 gr., findet der Rückmarsch folgenden Tags statt 1⅓ Thlr. Pferd mit Führer 1 Thlr. 22½ gr., direct zurück 5 gr., über Ilsenburg 7½ gr., auf den Burgberg 5 gr.; von Harzburg nach Ilsenburg 1 Thlr. Der Weg ist auch ohne Führer ganz gut zu finden, die Strecke vom Molkenhaus bis zum Scharfenstein (1 St.) vielleicht ausgenommen, für welche man im Molkenhaus einen Führer (10 Sgr.) findet. Der breite schöne Reitweg steigt bei der Saline *Juliushalle* (S. 156) den bewaldeten *Burgberg* hinan, bis zum Gipfel ³/₄ St., oben schönste Aussicht, *Gasthof (S. 156). Etwa 10 Min. unter dem Gipfel zweigt sich vom Burgweg r. (östl.) ein guter schattiger Reitweg ab, am Berggelände hin stets in gleicher Höhe (nach 7 Min. nicht links bergan). Wo der Wald aufhört, umzieht der Weg in einer grossen Krümmung das Ende des *Kalten Thals*, und führt an einer Ruhebank vorbei, am nördl. Saum eines dichten Tannengebüsches entlang zum (1 St.) *Molkenhaus*, herrschaftl. Schweizerei (Kaffee zu haben).

Von hier den geraden Weg bergan weiter, nach 8 M. einige Schr. vom Wege l. ein hübscher Blick in das *Eckerthal*. Immer gerade aus in südl. Richtung weiter auf dem breiten hin und wieder grasbewachsenen Weg fort, zuletzt etwas bergab zur (15 M.) *Dreiherrnbrücke*, einem Steg über die *Ecker;* nach 10 M. nicht links bergan, sondern in gleicher Höhe am Bach weiter; 10 M. nicht am Bach r. weiter, sondern links ab; 3 M. nicht l., sondern rechts weiter; dann scharf den *Pesekenkopf* hinan, 7 M. kleine Wiese, 10 M. Viehhof *Scharfenstein* (Fohlenhof).

Nun ist der Weg (von hier bis zum Brockenhaus 1³/₄ St.) nicht mehr zu verfehlen: zwischen den beiden Häusern durch, immer gerade aus; 15 M. rechts, nicht links; 5 Min. kleiner grüner runder Platz; 15 M. Landstrasse gekreuzt, dann stets im Angesicht des Brockenhauses an zwei Felsgruppen vorbei, dem *Pflasterstoss* und den *Kleinen Brockenklippen*. Brockenhaus s. S. 162. (Die Besteigung des Brocken von Ilsenburg aus, 3½ St., ziehen Manche dem Wege von Harzburg über den Burgberg vor, weil man da stets die kleinen Fälle der Ilse vor sich hat.)

Die Landstrasse von Harzburg nach Ilsenburg ist weit um (Post 1860 9³/₄ U. fr. über Ilsenburg nach Wernigerode in 3 St., sie nimmt in Ilsenburg nur Fahrgäste, wenn Platz vorhanden ist; Einsp. von Harzburg nach Ilsenburg etwa 1¹/₃ Thlr.). Fussgängern ist zu empfehlen: auf den Burgberg ³/₄ St., weiter östlich an den (20 M.) *Rabenklippen* vorbei, hinab in das Eckerthal auf die Landstrasse; nach 30 M. beim Forsthaus r. an den Tannen vorbei, dann hinter Bäumen über eine Wiese quer in den Wald und nun nach 30 M. *Ilsenburg* nicht zu verfehlen.

Ilsenburg (*Rothe Forelle*, *Deutscher Hof*), belebter Ort mit Hüttenwerken, am Eingang des Ilsethals (750' ü. M.). Wagen auf den Brocken 6 Thlr., Maulesel 1 Thlr. 5 Sgr.: Wegegeld besonders. Führer ganz unnöthig.

Die *Ilse* bildet fast 2 St. weit stets zur Seite der Landstrasse eine ununterbrochene Reihe kleiner Wasserfälle, sie entspringt an der Ostseite des Brockens und stürzt sich, von Tannen und Fichten, weiter unten auch von Buchen eingefasst, über Geröll und Granitblöcke; bei Ilsenburg verlässt sie das Gebirge. Ein Wegweiser, $3/4$ St. von Ilsenburg, zeigt den „Fussweg zum Ilsenstein", gleich darauf ein zweiter den „Fahrweg zum Ilsenstein". (Man gelangt von hier in $3/4$ St. auf den Gipfel des *Ilsenstein*, der 320' h. (1343' ü. M.) steil von der Strasse aufsteigt. Das eiserne Kreuz liess Graf Anton Stolberg († 1854) zum Andenken an einige in den Befreiungskriegen gefallene Freunde errichten.)

Etwa 10 M. von obigem Wegweiser führt von der Landstrasse ein Weg rechts ab; wir bleiben links auf der Strasse. Nach 25 M. führt nochmals ein Weg r. ab, den man ebenfalls liegen lässt und auf der Strasse bleibt; 20 M. Wegweiser links „nach Schierke und auf den Brocken", rechts „Fussweg nach dem Brocken". Der letztere, Anfangs auch Landstrasse, verlässt diese nach 20 M., bei den grossen Holzhaufen links ab. Köhler treiben hier wie im obern Ilsethale ihr Gewerbe. Schon von Ilsenburg an wird man von bettelnden Kindern belästigt, mit folgendem oder ähnlichen Sprüchen:

Heut ist der angenehme Tag,
Dass man den Herrn lieben Brockengänger schnüren mag.
Nicht zu los und nicht zu fest,
Schnüren sie auf's allerbest.
Ist's nicht eine kleine Bouteille Wein,
So könnt's ein kleines Trinkgeld sein.

Auch oben auf dem freien Platz tritt gewöhnlich ein Köhlerjunge heran, man giebt ihm gern einige Groschen, wenn er den Weg zum Brockenhaus (fast $1^1/_2$ St., scharf bergan) zeigt oder andeutet. Er führt links in den Wald, 15 M. grosser freier Platz, frisches Rodeland; 10 M. lang am Waldsaum, dann wieder ein Wald, 45 M. Scheidepunct der Wege nach Harzburg (S. 160) und Ilsenburg, 12 M. Brockenhaus.

Der breite *Fahrweg* windet sich um die Ost- und Südseite des Bergs, zur Rechten und Linken von wunderbar über und durcheinander liegenden grossen Granitmassen umgeben, so dicht, dass die unter denselben strömende Ilse dem Auge verborgen bleibt.

Der **Brocken** oder *Blocksberg*, der Römer *Mons Bructěrus*, 3508' ü. M., 2800' höher als Harzburg oder Ilsenburg, ist nach den schles. Gebirgen (S. 178) der höchste Berg des nördl. Deutschlands. Auf dem kahlen Gipfel ist ein ganz behaglicher *Gasthof (1859 abgebrannt, 1860 jedoch halbmassiv wieder aufgebaut) mit 120 Betten (nach Wahl mit Federdecke oder Steppdecke). Z. u. L. $18^3/_4$, F. $7^1/_2$, M. 15, A. $12^1/_3$, Glas Bier $2^1/_2$, B. 5 Sgr. Alles gut, der gräfl. Stolberg'sche Verwalter, Hr. Köhler, sehr gefällig. Beim Scheiden pflegen die Dienstmädchen ein „Brockensträusschen" (gegen Trinkgeld) zu überreichen.

Neben dem Gasthof ein 60 Stufen hoher *Rundschau-Thurm*. Ausgedehnte *Aussicht, 15 Meilen im Umkreis. Bei hellem Wetter sind die Thürme von Magdeburg, Leipzig, Erfurt, Gotha, Cassel, Göttingen, Hannover, Braunschweig, Stendal zu sehen. Einen freien Sonnenaufgang hat man unter zehn- kaum einmal. Es ist daher rathsam, sich so einzurichten, dass man vor Sonnenuntergang das Brockenhaus erreicht, damit man zwei Wechselfälle hat, etwas zu sehen. Der Blocksberg bleibt eben der „lange Herr Philister"; obgleich er das Ziel fast aller Harzwanderer ist, gehört er nicht zu den Glanzpuncten des Gebirges, die mehr an den ö. und s. Abhängen, Rosstrappe, Stubenberg u. a. zu finden sind. In einer 300′ l. Felsspalte, das *Schneeloch* genannt, ¼ St. n. vom Brockenhaus, links am Fussweg nach Ilsenburg, findet sich bis zum Juli noch Schnee. Mehrere seltsam gestaltete Granitblöcke oder Schichten, 50 bis 150 Schr. s. vom Thurm, erhielten eigene Namen, *Hexenschüssel*, in welcher sich durch den nächtlichen Thau wohl Wasser sammelt, *Teufelskanzel*, *Hexenaltar* u. a. Eine alte Sage lässt in der Walpurgisnacht, vom 30. April bis zum 1. Mai, die Hexen hier Zusammenkünfte halten.

Die merkwürdige optische Erscheinung, das Brockengespenst genannt, welche man zuweilen hier sieht, mag auch zur Befestigung dieses Aberglaubens mit beigetragen haben. Wenn die Sonne bei ihrem Auf- u. Untergang mit dem Brocken in gleicher Höhe steht, sich dann auf der entgegengesetzten Seite unten in den Thälern Nebel bilden, diese am Brocken in die Höhe steigen, der nebelfreie Brocken aber zwischen dem Nebel und der Sonne steht: so wirft die Sonne den Schatten des Brockens und aller auf ihm befindlichen Gegenstände an diese Nebelwand, an der sich nun riesenhafte Gestalten bilden, die bald sich verkleinern, je nachdem sich der Nebel nähert, entfernt, oder durch das Aufrollen desselben in ihm Lücken entstehen. Die Erscheinung ist selten, alle 2 Monate etwa einmal.

Eine neue gute Strasse führt vom Brocken abwärts über Schierke und Elend nach Elbingerode Die Felsen in der Umgegend von *Schierke*, dem höchsten Dorf im Harz, 1½ St. s ö. vom Brockenhaus (bergauf 2½ St.), nehmen die seltsamsten Gestalten an und erhielten entsprechende Namen, *Feuersteine*, *Hohneklippen*, *Schnarcher* u. a. Goethe schildert diesen Weg im Faust:

Seh' ich die Bäume hinter Bäumen Winden sich aus Fels und Sande,
Wie sie schnell vorüber rücken; Strecken wunderliche Bande,
Und die Klippen, die sich bücken, Uns zu schrecken, uns zu fangen;
Und die langen Felsennasen, Aus belebten derben Masern
Wie sie schnarchen, wie sie blasen, Strecken sich Polypenfasern
Und die Wurzeln, wie die Schlangen, Nach dem Wandrer u. s. w.;

doch passt diese Schilderung jetzt, nachdem die neue Strasse vollendet und die Wälder gelichtet sind, besser zur Nordseite des Berggipfels. Ein etwas näherer Pfad, auf welchem Elend nicht berührt wird, führt von Schierke vielfach durch Buchen- und Tannenwald gerade nach Elbingerode; er trennt sich 15 M. ausserhalb Schierke von dem links nach Wernigerode führenden; noch 10 Min. weiter ist wieder eine Scheidung, hier folgt man aber der Richtung links. Sonst finden sich häufig Wegweiser, so dass man nicht leicht irre gehen kann. Die Landstrasse über Elend ist schattenlos. Vor Elbingerode treffen beide Wege zusammen.

Elbingerode (*_Blauer Engel_ billig, Forellen, Krebse) ist durch seine Eisengewinnungen bekannt. Das Erz tritt so mächtig zu Tage, dass es in freier Luft ausgebrochen wird. Zweisp. auf den

Brocken 8—10 Thlr.; Einsp. nach Blankenburg 1½ Thlr.; Post über Rübeland nach Blankenburg 1860 11 U. Vorm.

Wernigerode (*Weisser Hirsch*, Z. 12½, M. 12½, F. 5, B. 5 Sgr., *Deutsches Haus*, gleiche Preise), alterthümliche Stadt und Residenz des Grafen Stolberg-Wernigerode, mit hoch gelegenem Schloss und Park, sehr malerisch auf der nördl. Abdachung des Harzes, 2⅓ St n. von Elbingerode. Post und Omnibus von Wernigerode nach Halberstadt (S. 117) 2mal tägl. in 2¼ St.

Von Wernigerode auf den Brocken, etwa 5 St., lohnender Weg, über *Hasserode*, an der *Steinernen Renne* entlang, dem tiefen Thal der jungen *Holzemme* (S. 117), die am ö. Fuss des Brockens ihre Quelle hat, hübsche Wasserfälle, den Ilsefällen ähnlich, aber grösser. Unfern des obersten Wegweisers (S. 162) erreicht dieser Weg die Ilsenburger Landstrasse.

Von Elbingerode ö. weiter durch ein Mühlenthal mit seltsamen Felsbildungen in 1 St. nach **Rübeland** (*Goldner Löwe*, brausendes Birkenwasser 10 Sgr. die Flasche) an der Bode, braunschweigsches Dorf mit Hüttenwerken, in welchem auch kleinere Eisenwaaren gegossen und neben mancherlei Marmorsachen, die in der nahen Marmormühle verfertigt werden, in dem stattlichen Hüttengebäude zum Verkauf ausgestellt sind. Einsp. nach Blankenburg 2, Schierke 2½ Thlr. (Von Rübeland mit Führer direct zur Rosstrappe 3 St.)

Unmittelbar bei Rübeland sind in den Kalksteinfelsen zwei berühmte Tropfsteinhöhlen, die seit Jahrhunderten bekannte *Baumannshöhle, 140′ über der Thalsohle, und gegenüber am r. Ufer der Bode die Bielshöhle, erstere geräumiger, in letzterer angeblich schönere Tropfsteingebilde. Es genügt, eine zu besuchen, was etwa 1 Stunde Zeit erfordert. Die Höhlen stehen unter der Aufsicht von Führern. Lohn für 1 Person 7½ gr., 2 Pers. 10 gr., 3 und mehr Pers. 4 gr. jede. Die Beleuchtung mit bengalischem Feuer, was den Eindruck sehr hebt, kostet 5 gr. die Flamme. Die Tropfsteingebilde haben je nach Gestalt verschiedene Namen, Löwe, Stadt, betende Nonne u. dgl.

Bei der *Marmormühle* (½ St.) verlässt man das felsige Thal der Bode und steigt, stets der Landstrasse folgend, allmälig bergan bis (1 St. n.ö.) *Hüttenrode*, hochgelegenes Dorf, von wo die Strasse sich wieder senkt. Wenn man sich (1 St.) Blankenburg nähert, führt da, wo links am Berg die Anlagen beginnen, ein Pfad links ab in einigen Min. auf den *Ziegenkopf*, 1320′ ü. M., einen vorspringenden Berg mit Schenkwirthschaft. *Aussicht auf Blankenburg, den Regenstein, die schroffen Felszacken der Teufelsmauer und die weite Ebene, eine der schönsten am Harz; belohnender Abschluss des beschwerlichen Wandertags.

Auch **Blankenburg** (*Weisser Adler*, *Krone*) liegt sehr malerisch, von dem 1831 hergestellten stattlichen herzogl. braunschweig Schloss hoch überragt. Im 30jähr. Krieg wurde Blankenburg von Wallenstein beschossen, als Denkzeichen sind 5 Kugeln am Rathhaus eingemauert. Ludwig XVIII. lebte hier 1796 bis 1798 als Graf von Lille. Ein Theil der Stadt brannte 1836 ab. (Personenpost nach Halberstadt in 2 St. 2mal tägl. Zweisp. nach Schierke 5 Thlr.)

Nördlich von Blankenburg (1½ St.) steigt an 250′ hoch aus der Ebene eine zusammenhängende Reihe von Sandsteinfelsen steil auf, der *Reinstein* oder *Regenstein*, auf dessen Ostseite Kaiser Heinrich der Vogelsteller im J. 919 ein festes Schloss erbaute, welches mehr und mehr befestigt, im 30jähr. Krieg von Wallenstein eingenommen, 1670 aber als verfallenes halberstädt. Lehen vom Kurfürsten von Brandenburg eingezogen wurde.

Harz. ROSSTRAPPE. *48. Route.* 165

Bis zum 7jährigen Krieg war eine vollständige Festung daraus geworden, welche die Franzosen 1757 ohne Schwertstreich der kleinen Invaliden-Besatzung nahmen. Die Werke wurden jedoch bald wieder von Friedrich II. geschleift. Von den Mauern ist nicht viel mehr vorhanden, aber auf die in den Felsen gehauenen Gewölbe und Batterien werden noch Jahrhunderte lang Sturm und Wetter ohne Einfluss bleiben. Der Eingang ist durch ein ebenfalls in den Felsen gehauenes Thor an der Ostseite. Oben Wirthschaft, Aussicht vortrefflich. Der Regenstein ist heute noch preussisch.

Eine ähnliche zackige fast 1 St. lange Sandsteinkette, der *Heidelberg*, grenzt mit ihrem westl. Fuss fast an Blankenberg; sie tritt bei *Weddersleben* (1 St. ö.) als *Teufelsmauer* (S. 168) wieder zu Tage. Der Weg nach der Rosstrappe (2 St. s.ö., Führer 15 gr.), aus dem Thor gleich rechts am Thiergarten hinauf, bleibt auf kurzer Strecke am Fuss des Heidelbergs, und wendet sich dann südl. nach (20 M.) *Cattenstadt*, (20 M.) *Wienrode*, darauf durch Wiesen auf das Wildgatter und nun durch den Wald geradezu auf die (1¼ St.) Rosstrappe los. Dieser Weg ist weit näher, als der Fahrweg über *Thale*, und hat den grossen Vorzug, dass man unmittelbar aus dem Wald auf die Rosstrappe gelangt und des Steigens überhoben ist, welches von der Blechhütte (S. 166) aus fast 1 St. dauert. Im *Gasthof auf der Eckartshöhe*, 10 M. von der Rosstrappe, Z. 12, F. 5, Birkenwasser 12½ Sgr. die Flasche.

Die *Rosstrappe* (1548') ist an drei Seiten steil abfallender Granitkegel, 770' über der Bode, wie eine Bastei in das Thal hinein ragend, grossartige Aussicht in das wilde Bodethal und die ferne Ebene nach Quedlinburg, neben dem Stubenberg der schönste Punct am Harz. Den Namen hat sie von einem Eindruck in den Felsen, einem Pferdefuss ähnlich, den das Ross einer Prinzessin hinterlassen hat, die von einem Riesen verfolgt, hier den Bodegrund übersprang, wie die Sage meldet. In der Nähe, etwas tiefer, ist ein ebenfalls umzäunter Felsenvorsprung, die *Bülowshöhe*. Ein steiler steiniger Fusspfad, führt an der Westseite der Rosstrappe in das Thal hinab, erst auf dem l. U. der Bode über die *Teufelsbrücke*, dann auf dem r. U. zum *Kessel*, einem engen Granit-Felsenbecken, in welchem die Bode, welche ganz nahe einen Wasserfall gebildet hat, wild schäumt und braust. Ein weiteres Vordringen im Bodethal kann nur statt finden, wenn der Fluss zugefroren ist. Man kehrt auf demselben Wege zurück, weiter über einen Felsvorsprung die *Studentenklippe* genannt, dann bei einer zu Ehren eines Hrn. v. Bülow in den Fels eingefügten eisernen Tafel vorbei, über die *Jungfernbrücke* auf das rechte Ufer der Bode zum *Waldkater*, guter Gasthof.

Hexen-Tanzplatz (1628') heisst eine Felsplatte, der Rosstrappe gegenüber, 850' ü. d. Bode, auf einer aus Granitstücken zusammengesetzten Treppe (1100 Stufen) zu ersteigen, oben ein *Whs., ausgedehnte Aussicht. Bequemer aber weiter (1½ St.) ist der Weg durch das öde klippenreiche *Steinbachs-Thal*.

Vom Tanzplatz nach Gernrode direct: Fahrweg abwärts bis zur Landstrasse, diese überschreiten, links den Fahrweg hinauf zur (1 St.) *Georgshöhe*, von dem 44' hohen hölzernen Thurm Aussicht in die Ebene, schöner fast als vom Stubenberg, weil Blankenburg und Regenstein näher, im Whs. Erfrischungen, kein Nachtlager. Von hier Fussweg durch den

166 *Route 48.* GERNRODE. *Der*

Wald in's Thal. Nach 20 M. Fahrweg, 10 M. Kreuzweg mit Wegweiser bei der Gypsmühle (s. unten)

Wer mit der Rosstrappe sich begnügt, setzt seinen Weg vom Waldkater auf dem l. U. weiter fort, am *Schalloch*, einem alten Stollen-Mundloch (?) vorbei, zum *Hubertusbrunnen*, Soolbad am r. U., bis zum *Gasthof am Blechhammer*. Der ganze Weg von der Rosstrappe bis hier ist eine Reihenfolge schöner wilder Felsenlandschaften, der Glanzpunct des Harzes. Wer von der Blechhütte aus die Rosstrappe besucht, wählt am besten den allmälig ansteigenden Waldweg am l. U. und macht den Rückweg im Thal. Ohne Führer ist man nicht ganz vor Umwegen geschützt. Die Partie nimmt von der Blechhütte aus 3 St. in Anspruch.

Weiter von der Blechhütte stets am Abhang des Gebirges entlang, meist durch Wald bei der ($3/4$ St.) *Gypsmühle* (s. oben) vorbei, über ($1/4$ St.) *Stecklenberg*, wo von den entfernten waldigen Höhen rechts die Trümmer der *Stecklenburg* und der *Lauenburg* (Whs.) herabblicken; ($1/2$ St.) **Suderode** (*Behringer*, *Heilquelle*), ein in neuerer Zeit eingerichtetes viel besuchtes Salzbad, ($1/4$ St.) **Gernrode** (*Deutsches Haus*, *Goldener Löwe*), mit einer im 10. Jahrh. erbauten, wohl erhaltenen ehemal. Stiftskirche, zum *Gasthof auf dem* ($1/4$ St.) *Stubenberg*. Die Aussicht von hier wird die schönste am Harz genannt; sie ist malerisch und umfassend. Im Vordergrund ragen aus zahllosen Obstbäumen die rothen Dächer und die alte Kirche von Gernrode hervor. Zur Rechten weiter das thurmreiche Quedlinburg in seiner ganzen Ausdehnung, der sargförmige Hoppelsberg bei Halberstadt, die Zacken der Teufelsmauer, der Regenstein und das Blankenburger Schloss; den Gesichtskreis schliesst die *Huy* gen. Hügelreihe hinter Halberstadt.

Bei der Wanderung vom Stubenberg über Victorshöhe, Alexisbad, durch das Selkethal nach Ballenstedt, ist ein Führer (1 Thlr.) nicht zu entbehren. Der Weg geht stets durch den Wald langsam steigend zum *Ramberg*, auf dessen Granitgipfel ($1 1/2$ St.) der *Victorshöhe* (1830'), ein hoher Thurm eine weite Rundsicht gewährt, viel malerischer als vom Brocken, über das Selkethal und Falkenstein bis zum Petersberg bei Halle. Quedlinburg, Halberstadt, Magdeburg, Aschersleben, Ballenstedt, Cöthen, Dessau, Zerbst, Merseburg und Erfurt, der Kyffhäuser, die Sachsenburg, der Frauenberg bei Sondershausen, sind sichtbar, ganz besonders tritt südlich der Auerberg mit der Josephshöhe (S. 168) hervor. Durchaus helle Tage sind jedoch selten (S. 163). Neben dem Thurm ist ein Erfrischungen spendendes Försterhaus.

Stets durch Wald führt der Fusspfad bergab in $1 1/2$ St. (bergauf in $2 1/2$) nach **Alexisbad** (*Traiteurhaus*, *Logirhaus*), einem mit niedlichen Anlagen umgebenen Bad in dem anmuthigen Selkethal. Wagen nach allen Richtungen zu festen Preisen, nach Ballenstedt 2 Thlr., Blankenburg 4, Halberstadt $4 1/3$, Josephshöhe 2, Falkenstein $2 1/2$, Victorshöhe $1 2/3$ Thlr. Personenposten täglich nach Halberstadt, Nordhausen, Ballenstedt.

Im *Selkethal*, ³/₄ St. abwärts, liegen sehr malerisch die ansehnlichen Hüttenwerke von **Mägdesprung** (*Wirthshaus).

Auf einer kleinen Anhöhe erhebt sich eine 58' hohe *Spitzsäule* von Gusseisen als Denkmal für den Gründer der Eisenwerke von Mägdesprung, den Fürsten Friedrich Albert von Anhalt († 1796). Ein Kreuz auf der *Mägdetrappe* errichtete die Prinzessin Friedrich von Preussen und ihr Gemahl ihrem Vater († 1834). Der Ort verdankt seinen Namen einer Sage, nach welcher eine Hünentochter einst vom Ramberg über das Thal gesprungen sei und die Spuren ihres Fusses zurück gelassen habe (S. 165). Das Kreuz steht in der Nähe eines dieser Fusstapfen.

Vom Mägdesprung steigt man zum Jagdschloss auf dem *Meiseberg* (1¹/₂ St.), wo ebenfalls schöne Aussicht. Am Fuss des Berges ist die *Selkemühle* im Thal der Selke, deren Lauf man bis zum (1¹/₂ St.) *Schloss Falkenstein* (*Gasthof z. Falken) folgt, welches hoch auf einem Felsen liegt, wieder hergestellt und wohl erhalten ist. Einrichtung sehenswerth, schöne Aussicht vom Thurm. Das Archiv enthält manches Merkwürdige. Das Schloss gehört dem Grafen von der Asseburg. Bürgers Gedicht „des Pfarrers Tochter von Taubenheim", in welchem ein Junker von Falkenstein vorkommt, soll auf einer wahren Begebenheit fussen.

Eine Stunde lang bleibt man noch im Selkethal, dann steigt man ziemlich steil den Berg hinan nach *Meisdorf* und erreicht von hier in 1 St. **Ballenstedt** *(Stadt Bernburg, Grosser Gasthof)*, gewöhnliche Residenz des Herzogs von Anhalt-Bernburg, schön gelegen, mit 4000 Einw. Auf einer Anhöhe Schloss und Park. mit einzelnen werthvollen, besonders niederländ. Gemälden.

Von hier fahren täglich Posten nördlich nach dem 3 M. entfernten *Halberstadt* (S. 117), südlich nach dem 5 M. entfernten *Nordhausen* (S. 147). Bei der ersten Fahrt berührt man

Quedlinburg *(Deutsches Haus, Schwarzer Bär, Knobbe's Hôtel)*, alte ansehnliche Acker-Stadt mit 14000 Einw. (200 Kath.), früher freie Reichsstadt, an der *Bode*, noch mit Mauern und Thürmen umgeben, einst Lieblingsaufenthalt der Deutschen Kaiser sächs. Stammes. Das *Schloss* auf einem Sandsteinfelsen war Sitz der Aebtissinnen von Quedlinburg, welche, Fürstinnen des Reichs, nur vom Papst abhängig waren, eine Stimme auf den Reichstagen und einen Sitz auf der Bank der rheinischen Bischöfe hatten Zur Zeit der Reformation nahmen sie die lutherische Lehre an und verloren dadurch den grössten Theil ihrer Rechte und Besitzthümer. Die Abtei wurde 1802 aufgehoben.

Die wegen ihrer Schönheit berühmte Gräfin Aurora Maria von Königsmark, Geliebte August's des Starken, Königs von Polen und Kurf. von Sachsen, Mutter des Marschalls von Sachsen, war hier Aebtissin und ist in einem Anfangs des 18. Jahrh. erb. Todtengewölbe unter der *Stiftskirche* beigesetzt († 1728); ihr Körper hat sich mumienartig ausgetrocknet und wurmdurchlöchert

168 *Route 48.* **STOLBERG.**

erhalten. Auch Kaiser Heinrich der Vogelsteller, seine Gemahlin Mathilda und mehrere Aebtissinnen sind vor dem Hauptaltar beerdigt. Andere Alterthümer, angeblich ein Wasserkrug von der Hochzeit von Cana, der Bartkamm Heinrichs des Vogelstellers, Reliquienkasten, Kreuze u. dgl. werden in der Sacristei aufbewahrt. Die Unterkirche gehört dem ersten Bau (936 vollendet) an, die Hauptkirche wurde 1021 geweiht, das Chor aber im 14. Jahrh. umgebaut. Schloss und Kirche nehmen sich stattlich aus; ersteres ist 1853 wieder zu einem adeligen Fräuleinstift eingerichtet.

Klopstock wurde in dem kleinen Haus unterhalb des Schlosses am Schlossplatz geboren, das Haus an zwei Säulen kenntlich, welche das Portal der Eingangsthür tragen. Im *Brühl*, einem Park westlich von der Stadt, ist ihm ein Denkmal errichtet.

Im *Rathhaus* alte Waffen, Trinkgefässe, Bildnisse geschichtlich merkwürdiger Personen, Handschrift des Sachsenspiegels, dann ein grosser Kasten von starken Bohlen, in welchem die Bürger von Quedlinburg wegen Störung des Landfriedens den Grafen Albert von Reinstein 20 Monate lang im J. 1336 eingesperrt hielten. (Zwischen Quedlinburg und Halberstadt 6 mal tägl. Post.)

Bedeutende Blumenzucht bei *Grashof*, *Mette* u. a. Handelsgärtn. Die S. 166 genannte *Blechhütte* ist 2 St. s.w. von hier entfernt. Auf dem Wege dahin kommt man bei *Weddersleben*, halbwegs, an einem Stück Teufelsmauer (S. 156) vorbei.

Die Strasse von Ballenstedt nach Nordhausen führt über *Harzgerode* (Bär) und **Stolberg** *(Deutsches Haus, Freitags Gasth.)*, ein dem Grafen Stolberg gehöriges Städtchen. Das Schloss auf einer Anhöhe enthält eine Bibliothek, eine kleine Rüstkammer, und ein hier ausgegrabenes heidnisches Götzenbild. Thomas Münzer, 1325 zu Frankenhausen enthauptet, der Anführer im Bauernkrieg, wurde hier in einem Haus geboren, das noch am Marktplatz steht.

Nähert man sich auf der Landstrasse von Harzgerode dem Höhenpunct des *Auerbergs*, so sieht man links einen Handweiser, der nach der nahen **Josephshöhe* (1852'), (*Gasth.) deutet. Von dem hier in Kreuzesform erbauten 100' h. Balkenthurm schöne Aussicht über den Unterharz und das Gebiet der Elbe und Saale.

49. Von Berlin nach Breslau.

Schnellzug in 8 St., Personenzug in 10½ St für 9 Thlr. 15, 7 Thr. 5 oder 4 Thlr 22 Sgr.

Bis Frankfurt s. S. 91. Bei der Ausfahrt von Frankfurt hübscher Blick l. von der Höhe auf die Stadt und das Oderbruch. Dann Sand. Bei Stat. *Finkenheerd* über den *Müllroser Canal*, der Spree und Oder verbindet. Stat. *Fürstenberg*, Stat. *Neuzelle*, altes Kloster, jetzt evangel. Lehrer-Seminar und Waisenhaus. Stat. *Wellmitz*. Stat. **Guben**, gewerbreiche Stadt mit 13,500 Einw., Tuchfabriken, Weinbau. Ueber die *Neisse*. Folgt Stat. *Jessnitz*, *Sommerfeld*, Städtchen mit grossen Tuchfabriken (unausgesetzt durch niedriges Nadelholz), *Liebsgen*, **Sorau** *(Stern)*, mit Schloss

LIEGNITZ. *49. Route.* 169

und Irrenhaus, ebenfalls sehr gewerbreiche Stadt (5 Meil. westl. *Muskau* mit dem berühmten Park), dann *Hansdorf.*
Von Hansdorf nach Glogau, Lissa, Posen, Fahrzeit 7 St. Stat. *Sagan, Sprottau, Klopschen,* Glogau, Stadt und Festung an der Oder mit 13,000 Einw., *Fraustadt, Lissa,* Knotenpunct der Breslau-Posener Bahn (S. 94), *Alt-Boyen, Kosten, Cempin, Moszyn, Posen* (S. 92).

Der Zug fährt nun unausgesetzt durch Waldung (Görlitzer Stadtwald, 116,000 Morgen gross); er hält bei *Halbau* und *Rauscha,* nimmt bei *Kohlfurth* (*Bahnhofsrest.) die Dresdener Bahn (S. 176) auf, überschreitet den *Queis,* dann auf einem 1550' l., 76' h. Viaduct den *Bober* bei **Bunzlau** *(Kronprinz, Deutsches Haus).* Auf dem Markt eine Spitzsäule aus Gusseisen, zum Andenken an den russ. General *Kutusoff* († hier 28. April 1813). Die bunzlauer braunen Töpferwaaren sind berühmt. Ungefähr 1 Stunde südlich liegt die Herrnhuter-Colonie *Gnadenberg.*

Bei Bunzlau verändert sich der Character der Landschaft: jetzt fruchtbares hügeliges Ackerland bis Breslau. Folgt Stat. *Hainau,* wo am 26. Mai 1813 die franz. Division Maison von der preuss. Reiterei grösstentheils niedergehauen wurde. Zum Andenken des Sieges ist ein Denkmal hier errichtet. Die Hussiten zerstörten 1328 die Stadt und enthaupteten den grössten Theil der Bewohner. Vor Liegnitz links *Seedorf* und der *Pansdorfer See.*

Liegnitz *(Preuss. Hof, Rautenkranz,* Z. m. L. 23½, F. 6 Sgr.; *Schwarzer Adler),* mit 16,000 Einw. (3000 Kath.), an der Vereinigung der *Katzbach* und des *Schwarzwassers.* In der Fürstencapelle des alten Piastenschlosses sind die Denkmäler der Piasten-Familie, welche 1675 erlosch, nachdem sie, von 575 an, Polen 24 Könige und Schlesien 123 Herzoge gegeben. Das Schloss brannte 1832 grösstentheils ab, ist aber seitdem schöner, theils neu-, theils angebaut worden. Es dient als Amtsgebäude der Regierung. Sehenswerth ist die von Hrn. Reg.-Rath v. Minutoli gesammelte und hier zweckmässig aufgestellte Gallerie von Musterwerken der Industrie und Kunst, besonders ältere, auch einzelne gewählte Bilder.

Von Liegnitz nach Reichenbach, Fahrzeit bis Königszelt 1¼ St. (Stat. *Neudorf, Brechelshof, Jauer, Gross-Rosen, Striegau*) fruchtbares Ackerland, sonst wenig bemerkenswerth. *Königszelt,* wo einst Friedrich's des Grossen Zelt stand im siebenjähren Krieg, Knotenpunct der Breslau-Freiburger Bahn, und Fahrt nach *Reichenbach* (Fahrzeit ⅜ St.) s. S. 179. Die Bahn durchschneidet zwischen Neudorf u. Brechelshof das Schlachtfeld von der Katzbach, wo am 26. August 1813 die berühmte Schlacht geschlagen wurde, welche Schlesien befreite. Vier Tage lang hatte es geregnet, so dass die Gewehre versagten und mit Kolben und Bajonnet die Entscheidung herbeigeführt wurde. Das Macdonald'sche Corps ward grösstentheils aufgelöst, 100 Geschütze und 18,000 Gefangene waren die Frucht des Blücher'schen Sieges. König Friedrich Wilhelm III. liess auf der Wahlstadt, ½ M. n.w. von Stat. Brechelshof, ein Denkmal errichten. Fast auf derselben Stelle schlug Herzog Heinrich von Liegnitz 1241 die Mongolen; der Sieger fiel. Seine Mutter, die h. Hedwig, errichtete hier eine Capelle, aus welcher das Kloster *Wahlstadt* ward, jetzt Cadetten-Anstalt. In der Umgegend, namentlich bei *Nicolstadt,* erinnern grossartige Halden an den einst hier blühenden Goldbergbau.

Von Liegnitz nach Warmbrunn, 9 Meil., zweimal täglich Personenpost in 8 St, hübsche Fahrt über *Goldberg* und *Schönau*, gebirgige Gegend. Auf dem *Capellenberg*, halbwegs zwischen Schönau und *Hirschberg*, wo der Postwagen einige Minuten hält, schönste "Aussicht über das Hirschberger Thal und das Gebirge (8 187). Von Hirschberg nach Warmbrunn s. S. 183.
Unmittelbar am Bahnhof von Liegnitz fährt der Breslauer Zug über die *Katzbach*. Links der *Kunitzer See* mit Schlösschen. Folgt Stat. *Mulsch*. Die hohe Bergspitze, welche namentlich über Stat. *Neumarkt* fern sichtbar wird, ist der *Zobten* (S. 179). Folgt Stat. *Nimkau*, dann Lissa, in dessen Nähe (bei *Leuthen* 1 St. n.) Friedrich II. am 5. Dec. 1757 mit 33,000 M. binnen 3 Stunden einen für die damaligen Verhältnisse sehr wichtigen Sieg über das 90,000 M. starke österreichische Heer unter dem Prinzen Carl von Lothringen erfocht. Das 6. preuss. Armee-Corps hat 1854 eine hohe Denksäule hier errichtet, ein anderes Denkmal befindet sich auf dem Kirchhof zu Leuthen. Im Schloss zu *Lissa* (1. vom Bahnhof) überraschte der König am Abend jenes Tages eine Anzahl österreichischer Offiziere mit der Anrede: „*Bon soir, Messieurs! Kann ich noch mit unterkommen?*"

50. Breslau.

Gasthöfe. *Heinemann's Hôtel zur Goldnen Gans, aufmerksamer Wirth, Z. 15—20, L. 8, F. 7½, M. 15, „für alle Bedienung im Hause 6 Sgr." *Weisser Adler; Zedlitz Hôtel in der Nähe der Bahnhöfe; Hôtel de Silesie; Drei Berge, Preise meist gleich.
Oeffentliche Gärten. Wintergarten mit Sommertheater; Kutzners Garten, Weiss' Garten, Volksgarten u. a.
Conditoreien. Perini Junkernstr. an der s.ö. Ecke des Blücherplatzes, viel Zeitungen. Orlandi, Barth, Manatschal, Fischer.
Bierkeller. Oppler, Kissling, Schweidnitzer Keller.
Droschke in der Stadt 1 Pers. 3 Sgr., 2 Pers. 5 Sgr., Bahnhof 5 Sgr.

Breslau (379'), die dritte Stadt des preuss. Staats, Hauptst. der Provinz Schlesien mit 135,489 Einw. (37,000 Kath., 9000 Juden, 6000 Soldaten), an beiden Seiten der Oder, über deren Arme mehrere Brücken führen. Die Befestigungen sind nach 1813 in Spaziergänge und Anlagen verwandelt und Hauptzierden der Stadt. Seit dieser Zeit hat Breslau überhaupt eine andere Gestalt bekommen und auch im Innern sich zum Theil verjüngt; namentlich sind in der Nähe der Bahnhöfe grosse schöne Vorstädte entstanden. Von der (s.ö.) *Taschenbastei* (das kleine Standbild aus Erz, *Ceres*, erinnert an den „Besuch der Majestäten und die Industrie-Ausstellung von 1852") Ueberblick über die Stadt, von der (n.ö.) *Ziegelbastei* über die Gegend der Oder.

Die Stadt ist slavischen Ursprungs, abwechselnd hauseten vor 800 Jahren hier Polen und Böhmen. Nach dem Aussterben der Schlesischen Herzoge kam Breslau mit Schlesien an Oesterreich, 1741 unter Friedrich II. an Preussen. Noch jetzt sind diese drei Elemente in der Bevölkerung zu erkennen, obgleich das österreichische fast ganz verwischt, das slavische ebenso (die poln. Inschriften der Kaufläden speculiren nur auf die zureisenden Polen und Russen), das preussische aber weit überwiegend ist. Im März 1813

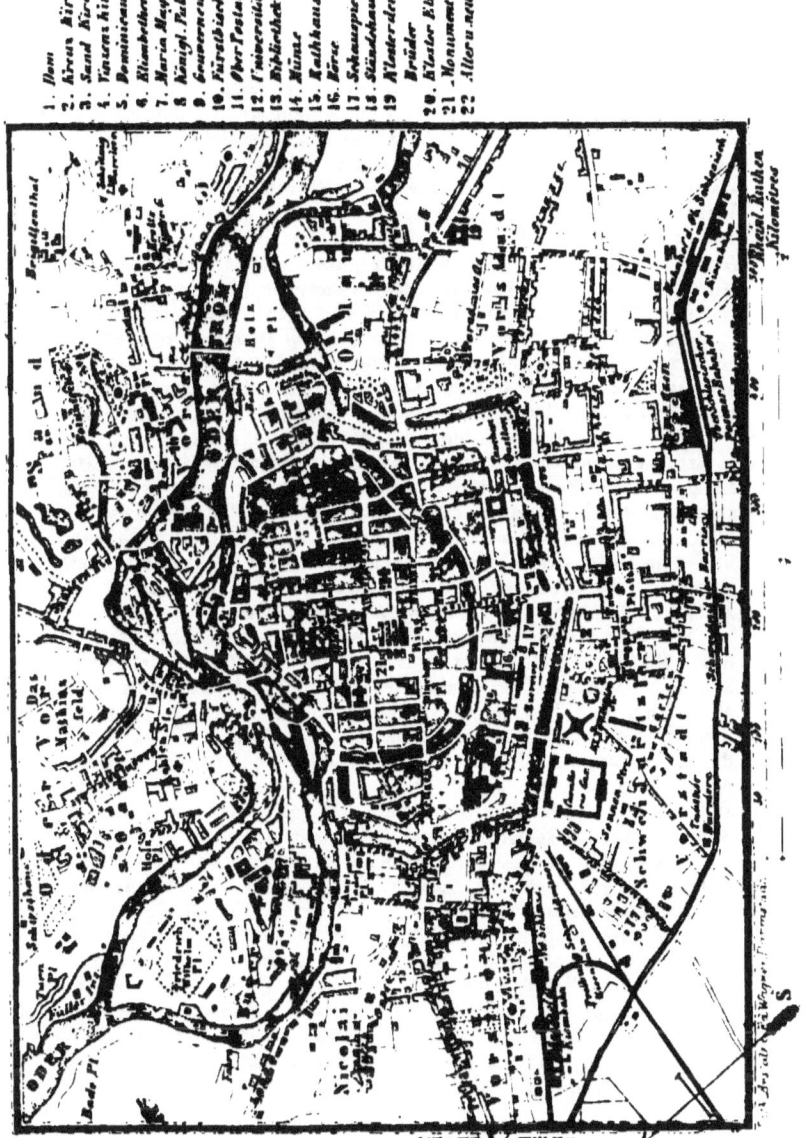

wurde Breslau Sammelplatz der Männer und Jünglinge, welche hier in das preuss. Heer zum Kampf gegen die Franzosen eintraten; von Breslau aus erliess am 17. März 1813 König Friedrich Wilhelm III. den Aufruf „an Mein Volk".

Das *Rathhaus (Pl. 15) auf dem Grossen Ring, das bedeutendste mittelalterliche Bauwerk der Stadt, kürzlich hergestellt, deutet in seinem Erkerwesen und dem reichen Bildwerk seiner Simse auf den Anfang des 14. Jahrh., der reiche innere Bauschmuck gehört der spät goth. Zeit an, Anfang des 16. Jahrh. Das Glanzstück ist der berühmte *Fürstensaal, in welchem, vom 15. Jahrh. an, die Versammlungen der schles. Fürsten und Stände meist stattfanden. Die letzte war die am 7. November 1741, wo man Friedrich dem Grossen huldigte. Der Saal ist geschmackvoll und sachgemäss hergestellt. Unter dem Rathhaus ist der *Schweidnitzer Bierkeller (Eingang an der Südseite), stets gefüllt von Gästen der Mittelklassen. Die 1492 errichtete Staupsäule (4eckig mit 4 Ringen und hohem goth. Aufsatz, die Figur oben Ruthe und Schwert in den Händen) vor dem Rathhaus (an der Ostseite) erinnert an die alte peinliche Rechtspflege; die ausgedehnten Anbauten um das Rathhaus an die eigenthümliche slavische Sitte, Amtsgebäude auf öffentlichen Plätzen mit kleinen Verkaufsbuden zu umgeben.

Auf der westl. Abtheilung des grossen Rings erhebt sich das in Erz gegossene von Kiss entworfene *Reiterbild Friedrich's d. Gr., 1842 von der Provinz ihrem ersten König errichtet; auf dem angrenzenden Blücherplatz (dem ehem. Salzring) *Blüchers Standbild, von Rauch entworfen, Erzguss, „dem Feldherrn Blücher und dem Heere der Schlesier", ebenfalls von der Provinz errichtet. Das stattliche Gebäude an der Südseite des Blücherplatzes ist die 1824 von Langhans aufgeführte Börse (Pl. 16).

Auf dem Ring und seinen nächsten Umgebungen entfaltet sich das lebhafteste Treiben, besonders in der schönen Schweidnitzer Strasse, welche zu den westlichen Bahnhöfen (Niederschlesisch-Märkischer und Freiburg-Schweidnitzer) führt. Am Ende dieser Strasse zwei stattliche neue Gebäude, das Theater (Pl. 17) und das Gouvernement (Pl. 9). Den anstossenden grossen Exercierplatz (12 U. Wachtparade) begrenzt n. das grosse stattliche Königl. Palais (Pl. 8), w. das Ständehaus (Pl. 18), darin die Bildergallerie, an 700 Gemälde, namentlich manche neuere.

In der südl. Fortsetzung dieser Strasse, jenseit der Grabenbrücke, erhebt sich auf dem Tauentzienplatz das Tauentzien-Denkmal (Bogislaw Friedrich v. Tauentzien, † 1791 als General der Infant.), dem tapfern Vertheidiger von Breslau (1760) gegen die Oesterreicher unter Laudon gewidmet, mit Marmor-Relief (Vertheidigung der Stadt) und Medaillonbild in Erz. Unfern desselben, an der s.ö. Spitze der Stadt, der Oberschlesische Bahnhof (S. 190).

Unter den Neubauten beim Niederschles. Bahnhof ist das 1852 vollendete sehr stattliche Stadt-Gerichtsgebäude mit Inquisitoriat und Gefängniss, nebenan die Cürassier-Caserne, zu nennen.

Die wichtigsten kirchlichen Gebäude sind am r. U. der Oder auf engem Raum zusammen, Sand- und Kreuzkirche und Dom.
Die **Sandkirche** (Pl. 3) (*Liebfrauenkirche* auf dem Sand), Mitte des 14. Jahrh. aufgeführt, an Vergoldung und Marmor reich, an Kunstwerken arm. In dieser, wie in den andern Kirchen findet man mehrfach Copieen des Marienbildes (U. L. Fr.) von Czenstochau, Stadt an der Krakau-Warschauer Eisenbahn, Wallfahrtsort für Oberschlesien.

In der **Kreuzkirche** (Pl. 2), schöner Ziegelbau, 1295 eingeweiht (mit grosser Krypta), ist vor dem Hochaltar das Grabmal Herzog Heinrichs IV. von Breslau († 1290), von gebranntem Thon, ganze Figur, mit zahlreichen Reliefs. Das 1857 eingesetzte 36' h. Glasfenster (heil. 3 Könige) ist in Berlin angefertigt, ein Geschenk des Grafen Hoverden, „dem Andenken des hochgefeierten Cardinals und Fürstbischofs v. Diepenbrock († 1854) gewidmet". Die Skelette des h. Benedictus und des h. Innocenz liegen auf Altären in Glaskasten.

Die ***Domkirche** (Pl. 1) (St. Johann), im 13. und 14. Jahrh. aufgeführt, ist vor einigen Jahren hergestellt. Sie hat manche beachtenswerthe Kunstgegenstände, besonders in den Capellen hinter dem Hochaltar, namentlich in der mit Marmor und Malereien prächtig verzierten Capelle des *Cardinal-Bischofs Friedrich*, Landgrafen von Hessen, das Grabmal des Stifters und ein Standbild der h. Elisabeth, Mitte des 17. Jahrh. von Floretti in Rom gearbeitet — In der angrenzenden Capelle *Grabplatte des *Bischofs Roth* († 1506), 1496 von Peter Vischer zu Nürnberg gegossen, die lebensgrosse Figur des Bischofs hoch erhaben, von den sechs Landespatronen umgeben. Marmor-Sarkophag des *Bischofs de Pogrellia* († 1376) „*fundator*", ganze Figur. Grabdenkmal des Herzogs *Christian von Holstein*, kaiserl. Oberfeldherrn, 1691 bei Salankemen gegen die Türken geblieben (Schlachten-Relief, Türken als Karyatiden). — In der angrenzenden Capelle des Pfalzgrafen *Franz Ludwig*, Kurfürsten von Mainz, Fürstbischofs von Breslau, 1727 vollendet, zwei gute Marmorstandbilder, Aaron und Moses, von Brackhof in Wien gearbeitet. Auch sonst finden sich in der Kirche selbst zahlreiche Denkmäler von Bischöfen und Domherren, nebst Gemälden von dem in Schlesien unvermeidlichen Maler Willmann, vielleicht dem fruchtbarsten des vor. Jahrh. In der St. Johannescapelle, neben dem südl. Aufgang zum Chor, *Cranachs „Madonna unter Tannen"; an der nördl. äussern Chorwand St. Stephanus von *Tizian*(?).

Nördlich fast angrenzend ist der reiche **botan. Garten**, darin besonders bemerkenswerth die sehr reichhaltige Sammlung von Medicinalpflanzen und ein 9 bis 10' h., 60' l. von dem Director Hrn. Prof. Göppert zusammengestelltes lehrreiches Profil zur Erläuterung der Steinkohlenformation (Beschreibung nebst Plan 1858 erschienen)

Die (evang.) **St. Elisabethkirche** (Pl. 6), 1257 aufgeführt (Thurm 289' h.), hat 1857 durch den Einsturz eines Gewölbes Schaden gelitten, ist jetzt aber vortrefflich restaurirt. Sie hat viele beachtenswerthe Grabdenkmäler und neue Glasbilder, Geschenke König Friedrich Wilhelm's IV. Ueber der Sacristei die *Rhedigersche Bibliothek*, darin vorzügliche Kupferstiche von Martin Schön u. A., dann eine Ausgabe des Froissard mit saubern Miniaturen, der aber jetzt mit den übrigen städtischen Bibliotheken u. Sammlungen in das neu zu erbauende Stadthaus kommen wird.

Die Thürme der (evang.) *Maria-Magdalenenkirche* sind durch eine Bogenbrücke verbunden. In dem *Magdalenen-Gymnasium*, neben der Kirche, an 350 meist werthlose Gemälde. In der Kupferstichsammlung Dürersche Holzschnitte und Rembrandtsche Stiche seltener Schönheit. Anmeldung im Gymnasium beim Director.

Die **Universität** (Pl. 12) (900 Stud.) entstand aus der alten Jesuiten-Universität und der 1811 von Frankfurt hierher verlegten. Sie hat ihren Sitz in dem 1738 aufgeführten ehemaligen *Jesuiten-Collegio*. Die Aula ist mit Fresken, Stuccatur und Gold verziert. Ihre zoolog. und mineral. Sammlungen verdienen Beachtung.

Der Handel von Breslau, besonders mit schlesischen Erzeugnissen, Wolle (jährlicher Umsatz fast 100,000 Centner), Getreide, Metalle, Tuch, Holz, ist sehr lebhaft. Es sind dort fast 100 Liqueurfabriken. Die Wollmärkte, zu Anfang Juni und October, sind sehr bedeutend.

51. Von Dresden nach Breslau.

Bis Görlitz in 3 1/4, Breslau in 7 3/4 St., für Thlr. 7. 12 1/2, 5. 4, 3. 28 1/2 Sgr.

Die Bahn bietet bis Bautzen wenig, meist Haide, Tannenwald, Ackerland. Bei der Ausfahrt zu Dresden links der Neustädter Kirchhof, aus welchem das Soldaten-Denkmal (rothe Spitzsäule, S. 215) hervorragt. Stat. *Radeberg*, hübsch gelegenes Städtchen, dann Stat. *Fischbach* und *Bischofswerda*, bei einem Gefecht zwischen Russen und Franzosen am 20. und 21. Mai 1813 ganz abgebrannt. Die Bahn überschreitet bei Bautzen das Thal der *Spree* auf einer langen Brücke.

Bautzen, wendisch *Budisin (Lamm, Adler, Löwe, Traube)*, die stattliche und gewerbreiche Hauptstadt (10,000 Einw., 900 Kath.) der Oberlausitz, mit Mauern und Wachtthürmen umgeben, ganz malerisch auf einer Anhöhe an der Spree gelegen, von der Eisenbahn nur bei der Einfahrt in den Bahnhof flüchtig sichtbar. Die angrenzende Landvogtei *Seidau (Zidow)* auf dem linken Spree-Ufer wird fast ausschliesslich von Wenden bewohnt. In der Nähe kämpften am 20. und 21. Mai 1814 Russen und Preussen unter Blücher gegen Napoleon. Die Ersteren zogen sich geordnet und langsam nach Schlesien zurück.

Auf dem Bergabhang, südl. 1/4 St. von Stat. *Pommeritz*, liegt das Dorf **Hochkirch**, Schauplatz einer der blutigsten und für Friedrich II. unglücklichsten Schlachten (14. Oct. 1758).

174 *Route 51.* HOCHKIRCH.

Die Oesterreicher befehligten Daun und Laudon. Die Leiche des preuss. Feldmarschalls *Keith*, welcher blieb, wurde von den Oesterreichern in der Kirche begraben, 1759 aber auf des Königs Befehl nach Berlin gebracht und heimlich in der Garnisonkirche beigesetzt. Sir Robert Keith, engl. Gesandter in Wien, liess ihm zu Hochkirch 1776 ein Denkmal errichten. Der Kirchhof wurde während der Schlacht von den Preussen ausdauernd vertheidigt. An der Südseite der Kirche, namentlich an der südl. Eingangsthür, sind noch viele Kugelspuren. Neben derselben ist eine angebaute Grabcapelle mit krieger. Symbolen, zum Gedächtniss eines kursächs. Offiziers *v. Ziegler*, Gutsherrn auf einem der benachbarten Dörfer. Die schwarzweissen Trauerfahnen könnten, da die Inschrift nicht recht leserlich ist, zu dem Irrthum Anlass geben, als sei dies des Feldmarschalls Gruft, daher diese Notiz. Keith's einfaches Denkmal steht verlassen hinter dem Altar, eine Marmor-Urne auf einem Marmor-Sockel, mit der Inschrift: *Jacobo Keith, Guilielmi com. maresc hered. regni Scotiae et Mariae Drumond filio, Friderici Borussorum regis summo exercitus praefecto, viro antiquis moribus et militari virtute claro, dum in proelio non procul hinc inclinatam suorum aciem mente manu voce et exemplo restituebat pugnans ut herois decet occubuit.* (Jacob Keith, des Grafen Wilhelm, Lordmarschalls von Schottland und der Maria Drumond Sohn, des Königs von Preussen oberstem Heerführer, einem Manne von alter Sitte und hoher kriegerischer Tugend, der in der Schlacht, unfern von hier, die weichenden Reiter der Seinigen mit Kopf, Hand, Stimme und Beispiel herstellend, im Kampfe, wie es Helden geziemt, fiel.) Die Bank, auf welcher er verwundet gelegen, unter der Kanzel, ist von Reliquienjägern so beschnitten, dass ein Brett darüber genagelt werden musste. Den Schlüssel zur Kirche hat der Schullehrer, an der Nordseite der Kirche wohnend. Ueber der Pfarrhausthür die Inschrift: *„gubernante Jehovah. 1758. Im Kriege brandt ich nieder, der Friede baut mich wieder. 1764."* Ueber dem Nöckerschen Gasthaus neben der Kirche ist in einer Einfassung von Kugeln die Inschrift zu lesen: *„Krieg und Brandt segnet Gott mit milder Hand. 1758."*

Aus der Bergkette, die sich s. von Hochkirch hinzieht, ragt s.w. eine Höhe besonders hervor, der *Ozornoboh* oder *Czarnabog* (Teufelsberg), der Blocksberg der Wenden, 1717' ü. M., auf welchem 1850 ein Thurm als Rundschau erbaut ist, daneben eine gute Gastwirthschaft, ein viel besuchter Punct mit vortrefflicher Aussicht über die weite fruchtbare sehr bevölkerte Oberlausitz, östlich von der Görlitzer Landskrone u. dem Riesengebirge, südl. von dem böhm. Grenzgebirge, südwestl. von den Bergen der sächs. Schweiz begränzt, aus welchen Lilienstein und Königsstein besonders hervorragen. Am Fuss des Thurms ein gewaltiger Granitblock, der für einen altwendischen heidn. Opferaltar ausgegeben wird. Er ist 1½ St. von Hochkirch entfernt. Bis *Wuischke*, am Fuss des Berges, kann man fahren (in ½ St., Einsp. 15 Sgr.), dann noch ¾ St. zu Fuss bergan. Vor der Oberförster-Wohnung führt der Fussateig rechts ab, dann den ersten Fusssteig links bergan in den Wald auf breitem guten Wege, allenthalben durch weisse Striche an Steinen und Bäumen bezeichnet.

Nach Pommeritz folgt Stat. **Löbau** (*Bahnhofs-Restauration), wend. *Lubij* (d. h. tief liegend), alte Stadt, in deren Rathhaus sich die Abgeordneten aus den sechs Städten der Lausitz während fünf Jahrhunderten von 1310—1840 versammelten. Es ist eine deutsche und wendische Kirche hier, 50,000 von den Bewohnern der Lausitz sind Wenden, slavischen Ursprungs, von den Deutschen selbst jetzt noch durch Sprache, Kleidung und Sitten unterschieden. Rathhausthurm und Thurm der Johanniskirche, beide sehr alt. Von dem eisernen, 1855 aufgeführten an 500' h. *Friedrich-August-Thurm* auf dem (½ St. vom Bahnhof) Löbauer Berg weite Rundsicht. (Zweigbahn nach Zittau s. S. 176.)

Folgt Station *Zoblitz*, dann **Reichenbach** *(Sonne)*, erste preuss.

GÖRLITZ. *51. Route.* 175

Stadt. Nach der Schlacht von Bautzen (S. 173) zogen sich die Verbündeten kämpfend auf der Landstrasse nach Görlitz zurück. Am 22. Mai Morgens fiel bei Reichenbach der franz. Reiter-General Bruyères, Abends bei *Markersdorf*, ³/₄ St. jenseit Reichenbach, in der Nähe Napoleons der Chef des franz. Geniewesens, der General Kirchner. Dieselbe Kugel, aus einer russischen, jenseit des Dorfs aufgepflanzten Batterie geschleudert, verwundete tödtlich Napoleons Liebling, den Palastmarschall Duroc. Der Kaiser hinterliess damals einige 1000 Franken zur Errichtung eines *Denkmals* an dieser Stelle, welches erst 1840 ausgeführt ist; ein einfacher Würfel von Sandstein, vorn der Name *Duroc*, auf der Rückseite *Kirchner's* Name, unmittelbar links an der Landstrasse in der Nähe von Kirchner's fichtenbepflanztem Grabhügel.

Zur Rechten steigt 1304′ ü. M., 720′ über der Neisse, eine Basaltkuppe, die *Landskrone* auf, 1 St. s.w. von Görlitz, weite schöne Aussicht, besonders vom Thurm neben dem Wirthshaus.

Görlitz (*Rhein. Hof* am Bahnhof; *Preuss. Hof*, *Krone*, *Hirsch*, *Strauss* in der Stadt), sehr gewerbfleissige reiche Hauptstadt des preuss. Markgrafenthums Oberlausitz mit 23,000 Einw. (900 Kath.), an der uralten aus Polen nach „dem Reiche" führenden Handelsstrasse, da wo sie die *Neisse* überschreitet, theils am Flussthal, theils auf der ansteigenden Höhe erbaut. Die schönen goth. Kirchen, die stattlichen Thorthürme, das Steinbildwerk an manchen Häusern, das Rathhaus mit dem Wappen des ungar. Königs Matthias von 1488, dem Görlitz gegen den Böhmenkönig Georg anhing, zeugen von dem Alter und dem frühern Reichthum der Stadt. — Die *Peter-* und *Paulskirche* (1423—1497, die Krypta noch aus früherer Zeit) ist eines der bedeutendsten Denkmäler mittelalterlicher Baukunst im Osten Deutschlands, mit 5 Schiffen und einem 77′ h. Gewölbe, von 24 schlanken palmenähnlichen Pfeilern getragen. — Die *Frauenkirche* (1449—1494) hat hübsche Steinverzierungen am Portal und Orgelchor. — In der neuen 1853 von Soller erbauten *kath. Kirche* roman. Styls, Glasgemälde von Scheinert und ein Altarblatt (St. Wenceslaus) von Zimmermann.

Nordwestlich vor der Stadt, bei und in der *h. Kreuzkapelle* ist eine Darstellung des h. Grabes mit allen Umständen, zu Ende des 15. Jahrh. von einem Görlitzer Bürgermeister ausgeführt, der zweimal deshalb eine Reise nach Jerusalem unternommen hatte.

Der *Kaisertrutz*, eine alte Bastei, dient jetzt als Hauptwache und Zeughaus. Neben demselben das *Theater*.

Das *ständische Landhaus*, ebenfalls ein stattliches neues Gebäude, ist in den hübschen Anlagen, die vom Weberthor bis zu den *Mühlbergen* sich erstrecken und hier die beste Aussicht auf das Neissethal und den Viaduct darbieten.

In der Nähe von Görlitz, am *Holzberg*, fiel am 7. Sept. 1757 Friedrich d. Gr. Liebling, der General *von Winterfeld*, im Kampf gegen Oesterreicher unter Nadasdi. An der Stelle, wo er tödtlich verwundet wurde, ist 1842 ein Denkstein errichtet. Die Gebeine sind 1858 nach dem Invalidenkirchhof zu Berlin gebracht.

Die 1320 Ellen lange *Brücke* über das Neissethal bei Görlitz auf 34 Bogen von 30 bis 40 Ellen Spannweite, 34 Ellen über dem Spiegel der Neisse, gehört zu den grossartigsten Eisenbahn-Bauwerken im nördlichen Deutschland.

Die Bahn findet nördlich von Görlitz, bei *Kohlfurth* (S. 169), ihren Anschluss an die Berlin-Breslauer Bahn (R. 49).

52. Von Löbau nach Zittau. Oybin, Hochwald, Lausche.

Eisenbahn von Löbau nach Zittau in 1 St, nach Pardubitz s. S. 177.

Die Bahn zweigt sich zu *Löbau* (S. 174) von der sächsisch-schlesischen Bahn ab.

Erste Stat. *Cunnersdorf*, dann **Herrnhut** *(Gemein-Logis)*, 1722 unter dem Schutz des Grafen Nic. Ludw. v. Zinzendorf († 1760) durch einige Familien aus Mähren gegründet, welche zum Theil der alten böhmisch-mährischen Bruderkirche angehörten, und um der Gewissensfreiheit willen ihr Vaterland verliessen. Graf Zinzendorf erlaubte ihre Aufnahme auf seinem Gut *Bertelsdorf*; er war auch später für den innern und äussern Bau der Gemeine unermüdlich thätig. Ein Denkstein bezeichnet die Stelle (damals meist Wald), wo im J. 1722 der erste Baum zum Anbau gefällt wurde. Herrnhut ist ein freundlicher Ort mit etwa 1000 Einw., durch Ordnung und Reinlichkeit ausgezeichnet. Der Gottesacker hat eine schöne Lage und wird wie ein Garten gehalten. Auf den einfachen Grabsteinen liest man nur Namen, Geburts- und Sterbejahr der Begrabenen. Vom *Hutberg*, an dessen Abhang der Gottesacker liegt, hübsche Aussicht.

Bertelsdorf, ¼ St. von Herrnhut, ist Sitz der Unitäts-Aeltesten-Conferenz, welcher die Leitung aller Niederlassungen und Heiden-Missionen der Brüdergemeinde obliegt.

Folgt Stat. *Oderwitz*. Bis zu dem dreizackigen *Spitzberg*, der rechts von *Nieder-Oderwitz* aufsteigt, zogen sich die Preussen nach der Schlacht von Hochkirch (S. 174) zurück. Vor Zittau wird die Landschaft sehr hübsch. Der Bahnhof ist 10 M. von der Stadt entfernt. Am Thor eine Spitzsäule, der *Constitutionsstein*, 1833 errichtet.

Zittau (725') (*Sächs. Hof*, Z. 12½, F. 6, M. 12½; *Sonne*) mit 11,000 Einw. (200 Kath.), Hauptsitz des sächs. Leinwandhandels (in *Gross-Schönau*, 1 M. w. berühmte Damastfabrik) in einer reich angebauten Gegend. Am 23. Juli 1757, nach der Schlacht von Kolin, war die Stadt von den Preussen besetzt, sie wurde von den Oesterreichern unter Prinz Carl von Lothringen durch Beschiessung fast ganz eingeäschert. Das 1844 erb. *Rathhaus* ist das schönste in Sachsen. Die *St. Johannis-Kirche* ist 1836 neu aufgeführt; vom Thurm hübsche Aussicht. Vom *Kirchhof* (s.ö. Seite der Stadt) guter Ueberblick über die Neissethal-

Ueberbrückung. Beginn der Zittau-Pardubitz Bahn (s. unten). Einsp. zum Oybin auf $^1/_2$ Tag 1$^1/_3$ Thlr., ganzen Tag 2 Thlr.; nach Waltersdorf und bis zur Lausche direct bis zum obersten Whs. 2, über den Oybin und Jonsdorf 2$^1/_2$ Thlr.; Zweisp. die Hälfte mehr. Zweisp. nach Friedland 3, Liebwerda 5$^2/_3$, Warmbrunn 8 bis 10 Thlr.

Die Zittau-Pardubitz Eisenbahn, 1860 eröffnet, führt über *Reichenberg* (°Frank's Hôtel), sehr gewerbreiche böhm. Stadt mit 15,000 Einw., *Josefstadt*, *Königgrätz* nach *Pardubitz*. Sehr ausführliche Beschreibung s. in Klutschak's Büchlein f. Touristen auf der Reichenberg-Pardubitzer Bahn in's Gebirge. Prag 1860.

Südlich von Zittau (2 St. Gehens) steigt in einem fast ringsum abgeschlossenen Felsenkessel der °**Oybin** (1574') auf, ein von dichtem Wald bewachsener fast bienenkorbartiger Sandsteinfels, oben eine der schönsten Klosterruinen in eigenthümlicher Vereinigung mit Burgruinen. Das Kloster gründete 1369 Kaiser Carl IV., nachdem er die Raubburg zerstört hatte; es wurde 1545 von seinen Bewohnern, Cölestinern, verlassen, und 1577 und 1681 durch Brand in Schutt gelegt. Die Kirche mit ihrem 80' hohen Bogenpfeiler ist noch am besten erhalten; nebenan der Kirchhof mit einer Anzahl Grabsteine, darunter der eines Herrn v. Döbschütz († 1550). Aussicht nicht sehr umfassend, aber malerisch. Oben gute Wirthschaft, auch zum Uebernachten. Am Fuss des Berges ebenfalls ein Wirthshaus, Führer auf den Oybin (unnöthig) für 3 Ngr., auf die Lausche (rathsam) 8 Ngr.

Die °**Lausche** (2433') (2 St. westl. vom Oybin, 3 St. von Zittau) ist die höchste Kuppe der Bergkette, welche die Oberlausitz von Böhmen trennt; umfassende prächtige Aussicht über die ganze Lausitz und Sächs. Schweiz, das Teplitzer Mittelgebirge und die böhmischen Kegel (Prag), den Iserkamm, die Tafelfichte und das Riesengebirge. Oben ein Wirthshaus, halb auf sächsischer, halb auf böhmischer Seite, guter Ungarwein. Die böhm. Seite der Lausche gehört zur Herrschaft *Reichstadt*, einst Eigenthum des Herzogs von Reichstadt, Napoleons Sohn, des Kaiser Franz Enkel. Jetzt bewohnt das Schloss zu Zeiten Kaiser Ferdinand.

Auch der *Hochwald*, 1 St. südl. vom Oybin und leicht zu besteigen, gewährt eine schöne Aussicht nach Böhmen. Oben ein Wirthshaus; Führer vom Fuss des Oybin auf den Hochwald und zurück 8 Ngr.

Folgende Zeiteintheilung wird sich empfehlen: Morgens früh aus Zittau in 2 St. auf den Oybin, hier frühstücken und sich umsehen (1 St.), dann meist durch Wald mit Führer auf die Lausche (2 St.). Rückweg auf der Landstrasse in 3 St. nach Zittau, von wo um 4 Uhr Nachm. die Post in 3 St. nach Friedland fährt (s. unten), der beste Weg für die Besucher des Riesengebirges von dieser Seite (S. 188).

Friedland (°*Herzog v. Friedland*, die „*Schlossschenke*", neben dem Schloss; in der Stadt *Adler*, *Weisses Ross*), ansehnl. böhm. Städtchen, 3 M. ö. von Zittau, über welchem 200' höher das stattliche Schloss aufragt, im 11. und 12. Jahrh. begonnen, 1551 vollendet, der Thurm schon 1014, auf einem Säulenbasaltfels erbaut, der im Schlosshof zu Tage steht. Früher Eigenthum der Familien Berka v. Thumb, v. Rieberstein, v. Redern, kam es, nachdem 1620 Christoph v. Redern wegen seiner Betheiligung an dem böhm. Aufstand geächtet war, durch Ankauf 1622 an Wallenstein. Sein Bildniss, 1626 gemalt, ganze Figur, soll eines der ähnlichsten sein. Auch sonst zahlreiche Familienbildnisse, namentlich der neuesten Besitzer (Graf Gallas bekam 1634 die Güter als Geschenk), der Grafen Clam-Gallas, dann alte Waffen, besonders aus dem 30jähr. Krieg. Ausgedehnte schöne Aussicht (10 Sgr. Trinkgeld dem Castellan).

Noch 1 1/2 M. weiter östl. sind die Bäder von **Liebwerda** (*Schwan Logirhaus* für Curgäste), reizend am Fuss der Tafelfichte gelegen, ebenfalls mit einem Schloss des Grafen Clam-Gallas.

53. Von Breslau nach Waldenburg und Hirschberg.
Zobten, Fürstenstein, Salzbrunn, Adersbach und Weckelsdorf, Riesengebirge, Hirschberger Thal.

Route 53 ist für Reisende berechnet, die von Osten, von Breslau kommen. Reisende von W e s t e n, etwa von D r e s d e n her, werden den nachfolgenden Plan erprobt finden: 1. Tag. Hochkirch, *Czorneboh, Herrnhut, Zittau. — 2. Tag. Oybin und *Lausche; Nachm. mit Post in 3 St. nach Friedland (S. 177). — 3. Tag. Auf der Landstrasse (hübscher Weg im Thal der *Wittich* stets durch Ortschaften, namentlich das lange *Raspenau*) in 2 St. nach *Liebwerda* (s. oben) und geradezu (mit Führer 20 Sgr.) in 3 St. nach *Flinsberg* (Wollstein sehr billig), beides hübsche kleine Badeorte. Oder (mit Führer) von Liebwerda in 2 St. auf die *Tafelfichte* (3420'), dann in 1 1/2 St. hinab nach Flinsberg. — 4. Tag in 3 1/2 St. auf den *Hochstein* (2803'), Baudenwirthschaft, Aussicht nicht sehr lohnend, in 1 St. hinab zur Josephinenhütte (Mittag; 1 St. zum *Zackenfall und zurück; 2 St. von der Josephinenhütte nach *Petersdorf* (S. 186), oder in 3 St. nach *Hermsdorf* (S. 186). — 5. Tag. Für den *Kynast* (S. 186) 2 St.; dann in 1 1/2 St. über *Giersdorf* und *Mersdorf* zur *Heinrichsburg* (S. 187); 1/2 St. *Stohnsdorf* (S. 186); 1 St. *Erdmannsdorf* (S. 187), hier Mittag. Mit Führer über den *Ameisenberg* nach (1 St.) *Fischbach* (S. 187), (1 St.) *Buchwald* (S. 187), nach (3/4 St.) *Schmiedeberg* (S. 182). — 6. Tag. Mit Einsp. für 20 Sgr. in 3/4 St. nach *Krumhübel* (S. 183), von da mit Führer (für den ganzen Tag, Weg s. S. 183) in 3 1/2 St. zur *Schneekoppe* (Mittag, S. 183), dann über die Grenzbauden in 4—5 St. nach *Liebau* (Sonne). Bequemer werden in der Grenzbaude zu (1 1/2 St.) *Klein-Aupa* bei Friedr. Blaschke übernachten und erst am folgenden Morgen nach (3 St.) Liebau gehen. — 7. Tag. Mit Einsp. (2 Thlr.) von Liebau über *Schömberg* (Löwe) nach *Adersbach (Mittag, S. 181), *Weckelsdorf, Friedland, Waldenburg (S. 181). — 8. Tag. Zu Fuss von Waldenburg über die *Wilhelmshöhe* in 1 1/2 St. nach *Salzbrunn* (S. 180), *Fürstenstein, Freiburg*, Eisenbahn nach *Breslau*.

Zweiter Plan, von B r e s l a u ausgehend. 1. Tag. Mit dem Abendzug aus Breslau bis *Metkau*, Post bis *Gorkau*. — 2. Zu Fuss auf den *Zobten und nach *Metkau* zurück. Eisenbahn bis *Freiburg*. Omnibus nach *Fürstenstein* und *Salzbrunn*. — 3. Ausflug über *Waldenburg* nach *Adersbach und *Weckelsdorf* und zurück nach *Waldenburg*, mit Lohnkutscher. — 4. Post bis *Schmiedeberg*, zu Fuss auf die *Schneekoppe*. — 5. Zu Fuss nach *Hermsdorf* und auf den *Kynast*, Omnibus nach *Warmbrunn*. — 6. Mit Einsp. Fahrt durch das Hirschberger Thal, *Heinrichsburg, Stohnsdorf, *Erdmannsdorf, *Fischbach, Buchwald* s. S. 187.

Eisenbahn, von Breslau (379' ü. M.) bis Freiburg in 2, bis Waldenburg in 2 3/4 St. — Stat. *Schmolz*, dann Stat. *Canth*, in dessen Nähe (1 St. s.ö.) *Kryblowitz*, wo Fürst Blücher, 77 J. alt, am 12. Sept. 1819 starb, und am 28. Aug. 1853, dem Jahrestag der Katzbacher Schlacht (S. 169), dem alten Helden ein Denkmal errichtet ist, ein 36' h. Mausoleum aus Granitquadern mit der Büste des Feldmarschalls oben in einer Nische.

Riesen-Gebirg.

FREIBURG. 53. *Route* **179**

Folgt Stat. *Metkau*, links ein neues Schloss des Grafen *Pinto*. Von **Metkau nach Gorkau** fährt nach Ankunft des letzten Bahnzugs eine Personenpost in 1¼ St. nach *Rosalienthal* bei *Gorkau* an den Fuss des Zobten. Das Wirthshaus zu Rosalienthal ist gut und billig, ebenso das zu Gorkau (gutes Bier). In der Nähe von Gorkau grosse Granitbrüche, aus welchen Breslau seine Bürgersteige bezieht. Post von Gorkau nach Metkau (2½ St. Gehens) nur Morgens früh.

Der Gipfel des *Zobten (2150')*, Schlesiens Rigi, ist von hier (ohne Führer) in 1½ St. bequem zu erreichen. In einer Hütte auf dem Gipfel, der mit durch einander geworfenen Granitbruchstücken bedeckt ist, Erfrischungen. Die 1702 erbaute Capelle oder Bergkirche ist 1852 erneuert. Von der 1471 zerstörten ausgedehnten Bergfeste sind nur einzelne überwachsene Mauertrümmer noch vorhanden. Beste Aussicht von einem etwa 300 Schritte von der Capelle gelegenen freien Punct: ö. u. s.ö. das ganze Mährisch-Schlesische Gebirge, aus welchem der ferne dreigipflige Altvater hervorragt, s. die Gebirge der Grafschaft Glatz, der grosse runde Schneeberg, die Heuscheuer, die hohe Eule, die auch schon bei der Eisenbahnfahrt rechts neben dem Zobten sichtbar ist, die Festungswerke von Silberberg, weiter über Schweidnitz der Riesenkamm, w. die Riesenkoppe bis zur Tafelfichte, n. das bevölkerte schles. Flachland, ein minder durch seine Ausdehnung, als seine malerische Schönheit überraschender Anblick.

Folgt Stat. *Ingramsdorf* (569'), *Sarau* mit den Fabriken des Commerzienraths Kulmitz. Das Gebirge s.w. ist die Heuscheuer, mehr w. die Waldenburger Gebirge, auf der Grenze von Schlesien und Böhmen. Stat. *Königszelt* (*Bahnhofsrest.) ist Knotenpunct der Zweigbahn Liegnitz-Frankenstein, Fahrzeit nach *Liegnitz* über *Striegau* und *Jauer* 1 St. 20 Min. (S. 169), nach Frankenstein (S. 189) über *Schweidnitz* und *Reichenbach* 1½ St.

Schweidnitz (*Krone, Löwe*), 1747 von Friedrich II. befestigte Stadt mit 13,000 Einw. (5000 Kath.) und 2000 Soldaten. Rathhaus und kathol. Pfarrkirche, sehenswerthe Gebäude. Vom Kranz des Thurms gute Aussicht. — Hübscher Ausflug südlich, zu Fuss in das (½ St. l.) *Schlesierthal* und nach der (¼ St.) *Kynsburg*, und das anmuthige Thal weiter hinauf über *Charlottenbrunn*, kleines hübsch gelegenes Bad, nach Waldenburg (S. 180).

Reichenbach, Stadt mit alten Befestigungen u. einem Schloss, geschichtlich merkwürdig durch den Sieg Friedrichs II. über Laudon (16. Aug. 1762), die Reichenbacher Convention, welche das fernere Bestehen des türk. Reichs sicherte, und durch den Allianzvertrag zwischen den Verbündeten und Oesterreich, der am 27. Juli 1813 zu Prag ratificirt wurde. (Eulengebirge s. S. 189.)

Freiburg (881') *Hillers Hôtel*; *Burg*, Z. 15, F. 5 Sgr.), mit der grossen Flachsspinnerei der Grosshandlung Kramsta und Söhne, liegt ganz hübsch am Abhang des Gebirges.

Die Bahn führt weiter bergan über *Altwasser* (1328'), wo die grosse Thiel'sche Porzellanfabrik (an 1000 Arbeiter) nach *Waldenburg* (1345') (S. 180, Fahrzeit 45 Min.) und dem ½ St. weiter liegenden *Hermsdorf* (1492'); die Steigung von Freiburg bis Hermsdorf (2¼ Meile, 611') wird von der Semmeringbahn (5⅜ M. von Gloggnitz bis Stat. Semmering 461') nicht übertroffen.

Auf dem Bahnhof zu Freiburg steht ein Omnibus (5 Sgr.) für Fürstenstein und Salzbrunn bereit. Die gute Strasse steigt ziemlich steil bergan, treffliche Rückblicke gewährend. Man fährt am besten bis zur grossen Allee (1 St.), steigt hier aus, und gelangt dann zu einem Sommerhaus, von welchem verschiedene Parkanlagen mit reizenden *Aussichten links, zuletzt auf Treppen abwärts, in den *Fürstensteiner Grund* führen, ein malerisches Felsenthal mit

180 *Route 53.*   SALZBRUNN.

steilen waldbewachsenen an 300' h. Wänden, vom Höllenbach durchströmt, der Rosstrappe (S. 165) ähnlich.

Man wandert eine Strecke in diesem Thal links weiter und betritt dann einen Schlängelpfad, der an der Westseite wieder aufwärts zur alten *Burg* führt, einer zu Anfang dieses Jahrhunderts erbauten kleinen Ritterburg mit verblichenen Tapeten, altem Hausgeräth, Rüstungen, angeblich Friedrichs II. Feldbett, Familienbildnissen u. dgl. Vor dem Schloss hielten am 3. Aug. 1800 sechszehn schles. Edelleute ein Turnier zu Ehren des Königs Friedrich Wilhelm III. und der Königin, welche die Preise vertheilte. Die Tribüne, auf welcher die Königlichen Gäste sassen, steht noch. Die Aussichten von der Burg sind zwar hübsch, stehen aber denjenigen von den gegenüber gelegenen Höhen (S. 179) nach. Dem Castellan, zugleich Schenkwirth, zahlt ein Einzelner 7½, eine Gesellschaft 15 Sgr. Trinkgeld.

Auf demselben Weg wieder in den prächtigen Grund hinab, welchem man n. bis jenseit der *Schweizerei* folgt und dann rechts sich dem stattlichen, auf einer Anhöhe gelegenen, von einem hohen Thurm überragten, mit Gärten und Park umgebenen neuen Schloss *Fürstenstein, Sitz des Grafen Hochberg, Fürsten von Pless, zuwendet, glänzend eingerichtet, sonst aber wenig Eigenthümliches. Die hier beschriebene Wanderung durch die Sehenswürdigkeiten Fürstensteins nimmt wenigstens 2 St. in Anspruch. Neben dem Schloss ist ein grosser Gasthof; von hier fahren im Sommer mehrmals täglich Personenwagen in 45 Min. südlich nach

Salzbrunn *(Cursaal, Krone, Sonne, Adler)*, fast 1 St. langes Dorf, neben Warmbrunn der besuchteste, aber auch theuerste schles. Curort. In der Mitte des Orts liegen die Gasthöfe. Der Cursaal mit Säulenhallen ist Morgens und Abends von 6—8 U. Mittelpunct des Salzbrunner Brunnenlebens. Den Hügel hinan ziehen sich Anlagen, welche am *Annenthurm*, einem neuen im goth. Styl aufgeführten Glockenthurm enden.

Von hier führt ein Weg südl. in 1½ St. den Berg hinan zur *Wilhelmshöhe, einer in neuester Zeit nach Art des Thorthurms zu Tangermünde (S. 59) aufgeführten Burg, treffliche Aussicht auf Breslau, die Schneekoppe und einen Theil des Riesengebirges. Auf der andern Seite liegt Bad *Altwasser* (Traiteurhaus), wohin von Salzbrunn stündlich in ½ St. Personenwagen fahren.

Von Salzbrunn nach Adersbach und Weckelsdorf. Zweisp. am Curhaus immer zu finden, hin und zurück 4 Thlr. Die jedesmalige Fahrt dauert über 4 St., die Wanderung durch die Felsen wenigstens 2 St. Die Partie kann also bequem in einem Tag gemacht werden, wenn man auch erst nach der Morgencur wegfährt. Pass oder Passkarte ist mitzunehmen, oder beim Burgemeister in Waldenburg oder Friedland eine Bescheinigung. Wer folgenden Tages die Post nach Schmiedeberg benutzen will, bleibt bei der Rückkehr in Waldenburg über Nacht.

Waldenburg (*Schwarzes Ross, Z. u. F. 20; *Gelber Löwe, Schwert*), sehr gewerbreiche aufblühende Stadt in einem Gebirgsthal (ergiebiger Steinkohlen-Bergbau), Sitz des Bergamts für das

Fürstenthum Schweidnitz und des Kreisgerichts, mit einigen stattlichen Neubauten (Rathhaus), am Bahnhof die grosse Kristersche Porzellanfabrik (1500 Arbeiter), deren Rauchwolken stets über der Stadt hängen. Jenseits des Orts die grosse Alberti'sche Flachsgarn-Spinnerei. Einsp. nach Adersbach 3 Thlr., Zweisp. 5 Thlr.

Die Strasse nach Adersbach führt fast anhaltend bergauf bergab. Links bei *Dittersdorf* am Gebirge die Trümmer der 1418 wahrscheinlich von den Hussiten zerstörten Burg *Neuhaus*. Dann folgen die Dörfer *Neuhayn, Lang-Waltersdorf, Schmidtsdorf.* Jenseit des Städtchens *Friedland* überschreitet man die böhmische Grenze. Den Hintergrund der Landschaft bilden nun die steil aufsteigenden Adersbacher Felsen. Das österreich. Zollhaus ist zu *Merkelsdorf.* Guter Ungarwein bei Ringel.

Die **Adersbacher Felsen.** *(Traiteurhaus am Fingang)* gehören zu den merkwürdigsten Gebilden, denjenigen in der Sächs. Schweiz (R. 60) ähnlich. Sie waren einst geschlossenes Gebirge. Da aber der Quadersandstein stets zerklüftet ist, so mussten schon in den frühesten Zeiten die eindringenden Tagewasser durch das Wegwaschen und Fortführen des Sandes ein allmäliges Ausfressen und Erweitern der Klüfte bewirken. Nur die festen Gebirgsmassen bleiben stehen. Diese erscheinen in den verschiedensten Formen als Pyramiden, Kegel, Cylinder, und haben wegen einer Aehnlichkeit Namen erhalten, Zuckerhut, Burgemeister, Pauker, Hochgericht, Johannes in der Wüste, Mops, Kaiser Leopold u. a. Ihre Anzahl beläuft sich auf mehrere Tausend, manche sind weit über 100' hoch. Die Spalten und Einschnitte sind mit Bäumen und Gebüsch bewachsen; sie nehmen einen 1 St. br., 2—3 St. langen Raum ein.

Der Eingang wird für $2^{1}/_{2}$ Sgr. geöffnet. Führer 5 Sgr. ein Einzelner, $2^{1}/_{2}$ Sgr. von Jedem, wenn mehrere Besucher wie gewöhnlich zusammen sind. Der Weg ist häufig so schmal, dass man nur einzeln gehen kann. Ein silberklarer Bach durchfliesst dieses Labyrinth; am Ende desselben, oder vielmehr an der Stelle, bis zu welcher man gewöhnlich vordringt, bildet er einen Wasserfall, den der Führer durch Aufziehen einer Schütze verstärkt. Jenseit etwa 500' langer Teich, auf dem man zu Kahn ($2^{1}/_{2}$ Sgr.) an die „Wolfsschlucht" gelangt. — Beim Ausgang ein Echo, das durch Schüsse und Hörnerklänge geweckt wird, für welche ein Trinkgeld zu zahlen.

Noch grossartiger in ihren Naturgebilden sind die Felsen zu *Weckelsdorf (*Gasthof zum Eisenhammer), an die Adersbacher Steine östl. grenzend, $^{3}/_{4}$ St. vom Adersbacher Whs. Auch hier gelangt man aus der „Vorstadt" gegen Eintrittsgeld durch eine Pforte in die eigentliche „Felsenstadt", an deren Eingang Erfrischungen (Ungarwein) zu haben. Von hier überblickt man das „Felsentheater". Ueber Felsenstiege geht's auf den „grossen Domplatz", im Hintergrund die „Domkirche" kuppelförmig, mit der „Todtengasse" und „Todtengruft" zur Linken. Auch die übrigen seltsamen Spielwerke dieser chaotischen Schöpfung haben ihre besondern Namen, wie in Adersbach. Die grossartigste Ueberraschung bildet den Schluss der Wanderung, das „Münster", gewöhnlich die „Münzkirche" genannt, weil nach einer Sage einst Falschmünzer diesen sichern Schlupfwinkel bewohnt haben. Die spärlichen Lichtstrahlen, welche durch einige Risse und Spalten von oben hereinfallen, lassen kaum den Spitzbogen eines goth. Gewölbes verkennen, und um die Täuschung vollständig zu machen, ertönt aus der Nähe ein Psalm von einer hinter einer Thür aufgestellten Orgel. (Weckersdorfer Felsenstadt s. S. 186.)

Bei dem Dorfe *Radowens*, 1½ M. s.w. von Adersbach, hat Hr. Prof. Göppert in Breslau ganz versteinerte Wälder entdeckt.

Personenpost von Waldenburg nach Schmiedeberg (5 M.) und Hirschberg (2 M.) täglich; Gegend hübsch, vom Wagen aus aber eben so gut als zu Fuss zu überblicken. Die Strasse steigt von *Hermsdorf* an bis *Gottesberg*, der höchsten Stadt im Gebirge, 1 M. von Waldenburg. Rückwärts gewährt sie schöne Aussichten auf Hermsdorf, Waldenburg und das Gebirge, dann bleibt sie meist in gleicher Höhe ohne besondere Aussicht. Links in der Ferne die ansehnliche 1292 gestiftete, 1810 aufgehobene Cisterzienser-Abtei *Grüssau*.

Landeshut (*Drei Berge, Z. 15, F. 5 Sgr.) am *Bober*, kleine Stadt, 3 Meil. nw. von Waldenburg, denkwürdig durch die Gefechte vom 17. u. 23. Juni 1760, welche mit der Niederlage der 10,000 Preussen und der Gefangenschaft des preuss. Generals Fouqué endeten. Die Oesterreicher, 31,000 Mann, befehligte Laudon.

Halbwegs Schmiedeberg, von *Hohenwaldau* an, steigt die Strasse fortwährend bis zum *Landeshuter Kamm*, 2233′ ü. M., der höchsten Kunststrasse in Preussen. Auf dieser Höhe soll Friedrich II. jedesmal ausgestiegen sein und geäussert haben: „Es giebt nur ein Schlesien!" Der Anblick ist aber auch in der That höchst überraschend und von grosser Schönheit. Zur Linken tritt, anscheinend ganz nahe, auf dem Kamm des Riesengebirges die Koppe mit Gasthaus und Capelle heran, weiter die wellenförmigen fichtenbewachsenen östl. Ausläufer des Riesengebirges, am Fuss das breite Schmiedeberger und Hirschberger Thal, mit Wohnungen übersäet. In ihrer ganzen Schönheit zeigt sich die Gegend von den *Friesensteinen* (2834′), ½ St. rechts (n.).

Die Strasse senkt sich nun steil in's Thal nach dem langgestreckten **Schmiedeberg** (*Schwarzes Ross*, Z. 15, F. 5 Sgr.), von wo die Wanderung in's Gebirge beginnt. Führer 1⅓ Thlr. täglich. wofür sie sich selbst beköstigen und das leichtere Gepäck tragen. Auf der böhmischen Seite des Gebirges heissen sie Boten und stehen unter keiner obrigkeitlichen Aufsicht noch Taxe Auch Stuhlträger sind fast überall zu haben, 1½ Thlr. pro Mann; in Schmiedeberg und Seidorf (S. 185) auch Pferde.

Zwei Wege führen von Schmiedeberg auf die Koppe: der eine über *Krumhübel* (s. unten) 5 St., der andere über den Schmiedeberger Kamm 4 St. Will man andern Tags den Rückweg nicht über Schmiedeberg oder Hermsdorf (S. 186) machen, so ist jedenfalls zum Hinweg die Richtung über Krumhübel zu empfehlen, sie bietet mehr Abwechselung und malerische Puncte, als der Weg über den Schmiedeberger Kamm. Im andern Fall ist der letztere vorzuziehen, weil man beim Rückwege nach Hermsdorf von der Koppe bis Wang denselben Weg macht.

Der nähere Weg von Schmiedeberg auf die Koppe (mit Führer) geht über die *Annacapelle*, ¼ St. s. von Schmiedeberg, dann meist auf Waldwegen in 2 St. zu den *Grenzbauden* (*Hübner und *Blaschke), 2 St. unter der Koppe, wegen des guten Ungarweins viel besucht. Je mehr man sich dem Gipfel der Koppe nähert, um so dürftiger wird der Pflanzenwuchs. Das steile Steigen beginnt ⅜ St. vom Gipfel, auf der *Schwarzen Koppe*. Nur krüppeliges Knieholz gedeiht noch, neben Teufelsbart *(Anemone alpina)* und Veilchenmoos *(Byssus jolithus)*.

Die *Schnee- oder **Riesenkoppe** (4960'), der höchste Berg in Nord- und Mittel-Deutschland, ist ein stumpfer Granitkegel (Plateau 170' l., 132' br.), mit Gneiss- und Glimmerschiefer-Brocken bedeckt. Die 1668—1681 mit starken festen Mauern erbaute runde Capelle auf dem Gipfel, Grenze zwischen Schlesien und Böhmen, von 1824 bis 1850 als Gasthaus benutzt, ist wieder zum Gottesdienst eingerichtet. Nebenan ein *Gasthaus, Bett zu 15 Sgr., Verpflegung gut und nicht zu theuer. Beim Sonnenaufgang wird mit einer Glocke geläutet. Der Wirth heisst Sommer. Die Aussicht ist eben so malerisch als umfassend, besonders n. über das ganze Hirschberger Thal bis Bunzlau und Liegnitz, ö. Schweidnitz, Zobden, Breslau, Eule, Silberberg, Schneeberg, Heuscheuer, s.w. der Weisse Berg bei Prag, w. Milleschauer bei Teplitz, n.w. die Landskrone bei Görlitz. Es gilt aber von ihr ganz das S. 162 vom Brocken Gesagte. Der Verf. hat vor Jahren fast einen ganzen Julitag in kaltem stürmischen Nebel auf der Koppe zugebracht, während 1000' tiefer der hellste Sonnenschein war. Am 22. Juli 1858 bei der Einweihung des neuen guten Gasthofs hat er es besser getroffen. Wahrhaft grossartig ist s.w. der Blick in den 2000' tiefen fast senkrecht abschüssigen *Aupe*- oder *Riesengrund*, durch welchen die *Aupe* sich schlängelt. Kaum minder grossartig der Blick n. in den steilen *Melzergrund*. Im Frühsommer findet man ziemlich viel Schneeflächen im Gebirge, namentlich im Melzergrund, am Elbfall, in den Schneegruben, an beiden Teichrändern u. a. O.

Der Weg über **Krumhübel** auf die Koppe lässt sich wesentlich abkürzen, wenn man von Schmiedeberg bis Krumhübel (1½ St. Wegs) in einem Einsp. fährt, für 20 Sgr. in ¾ St. *Krumhübel* (*Whs.) ist Hauptsitz der Kräuter- und Arzneihändler

("Laboranten"), die ihren Ursprung angeblich von zwei Prager Studenten der Medizin herleiten, die zu Anfang des 18. Jahrh. hierher wegen eines Duells geflüchtet waren. ("Pudel" ein beliebter Kräuterliqueur.)

Vom Krumhübel auf die Koppe 3^1/$_2$ St., im Nothfall auch ohne Führer zu finden, bis (50 M.) *Brückenberg* breiter Fahrweg. Pfarrkirche dieses zerstreuten Dorfes ist die *Kirche Wang (2400'), eine ganz eigenthümliche 30 Schr. l., 12 Schr. br. Holzkirche aus dem 12. Jahrh. mit seltsamen, Schiffsschnäbeln nicht unähnlichen Schnörkeln. Sie stand bei Drontheim in Norwegen und sollte abgebrochen werden; König Friedrich Wilhelm IV. liess sie ankaufen und 1844 hier aufrichten. Nur ein kleiner Theil des Schnitzwerks ist nicht alt. Ein eigenthümlicher 4' breiter Umgang schliesst die Kirche ein. Der abgesonderte Glockenthurm ist neu, ebenso das saubere Pfarr-, Schul- und Meierhaus. Nebenan ein Denkmal zur Erinnerung an die Gräfin *Reden* († 1854), die langjährige Wohlthäterin dieser Gegend, eine Marmortafel mit Medaillon u. Christuskopf, 1856 von König Friedrich Wilhelm IV. errichtet. Vom Kirchhof schöne Aussicht auf das ganze Thal, auf Erdmannsdorf, Hohen-Zillerthal, Steinseifen, Schmiedeberg u. s. w.

Am Eingang in den umzäunten Pfarrhof führt der breite Waldweg bergan in 40 M. zur *Schlingelbaude* (3296') (Erfrischungen); in der Nähe die *Drei Steine*, am Kamm aufragende Felszacken. Dann über (10 M.) zwei Brücken, die das aus dem *Grossen* und dem *Kleinen Teich* ablaufende Wasser überbrücken. In weiter Ferne sieht man hier durch einen Waldeinschnitt auf grünem Plan die von hier noch ^{1}/$_2$ St. entfernte *Hempels-* oder *Hampelbaude* (3866'), wo Erfrischungen, auch 6 Strohbetten.

Von der Hempelsbaude steigt man 25 Min. lang einen Abhang, das *Stirndl* genannt, hinan, bis zum *Koppenplan*, der nur Knieholz erzeugt. Auf diesem, ganz eben, 25 M. weiter, ist die böhm. *Riesenbaude* (4262'), die sich als „Weinhaus" ankündigt, gar nicht billig, Schoppen Ungar 12 Sgr., Bett 15 Sgr. Die Baude liegt am Fuss des Koppenkegels, da wo der Weg in den Riesengrund (S. 185) sich senkt.

Nun beginnen die Anläufe auf den Geldbeutel des Reisenden (Krüppel, Drehorgel, Guckkasten mit „Rübezahl und seiner Frau Emma", Mineralien u. dgl.), da kein anderer als der neue steile steinige, durch Seitenmauern geschützte in zahlreichen Windungen den kahlen Kegel hinan ziehende Weg auf die Koppe führt, von der Riesenbaude bis oben ^{3}/$_4$ St. Steigens, bergab kaum 20 M.

Koppe s. S. 183. Der Weg nach Hermsdorf (bergab 4, bergan 5^1/$_2$ St.) ist bis (2^1/$_2$ St.) *Brückenberg* (2400') der oben näher bezeichnete. Von hier in gleicher Höhe n. weiter zu den (1 St.) *Gräbersteinen*, ausgedehnte malerische Aussicht, einer der schönsten Puncte des Gebirges. Sie umfasst auch noch das Gebirge selbst, die kleine und grosse Sturmhaube, das Hohe Rad, den

JOSEPHINENHÜTTE. 53. Route. 185

Reifträger, weiter unten den Kynast, Hermsdorf, Warmbrunn und Hirschberg. Bei der (1/4 St.) *Annencapelle* (2327') ein Försterhaus mit guter Verpflegung; (20 M.) *Seidorf* (Whs. beim Kretscham Wehner) liegt am Fuss des Gebirges, 3/4 St. von Hermsdorf entfernt. Pferd auf die Koppe 2 Thlr., dem Knecht 1 Thlr.
Von der Koppe zur Josephinenhütte über den Kamm des Gebirges, bergab 8 St. Gehens (bergan wohl 10), nur mit Führer (S. 182) etwas mühsame Wanderung, vielfach über Granit-Platten und Blöcke, aber lohnend. Von der Koppe (4960') in 20 Min. den Koppenkegel hinab zur (böhm.) *Riesenbaude* (4262') (Whs. s. S. 184), weiter über den mit Knieholz bewachsenen Koppenplan stets in gleicher Höhe fort (*Wiesenbaude* bleibt l.), zum (1 1/4 St.) Rand (3770') des 500' tiefer eingebetteten fischreichen *Kleinen* (770' l., 500' br.) und fischlosen *Grossen Teichs* (1758' l. bis 568' br.). Am Ende des letztern nicht gerade aus, sondern l. bergan, auf der Hochfläche des steinreichen *Silberkamms* oder *Lahnbergs* (4600') hin (Aussicht nach Böhmen), an verschiedenen Steinhaufen (Grenzsteinen) vorbei bergab auf den Sattel, der den Silberkamm mit der *Kleinen Sturmhaube* (4361') verbindet. Hier über Granitplatten wieder scharf bergan und noch schärfer bergab, bald klettern, zur (1 1/2 St.) *Spindlerbaude* (3698'), wo Erfrischungen zu haben. Beim Grenzpfahl links, die *Mädel-Wiese* auf schnurgeradem Wege bergan zur (40 M.) *Petersbaude (3946') (gute Verpflegung, auch 10 Matratzen zu 7 1/2 Sgr.), auf böhmischem Gebiet, ausgedehnte Aussicht nach Böhmen.
Weiter an eigenthümlichen Steingruppen (*Mädelsteine* 4232', *Vogelsteine*) vorbei, zum (1 1/4 St.) Fuss des *Hohen Rads*, dessen Gipfel (4689') über Granitstücke und Stufen scharf bergan in 3/4 St. erreicht ist, ausgedehnte Aussicht, von Manchen derjenigen von der Koppe vorgezogen. Bei den steil und an 1000' tief abfallenden Felsgründen, *Schneegruben* genannt, ist, auf preuss. Gebiet, die kleine (3/4 St.) *Schneegruben-Baude* (Seidel bairisch 2 1/2 Sgr., Heulager unter dem Dach 5 Sgr.). (Von hier kann mit kleinem Umweg der *Elbbrunnen* und *Elbfall* besucht werden).
Der Pfad führt weiter an bemerkenswerthen Steingruppen (*Spitzberg*, *Schweinsteine*, *Käs-* und *Quarksteine*) vorbei (der *Reifträger*, 4384', bleibt r. liegen) zur (1 1/4 St.) *Neuen schles. Baude* (3733'), wo Erfrischungen. Der Pflanzenwuchs erscheint wieder mannigfaltiger, bald tritt und bleibt der Weg in Wald. Nach 3/4 St. ist die Brücke (2551') über den *Zacken* erreicht, unmittelbar über dem Fall, der grossartiger von unten aus dem eng eingeschnittenen Felsbett (80' tiefer als die Brücke) und durch Aufziehen einer Schütze verstärkt, sich darstellt. Auch hier Erfrischungen.
Nach 20 Min. theilt sich der Weg: r. nach dem Rettungshaus von Schreiberhau, l. zur (5 M.) *Josephinenhütte*, wo die schönsten Glaswaaren geblasen und verfertigt werden, Hütte und Magazin sehr sehenswerth, Alles Eigenthum des Grafen Schaffgotsch, auch der sehr gute Gasthof, von Warmbrunn viel besucht. Billiger und auch gut soll *Ulbrichs Gasthaus*, 15 Min. abwärts an der Strasse sein, Hauptquartier der Führer u. Sesselträger.
Von hier gute Landstrasse (bis Warmbrunn 2 M., fahren 2 1/4 St., Einsp. 2 Thlr.), bis *Petersdorf* (*Gasth. u. Brauerei v. Karrer) stets bergab am Zacken entlang, der zwischen Felsblöcken fliesst, enges malerisches fichtenbewachsenes Thal. Halbwegs zwischen Petersdorf u. Warmbrunn ist *Hermsdorf* (S. 186).
Von der Koppe zur Heuscheuer (S. 190) durch das Aupe-Thal, über Trautenau, Adersbach, Weckelsdorf, Maria zum Stern, 3tägige Wanderung, in Trautenau, Weckelsdorf, Heuscheuer übernachten, auf 2 Tage abzukürzen, wenn man von Freiheit bis Weckelsdorf (guter Weg) fährt.
Der Pfad führt bei der *Riesenbaude* (S. 184, 4262') scharf bergab in das wegen seiner Alpennatur merkwürdigste Thal der Sudeten, den **Riesen- und Aupegrund*, von der Koppe an über 2000' scharf abfallend. In 3/4 St. ist der *Aupefall* erreicht, 3/4 St. weiter der *Pelzer Kretscham* (Whs.), wo der Fahrweg beginnt. Der Wirth hat auch Tragsessel. Die Gegend wird belebter, Eisen- und Kupferbergbau; (1/2 St.) *Gross-Aupe*; durch Tannenwald nach (1 St.) *Marschendorf* (Gasth. zum Platz, Fuhrwerk), mit der grossen Unger'schen Glasfabrik. Von Marschendorf nach Trautenau tägl. einsp. Post; Weg bietet nicht viel, das Thal der Aupe erweitert sich, Ackerbau beginnt.

Zwischen Marschendorf und (1 St.) *Freiheit* (1452′), Städtchen mit Leinwandhandel, liegt ¹/₂ St. w. von der Strasse das niedliche **Johannisbad** (*Deutsches Haus, Stadt Breslau*), gegen Hautkrankheiten besonders wirksam, viel besucht, frische Gebirgsluft. Beide Gasthäuser billig und gut, den Wharn. zu Marschendorf und Freiheit vorzuziehen.

(1 ¹/₂ St.) **Trautenau** (*Blauer Stern*, bei *Richter*), Städtchen mit 2500 E., Mittelpunct der böhm. Leinweberei des Riesengebirges, hübsche Kirche. — Von hier nach *Ober-Weckelsdorf* (5 ¹/₂ St.) über ¹/₂ St. *Parschnitz*, 1 St. *Petersdorf*, 1 St. *Qualisch* (1 St. s. von hier das S. 182 gen. *Radowens* mit den versteinerten Wäldern), 1 St. *Heyde*, 1 St. *Adersbach*, 1 St. *Ober-Weckelsdorf* (S. 181).

Gewöhnlich wird der Weg von Weckelsdorf zur Heuscheuer (zu Fuss, mit Führer) über das Städtchen *Politz* genommen (2 ¹/₂ St.), weiter über *Machau*, *Melden*, *Nausenei* nach *Carlsberg* (3 St.). Weit vorzuziehen und nicht weiter ist die Richtung über *Lechau* (1 St.), *Hutberg* (1 St.), zur Capelle auf dem *Stern* (¹/₂ St.). Neben derselben ein ’Gasthaus (auch Nachtquartier) mit trefflicher Aussicht, in der Nähe einer, der Adersbacher und Weckelsdorfer (S. 181) ähnlichen umfangreichen, theilweise grossartigern Felsbildung („Weckersdorfer Felsenstadt", das Dorf *Weckersdorf* liegt ¹/₂ St. ö. vom Stern), dem nördl. Ausläufer des Heuscheuer-Gebirges. Die Abtei Braunau hat die „Felsenstadt" zugänglich gemacht und das Gasthaus 1854 aufführen lassen; es wird von dem 4 St. n. gelegenen Bad Charlottenbrunnen (S. 179) viel besucht. Die Wanderung durch die Felsen (Führer) dauert fast 2 St.; *Aussicht von Elisabethhöhe*, der höchsten Erhebung dieses Kammes.

Vom Stern zur Heuscheuer über *Klein-Ladney* 20 M., *Dösengrund* ¹/₂ St., *Bilay* ³/₄ St., *Melden* ¹/₄ St., *Nausenei* ¹/₂ St., *Passendorf* (preuss.) ¹/₂ St., Schweizerhaus auf der Heuscheuer 1 ¹/₂ St. (letzte Strecke etwas steil), zusammen 3 St., oder bequemer von Nausenei nach (1 St.) *Carlsberg* (S. 190) am südl. Fuss der Grossen Heuscheuer, und nun ¹/₄ St. zum Theil auf Staffeln bergan zum Schweizerhaus (S. 190).

Hermsdorf (*Tietze*, Z. 18—22 Sgr., L. 5, F. 5 Sgr.), ein ansehnliches von Warmbrunn viel besuchtes Dorf mit einem Schloss des Grafen Schaffgotsch, ist Hauptquartier der Führer (S. 182) für Reisende, welche von dieser Seite das Gebirge besuchen. Auch hier muss wiederholt werden, dass die beste Karte einen Führer nicht ersetzen kann. Die Witterung wechselt im Gebirge plötzlich: den heitersten Sonnenschein verdrängt oft rasch dicker Nebel.

Auf einem bewaldeten Granitkegel ragen über Hermsdorf die stattlichen Trümmer der 1657 niedergebrannten Burg *Kynast* (1847′) hoch in die Lüfte empor. Man wählt zum Hinaufsteigen am besten den Fahrweg (1 St.), der sich um den westl. und südl. Abhang hinzieht, ohne Führer (10 Sgr., Sesselträger 1 Thlr.) leicht zu finden. Am Eingang der Burg meldet ein Trommler (Trinkgeld) die Ankunft von Reisenden. Ein Burgwart führt diese nun durch die weitläufigen wohl erhaltenen Räume und erzählt unaufhaltsam die Geschichte der 1292 von Herzog Bolko II. von Schweidnitz gegründeten Burg, die der spröden Kunigunde und des kühnen Ritts (vgl. Körners Gedicht) um die Mauer der Südseite, welche steil in den *Höllengrund* hinabfällt, endlich von einem Lamm, welches ein Wolf aus der Küche gestohlen. Unterdessen ist der Reisende oben auf den Thurm gelangt, von dem sich die schönste Aussicht auf das ganze volkreiche gewerbthätige Thal entfaltet, in dieser Eigenthümlichkeit unerreicht. Der Kynast wird besonders von Badegästen aus Warmbrunn viel besucht, es hat sich deshalb am Weg eine eigene Betriebsamkeit von kleinen Führern, Blumen-, Obst- und Stockverkäufern u. dgl. gebildet, welche der Reisende leicht mit etwas Geduld und kleiner Münze überwindet. Oben im Schlosshof sind Erfrischungen zu haben. Die Aussicht von den Gräbersteinen (S. 184) ist der vom Kynast ähnlich.

Warmbrunn *(Hôtel de Prusse.* Z. 15, L. 5, F. 5 Sgr.; *Schwarzer Adler; Breslauer Hof; Schneekoppe)*, 1 St. von Hermsdorf, ist ein sauberer, viel besuchter Badeort (Schwefelquellen, 28° und 30°), dem Reichsgrafen Schaffgotsch gehörig, der in dem 1800 erbauten Schloss seinen Sitz hat. Die Hauptbäder sind das grosse oder gräfliche Bad und das Probsteibad. Garten und Park (Allee 600 Schr. lang) des Grafen bieten angenehme Spaziergänge. Die Glasschleifer und Stein- und Wappenschneider sind berühmt und liefern treffliche billige Arbeit. Die Steinschneiderei des Hrn. Bergmann ist die bekannteste. Die Mineraliensammlung des Grafen Schaffgotsch ist sehr reichhaltig. (Einsp. $1/2$ Tag $2 1/2$ Thlr., nach Freiburg, Jauer oder Bunzlau 5 Thlr., nach Liegnitz oder Görlitz 6 Thlr., nach Zittau 7 Thlr. Kutscher *Jentsch* und Kutscher *Täuber*, beide ordentlich.)

Hirschberger Thal, von Warmbrunn aus mit Einspänner ($2 1/2$ Thlr.) in etwa 8 St. (mit Aufenthalt) zu befahren. Die Entfernungen sind Stunden Gehens. Von Warmbrunn nach (1 St.) *Stohnsdorf* (fürstl. Reuss. Schloss und berühmte Bierbrauerei, $1/2$ Fl. Ale 3 Sgr.) am Fuss des in 20 Min. meist auf Stufen zu besteigenden granitischen *Prudelbergs* (1419'), Aussicht derjenigen von der Heinrichsburg nachstehend, sonst aber ganz ähnlich. Vom Prudelberg s.w. 40 M. entfernt (von Warmbrunn 1 St. s.) liegt auf einem tannenbewachsenen Hügel, dem *Stangenberg* (1608') ein 70 Stufen hoher, 1841 vom Fürsten Reuss erb. Aussichtthurm, *Heinrichsburg* genannt (ausser Kaffe nichts zu haben), die schönste Rundsicht gewährend, n. Hirschberg und Umgebungen, n.w. Warmbrunn, w. Hochstein, s.w. Kynast, Reifträger, Hohes Rad, Grosse u. Kleine Sturmhaube, s. Silberkamm mit den Teichrändern, Schneekoppe, s.ö. Schmiedeberg, Schmiedeberger Kamm u. Friesensteine, ö. Fischbach u. die Falkenberge. Die Heinrichsburg ist von der nähern Umgebung Warmbrunns der belohnendste Punct.

Von hier über den *Rothersberg* nach *Erdmannsdorf* $1 1/2$ St. (*Gasth.), kgl. Schloss, einfach aber geschmackvoll, früher Gneisenau's Eigenthum, mit einer 1838 nach Schinkels Plan erb. Kirche. In der Nähe die 1838 von ausgewanderten evangel. Tirolern gegründete Colonie *Zillerthal* mit einer der Seehandlung gehörigen Spinnerei.

Von Erdmannsdorf 1 St. ö. liegt *Fischbach*, stattliches von Gräben umgebenes Schloss, vom Johanniter-Orden gegründet, 1603 von Graf Kanitz ausgebaut, 1822 von Prinz Wilhelm († 1851) erworben und sehr verschönert, jetzt Eigenthum seines Sohnes des Prinzen Adalbert. Am Eingang stehen zwei Geschütze, deren Inschrift meldet, „dass Prinz Waldemar († 1849) diese von der brit. Armee in den J. 1844 und 1845 den Sikhs genommenen

Geschütze, wegen seines rühmlichen Antheils an diesen Gefechten als Ehrengeschenk erhalten habe". Am Hauptthor der preuss. Adler und der hessische Löwe (des Prinzen Wilhelm Gemahlin, Mariane, † 1846, war eine geb. Prinzess von Hessen-Homburg). Das Schloss selbst enthält sehr zahlreiche Familien-Erinnerungen. In den Wirthschaftsgebäuden eine grosse Brauerei und gutes Gasth. *Buchwald*, Schloss mit Gärten und Park, 1 St. s.w. von Fischbach (von Erdmannsdorf ³/₄ St. s.ö.), vom Grafen Reden († 1815) angelegt, bis 1854 Sitz seiner Gemahlin (S. 184), dann des Freiherrn von Rottenhan († 1858).

Von hier in 2 St. nach Warmbrunn zurück, oder in 1½ St. nach *Krumhübel* (S. 183) fahren, und von hier auf die Koppe (nöthigenfalls ohne Führer) und andern Tags (mit Führer) über den Kamm zur Josephinenhütte und nach Warmbrunn (S. 187).

Von Warmbrunn nach Zittau 8 Meil., 10 St. Fahrens, Einsp. 7 Thlr., (Kutscher Jentsch); Weg belohnend, über *Hyndorf*, *Blumendorf*, *Kumendorf*, den *Kahleberg* hinan (oben nach W. weiter Blick, n.w. auf einem 200' h. Basaltkegel die Schlosstrümmer von *Greifenstein*), *Querbach* (Whs. v. Zimmermann, leidlich), *Krobsdorf* und *Ullersdorf* (hier über den *Queis*), *Berndorf* (grosse Spinnereien), *Schwarzbad*, *Strassberg*, hochgelegenes Grenzdorf („nach Hirschberg 4 Meil., nach Zittau 4 Meil."), mit einem guten Whs., auch einige Betten. Dann über die böhm. Grenze nach *Neustadt*, regelmässig gebautes Städtchen mit einigen Gast- und Weinhäusern und weiter nach *Friedland* (S. 177). Von der Höhe der Strasse hübscher Blick s. in das bevölkerte Thal von *Raspenau* und auf Bad *Liebwerda* (S. 178), im s. Hintergrund die Ausläufer des Isarkamms; n. ragt die Görlitzer Landskrone (S. 175) als Kegelberg hervor. *Reichenau* ist die sächs. Grenzstation. Von Zittau übersieht man in seiner ganzen Länge den grossen Neisse-Viaduct (S. 176). *Zittau* s. S. 176.

Fast stündlich fahren von Warmbrunn Wagen durch das gewerbreiche, fast übervölkerte, besonders von Webern bewohnte, vom *Zacken* durchströmte Hirschberger Thal, in ³/₄ St. nach **Hirschberg** (*Deutsches Haus*, *Weisses und Schwarzes Ross*, *Löwe*, *Drei Berge*, letzterer in der Nähe der Post), neben Breslau einst die wichtigste Handelsstadt Schlesiens, an der Vereinigung des *Bober* mit dem Zacken, eine alte noch von einer doppelten Ringmauer umgebene Stadt. Die Häuser am Ring (Markt) haben alle Lauben oder Bogengänge. An der Nordseite der Stadt, in der Nähe der Post, die schöne grosse, auch innerlich wegen ihrer eigenthümlichen Einrichtung sehenswerthe *evangel. Pfarrkiche*, eine der sechs sogenannten Gnadenkirchen, deren Gestattung Carl XII. von Schweden 1707 in der Altranstädter Convention sich von Kaiser Joseph I. erbat. Auf dem Kirchhof an der Südseite, hart an der Warmbrunner Strasse, steht eine eiserne Spitzsäule zum Andenken an den Lieut. v. *Zenge* vom Colbergschen Regiment, den Hauptm. v. *Schenkendorf* vom 1. Garde-Reg. und den Major v. *Pfuhl* vom 1. westpreuss. Reg., die „*in eiserner Zeit für eine goldene gefallen*", an den in der Schlacht bei Bautzen erhaltenen Wunden am 26. Mai 1813 hier starben. Hübsche Aussichten vom *Cavalierberg* südlich, und dem *Hausberg* u. *Helikon* nordwestlich, einem Berg mit Tempel und Anlagen. — Von *Hirschberg* nach *Liegnitz* s. S. 170.

54. Von Breslau nach Glatz und Prag.

Eisenbahn bis Frankenstein in 3 St., Post nach Glatz dreimal tägl. in 3 St., von Glatz nach Josefstadt 1mal (?) in 8 St., von Josefstadt Eisenbahn über Pardubitz nach Prag in 5 St.

Eisenbahn bis Reichenbach und Frankenstein s. S. 179.

Von Reichenbach belohnende Wanderung durch das Eulengebirge nach Glatz; Post (1/2 St.), bis *Peterswaldau*, mit Schloss des Grafen Stolberg, zu Fuss nach (3/4 St.) *Steinkunzendorf* (°Gasth. z. friedl. Thale, gutes Bier); von hier (mit Führer 10 Sgr.) über den (1 St.) *Oberberg*, zum *Försterhaus* (°Wirthsch. bei dem Förster Rolle), 5/4 St. auf den *Schaafberg*, 1/4 St. *Sonnenkoppe*, wo eine Rasenbank und steinerner Tisch; schöne Aussicht von hier. Nun südl. beim *Sonnenstein*, einem Felsblock, vorbei, dann bergab, durch Wald zur (1 St.) Försterei im *Fränkegrund* (mit Badhaus u. °Wirthschaft bei dem Oberförster Hoffmann, gute Forellen aus den Teichen), 1/2 St. *Neurode* (Deutsches Haus) mit der Post (2 1/2 St.) nach Glatz.

Dann an der Herrnhuter-Colonie *Gnadenfrei* vorbei nach *Frankenstein* (1860 Endpunct der Eisenbahn), Städtchen mit Schloss, 1858 fast gänzlich abgebrannt, in der fruchtbarsten Gegend Schlesiens. (Die Bergfestung *Silberberg*, von Friedrich II. mit grossen Kosten erbaut, liegt 1 1/2 M. w.; schönste Aussicht vom Donjon.) — Nun mit Post:

1 1/2 *Wartha*, besuchter Wallfahrtsort. Ein steiler Weg führt zu der Capelle auf dem Warthaberg (1800'), wo eine reiche Aussicht. Die Ufer der Neisse sind hier anziehend; bei der Stadt bahnt sie sich ihren Weg durch einen Felsenpass, den die Ausläufer des Schnee- und Eulengebirges hier bilden. Die Strasse, bleibt in den tiefen Schluchten bis jenseit *Eichau*, wo sich auf der Höhe des *Passbergs* eine schöne Aussicht auf das Bergländchen öffnet, von vier verschiedenen Gebirgszügen, dem *Heuscheuer-*, *Mense-*, *Schnee-* und *Eulengebirge* umschlossen, aus welchem südlich die Hochebene des Schneebergs weit hervorragt.

Oestlich 1 1/2 M. von Wartha liegt C a m e n z, im J. 1810 aufgehobenen einst reichen Cisterzienser-Abtei, in welcher eine im Chor 1827 aufgehangene Tafel meldet: „*Hier stand und sang Friedrich II. König von Preussen verkleidet im Cisterzienser-Chorkleide im J. 1745 mit dem Abt Tobias und den Geistlichen die Metten, währenddem die feindlichen Croaten Ihn in hiesiger Kirche suchten, und nur seinen Adjutanten fanden, den sie gefangen fortführten.*" — Auf dem nahen Hartaberg erhebt sich eine gewaltige *Fürstenburg* von den grossartigsten Verhältnissen, nach Schinkel'scher Grundlage von Martius entworfen. Eigenthümerin ist die Prinzessin Albrecht von Preussen. — Südlich 1 M. von Camenz liegt R e i c h e n s t e i n, das einzige Arsenikbergwerk Schlesiens, mit Hütte. — Noch 1 1/2 M. von hier südlich (2 1/2 M. s.ö. von Glatz) sind die Bäder von L a n d e c k (1408'), in deren Nähe der *Wölfelsfall*, der mächtigste Wasserfall der Sudeten, und der *Schneeberg*, 4412' ü. M., besuchenswerth. Einen Gesammt-Ueberblick hat man von der öden weiten Gipfelfläche nicht, man muss die Ränder der Hochebene zu diesem Zweck umwandern. Am westlichen Abhang findet man in der Schweizerei, 1/2 St. unterhalb des Gipfels, leidliche Unterkunft.

3 1/4 **Glatz** *(Bär, Ross, Krone)*, starke Festung an der Neisse, mit 11,000 Einw., einst Trenk's (S. 117) Gefängniss, von 1817 bis 1826 auch des durch seine politischen und kriegsgeschichtlichen Schriften bekannten Obersten von Massenbach († 1827).

3 *Reinerz* (1678') (Krone, Bär), früher viel besuchtes Bad. In der kathol. Pfarrkirche einige gute Bilder schlesischer Maler, dann eine wunderliche Kanzel, ein offener zahnreicher Fischrachen.

190 *Route 55.*   RATIBOR.

1 *Lewin*, das letzte preuss. Dorf. Weiter liegt 1/3 St. nördl. von der Landstrasse der kleine Badeort *Cudowa* (Stern). Von Cudowa lässt sich am besten das Heuscheuer-Gebirge durchwandern, von Cudowa bis auf den Grossvaterstuhl etwa 3 St. Der Weg führt an dem *wilden Loch* vorbei, einer zerklüfteten vom Wasser unterspülten Steinmasse, in deren Schluchten nur ein Kundiger sich zurecht findet. Die *Heuscheuer* erhebt sich, ähnlich dem Königsstein in der Sächs. Schweiz (R. 60), 500' auf der traurigen Hochebene des *Leierbergs*. Die verschiedenen wunderlichen Felsbildungen haben hier wie in dem nahen Weckersdorf etc. (S. 186) ihre eigenthümlichen Namen. Die Aussicht vom höchsten Punct, dem *Grossvaterstuhl* (2835'), eine zu einem Sitz ausgehöhlte wankende kleine Felsmasse (5 Sgr. Eintritt), umfasst alle die zerstreut aufgethürmten Steinmassen: n. das böhmische Städtchen *Braunau* mit seiner stattlichen Benedictiner-Abtei, dahinter gewaltige Höhenketten, die böhmische Seite des Riesengebirges bis zu den Anfängen des Erzgebirges; n. am Fuss des Bergs das Städtchen *Wünschelberg* und *Albendorf*, sehr besuchter Wallfahrtsort; weiter ö. die Höhenzüge um Landeck und darüber die stattlichen schlesisch-mährischen Kämme: s.w. reicht der Blick über Nachod weit nach Böhmen hinein. Am n. Abhang bietet das Schweizerhaus gutes Nachtlager und Bewirthung, letzteres auch der Schulze zu *Carlsberg*, 1/2 St. unterhalb des Schweizerhauses, am s. Fuss des Berges (S. 186).

2 *Nachod* (Lamm), die erste Stadt in Böhmen, 1809 der Sammelplatz der schwarzen Schaar des Herzogs von Braunschweig-Oels (S. 128). Vom Schloss, angeblich Geburtsort Wallensteins, später Eigenthum der Familie Piccolomini, jetzt des Fürsten von Schaumburg-Lippe, schöne Aussicht über das ganze Riesengebirge. Die latein. Inschrift am Thor rühmt die Tugenden der Piccolomini.

2 1/2 *Jaromirz* an der Elbe. In der Nähe am linken Ufer des Flusses liegt die Festung *Josefstadt*. Von hier führt die Eisenbahn (n w. nach *Reichenberg* und *Zittau*, S. 177) südlich in 1 3/4 St. über *Königgräz* (Lamm), Grenzfestung und gewerbreiche Stadt an der Elbe, nach *Pardubitz*, Station an der Prag-Wiener Eisenbahn. Diese (Fahrzeit 3 St.) und *Prag* (Engl. Hof, Blauer Stern, Hôtel de Saxe, Schwarzes Ross) s. im 1. Theil dieses Reisehandbuchs.

55. Von Breslau nach Wien.

Oberschles. Bahn, Schnellzug bis Kosel in 3 St., Wilhelmsbahn bis Oderberg 1 1/4 St., Kaiser Ferdinands-Nordbahn bis Wien in 8 1/2 St., Fahrpreise 13 Thlr. 28 Sgr., 10 Thlr. 13 Sgr. oder 7 Thlr. Der Pers.-Zug fährt 3 St. länger.

Fahrt bis Kosel s. S 191. Der Wiener Zug verlässt bei *Kandrzin* die nach Krakau führende oberschlesische Bahn (R. 56) und lenkt in die Schienen der Wilhelmsbahn ein. Bei Station *Ratiborer-Hammer* berührt die Bahn die Oder-Niederungen. Der Fluss, bis hier schiffbar, führt viel erdige Theile mit sich, die nach und nach das Flussbett anhöhen. Daher die so häufigen verderblichen Ueberschwemmungen.

Bei **Ratibor** *(Jaschke)* (10,000 Einw.), Sitz des oberschles. Appellationsgerichts, tritt die Bahn wieder auf das linke Ufer der Oder. Folgen Stat. *Krzizanowitz* und *Annaberg*. Dann über die Oder, die hier das preuss. Gebiet von dem österreich. scheidet, nach **Oderberg**, Sitz der Mauth- und Passbehörden.

Bei *Mährisch-Ostrau* ö. die ansehnlichen Rothschild'schen Hüttenwerke von *Bitkowitz*. Vor *Schönbrunn* über die Oder, die auf weiter Strecke in dieser Niederung ö. sichtbar bleibt, im Hintergrund die kleinen Karpathen. Folgt Stat. *Saudnig, Zauchtl, Pohl.* Von *Weiskirchen* (Post) an wird die Gegend immer schöner. Dämme, Einschnitte, Ueberbrückungen, selbst kleine Tunnel wechseln unaufhörlich. Die Bahn durchschneidet in tiefen Linien das Hochland, welches Oestr.-Schlesien von Mähren trennt, die Wasserscheide des Baltischen und Schwarzen Meeres; sie bleibt stets am Abhang des Gebirges in einiger Höhe und gewährt reizende Aussichten auf das eben so fruchtbare als liebliche *Beczwa-Thal.* Oestlich krönt das grosse halb verfallene Schloss *Helfenstein*, dem Fürsten Dietrichstein gehörig, einen Kegelberg.

Leipnik mit seinen alten Wartthürmen nimmt sich von der Bahn ganz stattlich aus. *Prerau* ist Knotenpunct der Prager Bahn. Dann folgen *Napajedl, Hradisch, Bisenz, Göding, Neudorf, Lundenburg, Hohenau, Drösing, Dürnkrut, Angern, Gänserndorf, Wagram, Floridsdorf, Wien,* s. im 1. Theil.

56. Von Breslau nach Krakau.

Oberschlesische Eisenbahn, Schnellzug bis Myslowitz in 5, Krakau in 8 St. Fahrpreise 7 Thlr. 11 Sgr., 5 Thlr. 14 Sgr. oder 3 Thlr. 17 Sgr.

Die Fahrt bietet landschaftlich auf preuss. Gebiet wenig. Gegend flach, meist dürftiges Ackerland und Waldung.

Die ersten Stationen sind *Kattern, Leisewitz, Ohlau* (Adler), Städtchen an der Oder, mit bedeutendem Tabaksbau. Rechts vor Brieg der Kirchthurm von *Mollwitz*, bekannt durch Friedrichs II. Sieg am 10. April 1741 über die Oesterreicher unter Neiperg.

Brieg *(Kreuz, Löwe)* an der Oder, mit 13,000 Einw. (4000 Kath.). In der 1827 erbauten Nicolaikirche ist das Grabmal des preuss. Feldmarschalls von Gessler († 1762).

Von Brieg nach Gräfenberg. Zweigbahn von Brieg in 1½ St. nach **Neisse** *(Stern, Krone, Ross)*, Stadt und Festung in sumpfiger Gegend, mit 13,000 Einw. (2000 Prot., 5000 Soldaten). Südlich 4 M. von Neisse, auf östr. Gebiet, in demjenigen Theil des Sudetengebirges, welchen man das *Gesenke* nennt, ½ St. vor der Poststation *Freiwaldau*, liegt **Gräfenberg**, wo der Erfinder der Wassercuren, Vinc. Priessnitz († 1851), die berühmte Wasserheilanstalt gründete. Ungarn, Franzosen und Preussen haben hier Denkmäler errichtet. Einsp. von Neisse nach Gräfenberg 3, Zweisp. 4 bis 5 Thlr., Fahrzeit 4 bis 5 St., bis auf den Gräfenberg ausdrücklich zu bedingen, da die Kutscher sonst unter Gräfenberg allemal nur Freiwaldau verstehen. Von Gräfenberg täglich Eilwagen in 7 St. über *Wiesenberg* und *Schönberg* nach Hohenstadt, Stat. an der Prag-Wiener Bahn.

Die Art der Cur ist etwa folgende. Jeder Curgast trägt Tag und Nacht eine nasse Leibbinde, 1 Elle weit nass, die täglich 5mal aufgefrischt wird. Früh Morgens wird man in ein nasses gut ausgewundenes Leintuch und eine wollene Decke eingeschlagen, und mit einem Federbett bedeckt. Dies wird gewöhnlich wiederholt und dann der Patient zur Badewanne geführt, in welcher er nur wenige Minuten verweilt. Gegen 11 U. findet eine Abreibung statt, oder es wird ein Sitzbad, bei Patienten, die länger schon in der Cur sind, auch wohl ein Douchebad genommen, zu welchem man ¼ St. weit in den Wald gehen muss. Abends Abreibung und Sitzbad, oder die Frühcur. Die Kost besteht Morgens und Abends in süsser und saurer Milch, Butter u. Brod, Mittags eine Fleisch- u. eine Mehlspeise; für diese Kost wird tägl. 48 kr. berechnet. Zimmer in einem der Priessnitz'schen Häuser 1½ bis 3½ fl. wöchentl. Badediener, der einen eigenen Bedienten ganz entbehrlich macht, mindestens 1 fl. wöchentl. Am Schluss der Cur ein entsprechendes ärztl. Honorar. Man kann sich auch anderswo in Gräfenberg oder in der sog. Colonie zwischen Gräfenberg und Freiwaldau einmiethen. In *Freiwaldau* (Kronprinz) Zimmer 4 bis 6 fl., Mittag 12 fl. monatlich.

Auf der Hauptbahn folgen von Brieg an die Stat. *Lossen, Löwen, Czeppelwitz, Sczepanowitz*. Sie überschreitet die Oder bei **Oppeln** *(Diewalds Hôtel, Adler)*, Sitz der oberschlesischen Regierung, mit einer sehr alten Kirche.

Von Oppeln nach Tarnowitz Zweigbahn, Fahrzeit 2¼ St., fast ausschliesslich gewerblichen Zwecken dienend. *Tarnowitz* ist Sitz des Bergamts und Mittelpunct grossartiger Hüttenwerke (s. unten).

Die Hauptbahn führt am Fuss des *Annabergs*, des Zobtens Oberschlesiens (berühmte Wallfahrtskirche mit Klostergebäuden) vorbei, zur Station *Kandrzin* (*Restauration), 1 St. ö. von Stadt und Festung **Kosel**. Auf dem Wall der Festung, in der Nähe des Gleiwitzer Thors, steht ein Denkmal zu Ehren des tapfern Vertheidigers der Stadt i. J. 1807, des Generals von Neumann († 1807).

Durch Sand und Tannenwaldung zieht sich die Bahn östlich weiter und erreicht das polnische Sprachgebiet bei **Gleiwitz** *(Adler)*, alte Stadt mit sehenswerther Kirche, der königl. Eisengiesserei und einem 1853 errichteten Denkmal zum Andenken an den Minister von Reden († 1815), den eifrigen Förderer des oberschles. Berg- und Hüttenbaues (S. 188).

Die Gegend nimmt zwischen *Zabrze* und *Ruda*, wo die Bahn eine weite Umsicht gestattet, und *Königshütte* plötzlich eine andere Färbung an. Zahlreiche hohe Schornsteine begrenzen den in Rauch gehüllten Horizont, man glaubt sich in irgend einen lebhaften Industrie-Bezirk Englands versetzt. Auf engem Raum sind hier an 80 Hochöfen, über 30 Zinkhütten, dann mannigfache Steinkohlengruben, Coaksöfen, Walzwerke und Eisengiessereien.

Jenseit *Myslowitz* (Sobecks Gasthof am Bahnhof) überschreitet die Bahn die Grenze des ehemaligen Freistaats Krakau, fährt bei *Szczakowa* (Anschluss an die Warschauer Bahn) vorbei, zieht sich dann links nach *Maczki*, wo sich bereits der ganze Gebirgskamm der Karpathen dem Auge darstellt, führt zwischen dem Städtchen *Chrzanow* und *Trzbinia* durch ein von ziemlich schroffen Höhenzügen gebildetes Thal, wo rechts eine Burgruine und das Kloster *Alwernia*, dann bei *Krzeszowice* vorbei nach

Krakau (Goldner Anker, Hôtel de Russie, Hôtel de Dresde) s im 1. Theil dieses Reisehandbuchs.

57. Leipzig.

Gasthöfe. *Hôtel de Pologne, Z. 20, L. 5, F. 8, M. 20, B. 6 Ngr., Hôtel de Bavière (nicht billig), *Hôtel de Russie. — *Stadt Rom am Dresdener Bahnhof, Hôtel de Prusse, *Stadt Hamburg, *Stadt Dresden, *Palmbaum, Stadt Wien. *Dresdener, Thüringer u. Berliner Bahnhofs-Restaurationen.

Kaffehäuser und Conditoreien. Felsche's Café Français am Augustusplatz, Ecke der Grimma'schen Strasse. Café National, Markt 16. Café Gesswein, Brühl 78, bester Kaffe. Bei Bonorand und im Schweizerhäuschen, beide im Rosenthal, während des Sommers fast tägl. Concert.

LEIPZIG. *57. Route.* 193

Restaurationen. In der Weinhandlung von Dähne (Hainstrasse) guter Wein und gutes Essen; desgleichen in Aeckerlein's Keller (Fertsch u. Simon) am Markt; Rheinische Weinstube in der Ritterstr., von Rheinländern viel besucht; Auerbach's Keller GrimmascheStr.Nr.1, nahe am Markt, aus der Volkssage und Goethe's Faust berühmt, ist eine gute Weinstube; bemerkenswerth sind die alten Wandgemälde aus dem 16. Jahrh., die Faustsage darstellend. — Ein beliebter Vergnügungsort namentlich im Sommer und zur Messzeit ist das *Schützenhaus mit schön eingerichteten Sälen und Garten.

Bierstuben. Schatz Ritterstrasse 43, Baarmann Katharinenstr. 22, Kaffebaum kleine Fleischergasse, Spangenberg Nicolaistrasse 54.

Fiaker. Einsp. 1 Pers. bis 20 Min. 3, 2 Pers. 4, 3 Pers. 6, 4 Pers. 8 Ngr. (nach dem Berliner Bahnhof 4, 6, 8, 10 Ngr.); die Stunde 8, 10, 12 oder 14 Ngr., laut Taxe, welche in jedem Wagen vorhanden sein muss.

Theater (Pl. 45) fast täglich; beste Plätze Sperrsitz im Amphitheater 1 Thlr., Sperrsitz auf der 1. Gallerie oder im Parquet 20 Ngr.

Zeitungen und Zeitschriften im literar. Museum in der Ritterstr. 43 (bei Schatz): Wochenpreis 10, Tagespreis 2½ Ngr.

Kunstausstellung (Pl. 34) von Del Vecchio in der Kaufhalle am Markt, an Wochentagen von 9 bis 5, Sonntag von 10 bis 3 U. Eintritt 5 Ngr.

Cigarren bei Schwabe Hainstr. 33, Martin Markt 11, Weber ebenf. am Markt, Bieber Peterstrasse 10, u. a. O.

Leipzig (306'), am Zusammenfluss der *Elster*, *Pleisse* und *Parthe*, mit 74,097 Einw. (1600 ref., 1300 kath., 1400 israel.), Universität (800 Stud.), 1409 gestiftet, berühmt insbesondere durch seine drei seit 600 Jahren bestehenden *Messen*, Jubilate die bedeutendste, Michaelis und Neujahr, deshalb eine der wichtigsten Handelsstädte. Aus allen Ländern Europa's, besonders aus den östlichen, strömen die Handelsleute hierher, polnische Juden, Griechen, Perser, Armenier, Türken. Die Anzahl der Messfremden erreicht zur Jubilatemesse fast die der Bevölkerung Leipzigs. Kaum eine deutsche Stadt mag sich in den letzten Jahrzehnten so verändert haben als Leipzig, oder vielmehr seine Vorstädte; es sind in dieser Zeit über 1000 neue Häuser entstanden. Die Westseite hat namentlich durch die grossartige Thätigkeit des Hrn. Dr. Heine eine neue Gestalt bekommen, durch stundenweit (bis zu dem Dorf *Plagwitz*) reichende Wege, Canal- u. Strassen-Anlagen.

Leipzig ist der Mittelpunct des deutschen *Buchhandels*. Es hat nahe an 200 Buchhandlungen und gegen 40 Druckereien mit über 200 Hand- und 50 Maschinenpressen. Zur Jubilatemesse kommen hieher aus allen deutschem Schriftenthum zugänglichen Ländern mehrere hundert Buchhändler, ihre Abrechnungen zu halten. Sie haben in der Ritterstrasse ihre eigene *Börse* (Pl. 7), 1836 erbaut.

Die kirchlichen Gebäude haben nichts Ausgezeichnetes. Die **Nicolaikirche** (Pl. 29) ist von 1525. An der äussern Ostseite ist unter einem Kellergitter ein eingemauertes Hufeisen angebracht, Ueberreste des Erbbegräbnisses eines Hufschmieds, das Handwerksburschen-Wahrzeichen Leipzigs. Oben an den Fensterpfeilern sind einige Kugeln von der Leipziger Schlacht eingemauert. Neben der südlichen Seitenthür in einem gewölbten Verschluss eine goth. Steinkanzel, auf welcher Luther gepredigt haben soll. Die **Paulinerkirche** (Pl. 30) ist 1544 erneuert. Im Chor das von Rietschel in Sandstein gearbeitete, 1841 aufgestellte liegende Grabbild des 1307 in der

Thomaskirche ermordeten Markgrafen Dietzmann v. Meissen. Ferner im Chor und in der Sacristei eine Anzahl Grabsteine, Crucifixe und andere „Ueberbleibsel aus der kath. Zeit". Die hohe **Thomaskirche** (Pl. 33) ist 1496 eingeweiht. Die **kath. Kirche** (Pl. 27) Weststrasse, ist 1846 nach Heideloff's Entwurf ausgeführt.

Am Markt, einem grossen Platz mit manchen hübschen Häusern des Renaissance-Styls, das stattl. **Rathhaus** (Pl. 39) von 1556. Aus derselb. Zeit ist auch die Citadelle von Leipzig, die **Pleissenburg** (Pl. 36), der angeblich das Castell zu Mailand als Muster gedient hat, jetzt Sitz verschiedener Behörden, auch Caserne; der Schlossthurm war bisher zur Sternwarte eingerichtet; der Graben dient als Exercierplatz. Gegenüber in der Centralstrasse die 1855 nach Simonsons Plänen aufgeführte *Synagoge* (Pl. 43). In der Hainstrasse (No. 31) bezeichnet eine Gedenktafel das Haus, in welchem *Schiller* 1785 u. 1789 wohnte.

Im **Augusteum** (Pl. 1), 1836 nach Schinkelschen Entwürfen von Geutebrück erbaut (im Giebel die vier Facultäten von Rietschel), am Augustusplatz, hat die Universität ihren Sitz, mit ihren Sammlungen, Hörsälen und der Aula, letztere durch ihre Marmorbildwerke ausgezeichnet, Büsten und Standbilder sächs. Fürsten, Leibnitz's von Knaur, G. Hermann's von Rietschel, dann 12 Reliefs ebenfalls von Rietschel, Hauptmomente der Culturgeschichte (S. 214).

Das *****Museum** (Pl. 35), ein sehr stattliches, nach den Plänen des Prof. Lange in München 1858 vollendetes Gebäude auf dem Augustusplatz, enthält die durch ihre neueren Bilder besonders bemerkenswerthe Gemäldesammlung, ansehnlich bereichert durch ein Vermächtniss des Consuls Schletter ($\dagger$ 1853), und eine vortreffl. Kupferstichsammlung, Schenkung des Hrn. Carl Lampe, Sonntag von $10^{1}/_{2}$—4, Mittwoch u. Freitag von 10—4 U. freier Eintritt, Montag, Dienstag, Donnerstag von 10—4, Sonnabend nur von 12—4 U. gegen 5 Ngr.

Im untern Stock gerade aus, Gypsabgüsse: 43. *Widnmann* ein Mann vertheidigt Weib u. Kind gegen einen Panther, 48. *Schwanthaler* Brunnennymphe, 12. *J. Franz* Schäfer von einem Panther überfallen, 144. *Wittig* Hagar und Ismael, 10. *Duret* Neapolit. Improvisator, 9. *Benven. Cellini* ein Schild, 26. *Rietschel* Pietà. Im untern Stock rechts die Ausstellungen des Kunstvereins.

Im mittlern Stock (im Treppenhaus das Medaillonbild A. H. Schletter, neben dem Eingang die Namen der „Förderer" des Museums; im Durchgangssaal zeitweise Ausstellung neuerer Bilder), im I. Zimmer, ältere ital. und span. Bilder: 165. *Sassoferrato* Madonna in Wolken, 151. *Guido Reni* Maria, 119. *Murillo* Himmelfahrt Mariae, 5. *G. Bellini* Madonna mit Heiligen, 120. *Murillo* Madonna mit dem Kinde, 152. *G. Reni* David mit dem Haupt Goliaths. — (links) II. Z. (w.) 207. *Veit Germania*, 158. *Henry Ritter* Heirathsantrag in der Normandie, 167. *Scheuren* Schloss am See, 78. *Heine* Verbrecher in der Kirche; (n.) 164. *Saal* Norweg. Mitternachtssonne, 168. *Scheuren* alte Burg im Ahrthal, 229. *Zimmermann* Landschaft mit Centauren, 58. *Ezdorf* Norweg. Landschaft, 85. *Kirner* Schwäb. Bürgerwehr; (ö.) 88. *Koch* Opfer Noah's; (s.) 221. 222. 223. *Wickenberg* Mutter mit schlafendem Kinde, Inneres einer Fischerhütte, *Fischfang auf dem Eise, 225. *Winterhalter* männl. Bildniss. — Hauptsaal: (w.) 7. *Biard* Kampf mit Eisbären, (s.) 19. 18. 20. 21. *Calame*, vier grosse berühmte Landschaften: **Monte Rosa, *der Windstoss, *die griech. Tempel-Ruinen von Paestum, *Schweizer Hochgebirge, 70. *Gudin* bewegte See; (ö.) 180. *Somers* Cromwell, 174. *Schrader* Friedrich II. nach der Schlacht von Kolin; (n.) 82. *Jacquand* Gaston de Foix den Hungertod sterbend, 211. *Verboeckhoven* Schafheerde beim Gewitter, 134. *Papety* Findung Mosis, 77. *Heinlein* Gebirgslandschaft, 170. *Schirmer* Grotte der Egeria, 81. *Hummel* Brienzer See; (w.) 178. *Sohn* Donna Diana. — IV. Z. (ö.) 46. *Paul Delaroche* Napoleon am 31. März 1814 zu Fontainebleau; (n.) 141. *Le Poitevin* Schiffer bergen ein Wrack, 13. *Bouchot* Beerdigung des Generals Marceau bei Coblenz (Sept. 1796), 8. *Biard* der wahnsinnige Carl VI. von Frankreich; (w.) 182. *Speckter* Simson u. Delila; (s.) 94. *Kretzschmer* Samum in der Wüste, 159. *Robert* schlafender Räuber, 71. *Gudin* Schiffbruch. — In den kleinen Zimmern der Nordseite: 87. *Knaus* Falschspieler, 54. 55. *de Dreux* stehende und sitzende Hunde, 3. 4. *Bellangé* Abschied und Rückkehr des Soldaten, 14. *Brascassat* Viehweide, 135. *Papety* Telemach bei der Nymphe Calypso, 210. *Verboeckhoven* Schaafe vor dem Stalle, 12. *Bossuet van Yper* Portal der Cathedrale von Burgos, 108. *de Loose* Kindertanz, 6. *Bergmann* letzte Augenblicke Philipp's II. von Spanien, 115. *Meyerheim* Grossmutter und Enkelin, 73. *Gurlitt* Gegend am Gardasee, Gobelin-Tapete, einen Jahrmarkt darstellend, 122. *Neher* Klosterhof in Kaufbeuren, 108. *Macko* Ital. Landschaft, 98. 99. *Kummer* Sonnenuntergang bei aufsteigendem Gewitter in den Hebriden, die Sand-Alp am Tödi, 232. *Gärtner* Ital. Landschaft, 166. *Schendel* Rückkehr von der Jagd, 181. *Van Stry* Kühe auf der Weide, 162. *I. II. Roos* Familie auf einer Gartenterrasse. Altdeutsche Bilder, meist von L. Cranach u. s. Schule, 153. *Guido Reni* Evangelist Johannes, 183. *Tintoretto* Erweckung des Lazarus.

In den obern Räumen ist die grosse *Kupferstichsammlung (S. 194) aufgestellt, in 9 Zimmern, nach Schulen in Gruppen geordnet, ein Bild der Malerei vom 13. Jahrh. bis zur Gegenwart gebend. Zum nähern Verständniss ist der von Hrn. Lampe angefertigte Catalog (15 Ngr.) ganz unentbehrlich. Die Blätter sind sämmtlich unter Glas und Rahmen, die Nummer der Gruppe ist oben an dem Hauptrahmen. (Im Treppenhaus: die Malerei der Alten, die frühesten christl. Malereien vom 4.—13. Jahrh.) *Gruppe 1—15.* Italiener vom 12.—18. Jahrh. *Gr. 16.* Spanier im 17. Jahrb. *Gr. 17—25.* Franzosen vom 17.—19. Jahrh. *Gr. 26* u. *27.* Belgier u. Holländer im 19. Jahrh. *Gr. 28.* Niederländer im 14. u. 15. Jahrb. *Gr. 29—32.* Deutsche im 15. u. 16. Jahrh. *Gr. 33—42.* Niederländer im 16. u. 17. Jahrh. *Gr. 43—46.* Engländer im 18 u. 19. Jahrb. *Gr. 47—56.* Deutsche vom 17.—19. Jahrh.

Die **Speck'sche Sammlung**, auf dem Rittergut zu *Lützschēna*, (n.w. 1 St Fahrens, die Strasse führt durch Möckern S. 114), enthält ausgezeichnete Bilder älterer Meister, Dienst. und Sonnab. von 9 U. fr. bis 5 U. Ab. geöffnet, an andern Tagen geschlossen.

Rubens Bildniss eines Augustiner-Priors, *Memling* Heimsuchung, *Rembrandt* und *Livens* zwei Portraits alter Männer, *Jordaens* Evangelisten, *F. Bol* Bildniss eines holl. Bürgermeisters, *Raphael* (Copie) Johanna von Aragonien, *v. d. Helst* Bildniss einer alten Frau, *H. Roos* Abendlandschaft mit Vieh, *de Heem* Stillleben, *Murillo* Madonna mit Kind, *Schalken* h. Familie, *v. d. Velde* Marine, *Dürer* Bildniss einer jungen Frau, *Wohlgemuth* Christus und die Apostel, *Valdes* h. Bruno, *Denner* Bildniss, *Cuyp* Viehstück.

Die ehemaligen Festungswerke sind in *Spaziergänge verwandelt. In diesen steht ö., nahe dem ehemal. Grimma'schen Thor auf dem Schneckenberg, das durch Goethe's Gedicht bekannte *Denkmal Gellert's* (Pl. 12), von Oeser; weiter n.ö. das *Denkmal des Bürgermeisters Müller* (Pl. 15), des Gründers dieser Spaziergänge. Neben der Bürgerschule (n.w.) liessen „die deutschen Landwirthe ihrem verehrten Lehrer *Thaer*" († 1828) ein von Rietschel entworfenes Standbild in Erzguss errichten (Pl. 17). Auf dem Königsplatz s. vom ehemal. Petersthor das *Standbild des Königs Friedrich August* († 1827), in Marmor von Oeser (Pl. 11). Mendelssohn-Bartholdy liess 1843 dem berühmten Musiker und Fugenmeister *J. Seb. Bach* († 1750) in den w. Anlagen zunächst der Thomas-Schule, an welcher Bach Cantor war, ein Denkmal errich-

ten (Pl. 10). In der Nähe ein 1832 errichteter Denkstein zur
Erinnerung an den Musiker *Hiller* († 1804) (Pl. 14). Am Theaterplatz (n.w.) *Hahnemann's*, des Vaters der Homöopathie († 1843).
lebensgrosse sitzende Erzfigur (Pl. 13). — Von weitern Spaziergängen wird das ehemalige Forsthaus zum *Kuhthurm* (*Restauration
von Schatz, Fiaker 4, 6, 8, 10 Ngr), ¹/₂ St. westl. von Leipzig, am meisten aber das reizende *Rosenthal* besucht, parkartig gehaltene Wiesengründe, an der Nordwestseite der Stadt anschliessend, mit den
S. 192 gen. Kaffehäusern. In derselben Richtung weiter nach *Gohlis*, wo an einem Haus die Inschrift auf einer Metallplatte meldet,
dass Schiller 1785 hier das Lied an die Freude gedichtet hat.

Die **Leipziger Schlacht** dauerte vier Tage lang, vom 16. bis 19. October 1813, die längste und blutigste, welche je geschlagen wurde. Die
grössten Heerführer der neuern Geschichte leiteten sie. Napoleon's Macht
betrug 140—150,000 M., von welchen am 19. October nur 90,000 den Rückzug nach dem Rhein antreten konnten; die der Verbündeten 300,000. Die
Oesterreicher verloren an Todten und Verwundeten an 14,000, die Russen
21,000, die Preussen über 16,000 M. Die Zahl der Geschütze, welche auf
beiden Seiten im Gefecht waren, wird auf 2000 angegeben. Das Königsberger Landwehrbataillon war das erste, welches am 19. October gegen 11
Uhr Morgens in die Stadt eindrang, nachdem es das äussere Grimma'sche
Thor, an der Nordseite des Johanniskirchhofs (S. 199), gestürmt hatte. Um
12 U. verliess Napoleon die Stadt. Die voreilige Sprengung der Elster-Brücke am Ranstädter Thor, über welche die Strasse nach Lützen führt,
wurde dem franz. Heer bei seinem Rückzug so verderblich; sie war damals
der einzige Uebergang über die Elster. Tausende von Franzosen fanden nun
in der Elster den Tod, unter diesen Poniatowsky; 25,000 M., die diesseits
waren, wurden gefangen. Um 1 U. zogen die Verbündeten in Leipzig ein.

„Es war der Jahrestag des Aufbruchs von Moskau, an dem rings um
Leipzig die Schlacht wieder aufgenommen ward. Heiter und sonnig stieg,
nach den Stürmen und Regengüssen der letzten Tage, der Morgen des 18.
October über einem Schlachtfelde auf, an welchem sich gegen eine halbe
Million bewaffneter Männer fast aller Nationen zum letzten Entscheidungskampf auf deutscher Erde sammelten. Die verbündeten Heere waren zum
grössten Theil schon frühe in Bewegung und gingen voll Freudigkeit an das
blutige Werk; neben der Erinnerung an Wachau und Möckern war es jetzt
auch die Ueberlegenheit der Zahl, welche die Zuversicht des Sieges erweckte.
Alle drei Monarchen, auch Kaiser Franz, hatten sich zum Kampfe eingefunden; sie nahmen erst auf dem Galgenberg bei Wachau ihre Stellung,
dann auf der Anhöhe nördlich von Liebertwolkwitz, die später der Monarchenhügel genannt worden ist.

Napoleon hatte in der Nacht und in den frühen Morgenstunden seine
Streitkräfte südlich von Leipzig eine Strecke zurückgehen lassen; ihr rechter Flügel lehnte sich von Connewitz bis Dölitz an die Pleisse, von da zog
sich die Schlachtlinie über Probstheyda, Holzhausen, Stunz nach der Parthe
hin, bis zu deren Einmündung in die Pleisse, nördlich von Leipzig. Die
Front dieser fast vier Stunden lang ausgedehnten Stellung war gebrochen
und bildete, wie Aster sagt, bei Probstheyda einen ausspringenden Winkel,
dessen rechter Schenkel von genannten Orte bis Dölitz ging, während der
linke von Probstheyda bis Zweinaundorf reichte. Zur Rechten an die
Pleisse gestützt, deren Uebergang er am 16. so tapfer vertheidigt, stand
wieder Poniatowsky mit seinen Polen, mit einem Reitercorps und einer
Division der jungen Garde; an ihn lehnten sich links Augereau, Victor und
zwei Reitercorps. Ungefähr im Centrum der ganzen Stellung, bei Stötteritz
und Probstheyda, hielt Lauriston, bei Holzhausen Macdonald, in ihrer Nähe
eine Division der alten Garde und die Reiterei von Sebastiani und Nansouty.
Bei Paunsdorf stand Reynier, im Norden, als linker Flügel der ganzen gebogenen Front, Ney und Marmont. Es mochten im Ganzen noch 140—
150,000 Mann sein, welche diese ausgedehnte Linie vertheidigen und die

Schlachtbericht. LEIPZIG. *57. Route.* 197

Uebergänge bei Lindenau nach der Weissenfelser Strasse zu besetzen sollten, eine Macht, die, so gut die Stellung auch gewählt war, namentlich für die Wirksamkeit der Geschütze, doch kaum ausreichte, um diese Positionen gegen einen Angriff von nahezu 300,000 Mann zu halten. So war es also endlich zu der Wendung gekommen, die das Ziel des ganzen Feldzugs der Verbündeten sein musste: statt die Armeen seiner Gegner einzeln anzufassen, war Napoleon gezwungen, sich einem Angriff ihrer vereinigten Macht darzubieten. Selbst wenn es ihm gelang, gegen diesen Andrang sich noch einen Tag zu behaupten, blieb ihm dann doch nichts übrig, als ein gefahrvoller Rückzug.

Die grosse böhmische Armee, jetzt durch Colloredo und Bennigsen verstärkt, sollte nach der Anordnung des Oberfeldherrn in drei Colonnen den Feind angreifen. Rechts und links von der Pleisse gegen Connewitz und Lössnig sollten die 45,000 Mann des Erbprinzen von Hessen-Homburg vordringen, die aus Colloredo's und Fürst Aloys Liechtensteins Corps, den Reserve-Divisionen Weissenwolf und Bianchi und aus Nostitz Reiterei bestanden. Eine zweite Colonne von einigen fünfzigtausend Mann führte Barclay gegen Wachau, Liebertwolkwitz und Probstheyda; zu ihr gehörten Gortschakoff's und Prinz Eugens Infanterie, Rajewski's Grenadiere, Pahlens Reiterei, die preussischen Brigaden Klüx, Pirch und Prinz August, dann die russisch-preussischen Garden und Reserven. Die dritte Angriffscolonne, aus Klenau's und Bubna's Oesterreichern, aus der preussischen Brigade Zieten, aus Bennigsens Reservearmee und aus Platofs Kosaken gebildet, war einige 60,000 Mann stark und von Bennigsen geführt; sie sollte in der Richtung auf Holzhausen den linken Flügel des Feindes angreifen und umgehen. Der Kampf zwischen Holzhausen und der Parthe fiel Bernadotte, der im Norden der Stadt Blücher, der Angriff auf Lindenau wieder Giulay zu. So war der eherne Kreis um den Gegner beinahe fest geschlossen und es schien schon sehr zweifelhaft, ob er im Stande sein werde, ihn noch an einer Stelle zu durchbrechen. Napoleon selbst hatte sich vor Tagesanbruch aufgemacht, das Terrain auszukunden, und begab sich dann auf die Anhöhe bei Stötteritz, wo die Tabaksmühle lag, um von dort die Schlacht zu leiten. U. s. w.

„Napoleons letzte Heeresmacht war bei Leipzig zertrümmert worden. Neben 15,000 Todten und ebenso vielen Verwundeten hatte er 15,000 Gefangene verloren und 23,000 in den Lazarethen zurückgelassen. Eine ganze Reihe seiner Generale und höheren Officiere waren entweder todt oder verwundet, oder gefangen. Dreihundert Geschütze und 900 Wagen blieben in den Händen der Sieger. Das war eine ganze Heeresrüstung, die er verlor. Was er mit nahm, um es über den Rhein zu führen, erlag vielleicht zu einem guten Theil nicht mehr dem Schwerte, nur der Erschöpfung. Es fehlte ihm dann nicht allein die Armee, um Frankreich zu vertheidigen, er hatte auch keine Mittel mehr, eine neue zu schaffen.

Das waren grosse unschätzbare Erfolge ; indessen wie der Sieg selber, so müsste auch jederzeit unvergessen bleiben, wie theuer jene Trophäen erkauft wurden. Die Zeiten der Schmach und Demüthigung wie die, in denen der Uebermuth des fremden Drängers uns gezüchtigt und gestählt hat, die Tage schweren Kampfes wie die des Sieges, sie sollten mit unauslöschlicher Schrift in allen deutschen Herzen eingegraben sein, damit die Nachgeborenen wissen, was unsere Väter gelitten und geopfert haben um ihres Vaterlandes willen. Die Warnungsstimme, die aus diesen Erinnerungen spricht, sollte niemals durch sorglose Sicherheit übertäubt, das Gefühl frommen Dankes durch keine Verstimmung späterer Tage verbittert werden.

Eine bekannte Ueberlieferung erzählt, die drei alliirten Monarchen seien, als sie am 18. October die Nachricht des Sieges empfingen, auf dem Hügel, wo sie die Schlacht beobachtet, im Angesicht des Herrn niedergekniet, um Dankgebete zum Himmel zu senden. Es findet sich leider in den Urkunden wie unter den Zeugen jenes grossen Tages keine glaubwürdige Bestätigung, dass dem so gewesen. Aber die Empfindung, die aus der Sage herausspricht, ist in unzähligen Herzen lebendig gewesen; als die Nacht das Schlachtfeld bedeckte, liessen russische Heerhaufen unwillkürlich ein religiöses Danklied erschallen und Tausende von Kriegern aller Stämme, die hier vereinigt waren, stimmten andachtsvoll mit ein. Es war die rechte ungesuchte Siegesfeier dieses „heiligen" Krieges. Wer hatte aber mehr Ursache zum Dank als die Fürsten, welche dieser Sieg aus der Schmach von Austerlitz und

Jena wieder emporhob? Den Gewaltigen, der bis in diese letzten Stunden grösser und überlegener war als sie, hatte die Gottheit mit blindem Uebermuth geschlagen, bis seine Riesenmacht vor den Schwächeren im Staube lag. Den Völkern hatte sie den rechten Zorn und den guten Glauben an die eigene Kraft zurückgegeben, auf dass sie in heroischer Hingebung sühnten, was vor Allen die Könige und ihre Berather verschuldet hatten."
Häusser, Deutsche Geschichte. IV. Bd.

Das gesammte **Schlachtfeld** (s. Plan) ist am besten von dem Schlossthurm der Pleissenburg (S. 191) zu überschauen. Der Castellan (7 1/2 Ngr.) erzählt die einzelnen Momente. Den engern Kampfplatz des entscheidenden Tages, des 18. Oct., mag man sich besser von der Anhöhe vergegenwärtigen, welche Napoleon den ganzen Tag über nicht verliess, 3/4 St. s.ö. von Leipzig, in der Nähe von Stötteritz, kaum 200 Schr. r. von der nach Grimma führenden Landstrasse, durch einen mit Bäumen umpflanzten grossen Stein bezeichnet, 1857 durch einen Granit-Würfel erhöht, darauf Schwert, Feldherrnstab und Hut und die Inschrift: „Hier weilte Napoleon am 18. Oct., die Kämpfe der Völkerschlacht beobachtend"; auf der Rückseite: „Der Herr ist der rechte Kriegsmann, Herr ist sein Name!"

Das Dorf **Probstheyde**, 1/4 St. s.ö. weiter an der Strasse, war Mittelpunct der franz. Stellung. Sechs Stunden lang waren hier 600 Geschütze in ununterbrochener gegenseitiger Thätigkeit, viermal erstürmten die Preussen und Russen das Dorf, viermal mussten sie weichen, weil Napoleon immer neue Massen hinein warf. Ein Theil der preuss. Garde fand hier ihr Grab, hier ist mehr Blut geflossen, als an den blutreichsten Tagen des gewaltigen Schlachtenmeisters. Erst bei Anbruch der Dämmerung brach mit dem von Napoleon gegebenen Befehl zum Rückzug auch der Kampf ab. Den blanken Häusern des heutigen Dorfs sieht man's nicht an, dass hier das Geschick eines Welttheils zum Austrag kam.

Auf einem Hügel an der Strasse, 1/2 St. s.ö. von Probstheyde, durch eine 1847 errichtete gusseiserne *Spitzsäule* mit der Inschrift: „18. Oct. 1813" bezeichnet, waren an jenem Abend die drei Monarchen vereinigt (S. 197), als von allen Seiten die Siegesbotschaften eintrafen. — Ganz in der Nähe, bei der Schäferei **Meusdorf**, ebenfalls auf einem Hügel, steht ein einfacher Würfel von Granit, „*dem Fürsten Carl von Schwarzenberg, geb. 1771. gest. 1820, dem Führer der am 18. Oct. 1813 auf den Ebenen von Leipzig für Europa's Freiheit kämpfenden Schaaren, setzten diesen Denkstein seine Gattin Mariane, und seine Söhne Friedrich, Carl, Edmund*". Unter dem Denkmal ist ein kleines vergittertes Gewölbe mit Soldaten-Gebeinen. Auf den Wiesen daneben brachte Napoleon, von einem Viereck seiner Garden umgeben, in der Nacht vom 17. zum 18. Oct im Bivouac zu. Zwischen den vorliegenden Orten, östl. **Liebertwolkwitz**, westl. *Wachau*, hatten am 14. Oct. jene glänzenden in der Kriegsgeschichte berühmten Reitergefechte statt, auf der einen Seite Murat mit seinen Schaaren, unter diesen sechs alte, eben aus Spanien gekommene Regimenter, auf der andern Preussen, Russen und Oesterreicher.

Der einzige Ort, wo heute noch an Gebäuden Spuren der Schlacht sich finden, ist (3/4 St. w. vom Monarchenhügel) das Schloss zu **Dölitz**, 1 1/4 St. s. von Leipzig in der Pleisse-Niederung. Die Wände sind an der Wasserseite des Thorwegs mit Flintenkugel-Löchern übersäet, im Innern des Thorwegs rechts Spuren eines aus sehr geringer Entfernung abgefeuerten Kartätschenschusses. Oesterreicher hielten das Schloss und behaupteten es.

Ein Fussgänger wird 4 Stunden gebrauchen, diese Puncte zu begehen, zu Wagen (die meisten Puncte sind im Fiakerrayon eingeschlossen, Taxe nach Stunden, s. S. 193) wird der Besuch kaum 3 St. in Anspruch nehmen.

Noch andere **Denkmäler** erinnern an jene blutigen Octobertage. Auf dem Kirchhof zu *Taucha*, 2 St. ö. von Leipzig, ist ein Denkstein für den russ. General *von Manteuffel* und den engl. Artilleriehauptmann *Boyer*, welcher die Congreve'sche Raketenbatterie während der Schlacht befehligte. — Vor einem, Herrn C. Lampe gehörigen Grundstück, der „Milch-Insel", an der Marienstrasse, hat derselbe 1845 ein *Denkmal* (Pl. 18) errichten lassen, zur Erinne-

rung, dass an dieser Stelle die Verbündeten zuerst in die Stadt eingedrungen: einen Würfel, auf welchem eine Anzahl in die Stadt geflogener Kugeln liegen, umgeben von einem Geländer, auf dessen 20 Säulen ebenfalls Geschützkugeln aus den 20 in der Schlacht niedergebrannten Dörfern angebracht sind. — Das *Denkmal des Fürsten Joseph Poniatowsky* (Pl. 16) befindet sich in Gerhards Garten (Pl. 20) am Fleischerplatz, ein einfacher Würfel mit zahlreichen polnischen Namen bedeckt, an der Stelle errichtet, wo der Polen-Feldherr in die Elster sprengte. Thorwaldsen's *Modell des Reiterstandbilds* des Fürsten, das ausgeführt in Warschau aufgestellt werden sollte, jetzt aber in Petersburg sein mag, steht nebst andern Erinnerungen, Bild, Autographen u. a. in einer Capelle am Eingang des Gartens (5 Ngr. Eintritt).

Auch der ***Johanniskirchhof** (Pl. 25), an dessen Nordseite das äussere Grimma'sche Thor stiess, jetzt durch die Neubauten der Mitte der Stadt näher gerückt, enthält mehrere Denkmäler, so des Hauptmanns *Motherby* vom Königsberger Landwehr-Bataillon, ein eisernes Kreuz mit der Inschrift: *„John Motherby, geb. zu Königsberg in Pr. den 16. Sept. 1774, fiel beim siegreichen Sturm auf Leipzig am 16. Oct. 1813 im freiwillig gewählten Kampfe für Recht und Vaterland, gleich kühn zum Tode, wie im Leben mild."*

Der zunächst um die Kirche liegende älteste Theil, an dessen Eingang am Morgen des 19. October 1813 die blutigsten Gefechte mit der blanken Waffe statt hatten, ist im J. 1850 abgetragen worden. Nur *Gellert's* Grab († 1769), mit Medaillonbild, ist unberührt geblieben, an der Ostseite der Kirche, von einem eisernen Geländer umgeben, in den Ecken Cypressen. Auf dem 1. Feld, unfern des Gellert'schen, 25 Schritte vom Eingang, ist das genannte Grab des Hauptm. Motherby, weiter eine Pyramide mit Hieroglyphen auf dem Grab des Orientalisten *Spohn* († 1824). Auf dem 3. Feld, einige Schritte r. vom Weg, der mit einem Helm gezierte Denkstein des Rittmeisters v. *Goerne*, vom Neumärkischen Dragoner-Regiment (dem heutigen Neumärk. Dragoner-Regiment No. 3), an den in der Schlacht von Gross-Görschen erhaltenen Wunden gestorben. Auf dem 4 Feld eine hohe Spitzsäule mit der Inschrift: *„Poelitio Lipsia"*. Auch andere Leipziger Berühmtheiten ruhen hier, Weisse, Mahlmann, Rosenmüller, Tschirner u. a.

An der äusseren Südseite der Kirche selbst ist ein wunderlicher Grabstein eingemauert, früher auf dem Kirchhof, ganz in kaufmännischer Form: *„Gewinn- und Verlust-Conto, des Christus unschätzbares Lösegeld und Ranzion 100,000. An glückseligem Sterbegewinn wohlgestorben ist der beste Gewinn 100,000"*; auf der andern Seite ein Wechselbrief: *„Auf F. A. Blechschmidt bestimmten Sterbetag Anno 1700 den 21. October gelobe ich Jesus Christus Bürge zu bezahlen diesen meinen Solawechsel an denselben, dem Werth nach ich selbsten verdient, bin mit seinem Conto und Leben vergnügt, schenke ihm dahero die ewige Seligkeit. Jesus Christus."* An einem

200 *Route 58.*   MEISSEN.

nahen Pfeiler ist eine Kugel eingemauert, von der eine Inschrift berichtet, dass bei der Belagerung von 1547 mit derselben ein Mädchen getroffen, aber erst 1699 gestorben sei.

Seit Jahrhunderten schon sind die Ebenen um Leipzig Schauplatz denkwürdiger Ereignisse gewesen. Im Schloss *Altranstädt* unterzeichnete Carl XII. von Schweden 1706 einen Friedensvertrag mit König August von Polen. — Im *Hubertsburger Schloss* (s. unten) wurde am 15. Februar 1763 zwischen Oesterreich, Sachsen und Preussen der Friede geschlossen, welcher den 7jähr. Krieg beendigte. — Bei *Breitenfeld* (S. 111) besiegte Gustav Adolph am 7. Sept. 1631 die Liguisten unter Tilly.

58. Von Leipzig nach Dresden.

Schnellzug 2½, Personenzug 3—3½ St. für Thlr. 3. —, 2. 8 oder 1. 15 Ngr.

Die Bahn führt über einen Theil des Schlachtfelds, namentlich demjenigen, wo bei *Sellerhausen* und *Paunsdorf*, während eines Gefechts zwischen Ney und dem Kronprinzen von Schweden am 18. Oct. 1813, Morgens, 2 sächs. Reiter-Regimenter und 1 Bataillon Infanterie, und Nachmittags 4 Uhr die übrigen sächs. Truppen, 8 Bataillone mit 30 Geschützen, zu den Verbündeten übergingen. Rechts in der Ferne schimmern die Kirchthürme von *Stötteritz* und *Libertwolkwitz* (S. 198); dann l. *Borsdorf* (die berühmten Aepfel wachsen nicht hier, sondern bei Borsdorf unweit Gera); weiter links *Machern* mit einem schönen Park und einer aus diesem vortretenden künstlichen Ruine. Bei *Wurzen* zwei Brücken über die *Mulde*. *Dahlen* und *Oschatz*, beides Städtchen, heissen die folgenden Stationen. Letzteres hat eine hübsche gothische, von Heideloff 1849 erbaute Kirche. Westlich 1½ M. von Oschatz das ehem. Jagdschloss *Hubertsburg* (s. oben), jetzt Landes-Strafanstalt.

Zu *Riesa* (*Bahnhofs-Restauration, Eierbier 1 Ngr. die Tasse) zweigt sich s. die Chemnitzer Bahn (S. 224) ab. Unter der Stadtkirche ist die herrschaftliche Gruft, in welcher die Leichen nicht verwesen; zwei aus dem 17. Jahrh. haben Aehnlichkeit mit den in der Kirche befindlichen Bildnissen. (Dampfboot s. S. 202).

Die Bahn überschreitet die Elbe, dann auf einer langen Balkenbrücke die Thal-Niederung. *Röderau* ist Knotenpunct für die Dresden-Berliner Bahn (S. 108), die sich hier nördlich abzweigt. Links tritt *Grossenhayn* (Stat. *Pristewitz*) hervor, ein durch seine Tuchfabriken bekannter Ort. Die Gegend, bisher hügeliges fruchtbares Ackerland, wird hübscher. Vor *Niederau* ein Tunnel von 870′, den der Zug in 1 Minute durchfährt. Von der folgenden Station *Koswig* führt eine Zweigbahn, 1860 eröffnet, in ¼ St. nach

Meissen (*Hirsch, Stern*), ansehnliche Stadt an der Elbe, auf einer Anhöhe, weit von ihrem *Dom überragt, dessen Bau Ende des 13. Jahrh. begann, in den beiden folgenden jedoch erst seine jetzige Gestalt erhielt. An den Fenstern lassen sich diese verschiedenen Zeiträume am besten erkennen. Ein Blitz zerstörte 1547 die 3 Thürme. In der Kirche ruhen die meisten Vorfahren des sächs. Fürstenhauses des 15. und 16. Jahrh., unter diesen die von Kunz von Kaufungen geraubten Prinzen Ernst und Albrecht, die Gründer der beiden jetzt noch regierenden Linien. Das schönste unter den vielen Grabmälern ist das Friedrichs des Streitbaren, in Erz gegossen. In der Fürstencapelle eine Kreuzabnahme von L. Cranach. Ausgezeichnet ist der 60′ h. durchbrochene Thurm mit einer Wendeltreppe von 187 Stufen. Im Schloss

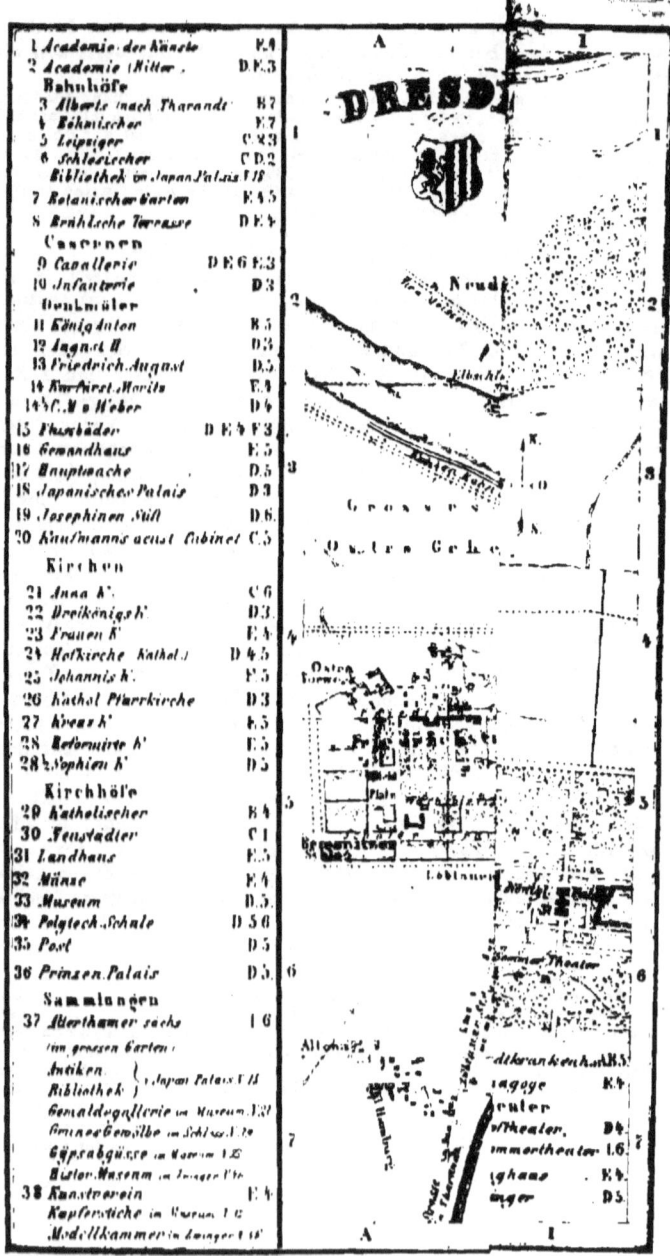

1 Academie der Künste	E.4
2 Academie (Ritter)	D.E.3
Bahnhöfe	
3 Alberts (nach Tharandt)	B.7
4 Böhmischer	E.7
5 Leipziger	C.X.3
6 Schlesischer	C.D.2
Bibliothek im Japan Palais	F.H
7 Botanischer Garten	E.4.5
8 Brühlsche Terrasse	D.E.4
Casernen	
9 Cavallerie	D.E.G.E.3
10 Infanterie	D.3
Denkmäler	
11 König Anton	B.5
12 August II	D.3
13 Friedrich August	D.5
14 Kurfürst Moritz	E.4
14b C. M v. Weber	D.4
15 Flussbäder	D.E.4 F.3
16 Gewandhaus	E.5
17 Hauptwache	D.5
18 Japanisches Palais	D.3
19 Josephinen Stift	D.6
20 Kaufmanns neust. Cabinet	C.5
Kirchen	
21 Anna K.	C.6
22 Dreikönigs K.	D.3
23 Frauen K.	E.4
24 Hofkirche Kathol.	D.4.5
25 Johannis K.	F.5
26 Kathol Pfarrkirche	D.3
27 Kreuz K.	E.5
28 Reformirte K.	E.5
28b Sophien K.	D.5
Kirchhöfe	
29 Katholischer	B.4
30 Neustädter	C.1
31 Landhaus	E.5
32 Münze	E.4
33 Museum	D.5
34 Polytech. Schule	D.5.6
35 Post	D.5
36 Prinzen Palais	D.5
Sammlungen	
37 Alterthümer sächs.	1.6
(im grossen Garten)	
Antiken	Japan Palais F.13
Bibliothek	
Gemäldegallerie im Museum	E.5
Grünes Gewölbe im Schloss	D.5
Gypsabgüsse im Museum	D.5
Histor. Museum im Zwinger	D.5
38 Kunstverein	E.4
Kupferstiche im Museum	D.5
Modellkammer im Zwinger	D.5

(Albrechtsburg) ist die berühmte *königl. Porsellanfabrik* (600 Arbeiter). Fabrik sowohl als Vorrathssäle werden gezeigt. Aussicht nach allen Seiten reizend.

Die Bahn zieht sich bald hinter Niederau am Fuss einer mit Reben bepflanzten Hügelreihe hin, mit Weinbergshäuschen übersäet. Rechts auf der Höhe sieht man fern den Thurm des Schlosses *Weisstrop*, dem Herzog Carl II. von Lucca gehörig, der von hier im März 1849 dem Thron von Parma entsagte und die Regierung an seinen Sohn Carl III. († 1854) abtrat. Links liegt *Lössnitz* mit einer grossen Champagnerfabrik. Der Zug hält in Neustadt-Dresden, 20 Min. von den Gasthöfen der Altstadt entfernt. Omnibus und Droschken s. S. 202. Das grosse Gebäude rechts ist das *Japanische Palais* (S. 205). Auf dem Markt, ehe man über die Brücke fährt, steht das weit über lebensgrosse *Reiterbild Augusts II.* († 1733, Pl. 12), des „Starken", aus getriebenem Kupfer, vergoldet, 1736 von Wiedemann, einem Kupferschmied aus Augsburg verfertigt.

59. Dresden.

Gasthöfe. In der Altstadt: °Victoria-Hôtel bei Dremel (im Keller Wein und Delicatessen, s. unten) Johannesallee, südl. vom Altmarkt, Z. von 20 Ngr. an, L. 8, F. 12, Table d'hôte 1 Thlr., B. 8 Ngr. °Hôtel de Bellevue neben der Brücke, an der Elbe, schönste Lage, gleiche Preise, Gasthöfe 1. Rangs, wie die Preise andeuten. — Hôtel de Saxe, °Stadt Berlin, °Stadt Rom, alle drei am Neumarkt. Hôtel de Pologne und °Stadt Gotha, beide in der Schlossstrasse. °British Hôtel, Landhausstrasse (zugleich im Parterre gute Restauration und Bier s. unten). — Hôtel de Russie, Hôtel de France und Goldner Engel, alle drei in der Wildsdruffer strasse; Hôtel de l'Europe am Altmarkt; °Deutsches Haus und Preussischer Hof (Z. u. L. 15, F. 5), beide in der Scheffelstrasse.

In der Neustadt: Stadt Wien neben der Brücke; °Kronprinz, alte Hauptstrasse, beide 1. Rangs. — Stadt Leipzig (Z. 12½, F. 7½, B. 5 Ngr.); Stadt London und Stadt Paris, neben einander, unfern der Brücke, am Wege zum Leipziger Bahnhof; Hôtel Royal (Z. u. L. 20, F. 7½, B. 5 Ngr.) neben dem Schles. Bahnhof, für Dresden sehr abgelegen, für Uebergangs-Eisenbahnreisende, die nur übernachten wollen, der nächste. 'Stadt Coburg beim Leipziger Bahnhof, Z. 15, F. 5, B. 5, keine Table d'hôte, ganz bürgerlich, aber reinlich und gute Betten. Drei Palmzweige, neben dem Japan. Palais, ähnlicher Art, wird gelobt. — Im hohen Sommer pflegen die Dresdener Gasthöfe Abends überfüllt zu sein. Wer eines Zimmers sicher sein will, bestelle es sich mittelst des Telegraphen (innerhalb der sächs. Grenze für 20 Worte nur 8 Ngr.), und allenfalls auch eine Droschke, da dieselben Abends gewöhnlich rasch vergriffen sind, und Omnibus zu den Bahnhöfen nicht fahren.

Restaurants. °Dremel's Victoria-Keller (s. oben), Wein- u. Delicatessenstube, fein. Belvedere auf der Brühl'schen Terrasse, Ab. Harmoniemusik; Deville, mittl. Frauen.; ebenso mehrere im „italien. Dörfchen" (die Gebäude zwischen Theater u. Brücke) an der Elbe mit Balkons auf den Fluss, auch für Damen; bei Einigen daselbst auch Logis, u. A. bei °Wolf.

Bier- und Speisewirthschaft. °British Hôtel Landhausstr. (Beefst. 7½ Ngr.), auch für Damen geeignet; °Dauch grosse Brüderg.; °Engel am Postplatz (Beefst. 7½ Ngr., viel Zeitungen); °Renner Marienstr. 22, westl. von der Post (Beefst. 5 Ngr., Bier frisch und gut, Seidel bairisch 2 Ngr.); Helbig neben der Brücke, Lage, lange Glashalle, Rostbeef 5 Ngr.

Kaffeehäuser. °Café Reale auf der Brühl'schen Terrasse, klein, niedliche Rococo-Einrichtung; Belvedere ebenfalls Brühl'sche Terrasse. Café Français, Waisenhausstr., zugleich Conditorei; ebenso Lässig, Pragerstr.

Conditorei, zugleich Café. Trepp, Altmarkt und Scheffelstrasse; Döhnert, Wilsdrufferstrasse; Kreuzkam, Moritzstrasse.

Vergnügungsgärten. Lincke's Bad, Krafft, Waldschlösschen, Weisser Hirsch, alle am r. U. der Elbe (S. 216) in der Schillerstrasse, überall schöne Aussicht. — Im Grossen Garten (S. 214) sechs Wirthschaften, die beste die „grosse Wirthschaft", am Eingang rechts, und die Conditorei am Teich. — Feldschlösschen an der Tharanter Chaussee, Felsenkeller im Plauenschen Grund, beide wie das Waldschlösschen (s. oben) Actienbrauereien mit Speisewirthschaft. Bergkeller an der Räcknitzer Chaussee, Commandite der Hofbrauerei (Amalienstrasse).

Zeitungen im literar. Museum, Altmark 6, Eintritt $2^1/_2$ Ngr., die Woche 10 Ngr., von 8 U. fr. bis 10 U. Ab. offen (auch Restauration).

Fuhrwerk. Omnibus jede Stunde von der Elbbrücke in's Lincke'sche Bad, $1^1/_2$ Ngr., Mittags und Nachmittags nach Kraffts und Waldschlösschen 2 Ngr. Droschke (1—2 Pers.) die Fahrt 4 Ngr., Zeitpreis $1^1/_2$ St. 6 Ngr., für jede Fahrt aus dem äussern Droschkenbezirk durch den innern in den äussern 12 Ngr.; „leichtes Gepäck, Reisesack u. dgl. hat der Kutscher unentgeltlich mitzunehmen, dagegen ist er bei freiwilliger Aufnahme schwereren Reisegepäcks eine Vergütung von 2 - 3 Ngr. zu fordern berechtigt". Nachtpreis 1 Pers. 15, 2 Pers. 20 Ngr., 3 Pers. 1 Thlr. (Das Brückengeld, 1 Ngr. pro Pferd, ist allemal, bei Droschken, wie bei Fiaker), besonders zu zahlen.) Fiaker, Einsp. 1 Pers. 5, 2 Pers. $7^1/_2$ Ngr., Zeitpr. $1/_2$ St. $7^1/_2$ oder $12^1/_2$; Zweisp. 1 Pers. $7^1/_2$, 2 Pers. 11, 3 Pers. 15 Ngr.; Zeitpreis 10, 15 oder 20 Ngr. Bei weitern Fahrten muss man sich mit dem Kutscher einigen. Einspänner fahren gewöhnlich 1, Zweispänner 2 St. weit. Lohnkutscher täglich etwa 4 Thlr. und Trinkgeld.

Bäder. Albertsbad Ostraallee 25; Johannisbad Königsstrasse 11 u. a. Flussbäder unterhalb der alten Brücke.

Kaufläden, die ansehnlichsten in der Schloss- u. Wilsdrufferstrasse, am Alt- und Neumarkt. Im Brühl'schen Palais eine Niederlage von Meissener Porzellan, fast auf derselben Stelle, wo Anf. des 18. Jahrh. der Alchemist Böttger das Porzellan erfand. Augengläser bei Opticus *Lietzmann*, Rosmaring. 23. Gegenstände aus Chokolade bei *Jordan und Timaeus* beim Japan. Palais.

Theater (S. 205). Hoftheater (Pl. 43) tägl. Vorstellungen (Anf. im Sommer $6^1/_2$, im Winter 6 U.), bester Platz Amphitheater (1 Thlr.), dann Cercle (20 Ngr.), Sperrsitz zwischen Parterre und Orchester; numerirte Plätze im Parterre 15, Steh-Parterre 10 Ngr., Loge 1. R. 1 Thlr., II. R. 20 Ngr. Die Preise wechseln. Während der Zwischenacte betrachte man den schönen Corridor („Foyer"), welcher zum Schenkzimmer führt; von letzterm tritt man auf den geräumigen Balcon. Zweites Theater (Pl. 44), im Sommer im Freien im Grossen Garten, im Winter in der Stadt (Gewandhaus, Pl. 16).

Dampfboot nach Pillnitz 4 Fahrten täglich, nach Rathen 3, Schandau 3, Tetschen 1, Leitmeritz 1; nach Meissen 4, nach Risa 2 Fahrten.

Lohnbediente 1 Thlr. für den ganzen Tag, 20 Ngr. für den halben Tag.

Sammlungen, einzelne im Winter nicht zugänglich.

Alterthümer, sächsische (S. 214), tägl., 5 Ngr. Eintritt.
°Antiken (S. 213) im Japan. Palais, im Sommer (1. Mai bis 30. Oct.) 10—2 U. Mittwoch und Sonnabend, sonst für 5 Ngr.
*Bibliothek (S. 213) im Japan. Palais 9—1 U. tägl. Fremde werden von einem Diener umher geführt ($7^1/_2$ Ngr. Trinkg.), stets nur 10 Pers. zugleich, Anmeldungen angeblich 1 St. zuvor.
°Gemälde-Gallerie (S. 206) das ganze Jahr hindurch, an Sonn- und Feiertagen von 12—3 und Dienst, Donnerst., Freit. von 10—4 U. frei; Mont. und Mittw. von 10 bis 4 U. für 5 Ngr. Eintritt, Sonnabend für 15 Ngr. Vom 1. Nov. bis 28. Febr. nur bis 3 U. geöffnet.
*Grünes Gewölbe (S. 204) den ganzen Tag gegen 2 Thlr. für 1—6 Personen.
*Gypsabgüsse (S. 210) Montag u. Donnerstag 10—2 U. frei, sonst nur 5 Ngr.
*Histor. Museum (S. 211), den ganzen Tag gegen 2 Thlr. für 1—6 Pers.
*Kaufmann's acust. Cabinet (S. 213), tägl. 10—6 U., 10 Ngr. Eintritt.
*Kunstverein (Pl 38) auf der Terrasse Sonnt., Dienst., Freit für $2^1/_2$ Ngr.
*Kupferstiche und Handzeichnungen (S. 210) Dienst. u. Freit 10—2 U. frei.
Mathematisch-physical. Salon und Modellkammer im Zwinger 8—12 U. Freit., Einlasskarten 7 U. fr. am Eingang.

Mineralog. Museum (S. 212) im Zwinger, vom 1. Mai bis 31. Oct. Dienst. und Freit. 10—12 U. frei; Mont., Mittw., Donnerst. 9—12 U. für 5 Ngr. Naturhist. Museum (S. 212) im Zwinger, vom 1. Mai bis 31. Oct. Dienst. und Freit. 8—10 U. frei; Mont., Mittw., Donnerst. 9—12 U. für 5 Ngr. Porzellan und Vasen (S. 213) im Japan. Palais im Sommer (1. Mai bis 30. Oct.) Mittw. v. 2—6 U. frei; sonst den ganzen Tag 6 Pers. für 2 Thlr. Wer den Castellan des Japan. Palais benachrichtigt, dass man sich einer Gesellschaft anschliessen wolle, pflegt seinen Zweck zu erreichen.

Die meisten Sammlungen werden auch zu andern Zeiten, wo nicht freier Zutritt statt findet, gegen 2 Thlr. für 1—6 Pers. geöffnet. Lohnbediente wissen schon zu allen Zeiten eine Gesellschaft zusammenzubringen. Wer das nicht will, findet an Ort und Stelle auch wohl für 10 Ngr. Eintritt, sofern bereits andere zahlende Schaulustige am Eingang bereit stehen oder im Innern umhergeführt werden, denen man sich alsdann anschliesst.

Stundenzettel. (Genaue Auskunft über alle Sehenswürdigkeiten des Tages, Schauspiel, Concerte u. dgl. in dem *Dresdener Anzeiger* u. a. Localblättern.) Täglich: Gemäldegallerie 10—4, Sonn- und Feiertage von 12—3 Uhr. Bibliothek 9—1 U. Sächsische Alterthümer. Grünes Gewölbe. Histor. Museum. Kaufmann's acust. Cabinet 10—6 U. Sonntag: Kunstverein. Kirchenmusik in der Hofkirche (S. 204) 11—12 U. und Nachm. 4 U. Montag: Gypsabgüsse 10—2 U. Dienstag: Naturhist. Museum 8—10, Mineralog. Museum 10—12 U., Kupferstichsammlung 10—2 U., Kunstverein. Mittwoch: Antiken 10—2 U., Porzellan und Vasen 2—6 U. Donnerstag. Gypsabgüsse 10—2 U. Freitag: Naturhist. Museum 8—10, Mineralog. Museum 10—12 U. Kupferstichsammlung 10—2 U., Mathem. Salon 8—12 U., Kunstverein. Sonnabend: Antiken 10—2 U.

Dresden (307'), die Haupt- und Residenzstadt des Königreichs Sachsen, zu drei Viertheilen (Antons-, Neu- und Friedrichsstadt) erst im Lauf dieses Jahrhunderts erbaut, hat 117,717 Einw. (6000 Kath., 700 Juden, 3000 Soldaten). Die reizende Lage an der Elbe und die reichen öffentlichen Sammlungen für Kunst und Wissenschaft, besonders die ausgezeichnete Gemäldegallerie, führen im Sommer ganze Schaaren von Reisenden in seine Mauern.

Brücken. Die alte *Brücke*, 1727 bis 1731 hergestellt, 550 Schritte lang, 16 Schr. br., ruht auf 16 Bogen; an einem der mittleren Pfeiler ein Thermometer. Ueblich ist, stets zur Rechten zu gehen. Am 19. März 1813 sprengte der franz. Marschall Davoust zur Deckung seines Rückzugs zwei Pfeiler. Bei der grossen Ueberschwemmung am 31. März 1845 stürzte ein Pfeiler ein, sammt dem darauf befindlichen grossen metallenen Kreuz. — Etwa 1000 Schritte stromabwärts ist 1852 die schöne *Marienbrücke* fertig geworden, 12 Bogen von 100' Spannung; sie ist 26 Schr. br. (13 für Wagen und Fussgänger, 13 für die Eisenbahn), und von einem Brückenhäuschen bis zum andern 570 Schr. lang. Da sie die Bahnhöfe in der Alt- und Neustadt verbindet, setzt sie die Bogenstellung als Viaduct südlich noch weit landeinwärts fort.

Die ***Brühl'sche Terrasse*** (Pl. 8), 650 Schr. lang, unmittelbar an der Elbe aufsteigend, bietet die am meisten besuchten Spaziergänge u. Aussichten. Eine breite Freitreppe (41 Stufen) führt neben der alten Brücke zu ihr hinauf (Kaffehäuser s. S. 201). Neben dem Ausstellungslocal des Kunstvereins (S. 202) ist die *Academie der Künste* (am Eingang ein Medaillondild: „*Bernhard von Lindenau die dankbare Academie*", vergl. S. 229), welcher J. Hübner, Schnorr, L. Richter, Rietschel, Haehnel u. A. als Lehrer angehören.

An der Ostseite der Terrasse die **Synagoge** (Pl. 42), orientalischen Styls, 1840 von Semper erbaut, Abends 6—7½ U. Gottesdienst. Beim Hinabsteigen von der Terrasse zu den Promenaden von dieser Seite ist r. an der Ecke des botan. Gartens das *Moritzmonument* (Pl. 14), zum Andenken an den Kurfürsten Moritz, der 1553 bei Sievershausen gegen Markgraf Albrecht von Brandenburg-Culmbach fiel, nachdem er vor seinem Ausmarsch seinem Bruder August das Kurschwert übergeben hatte, wie das Relief andeutet.

Die **kath. Hofkirche** (Pl. 24), 1756 vollendet, der alten Brücke gegenüber, hat ein gutes Altarbild von Raphael Mengs, Christi Himmelfahrt, und andere geringeren Werths von deutschen und italien. Malern des vor. Jahrh. Unter der Sacristei ist die Gruft des königl. Hauses. Auf dem Umgang und an den Eingängen 64 Heiligen-Bildsäulen. Die *Kirchen-Musik, Sonntag 11—12 U. und Nachm. 4 U. und an den Vorabenden der Feiertage ist berühmt. Während des Gottesdienstes ist strenge Kirchenpolizei.

Das **königl. Schloss** (Pl. 39), neben der Kirche, ein grosses, in die nächsten Stadttheile hineinragendes, zu verschiedenen Zeiten errichtetes Gebäude, hat durch Bendemann's grosse *Fresken eine neue Zierde erhalten, im Thronsaal Gesetzgeber, von Moses bis Maximilian I., Darstellungen aus dem Leben Kaiser Heinrichs I. († 936), auf die 4 Stände sich beziehend, am Fries Zustände des Lebens mit seinen Beschäftigungen und Mühen; im Ballsaal eine Reihenfolge von Gegenständen aus der griech. Sage u. Geschichte.

Im Schloss ist das *grüne Gewölbe, Eingang im Hof links (Eintr. S. 202), eine Sammlung von Kunstwerken und Seltenheiten, Kostbarkeiten und Edelsteinen, mehrere Millionen an Werth, vielleicht die reichste in Europa, im 16. bis 18 Jahrh. zusammengebracht. Die Masse der aufgestellten Gegenstände ermüdet um so mehr, als man in weniger als 1 Stunde durch diese Räume gejagt, und zu aufmerksamer Betrachtung einzelner Kunstwerke keine Zeit von den Führern gegönnt wird.

Zimmer I.: Bildwerke in Erz, Crucifix von Giov. da Bologna, der kleine sich kratzende Hund von P. Vischer, Pluto entführt Proserpina, Bacchus auf einem Ziegenbock von Kindern umringt. Reiterstatuen Carl's II. von England, Ludwig's XIV., August's des Starken. — Z. II. Elfenbein-Sammlung. Crucifix, vielleicht von M. Angelo, Schlägerei von Dürer (?), Kruge mit Schlachtstücken, Hippodämia und der Kampf der Lapithen und Centauren, Kanne mit den thörigten Jungfrauen; Lucifers und der bösen Engel Sturz, eine Gruppe von 92 Figuren, aus einem 16" hohen Stück Elfenbein gearbeitet; zwei Pferdeköpfe, Reliefs von M. Angelo; Raub der Proserpina; Becher mit einer Jagdscene, die Könige Friedrich August und Anton bilden die Hauptfiguren. — Z. III. Mosaikarbeiten, Strausseneier und Muscheln mit Reliefs und Zierrathen, Korallen, Perlmutter, Bernstein, Schmelzwerk; ein Kamin aus Meissener Porzellan mit sächs. Edelsteinen geziert; Schmelz-Gemälde, besonders eine Madonna und ein Ecce Homo von Raphael Mengs; Bildnisse Peters d. Gr. und August's d. Starken von Dinglinger; Fruchtteller mit Schlachtstück. — Z. IV. Credenzgefässe von Gold und Silber, getriebene Arbeiten, Rubin-Glas, Filigran, prachtvoller Schmuckkasten von Jamnitzer aus Nürnberg. Aufsätze. — Z. V. Gefässe aus edeln Steinarbeiten (Achat, Jaspis, Chalcedon, Lasurstein), Sammlung geschnittener Steine und Bergkrystallsachen, über 1000 Nummern: zwei

Becher, ganz aus geschnittenen Steinen, jeder auf 6000 Thlr. geschätzt; aus Bergkrystall geschnittene Gefässe, ihrer Grösse und ihres Glanzes wegen merkwürdig; grosse Goldtopase; eine grosse Kugel aus einem Bergkrystall. — Z. VI. die kostbarsten Kleinodien, Perlen, Edelsteine, Bildschnitzereien von Elfenbein und Ebenholz, Zerrbiler u. dgl., worunter einzelne vortreffliche Sachen. — Z. VII. der polnische Krönungsschmuck August's II.; Holzschnitzwerke, namentlich die Auferstehung, Kreuzabnahme, des Erzengels Michael Kampf mit dem Satan, zwei Reitergefechte; dann zwei Schlachtstücke in Wachs; geschnittene Kirschkerne u. dgl. — Das VIII. und letzte Zimmer übertrifft alle andern an Werth und Glanz seines Inhalts. Das Beste sind die Arbeiten Dinglinger's (1702—1728), des sächsischen Benvenuto Cellini. Sein bedeutendstes Werk ist der Thron und Hofhalt des Grossmoguls Anreng Zeb (reg. v. 1659—1707 zu Delhi in Ostindien); auf einer 2 Ellen im Geviert grossen silbernen Platte ist der prachtvoll ausgeschmückte Pavillon und der Mogul selbst auf goldenem Thron von Wachen und Hofstaat umgeben, 132 Figuren von Gold und Schmelzwerk. Verschiedene Handwerker von demselben Künstler. Eine Lampe, die Fabel Actaeons und Dianens darstellend. Ferner bemerkenswerth eine Stufe peruanischer Smaragde, 1581 von Kaiser Rudolph II. geschenkt. Die grösste bekannte Onyxplatte, $6^{2}/_{3}$'' hoch, $2^{1}/_{4}$'' breit, auf 48,000 Thlr. geschätzt. Eine Sammlung reich verzierter Waffen, unter diesen das sächs. Kurschwert, 1792 bei der Krönung des Kaisers Franz zuletzt gebraucht; Ordenszeichen, Ringe, unter diesen 2 von Luther; kostbare Juwelen.

An der Westseite des Schlosses ist die nach Schinkels Plänen 1831 aufgeführte *Hauptwache* (Pl. 17). Wachtparade um 12 U. hier und an der Neustädter Hauptwache neben der Brücke.

Die Mitte des Platzes ziert das 1841 von Semper erb. *Theater (S. 202). In den 4 Blenden zu beiden Seiten des Haupteingangs unten Goethe und Schiller, oben Gluck und Mozart, von Rietschel; in den übrigen Blenden dieses Vorderbaues Shakspeare, Molière, Sophokles und Aristophanes von Hähnel; die Blenden der Rückseite unten Satyr und Faun, oben 2 Tänzerinnen. Den langen Fries der Rückseite ziert ein Zug des Bacchus mit Centauren, Relief von Hähnel; im östl. Giebelfeld Orestes, von Furien verfolgt, nach den Eumeniden des Aeschylos, im westlichen eine auf die Musik bezügl. Composition, beide von Rietschel. Der Hauptvorhang, von Hübner gemalt, stellt im Halbkreis eine allegor. Scene und Tiecks Kaiser Octavian dar, unten die Hauptfiguren der berühmtesten Dramendichtungen. Zwischen dem Theater und den Anlagen erhebt sich das **Standbild Carl Maria von Weber's** († 1826, S. 215), am 11. Oct. 1860 enthüllt, nach Rietschels Entwurf in Erz gegossen. Der geniale Componist wendet das Haupt nach oben, seine Linke stützt sich auf ein Notenpult, die Rechte hält einen Griffel und einen Eichenzweig.

An der Südseite des Platzes hat das neue Museum einen grossen länglichen viereckigen Schlossbau, den **Zwinger** (Pl. 46), zum Abschluss gebracht. Die ältern Theile des Gebäudes liess August II. zu Anfang des vorigen Jahrh. in dem damals üblichen gezierten Rococostyl errichten, als Vorhof eines beabsichtigten grossen prachtvollen Schlosses, welches jedoch nie zur Ausführung kam. Das grosse offene Viereck (240 Schr. l., 140 Schr. br.) ist zu Rasen-Anlagen benutzt, die Wege sind mit gegen 300 Orangebäumen besetzt, in der Mitte das **Standbild Friedrich August's** († 1827) (Pl. 13), „dem Gerechten das dankbare Vaterland zum Andenken

an die Segnungen einer 58jähr. Regierung", nach einem Entwurf von Rietschel in Erz gegossen. Die vier Gestalten versinnbildlichen die Frömmigkeit, Weisheit, Gerechtigkeit, Milde.
Das **Museum** (Pl. 33), also der nördl. Flügel des Zwingers, ist 1854 nach Semper's Entwürfen vollendet. Dieser Neubau macht den günstigsten Eindruck, er steht mit den drei andern Seiten des Zwingers durchaus im Einklang, das Rococo des 17. und 18 Jahrh. erscheint hier aber in veredelter Form. Das Hauptportal ist nach der Hofseite, in Art eines röm. Triumphbogens. Es ist mit zahlreichen Bildwerken geziert, in Blenden links u. rechts Raphael und Michel Angelo, 8′h. *Standbilder in Sandstein, von Hähnel; weiter, auf den Postamenten der 4 untern korinth. Säulen, l. der h. Georg und die alttestamentl. Judith, r. Siegfried der Drachentödter und Simson, der Feind der Philister. Auf der Attica freistehende Standbilder, l. Giotto und Holbein, r. Dürer und Cornelius. Dann zahlreiche Reliefs, links christliche, rechts alttestamentliche. Alle diese Bildwerke sind theils von Rietschel, theils von Hähnel.

Im Zwinger sind die meisten der Dresdener Sammlungen aufgestellt, im neuen Museum die Gemälde, Kupferstiche und Gypsabgüsse und in den übrigen Theilen des Gebäudes das historische Museum und das Naturaliencabinet.

Die **Gemäldegallerie** (Eingang n.w. im Portal, Eintr. s. S. 202) füllt den ersten und zweiten Stock des neuen Museums ganz aus, im Erdgeschoss sind rechts die Pastellbilder und Canaletto'schen Landschaften (S. 202), gerade aus die Kupferstiche und Handzeichnungen (S. 202). An den Wänden der Eintrittshalle Friese von Gyps, Reliefs, die Geschichte der Malerei schildernd, rechts italien. Malergeschichte von *Knauer*, links deutsches und niederl. Malerleben von *Hähnel*. Die Dresdener Gallerie ist diesseit der Alpen wohl die bedeutendste, über 2200 Bilder, meist niederländ. und ital. Meister, sie hat einzelne Bilder (die Sixtini-

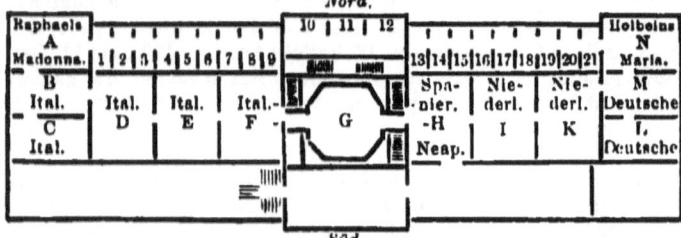

sche Madonna von Raphael und die Madonna von Holbein), die weit alles Andere in deutschen Gallerien überragen. Den Grund zu der Sammlung legte Herzog Georg, der Gönner Lucas Cranach's; durch die Erwerbungen unter August II. und August III. gelangte sie jedoch erst zu der heutigen Bedeutung. Die Bilder sind in den zweckmässigsten Räumen aufgestellt, nicht zu gross,

Gemäldegallerie. DRESDEN *59. Route.* **207**

nicht zu hoch, klares Licht von oben in den mittlern Sälen, Licht von den Seiten in den Cabinetten, im Winter durch erwärmte Luft alle Räume behaglich geheizt.

Bei der Aufstellung war erste Rücksicht, die schönsten Bilder in das günstigste Licht zu bringen. Die historische Reihenfolge blieb Nebensache, obgleich in ihren Hauptzügen auch hiergegen nicht gefehlt ist. Der sehr belebrende Hübner'sche Katalog ist im Vorsaal für 25 Ngr. käuflich zu haben, unentbehrlich für denjenigen, der die Gallerie genauer studiren will, für den flüchtigen Besucher aber ohne Nutzen, da die Namen der Maler auf den Rahmen angegeben sind. — Wir begeben uns die Treppe hinauf, und treten durch den mit grossen Familienbildern (Nr. 652. Zusammenkunft der Kaiserin Amalie, Wittwe Josephs I., mit ihrem Schwiegersohn August III., König von Polen, und dessen Familie zu Neuhaus in Böhmen, von *Silvestre*) geschmückten Vorsaal und den Corridor, der seiner Ausschmückung mit Fresken noch entgegen harrt, in den Saal H., durchschreiten, die Treppe hinan, den Kuppel- und die folgenden Säle, ohne zu verweilen, bis zu dem Eck-Saal A., um hier mit frischester Schaulust dem tiefen Eindruck uns hinzugeben, den die Perle der Sammlung, die Sixtinische Madonna, auf Jeden, selbst den Ungebildetsten, macht. Dann erst beginnen wir unsere Wanderung (ö., w., n., s. bedeutet Ost-, West-, Nord- oder Südseite).

Saal A. **Raphael die Sixtinische Madonna („Madonna di S. Sisto"), die Jungfrau Maria mit dem Christuskind in Wolken r. der h. Sixtus, l. die h. Barbara, unten zwei Engelkinder (9' h., 7' br.), 1753 für 60,000 Thlr. gekauft. — Saal B. n. (über der Thür) *Battoni büssende Magdalena; n. 45. *Carlo Dolci* Christus Brod und Wein segnend; n. 52. *Raphael* Madonna della Sedia (alte Copie); n. 43. *Carlo Dolci* Herodias; n. *44. *Carlo Dolci* h. Cäcilia; darüber n. 127. *Garofalo* Hochzeit des Bacchus und der Ariadne, nach einer Zeichnung Raphael's; s. 27. *Andrea del Sarto* Verlobung der h. Catharina; s. 96. *Sassoferrato* Maria neigt sich über das an ihrer Brust schlummernde Kind; s. *64. *Giulio Romano* h. Familie („Madonna della scodella", die Madonna mit der Schüssel). — Rechts Saal C. n. *312. *Alles. Turchi* David mit dem Schwert und Haupt Goliath's; ö. *57. *Van Mander* Copie nach Raphaels Madonna, unter dem Namen „la belle jardinière" bekannt, das Original im Louvre zu Paris. — Saal D. n. 132. *Correggio* Madonna und vier Heiligen; n. 133. *Correggio* Madonna und drei Heilige; n. **135. *Correggio* Anbetung der Hirten, unter dem Namen „die Nacht" bekannt; n. 136. *Correggio* Madonna mit vier Heiligen; ö. 192. *Buonconsiglio* gen. *Marescalco* Madonna mit vier Heiligen; s. 28. *Andrea del Sarto* Abrahams Opfer; s. 283. *Paolo Veronese* Findung Mosis; darüber s. 126. *Garofalo* Madonna mit Engeln und Heiligen; w. 125. *Garofalo* Maria kniet mit einem Engel vor dem schlafenden Christkind; w. 117. *Dosso Dossi* ein Traum; darüber w. *67. *Ramenghi* gen. *Baynacavallo* Madonna mit vier Heiligen. *Luca Signorelli* heil. Familie (neu angekauft). — Saal E. n. 277. *Paolo Veronese* Hochzeit zu Cana; n. 276. *Paolo Veronese* Anbetung der Könige; ö. 197. *Giorgione* Jacob und Rahel; ö. 208. *Tizian* Bildniss des Dichters Pietro Aretino; ö. 211. *Tizian* Bildniss seiner Tochter Lavinia; darüber ö. 209. *Tizian* Amor und Venus; s. 210. *Tizian* Frauenzimmer mit Fächer; s. 205. *Tizian* Frauenzimmer mit Vase; s. 278. *Paolo Veronese* Madonna und Familie Concina; darüber s. 204. *Tizian* Madonna mit Kind und S. Joseph, knieend Alphons I. Herzog von Ferrara mit seiner Gemahlin Lucrezia Borgia und seinem Sohn; w. 203. *Tizian* Madonna mit Heiligen. — Saal F. n. 490. *Guercino* Loth und seine Töchter; darüber n. 448.

Guido Reni Erscheinung des Heilandes; n. 505. *Franceschini* büssende Magdalena; n. 157. *Caravaggio* Verleugnung Petri; n. 160. *Caravaggio* Wachtstube mit Kartenspielern; oben links neben der Treppe ö. 451. *Guido Reni* Ninus und Semiramis, früher unter dem Namen „Salomo und die Königin von Saba" bekannt; s. 523. *Bern. Strozzi* Ahasverus und Esther; s. *158. *Caravaggio* Kartenspieler; darüber s. 425. *Ann. Carracci* Heilige vor der Madonna; s. 424. *Ann. Carracci* Genius des Ruhms; w. 492. *Guercino* der Königin Semiramis meldet ein Bote den Ausbruch eines Aufruhrs in Babylon.

Nun zurück bis zur Sixtinischen Madonna und in die Cabinette zu den kleinern italien. Bildern. 1. Cab. s. 129. 130. *Grandi* Christus zur Kreuzigung geführt, Christus am Oelberg und Gefangennehmung; ö. 411. *Francesco Francia* Madonna mit Kind, das einen Vogel in der Hand hält, und St. Johannes. *Starnina* Engel mit Tobias. — 2. Cab. s. 196. *Cima da Conegliano* Darstellung der Maria im Tempel; ö. *134. *Correggio* h. Magdalena; darüber ö. *59. *Gimignano* Maria mit Kind, welches den kleinen Johannes küsst; ö. *68. *Baroccio* Hagar und Ismael; ö. *137. *Correggio* Bildniss seines Arztes (?). *Giunta Pisano* Madonna mit dem Kind, *Giottino* Apostel (beide neu angekauft). — 3. Cab. *Leon. da Vinci* Maria mit dem Kinde und dem kleinen Johannes (neu angekauft).— 4. Cab. ö. 447. 449. *Guido Reni* Christus mit Dornenkrone; ö. *431. *Annibale Carracci* Christuskopf. — 5. Cab. w. *223. *Palma Vecchio* seine drei Töchter; ö. 225. *Palma Vecchio* Madonna und Heilige; ö. **202. *Tizian* der Zinsgroschen („Cristo della moneta"), Christus und der Pharisäer. — 6. Cab. ö. 568. *Solimena* schmerzenreiche Maria; ö. 503. *Cignani* Joseph und Potiphars Weib. — 7. Cab. w. *635. *Claude Lorrain* sicilian. Küstengegend, im Vorgrund Acis und Galathea; ö. *634. *Claude Lorrain* Landschaft, als Staffage Schäfer und Flucht der h. Familie. — 8.—14. Cab. Niederländer, Stillleben, Wouwerman'sche Schlachten, Landschaften u. dgl., hervorragend nur im 11. Cab. ö. 1365. u. 1366. zwei bekannte Landschaften von *Ruisdael*, die Jagd und der Judenkirchhof; 14. Cab. ö. 1181. 1182. *Terburg* väterliche Ermahnung, Studie zu dem Berliner Bild (S. 16), Unterricht im Lautenspiel.

Nun wieder in die Säle, zu den Bildern der neapolitanischen, spanischen, niederländ. und deutschen Meister, letztere sehr sparsam vertreten. Saal H. n. 600. *Zurbaran* der h. Franciscus von Assisi, dem ein Engel erscheint, schlägt die päpstl. Krone aus, im Hintergrund das Conclave der Cardinäle; ö. 607. *Murillo* Madonna (Copie); ö. *606. *Murillo* der h. Rodriguez, tödtlich verwundet, empfangt von einem Engel die Märtyrerkrone, 1853 aus dem Nachlass Louis Philipps angekauft; s. 549. *Luca Giordano* Jacob und Rahel; s. *586. *Spagnoletto* h. Maria von Aegypten. — Saal J. n. 932. *Van Dyck* Bildniss der Gemahlin Carls I. von England; n. 795. *Rubens* Tochter der Herodias mit dem Haupt Johannes des Täufers; n. *809. *Rubens* Bildniss seiner zwei Söhne; darüber n. 78. *Rubens* Neptun auf dem Muschelwagen gebietet den Winden („Quos ego"); n. *933. *Van Dyck* die drei Kinder Carls I. von England; n. 931. *Van Dyck* Carl I. von England; darüber n. 806. *Rubens* Cloelia mit ihren Gefährtinnen aus dem Lager der Etrusker fliehend, schwimmt durch die Tiber; ganz oben n. 792. *Rubens* trunkener Hercules; ö. oben 908. *Jordaens* Darstellung im Tempel; ö. in der Mitte 929. *Van Dyck* Jupiter senkt sich als Goldregen zu der auf einem Bett liegenden Danäe; s. oben 904. *Jordaens* Diogenes mit der Laterne; s. 791. *Rubens* h. Hieronymus; w. oben 787. *Rubens* Löwenjagd; s. oben 905. *Jordaens* der verlorene Sohn; darunter 789. *Rubens* Diana und ihre Nymphen von der Jagd heimkehrend; w. 595. *Velasques* Bildniss des Grafen von Olivarez; w. 597. 596. *Velasquez* männl. Bildnisse; w. 577. *Diego Correa* Christus am Kreuz; w. 589. *Spagnoletto* Diogenes mit der Laterne. — Saal K. n. 1205. *Ferd. Bol* David übergiebt den Uriasbrief; n. *1204. *F. Bol* Ruhe auf der Flucht nach Aegypten; n. 1203. *F. Bol* Joseph stellt seinen Vater den Pharao vor; n. unten 1160. *Rembrandt* Bildniss seiner Frau oder Tochter; n. unten 1161. *Rembrandt* Bildniss einer alten Frau, die Gold wiegt; ganz oben n. 848. 849 850. *Snyders* Schweins- und Bärenjagd und Wildpret; ö. 1155. *Rembrandt* Grablegung Christi; s 801. *Rubens* Schweinsjagd; s. 1489. 1490. *Weenix* todtes Reh und Hase; ganz oben in der Mitte s. *1153. *Rembrandt* Opfer Manoah's und seines Weibes; s. 1201 *F. Bol* Jacob sieht im Traum die Himmelsleiter; s. 1152. *Rembrandt* Fest-

Gemäldegallerie. DRESDEN. *59. Route.* 209

mahl der Esther und des Ahasverus; darüber s. 844. *Snyders* todter Schwan und Pfau und Hündin mit Jungen; w. oben 1154. *Rembrandt* Ganymed von Jupiters Adler in den Olymp entführt; w. *1159. *Rembrandt* eigenes Bildniss, die Frau auf dem Schooss, ein Glas Champagner in der Hand. — 8aal L. (rechts) altdeutsche Bilder meist von *Cranach.* — Saal M. s. *1613 *Van Eyck's Schule* Madonna und Heilige, darüber *1620. *Quintin Massys* Geldwechsler. — Saal N. **1693. *Hans Holbein d. j.* Maria mit dem Christuskind, zu den Füssen der Baseler Bürgermeister Jacob Maier und seine Familie, nach der Sixtinischen Madonna das bedeutendste Bild der Gallerie. *1694. *Holbein* Thomas Morett, Goldschmied Heinrich's VIII. von England; 1612. *J. v. Eyck* Madonna mit Heiligen, kleines Flügelbild; 1618. *Memling* Bildniss des Herzogs Anton von Burgund; 1624. *Dürer* männl. Bildniss.
Nun durch die Cabinette mit den vortrefflichsten kleinen niederländ. Genrebildern. 21. Cab. ö. oben 1240. 1241. *Metsu* Geflügelverkäufer und Wildprethändlerin; ö. 1452. *Slingeland* einer jungen Frau bietet eine Alte einen Hahn durch das Fenster an; ö. 1453. *Slingeland* unterbrochener Musikunterricht; ö. 1243. *Metsu* Spitzenklöpplerin; ö. oben 1239. *Metsu* Federviehhändlerin. — 20. Cab. ö. 1455. *Netscher* kranke Frau und Arzt; ö. 1444. *Netscher* Dame am Klavier; ö oben 1447. *Netscher* Bildn. der Fr. v. Montespan. — 19. Cab. ö. oben 1076. *Dow* Zahnarzt; ö. 1079. *Dow* eigenes Bildniss; ö. 1085. *Dow* ebenso, auf der Violine spielend; *1084. *Dow* betender Einsiedler; ö. 1090. *Dow* Stillleben; ö. 1075. *Dow* junger Mann leuchtet einem vor ihm sitzenden Mädchen in's Gesicht; w. 1478—1481. *Schalken* Lichteffecte. — 18. Cap. ö. oben 1401. *Frans Mieris* der Künstler in der Werkstatt mit seiner Frau vor ihrem angefangenen Bild; ö. oben *1400. *Frans Mieris* Kesselflicker; ö. oben 1402. *Fr. Mieris* der Meister in seiner Werkstatt; w. 1560. *Wilh. Mieris* Preciosa erkannt; w. oben 1559. *Wilh. Mieris* Leiermann von einem Mädchen umfasst. — 17. Cab. ö. 1541. *Adr. v. d. Werff* Urtheil des Paris; ö. oben 1546. *Van der Werff* Venus und Amor; ö. *1544. *Van der Werff* Abraham verstösst Hagar; ö. 1545. *Van der Werff* Mann und Frau beim Schachspiel; ö. 1547. *Van der Werff* Schäferscene; s. 861. *Ryckaert* Bauernfamilie; s. 796. *Rubens* altes Weib und zwei Knaben mit einem Feuertopf; s. 962. *Ryckaert* Bauernfamilie; w. *1093. *Jan de Heem* Früchte, Vogelnest, Vögel und allerlei Insecten. — 16. Cab. ö. 802. *Rubens* Urtheil des Paris; ö. *803. *Rubens* der Liebesgarten; s. oben 1426. *Mignon* Korb mit todter wilder Ente; w. 805. *Rubens* jüngstes Gericht, Skizze zu dem grossen Münchener Bild. — 15. Cab. ö. 870. *Teniers* rauchende und spielende Bauern; ö. 878. *Teniers* Chemiker am Schmelzofen.
Aus dem 14. Cabinet in den Saal H. und die Stufen hinan in den Kuppelsaal, dessen Bau in dieser Art durch das hohe Portal, über welchem er sich befindet, nothwendig geworden ist. Die Idee, hier nach Art der Florentinischen Tribuna die bedeutendsten Bilder zusammen zu stellen, ist glücklicher Weise nicht zur Ausführung gekommen. Der kleine Raum ist zweckmässig zur Ausstellung von 12 werthvollen gewirkten Tapeten benutzt, unten 6 altniederländische, darunter eine ohne Zweifel nach Cartons von *Quintin Massys* (Kreuzigung vortrefflich), die 6 obern ebenfalls in den Niederlanden gefertigt, nach Cartons von *Raphael*.
Aus diesem Kuppelsaal führt eine Treppe in den obern Stock, in dessen niedrigen Räumen einige neuere Bilder, sodann die weniger bedeutenden von den ältern Bildern untergebracht sind. Rechts 22. Cab. meist Bildnisse, darunter verschiedene von *Denner*, 1791. alte Frau. — 23. u. 24. Cab. kleine Niederländer. — 25. Cab. n. 1074. *Dow* büssende Magdalene; ö. 608. *Murillo* Mädchen Geld zählend, ein Knabe zählt aufmerksam nach. — 26. Cab. w. 636. *Claude Lorrain* Landschaft (Copie); n. 638. *Le Brun* h. Familie; n. 639. *Bourguignon* Schlachtgetümmel; n. 616. *Nic. Poussin* Anbetung der Könige; s. 640. *Bourguignon* Reitergefecht. — 27. u. 28. Cab. *Thiele* († 1752) 48 grosse Landschafts-Bilder, sächs. Gegenden. — 29. Cab. 677. *Nattier* Bildniss des Marschalls von Sachsen: 655. *Silvestre* August der Starke und Friedrich Wilhelm I. von Preussen reichen sich die Hände; 679. *Gérard* Napoleon im Krönungsornat; 657. *Silvestre* Bildn. Ludwig's XV.; 617. *Nic. Poussin* Marter des h. Erasmus, ein grässliches Bild. — 30. Cab. vier grosse Thierstücke von *Ph. Roos*.

Bædeker's Deutschland II. 10. Aufl.   14

Nun zurück zu der Treppe, und in die Cabinette links. °31. Cab. Neuere Bilder, meist von sächs. Malern; n. 1909. *Peschel* dem Patriarchen Jacob erscheinen auf seinem Zuge nach dem gelobten Lande die Engel Gottes; n. °1924. *Dahl* grosse Norweg. Landschaft; n. 1913. *Schurig* Johann, Bischof von Speyer, nimmt die zur Zeit des ersten Kreuzzugs hart verfolgten Juden in Schutz; ö. °1914. *Jul. Hübner* das goldene Zeitalter, eine Gruppe von Hirtenknaben; s. 1921. *Bähr* Iwan der Schreckliche, Zaar von Russland, welchem finnische Zauberer den Tod verkünden; w..1911. *Ludw. Richter* Frühlingslandschaft mit einem Brautzug; w. 1907. *Vogel v. Vogelstein* Papst Pius VII.; w. 1923. *v. Oër* Albrecht Dürer empfängt zu Venedig den Besuch des alten Giovanni Bellini. — 32. Cab. nichts zu nennen. — 33. Cab. n. 389. *Rotari* Ruhe auf der Flucht; s. 445. *Guido Reni* schlafendes Christkind, von seiner Mutter angebetet. — 34. 35. Cab. nichts zu nennen. — 36. Cab. n. 286. *Paolo Veronese* Europa auf dem Stier; n. 217. Christus mit den Jüngern zu Emmaus, Copie nach *Tizian*. — 37. u. 38. Cab. nichts.

Im Erdgeschoss(Eing. rechts), Werke von Künstlern des 18. Jahrh., in den Cab. 39—41: Pastell-Bildnisse meist fürstl. Personen, grossentheils von *Rosalba Carriera*, einige von *Raph. Mengs*, die besten von *Liotard*, 1945. Bildniss des Malers im Costüm seines Aufenthalts in Constantinopel, 1946. Graf Moritz von Sachsen, °1947. Das Chocoladen-Mädchen, 1948. Bildniss der Nichte des Künstlers, der „schönen Lyonerin". Cab. 42. kleine Bilder des fruchtbaren sächs. Hofmalers *Dietrich* († 1774); 1274. *Canaletto* Ansicht der Kreuzkirche in Dresden nach dem preuss. Bombardement von 1760. 2169. *Canaletto* Treppe und Saulenhalle des sächs. Palastes zu Warschau; 2187. *Canaletto* Dresden von der Neustadt gesehen. — Cab. 43—46. meist Dresdener Ansichten von *Canaletto* gemalt, im Cab. 43. auch 2166. u. 2167. zwei Ansichten von Verona, im Cab. 44: 2168. Scuola di S. Marco und Kirche S. Giovanni e Paolo in Venedig, im Cab. 45. im Erdgeschoss, eine Sammlung von (186) Miniaturbildnissen berühmter Regenten, in neuerer Zeit sehr bereichert, nur am ersten Dienstag jeden Monats geöffnet.

Die *Kupferstichsammlung (Eintr. s. S. 202), ebenfalls im Erdgeschoss, ist in einem grossen gewölbten Saal untergebracht, an den Pfeilern Bildnisse der berühmtesten Kupferstecher, al fresco von Rolle, namentlich Martin Schongauer, Dürer, Marc Anton, Rembrandt, Edelink, Raphael Morghen, Mantegna, Lucas v. Leiden, Golzius, Masson, Wille und Toschi. Unter Glasschränken sind für das Publicum die bemerkenswerthesten Blätter ausgestellt, der Hauptschatz aber, über 250,000 Blätter von Finiguerra und den ersten deutschen Meistern an bis zu unserer Zeit, ruht in Mappen, die man durch die Diener sich vorlegen lassen kann. In einem kleineren Saal nebenan sind ebenso die *Handzeichnungen* behandelt, wichtige oder bemerkenswerthe Blätter zur Schau ausgestellt, das Andere in Mappen. Die 50 Mappen von Handzeichnungen alter Meister, besonders Meister der alten deutschen Schule, bilden einen wichtigen Theil dieses Cabinets. Die Sammlung von 300 Bildnissen ausgezeichneter Personen aus dem 19. Jahrh., von Regenten und deren Familien, Staatsmännern und Feldherren, Männer, die sich in Wissenschaft und Kunst auszeichneten, nach dem Leben von Prof. Vogel gemalt, ist einzig in ihrer Art.

Das *Museum der Gypsabgüsse (Eintr. s. S. 202, Eingang dem Prinzen-Palais gegenüber) ist unter der umsichtigen Leitung des Hrn. Prof. Hettner so geordnet, dass in ihr eine ganze Geschichte der plastischen Kunst sich verkörpert, von den ältesten aegyptischen und assyrischen Anfängen bis zur neuesten Zeit.

Gypsabgüsse. DRESDEN. *59. Route.* 211

Um die Mitte des vor. Jahrh. liess *Raphael Mengs* von allen bedeutenden Antiken in Rom und andern Städten Italiens Abgüsse machen. Diese bilden den Hauptstamm der Dresdener Sammlung und haben für die Kunstgeschichte einen um so höheren Werth, als die Urbilder mehrerer Abgüsse verloren sind.

Die Aufstellung beginnt mit dem altgriech. Saal, 1. die Dresdener Pallas Athēne, und die herculan. Diana, r. der dreiseitige Candelaber und der Apollo von Tenea, im Hintergrund und an den Seiten die Aegineten (die Münchener Giebelgruppe, Bruchstücke aus dem Tempel der Minerva auf der Insel Aegina), r. Assyrische Bildwerke, l. das sog. Harpyenmonument aus Xanthos in Lycien und der Amazonenfries vom Tempel zu Phigālia; anstossend das Büstenzimmer. — Parthēnon-Saal (Abgüsse der Elgin Marbles im British Museum), in der Mitte ö. und w. Giebelgruppe des Athenen-Tempels auf der Akropolis von Athen; an der Wand Reliefs, oben Fries, unten Metopen. — Rotunde: Büsten, besonders Jupiter von Otrjcöli, Juno aus der Villa Ludovisi in Rom, Karyatiden des Erechtheions. — Alexandriner-Saal: r. 1. Venus von Melos, 2. Venus von Capua; 3. Psyche von Capua, 4. Venus von Arles. An der Wand: 6. Discuswerfer, 7. der Lysippische Schaber (Athlet, sich mit dem Schabeisen vom Staube der Palästra reinigend), 10. Ringergruppe, 15. Amazone aus Villa Mattei, 16. Silen mit dem Bacchuskind, 18. Jason (Sandalenbinder), 21. Barherinischer Faun, 151. Melpomēne (über lebensgross), 28. Apollina von Florenz, 29. anbetender Knabe (Original in Berlin) (S. 14). In der Mitte: 31. Ilioneus, 32. Vaticanischer Torso, 33. Florentiner Hund. Fries vom Lysicrātes-Monument und vom Mausoleum zu Halicarnass.

Grosser Saal, durch jonische Säulen in 3 Schiffe getheilt. Nördl. Schiff: 13. Mediceische Vase (Relief: Opferung der Iphigenie), 24. Sophocles, 30. Menander, 41. Belvedere'scher Mercur, 46. Borghesischer Fechter, 60. Apoll mit Schwan, 65. sterbender Fechter, 77. Capitolinische Venus, 81. Mediceische Venus, 82. liegender Hermaphrodit, 97. liegender Endymion, 88. Venus Kallipygos, 99. Schlaf und Tod (sog. Gruppe v. S. Ildefonso), 284. gefangener Barbarenkönig. — Nun zurück bis zum Farnesischen Hercules und dann in das Südl. Schiff (Abgüsse nach neuern Bildwerken): 1. Pietà von *Michel Angelo*, 8. Christus v. *Michel Angelo*, 12. Delphin, ein verwundetes Kind ans Ufer tragend, v. *Raphael*, 14. singende, musicirende und tanzende Kinder v. *Luca della Robbia*, 17. Reliefs v. *Ghiberti*, 19. Jonas v. *Raphael*, 25. Reliefs v. *Giovanni da Bologna*, 53. Danaïde v. *Rauch*, 35.—37. vom Sebaldusgrab zu Nürnberg, v. *Peter Vischer*, 54. Hagar und Ismael v. *Wittig*, 55. Raphael v. *Haehnel*, 47. 48. Hirtenknabe und Mercur v. *Thorwaldsen*, 64. Pietà v. *Rietschel*, 63. Lessing v. *Rietschel* (S. 124).

Das *histor. Museum (Rüstkammer, Eintr. S. 202), im westl. und südl. Flügel des Zwingers, enthält Waffen und Rüstungen aus der deutschen Vorzeit, alte Trachten und merkwürdige geschichtliche Ueberreste, die reichste Sammlung der Art in Deutschland.

1. Eintrittssaal: Bildnisse sächs. Fürsten, die von Albrecht und seiner Gemahlin sind von L. Cranach, die übrigen meist Copien; an den Wänden alte Geräthe, Schränke, Sessel u. dgl.; Arbeitstisch der Kurfürstin Anna (1585); Luther's Schränkchen, sein Becher, sein Schwert, welches er als Junker Georg auf der Wartburg trug; alte Trinktische und Trinkgefässe, eingelegte Arbeiten, Stühle, Sessel. — 2. Jagdzimmer: Jagdgeräthe, Armbrüste, Hirschfänger, Speere, Messer, Bogen, Jagdhörner und

14*

Jagdtaschen, u. a. das Jagdhorn Heinrich IV. von Frankreich. — 3. Turnniersaal: eine lange Gallerie mit Prunkwaffen und Rüstungen, meist als Mann und Pferd wie Reiterstandbilder aufgestellt. Ausgezeichnet durch Pracht und Kunstwerth sind die beiden Rüstungen Kurfürst Christians II. († 1611), deren eine ein berühmter Waffenschmied in Augsburg, Collmann, verfertigte, die andere mit 14,000 Thlrn. bezahlt sein soll. Mehrere Schilde und Helme sind ebenfalls mit Reliefs äusserst kunstreich verziert. Zwei für denselben Kurfürsten verfertigte Rüstungen sind von Silber. — 4. Schlachtensaal: Waffen, von denen ein grosser Theil in der Schlacht getragen wurde, Rüstungen sächs. Fürsten und anderer bekannten Personen nach der Zeitfolge geordnet; darunter drei Rüstungen des Kurf. Moritz, neben ihnen die blutbefleckte Schärpe, die er 1553 in der Schlacht bei Sievershausen (S. 118) trug, und die Kugel, welche ihn tödtete, der Sage nach durch einen Verräther an seiner Seite auf ihn abgeschossen. Ziska's Bildniss nebst Waffen der böhmischen Bauern während des Hussitenkriegs, Dreschflegel mit Eisen beschlagen u. dgl. Rüstung Gustav Adolphs, welche er vor der Schlacht von Lützen in Weissenfels zurück liess, nebst Degen und Commandostab. Die Commandostäbe Tilly's und Pappenheim's. Thomas Münzer's Sensenschwert, des Polenkönigs Joh. Sobieski Schuppenharnisch, mit vergoldeten eisernen Kreuzen auf der Brust und dem Malteserkreuz auf dem Kragen, 1683 bei dem Entsatz Wiens getragen. Daneben Trophäen, Waffen und Rossschweife, welche die sächs. Truppen, die bei jener Gelegenheit unter ihrem Kurfürsten Johann Georg neben den Polen fochten, eroberten. — 5. Pistolenzimmer: Feuerwaffen von ihrer ersten Erfindung an, Pistolen Carls XII. von Schweden, Ludwigs XIV. von Frankreich, des Kurfürsten Moritz u. A. — 6. Sattelkammer und Kleidersaal: Prachtvolles Reitzeug, namentlich ein Sattel Christians II., reich gestickte Decken, Schellengeläute und Federn zu Schlittenfahrten u. dgl. Hof- und Staatskleider, sehr gut erhalten. Bischofsmützen. — 7. Das türkische Zelt des Kara Mustapha, bei dem Entsatz Wiens erobert, türk. u. oriental. Waffen. — 8. Das indianische Cabinet, allerlei Indisches enthaltend. — 9. Paradesaal: Krönungsanzug Augusts des Starken und das reich mit Edelsteinen gezierte Reitzeug, bei seiner Krönung zu Krakau gebraucht, daneben das Hufeisen, welches er mit der Hand zerbrach; Hut und Degen Peter des Grossen; Degen Carls XII. von Schweden; Napoleons Sattel von rothem Sammt, nebst den Stiefeln, die er in der Schlacht bei Dresden trug und den sammtnen Krönungsschuhen; seine Todtenmaske.

Das naturhistor. Museum (Eintr. s. S. 203), ebenfalls im Zwinger, ist nicht sehr bedeutend, die Sammlung ausgestopfter Vögel, mit ihren Nestern, Eiern u. Jungen, aber beachtenswerth. Das mineralog. Museum (Eintr. S. 203) ist 1858 neu geordnet und für Sachverständige wichtig; es zerfällt in eine Mineralien- und in eine geologische Sammlung, mit zahlreichen Versteinerungen (letztere hauptsächlich Geschenk des Hrn. v. Gutbier).

Die Frauenkirche (Pl. 22), 1726—1734 erbaut, am Neumarkt, hat eine gewölbte Kuppel, ebenfalls aus Stein, welche den schwersten Bomben 1760 während der Belagerung Friedrichs II. widerstand. Eine gute Treppe führt bis dahin, wo sich die Kuppel wölbt. Von da gelangt man auf bequemem Weg bis in die sogenannte Laterne, an 350′ hoch, schönste Uebersicht (Trinkg. 20 Ngr.). Die übrigen Dresdener Kirchen können unbeachtet bleiben.

Eines der grössten neuern Gebäude ist die Post (Pl. 35). Den Platz vor derselben ziert eine 1844 errichtete goth. Brunnensäule mit Statuetten, die heil. Elisabeth, Wittekind, Winfried (St. Bonifacius) und Johannes der Täufer, nach Semper's Entwurf. Ein Herr von Gutschmidt liess sie, auf die heilende Kraft des

Antiken. DRESDEN. *59. Route.* 213

Wassers hindeutend, anfertigen. Der Platz wurde in den ersten Maitagen 1849 von den Aufständigen hartnäckig vertheidigt. Gebäude und Bäume tragen noch Kugelspuren.

In der Nähe (Ostra-Allee 9) ist *Kaufmann's acust. Cabinet (Pl. 20, Eintr. s. S. 202), eine Sammlung der verschiedensten selbstspielenden Musikwerke, Harmonium, Harmonichord, Aulodion, Chordaulodion, Symphonion, Orchestrion, Belloneon (Trompeter-Automat) etc., besuchenswerth; auch käuflich zu haben.

In der Neustadt, auf dem an die Brücke stossenden Hauptplatz, am rechten Ufer der Elbe, erhebt sich das S. 201 genannte grosse *Standbild August's des Starken* (Pl. 12). Links geht's zum **Japanischen Palais** (Pl 18), seinen Namen von einigen Figuren in diesem Geschmack führend, 1717 von Graf Flemming erbaut. Folgende Sammlungen sind hier aufgestellt: das *Antikencabinet*, die *Bibliothek*, das *Münzcabinet*, die *Porzellansammlung*.

Antikensammlung, ebener Erde links (Eintr. s. S. 202), wenig Ausgezeichnetes, meist Arbeiten aus der römischen Kaiserzeit.

Saal I. Nr. 1. bis 10. Büsten sächs. Fürsten von Friedrich dem Weisen bis zum jetzigen König. 34. Marschall v. Sachsen, Feldherr Ludwigs XIV., der natürliche Sohn August's I. und der Gräfin Königsmark (S. 167). — II. 53. Gustav Adolph, 54. Richelieu, 55. Carl I. von England, 99. die Gruppe des Nessus und der Dejanira, in Erz von Giov. da Bologna. — III. 113. Silen, 115. Kopf der Niobe, 135. Jupiter, 143. Torso der Minerva Promäche. — IV. 158. Faun und Bacchantin, 166. kleines Mädchen, 178. Minerva, 183. Hebe, die Gewandung in grauem Marmor, 184. Venus aus dem Bade steigend, 185. Torso eines verwundeten Fechters. — V. 196. Venus und Amoretten, 197. Amor spielt mit dem Löwen, 201. dreiseitige Candelaber — Basis von Marmor, worauf der Raub des geheiligten Dreifusses durch Hercules, dessen Wiedereinweihung und die Weihe einer Fackel dargestellt sind, im nachgeahmt aeginetischen Stil, die ersten Fortschritte der Kunst; 209. Satyr, 210. 211. junge Faustkämpfer. — VI. Kaiserbüsten, 224. Sarkophag mit Bacchuszug, 260. 262. ältere und jüngere Frau aus Herculanum, in ganz vorzüglicher Arbeit, fast ganz erhalten, 1715 zu Herculanum gefunden. Muster von Gewandbildern, 263. Faun. — VII. 280. Faustkämpfer aus polirtem grauem Marmor, 303. liegende Figur, 304. 305. Satyr und Hermaphrodit Faun und Hermaphrodit. — VIII. 324. Caracalla, Halbfigur, 334. Muse, 349. bis 352. Fechter. — IX. 384. Salbenreiber, 385. Antinöus Bacchus, 336. Ariadne, 383. Venus, 380. Antoninus Pius, 367. Sarkophag mit Bacchuszug. — X. Drei Löwen aus aegyptischem Syenit. XI. Terrakotten und Vasen. — Saal XII. Sächs. Alterthümer (Preusker'sche Sammlung).

Die **Porzellansammlung** (Eintr. S. 203) füllt die gewölbten Souterrains des Japan. Palais, besonders reich an chines. und japan. Stücken, grossen Thierfiguren u. dgl., dann die ersten Versuche Böttgers (S. 202). Das grösste Stück (in den letzten Räumen) ist das Modell eines nicht zur Ausführung gekommenen Denkmals August's III. Neben demselben ein hoher Camellienstrauss, für die Londoner Ausstellung (1851) in Meissen verfertigt. Im letzten Gewölbe moderne Stücke, Vasen und Biscuit-Figuren aus Sèvres, von Napoleon I. geschenkt; aus Berlin eine grosse Vase und die schöne Schleierbüste der Königin von Preussen. Die Führung dauert eine ganze Stunde und ermüdet zuletzt.

Die *Bibliothek (Eintr. s. S. 202), im obern Stock des Japan. Palais. Am Treppen-Aufgang 12 *Reliefs von Rietschel, Abgüsse der in der Leipziger Aula (S. 194) befindlichen, die Entwickelungsgeschichte der Menschheit andeutend: 1. Nomaden, 2. Aegypter, 3. Griechen, 4. Römer, 5. Christenthum, 6. Städtegründung, Kreuzzüge, 7. Universitäten, Buchdruckerkunst, 8. Handel, 9. Reformation (Luther, Zwingli, Melanthon, rechts die Familie des Bildhauers), 10. Maler und Bildhauer (Raphael, Michel Angelo, l'et. Vischer, Dürer), 11. Dichter, Tonkünstler und Naturforscher (Seb. Bach, Shakspeare, Goethe, Alexander v. Humboldt, in der Mitte Kant), 12. neueres Staatsleben (der König auf dem Thron, links ein katholischer und ein evangelischer Geistlicher, rechts Wehr- und Nährstand). Die Bibliothek enthält an 300,000 Bände, 2000 Incunabeln, 2800 Handschriften, eine grosse Sammlung Landkarten; dann im 1. Zimmer Gellert's Todtenmaske in Wachs, im grossen Saal die Büsten von Goethe und Tieck, 1828 und 1836 von David (d'Angers) gefertigt. Unter den Schaustücken in den Glasschränken ist hervorzuheben:

Atlas Royal, eine durch Friedrich August II. in 19 Foliobänden veranstaltete Sammlung von Bildnissen der Fürsten und Fürstinnen des 17. Jahrh., sorgfältig ausgemalt, mit Karten verschiedener Länder, und mit Plänen der Hauptstädte, 1707 in Amsterdam in drei Exemplaren verfertigt, wovon eines im Haag, das andere in Kopenhagen; mexican. Hieroglyphen-Codex, 12' lang, auf beiden Seiten beschrieben; Bruchstück des Zend-Avesta des Zoroaster, Mscpt. aus dem Anfang des 15. Jahrh.; achteckiger Koran in der Grösse eines Thalers; Koran des Sultans Bajazet II. mit Goldverzierungen; persisches Ful Nameh (Schatzkästlein) in Goldschrift mit vielen Zeichnungen; Runenkalender auf Buchsbaum aus dem 12. und 13. Jahrh.; Valturius „de re militari", Pergament-Handschrift aus dem 15. Jahrh. mit zahlreichen Abbildungen militair. Gegenstände; Turnierbücher mit Abbildungen, namentlich das des Königs René von Anjou, aus dem 15. Jahrh., früher im Besitz Carl's des Kühnen von Burgund; Petrarca „de remediis utriusque fortunae", franz. Pergament-Handschrift des 15. Jahrh. mit Zeichnungen; Breviere mit Miniaturen, namentlich das der Maria von Burgund, der ersten Gemahlin Kaiser Maximilian's I.; Sachsenspiegel, Handschrift mit Zeichnungen von 1386; Handschriften von Luther und Melanthon; Dürer's Abhandlung von den Verhältnissen des menschlichen Körpers mit vielen eigenhänd. Zeichnungen 1523; Faust's Höllenzwang, Papierhandschrift des 18. Jahrh. mit allerlei magischen Figuren; Sammlung von Bildnissen sächs. Fürsten von der ältesten Zeit bis zu August II.; Seb. Brant's Narrenschiff, 1497 in Paris gedruckt mit 117 Miniaturen; desselben Buches erste deutsche Ausgabe von 1494 mit 114 Holzschnitten. Ein *Band mit 56 Miniaturbildnissen der berühmtesten und gelehrtesten Männer des 15. und 16. Jahrh., wahrscheinlich von Cranach d. j.

Der stets geöffnete *Japan. Garten* hinter dem Palais gewährt eine hübsche Aussicht auf die Elbe und die Eisenbahnbrücke.

Das **Alterthümer-Museum** (Pl. 37, Eintritt S. 202) enthält meist kirchliche Gegenstände des Mittelalters, die in Folge der Reformation aus sächsischen Kirchen entfernt, hier seit 1845 gesammelt wurden, Altäre der verschiedenen Form, meist mit vergoldetem Holzschnitzwerk, Messgewänder, Bischofsmützen, Münzen, Siegel, Steine u. dgl. m. Es befindet sich in dem, Ende des 17. Jahrh. erbauten Schloss im *Grossen Garten*, jetzt einem kleinen Park mit Kaffehäusern (S. 202) vor dem Pirnaer Schlag (Thor), am 26. und 27. August 1813 Schauplatz und Gegenstand beharrlicher blutiger Kämpfe zwischen Preussen und Franzosen.

Privatsammlungen. *Gemäldesammlung des Hrn. von Quandt*, Neustadt, Klosterstr. 11, neben ältern Stücken besonders neuere, Landschaft von Steinkopf, Mutter und Kind von Schnorr, Wasserfahrt von Richter u. a. (10 Ngr. Trinkg.). — *Ethnolog. Samml. des Hrn. Hofr. Klemm*, Königsbrückestr., Freit. zugänglich (10 Ngr.).

Auf dem **Neustädter Kirchhof** (Pl. 30), 15 Min. nördlich hinter dem Schles. Bahnhof, liegen einzelne Männer von bekannten Namen begraben. In der 2. Abth. rechts *Joh. Christ. Adelung* († 1808) der Sprachforscher; gegenüber der sächs. General *v. Christiani* († 1804); weiter der preuss. Oberst *v. Witzleben* († 1839), als Dichter unter dem Namen *Tromlitz* bekannt; links *Elisa v. d. Recke* († 1833); *Aug. Tiedge* († 1841); *A. G. Eberhard* († 1845). — An einer Wand der 3. Abth. hat Christian VIII., König von Dänemark, dem Freiherrn *v. Rumohr* († 1843), kgl. dän. Kammerherrn, dem *„geistreichen kundigen Schriftsteller über Staats- und Lebensverhältnisse der Vor- und Mitwelt"* ein Denkmal errichtet. — Eine 25′ h. Spitzsäule aus röthl. Granit erinnert an die im Kampf mit Aufständigen vom 3. bis 9. Mai 1849 *„vereint und treu bis in den Tod bei gutem Kampf für König und Gesetz"* gefallenen Soldaten, von den Sachsen General *Homilius*, Lieut. *Krug v. Nidda* und 26 Gemeine; von den Preussen Lieut. *v Liebeherr*, Lieut. *v. Kuylenstierna* und 2 Gemeine vom Füs.-Bat. des Kaiser Alexander Grenadier-Regiments, dann 5 Gemeine vom 24. Inf.-Regiment.

Auf dem *kathol. Kirchhof* (Pl. 29) in der Friedrichsstadt u. a. die Gräber von *Friedrich Schlegel* († 1829), des Malers *Gerhard v. Kügelgen* († 1820), des Tonsetzers *Carl Maria von Weber* († 1826).

Ausflüge. Am linken Ufer der Elbe. Unmittelbar hinter dem Dorf *Räcknitz*, ½ St. s. von der Stadt, ist das *Denkmal Moreau's*, von 3 Eichen umgeben, ein grosser Granitwürfel mit Helm, Schwerdt und Lorbeerkranz, an der Stelle errichtet, wo Moreau die tödtliche Wunde erhielt. Seine Beine, welche eine Kanonenkugel ihm fortriss, sind hier beerdigt; sein Körper ward nach St. Petersburg gebracht. Die Inschrift auf dem Denkmal lautet: *„Moreau der Held fiel hier an der Seite Alexanders den 27. August 1813."* Etwa 100 Schritte weiter auf der Höhe, da wo der Grenzstein steht, hat man einen Ueberblick der Berge der Sächs. Schweiz. Droschke bis Räcknitz 6 Ngr., auf halbem Wege dahin die neue Restauration zum *Bergkeller* (S. 202), mit schöner Rundsicht. Ausgedehnter noch von der in derselben Richtung (über *Kaidtz* und *Nöthnitz*, woselbst J. J. Winkelmann vor seiner Reise nach Italien fünf Jahre lebte) 1½ St. weiter südlich gelegenen *Goldenen Höhe (Goligberg)*, und von den benachbarten westlichen Höhen, dem *Horkel* und dem *Windberg* am Plauenschen Grund.

Von *Sedlitz*, erste Station an der sächs.-böhm. Bahn (S. 217), durch den freundlichen *Lockwitser Grund* nach (1½ St.) *Kreyscha*, beliebte Restauration und Wasserheilanstalt mit Parkanlagen. Ueber (1 St. s.ö.) *Maxen*, durch seine Marmorbrüche bekanntes

Dorf, mehr noch durch die Gefangennehmung des preuss. Generals v. Fink mit seinem Corps am 21. Nov. 1759 von den Oesterreichern unter Daun („Finkenfang"), in das romantische *Müglitzthal* zum königl. Schloss (1 St. ö.) *Wesenstein*, und im Thal n. abwärts, nach dem uralten Städtchen *Dohna* und (1 St.) Station *Mügeln*, von wo der Zug in ½ St. Dresden erreicht. Schloss *Wesenstein* ist durch die höchst eigenthümliche Bauart bemerkenswerth, es liegt auf und an einem Felsen, der zum Bau mit benutzt ist, der Pferdestall ist im 3. Stock, Eiskeller und Capelle im 5. St. Der Altar in letzterer ist natürlicher Fels.

Das rechte Ufer der Elbe erhebt sich oberhalb Dresden in sanften Hügeln, Gipfel bewaldet, die untern Abhänge mit Weinbergen bedeckt, mit zahlreichen Landhäusern, besonders bemerkenswerth die von Semper erb. *Villa Rosa*. Mehrere der besuchtesten Vergnügungsorte liegen an diesen Abhängen, so *Lincke's Bad*, 20 M. von der Brücke, in der Schillerstrasse; 5 Min. weiter die *Krafft'sche Restauration* mit ihren grossen Sälen; dann 5 M. weiter das *Waldschlösschen, wo die berühmte grossartige Bierbrauerei und Bierschenkwirthschaft, vortreffliche Aussicht. Omnibus S. 202. Die *Albrechtsburg* (früher *Findlater's Weinberg*), 15 Min. vom Waldschlösschen, der schönste Punct, mit zwei prächtigen neuen Schlössern (tägl., Sonnt ausgenommen, von 1—3 zugänglich), ist Eigenthum des Prinzen Albrecht von Preussen, von seiner Gemahlin, der Gräfin v. Hohenau (geb v. Rauch) bewohnt u. glänzend eingerichtet, daneben die im engl. Styl erbaute Villa des Kaufmann Souchay, mit 3 Thürmen. Hinter der Albrechtsburg im Walde führen Spaziergänge nach dem *Wolfsberg*.

Weiterhin, jenseit des *Mordgrundes*, sieht man in *Loschwitz* (1 St. ö. von Dresden) ein kleines mit rothen Ziegeln gedecktes, durch eine Inschrift und die „Schillereiche" bezeichnetes Sommerhaus mitten in einem Weinberg, nahe am Weg. Hier wohnte Schiller im Sommer 1786 und dichtete den grössern Theil seines Don Carlos. Er war Gast des Appellationsraths Körner, des Vaters unsers Heldendichters, der in dem untern Haus wohnte. Gegenüber am Hohlweg eine sitzende Schillerstatue im Garten des *Hrn. v. Orlando*, dessen Villa, 1856 von Erbard aufgeführt, nebst andern (besonders auch Prof. Hermann's) weithin die Gegend ziert. Im *Schillergarten* Restauration und hübsche Aussicht, ebenso von der Restauration zum Burgberg.

Loschwitz gegenüber liegt am l. U. der Elbe *Blasewitz*, der Geburtsort des Tonkünstlers Naumann († 1801), bekannter durch die Gustel von Blasewitz aus Wallensteins Lager. Zu *Wachwitz* (½ St. s.ö. von Loschwitz am r. U.) ist der *königl. Weinberg* (Eigenthum der verw. Königin Marie) mit hübschem Schloss, Capelle, Anlagen, Thiergarten u. dgl. Halbwegs zwischen hier und (1 St.) Pillnitz, bei *Hosterwitz*, liegt nahe am Weg rechts (am Ende der Pappelallee und Eingang des hübschen *Keppgrundes*, wo

2 Wirthshäuser) das Haus, in welchem Carl Maria v. Weber seine Opern Freischütz und Oberon componirte.

Nordwestlich unterhalb Dresden, ½ St. von Station *Weintraube*, der ersten an der Dresden-Leipziger Bahn, liegt auf den Weinbergen der Vergnügungsort *Paradies* mit schönster Aussicht, sehr viel von Dresden aus besucht; auf einer andern Höhe das seiner Aussicht wegen berühmte *Spitzhaus*; auf einer dritten bei Station *Kötschenbroda* die *Wettinshöhe* (Restauration), darunter die grosse *Lössnitzer Champagnerfabrik*.

Die *Moritzburg*, 2 St. nördlich von Dresden, am besten mit Fiaker (S. 202) zu besuchen, hat viele histor. Erinnerungen an August den Starken und Aurora von Königsmark (S. 167), schöne Teiche, Schwarzwildfütterung, Landesbeschälanstalt.

Der Ausflug in den Plauenschen Grund und nach Tharandt ist S. 225 beschrieben. Wer auch nicht die ganze Sächsische Schweiz besuchen kann, sollte Dresden nicht verlassen, ohne einen halben Tag dem Uttewalder Grund (S. 218) u. der Bastei (S. 219), einem der reizendsten Puncte im nördl. Deutschland, zu widmen.

60. Sächsische Schweiz.

Zwei Tage sind mindestens erforderlich, die Schönheiten der Sächs. Schweiz kennen zu lernen. Am ersten Tag mit Eisenbahn (S. 223) über Pirna in ¾ St. nach Pözscha, übersetzen nach Wehlen; dann zu Fuss durch den Wehlener und *Zschärnegrund nach der **Bastei 1½ St.; durch den Amselgrund nach Hohnstein 2 St.; über den *Brand nach Schandau 3 St. Am zweiten Tag zu Wagen in ¾ St. nach der Haidemühle, zu Fuss *Kuhstall 1½ St., *grosser Winterberg 1½ St., Prebiasthor 1 St., Herrnskretschen 1½ St.; mit Dampfboot in 1 St. oder Eisenbahn in 1½ St. nach *Königstein, Festung besteigen 2 St.; dann auf der Eisenbahn wieder nach Dresden zurück. Wer einen dritten Tag zusetzen will, besieht sich Pillnitz, besteigt den *Porsberg, wandert durch den Liebethaler, Uttewalder und Zschärne-Grund zur Bastei und übernachtet in Hohnstein. Der zweite Tagemarsch wird dadurch abgekürzt. Führer (1 Thlr. täglich) sind angenehm, aber nicht durchaus nöthig, wenn man möglicherweise einen kleinen Umweg nicht scheut. — In der Pfingstwoche ist ein Aufenthalt in der Sächs. Schweiz unerquicklich, weil Alles um diese Zeit reiset und die Gasthöfe u. a. O. überfüllt sind.

Das *Meissener Hochland*, schon vor dem J. 1786 die *Sächsische Schweiz* genannt, ein wildes durch seine wunderbaren Felsbildungen besonders ausgezeichnetes Gebirgsland, zieht sich von Liebethal, 5 Meilen weit bis zur böhm. Grenze, und in gleicher Breite vom Falkenberg bis zum Schneeberg hin. Die Elbe durchströmt dasselbe, und wie der Rhein seinen Glanz von Bingen bis Bonn entfaltet, so die Elbe von Leitmeritz bis Pirna. Der Quadersandstein, aus welchem das Gebirge besteht, ist mehr oder weniger würfelig oder vierseitig säulenförmig zerklüftet. Thäler, Schluchten und Risse sind durch fliessendes Wasser, durch Ausnagung entstanden. Regengüsse, Schneewasser, Frost und atmosphärische Feuchtigkeit bewirkten eine Verwitterung, und dadurch den Zusammensturz der aufgethürmten quaderförmigen Felsmassen, welchen die Sächs. Schweiz die so eigenthümlichen Formen der Berge und

Abhänge (vgl. A. v. Gutbier, geogn. Skizzen a. d. sächs. Schweiz) verdankt. Einzelne dieser Felshörner sind so dünn und schwach, dass man schwer begreift, wie sie sich in einer Höhe von mehreren 100′ aufrecht erhalten können; zuweilen ruht ein abgestumpfter Kegel auf dem andern, wie man in Höhlen den herabhangenden Tropfstein auf dem aufgeschossenen ruhen sieht. Zwischen diesen Felsen, selbst in den Ritzen und Spalten derselben, wachsen Bäume, obgleich man keinen Zoll Erde sieht, die ihnen Nahrung geben könnte.

Der belohnendste aber nicht nächste (½ St. um) Landweg nach **Pillnitz** (200′ ü. M.) führt am r. U. der Elbe (s. S. 216), der gerade Weg am linken Ufer. Pillnitz ist ein neueres königl. Lustschloss, im italien. und japan. Geschmack, mit Anlagen und einem reichen botan. Garten. In der Schlosscapelle und im Speisesaal gute Frescobilder von Vogel, auf einem derselben Bilder der königl. Familie. Dieser mittlere Theil des Schlosses ist erst 1818 erbaut, nachdem das alte abgebrannt war, in welchem am 27. Aug. 1791 die gegen die franz. Revolution gerichtete Convention zwischen Kaiser Leopold II. und König Friedrich Wilhelm II. von Preussen abgeschlossen wurde. Auch Graf Artois (33 Jahre später König Carl X. von Frankreich) nahm daran Theil.

Hinter dem Schloss eine *Restauration. Von der künstlichen Ruine hinter dem Dorf Pillnitz, am Wege zum Porsberg, hübsche Aussicht, weit schöner und umfassender vom *Porsberg (1107′) selbst, 1 St. ö. v. Pillnitz. Oben eine Orientirungsscheibe und *Whs.

Bei Pillnitz verlässt der *Fahrweg* das Elbufer und führt durch eine Allee in 20 Min. nach *Oberpoyritz* und weiter zum Theil durch Tannenwald nach *Lohmen.* Der Fussweg wendet sich von Oberpoyritz geradezu ö. auf die (1 St.) Steinbrüche des Liebethaler-Grundes hin, welche der Fahrweg nicht berührt. Der *Liebethaler Grund*, eine der in dieser Gegend so häufigen tiefen Schluchten, ist kaum sehenswerth. Die Wanderung von Pillnitz durch den Liebethaler Grund bis Lohmen nimmt 2 St. in Anspruch. Der Pfad führt bisweilen im Grund der Schlucht an der Seite des Bachs, dann wieder am Rand der Felsen. Man kommt bei grossen Steinbrüchen vorüber, dann bei der tief in der Schlucht zwischen senkrechten Felsen gelegenen *Lochmühle.* In diese Felsen gehauene Stufen (154) führen aus der Schlucht über *Daube* nach *Lohmen* (*Whs.), Flecken mit einem alten Schloss.

Von Lohmen auf der Landstrasse weiter. Ein Wegweiser zeigt r. nach (¾ St.) *Uttewalde.* Beim letzten Haus steigt man auf 99 Stufen hinab in den etwa ½ St. l. *Uttewalder Grund, der so eng ist und dessen Felswände so hoch sind, dass die Sonne einige Theile derselben nie bescheint. An der engsten Stelle, dem *Felsenthor,* füllt der Bach den Raum aus, so dass der Pfad auf Brettern gebahnt werden musste; 5 M. weiter Erfrischungen zu haben; 10 M. *Teufelsküche,* eine kaminartige oben offene Felsgrotte; 5 M. Scheideweg, links hinauf durch den Zschärne-Grund zu der von hier 1 St. entfernten Bastei.

Kürzer und ausdauernder belohnend ist (S. 217): von Dresden mit Eisenbahn in $^3/_4$ St. bis Station *Pözscha*, hier nach „Städtel" **Wehlen** (*Sächs. Schweiz*, billig, guter Landwein, Schoppen 5 Ngr.; *Stadt Wehlen)* übersetzen und gleich n. weiter wandern, etwas bergan, 7 M. ausserhalb des Orts nicht r. den gepflasterten Weg hinan, sondern l. im Grunde weiter. Das zu beiden Seiten mit bewaldeten Anhöhen eingefasste Thal, Anfangs breit, verengt sich mehr und mehr, und gabelt sich, $^1/_2$ St. von Wehlen, bei einem Wegweiser: r. geht's in den Zschärnegrund, gerade aus in den Uttewalder Grund (S. 218).

Durch den $^1/_2$ St. l. **Zschärne-Grund** (eine wilde kühle enge Waldschlucht, hohe ausgewaschene theilweise mit Moos- und Farrnkraut bedeckte wunderliche Felsbildungen) führt der nicht zu verfehlende Weg zur Bastei stets bergan. Am Ende des Zschärne-Grundes 15 Min. lang auf breitem gut gebahntem Wege durch junge Tannenpflanzungen, dann auf der Landstrasse r., von wo man in 10 M. die Bastei erreicht.

Die **Bastei** (939' ü. M., an 700' ü. d. Elbe), der Glanzpunct der Sächs. Schweiz, eine von der Elbe steil aufsteigende, in mehreren Hörnern sich giebelnde Felsmasse, bietet namentlich von dem 70 Stufen h. *Aussichtthurm* eine ausgedehnte Rundsicht, kaum von einer im nördl. Deutschland übertroffen, n. Rathewalde und Hohnstein; ö. Brand (373'), kleiner Winterberg (1530'), grosser Winterberg (1721'), Zirkelsteine, Kaiserkrone; s. Papststein, Gohrichstein (1395'), im Vordergrund Lilienstein (1257') und Königstein (1115'); s.w. Rauhstein, Bärenstein (1011'); tief unten die Elbe von Wehlen bis oberhalb Rathen; trefflicher Blick über die waldbewachsenen Felsgründe und die meist steil abfallenden, riesenhaften Castellen ähnlichen Bergkegel.

Der *Gasthof (53 Betten zu 15 Sgr. in 18 Zimmern) wird für königl. Rechnung gut bewirthschaftet, der Pächter heisst Kaiser. Sonntags ist ein Verkehr da, der an das Rigi-Treiben erinnert, jedoch nur Deutsche. Die Bastei ist Hauptquartier der Führer. Höchst überraschend ist der Blick von der mit einer Wetterfahne und einem Geländer versehenen weit über den Abgrund hinausragenden Felsplatte ö. neben dem Gasthof.

Von der Bastei gelangt man bergab in $^1/_2$ St. (bergan fast 1 St.) nach **Rathen** (*Gasthof); die Eisenbahn-Station ist gegenüber am r. U. der Elbe. Der Felsenweg führt von der Bastei abwärts über eine (5 M.) steinerne auf 7 Bogen ruhende Brücke, welche die hier aufragenden Felshörner überbrückt, *„ausp. Friederici Augusti reg. Sax. constr. 1850, 1851"*, wie mit goldenen Buchstaben hier zu lesen ist. Eine Inschrift r. erinnert an die Pastoren *Nicolai* († 1819) und *Götzinger* († 1818), *„welche zuerst die Blicke der Fremden auf diese Gegenden leiteten"*. Der unvermeidliche Name *Kiseluk* fehlt auch hier nicht. Von einem Ausbau der Brücke grossartiger *Blick in den felsumstarrten tannenbewachsenen tiefen Grund. Die eigenthümlichen Felsgebilde (S. 218) treten hier in wunderlichen Formen ganz nahe an den Beschauer. Noch 5 M. weiter trägt ein Fels die Inschrift: „*zur Erinnerung an Tiedge, den Sänger der Urania*" (S. 215).

Wer nicht an die Elbe, sondern nach Rathewalde oder nach Hohenstein will, wendet nach ½ St. sich unten im Thal, wo der Pfad sich gabelt, l. den *Amselgrund* hinan, an dem im Sommer äusserst dürftigen Wasserfall vorbei nach Rathewalde. Die andere Gabelung am Amselgrund, weiter r. führt (später an dem 350′ hoch aus dem Polenzthal steil aufsteigenden *Hockstein* vorbei) nach dem 2 St. von Rathen n.ö. gelegenen, von einer alten Burg überragten Städtchen **Hohnstein** *(Hirsch, Sächs. Schweiz)*.

Der Weg vom Hohnstein nach dem Brand (1¼ St.) und weiter ist nicht zu verfehlen; an geeigneten Orten stehen Handweiser. Die Aussicht vom *Brand (973′), wo ein kleines sauberes Gasthaus, auch zum Uebernachten, in gleicher Höhe mit der Bastei, wird von Manchem der Aussicht von dieser gleichgestellt. Ein Kranz von Bergen zeigt sich: von r. nach l. (von SW. nach SO.) Bastei, Bärensteine, im Hintergrund der Königstein mit den weissen Mauern, Lilienstein, Pfaffenstein, Gorischstein, Papststein, dahinter der Schneeberg, die Kuppelberge, der Zschirnstein, Zirkelstein, die Kaiserkrone, dahinter der Rosenberg, ganz links der grosse Winterberg, tief im Grund das Polenzthal.

Etwa 100 Schritte von da, wo der Wegweiser steht, leitet ein Fusspfad von dem breiten Waldweg links, etwa 100 Schrite ab, an einen Abgrund seltsam gestalteter Felsen, zugebundenen „Hafersäcken" ähnlich. Der grosse Weg wendet sich etwa 50 Schritte weiter der Elbe zu, und führt unmittelbar darauf durch den *tiefen Grund* steil ins Thal hinab, theilweise auf Stufen, unten an einer seltsam den Weg überhangenden Felsgruppe vorbei auf die (½ St.) Hohnstein-Schandauer Landstrasse, auf welcher man von hier in 45 Min. die Elbe, und nach noch 20 Min. **Schandau** *(*Forsthaus Z. u. L. 20, F. 8, B. 6, Dampfschiff, Deutsches Haus*; Hôtel garni von *Kunzler*, alle neben einander an der Elbe; ganz in der Nähe am Markt *Sächs. Schweiz*) erreicht, wohlhabendes Städtchen mit dem Grenzzollamt, an der Mündung des Kirnitzschbachs in die Elbe. Saumthiertaxe: von Schandau zum Wasserfall 1 Thlr., von da auf den Kuhstall 10, von da auf den kleinen Winterberg 25, vom kleinen auf den Grossen Winterberg 15, Prebischthor 15, Herrnskretschen 20 Ngr., also zusammen für den 5stünd. Ritt den sehr hohen Preis von 3 Thlr. 25 Ngr.

Von Schandau auf den Papststein (1¼ St. s.w.): unterhalb des Bahnhofs den ersten mit Geländer versehenen Weg l. scharf bergan; nach 25 M. auf der ersten Bergstufe, immer auf dem Wege fort, r. an den Geländersteinen entlang; 8 M. *Klein-Hennersdorf*, bei dem Hause, wo der Ortsname angeschlagen, links, dann quer über den Fahrweg und am Rand des Waldes entlang, weiter in gleicher Richtung fort, wo von Zeit zu Zeit weisse Flecken an Bäumen den richtigen Weg bezeichnen. Oben ein kleines Wirthshaus, unter dem Dach 8 Betten zu 6 Ngr., Verpflegung nicht übel. Aussicht vom Gipfel des *Papststein (1394') über die ganze Sächs. Schweiz, besonders hervortretend n.w. Lilienstein und Königstein, ö. der Grosse Winterberg; der Gleis, wie ein Thurm aufsteigend; und s.ö. der höchste, der Basaltkegel des Rosenbergs (1900'). Die Elbe sieht man nur auf einem ganz kleinen Punct bei Schandau. — Vom Papststein n.w. über *Gohrisch* nach Königstein 1 St., guter Weg. Kahn von Königstein nach Rathen (S. 223) 1 Thlr. 5 Ngr., 40 Min. Fahrzeit.

Das *Kirnitzschthal* ist ein enges Wiesenthal, mit eigenthümlichen waldbewachsenen Felsgebilden. Wagen von Schandau bis zu der 1½ St. entfernten Haidemühle 1—5 Pers. 1½ Thlr., jede Person mehr 6 Ngr. Der Weg führt an dem eisenhaltigen *Bad* (¼ St.) vorbei, welches ebenfalls zur Aufnahme von Fremden gut eingerichtet ist. Bei der *Haidemühle*, wo ein durch Aufziehen einer Schütze verstärkter Wasserfall (*Lichtenhainer Fall*, *Gasth.), trennt sich der Fahrweg vom Fussweg. Auf dem letztern gelangt man bergan an einem Handweiser vorbei in ½ St. zum Kuhstall.

Der *Kuhstall (970') ist ein 20' hohes offenes Felsenthor, nach der einen Seite Aussicht in ein tiefes bewaldetes Thal, den *Habichtsgrund*, von Sandsteingebirgen ringsum begrenzt. Diese Halle hat den Bewohnern der Umgegend während des 30jähr. Kriegs als Zufluchtsort für ihr Vieh gedient, und mag daher den Namen haben. Eine enge Spalte zwischen zwei Felsen führt auf 83 Stufen zum Gipfel. Im Sommer ist hier Wirthschaft, auch zum übernachten. Im Fremdenbuch wunderliche Inschriften.

Man steigt nun durch eine tiefe Schlucht in den tiefen *Habichtsgrund* hinab, dann wieder steil bergan. Nach ½ St. trennt sich der Weg, links gelangt man in gerader Richtung zum grossen Winterberg, rechts nach 5 Min. steilen Steigens erst auf den *kleinen Winterberg* (1530' Basaltkuppe) zu einer ehem. Capelle, dem *Winterhaus*, in welchem eine deutsche und latein. Inschrift berichtet, dass im J. 1568 Kurfürst August von Sachsen, bis auf diesen vorspringenden Felsen von einem wüthenden Hirsch verfolgt, sich durch einen glücklichen Schuss gerettet hat.

Der Gipfel des *grossen Winterbergs (1721'), den man in ½ St. vom Winterhaus bequem erreicht, ein 1000 Schr. l. kuppeliger Rücken von Basalt, der in grossen Säulenbüscheln zu Tage ausgeht, gewährt von seiner an 90' h. Rundschau eine malerische weite Fernsicht auf die sächsischen, böhmischen, selbst auf die schlesischen Gebirge (Tafelfichte, Lausche, Reifträger u. a.), im Vordergrund leider nur auf einen kleinen Theil des Elbethals. Der Gasthof ist gut, man muss sich indess, wenn Mangel an Raum entsteht, Zimmergefährten gefallen lassen.

Der Weg zum *Prebischthor* (1 St. s.ö.) führt über den nackten dürren Boden, dessen üppigen Pflanzenwuchs ein Waldbrand am 31. Aug. 1842 vernichtete. Das Gestein hat auf einer Strecke (n.ö.) durch Wasserläufe Heuschobern ähnliche Formen erhalten. Das *Prebischthor (1317') ist ebenfalls ein Felsbogen, vielleicht

222 *Route 60.*   SÄCHS. SCHWEIZ.   *Königstein.*

in der Urzeit durch Wellenschlag und Meeresauswaschungen (S. 53)
entstanden (unten 100' br., oben 66', Deckplatte 48' lang, 10'
stark), von grösserm Umfang, als der Kuhstall, schon auf böhmischem Gebiet. Die Aussicht in die wilde Umgebung ist höchst
merkwürdig; die entfernten Umrisse des Erzgebirges begrenzen
den s.w. Horizont. Auch hier kann man übernachten; guter
Ungarwein 17 Ngr., Ruster Ausbruch, ein angenehmer süsser Ungarwein, 25 Ngr.

Ein steiler Pfad führt zwischen gewaltigen Felswänden von
hier s.w. hinab, dem Lauf der *Biela* und dann der *Kamnitz* folgend, welche mehrere Sägemühlen in Bewegung setzt, bis (1½ St.)
Herrnskretschen, dem Fürsten Clary gehöriger Ort, an der Elbe.
Gasthof an der Elbe; Ruster Ausbruch 21 Ngr. Gegenüber am
l. U. der Elbe der Eisenbahnstation *Schöna*. Das 1 St. s. gelegene
Belvedere, 500' über der Elbe und der Strasse nach Tetschen gewährt eine prächtige Aussicht in das Elbe-Thal.

Etwa 2 St. weiter südl. am r. Ufer der Elbe die kleine
Stadt **Tetschen** *(Silb. Stern)*, mit dem Schloss des Grafen Thun,
der anmuthigste Punct im ganzen Elbthal; gegenüber am linken
Ufer, durch eine Kettenbrücke verbunden, *Bodenbach*, Eisenbahn-
station (S. 223). Dampfboot mehrmals täglich (S. 202), Gondel
von Herrnskretschen nach Schandau (1¼ St. Fahrens) 1⅙ Thlr.,
Königstein (2¼ St.) 2⅓ Thlr., Rathen (3 St.) 3 Thlr., an dem
sächs. *Wachtschiff* und den *Postelwitzer Steinbrüchen* vorbei.

Königstein *(*Blauer Stern, *Bahnhofsrestauration)* ist ein kleines
Städtchen, über welchem sich (40 Min. Steigens) die *Bergfestung
(1111') gleichen Namens erhebt, die einzige in Sachsen, ½ St.
im Umfang, mit einem 600' tiefen Brunnen (60' Wasser). Zu
Kriegszeiten werden gewöhnlich der Schatz und die Archive von
Dresden hierher gebracht. Er ist zugleich sächs. Staatsgefängniss.
Gegen Vorzeigung des Passes oder einer Karte am Thor wird man
nach Zahlung von 1⅓ Thlr. für 1—8 Pers. (dann an Niemand
mehr ein Trinkgeld) eingelassen und auf den Wällen, welche die
reizendsten Aussichten gewähren, umher geführt. Auf einer Bastei
sind Erfrischungen und gutes Bier zu haben, ebenso in der *neuen
Schenke* in der Nähe des Festungsthors. Die Partie ist sehr belohnend, sie nimmt von unten 2 St. in Anspruch. Die Besatzung
der Festung beträgt 400 Mann.

Gegenüber erhebt sich auf dem r. U. der **Lilienstein** (1257'),
der höchste der zwölf einzeln liegenden und senkrecht abgeschnit-
tenen Berge der Sächs. Schweiz, auf dem Gipfel eine Spitzsäule
zum Andenken an die 1708 stattgehabte Besteigung desselben
durch August den Starken. Beim Beginn des 7jähr. Kriegs, am
15. Oct. 1756, wurde das 14,000 M. starke sächs. Heer am Fuss
des Liliensteins eingeschlossen, und streckte, durch Hunger be-
zwungen, die Waffen vor Friedrich II. Die Franzosen legten
1813 ein befestigtes Lager um den Fuss des Liliensteins an. Aus-

sicht ausgedehnter, Besteigung beschwerlicher, als die des Königsteins. In *Ebenheit* Führer nehmen.

Ein Stündchen s. von Königstein, am Bielabach liegt die Kaltwasser-Heilanstalt *Königsbrunn*, bei den sogenannten *Hütten*.

Belohnender Ausflug von Königstein südl. durch das *Bielathal (Bielergrund)*, ein höchst merkwürdiges Felsenthal mit den seltsamsten Gebilden und Felshörnern, über die *Schweizermühle* (2 St.), wo eine Wasserheilanstalt (*Restauration), und das Dorf *Etland* (1 St.), auf den (1 St.) **Schneeberg** (2209'). Führer Vinc. Werner zu empfehlen, in dem am Fuss des Bergs gelegenen Dorf *Schneeberg* (2 St. ö. *Peterswalde*, Poststation an der Dresden-Teplitzer Landstrasse); bei Vinc. Werner auch Erfrischungen und zur Noth ein Nachtlager.

Rückkehr nach Dresden über **Pirna** (350') (*Bahnhofsrestauration), eine der ansehnlichsten Mittelstädte Sachsens mit 6000 Einw., von der Elbe terrassenförmig emporsteigend, überragt von der 1811 zu einer Irrenanstalt eingerichteten ehem. Feste *Sonnenstein*. Die Schweden nahmen sie 1639 unter Baner mit Sturm, 1758 die Preussen, welche die Aussenwerke schleiften.

61. Von Dresden nach Prag.

Sächs.-böhm. Eisenbahn bis Pirna 1/2 St., Aussig (Teplitz) 3 3/4, Prag 7 1/2 St. Fahrpreise bis Bodenbach (böhm. Grenze) 42, 33 oder 25 Ngr., von da bis Prag 7 fl. 25 kr., 5 fl. 73 kr. oder 3 fl. 83 kr.

Der Bahnhof ist an der Südseite der Stadt. Bei der Abfahrt zeigt sich links der Grosse Garten (S. 214), rechts ein Theil des Schlachtfeldes vom 26. und 27. August 1813 (S. 215). Die Bahn tritt dann in die Niederungen des Elbthals, südlich von den letzten sanften Abdachungen des Erzgebirges begrenzt. Am r. (nördl.) U. der Elbe erscheinen die mit Landhäusern und Weinbergen geschmückten Bergabhänge (S. 216). *Sedlitz* und *Mügeln* s. S. 215. Rechts der Kirchthurm von *Dohna*.

Die Bahn erreicht nun die Elbe, und folgt ihr in allen Windungen durch das, die Sächs. Schweiz genannte, S. 217 ff. beschriebene Gebirgsland, in dem engen Felsthal auf hohen Dämmen, zum Theil in den Felsen gesprengt. *Pirna* (s. oben), *Pösscha (Wehlen), Rathen, Königstein* (S. 222), *Krippen* (Schandau S. 220), heissen die Stationen auf sächs. Gebiet, *Niedergrund* erste böhmische Station (S. 221).

Bei *Bodenbach* sind einige Tunnel durch die vorspringende 676' h. *Schäferwand* getrieben. Gegenüber schaut das stattliche Schloss *Tetschen* (S. 222), Eigenthum des Grafen Thun, mit seinen berühmten Gärten freundlich in das Thal. Ueber *Aussig*, von wo eine Zweigbahn (Fahrzeit 40 Min.) nach *Teplitz* führt, erhebt sich die malerische Burgruine *Schreckenstein* auf einem in den Fluss vorspringenden steilen Felsen, die Lurlei der Elbe.

Von *Lobositz* an tritt die Bahn wieder in das freie obstreiche Elb- und Egerthal, wo einige Kegel des Mittelgebirges rechts, links auch *Leitmeritz* und *Theresienstadt* sichtbar werden, weiterhin ragt rechts bei *Raudnitz* nur der Georgenberg über die Vorhügel hervor. Bald erscheint links am rechten niedrigen Elbufer *Wegstädtel*, eine Strecke weiter auf dem hohen Rebenhügel *Melnik*, welches lange Augenpunct bleibt, bis die Bahn zwischen *Unter-Berschkowitz* und *Weltrus* in das enge schöne Felsenthal der Moldau eintritt, wo abermals einige Tunnel mit Tagesöffnungen gleich hinter einander und weiter aufwärts folgen.

Vor Prag führt die Bahn über einige Moldauarme und das Carolinenthal auf einem 3480′ l. auf 87 Bogen ruhenden Viaduct.

Ausführlichere Nachrichten über das böhmische Bahngebiet, über Teplitz (**Prince de Ligne*, **Stadt London*, *Post*) und Prag (**Engl. Hof*, **Hôtel de Saxe* u a.) s. im 1. Theil.

62. Von Dresden nach Chemnitz und Zwickau.

15 1/4 Meilen. Eisenbahn über Riesa nach Chemnitz in 4 St. Der Eilwagen (3mal tägl., bis Tharandt Eisenbahn, bis Freiberg im Bau) gebraucht bis Chemnitz 8 St. Von Chemnitz nach Zwickau Eisenbahn in 1 1/2 St.

a. Eisenbahn.

Von Dresden bis *Riesa* s. S. 200. Die Nieder-Erzgebirgische Bahn zweigt sich hier südlich ab (Plätze links nehmen, links ist die beste Aussicht). Rechts erhebt sich der *Colmberg*, eine westlich von Oschatz einzeln aufsteigende Höhe Gegend hübsch, walddurchwachsen. *Ostrau*, erste Station, links Kalkofen. Bei *Döbeln*, dessen saubere Kirche auf einem Hügel liegt, überschreitet die Bahn die *Freiberger Mulde*. Folgt Stat. *Limmeritz*. Von der Zschopaubrücke rechts hübsche Aussicht in den Thalgrund der *Zschopau*, dann auf hohen Brücken mehrmals über Seitenthäler des Flusses und durch ansehnliche Felseinschnitte. Der Zug fährt in beträchtlicher Höhe (daher sehr kostspieliger Bahnbau) und gewährt unausgesetzt bis *Waldheim* (kleines Städtchen mit grossem Zuchthaus) links die reizendsten und mannigfaltigsten Aussichten in das von der raschen *Zschopau* durchströmte waldbewachsene theilweise felsige Thal. Kleiner Tunnel. Unmittelbar über dem l. U. der Zschopau das malerische Felsenschloss *Kriebstein*. *Erlau* ist Station für die 1 M. w. gelegene Stadt *Rochlitz*; auf dem „Rochlitzer Berg" ist 1860 zur Erinnerung an den am 9. Aug. 1854 bei Brennbüchl in Tirol verunglückten König Friedr. August v. Sachsen ein 80′ h Thurm errichtet. Folgt Stat. *Mittweida*. *Oberlichtenau* ist Station für die Fabrikstadt *Frankenberg*; 1/2 St. n. auf hohem Fels über dem r. U. der Zschopau das Schloss *Sachsenburg*, 1/2 St. s. Schloss *Lichtenwalde*. Auf der Höhe links Blick auf Schloss *Augustusburg* (S. 227). *Chemnitz* s. S. 227.

Das °Zschopauthal ist ein lohnender Boden für Fusswanderer. Zu **Waldheim** (Löwe, Wilder Mann) die Bahn verlassen, und zu Fuss über Schloss *Ehrenberg* (gegenüber das grosse Schloss *Kriebstein* auf einem hohen steilen Felskegel), Schloss *Ringsthal* nach (1 1/2 M.) Mittweida (Deutsches Haus); weiter über *Sachsenburg*, *Frankenberg* (Post), das grosse Schloss *Lichtewalde* mit berühmten Wasserkünsten, *Flöhe* (S. 227) nach (3 M.) **Schellenberg** (Hirsch) und *Augustusburg* (S. 227) und (1 M.) **Zschopau**

THARANDT. *62. Route.* 225

(Hirsch, Post); weiter über das alte Schloss *Scharfenstein* mit schöner Aussicht, *Wolkenstein* (Stadt Dresden, Bär) nach (3 M.) Annaberg (Wilder Mann, Museum, Gans), lebhafte Stadt, in dessen Kirche eigenthümliche Reliefs aus dem Anfang des 16. Jahrh. Von Waldheim bis Annaberg etwa 9 Meilen. — Von Annaberg fahren im Sommer tägl. Eilwagen über *Oberwiesenthal* (2800'), Sachsens höchste Stadt, und *Gottesgabe*, erste böhm. Stadt, die höchste des Erzgebirges, über *Joachimsthal* und *Schlackenwerth* in 7 1/2 St. nach *Carlsbad* (S. 228).

b. Landstrasse.

Wenn auch einzelne Strecken bei der S. 224 gen. Eisenbahnfahrt sehr lohnend sind, wird dennoch die Poststrasse ebenfalls stets befahren werden; sie führt fast unausgesetzt durch anmuthige, theilweise grossartige Landschaften. Bis Thärandt Eisenbahn, Fahrzeit 1/2 St. (an der Weiterführung wird gearbeitet). Die Bahn folgt der Landstrasse; sie bleibt bis Tharandt im Weisseritzthal. Bei dem Dorf *Plauen*, 3/4 St. s.w. von Dresden (Eisenbahnfahrzeit 7 Min.), beginnt der *Plauensche Grund*, ein enges, 1/2 St. langes, von der *Weisseritz* durchströmtes belebtes buschdurchwachsenes Wiesenthal, zu beiden Seiten von Felsen eingeschlossen. Auf der Höhe rechts sieht man das Schlösschen *Begerburg* (*Restauration, von Stat. Plauen in 15 Min. zu erreichen), oben hübsche Aussicht auf den Grund, die benachbarten Höhen, Dresden, das Elbthal nach Meissen zu und die sächs. Schweiz.

Die Bahn führt durch einen kleinen Tunnel und überschreitet mehrfach den Fluss. Bei *Potschappel*, bei der Friedrich-August-Eisenhütte, öffnet sich das Thal und zeigt hier saubere Wohnhäuser und mannigfache Gewerbthätigkeit, deren Grundlage in den ergiebigen Steinkohlengruben zu finden ist. In der Nähe von Thärandt beginnen r. u. l. der Bahn die Pflanzungen der Forstacademie; die bewaldeten Bergabhänge bilden in der Zusammenstellung verschiedenartiger Baumgattungen ganz malerische Gruppen. Auch 2 1/5 **Tharandt** (201') *(Deutsches Haus, Bad)* selbst liegt sehr malerisch zwischen Bäumen an der Mündung dreier Thäler. Das Bad wird im Sommer viel besucht. Auf einem Felsenvorsprung die Trümmer des alten Schlosses, früher Jagdsitz der sächs. Fürsten. Die Forstacademie, unter Cotta's († 1844) Leitung von europ. Ruf, hat in dem Forstgarten weit über 1000 Arten von Bäumen und Sträuchern. In der Umgegend schöne Spaziergänge, besonders ein Buchenwald, die „heil. Hallen" genannt.

Die Poststrasse steigt anfangs steil und führt dann bis hinter *Grüllenburg*, königl. Jagdschloss und Forsthaus, durch Tannenwald und Wiesen, stets bergauf bergab. Auf der Höhe vor Freiberg, nachdem man über die flossbare *Freiberger Mulde* gefahren, zeigen sich rechts und links einzelne Berg- und Hüttenwerke, namentlich rechts die ergiebigste Grube *Himmelfahrt*, in welcher jährlich über 44,000 Ctr. silberhaltiges Erz zu Tage gefördert werden, die 8000 Pfd. reines Silber (220,000 Thlr.) ausbeuten. Eine Glocke steht hier wie in allen benachbarten Bergwerken mit der Maschine in Verbindung; sie hört nur dann auf zu läuten,

226 *Route 62.*   FREIBERG.

wenn in der Maschine irgend eine Stockung eintritt, und dient daher den Bergleuten als Warnung. Diese Grube eignet sich am besten zum Befahren. Fahrschein 10 Ngr.; dem Steiger 15 bis 20 Ngr.; dem Hutmann, der die Grubenkleider bringt, 5 Ngr.

2⁴/₅ **Freiberg** (1146') (*Hôtel de Saxe, Schwarzes Ross), noch mit alten Mauern und Thürmen umgeben, hatte einst in der Zeit seiner höchsten Blüthe 40,000 Einw., jetzt nur noch 17,000 (200 Kath.). Wenn auch viele Silbergruben ausgebeutet sind, so war Ertrag an gefördertem Silber im J. 1858 doch noch ungefähr 1½ Million Thaler. Manche Schachte sind so tief getrieben, dass das Wasser nicht mehr bewältigt werden konnte, und der Bau eingestellt werden musste. Um diese wieder in Betrieb zu setzen und die Wasser abzuleiten, hat der Bau eines erst nach Jahren zu vollendenden Stollens bis in das Elbthal begonnen.

Freiberg war lange Sitz der sächs. Fürsten; mehrere sind in der zu Ende des 15. Jahrh. erbauten *Domkirche begraben. Hinter dem Altar das Grabmal des Kurf. Moritz (S. 204), ein durch einen Antwerpener Künstler, Florus, reich mit Bildwerken und dem knieenden Bild gezierter Sarkophag, in verschiedenen kostbaren Marmorarbeiten, im ital. Geschmack des 16. Jahrh. ausgeführt. Hoch in einer Ecke des Chors die Rüstung, in welcher Moritz in der Schlacht von Sieversbausen (S. 118) erschossen wurde; das Kugel-Loch (S. 212) ist noch sichtbar. Ueber dem Denkmal die in der Schlacht erbeuteten Fahnen. Andere Merkwürdigkeiten dieser Kirche sind 2 steinerne Kanzeln im goth. Styl, eine durch die Figuren des Meisters und der Gesellen, welche sie verfertigten, getragen, die andere durch 2 Bergleute, letztere aus dem Anfang des 17. Jahrh. Die *goldene Pforte, der Haupt-Ueberrest der 1484 abgebrannten, zu Ende des 12. Jahrh. erbauten Frauenkirche, hat vortreffliche Steinbildner-Arbeiten. Daneben das Grabmal des berühmten Geologen Werner (s. unten).

Das *Rathhaus* ist ein stattliches Gebäude aus dem Jahre 1410. Auf dem Obermarkt, von der Mitte desselben gegen den Rathhaus-Erker hin, liegt eine mit einem Kreuz bezeichnete Grünsteinplatte auf der Stelle, wo Kunz von Kaufungen, der die beiden sächsischen Prinzen Albert und Ernst aus ihrem väterlichen Schlosse raubte (S. 229). 1455 enthauptet wurde.

Die *Bergacademie* mit ihren reichen Sammlungen ist wohl die berühmteste in Europa. Werner († 1817), der grosse Mineralog und Geognost, gründete als Lehrer ihren Ruf. In der Berghalde der ungangbaren Grube „drei Könige", ¼ St. n.ö. von Freiberg, ruht der Oberberghauptmann *von Herder* († 1838). Ein hohes eigenthümliches Denkmal mit bergmännischen Sinnbildern erhebt sich vor der Halde. *Werner's* Denkmal mit der Büste ist in den Anlagen vor dem Kreuzthor. Vor dem Petersthor, an der Strasse nach Chemnitz, ist 1844 ein goth. *Denkmal* errichtet, zur Erinnerung an die muthige Vertheidigung (December 1642 bis Februar 1643) der Stadt Seitens der Bürger und der Bergknappen gegen die Schweden.

Die Gegend bis Oederan bietet wenig. Erst vor dem Ort öffnet sich eine hübsche Aussicht, im Vordergrund Oederan, im Mittelgrund auf einer steilen Anhöhe das 1572 aufgeführte grosse Schloss *Augustusburg* (1540') mit dem Städtchen *Schellenberg* (S. 224), im Hintergrund der Gebirgszug des Erzgebirges. In der Augustusburger Capelle sind zwei Bilder von Cranach.

2^3/$_5$ **Oederan** (Post). Von hier bis zur Brücke über die Zschopau bietet sich dem Auge links eine Reihenfolge der anmuthigsten *Landschaften, theils auf fichtenbewachsene Gründe, weiter in das Thal der *Flöhe*, die sich unweit des Dorfes gleichen Namens, Geburtsort des berühmten Staatsmanns Puffendorf (S. 21), in die *Zschopau* (S. 224) ergiesst. Zwischen Oederan und Chemnitz leben über 10,000 Menschen (meist Weber) auf der Quadratmeile.

2^4/$_5$ **Chemnitz** (*Blauer Engel, *Stadt Gotha, *Stadt Berlin, *Röm. Kaiser; *Café Français, Café Schurig*), die wichtigste Fabrikstadt in Sachsen, besonders für Strumpf- und Weberwaaren und Maschinen, in einer weiten fruchtbaren wasserreichen Ebene, am Fuss des höhern Erzgebirges mit 40,000 Einw. (500 Kath.) In der grossen Kirche Gemälde von Wohlgemuth, dem Lehrer Dürer's.

Die 1858 eröffnete Chemnitz-Zwickauer Bahn berührt *Grüna, Wüstenbrand* (Station für die hier mündende Würschnitzer Steinkohlen-Bahn), *Hohenstein-Ernsthal* (Deutsches Haus, Schwan), zwei volkreiche (8000 Einw.) Weberorte (½ St. entfernt die Wasserheilanstalt *Hohenstein*, auch Stahl-, Moor- und Dampfbäder), *St. Egidien* (Station für die Fabrikorte *Lichtenstein* und *Callenberg*), **Glauchau** (*Deutsches Haus, Adler*), Fabrikstadt mit 13,000 Einw., an der Mulde, mit 2 Schlössern der Grafen von Schönburg.

Ein Strang zweigt sich hier n.w ab, und erreicht (über *Meerana*) zu Gössnitz (S. 229) die sächsich-bayrische Bahn. Der Zwickauer Strang überschreitet auf einer langen Ueberbrückung die Mulde und bleibt bis Zwickau auf dem l. U. des Flusses.

63. Von Leipzig nach Carlsbad.
Eisenbahn bis Schwarzenberg in 4½ St. Von da bis Carlsbad (6½ M.)
Eilwagen im Sommer tägl. 2mal in 7 St.

Eisenbahnfahrt bis *Werdau* s. S. 228 und 229; halbwegs Neumarkt (S. 299) zweigt sich links die Zwickau-Schwarzenberger Bahn ab; in 15 Min. erreicht der Zug Zwickau. Vor dem Ort links ist in der Osterburg das Land-Armenhaus.

Zwickau (*Post, *grüne Tanne, Anker), gewerbreiche Stadt an der *Mulde*, mit 18,000 Einw. Die *Marienkirche, deren Bau 1453 begann, Chor von 1536, ist im J. 1839 glücklich hergestellt und kann als Muster gelten, wie goth. Kirchen für den protest. Gottesdienst herzurichten sind. Das Altarbild ist ein Doppelflügelbild (8 Blätter) von *Wohlgemuth*, 1479 gemalt, darunter nochmals ein Flügelaltar in Holzschnitzwerk, angeblich von A. Krafft. Maria mit den 8 heiligen Frauen, in Farben vergoldet. In der Sacristei ähnliche treffliche Arbeiten von 1507, angeblich das h. Grab. In der Taufcapelle ein kleines Bild von Cranach, „lasset die Kindlein zu mir kommen". An der gräfl. Bose'schen Gruftcapelle vertheilt der Küster in Folge einer uralten Stiftung jeden Sonntag an 24 Arme 24 Semmel. Schöne umfassende Aussicht vom Thurm, 186 Stufen. Der „Kirchner" wohnt an der Nordseite der Kirche.

Die *Catharinenkirche*, an welcher Thomas Münzer, als Anführer im Bauernkrieg 1525 zu Mühlhausen enthauptet, von 1520 bis 1522 Prediger war, besitzt ebenfalls ein Bild von Cranach.

Am Markt das *Rathhaus*, das *Kaufhaus* u. a. schöne alte Gebäude. Gegend hübsch, belebt durch die zahlreichen Steinkohlengruben.

Die Bahn bleibt im Thal der *Mulde*, an *Planitz* (berühmte Treibgärtnerei auf Erdbränden, natürliche Temperatur in Häusern 25° R) und *Cansdorf* (Königin-Marien-Hütte, grösstes Hammerwerk Sachsens) vorbei. Stat. *Wildenfels*, Schloss des Grafen Solms-Wildenfels); Stat. *Schloss Stein*, dem Fürsten Schönburg-Hartenstein gehörig; Stat. *Aue*, freundliches Städtchen in einem Bergkessel. Auf der Höhe, 3/4 M. n.w. liegt **Schneeberg** (1464') (*Sächs. Hof, Fürstenhaus*). In der Anfangs des 16. Jahrh., also im spätesten goth. Styl erbauten grossen Pfarrkirche ist ein grosses *Altarbild, die Kreuzigung, mit 8 Flügelbildern, 1539 vom ältern Cranach gemalt, an Umfang wie an Kunstwerth das bedeutendste dieses Meisters. Oestlich und westlich von der Stadt viele ansehnliche Bergwerke, besonders auf Kobalt, der auf den nahe gelegenen Werken von *Schlema* und *Pfannenstiel* zu blauer Farbe verarbeitet wird. Der bekannte Schneeberger Schnupftabak wird in dem 2 St. s. liegenden Dorf *Bockau*, zum Theil aus Kräutern, die im Erzgebirge wachsen, bereitet.

Die Bahn verlässt bei Aue das Thal der Mulde und wendet sich (bei Stat. *Lauter* vorbei) s.ö. nach **Schwarzenberg** (Rathhaus), Städtchen in einem tiefen Bergkessel, mit einem kgl. Schloss.

Von hier an Eilwagen, im Thal des *Schwarzwassers*, dessen Ufer höher und wilder werden, bis auf den Kamm des Erzgebirges fortwährend bergan.

2²/₅ *Johann-Georgenstadt* (Rathskeller, Schiesshaus), gemeinhin *Hansgörgenstadt* genannt, von dem Kurf. Johann Georg 1654 als Zufluchtsort für böhm. Protestanten erbaut. Gegend rauh.

Nach Süden öffnet sich auf der Höhe eine weite Aussicht. Die Strasse führt stets bergab über *Platten*, erste böhm. Stadt, über *Böringen* und *Lichtenstadt* nach

5 **Carlsbad** (Goldner Schild, Deutscher Hof) s. im I. Thl.

64. Von Leipzig nach Nürnberg.

Sächs. Bahn bis Hof. Eilzug in 4¹/₄, Pers.-Zug in 5¹/₂ St. (3 Thlr. 21, 2 Thlr. 28 oder 2 Thlr. 6 Ngr.); Bayr. Bahn von Hof nach Nürnberg. Eilzug in 5³/₄, Pers.-Zug in 7 St. (7 fl. 39, 5 fl. 6 oder 3 fl. 24 kr.).

Die Bahn tritt bald in die Wiesengründe der *Pleisse* und überschreitet unfern des S. 198 genannten Dorfs *Dölitz* den Fluss, in dessen Nähe sie bleibt, obgleich er nur hin und wieder sichtbar wird. Gegend abwechselnd Ackerland und Waldung. Halbwegs Altenburg liegt *Kieritzsch*. Die Bewohner des Altenburgischen, wendischen Ursprungs, haben eine eigenthümliche Tracht. **Altenburg** (350') *(Stadt Gotha, *Hôtel de Russie*, Z. u. L. 15, M. 15, F. 6 Ngr., *Bayr. Hof)*, Hauptstadt des Herzogthums Sachsen-Altenburg mit 16,184 Einw. Der ältere Theil des herzogl. Schlosses auf einer Anhöhe ist aus dem 13. Jahrhundert. Kunz von Kaufungen entführte aus demselben im J. 1455 die Prinzen Ernst und Albert, die Stifter der heutigen herzogl. und königl. sächs. Linien. Die Rüstkammer im Schloss (5 Sgr.) nicht unbedeutend. **Lindenau's Museum*, eine Sammlung von 166 ital. Originalbildern, 76 Copien, zahlreichen Gypsabgüssen und Vasen, Vermächtniss des Ministers von Lindenau († 1853, S. 203) an seine Vaterstadt, ist tägl. von 2—4 U. (ohne Trinkg.) zu sehen, gegen Karten, die um 10 U. fr. im Rathhaus gratis ausgegeben werden.

Folgen Stat. *Gössnitz* (Zweigbahn nach Zwickau s. S. 227), *Crimmitschau* und *Werdau*, die beiden letztern Fabrikstädte. Schloss *Schönfels*, l. auf waldiger Höhe, lange Augenpunct, gehört Hrn. v. Römer. Folgt *Neumarkt*, dann *Reichenbach* (Lamm), ebenfalls Fabrikstadt. Die Bahn überschreitet nun das tiefe *Göltzschthal*, auf einer langen *Brücke, in Deutschland angeblich der grossartigste Eisenbahn-Brückenbau, 2046' l., an der tiefsten Stelle 278' hoch, mit einer vierfach aufgesetzten Bogenstellung. Gegend gebirgig, durch Dörfer und Fabriken belebt. Folgt Stat. *Netzschkau* mit altem Schloss, *Herlassgrün, Joketa*. Die Ueberbrückung des tiefen Elsterthals unweit Plauen, niedriger als die Göltzschbrücke und nur halb so lang, ist ebenfalls merkwürdig.

Plauen *(Deils Hôtel, Deutsches Haus, Engel)*, ansehnliche Fabrikstadt mit an 14,000 Einw., auf einem Bergrücken, an der *Weissen Elster*, Hauptstadt des Voigtlandes, nach dem Brand von 1844 grösstentheils neu aufgeführt. Das hoch über der Stadt sich erhebende alte Schloss *Radschin*, dessen Namen an das Prager Schloss erinnert, war früher Sitz des Vogts *(Advocatus regni)*. Die zweithürmige Kirche ist nach der Hussitenzerstörung (1430) und dem Brand von 1548 fast ganz erneuert.

Zwischen Plauen und Franzensbad, von Plauen 6 St. südl., liegt im Voigtländ. Gebirge das in neuerer Zeit viel besuchte Bad Elster (1465'), ein alcalisch-salinisches Stahlwasser, in seinen Wirkungen dem Franzensbad ähnlich, mit Moorbädern und Molkencur.

Zwischen Plauen und Hof windet sich die Bahn in weitem Bogen über eine unerquickliche waldige Hochebene, Wasserscheide zwischen der *Elster* und *Fränk. Saale*. Stat. *Meltheuer* und *Reuth*. Gegen Ende der Fahrt tritt links das *Fichtelgebirge* in blauen Umrissen hervor. Vor Hof die sächsisch-bayrische Grenze.

Hof *(*Hirsch; Brandenb. Hof; Bayr. Hof; *Lamm*, billig; *Bahnhofsrestauration)*, ansehnliche bayr. Stadt an der *Saale*, nach dem Brand von 1823 neu aufgebaut. *Rathhaus* im goth. Styl.

Die Bahn zieht sich durch das hügelige Land und bleibt der viel gewundenen Saale nahe. Folgen Stat. *Oberkotzau, Schwarzen-*

bach, *Münchberg*, *Stambach*. Links begrenzt das Fichtelgebirge in seinen höchsten Kuppen, dem *Schneeberg* (3221') und dem *Ochsenkopf* (3123'), den Gesichtskreis. *Markt Schorgast* liegt rechts im Grund. Nun folgen Felseneinschnitte, Dämme und dunkle Tannengründe, links in der Ferne Kloster *Himmelkron*, mit der Gruft des Markgrafen Georg von Brandenburg-Baireuth († 1735). Folgt Stat. *Neuenmarkt* (im Bahnhof Leberknödel, 6 kr., man hat 5 Min. Zeit), wo die Zweigbahn nach Baireuth abgeht; dann *Unter-Steinach*. Die Gegend wird malerisch, besonders bei dem bierberühmten Städtchen *Culmbach* (*Bahnhofsrest.), ehemal. Residenz der Markgrafen von Brandenburg-Culmbach, am Weissen Main, von der 1808 geschleiften Bergfestung *Plassenburg*, jetzt Strafanstalt, überragt. Vor Stat. *Mainleus*, bei dem, dem Baron Gutenberg gehörigen Schloss *Steinhausen*, fliessen die Gewässer des Weissen und Rothen Mains zusammen und heissen fortan *Main*. Die Bahn verlässt nun bis Bamberg das breite anmuthige Wiesenthal dieses von der Bahn selten sichtbaren Flusses nicht mehr. Hinter *Burgkunstadt* setzt sie vom r. auf das l. Ufer über; bei *Höchstadt* ergiesst sich die *Rodach* in den Main.

Lichtenfels (Krone) ist Mündepunct der Werra-Bahn (Coburg-Eisenach s. S. 255). Weiter rechts auf der Höhe die ansehnlichen Gebäude der alten berühmten, 1803 aufgehobenen Benedictiner-Abtei *Banz*, Eigenthum des Herzogs Max, schöne Aussicht, reiche Sammlung Versteinerungen (ein schönes Exemplar des Ichtyosaurus). Gegenüber links auf der Höhe der besuchteste fränk. Wallfahrtsort, die von 1743 bis 1772 neu wieder aufgeführte zweithürmige Klosterkirche *Vierzehnheiligen*. Weiter südlich erhebt sich schroff über das Thal die Kalksteinwand des *Staffelbergs*, weiter gegenüber der *Veitsberg* mit einer Capelle und Burgtrümmern und trefflicher Aussicht. *Staffelstein*, *Ebensfeld*, *Zapfendorf* und *Breiten-Güssbach* heissen die letzten Stationen vor Bamberg. *Bamberg* und *Nürnberg* s. im I. Theil.

65. Von Leipzig nach Cassel.

Thüring. Eisenbahn bis Eisenach, Schnellzug in 4, Pers.-Zug in 5 1/2 St. (6 Thlr. 5, 3 Thlr. 14 oder 2 Thlr. 10 Sgr.); von Eisenach nach Cassel (Friedrich-Wilhelms-Nordbahn) Schnellzug in 2 3/4, Pers.-Zug in 3 3/4 St. (3 Thlr. 13, 2 Thlr. 9 oder 1 Thlr. 19 Sgr.).

Wohl die schönste aller nord- und mitteldeutschen Eisenbahnfahrten, fast unausgesetzt durch anmuthige Gegenden durch die Flussgebiete der Elster, Saale, Ilm, Gera, Hörsel, Werra und Fulda.

Die Bahn läuft auf kurzer Strecke neben der Halleschen Bahn an *Möckern* (S. 114) vorbei, dann links ab durch die mit Wald durchschnittenen Wiesengründe der *Elster*, die sie hier überschreitet, an den Stat. *Markranstedt* und *Kötschau* (Saline) vorbei, bei der Saline *Dürrenberg* über die Saale nach *Corbetha*, Knotenpunct für die Hallesche Bahn. Die Landschaft bis hier ist unerheblich, weite Ackerfläche, Schlachtenterrain.

Eine Meile westlich von Stat. *Corbetha* liegt das Dorf **Rossbach**, wo Friedrich II. am 5. Nov. 1757 mit 22,000 Preussen über die aus 60,000 M. bestehende franz. und Reichsarmee unter dem Prinzen von Soubise einen glorreichen Sieg erfocht. Ein Denkmal erinnert dort an diese Schlacht.

Fast in gleicher Entfernung östl. von der Station, liegt das Städtchen **Lützen**, berühmt durch zwei in der Nähe geschlagene Schlachten. In der ersten blieb am 6. Nov. 1632 der Schwedenkönig Gustav Adolph. Ein Granitblock, von einem goth. Dach geschützt, von Pappeln umgeben, an der nach Leipzig führenden Landstrasse, bezeichnet die Stelle.

Am 2. Mai 1813 wurde südlich von Lützen, bei dem 1 Meile entfernten Dorf **Grossgörschen**, von Russen und Preussen den Franzosen ein heftiges Treffen, das erste grössere in jenem Krieg geliefert, von Einigen Schlacht von Lützen, von Andern richtiger von Grossgörschen genannt Dort steht ein Denkmal in Pyramidenform, dabei ein Haus, von dem bewachenden Invaliden bewohnt. Der preuss. General Scharnhorst ward hier verwundet und starb bald darauf zu Prag. Am Tage vorher fiel bei einem Vorpostengefecht an der Rippach, 1 St. von Lützen, der franz. Marschall Bessières.

(Der bei C o r b ě t h a n ö r d l. sich abzweigende Strang der Thüringer Bahn führt in ³/₄ St. über Merseburg nach Halle, durch die im Frühjahr oft überschwemmten Niederungen der *Elster* und *Saale*, beide Flüsse überschreitend.)

Merseburg (*Sonne, Ritter*), Stadt mit 12,000 Einw. (100 Kath.), hat eine berühmte, um 1200 erbaute *Domkirche*, das Schiff um 1500, mit dem Grabdenkmal des 1080 im Kampf gegen Heinrich IV. gefallenen Gegenkönigs Rudolph von Schwaben, dann Bilder von L. Cranach: rechts, Kreuzigung und Grablegung, Flügelbild, unter den Kriegsknechten das Bildniss Luthers; auch eine Madonna von Dürer, am Chorauſgang links. Vortreffliche Orgel. Im Schlossgarten ist ein Denkmal des preuss. Feldmarschalls Kleist von Nollendorf († 1823), aus Gusseisen, mit Büste, 1825 errichtet. Das *Schloss* selbst, einst fürstl. sächs. Residenz, jetzt Regierungsgebäude, gewährt mit seinen vielen Thürmen einen stattlichen Anblick. Am Schlossportal wird stets ein grosser Rabe gehalten, zur Erinnerung an die ungerechte Hinrichtung eines Mannes wegen Diebstahls, den eigentlich ein Rabe begangen hatte.

Der südl. Strang führt weiter an einzelnen Rebenhügeln vorbei. In **Weissenfels** (*Schütze, Schwan*), Stadt mit 11,000 Einw., wurde nach der Schlacht von Lützen die Leiche Gustav Adolphs in einem Zimmer des Amtshauses einbalsamirt; ein Theil der Wand, mit seinem Blut befleckt, wird vor äusserer Berührung geschützt. Eine stattliche Brücke führt hier über die Saale. Das grosse vielfenstrige *Schloss* der ehem. Herzoge von Weissenfels-Querfurt, einer 1746 erloschenen kursächs. Nebenlinie, dient jetzt als Caserne. Vom Bahnhof sieht man rechts an der Anhöhe ein kleines oben mit N bezeichnetes Gartenhaus, in welchem Napoleon nach der Leipziger Schlacht, vom 19. zum 20. Oct. 1813 übernachtet haben soll, wie Segur berichtet. In der Nähe waren Brücken über die Saale geschlagen, auf welchen die Trümmer seines Heeres den Fluss überschritten und ihren Rückzug über das Rossbacher Schlachtfeld (s. oben) nach Freiburg hin nahmen.

Die Stadt **Freiburg** (an der Unstrut) sieht man in der Ferne (2 St. n. w.), rechts auf der Höhe das alte Schloss, früher Kaiserpfalz. In Freiburg lebte der Turnvater *Ludwig Jahn* und liegt dort begraben; ihm ist 1859 ein Denkmal gesetzt.

Am Abhang tritt r. Schloss *Gosek*, dem Grafen Zech-Burkersrode gehörig, hervor, l. der stattliche hohe Thurm der Ruine *Schönburg*. Die Bahn durchzieht das Gebiet der Saale, die Landschaft wird gebirgiger. Der Weinbau in der Umgebung von Naumburg ist nicht unbedeutend: es werden jährlich an 30,000 Eimer erzielt. Die lange Hügelreihe ist ganz mit Reben bepflanzt und mit zahlreichen Weinberghäuschen besetzt

Naumburg (*Sächs. Hof; *Preuss Hof), Stadt mit 14,000 Einw., von der Bahn etwas entfernt, stellt sich ganz stattlich dar. Der *Dom*, 1249 vollendet, durch Einbauten aber entstellt, mit ansehnlicher Krypta, zeigt an den Wandpfeilern des westl. Chors merkwürdige Sculpturen aus jener Zeit, eine Reihenfolge von Standbildern, die Stifter der Kirche darstellend. Auch die Lettner dürfen von Baukundigen nicht unbeachtet bleiben. In der *Stadtkirche* ein kl. Bild v. Cranach: „Lasset die Kindlein zu mir kommen".

Unfern eines andern (S. 230) *Rossbach* (½ M. n. von Naumburg) ergiesst sich die *Unstrut* in die Saale. Weiter, links unmittelbar an der Bahn, die berühmte Erziehungs- und Lehranstalt *Schulpforte*, wo Klopstock, Fichte und andere ausgezeichnete Männer ihre erste Bildung erhielten. Kurfürst Moritz schuf sie 1543 aus einem Cistercienserkloster. Die goth. Kirche hat ein Bild von Schadow.

Die kurze Strecke von Naumburg bis Sulza durch das enge malerische Thal der Saale, welche die Bahn sechsmal überschreitet, ist die schönste der Fahrt. Napoleon hatte diesen Engpass zweimal mit Erfolg besetzt, 1806 zur Verhinderung der Vereinigung der preuss. Armee, 1813 zur Deckung seines Rückzugs.

Das kleine Bad **Kösen** (*Ritter, Z. 15, F. 6 Sgr.; in der *Katze*, in der Nähe des Bahnhofs berühmter *Eierkuchen) mit seinen grossen Salzwerken liegt ganz anmuthig. Links auf der Höhe die *Rudelsburg* (Bier vortrefflich), wo um 1822 Franz Kugler († 1858) sein Lied: „An der Saale hellem Strande stehen Burgen stolz und kühn" dichtete. Weiter die beiden hohen Thürme der Ruine *Saaleck*.

Die Bahn verlässt die Saale und nähert sich der *Ilm*. Vor der Einfahrt in den Bahnhof von *Sulza* hat ein Einschnitt in den Berg die eigenthümlichsten Felsschichtungen zu Tage gelegt. Der Ort mit seinen Weinbergen und Salzwerken liegt ganz hübsch.

Rechts in einem Seitenthal liegt *Auerstädt*, auf der Höhe, 1 St. vom Bahnhof entfernt, *Hassenhausen*, in dessen Nähe am 14. Oct. 1806 die nach dem ersten Dorf genannte Schlacht stattfand, welche für Preussen so verderblich wurde. An der Stelle, wo am Morgen vor der Schlacht der Herzog von Braunschweig verwundet wurde, ist ein Denkmal errichtet.

Nun beginnt wellenförmiges Ackerland. **Apolda**, ein sehr betriebsamer moderner Fabrikort, wo zahllose Strumpfwaaren gewebt werden, unterhält mehrm ls tägl. Eilwagen- und Omnibus-Verbindungen mit Jena (S. 246); man fährt in 2 St. hin.

Die Bahn überschreitet die *Ilm*. Links sieht man *Ossmannstedt*, wo Wieland († 1813) im Garten seines früheren Gutes, ganz nahe an der Ilm, begraben liegt, neben ihm seine Gattin († 1801) und seine Freundin Sophie Brentano († 1800). Ein dreieck. Sandstein bedeckt das gemeinsame Grab. Der jetzige Besitzer des Gutes, Herr von Grand, gestattet den Zutritt gern.

ARNSTADT. *65. Route.* 233

Weimar s. S. 234. Von dem hoch gelegenen Bahnhof übersieht man die Stadt und die Höhen jenseits. Der am meisten hervorragende Gegenstand ist auf dem bewaldeten Kamm die grosse stattliche *Caserne*, 1857 vollendet. Die bewaldete Anhöhe nordwestlich ist der *Ettersberg* (1459'). s. S. 237.
Die Gegend wird gebirgig. 1½ St. von Weimar bei dem Dorf Hopfgarten auf dem Hügelkamm eine alte Warte, weiter bei Niederzimmern eine zweite. Dann Stat. *Vieselbach*. Zwei kl. Tunnel dies- u. jenseits des Bahnhofs führen durch die Erfurter Festungswälle.
Erfurt s. S. 238. Die Bahn bleibt bis *Neu-Dietendorf*, Herrnhuter-Colonie, in der Nähe der Gera. Anmuthige hügelige Gegend.
Nach Ilmenau (4¼ M.) fährt bei Ankunft des Mittagsz. ein Eilwagen von Neu-Dietendorf über (1 ¾ M.) **Arnstadt** (*Henne), schwarzb. sonderh. Stadt in hübscher Lage mit goth. Liebfrauenkirche, altem Rathhaus, Schloss u. dgl. Der Dichter Wil. Alexis (Häring) hat hier ein Landhaus, welches er im Sommer bewohnt. Von Neu-Dietendorf bis Arnstadt Ebene. Auf dem Gebirge rechts sieht man die *Wachsenburg*.
Bei Arnstadt steigt die Strasse und führt dann durch prächtige Wiesenthäler stets im Thal der Gera, zwischen belaubten Bergabhängen, über *Plaue* mit den stattlichen Trümmern der *Ehrenburg* (am südl. Ende des Orts die grosse Bierbrauerei und Porzellanfabrik der Gebr. Schürholz), *Veisiss*, wo die Landstrasse nach *Elgersburg* sich rechts abzweigt, *Martinsroda*, an der grossen Eiche (16 Schr. im Umfang) vorbei nach *Ilmenau* (S. 250).
Jenseit *Neu-Dietendorf*, nachdem die Bahn sich den nördl. Abhängen des Thüringer Walds genähert hat, zeigen sich auf abgesonderten Bergen ganz malerisch die *drei Gleichen*, drei alte Schlösser; die *Wachsenburg* (1373'), Eigenthum des Herzogs v. Coburg-Gotha, dient zu Zeiten als Staatsgefängniss; *Mühlberg* ist vollkommene Ruine, *Gleichen* besser erhalten. Rechts vor Gotha blickt der ansehnliche Flecken *Siebleben* zwischen Bäumen hervor, der Sommeraufenthalt des Dichters Gustav Freytag. Die Bahn berührt den Fuss des *Seebergs*, auf welchem die 1791 erb. jetzt verlassene *Sternwarte*.
Gotha s. S. 239. Bei Gotha öffnet sich eine schöne Aussicht auf das Thüringer Waldgebirge, in welchem der Thurm auf dem Schneekopf und das Logirhaus auf dem Inselberg (S. 253) weit hervorragen. Der lange Rücken s. ist der *Oberhof* (S. 251). Weiter w. Schloss *Tenneberg*, am Fuss *Schnepfenthal* und das Städtchen *Waltershausen*, *Reinhardsbrunn* und *Schnepfenthal* (3 St. s.w. von Gotha) s. S. 254. Vergl. Karte S. 248.
Bei *Fröttstedt* mündet die ½ Meile l. *Waltershäuser Pferdebahn* (S. 255). Die Thüringer Bahn folgt dem Lauf der *Hörsel* durch das belebte Eisenacher Thal. Vor Eisenach zieht sich r. der lange Rücken des tief eingefurchten *Hörselbergs* (1529') hin, in welchem nach der Volkssage Frau Venus Hof hält, und trotz den Warnungen des treuen Eckart den Ritter Tannhäuser verlockte.
Eisenach und *Wartburg* s. S. 242 Die *Werrabahn* (S. 255) läuft auf kurzer Strecke neben der unserigen und biegt dann links ab. Der Casseler Zug folgt von Eisenach dem Lauf der *Hörsel* bis zu ihrer Mündung in die *Werra*, überschreitet diesen Fluss und hält bei *Herleshausen*. Gegend schön, meist Laubwald und

Gebirge. Am l. U. fern (1 St.) die Trümmer der *Brandenburg*, bis 1500 Eigenthum der Grafen von Brandenburg, dann der Familien Reckroth und Herda. Bei *Gerstungen* sieht man links in der Ferne das Städtchen *Berka*. Der Zug verlässt nun die Werra, fährt bei *Hönebach* durch einen Tunnel (2 M. Durchfahrt) und erreicht bei *Bebra* das Thal der *Fulda*, in dem er bis vor Cassel bleibt. Das Thal ist hier enger, dort breiter, die Höhen sind theils bewaldet, theils angebaut, die Fahrt öffnet manche hübsche Landschaft.

Zwischen *Rotenburg*, einst Residenz der Landgrafen von Hessen-Rotenburg, *Alt-Morschen* (kleiner Tunnel). *Beisefōrth* und *Melsungen*, altes reizend gelegenes Städtchen am l. U. der Fulda, überschreitet die Bahn zweimal die Fulda, und durchdringt dann in einem Tunnel den vorliegenden Hügel. Hier, bei *Guckshagen*, öffnet sich plötzlich eine treffliche Aussicht. Der stattliche Ort dehnt sich an beiden Ufern der Fulda aus, unten das grosse 1120 gegründete ehem. Benedictiner-Kloster *Breitenau*, in der Ferne der Habichts-wald mit dem Hercules (S. 146).

Guntershausen (S. 148) ist Knotenpunct für die Eisenacher und Frankfurter Bahn (R. 45). Wer nach Frankfurt will, verlässt hier den Casseler Zug. Die Fahrt nach Cassel dauert noch 30 Min., Zwischenstation Wilhelmshöhe. *Cassel* s. S. 143.

66. Weimar.

Gasthöfe. °Erbprinz, Russischer Hof, Elephant. Ueberall Z. 15 bis 20 Sgr., L. 5, F. 7½, M. 20 Sgr.; °Adler, billiger.

Kaffeehäuser am Markt.

Fuhrwerk. (Bahnhof 20 Min. von der Stadt.) Omnibus 2½ Sgr., Droschke 1 Pers. 5, 2 Pers. 7½ Sgr., 3 Pers. 10 Sgr. Nach Jena: Einspänner 2 Thlr., Omnibus vom Adler ab 15 Sgr., Fahrzeit 2½ Stunde.

Theater. Vorstellungen Sonnt., Mittw., Donnerst., Sonnabend.

Weimar (648′) an der *Ilm*, Residenz des Grossherzogs von Sachsen-Weimar-Eisenach, mit 13,194 Einw. (282 Kath., 43 Griechen), kann eine Todtenstadt berühmter Deutschen genannt werden. *Goethe* lebte dort im Weimarschen Staatsdienst, zuletzt als Minister, von 1776 bis zu seinem Tode im J. 1832, also 56 Jahre lang; *Herder* von 1776 bis 1803 als Generalsuperin-tendent; *Wieland* von 1772 bis 1813, zuerst als Prinzenerzieher: *Schiller* wurde 1789 auf Goethe's Verwendung Professor in dem nahen Jena, trat aber hier aus und zog 1801 nach Weimar, wo er 1805 starb. Weimar war, unter dem Schutz des hochherzigen Carl August († 1828), ein halbes Jahrhundert lang Sammelplatz der edelsten Geister Deutschlands, es giebt aus jenem Zeitraum keine literarische Berühmtheit, die damals nicht längere oder kürzere Zeit in Weimar gelebt hätte. Die Erinnerungen an jene Männer machen Weimar so anziehend.

Goethe's Wohnhaus (Pl. 15) am Goetheplatz (Frauenplan), dem Brunnen gegenüber, ist von der Familie vermiethet und unzu-gänglich. Seine Sammlungen werden Freitags gezeigt, Meldung bei Hrn. Secret. Schuchardt. — *Schiller's kleines Haus* (Pl. 16) in

WEIMAR.

1 Residenz Schloss
2 Fürstenhaus
3 Rothes Schloss
4 Bürgerschule
5 Kunstt.
6 Rathhaus
7 Stadtkirche
8 Jacobskirche
9 Hofkirche
10 Griech. Kirche
11 Bibliothek
12 Jägerhaus
13 Theater
14 Bas.
15 Goethes Haus
16 Schillers Haus
17 Wielands Haus
18 Herders Todtenhaus
19 Gemeinde Wohnhaus
20 Stadtmuseum
21 Goethe-Schiller Denkmal
22 Wieland Denkmal
23 Herder
24 Carl August

der Schillerstrasse (Esplanada), mit seinem Namen bezeichnet. hat die Stadt angekauft und eine kleine Sammlung Schiller'scher Reliquien darin angelegt. — *Herder* wohnte in dem Pfarrhaus (Pl. 18), unmittelbar nördl. an der Stadtkirche. — *Wieland's Haus* (Pl. 17) am Theater nördlich.

Diesen vier Dichtern sind kürzlich *Standbilder aus Erz errichtet, *Goethe* und *Schiller* (Pl. 21) in einer Gruppe vereinigt. („dem Dichterpaar Goethe und Schiller das Vaterland"), nach Rietschels Entwurf 1857 am Theaterplatz; gleichzeitig am Frauenplatz *Wieland* (Pl. 22), von Gasser; *Herder* (Pl. 23), von Schaller. schon 1850 aufgestellt, bei der Stadtkirche (S. 236). Der Grundstein zu dem *Carl-August-Denkmal* (Pl. 24), dessen Ausführung Rietschel übernommen hat, ist 1857 gelegt.

Im grossherzogl. *Residenzschloss (Pl. 1), von 1790 bis 1803 theilweise unter Goethe's gutachtlicher Leitung aufgeführt, sind *Fresken ausgeführt: im Herderzimmer symbolische Figuren seiner verschiedenartigen Geistesthätigkeit, von *Jäger;* im Schillerzimmer Darstellungen aus Fiesco, Don Carlos, Wallenstein, Braut von Messina, Maria Stuart, Jungfrau von Orleans, Tell, von *Neher;* im Goethezimmer Egmont, Faust beide Theile, Götz, Tasso, Hermann und Dorothea, von *Neher;* im Wielandzimmer (das gelungenste) Oberon u. s. w., von *Preller*. Die Zinkgussthüren sind nach Angaben *Neher's* bei Geiss in Berlin (S. 5) angefertigt, die Arabesken von *Simon*. Das Album mit Autographen und andern Weimarschen Erinnerungen stiftete die Frau Prinzessin v. Preussen. Im Zimmer der Frau Grossherzogin Original-Cartons (Apostel) zu Leonardo da Vinci's Abendmahl. Die übrigen Gemächer des Schlosses sind geschmackvoll eingerichtet; im Zimmer des Grossherzogs neuere Gemälde von *M. v. Schwind*, in den Gesellschaftszimmern Landschaften von *Preller;* im Bernhardszimmer die Rüstung des Herzogs Bernhard († 1639), des Helden des 30jähr. Kriegs u. A. (Trinkg. 10 Sgr.)

Die **Kunstsammlung**, im Palais in der Nähe des Theaters, Donnerst. 10—1 U. geöffnet, ist an guten Oelbildern arm, besitzt aber eine grosse Anzahl Kupferstiche und *Handzeichnungen, besonders von A. Carstens (von W. Müller treu in Umrissen gestochen und bei demselben käuflich zu haben).

Die ansehnliche grossherzogliche *Bibliothek (143,000 Bände, 8000 Landkarten, 4—500 alte Stammbücher), im grünen Schloss neben dem Fürstenhaus (Pl. 2), tägl. von 9 bis 12 und 2 bis 4 U. geöffnet, den ganzen Monat Juni und die Weihnachts- und Osterferien ausgenommen (10 Sgr. Trinkg.), erhält höhere Bedeutung durch die Denkmäler, die hier in Gemälden und Büsten den merkwürdigen Männern und Frauen gesetzt sind, die meist in Weimar gelebt haben: Gemälde von L. Cranach, die Ahnen des grossherzogl. Hauses vorstellend, Bildnisse der Herzogin Anna Amalia († 1807), Gemälde und Standbilder ihres Sohnes Carl

236 *Route 66.* **WEIMAR.**

August, Goethe aus verschiedenen Altersstufen, seine weit über lebensgrosse Marmorbüste von David (d'Angers) a. d. J. 1831, und die *Büste von Trippel von 1788, ebenfalls in Marmor, das Apollo-ähnliche Haupt Goethe's darstellend, ebenso Schiller's Marmorbüste von Dannecker, Herder's von Trippel, Tieck, Wieland, Winckelmann u. A. Auch Luther's Chormantel, das Koller Gustav Adolph's, Goethe's Hofuniform und Schlafrock, dann mancherlei andere geschichtliche und literarische Merkwürdigkeiten werden hier in dem Kunstcabinet gezeigt. Die innere Einrichtung eines ehem. Stadtmauerthurms zur Bibliothek ist eigenthümlich. Wichtig ist das sächs. *Münz- und Medaillen-Cabinet.*

Am Markt das 1841 im goth. Styl von Hess aufgeführte saubere **Rathhaus** (Pl. 6). Das Haus gegenüber, dem Buchhändler Hoffmann gehörig, bewohnte einst *Lucas Cranach*, wie an seinem Wappen (S. 241) zu ersehen (Pl. 19).

Die um 1400 erbaute **Stadtkirche** (Pl. 8) besitzt eines der grössten und schönsten *Bilder von *Cranach*, eine Kreuzigung, mit Luther's, Melanthon's, des Kurf. Johann Friedrich, seinem, seiner Gemahlin und dreier Söhne Bildniss. Ein kleines Bild in der Sacristei, Luther als Mönch, Junker Georg und Greis darstellend, ist von Cranach's Schüler Vischer, Herder († 1803) ruht im Schiff dieser Kirche; eine einfache Platte mit seinem Wahlspruch: „*Licht, Liebe, Leben*", deckt das Grab. Das lebensgrosse Steinbild von *Lucas Cranach* († 1553), „*pictoris celerrimi*", ist vom Jacobskirchhof hierhergebracht und kürzlich erneuert worden. Unter den zahlreichen Denkmälern Weimarscher Fürsten ist die Grabesplatte des Herzogs *Bernhard* († 1629, S. 235), wohl die merkwürdigste. *Herder's Standbild* aus Erz, „von Deutschen aller Lande" 1850 errichtet, von Schaller entworfen, steht vor der Kirche.

Einzelne bemerkenswerthe *Grabsteine und Denkmäler finden sich auf dem ehem. Gottesacker bei der **Jacobskirche**, der Hofkirche, nahe dem Eingang der Stadt vom Bahnhof: neben der Kirchenthür der bekannte Uebersetzer *Bode* († 1793), *Musäus*, der Erzähler der Volksmärchen († 1787). Ein Denkmal, der Kirchthür gegenüber, erinnert an einen Grafen *Schmettau*, in der Schlacht bei Auerstädt (S. 232) geblieben, „glücklich, dass er Preussens Fall nicht überlebte".

Auf dem neuen grossen *Friedhof an der Südseite der Stadt sind in der Fürstengruft, einem einfachen tempelartigen Gebäude in der Mitte des Friedhofs, *Schiller* († 1805) und *Goethe* († 1832) in Särgen von dunkel gebeiztem Eichenholz beigesetzt, mit Lorbeerkränzen geschmückt; auf Schiller's Sarg der von Hamburgerinnen zu seinem 100. Geburtstag gestiftete silberne Eichenkranz. Tiefer in der Gruft ruht u. A. neben seiner Gemahlin *Luise* († 1830) Grossherzog *Carl August* († 1828) in einem reich verzierten Sarcophag mit der Inschrift: „*gerecht und mild, tapfer und weise*"; ferner *Carl Friedrich* († 1853) und seine Gemahlin

Maria († 1859). Ein die westliche Kirchhofsmauer überragender Stein mit vergoldetem Medaillonbild in der Nähe der Fürstengruft, erinnert an den berühmten Tonsetzer *Hummel* († 1837); an derselben Mauer ein Stein mit sinniger Inschrift (von ihm selbst) an den Satyriker und Menschenfreund *Johannes Falk* († 1826). *P. A. Wolff* († 1828), der berühmte Schauspieler aus Goethe's Schule, liegt an der östlichen Mauer, ebenfalls nicht weit von der Fürstengruft begraben. *Caroline Flachsland*, Herders edle Gattin († 1809), ruht ebenfalls hier. Der Führer (10 Sgr.), welcher die Fürstengruft aufschliesst, wohnt der Hauptwache links schräg gegenüber am Thorweg, eine Treppe hoch.

Der *Schlosspark ist südlich an den reizenden Ufern der Ilm angelegt. Die bescheidene fast ärmliche Gartenwohnung Goethe's, das *Römische Haus*, die in Marmor gegrabenen Distichen von Goethe am Fuss der zu diesem hinauf führenden Treppe:

„Die ihr Felsen und Bäume bewohnt, o heilsame Nymphen,
   Gebet Jeglichem gern, was er im Stillen begehrt" u. s. w.

mahnen auch hier an jene einzige Zeit des letzten Viertels des vorigen Jahrhunderts. In der Nähe ein Gartensalon („Tempelherrenhaus"), in dessen Saal Steinhäuser's colossales Marmorbild Goethe's, 1853 in Rom vollendet. Den Schlüssel hat der Gärtner.

Am Ende des Parks ist das Dorf *Ober-Weimar*. Weiter auf einer Höhe erhebt sich Schloss *Belvedere*, wohin von Weimar ein alter schöner Baumgang führt (³/₄ St.) mit reichen Gewächshäusern, einem ausgezeichneten Palmhaus und einem kleinen Park.

Schloss und Park **Tiefurt**, der Herzogin Amalia († 1807) einfacher Landsitz, in enger, aber trefflich benutzter Begrenzung, liegt ³/₄ St. östl. von Weimar an der Ilm. Im Park ist ein kleiner Amor bemerkenswerth, der eine Nachtigall fütternd auf einem Postament von Tuffsteinen sitzt, darunter eine Inschrift von Goethe:

„Dich hat Amor gewiss, o Sängerin, fütternd erzogen" u. s. w.

In derselben Richtung weiter, ebenfalls an der Ilm, ist das S. 232 genannte *Ossmannstedt*.

*Ettersburg, 1½ St. nördlich von Weimar, ist grossherzogl. Sommerresidenz. An Ettersburg wie an Tiefurt knüpfen sich die heitersten Erinnerungen aus Weimars Glanzperiode. An beiden Orten spielte das „Liebhaber-Theater":

In engen Hütten und im reichen Saal,
Auf Höhen Ettersburgs, in Tiefurts Thal,
Am lichten Zelt, auf Teppichen der Pracht,
Und unter dem Gewölb der hohen Nacht. *(Goethe.)*

Kurzverschnittenes Buschwerk bildete die Coulissen, Bäume, Wiesen und Quellen die natürliche Decoration, oft wurde bei Fackelschein gespielt. Der keckste Humor, der genialste Muthwillen ergingen sich hier, durch keine Schranken gehemmt. Die aufgeführten Stücke waren meist von Goethe, Einsiedel, Seckendorf. Oft spielten die fürstlichen Personen selber mit.

Sonst ist in der Umgebung von Weimar noch zu erwähnen: *Herdersruhe*, am Fuss des Ettersbergs (S. 233), ein mit Pappeln

umpflanzter Rasenplatz mit einer Steintafel und der einfachen Inschrift: „Herder", der Ruheort bei seinen einsamen Spaziergängen;
dann *Berka*, Städtchen an der Ilm, 2 St. südlich von Weimar,
sehr freundlich gelegen, zugleich Badeort, in der Nähe herrliche
Buchenwaldung. Spaziergang über *Hetschburg* nach *Buchfahrt*, die
Ilm entlang, wo das sogenannte *Grafenschloss*, in den senkrecht
schroffen Felsen tief hinein gebauene Räume, Zugang nur mit
Leitern. Zweck und Ursprung sind unbekannt. Die S. 233 genannte grosse neue schlossartige *Caserne* ist der hervorragendste
Gegenstand in der äussern Gestalt der Landschaft geworden.

67. Erfurt.

Gasthöfe. Silber am Bahnhof Z. u F. 20, B. 5 Sgr., ˚Röm. Kaiser,
˚Weisses Ross, Preuss. Hof, Thüringer Hof. — In der ˚Res-
source, auf dem Anger, sehr gute Wirthschaft, zwar geschlossene Gesellschaft, doch haben auch bescheidene Fremde ohne eingeführt zu sein Zutritt.

Erfurt (635′) mit 29,000 Einw. (7000 Kath.) und 5500 M.
Besatzung, preuss. Festung mit den Citadellen *Petersberg* und
Cyriaksburg, uralte Stadt, welche schon der h. Bonifacius als einen
befestigten Wohnsitz von Ackerleuten fand, später zum Hansebund gehörig, dann zu Kur-Mainz, von 1802—1806 Preussen,
von da bis 1814 unter franz. Verwaltung. Die Universität, 1392
gestiftet, wurde 1816 aufgehoben. Die *Gera* durchfliesst die
Stadt; ihre verschiedenen Arme sind dreimal über das Kreuz
geleitet, mit ihrem Wasserzug ist ein sehr altes verwickeltes
Wasserrecht für die Anwohner verbunden. Das Wasser der Gera
(und des *Treuen Brunnens*) befördert vorzüglich das Gedeihen der
Brunnen-Cresse, welche, mit grosser Sorgfalt gezogen, einen ziemlich bedeutenden Handelsartikel abgiebt.

Der ˚**Dom** (Pl. 1), ein goth. Gebäude auf einer Anhöhe, hat
ein doppeltes Portal aus dem 12. Jahrh, Chor im edelsten Styl
1349. die zwei Thürme Ende des 12. Jahrh. erbaut, 1852 hergestellt, die drei Schiffe von gleicher Höhe. Brand und Kriege,
besonders der Bauernkrieg (1525) und die Belagerung von 1813
haben dem Gebäude häufig Beschädigung zugefügt; in neuerer
Zeit ist Alles hergestellt. Der Domthurm hat 10 Glocken, unter
welchen die *grosse Susanne* (eigentlich *St. Maria Gloriosa*) 275 C.
wiegt. Belohnende Aussicht (260 Stufen) (vergl. Karte S. 248).

Im Innern bemerkenswerth: am ersten nördl. Pfeiler ein ˚Denkmal
in Erzguss von *P. Vischer*, Krönung der Jungfrau, als Gedächtnisstafel
„*Henningi Godeni jurisc.*" († 1522); am Pfeiler gegenüber in der Nähe eine
wunderliche Darstellung der Transsubstantiation, Oelbild von 1534; auf der
südl. Wand der grosse Christoph, 1499 in Oel gemalt, fast die ganze Wand
bedeckend; darunter der Grabstein eines Grafen von Gleichen mit seinen
beiden Frauen, eines der bedeutenderen Denkmäler der Bildhauerkunst des
12. Jahrh.; eigenthümlicher Lichterhalter, ein Bussender, in Erzguss aus dem
12. Jahrh.; einzelne Grabsteine in Erzguss vor dem Chor; Holzkanzel nach
Schinkels Entwurf; gute launige Holzschnitzarbeiten an den Chorstühlen.

Die **Severikirche** (Pl. 2) mit 3 spitzigen Thürmen neben dem
Dom ist aus dem 14. Jahrh. Die **Predigerkirche** (Pl. 3), 1228
erbaut, ist für Architecten beachtenswerth. In dem ehem. **Augu-**

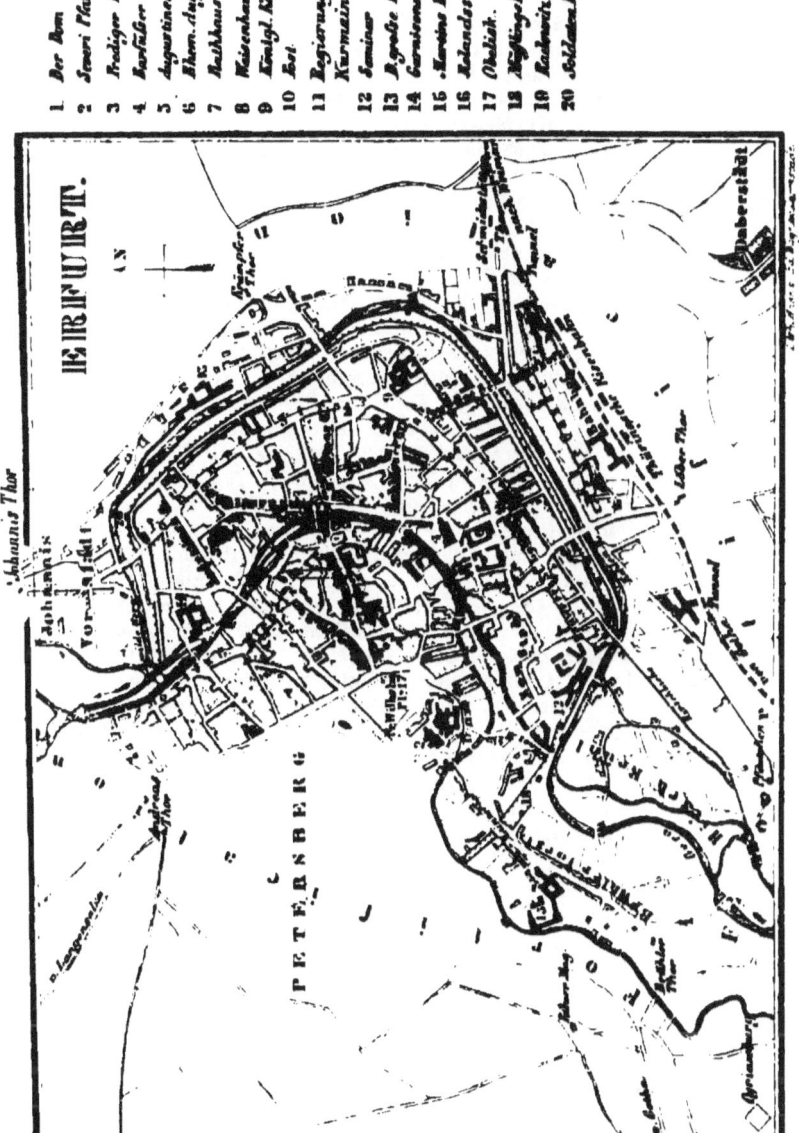

1. Der Dom
2. Sevri Pfarrkirche
3. Prediger Kirche
4. Barfüßer Kirche
5. Augustiner Kirche
6. Ehem. Augustiner Kloster
7. Rathhaus
8. Waisenhaus
9. Königl. Kreisdirecturn
10. Post
11. Regierung (ehem. Kurmainz. Palais)
12. Seminar
13. Bezirks Hospital
14. Garnisons Lazareth
15. Kavalerie Kaserne
16. Rolandsstatue
17. Obelisk
18. Siegfried Denkmal
19. Leibnitz Denkmal
20. Soldaten Denkmal

stinerkloster (Pl. 5), jetzt ein unter dem Namen *Martinsstift* bekanntes Waisenhaus, ein Todtentanz und die Zelle Luthers, der hier am 17. Juni 1505 Mönch wurde. Die Kirche diente 1850 kurze Zeit für die Sitzungen des „Unions-Parlaments". Erfurt hat ausserdem noch 18 Kirchen.

Auf dem Fischmarkt, vor dem 1259 erbauten **Rathhaus** (Pl. 7), steht eine *Rolandsäule* (Pl. 16, S. 62). Beim Dom eine 1777 errichtete *Spitzsäule*, welche an die Anwesenheit des damaligen Landesherrn, des Kurfürsten Friedrich Carl Joseph erinnert.

Das **Regierungsgebäude** (Pl. 11), früher Palast des Mainzischen Statthalters, zuletzt des Coadjutors Carl von Dalberg, diente im J. 1808 Napoleon zur Wohnung, der hier die Fürsten um sich versammelte

Kirchhöfe. Auf dem *Brühler Kirchhof* (Pl. 18, Eingang von der Ostseite) ein tempelartiges Denkmal mit der Büste des Feldmarschalls Frhrn. v. *Müffling* gen. *Weis* († 1851). — Der *Augustinerkirchhof* (Eingang in der Mitte, von der Krämpferstr.), ein schmaler langer Raum, der ehem. Stadtgraben, an einer Seite die alte Stadtmauer, umgiebt Erfurt von der Ostseite. Die Eingänge an den Enden sind gewöhnlich verschlossen, stets geöffnet ist nur der mittlere Eingang von der Krämpferstrasse. Auf der nördl. Abtheilung, fast am Ende, steht an der Stadtmauer das *Soldatendenkmal* (Pl. 20), ein einfaches goth. Denkmal mit Helm, Adler und Kreuz, und der Inschrift: *„Im Kampfe für Ordnung und Gesetz fielen treu ihrer Pflicht am 24. Nov. 1848 sieben Soldaten vom 31. Infanterie-Reg., der 4. Pionier-Abtheilung und dem 8. Cürassier-Reg."* Ein Denkmal erinnert an den General *Bose* († 1839), dahinter ein anderes an Lieut. v. *Jarotzky* und Unteroff. *Göpel*, beide vom 31. Inf.-Reg.: *„sie opferten ihr Leben bei dem Brande am 3. März 1822 als menschenfreundliche Retter; ihr Andenken ehren die Bürger dieser Stadt."* Auf der nordöstl. Abtheilung zwischen dem Krämpfer- und Schmidtstätterhor, *Trommsdorf's* († 1837), des Chemikers Grab (dahinter die chem. Fabrik seines Sohnes), und das Grab des Generallieut. v. *Radowitz* († 1853), mit einem goth. Wanddenkmal (Pl. 19)

Der besuchteste Spaziergang bei Erfurt ist der *Steiger*. Der Weg dahin führt durch grosse, gut gehaltene Gemüsegärten, auch wegen der Bewässerung (s. S. 238) sehenswerth. Erfurt ist überhaupt wegen seiner ausgedehnten Kunstgärtnerei berühmt. Blumenfreunde finden bei den Handelsgärtnern *Hagen* und *Topf* reiche Auswahl.

68. Gotha.

Gasthöfe. *Deutscher Hof, Z. 12½, F. 7½; *Mohr, Z. 10, M. 12, F. 6, B. 5, L. 2½ Sgr.; Stadt Altenburg; Riese; Stadt Coburg (gutes Bier). Prophet, Z. 10, F. 5 Sgr., bürgerlich.

Droschke 5 Sgr., die Stunde 15 Sgr.

Gothaer Wurst, berühmt, gut bei Chr. Rudolph und Sohn, Mönchelsgasse 26, bei Schenk u. A.

Gotha (934') mit 15,856 Einw. (250 Kath.), zweite Residenz des Herzogs von Sachsen-Coburg-Gotha, eine der anmuthigsten kleinen

240 *Route 68.* GOTHA.

Residenzstädte in einer von Natur und Kunst begünstigten Umgebung (vgl. Karte S. 248), auch in geselliger Beziehung gerühmt. Ueber der Stadt ragt hoch das sehr ansehnliche vielfenstrige **Schloss** (*Friedenstein*, 1046') hervor, in welchem sich folgende Sammlungen (vom 1. April bis 30. Oct. Dienst. und Freit. von 9—1 U. unentgeltlich, sonst für 1 Thlr. geöffnet) befinden:

Die Gemäldesammlung, an 700 Nummern, nach Schulen geordnet. Zimmer I. Thierstücke von *Hondekoeter*, *F. Damm*, *Loeber*, *Ph. Roos*. — II. Landschaften von *Ph. Hackert*, *Chr. Reinhardt*, *Voogd*; 7. *Graff* Bildniss des Schauspielers Eckhoff; 14. 15. *Denner* alter Mann und alte Frau. — III. 1. *Van der Helst* männl. Bildniss; 4. 5. *Van der Goyen* Gegend bei Vliessingen und Fort Lillo bei Antwerpen; 22. *Bril* Landschaft; 40. *Vermeulen* Winterl.; 74. *Hugtenburg* Auffahrt Ludwig's XIV. über den Pont-Neuf zu Paris. — IV. 1. *Van Dyck* eigenes Bildniss; 2. *Van Dyck* Bildniss der Elisabeth Brant, Rubens erste Gemahlin; 5. *Rembrandt* Bildniss eines Jünglings; 13. *Hondhorst* Reuiger Petrus; 14. *Hondhorst* (?) Bestattung des h. Sebastian; 40. *Rembrandt* Bildniss seiner Mutter; 42. *Rubens* die Familien Rubens und Trenck („Liebesgarten"); 46.—49. *Rubens* vier Heilige. — V. 1. 55. 120. 121. Grosser Bettschirm mit Schilderungen des neuen Testam., von einem oberdeutschen Meister des 16. Jahrh. Zahlreiche Bildnisse von *Cranach*, der in Gotha lebte, und aus seiner Schule; 34. *Holbein* Bildniss des Baseler Patriziers Sulzer; 35. *Pencz* männl. Bildniss; 36. 37. *Holbein* männl. Bildnisse; 39. *Holbein* (?) Bildniss der schönen Gräfin Agnes v. Mansfeld, welche 1583 der Kölner Erzbischof Gebhard Truchsess von Waldburg aus dem Stift Gerresheim bei Düsseldorf entführte und heirathete; 40. *Holbein* (?) Kurf. Johann Friedrich d. Grossmüthige mit Herz. Ernst zu Luneburg Schach spielend; 54. *Israel v. Meckenen* (?) Liebeserklärung; 67. 68. *Cranach* Sündenfall und Erlösung, Judith und Holofernes; 78. *J. v. Eyck* Bildniss Philipp's des Guten von Burgund; 79. Bildniss Hieronymus Holzschuher, Copie des berühmten Dürer'schen Bildes in Nürnberg von einem Schüler Dürer's. — VI. 2. *Jacobs* Ecce homo; 6. *Grassi* Bildniss des Ministers v. Lindenau (S. 229); 11. *Tischbein* Conradin von Schwaben nach angehörtem Todesurtheil mit Friedrich v. Oesterreich Schach spielend; 19. *v. Roden* Albaner See. — VII. 12. *Teniers* Zahnarzt; 48. *Th. Keyser* Amsterdamer Bürgermeister mit Frau und Kindern. — VIII. 2. *Van der Goyen* Landschaft; 6. *Van der Helst* männl. Bildniss; 11. *Dow* alte Frau spinnend (angeblich des Malers Mutter) für 13,000 Thlr. angekauft; 24. *Netscher* väterl. Rath, dem Bilde von Terburg im Berliner Museum (S. 16) ähnlich; 29. *Potter* Landschaft mit Vieh. — IX. 1. 2 *de Heem* Stillleben; 41. *Van Os* Fruchtstück. — X. 11. *Bombelli* Papst Pius VII.; 28. *Liotard* Herzog Ernst II. v. Sachsen-Gotha (Pastell). — XI. 4. *Tizian* männl. Bildniss; 39. *Guido Reni* h. Laurentius; 54. *G. Reni* Bacchus und Ariadne; 62. *G. Reni* Ecce homo; 65. *G. Reni* Knabe vor einem Nest mit Tauben; 70. *Palma vecchio* Christusbild; 71. *Carravaggio* Verkündigung. — Die Kupferstichsammlung, 50,000 Stück, neu geordnet, reich an ältesten italien. und deutschen Holzschnitten und Stichen. Handzeichnungen.

Im obern Stockwerk das Kunstcabinet. Zimmer I. Gemmen und Holzschnitzarbeiten. — II. Reliefs in Holz, mechan. Kunstwerke, Mosaiken (Nro. 16. u. 17. zwei kleine Mosaiktafeln, die Pyramide des Cestius und eine Mühle bei Tivoli darstellend, von Raffaeli, dem Verfertiger der Mosaik-Nachbildung des Leonardo'schen Abendmahls in der Minoritenkirche zu Wien). — III. Korkbildwerke, Porzellan, Nro. 1.—8 die ersten Versuche Böttger's (S. 202). — IV. Ethnographische und historisch merkwürdige Gegenstände, namentlich einige Napoleonische. Im letzten Zimmer das chinesische Cabinet. Die Bibliothek, von 11—1 U. tägl. geöffnet, 160,000 Bände, viel Incunabeln, Handschriften, Miniaturen, Autographen (Heinrich's VIII. von England Brief gegen Luther); das Münzcabinet 40,000 Stück. viele griech. Goldmünzen Gypsabgüsse. Naturalien.

An der Südseite des Schlosses sind ausgedehnte **Parkanlagen** mit einigen unbedeutenden Denkmälern und einem Teich. Auf

GOTHA. *68. Route.* 241

der Insel in demselben ist die herzogl. Gruft mit den Gräbern des Herzogs Ernst II. († 1804) und seiner Söhne. In der Nähe des Parks die **Sternwarte**, unter Hansen's Leitung.

Beim Eintritt vom Bahnhof in die Stadt links einige stattliche **neue Gebäude**, die *Lebensversicherungs-Bank*, der *Marstall*, auch in seiner innern Einrichtung sehenswerth: rechts das *Palais des Herzogs*, mit einigen guten neuen Bildern, *Wappers* Carl IX. von Frankreich in der Bartholomäusnacht u. a. (15 Sgr. Trinkgeld). Weiter nördlich das *Theater* und ganz nahe das Gebäude der *Feuer-Versicherungsanstalt*, beide von Eberhard aufgeführt.

Neben dem Theater ein *Denkmal* des Kaufm. *E. Arnoldi* († 1841), Medaillonbild, des Gründers der grossen Bankinstitute, Feuer-Versicherung (1821), Lebens-Versicherung (1829) und der Handlungsschule (1817), was die Jahreszahlen am Denkmal andeuten.

In der **Klosterkirche** eine sehr grosse Kreuzigung von dem in Gotha lebenden Maler *Jacobs*, in den einzelnen Gruppen sehr gelungen. Sein hübsches Wohnhaus ist neben dem herzogl. Palais.

Ein Eckhaus am Markt, in welchem die höhere *Töchterschule*, war einst Eigenthum des Malers *Lucas Cranach*. Es trägt noch sein Monogramm, die geflügelte Schlange mit der Krone.

Die **Kirchhöfe** liegen an der Westseite. Auf dem alten, links von der Eisenacher Strasse, wo die Gottesackerkirche, ruht der Generalsuperintendent *Löffler* († 1816) und sein Nachfolger der Generalsuperintendent *Bretschneider* († 1848). Ein rechts neben dem Eingang der Kirche aufgestellter alter Grabstein ist der des Superintendenten *Friedr. Mykonius* († 1536), des Freundes von Luther, kürzlich aufgefunden, wie die Inschriften auf den Porzellantafeln melden. Auf dem zweiten, rechts von der Strasse, auf dem auch das Leichenhaus, sind die Gräber des Buchhändlers *Friedr. Perthes* († 1843), ein einfaches eisernes Kreuz unter einer Trauer-Esche; des Philologen *Friedr. Jacobs* ($\pm$ 1847); des Geschichtsforschers *Ukert* († 1851). Auf dem nächstfolgenden das des Mathematikers *Kries* († 1849).

69. Eisenach und Umgegend.
Vergl. Karte S. 248.

Gasthöfe. °Halber Mond, Z. 12½, F. 6, M. 12½, B. 5 Sgr.; °Rautenkranz; °Thüringer Hof, letzterer zunächst dem Bahnhof, nicht theuer. Anker. — °Bier im Felsenkeller, dem Bahnhof gegenüber; ferner im alten Felsenkeller, unmittelbar an Eichels Garten, bei Bohl an der Georgenstr., einige Häuser w. vom halben Mond. Bahnhofs-Restauration gut.

Droschke die Fahrt 3, mit Gepäck 4 Sgr.; stundenweise, erste Stunde 12½ Sgr. für eine, 20 Sgr. für 2—4 Pers., zwei Stunden 20 Sgr. für 1 Thlr. Nach der Wartburg 20 Sgr. oder 1 Thlr., hin und zurück und 1½ St. warten 36 oder 48 Sgr.; Hohesonne hin 24 oder 32 Sgr., hin und zurück und 1½ St. warten 36 oder 48 Sgr.; Wilhelmsthal hin 35 oder 40 Sgr., hin und zurück und 2 St. warten 40 oder 50 Sgr., für jede ½ St. länger warten 5 Sgr. — Zweisp. in 3 St. nach Liebenstein (S. 251) für 4 Thlr.

Führer 5 Sgr. die erste Stunde, jede folgende 2 Sgr., für den ganzen Tag 20 Sgr., für jede Nacht ausserhalb Eisenach 10 Sgr. Bei Annahme auf unbestimmte Zeit, von früh 6 Uhr bis Abds. 6 U. 27 Sgr., von Mitt. 12 U.

bis A. 6 U. 15 Sgr., von Nachmitt. 5 U. bis zum andern Morgen 10 U. 29 Sgr. Der Führer trägt leichtes Gepäck bis für 3 Pers. und beköstigt sich selbst. Vgl. das Reglement, welches jeder Führer bei sich haben muss. Esel auf die Wartburg 5 Sgr. und 2½ Sgr. Trinkgeld.

Eisenach, saubere Stadt mit 10,817 Einw., war Residenz des 1741 ausgestorbenen Fürstenhauses Sachsen-Eisenach, und kam damals an Weimar. Der *Nicolaithurm* am Eingang der Stadt vom Bahnhof im schönsten roman. Styl mit neuerem Aufsatz, ist wohl erhalten. Das 1742 von Ernst August, Herzog von Weimar, erbaute *Schloss* am Markt bewohnte bis 1857 die Herzogin von Orleans († 1858) mit ihren Söhnen. Die kirchlichen Gebäude sind ohne Bedeutung. In der Nähe des halben Monds ist ein öffentlicher *Brunnen* mit einer Granate auf dem Brunnenpfeiler, zur Erinnerung an das Auffliegen einiger franz. Pulverwagen im J. 1810, wodurch damals eine ganze Häuserreihe zerstört wurde.

Als Stadt hat Eisenach keine Bedeutung für den Fremden. Um so schöner sind die Umgebungen, unter welchen in nächster Nähe (unfern des Bahnhofs, Eingang am Nicolaithor) *Garten und Park des Hrn. Friedr. v. Eichel* hervorzuheben ist, ausgezeichnet durch seine Pflanzen und seine Anlagen, die am Pflugensberg sich emporziehen, und durch wechselnde prächtige Aussichten auf Eisenach, die Wartburg, das Marienthal; Donnerstags für Jedermann geöffnet, sonst nur gegen Eintrittskarten, die man ohne Umstände im Comtoir des Eigenthümers in der Stadt erhält.

Ein Führer von Eisenach auf die Wartburg ist durchaus unnöthig. Die erste Strasse westlich vom halben Mond, gewöhnlich mit einigen Eseln (s. oben) besetzt, führt in gerader Richtung am *Kirchhof* vorbei, Anfangs etwas scharf bergan, dann über den Sattel, welcher den *Mädelstein* mit der Wartburg verbindet, unfehlbar in 30—35 Min. auf die Wartburg. Der *Fahrweg* verlässt ausserhalb des (südl.) Frauenthors die Coburger Landstrasse rechts ab; er ist etwas weiter als der Fussweg. Die *Wartburg* (1315' ü. M., 600' ü. Eisenach), Residenzschloss der 1440 ausgestorbenen Landgrafen von Thüringen, von Ludwig dem Springer 1070 gegründet, ist eines der schönsten Denkmäler roman. Styls, in Norddeutschland wohl das einzige nichtkirchliche Gebäude aus dieser Zeit, seit 1847 nach *Ritgens* Plänen im Neubau begriffen und mit zahlreichen *Fresken* von *Moritz v. Schwind* geziert, Begebenheiten aus der Geschichte der Burg und der h. Elisabeth, Landgräfin von Thüringen (S. 149), die auf der Wartburg ihren Sitz hatte. Auf der Wartburg war 1207 der Wettstreit der Minnesänger, der sog. Sängerkrieg; das Freskobild in dem, ganz in der damaligen Weise hergestellten Saal, stellt Heinrich von Ofterdingen und Wolfram von Eschenbach im Singkampf dar. Auf die Wartburg wurde Luther durch Fürsorge des sächs. Kurfürsten Friedrichs des Weisen während seiner Rückkehr von Worms gebracht, er arbeitete hier vom 4. Mai 1521 bis zum 6. März 1522 eifrig an seiner Bibelübersetzung. Die Zelle, welche er als „Junker

Georg" bewohnte, ist wenig verändert, sie enthält einige Erinnerungen an ihn, Tisch und Trinkkanne, Rüstung als Junker Georg, Bücherschrank, Briefe, Bildnisse u. dgl. In neuerer Zeit ist die Wartburg durch das am 18. Oct. 1817 gefeierte „Burschenfest" bekannt geworden, wozu alle deutschen Hochschulen, besonders zahlreich die Jenaer ihre Abgeordneten gesandt hatten. Das Stammbuch im Bücherschrank der Lutherzelle, in welches viele der Theilnehmer sich eingeschrieben, liefert einen Beitrag zur Characteristik jener Zeit.

Die Burg selbst, in ihrer glücklichen Herstellung, mit der *Capelle*, der *Rüstkammer* mit Rüstungen und Waffen, aus dem 12. und spätern Jahrhunderten (Kunz v. Kaufungen, Friedrich der Weise, Connetable von Bourbon, Fahnen aus dem 30jähr. Krieg); dem *Ritter-* und *Banketsaal* mit allerlei neuen geschnitzten grotesken Thierfiguren als Träger der Balken, und den andern ebenfalls durch Schwind'sche Fresken und sonstigen Zierrath geschmückten Räumen; dann die geschichtlichen Erinnerungen und die prächtige Aussicht (besonders von dem letzten isolirt stehenden Thurme schöne Rundsicht) über das dunkle Thüringer Waldgebirge und in das reizende Eisenacher Thal, belohnen den Besuch der Wartburg reichlich. Am Eingang stehen einige Geschütze. Im Hof rechts in den alterthümlichen Räumen Schenkwirthschaft. Der Führer durch diese Räume hat gesetzlich 5 Sgr. von jeder Person an Trinkgeld zu fordern.

Der Rückweg von der Wartburg wird zweckmässig mit einem Besuch des *Annenthals* verbunden. Der Weg ist ebenfalls leicht zu finden, doch ist ein Führer hier angenehm und man giebt gern die 5 Sgr. an einen der am Eingang der Wartburg sich anbietenden Jungen. Die Richtung ist diese. An der Schlossbrücke links hinab, nach 4 Min. nicht links durch den Wald hinab, sondern rechts um den Felsen herum; nach 8 Min. nicht rechts, sondern links durch den Felseneinschnitt; 3 Min. nicht links bergab, sondern gerade aus; 5 M. *Waidmannsruh*, freier Platz mit einer Bank, Ueberblick über das Marienthal, durch ein sehr grosses **A** an den Felsen gegenüber bezeichnet; 8 M. *Sängerbank* beim Austritt aus dem Wald; 3 M. Steinbank auf einem Felsenvorsprung; von hier auf Stufen abwärts um den Felsen herum; 5 M. Landstrasse (Eisenach-Coburg), wo ein Wegweiser steht, dessen Arme auf die Wartburg und in die Landgrafenschlucht weisen; 3 M. weiter Wegweiser in das Annenthal.

Das *Annenthal, ³/₄ St. s. von Eisenach, unmittelbar an der Coburger Landstrasse (halbwegs an der Strasse die *Phantasie*, *Bier- und Speisewirthschaft), ist ein sehr enges kühles von einem Bächlein durchrieseltes Thal, dessen engster Theil die *Drachenschlucht* heisst, 8 M. von dem oben genannten Wegweiser, da beginnend, wo am Felsen ein grosses **A** den Eingang bezeichnet. Die Drachenschlucht ist ein 250 Schritt l., 2 bis 3′ br. tiefer Riss durch den

Fels (Rothliegendes), dessen steile, stets feuchte Wände prächtiges weiches langhaariges Moos und Farrnkräuter in üppigster Fülle, mit einer grünen dichten Bekleidung versehen, durch welche das Wasser, Thautropfen gleich, unausgesetzt herabsickert. Der Weg ist so schmal, dass zwei Personen neben einander nicht Raum haben, der kleine silberhelle Bach ist von einem Damm überbrückt.

Man kann nun umkehren oder auch in dem hier mässig sich erweiternden Thal fortwandern (8 Min. nochmals eine kleine Schlucht) bis zur (20 M.) *Hohen Sonne* (1630'), dem aussichtlosen Gipfel (nur ein schöner Durchblick nach der Wartburg) dieser Strasse, wo im Forsthaus Bier und Kaffe zu haben.

Am südlichen Fuss, $^1/_2$ St. Gehens von hier, ist Schloss **Wilhelmsthal**, mit reizendem Park, von dem Schönheitssinn seines Gründers, des Grossherzogs Carl August (S. 234), redendes Zeugniss ablegend. Hier ebenfalls ein Gasthaus. Rückweg auf einem Fussweg durch Buchenwald über den *Hirschstein* (s. unten). Wilhelmsthal ist 2 St. s. von Eisenach. Bad Liebenstein s. S. 251. (Von Wilhelmsthal nach Ruhla 2 St. Gehens: erst 10 M. Landstrasse, dann bei einem Teich l. ab in den Wald immer gerade aus, nicht zu verfehlen.)

Landgrafenloch, Hirschstein, Wachstein, Ruhla. Belohnende Fusswanderung, bis Ruhla $3^1/_2$ St., von Ruhla bis zur Eisenbahnstation Wutha 2 St. Neben dem Eingang ins Annenthal, bei dem kleinen Teich, ist links an der Landstrasse an 100' über derselben an einem vorspringenden bewaldeten Felsen eine eiserne Tafel mit der vergoldeten Inschrift: „*Dem Oberforstrath C. Koenig 1850.*" Der Weg links führt in eine Schlucht, das *Landgrafenloch* genannt, dem Annenthal in etwa ähnlich, jedoch viel weiter, ebenfalls von einem Bach durchrieselt. 20 Min. vom Eingang steigt man an der Bergwand rechts auf Knüppelstufen hinan und erreicht nach 20 Min. oben auf dem Berge eine Fahrstrasse, die *Weinstrasse* genannt. Aussicht nördlich und westlich über das Gebirge hinweg. 15 Min. weiter rechts das oben genannte Forsthaus zur *Hohen Sonne*.

Der *Rennsteig* (S. 247) durchschneidet hier die Coburger Landstrasse. Unmittelbar bei der Kreuzung führt rechts vom Rennsteig ein Fussweg in den Wald, in 10 Min. zum *Hirschstein, einem freien Platz mit einer einsamen Eiche bepflanzt, darunter eine Bank, s. und w. freie Aussicht über den Wald, s.w. unten Wilhelmsthal (s. oben), im Hintergrund die Rhöngebirge.

Auf demselben Weg wieder zurück und auf dem Rennsteig weiter nach Süden, $^3/_4$ St. lang bis zu dem Wegweiser beim *Todtenmann*, dessen Arme nach dem Wachstein und Ruhla, nach Eisenach, Wilhelmsthal, Ruhla, Heiligenstein (S. 245) weisen. Hier links und weiter nochmals links bergan, stets durch Wald, aber auf gutem Wege in 20 Min. zum *Wachstein, einer durch Stufen und Wege zugänglich gemachten und mit Bänken versehenen

Felsgruppe, mit prächtigster umfassender Aussicht über das Waldgebirge hinweg, besonders ö. und n., wo der lange Rücken des Harzes den Hintergrund bildet, n.w. der Meissner.

Vom Wachstein geht man nun zurück den Weg l. etwas bergan und erreicht nach 15 Min. wieder den Fahrweg (vom Todtenmann etwa 10 Min. entfernt, der sehr belohnende Umweg über den Wachstein ist also 25 Min. weiter als der gerade Weg). Diesem folgt man links 10 Min. lang bis zu einem umzäunten Wiesenhang, wo ein Wegweiser an einem Baum r. „über den Rungenberg und Bermer nach Bellevue und Ruhla" zeigt. Also nun am Haag r. hinab, 15 Min. weiter aus dem Wiesenthal r. in den Wald an dem südl. Bergabhang, 10 Min. weiter nicht l. bergab, sondern r. in gleicher Höhe noch 15 Min. lang, wo sich dann hoch über Ruhla der Weg in das Thal senkt bis zu dem *Gasthaus *Bellevue*, an der westl. Bergwand etwa 100' über Ruhla gelegen, im Sommer von Badegästen gefüllt, Verpflegung gut, um 1 Uhr einfacher guter Mittagstisch zu 10 Sgr., Bier gut.

Ruhla (*Traube*, im Ort selbst) ist in neuerer Zeit ein namentlich von Berlinern besuchter Badeort geworden, mit allerlei Bädern, Fichtennadel-Dampfbad 12$^{1}/_{2}$. Balsambad 10, warmes Mineralbad 5, Mineral-Balsambad 10, Kaltwasserbad 2$^{1}/_{2}$ Sgr. Die Bergluft scheint aber am besten dabei zu wirken. Die Bäder sammt einem kleinen Cursaal mit Zeitungen liegen im Orte selbst. Dieser ist $^{1}/_{2}$ St. lang, die Bewohner beschäftigen sich vorzugsweise mit Anfertigung von Pfeifenköpfen aus Holz und aus Meerschaum. Am 2. Aug. Kirchweih, eigenthümlich. Der Bach, welcher das enge Thal durchfliesst, der „Erbstrom", trennt hier Weimarsches Gebiet vom Gothaischen.

Ein grünes Wiesenthal, zu beiden Seiten von oben bis unten belaubte Berge, später sich ausdehnend und abflachend, führt über ($^{3}/_{4}$ St.) *Heiligenstein* (*Whs. mit gutem Bier) und ($^{3}/_{4}$ St.) *Farnroda* nach (25 Min.) *Wutha*, erster Eisenbahnhalt östl. von Eisenach, dem langen Rücken der Hörselberge (S. 233) gegenüber. Strasse von Ruhla nach Wutha gut, Zweisp. 1$^{1}/_{2}$, Einsp. 1 Thlr. und Trinkgeld. Nur selten steht an der Haltestelle zu Wutha ein Wagen nach Ruhla bereit.

70. Von Weimar über Jena u. Rudolstadt nach Coburg.

15 Meilen. Eilwagen tägl. 2mal in 16 St. — Werra-Eisenbahn s. S. 255.

Zwischen Weimar und Jena wurde am 14. October 1806 die „Jenaer Schlacht" geschlagen. Hinter *Kötschau* ragt aus Bäumen links der 1 St. entfernte dicke viereckige Thurm von *Vierzehnheiligen* hervor, viermal von den Preussen gestürmt, der bestrittenste Punct während der Schlacht. Der preuss. Heerführer, Fürst Hohenlohe, hatte unterlassen, die steilen Anhöhen, welche rechts und links das Mühlthal bei Jena beherrschen, zu besetzen, dasselbe, durch welches die Weimarsche Landstrasse führt. Der spitze

246 *Route 70.* JENA.

Winkel, wo diese sich mit der von Apolda (S. 232) kommenden Strasse vereinigt, heisst die *Schnecke*, in den damaligen Schlachtberichten viel genannt. Napoleon liess in der Nacht das Geschütz auf die Hochebene des Wahlplatzes bringen. Ein dichter Nebel verbarg am Morgen des Schlachttages seinen Aufmarsch. Er führte unter Augereau, Lefebvre und Lannes 80,000 Mann ins Gefecht. Die 50,000 Preussen unter dem Fürsten Hohenlohe, Tauentzien und Rüchel wurden in drei blutigen Treffen trotz tapferer Gegenwehr, in Folge veralteter Taktik und schlechter Führung, so gründlich geschlagen, dass das ganze preussische Heer sich auflöste. An demselben Tage hatte auch die unglückliche Schlacht bei Auerstädt (S. 232), 3 M. n. von Jena, statt.

2¹/₂ **Jena** *(Deutsches Haus,* *Bär, Sonne)* an der *Saale*, die berühmte 1548 gestiftete (1558 geweihte) Universität (etwa 500 Stud.) mit mancherlei wissenschaftlichen Sammlungen, namentlich der reichen mineralogischen. Die Sammlung von *Gypsabgüssen* ist unter ähnlichen in deutschen Universitäts-Orten die ansehnlichste. Die *Bibliothek* (neues Gebäude 1858 eingeweiht) enthält u. a. altniederländische Gesangbücher mit guten Miniaturen, aus dem Brautschatz der Gemahlin Friedrichs des Weisen, einer burgund. Prinzessin. In der Nähe, auf dem Fürstengraben, das 1857 errichtete Denkmal des Naturforschers *Oken* („geb. zu Bohlsbach 1. Aug 1779, lebte in Jena 1807—1828, starb zu Zürich 11. Aug. 1851") eine Colossalbüste von Drake. — Dem Stifter der Universität Kurf. *Johann Friedrich dem Grossmüthigen* († 1557) ist 1858 auf dem Markt ein von Drake entworfenes *Standbild* errichtet, in der Rechten das Schwert, in der Linken die Bibel.

In der durch Einbauten entstellten *Pfarrkirche* aus dem 14. Jahrh. ist an der Nordseite des Chors das eherne Reliefbild Luther's, welches ursprünglich auf sein Grab in Wittenberg bestimmt war.

In dem *Garten der Sternwarte*, an der Engelbrücke, ist eine Dannecker'sche Büste von Schiller, daneben ein roher Granitblock mit der Inschrift: „Hier schrieb Schiller den Wallenstein 1798." Der Eingang ist durch's Haus, über dessen Thüre eine gelbe Tafel, welche anzeigt, dass Schiller dereinst in diesem Hause gewohnt hat. Derartige Gedenktafeln findet man an vielen Häusern Jena's; sie sind 1858 bei Gelegenheit des 300jähr. Universitäts-Jubiläums angeschlagen und melden die einstige Wohnung berühmter oder namhafter Männer; so wird in der Leutragasse an Arndt, Fichte, von Gagern, General v. Grolmann, Oken, Schiller u. A., an Letztern auch in der Schlossgasse, in der Jenergasse und noch öfter erinnert. Goethe's Wohnung ist in der Schlossgasse, im botan. Garten und im Gasthof zur Tanne in *Camsdorf* bezeichnet.

Die Schichtung des Erdreichs giebt der Umgegend von Jena ein eigenthümliches Gepräge: tief im Thal Sand, weiter Gyps, dann rother Mergel, oben auf den Bergen Kalk.

Auf dem Hausberg hinter Jena steigt der wohlbekannte *Fuchsthurm*, der einzige Ueberrest der Kirchbergschen Schlösser, schlank in die Lüfte.

Er ist zur Rundschau eingerichtet, den Schlüssel hat der Wirth in dem nahen *Ziegenhain.*

Ausflug nach *Dornburg.* 2 St. nördl , 3 kl. Schlösser auf der steilen westl. Thalwand, deren ältestes schon zu Otto I. Zeiten eine kaiserl. Pfalz war, das mittelste von Ernst August erbaut, das südl. von Goethe (1828) nach Karl Augusts Tode mehre Monate bewohnt. Schöne dem Felsen abgewonnene Gartenterrassen mit schöner Aussicht. Kaffe beim Hofgärtner, daneben im Schiesshaus Restauration, beides gut.

Die Landstrasse, auf welche viele Nebenthäler münden, führt mitunter an steilen Bergwänden vorbei, n.ö. zeigt sich die *Cunitzburg*, s.ö. die *Lobdaburg*, südl. die *Leuchtenburg*, und ist die Gegend bei *Rothenstein* besonders schön.

2 *Kahla* (*Löwe*, billig). Auf dem gegenüberliegenden Ufer der Saale die alte Bergfeste *Leuchtenburg*, jetzt Zucht- und Irrenhaus.

In *Orlamünde*, mit seinem schon im 14. Jahrh. zerstörten Schloss auf einem steilen Felsen über der Saale, trieb zur Zeit der Bilderstürmer Karlstadt sein Unwesen, so dass der Kurfürst den Doctor Luther selbst nach Orlamünde senden musste, der aber von den Bürgern gezwungen wurde zu flüchten.

2½ **Rudolstadt** (*Ritter*, *Löwe* neben d. Post, *Adler*), Hauptstadt des Fürstenthums Schwarzburg-Rudolstadt. Auf einer Anhöhe, (200') erhebt sich Schloss *Heidecksburg*, Residenz des Fürsten, mit einigen Gemälden und Gypsabgüssen. Die *Ludwigsburg* in der Stadt hat ein besonders an Conchylien reiches Naturaliencabinet.

Volksstedt und *Schwarza* s. S. 248. In der Nähe von Saalfeld begann am 10. October 1806 der Kampf gegen Frankreich. Unter den Marschällen Lannes und Augereau schlugen sich hier 30,000 Franzosen gegen 11,000 Preussen und Sachsen. Prinz Louis Ferdinand von Preussen fand hier durch einen franz. Dragonerwachtmeister seinen Tod. An der Stelle, wo er „kämpfend für sein dankbares Vaterland" fiel, hart an der Strasse, ½ St. vor Saalfeld, ist ein gusseisernes Denkmal unter Pappeln errichtet.

1 **Saalfeld** (*Rother Hirsch*), alte Stadt an der n.ö. Grenze des Thüringer Walds. Das Rathhaus auf dem Marktplatz ist im spätern goth. Styl erbaut; die goth. *St. Johanniskirche* 1212 aus dem Ertrage der benachbarten Goldgruben von *Reichmannsdorf*. In der Vorstadt das neuere Schloss der sächs. Herzoge von der erloschenen Saalfelder Linie. Unweit der Stadtmauern die Thurmsäulen und Trümmer der *Sorbenburg*, der Sage nach von Carl dem Gr. zum Schutz gegen die heidnischen Slaven erbaut, von deren Niederlassung noch die zahlreichen Ortsnamen mit der Endung *itz* am rechten Ufer der Saale Zeugniss geben.

Die Landstrasse verlässt hinter Saalfeld den Fluss.

Der Fussgänger wird jedoch an der Saale aufwärts gehen, nach ³/₄ St. *Obernitz*; von da über den *rothen Berg* gen *Caulsdorf*, nach *Eichigt*, wo sich die Saale und *Loquitz* vereinigen, nun die Loquitz hinauf bis *Hockerode* (beim Hammerwerk *Wirths.), über *Loquitz*, *Gräfenthal*, nach *Sonneberg* (s. unten).

2 *Reichmannsdorf* (s. oben). — (1⅜) *Wallendorf*; dann über den *Rennweg* oder *Rennsteig* nach (3) *Sonneberg* s. S. 256. Von hier über *Neustadt* nach (2½) *Coburg*. Eisenbahn in ³/₄ St. s. S. 247.

71. Der Thüringer Wald.

Das *Thüringer Waldgebirge*, 20 Meil. lang, 5 M. breit, ö. von der Saale, w. von der Werra begrenzt, s. nach Franken hin abfallend, das „Herz Deutschlands", ist ein Gebirgsland mit theilweise prächtigem Hochwald und lieblichen wasserreichen Thälern, dem Fusswanderer reichen Genuss gewährend. Die Wanderung wird zweckmässig in zwei Abschnitte getheilt, in die östliche, von Rudolstadt über Ilmenau und Oberhof nach Gotha (3 Tage), und die westliche, von Eisenach nach Liebenstein, über den Inselsberg nach Reinhardsbrunn und Gotha (3 Tage). Auch geognostisch ist diese Theilung zu verfolgen, s.ö. Thonschiefer bis zum Erzgebirge, n.w. Porphyr bis Eisenach. Die Grenzscheide ist bei Ilmenau.

Wer in der Zeit beschränkt ist, ziehe jedenfalls den westlichen Theil vor, wie denn überhaupt rathsam ist, die Wanderung von Osten nach Westen zu machen, bei Rudolstadt zu beginnen und bei Eisenach zu schliessen, dessen Umgebungen sammt dem Inselsberg den Glanzpunct des Thüringer Waldes bilden. Der Fussgänger gewinnt einen Tag, wenn er von Oberhof nicht nach Gotha geht, sondern an dem Chausseehaus vor Ohrdruff sich links nach (1 1/4 St.) Georgenthal und (2 St.) Reinhardsbrunn wendet. Die Eintheilung der Tagemärsche ist dann am 1. Tag von Rudolstadt nach Paulinzelle, 2. Oberhof, 3. Inselsberg, 4. Eisenach.

Führer sind nur auf kurzen Strecken nöthig, wie an den betr. Stellen näher angegeben ist; sie verlangen für die Stunde 2 1/2 Sgr. Ein Einspänner kostet zu Rudolstadt 3 Thlr. täglich. Es ist nicht rathsam, Führer für die ganze Wanderung anzunehmen, da sie in der Regel nur von ihrer nächsten Umgegend Ortskenntniss haben.

a. Oestlicher Theil.
Von Rudolstadt nach Gotha.

Rudolstadt s. S. 247. Von der meist schattigen Landstrasse trennt sich 15 Min. von Rudolstadt ein gradaus führender Weg über *Schaala* und *Eichfeld* nach (1 1/2 St.) *Keilhau*, wo Fröbel († 1853) seine Erziehungs- und Kinderspielanstalt hatte. Der Ort liegt am Fuss des *Steiger*, den man (Führer bis *Quittelsdorf*) in 1 1/2 St. überschreitet (erste Schau in die Thüringer Berge), und im Thal auf der Landstrasse ohne Führer weiter über *Milbitz* nach (2 St.) *Paulinzelle* (S. 249).

Da man aber auf weiter Strecke denselben Weg zurückmachen muss, um nach Blankenburg und zum Eingang des Schwarzathals zu gelangen, so mögen Reisende, die in ihrer Zeit beschränkt sind, auf Keilhau verzichten, und auf der Saalfelder Landstrasse der Saale folgen, über (1 1/2 St.) *Volkstedt*, wo im ersten Haus rechts Schiller im J. 1788 längere Zeit wohnte und an seiner Geschichte des Abfalls der Niederlande arbeitete, (1/2 St.) *Schwarza* (*Bremer Hof) am Einfluss der Schwarza in die Saale, Knotenpunct der südlich nach Saalfeld (S. 247), westlich nach (3/4 St.) *Blankenburg* (Löwe) führenden Landstrasse. Ueber dem Städtchen die Trümmer der Burg *Greifenstein*, die Wiege des unglücklichen Deutschen Kaisers, Grafen Günther von Schwarzburg.

Das ***Schwarzathal** (*Chrysoprus*, 10 Min. von Blankenburg, am Eingang des Schwarzathals) von Blankenburg bis Schwarzburg (2 St.), der Glanzpunct der Wanderung des ersten Tags, ist eine der schönsten in Thüringen, ein wildes Thal von Thonschieferfelsen, mit Buchen und Tannen bekleidet, so eng, dass oft neben dem reissenden Waldbach die Strasse kaum Platz hat und in den

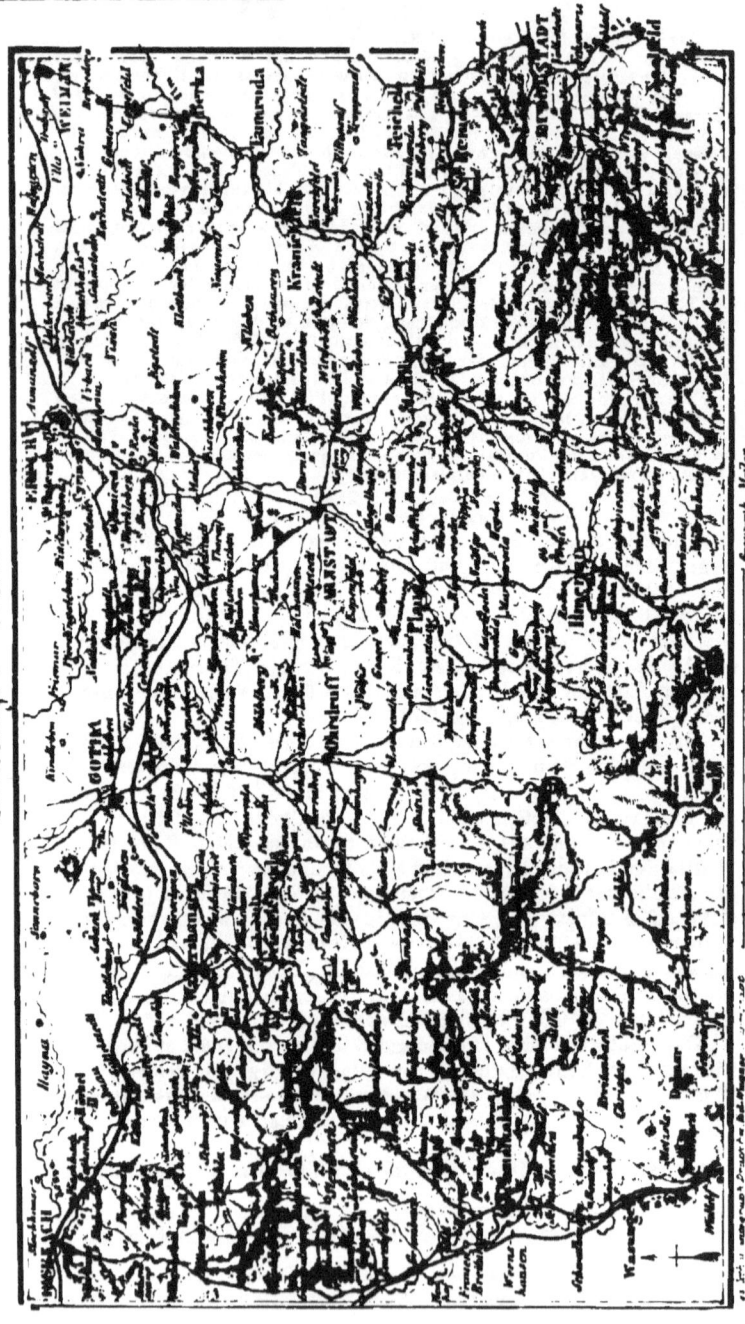

Felsen gesprengt werden musste. Am Eingang im Felsen rechts ein Wandergruss: „salus intrantibus". Unfern des Eingangs sieht man links auf einer Anhöhe, der *Eberstein* genannt, einen 1844 erbauten burgartigen Thurm, der bei den fürstl. Jagdpartien als Absteigeort und Pferdestall dient.

Schloss *Schwarzburg*, 1726 auf einer Anhöhe neu aufgerichtet, in reizender Lage, die Stammburg zweier Fürstenhäuser, mit dem fürstl. Rudolstädtischen Erbbegräbniss, sehenswerther Rüstkammer, Hirschgeweihe u. dgl. In dem vom ersten Bau noch bestehenden Kaisersaal werden die Bildnisse aller römischen Kaiser, von Julius Caesar bis zu Kaiser Carl VI. gezeigt, ganz gewöhnliche Tüncherarbeit, auf die Kuppelwände geklekst. Vor dem Schloss ist an der Strasse der Gasthof zum Weissen Hirsch. (Zweisp. nach Rudolstadt 2½ Thlr., über Paulinenzelle nach Ilmenau 4 Thlr) Das Dorf *Schwarzburg* liegt im Grund, am Fuss des Schlossberges.

In den umliegenden Forsten werden an 400 Stück Hochwild gehegt. Am Weg zum *Trippstein (1518'), einer Anhöhe im Wald, ¾ St. n. vom Schloss (Führer 5 Sgr.), sieht man unten in dem grünen Wiesengrund häufig Hirsche. Die Aussicht von dieser Höhe auf das Schwarzathal und Schloss Schwarzburg ist überraschend und schön. Eine Birkenhütte gewährt Schutz. Noch 20 Min. weiter n. ist das *Kienhaus*, eine von Tannenstämmen erbaute Rundschau. Die Aussicht von hier reicht zwar weiter, n.w. sieht man fern Paulinenzelle, sie ist aber weniger malerisch, weil ihr der prächtige Vordergrund fehlt.

Man kann nun (Führer 10 Sgr.) vom Kienhaus auf der unerquicklichen schattenlosen hügeligen Hochfläche weiter n. wandern über *Bechstädt* (½ St. vom Kienhaus) nach (¾ St.) *Ober-Rottenbach*, Dorf ohne Wirthshaus an der Blankenburg-Ilmenauer Landstrasse, wo die neue Strasse nach dem von hier 1¼ St. w. gelegenen Paulinzelle sich abzweigt; oder man kann vom Kienhaus nach Schwarzburg zurückkehren und auf der Landstrasse n.w. über *Allendorf* nach *Unter-Köditz* (2 St.) gehen oder fahren. Oberhalb des letztern Orts führt ein viel betretener Fusspfad in 1 St. n.w. nach *Paulinzelle, Trümmer des Klosters gl. Namens, eine der schönsten Kirchenruinen im edelsten rom. Styl, 1114 von Pauline, der Tochter des Ritters Moricho erbaut, im Bauernkrieg sehr beschädigt, 1534 in Folge der Reformation aufgehoben und seitdem verfallen. Gasthof von Menger, gut aber nicht gerade billig, Bier vortrefflich.

Ein Fussweg führt von Paulinzelle südl. stets durch Wald über den *Galgenberg* in 1 St. nach dem hochgelegenen alten Städtchen *Königsee* (Löwe), wo man für 1⅔ Thlr. einen Einspänner nehmen und in 2 St. auf der meist schattenlosen Landstrasse über *Amt-Gehren, Langenwiesen*, wo die Strasse die Ilm erreicht und ihr fortan folgt (auf der Höhe vor Ilmenau mehrere grosse Teiche). nach dem 3½ St. von Königsee entfernten Ilmenau fahren mag.

Ilmenau (1521') (*Löwe. Z. 15, M. 12½; in dem Zimmer Nro. 1 hat Goethe am 28. Aug. 1831 seinen letzten Geburtstag gefeiert), nicht unansehnliches Weimar'sches Städtchen, malerisch an der *Ilm* gelegen, bietet wenig Bemerkenswerthes. (Gutes Wellenbad, gutes Bier und schöne Aussicht vom *Neuhaus*, ¼ St. ö.) Die Wasserheilanstalt hier ist fast so besucht, als die berühmtere in dem 1 St. westlich in Schloss *Elgersburg* (Wochenpreis für Wohnung, Kost und Bad 6 Thlr.) eingerichtete, wo sämmtliche Curgäste zusammen wohnen und zusammen speisen. Vergl. S. 191.

Zur Wanderung über den Kickelhahn bis zur Schmücke (4½ St.) ist ein Führer (15 Sgr.) rathsam. Der Weg geht fast 1 St. weit an der alten Schleusinger Landstrasse stets bergan, dann r. ab nach *Gabelbach* (2332') beim Jägerhaus r. vorbei, 10 M. Grenzstein r. ab steil bergan, in 15 M. auf dem *Kickelhahn* (2652' ü. M., 1131' über Ilmenau), eine der höchsten Höhen des Thüringer Waldes, auf welchem der Grosherzog von Weimar im J 1854 einen Rundschau-Thurm (101 Stufen) hat erbauen lassen. Der Wärter ist an schönen Tagen mit seinem Fernrohr gewöhnlich oben, er erhält 1 Sgr. von jeder Person. Sehr weite Aussicht, n. der Brocken, w. der Inselsberg, s. die Röhn, ö. Ilmenau. Im Hintergrund der Fuchsthurm bei Jena.

Vom Kickelhahn 200 Schritt n.w. ist ein kleines hölzernes altes *Jagdhäuschen*, in welchem Goethe oft geschlafen und am 7. Sept. 1783 an die Holzwand mit Bleistift sein Lied „Über allen Gipfeln ist Ruh" geschrieben hat, wo es unter Glas noch zu lesen ist. Von hier erreicht man in 15 M. den oben genannten Grenzstein wieder; dann geht's rechts hinab und einige Schritte weiter nochmals rechts. 15 Min *Hermannstein*, eine moosbewachsene Basalt-Felskuppe, 25 Min. weiter links bergab nach *Camerberg* (im Whs. gutes Bier) und *Manebach* (1603'), Dorf in einem Wiesengrund gegenüber, mit Steinkohlenbergbau, auf geradem Weg 1 St. w. von Ilmenau.

Nun wieder bergan meist durch Wald auf dem Fahrweg, der von Elgersburg oder Ilmenau zur Schmücke führt, 2 St. Gehens von Manebach an, 30 Min. vor dem Gasthaus an der Quelle der Gera vorbei. Die *Schmücke (2805') ist ein Gehöft, ursprünglich zur Aufnahme des Viehes bestimmt, welches auf den nahen üppigen Weiden graset, jetzt auch für Reisende eingerichtet, deren im Sommer immer viele hier einkehren, da die Schmücke wegen des schönen Waldes und des grünen Wiesenplans und des nur ½ St. (n.w.) entfernten aussichtreichen Gipfels des Schneekopfs von nah und fern viel besucht wird. Auch von einigen nähern Puncten schöne Aussichten. Bewirthung gut und billig, gutes Nachtlager. Fahrwege nach Oberhof, Suhl, Elgersburg und Ilmenau.

Der **Schneekopf** (3010') gewährt von dem 1851 erbauten Thurm (5 Sgr.) die schönste Aussicht, weit über das Thüringer Flachland, bis zum Brocken und Kyffhäuser, s. über das Fränkische und Rhön-Gebirge, die zwei Gleichberge bei Römhild u. s. w. Auch die Altenburg bei Bamberg ist bei hellem Wetter zu sehen. 10 M. w. von der Schmücke, an der Strasse nach dem Oberhof, steht ein Wegweiser, der rechts ab auf den Schneekopf weiset, dessen Gipfel von hier in 20 Min. zu erreichen ist. Unfern desselben ist eine sumpfige Stelle mit tiefen Wasserlöchern. Man kehrt auf demselben Weg zur Strasse zurück, die nun fortwährend steigt. Nach 15 Min. ist der höchste Punct der Strasse erreicht, kaum 10 Min. unterhalb des Gipfels des **Beerbergs** (3028'). Wenige Schritte von der Strasse rechts auf einer schattenlosen Anhöhe, *Plänkner's Aussicht* genannt, steht Bank und Tisch aus Holz. Man hat hier dieselbe Fernsicht wie vom Schneekopf, im Vordergrund aber sieht man noch tief unten in dem breiten Thal die Stadt Suhl. Da dieser Punct am Wege zum Oberhof liegt, kann man sich die Besteigung des Schneekopfs ersparen. Im Frühsommer findet man auf den höchsten Stellen des Gebirges und in den nahen Schluchten hin und wieder noch Schnee.

Der Weg zum Oberhof, von der Schmücke bequem in 2 St. zu erreichen, senkt sich nun unmerklich nördlich. Er ist nicht zu verfehlen, an zweifelhaften Stellen stehen Wegweiser.

Oberhof (2467') (*Gasthaus), herzogl. Jagdschloss und Dorf mit 46 meist schindelgedeckten von Holzhauern bewohnten Häusern. Schöne Aussicht von der *Louisenlust (2513'), 5 M. n. vom Dorf am Fuss des Schlossbergkopfs. Von Oberhof gehts auf der grossen Coburg-Gothaer Landstrasse nach Gotha stets n. bergab durch den prächtigsten Tannen- und Fichtenwald in zahllosen Windungen in 3 St. Gehens nach Ohrdruff, wo die Landstrasse in die Ebene tritt.

Fussgänger, welche die Gothaer Landstrasse vermeiden wollen, gehen vom Oberhof n.w. zum (2½ St.) *Falkenstein*, und weiter n.w. durch den schönen Schmalwassergrund nach *Dietharz* und *Tambach* (1½ St.) (Der Rennsteig, S. 247, auf dem Kamm des Gebirges ist schattenlos und meist ohne Aussicht.) Von Dietharz mag dann die Wanderung weiter fortgesetzt werden n. nach (1 St.) *Georgenthal* (*Gasthaus); n w. ½ St. *Altenberga*, wo auf der Höhe links ein kirchenleuchterartig von Sandstein 1811 errichtetes 30' h. Denkmal die Stelle bezeichnet, wo der h. Bonifacius den Thüringern zuerst das Christenthum predigte; n.w. 1½ St. *Friedrichsroda* (s. S. 254), n. ¼ St. *Reinhardsbrunn* S. 254. Oder von Tambach geradezu n.w. durch die Berge über *Finsterbergen* (mit Führer) nach Friedrichsroda und Reinhardsbrunn (2½ St.)

b. Westlicher Theil.

Von Eisenach über Liebenstein nach Gotha. Eisenbahn s. S. 256.

Von Eisenach nach Wilhelmsthal s. S. 244, von hier Post nach **Liebenstein** (*Müller's Hôtel Z. 36—48, M. 42, F. 18 kr., *Badhaus Z. von 3—14 fl. wöchentlich; in der Kaltwasserheilanstalt von Dr. Martiny Z. 3½—10 fl wöchentl.; neben dem Curhaus ebenfalls eine Kaltwasserheilanstalt. *Goldener Hirsch*. *Kirchner's Hôtel* Z. 36. M. 24 kr.; *Löwe* im untern Dorf), ein Meiningensches Dorf, 4 St. s. von Eisenach, 1½ St. ö. von Stat. *Immelborn* (S. 256), wird im Sommer seiner klaren kühlen zahlreichen Quellen, seines eisenhaltigen Bades, seiner reizenden Lage, der anmuthigen Umgebungen und des frischern Lebens wegen, von kranken und gesunden Badegästen viel besucht. (Badedirector ist Herr Hauptmann Geldner aus Meiningen.)

Der Weg (20 Min.) zu den ansehnlichen Trümmern der *Burg Stein*, der „alte Liebenstein", führt links an der Grotte bergan auf gebahnten Waldwegen und durch Anlagen. Die Burg wurde Ende des 17. Jahrh. verlassen und ist nach und nach verfallen. Die Zahl 1534 über dem Portal nennt das Jahr ihrer Reparatur. Die *Aussicht umfasst die ganze Kette des Rhöngebirges und die westlichen Ausläufer des Thüringer Walds vom Dolmar bis zum Ochsenkopf, dann das breite Thal der Werra mit den zahlreichen Ortschaften, von Gumpelstadt nördlich bis südlich nach Breitungen.

In der Nähe der Bergruine am Waldsaume ist ein dem Andenken der verewigten Herzogin Ida zu Sachsen-Weimar gestiftetes *Büsten-Denkmal*. ¼ St. nordöstl. im Walde ein kleiner geebneter Raum, von drei Seiten mit Felswänden umschlossen, das *Felsentheater*. Neben dem Curhaus ist der *Erdfall*, eine Art Grotte, offen amphitheatralisch aufsteigend und bewaldet. Von hier führen Wege zum *hellen Blick* und dem *Bernhardsplatz*; der *neue Promenadenweg* führt zum *Wernersplatz*, sämmtlich schöne Aussichtspuncte.

Schloss *Altenstein*, Sommeraufenthalt des Herzogs von Meiningen, mit schönem Park, ¾ St. n von Liebenstein am Abhang des Gebirges, Ende des vor. Jahrh. erbaut, hat ausser einigen neuern Bildern nichts Bemerkenswerthes. Im Schlosshof ein *Wirthshaus*, auch Führer durch die *Anlagen*, welche auf den schroffen zerklüfteten Kalksteinriffen angebracht sind, mit wechselnden Aussichten. Auf einem vorspringenden Felsen ein eisernes Kreuz mit der Inschrift: *Gott, Vaterland, Freiheit, Friede 1814.*

Halbwegs zwischen Liebenstein und Altenstein, bei *Glücksbrunn* ist eine 500' lange Kalksteinhöhle, leicht und bequem zugänglich, mit einem unterirdischen See, von einem Flüsschen gebildet, das in dem Garten eines nahen Schlosses wieder ausmündet. Während der Badezeit wird die Höhle gewöhnlich Sonntag Vormittag einige Stunden lang mit Lämpchen erleuchtet (30 kr. Eintritt), am schönsten am 11. August, dem Geburtstage der verwittweten Herzogin. Den Schlüssel zur Höhle hat der alte Gärtner von Altenstein; er führt auch in den Anlagen umher (Pers. etwa 24 kr.).

Von Liebenstein nach Ruhla (S. 245), 2½ St. n., Landstrasse. Man kommt, unfern von Altenstein, an der Stelle (10 M. von der Landstrasse) vorbei, wo die 1841 durch Blitz zerstörte Lutherbuche stand, den Ort bezeichnend, an welchem Luther nach seiner Rückkehr von Worms aufgehoben und auf die Wartburg gebracht worden war. Ein einfaches gothisches Denkmal, 1857 errichtet, erinnert daran.

Auf den grossen Inselsberg führen von Liebenstein verschiedene

Wege. Der nächste, nur mit Führer (15 Sgr.) zu finden, ist durch das *Thüringer Thal*, bis auf den Rennsteig (S. 247) stets durch Wald. Abwechselnder' und merkwürdiger ist die Landstrasse über (1½ St. s.ö.) *Herges*, dann n. durch das *Trusenthal, ein kurzes enges Thal durcheinander geworfener Granitfelsen mit bewaldeten Bergen, von der *Truse* oder *Druse* durchströmt, n. nach dem gewerbreichen langen kurhess. Dorf (1 St.) *Broterode* (Inselsberger Hof) am Fuss des Inselsbergs. Wenige Schritte hinter dem Gasthaus gelangt man l. die breiten Stufen hinan (die nach Friedrichsroda führende Landstrasse geht zuvor schon r.) zur Kirche, bei der Kirchhofsmauer östlich vorbei, wo unter den drei Wegen der mittlere der rechte ist. 10 M. weiter r. den breiten steinigen Weg hinan; 3 M. weiter l. bei einem Haselstrauch verlässt der unscheinbare Pfad auf den Inselsberg die breite Strasse und führt über die Wiese dem Wald zu, den man in 5 M. erreicht; 5 M. weiter nicht l., sondern r.; 10 M. weiter nicht l., sondern gerade aus; 2 M. weiter l. den breiten Weg hinan, 10 M. weiter in Tannengehölz, noch 10 M. weiter auf dem Gipfel, also von Broterode bis auf den Berg 1¼ St. anhaltenden aber mässigen Steigens. (Bei dem Meilenstein Nr. 60, unfern des Gipfels, geht's für Wanderer, die vom Inselsberg nach Liebenstein wollen, l. bergab nach Broterode, r. über den Rennsteig ins Thüringer Thal.)

Der *grosse Inselsberg (2856') gewährt nach allen Richtungen, besonders nach Norden eine ganz freie Aussicht, natürlich ähnlich der Aussicht vom Schneekopf (S. 250); sie theilt aber das Schicksal solcher Bergfernsichten (S. 163), indem ganz freie und helle Tage selten sind. Seine Kuppe besteht aus Granit. Oben zwei Wirthschaften, eine gothaische, in geräumigem Hause gut und billig (Waschwasser freilich 5 Sgr), und eine hessische.

Der Fahrweg vom Inselsberg abwärts nach *Waltershausen* über *Kaburz* und *Tabarz* ist ohne Führer leicht zu finden, schwieriger aber ist der Fusspfad über den *Uebelberg* nach *Reinhardsbrunn*. Oben sind in der Regel zurückkehrende Führer, die den gewöhnlichen Lohn (15 Sgr.) verlangen. Sollte indess kein Führer zu haben sein, so mag der Wanderer versuchen, sich mit der nachfolgenden genauen Beschreibung des Wegs zurecht zu finden: 5 Min. vom Fahrweg rechts ab auf einen engen Pfad durch Tannenwald; 10 M. weiter nicht links, sondern gradaus; 8 M. weiter links, nicht rechts (rechts gehts nach Broterode). Dann über die grosse Grenzwiese, wo ein Wegweiser steht (für Reisende, die auf den Inselsberg wollen), quer über die Landstrasse, die von Broterode nach Reinhardsbrunn führt, nochmals über die Wiese durch die Waldöffnung rechts, wo man (7 M.) bei einer kleinen Tannenpflanzung wieder den breiten Fussweg betritt; 10 M. weiter an einer nassen Stelle an einem Bach; 10 M. weiter an einem hübschen Wiesenplan. Dann links gradaus zum (8 M) *Thorstein*, einem „Kuhstall" (S. 221) im Kleinen, mit ganz ähnlicher Aussicht in einen tiefen tannenbewachsenen Grund. Gegenüber auf dem Fels eine Figur aus Holz, der „hölzerne Mann".

Rechts gradaus (der Weg links führt in wenig Schritten zu einer Stelle, die eine hübsche Aussicht auf die Felsen gewährt); 3 Min. weiter führt für bergauf Steigende der Weg rechts zum Thorstein, links nach Broterode; 7 M. Wegweiser. Gradaus gehts über Tabarz in $1^{1}/_{2}$ St. nach Reinhardsbrunn. Da aber die Aussicht vom Uebelberg der Glanzpunct der Wanderung ist, so wählen wir den $^{1}/_{2}$ St. weitern Weg und wenden uns bei dem Wegweiser rechts wieder bergan; in 15 M. oben beim Kreuz auf dem *Aschenbergstein*, zum Andenken an eine Frau, die einst hier hinabgestürzt, aufgerichtet. Malerischer Blick in die dunkeln Gründe und durch das Felsenthal nördlich in die Ebene. Am Aschenbergstein links weiter: nach 18 M. an einem breiten Weg, hier links bergan zum Gipfel des *Uebelbergs (2200'), den man in 5 M. erreicht. Die Aussicht w., n. und ö. ist fast dieselbe, wie vom Inselsberg, der Vordergrund aber ist viel malerischer. Der lange Rücken des Meissner (S. 140) tritt w., der Brocken n. hervor. Reinhardsbrunn glänzt links im Vordergrund, n. Schloss Tenneberg (S. 233), n.w. die Wartburg, ö. die Wachsenburg.

Bei dem Wegweiser, 5 M. vom Gipfel, den wir beim Hinaufsteigen sahen, gehts l. bergab; 10 M. Fussweg r., durch dichten Tannenwald immer gradaus; 10 M. in der Nähe einer Wiese durch Wald vom Wege r. ab quer über einen Fussweg auf die Fahrstrasse; an der langen Wiese nicht r., nicht l., sondern gradaus in prächtigen Fichtenwald, dann immer r. etwas bergan.

In 15 Min. sind die weissen Gebäude des *Herzog-Ernst-Stollens* erreicht, merkwürdig wegen des Marienglases oder Gypsspaths, der hier bergmännisch gewonnen und gemahlen wird. Kaum 200 Schritte vom Stollen-Mundloch ist man vor Ort, in einer grossen Grotte, die mit ihren hohen krystallischen Wänden bei Fackelbeleuchtung einen wunderbaren Eindruck macht (5 Sgr. Trinkg.).

*Reinhardsbrunn, 15 Min. vom Stollen entfernt, ist 1827 von Eberhard aus einem alten Benedictinerkloster zu einem neuern Lustschloss im reichsten gemischten (Rund- und Spitzbogen-) Styl umgebaut worden, die grosse westliche Hauptseite ganz neu. An der Ostseite der alten Kirche sind 10 schöne alte Grabsteine Thüring. Landgrafen eingemauert. Das Schloss ist Lieblingsaufenthalt des Herzogs von Coburg-Gotha. Seine Lage im reizendsten Theil des Thüringer Walds, von Bergen mit dem schönsten Tannenwald umgeben, mit Rasenplätzen, Weihern, Park, den bequeme Wege mit den benachbarten Partien des Thüringer Walds verbinden, kann nicht genug gepriesen werden. Am nördl. Eingang ein *Gasthof (Z. 10, M. 15, Fr. 6 Sgr.), an schönen Sommer-Sonntagen von Besuchern aus Gotha, Eisenach, Erfurt u. a. O. überfüllt.

In *Friedrichsroda* (*Schauenburg, nicht theuer), $^{1}/_{4}$ St. südl., pflegen besonders norddeutsche Familien gern einen mehrwöchentlichen Aufenthalt zu nehmen; in mehreren Privathäusern gutes Logis, so in dem schön gelegenen sogen. *Schweizerhaus* (Z. wöchentlich 2½—4½ Thlr., F., M. u. A. täglich 28 Sgr.). Auf den schön angelegten Promenaden ein Denkstein, mit der Inschrift: „am heitern Abend seines Lebens wandelte hier Friedrich Perthes" (S. 241). Folgende Tour von 4—5 Stunden zu empfehlen: zur Tanzbuche, am ungeheuren Grund; Felsenthal (Thorstein S. 254), über Tabarz und Reinhardsbrunn zurück.

Von Reinhardsbrunn auf den Inselsberg (nicht ohne Führer, 15 Sgr.) gebraucht man 3 St., fast stets durch Wald; der Weg vom Inselsberg über Broterode nach Liebenstein ist meist schattenlos. *Altenberga* s. S. 251. Gotha ist 3 St. n.ö. von Reinhardsbrunn entfernt. Wer weder durch die schattenlose Ebene zu Fuss gehen, noch einen Wagen nehmen mag, wendet sich auf einem breiten schattigen Fusspfad (links vom Gasthaus quer über die Landstrasse) am Gebirge hin über den *Tenneberg* nach *Waltershausen;* oder im Thal über (½ St.) *Schnepfenthal* nach (½ St.) *Waltershausen,* Städtchen, welches durch eine Pferdebahn mit *Fröttstedt* (S. 233), Station an der Thüringer Bahn, in Verbindung steht (Fahrzeit ¼ St.).

Zu *Schnepfenthal* gründete Salzmann 1784 seine berühmt gewordene, heute noch bestehende Erziehungsanstalt. Die Gebäude mit ihren verschiedenen Einrichtungen, Reitbahn, Naturaliencabinet u. dgl. sind sehr erweitert worden. Die Wände des Empfangzimmers für Fremde sind mit zahlreichen Schattenrissen früherer Zöglinge ausgeschmückt, darunter manche, die später in Staat und Wissenschaft sich ausgezeichnet haben. Die rothen Röcke, die übliche Kleidung der Schnepfenthaler Zöglinge, nehmen sich unter den schwarzen Köpfen wunderlich aus.

Reisende, die vom Inselsberg nach *Eisenach* wollen, bleiben in w. Richtung 1¼ St. lang auf dem *Rennsteig* oder *Rennweg,* der alten Handelsstrasse über den Thüringer Wald, und wenden sich dann n. in ¾ St. nach *Ruhla* und weiter über den *Wachstein* und die *Hohesonne* in 3 St. nach Eisenach (S. 244). Das *Annenthal* (S. 243) bildet den schönsten Schluss dieser Wanderung.

72. Von Eisenach nach Coburg.

Werra-Bahn. Fahrzeit 3½ St., Fahrpreis 4 Thlr. 18¼, 2 Thlr. 17⅜ u. 2 Thlr., Tagsbillets (hin u. her) an Werktagen 2. Cl. 4 Thlr. 18¼, 3. Cl. 2 Thlr. 20 Sgr., an Sonn- und Festtagen 2 Cl. 2 Thlr. 20¾, 3. Cl. 2 Thlr. 2½ Sgr.

Die 1858 eröffnete Bahn läuft auf einem Damm auf kurzer Strecke neben der Casseler Bahn u. dringt in einem 1670' l. Tunnel an der w. Seite der Wartburg durch die n.w. Abhänge des Thüringer Waldgebirges. *Marksuhl,* Weimarsches Städtchen an der Frankfurter Strasse (S. 261). Vor Stat. **Salzungen** *(*Curhaus, Sächs. Hof),* erreicht die Bahn das Thal der *Werra;* neben der Station Salinen mit Soolbädern und Anstalten zum Einathmen der Gradirluft; in der Nähe der Salzunger See, an dessen südl. Ende das Schloss, am andern der *Seeberg,* mit Parkanlagen und *Bierwirthschaft.*

256 *Route 72.*   HILDBURGHAUSEN.

Immelborn ist Stat. für das 1 M. ö. gelegene Bad *Liebenstein* (S. 251), wohin nach Ankunft eines jeden Zuges Post (30 kr.). Gegenüber am rechten Ufer der Werra liegt *Barchfeld*, wo ein Schloss des Prinzen von Hessen-Philippsthal. *Wernshausen* ist Station für das 1 M. ö. gelegene **Schmalkalden** (Adler. Krone), alte Stadt mit Mauern und Gräben. Die meisten aus Holz gebauten Häuser haben in ihren hohen mit Schnitzwerk gezierten Giebeln ein alterthümliches Ansehen. Auf dem Markt die goth. Kirche und die Gasthäuser. In der Krone wurde 1531 der Schmalkaldische Bund geschlossen. Es befinden sich darin noch gemalte Fensterscheiben mit Bildnissen der damals anwesenden Fürsten. In einem Haus mit einem goldenen Schwan und einer Inschrift, am Schlossberg nahe am Markt, wurden die Schmalkaldischen Artikel festgesetzt. Ueber der Stadt das alte Schloss *Wilhelmsburg*. In dem ganzen Thal werden fast nur Schmiede-Arbeiten betrieben; in der Nähe bedeutende Eisenwerke.

Stat. *Wasungen*, betriebsame Stadt an der Werra, mit altem Schloss, bekannt wegen des „Wasunger Krieges" 1747, einer Schöppenstedter Geschichte. Folgt Stat. *Walldorf*. Vor Meiningen (1 St.) schaut rechts von einem Berg das neu aufgeführte herzogl. *Schloss Landsberg* in das Werrathal hinab, mit schönen Glas- und Freskogemälden von Münchener Künstlern, namentlich von Lindenschmitt, zahlreichen mittelalterl. Gegenständen, Waffen, Curiositäten, Autographen u. dgl., auch Park und Schweizerei. Treffliche Aussicht über den Thüringer Wald und das Rhöngebirge.

Meiningen (831') (*Sächs. Hof*, *Hirsch*) mit 6000 Einw., an der Werra, von bewaldeten Hügeln umgeben, Haupt- und Residenzstadt des Herzogthums Sachsen-Meiningen. Im alten herzogl. Schloss sind kunst- und naturgeschichtl. Sammlungen ohne besondern Werth. Die goth. Fürstencapelle im Schlosspark mit Münchener Glasmalerei ist eine Zierde dieser engl. Anlagen.

Folgen die Stationen *Grimmenthal* und *Themar*. Gegen Westen erheben sich die beiden stattlichen *Gleichberge* (2100' und 1975'). Am westl. Fuss des *Kleinen Gleichen*, 2 M. n.w. von Hildburghausen, liegt *Römhild*, wo in der Kirche die berühmten von P. Vischer und seinen Söhnen zu Nürnberg um 1520 gegossenen Denkmäler der Grafen von Henneberg, ein Doppelsarcophag mit Figuren u. Wappen.

Hildburghausen (1141') (*Englischer Hof*, *Rautenkranz*) war bis 1826 Residenz der Herzöge von Sachsen-Hildburghausen, die nach dem Erlöschen der Gothaer Linie Altenburg zu ihrem Sitz wählten. Hildburghausen kam an Meiningen.

Bei Stat. *Eisfeld* verlässt die Bahn die Werra und wendet sich in ziemlich gerader Richtung nach Coburg.

Von Coburg nach Lichtenfels (Krone), Station an der bairischen Nordbahn, führt die Werra-Bahn Anfangs durch den *Itzgrund*, an den Stationen *Niederfüllbach* und *Ebersdorf* vorbei.

Von Coburg nach Sonneberg Zweigbahn in 50 Min.) ö. über *Oeslau* und *Neustadt*. **Sonneberg** (Post, Bär) ist eine sehr gewerbreiche Stadt, durch ihre Kinderspielsachen und Schachteln berühmt (jährliche Ausfuhr an 500,000 fl.). Die freundliche gothische von Heideloff 1845 erbaute Kirche mit einem spitzbogigen Holzgewölbe und gemalten Fenstern gereicht der Landschaft zur besonderen Zierde. Auf einem Berg über der Stadt ein neues Schloss.

73. Coburg.

Gasthöfe. *Victoria-Hôtel (früher Löwe) Z. u. F. 54 kr.; M. 42 kr.; *Goldner Adler, beide am nördl. Thor; Grüner Baum Z. 36, M. 42 kr.; Hôtel Leuthäuser, wird gelobt, Schwan.
Theater. Vorstellungen gewöhnlich Sonntag, Dienstag, Donnerstag.
Führer bei Ausflügen, obrigkeitliche Taxe, ¼ Tag 24, ½ Tag 36 kr., ganzer Tag 1 fl., Beköstigung auf Rechnung des Führers.

Coburg (876'), mit 10,013 Einw. (500 Kath.) ist nebst Gotha Residenz des Herzogs von Sachsen-Coburg-Gotha. Trotz mancher stattlichen Gebäude, die es seinen Fürsten, besonders Herzog Johann Casimir († 1623) verdankt, hat Coburg doch das Gepräge einer Ackerbau treibenden, aber lebhaften Landstadt Frankens.

Auf dem höchsten Punct der Stadt liegen verschiedene ansehnliche Gebäude in schöner Umgebung vereinigt, das *Schloss*, das neue *Schauspielhaus* u. a. Vor dem Schloss auf einem Rasenbeet Schwanthalers *Standbild des Herzogs Ernst I.* († 1844), Erzguss.

Das **Schloss**, die *Ehrenburg* genannt, ein stattlicher Flügelbau in englisch-gothischem Styl, 1549 aus einem Barfüsserkloster zu einem fürstl. Schloss umgeändert, verdankt seine jetzige Gestalt und Erweiterung Herzog Ernst I. Es hat eine Anzahl Familienbilder, Herzog Ernst I., Königin Victoria, Prinz Albert, König Leopold und Gemahlin, Prinz Coburg-Cohäry, Prinz Friedrich Josias, kaiserl. General-Feldmarschall (S. 259) u. a.; dann die Uebergabe des dän. Kriegsschiffs Christian VIII. bei Eckernförde, 1850 von *Feodor Dietz* gemalt. Schaafheerde von *Lotze*, *Jacobs* Griechin und einzelne neue Bilder, auch ein älteres von *Van Dyck*, die „Ahnfrau"; schönes Zimmer mit Gobelins-Tapeten und reichster Stuccatur; prachtvoller Riesensaal mit Karyatiden, als Lichthalter.

Die ansehnlichen Gebäude am Markt, das *Rathhaus*, das *Regierungsgebäude*, in der Nähe das *Zeughaus*, liess Herzog Johann Casimir († 1633) aus rothem Sandstein mit allerlei architecton. Schmuck aufführen. Im Zeughaus ist die *Bibliothek*, im Augustenstift das grosse *Naturalien-Cabinet*, von dem jetzt regierenden Herzog und dem Prinzen Albert angelegt (u. a. alle europ. Vögel).

In der zu verschiedenen Zeiten erb. grossen **Moritzkirche** (am Portal Standbilder von Adam und Eva, Jungfrau Maria u. a.) mit dem 326' h. Thurm, steht statt des Altars ein „*Monumentum sacrum illust. princip. ac Dom. Joannis Friderici II.*" 1598 errichtet, mit verschiedenen bildl. Darstellungen, unten 7 knieende Figuren. Nebenan eingemauert die vortrefflich gearbeiteten metallenen Grabplatten von Joh. Casimir († 1633), Joh. Ernst († 1521), Johann Friedrich V. († 1595) und seiner Gemahlin Elisabeth († 1594).

Das *Gymnasium*, der Moritzkirche gegenüber, erbaute ebenfalls Johann Casimir, im J 1604. An der Ecke in einer Blende das Standbild des Gründers, in Sandstein. In der Nähe, in dem Praetorius'schen Hause, wohnte einige Jahre lang (1803 ff.) *Jean Paul* und dichtete hier den Titan und die Flegeljahre.

Am Schloss führen bei der *Hauptwache* eine Reihe Treppen in den *Schlossgarten*, einen Park, der in scharfer Steigung 10 M. lang sich an dem Bergabhang empor zieht, welchen oben die Veste krönt. In der südöstl. Ecke des Parks ist ein kleiner unzugänglicher Grufttempel, in welchem Herzog Franz († 1806) und seine Gemahlin Auguste († 1831) beigesetzt sind.

Die alte **Veste Coburg (1430'), 530' höher als die Stadt, vom Schloss ½ St. Steigens, beherrscht die ganze Gegend. Sie liegt so ziemlich in der Mitte von Deutschland und war Residenz der Grafen von Henneberg und der sächs. Herzoge, bis 1549 Johann Ernst seinen Sitz in die Ehrenburg (S. 257) verlegte. Um die Zeit des Augsburger Reichstags, im J. 1530, wohnte Luther längere Zeit auf derselben. Er schrieb von hier 119 Briefe, übersetzte die Propheten und Psalmen und dichtete hier das Lied: „Eine feste Burg ist unser Gott". Hundert Jahre später (1632) wurde die Veste von den Schweden besetzt und von Wallenstein fruchtlos belagert. Sie wird in gutem baulichem Zustande erhalten, obgleich sie keine militär. Bedeutung hat. Der südwestl. Flügel dient als Straf- und Besserungsanstalt. Die übrigen Theile des Gebäudes, der *Fürstenbau*, sind unter Leitung des Hrn. Insp. Rothbart, eines Schülers von Heideloff, hergestellt und zu einem grossen *Museum für Kunst und Alterthümer* eingerichtet, auch die Räume zu diesem Zweck künstlerisch geschmückt.

Der Eingang in die Veste ist von der Südseite, zuletzt eine Anzahl Treppen hinauf. Ueber dem *Eingangsthor* meldet eine Inschrift, dass dasselbe 1671 durch Herzog Friedrich Wilhelm, Johann Georg II. und Moritz erbaut worden ist. Eingang in die herzogl. Sammlungen unter dem goth. Holzbau (offene Gallerie des Fürstenbaues) im ersten Schlosshof, an der Treppe schellen (dem umher führenden Castellan 24 kr. Trinkg. ein Einzelner, eine Gesellschaft 1 fl.). Im Schlosshof ist in dem neuen Gebäude eine gute Schenkwirthschaft (Restauration).

An der Wand der Gallerie eine Reihe *Fresken, von *Schneider*, 1838, begonnen, nach Zeichnungen von *Rothbart* 1855 vollendet, den Brautzug des Herzogs Joh. Casimir mit der Prinzessin Anna von Kursachsen darstellend (1585). Der Dichter hinter dem „weltlich und geistlich Ministerium" ist *Rückert*, die Gruppe hinter „Bürgermeister und Rath" der Architect *Görgel* (der Kleine mit Brille und Buch), hinter ihm mit der Brille *Heideloff*, links mit dem Stock Baurath *Eberhard*.

Unter der Erkerhalle ein Raum mit Schlitten und Reitzeug und altem Holzschnitzwerk, Heiligen aus Kirchen u. dgl. — In der Vorhalle zum Waffensaal ein Freskobild von *Schneider*, 1841 gemalt, den Einbruch von zwei Bären in den herzogl. Speisesaal darstellend. — Lutherzimmer ganz in der alten Gestalt, Ueberreste von Luther's Bettstelle und dem Stuhl, Gegenstände aus der Lutherbuche geschnitzt u. A.

Waffensaal, 86' l., 41' br., einst Speisesaal des fürstlichen Hofes: ein grosser Ofen, Eisenguss von 1430, mit Wappen und Heiligenbildern; verschiedene fürstl. Brautwagen; Rüstungen, Schilde, Helme, Panzerhemden, Schwerter, Degen, Dolche. Schweinsfeder; Dreschflegel aus dem Bauernkrieg; dann Wallbüchsen verschiedenster Art. Oben ein Stammbaum, im J. 807 mit „Wittekind d. Gr., König der Sachsen" (S. 129) beginnend.

Gewehrsaal. Ausgezeichnete Gewehre und Pistolen u. a. Andreas

Hofer's Büchse, Geschenk des Königs von Bayern; Schenktisch mit alten Trinkgefässen; neuere Bildnisse, meist von *Schneider* gemalt, Herzog Johann Casimir, Kaiser Ferdinand II., Wallenstein (Copie nach dem Bild im Schloss zu Friedland, S. 177), Bernhard von Weimar, Gustav Adolph (altes Bild, von *Dietsch* gemalt), Tilly.

Rosettenzimmer, an der Decke 365 Rosetten, jede in anderer Form, Abbildungen der Landgrafen von Thüringen, nach 1838 hergestellt; Trinkgefässe, darunter ein Stumpfschwanz mit dem geschliffenen Bildniss Gustav Adolphs, ein Geschenk des Schwedenkönigs.

Betsaal, Holzsculpturen aus dem Leben der Jungfrau Maria, nach Martin Schön'schen Bildern; Bibel von Hans Luft, 1550 gedruckt mit color. Holzschnitten von Burgkmair; eine andere zu Frankfurt 1572 gedruckte Bibel; altes Evangelienbuch mit Elfenbeinschnitzwerk; Brevier mit Miniaturen aus dem Kloster Gandersheim.

Reformationszimmer. Copie eines alten Bildes in der Moritzkirche, den Reichstag zu Augsburg darstellend; Bildnisse in ganzer Figur auf Goldgrund, von *Rothbart* gemalt, Luther, seine Frau, und diejenigen Freunde darstellend, mit welchen er besonders während seines Aufenthalts auf der Veste verkehrte, Veit Dietrich, Caspar Aquila, Christian Bayer, Georg Bruck (Pontanus), Justus Jonas, Melanthon, Joh. Bugenhagen (Pomeranus), Georg Burckhardt (Spalatin). An der Säule die *Wappen* der 16 deutschen Reichsstädte, welche zuerst der Reformation beitraten, Augsburg, Nürnberg, Frankfurt, Strassburg, Hall, Heilbronn, Ulm, Meiningen, Lindau, Kempten, Isny, Kostnitz, Weissenburg, Windsheim, Biberach, Reutlingen.

Hornzimmer, ein Meisterstück aus der Renaissancezeit, Holzmosaik, Jagden des Herzogs Johann Casimir darstellend, 1634 durch einen Italiener für 20,000 Thlr. gearbeitet.

Im nördl. Flügel, der Wohnung des Hrn. Inspectors Rothbart, eine ansehnliche Sammlung von Kupferstichen, durch die altdeutschen Blätter ausgezeichnet (u. a. sechs Blätter des anonymen Niederländers von 1480); eine Sammlung von Münzen und von Autographen.

Neben demselben von der nordöstlichen, der „hohen" Bastei prächtige *Aussicht*, umfassend und zugleich malerisch, in Mittel- u. Norrddeutschland eine der schönsten. Westl. auf einem Bergkegel die „Heldburger Festung", die „Leuchte von Thüringen", ganz im Hintergrund der h. Kreuzberg bei Brückenau und das Rhöngebirge in langen Zügen; nordwestl. unten Schloss Callenberg und das Dorf Neuses, weiter die beiden Gleichberge bei Römhild; nördl. der Thüringer Wald, namentlich der Schneekopf; östl. das Fichtelgebirge mit dem Ochsenkopf und Schneeberg; südl. die Gebirge der Fränk. Schweiz, Kloster Vierzehnheiligen und Schloss Banz. Ringsum ein bevölkertes prächtiges grünes walddurchwachsenes Hügelland mit einer grossen Anzahl von Dörfern. Zu wünschen bleibt ein die Gebäude überragender Rundschauthurm, von welchem man die Gesammt-Aussicht mit einem Blick hat. Vorläufig muss man zu diesem Zweck verschiedene Standpuncte aufsuchen, die hohe Bastei für die n.w., n. und ö. Aussicht, das Wirthshaus für die Aussicht nach Süden, die Bärenbastei (s. unten) für die Aussicht nach Westen.

In der kleinen Schlosshof-Halle, mit einem Freskogemälde St. Georg geziert, wird seit 1854 das Gallionbild des am 5. April 1849 bei Eckernförde eroberten dän. Linienschiffs Christian VIII. nebst den Flaggen und einigen andern Trophäen desselben Tages aufbewahrt. Auch die Kriegstrophäen des kaiserl. und Reichs-General-Feldmarschalls Prinzen Friedrich Josias von Coburg († 1815), welche derselbe 1788 aus dem Türkenkrieg mitbrachte, sammt der Wachsbüste, sollen hier aufgestellt werden (S. 257).

Auf der grossen nordwestl. Bastei (Bärenbastei) schönste Aussicht nach Westen, über die Stadt selbst, die sonst von keinem Punct sich bietet. Ein theilweise gedeckter Weg führt ausserhalb des Festungsthors w. auf die Bärenbastei. Sie ist mit schönen Geschützen besetzt, darunter die sogen. *Lutherkanone*, in einer 1750 zu Freiburg gegossener sehr kunstreicher Zwölfpfünder mit der Inschrift: „*Die Flatianer und Zeloten sein des Teufels Vorboten. Ehrgeits Flatianer Wirbelgeist.*" Henkel und Traube sind zankende

17*

Theologen. Reim und Bilder beziehen sich auf die durch den Jenenser Prof. Flacius († 1575) angeregten theolog. Streitigkeiten damaliger Zeit, durch die 1560 in einer Disputation zu Weimar von Flacius ausgesprochene Behauptung entstanden, dass die Erbsünde zur Substanz der menschlichen Natur gehöre. Die beiden franz. Geschütze „*le Sauvage*" und „*le Sanspareil*" hat Herzog Ernst I. 1814 aus Mainz mitgebracht, wo er die Belagerungstruppen commandirte.

Von den herzogl. Sommerschlössern ist besonders *Rosenau*, 1½ St. n.ö. von Coburg, wo im J 1845 Königin Victoria 11 Tage lang verweilte, und *Callenberg*, ¾ St. n.w. von Coburg, der schönen Lage und geschmackvollen Ausstattung wegen bemerkenswerth.

Unfern des letztern, an der Landstrasse, ½ St. nördl. von Coburg, liegt das Dorf **Neuses**, mit dem Wohnhaus des Dichters *Rückert*, neben der Kirche. Gegenüber am r. U. der Itz steht an einem bewaldeten Bergabhang über dem Grabe des Dichters *Thümmel* († 1817) eine hohe Spitzsäule von rothem Sandstein, oben vertiefte sinnbildliche Darstellungen, Leier, Eule, unten das Wappen. Etwas höher links ein sehr unbedeutendes Denkmal, an einer Säule ein trauernder Engel, zur Erinnerung an *Christian Franz Prinz zu Sachsen-Coburg*, k. k. *General* († 1797). Es stand früher im Hofgarten. Ein drittes Denkmal rechts, eine mit einer Schlange umwundene Säule, erinnert an eine Gräfin v. *Corneillan* († 1822), Schwiegermutter von Thümmels Sohn. Den Thurm oben auf dem Berge hat ein Graf *Mensdorf* erbaut, der hier wohnen wollte, darüber aber gestorben ist.

Das stattliche Schloss am rechten Ufer der Itz, Coburg gegenüber, hat im J. 1838 Herzog *Ernst von Württemberg* aufführen lassen. Unfern desselben hat 1858 der regierende Herzog für sich und die gekrönten Glieder seiner Familie (S. 257) eine neue Fürstengruft, ein *Mausoleum*, erbauen lassen.

74. Von Gotha nach Hildburghausen.
10 Meilen. Eilwagen zweimal täglich in 10 Stunden.

Sehr bemerkenswerthe Strasse, namentlich von Ohrdruff bis Oberhof und weiter nach Suhl, über einen der höchsten Kämme des Thüringer Waldgebirges.

2 *Ohrdruff* (Anker oder Post), alte gewerbreiche Stadt, einst Hauptstadt der Herrschaft Hohenlohe-Obergleichen. Der Weg steigt allmälig den höchsten Bergrücken des Thüringer Waldgebirges (S. 248) hinan, vom Fuss des Bergs an durch schönen Tannen- und Fichtenwald, in zahlreichen Windungen, dann auf der östlichen, dann auf der westlichen Seite des Thals mit stets neuen Aussichten. Im Hintergrund zeigt sich hoch oben das herzogliche Jagdschloss.

2 *Oberhof* (*Gasthaus*) s. S. 251. Hafer gedeiht hier nur in guten Jahren, Kartoffeln nur kümmerlich.

In der Nähe, auf der höchsten Stelle der Strasse, steht links eine Spitzsäule, zum Andenken an die Erbauung derselben. Treffliche Aussicht über den stattlichen Wald, in die dunkeln Gründe und auf die Berge, welche, ausser an ihren felsigen Spitzen, mit Nadelholz bedeckt sind. Im Thal liegt

2 **Suhl** (*Deutsches Haus*, *Krone*), Hauptstadt des preuss. Theils der Grafschaft Henneberg, seit Jahrhunderten berühmt wegen der hier verfertigten Schiessgewehre. Die Stadt liegt sehr hübsch im Thal der *Lauter* am Fuss des *Dombergs*, von welchem eine Wand, der *Ottilienstein*, ein Porphyrfels, über ihr zu hangen scheint, und eine schöne Aussicht darbietet.

2 **Schleusingen** (*Grüner Baum*), einst Residenz der 1583 ausgestorbenen Hennebergschen Grafen, welche in der alten Bertholdsburg ihren Sitz hatten, jetzt preussisch. Die Capelle neben der 1723 erbauten Stadtkirche enthält Grabmäler der Grafen von Henneberg, stattliche Reiterbilder aus dem 15. und 16. Jahrh., darunter eines von einer Kugel durchschossen, eines Grafen von Henneberg, der 1537 beim Sturm auf Tiraschka in Piemont unter den kaiserl. Truppen blieb. Im Schloss wohnen Behörden. Auf dem Markt ein Brunnen mit dem Hennebergschen Wappen, der goldenen Henne. Bäder aus Fichtennadeln-Extract werden seit 1852 mit Erfolg gegen rheumatische Leiden und Lähmungen hier gebraucht.

Die Strasse steigt $1/2$ St. lang unausgesetzt, stets schöne Rückblicke auf Schleusingen und das Thüringer Waldgebirge gewährend.

$1^3/_4$ *Hildburghausen* und Eisenbahn nach Coburg (Fahrzeit 1 St.) s. S. 255.

75. Von Eisenach über Fulda nach Frankfurt.

$23^1/_4$ Meile. Eilwagen in $21^1/_2$ St. nach Fulda einmal, von Fulda nach Frankfurt 2 mal täglich.

Die Eisenbahn (S. 234 und 148) bringt ihre Reisenden trotz des gewaltigen Umwegs über Guntershausen (S. 148) in 10 St. von Eisenach nach Frankfurt. Wer aber nicht lediglich „in Geschäften" reiset, sondern Land und Leute kennen lernen will, möge zur Abwechselung mit dem Eilwagen fahren. Die Strasse bietet eine Reihenfolge hübscher Landschaften, auf den ersten Strecken viel durch Waldung. Der schönste Theil ist von der Werrabrücke vor Vacha bis zur Fuldabrücke jenseit Fulda.

Bei *Eisenach* (S. 241) steigt die Strasse bergauf bergab über die nordwestlichen Abhänge des Thüringer Waldgebirges. Auf der Höhe zeigt sich die ganze Kette des Rhöngebirges und bildet bis Fulda stets den Hintergrund der Landschaft. Eisenbahn bis

$1^3/_4$ *Marksuhl* (Krone) s. S. 255. Die Posthalterei ist in einem ehemal. herzogl. Schloss. Vor

$2^1/_2$ *Vacha* (Adler, Engel), altes Städtchen in reizender Lage mit einigen Warthürmen, erreicht die Strasse die Werra, die hier in einem breiten Wiesenthal fliesst und folgt ihr kurze Zeit.

$1^1/_2$ *Buttlar* (*Post*) an der *Ulster*, in einem lieblichen Thal. Nun bergan. Jenseit *Grüsselbach* auf einem waldigen Kegelberg eine Wallfahrtscapelle.

262 *Route 75.* FULDA.

2 *Hünfeld* (Engel), Städtchen auf einem steilen Hügel. Vor Fulda öffnet sich eine prächtige Aussicht auf die Stadt, die mit Klöstern und Capellen besetzten Hügel, im Hintergrund das Rhöngebirge, ö. die Milzeburg (2564'), w. der Kreuzberg (2835').

2 **Fulda** (*Schwan* oder *Post*, Z. 36, F. 18 kr., *Kurfürst*), an der Fulda, mit 14,000 Einw. (2000 Prot., 600 Juden), in lieblicher hügelreicher Gegend. Das Aeussere der thurmreichen ansehnlichen Stadt verräth die ehem Residenz eines geistl. Fürsten. Der *Dom* ist, nach der Peterskirche zu Rom, zu Anfang des 18. Jahrh. neu aufgeführt. Am Pfeiler neben dem östlichen Eingang ist das sehr alte Bild Kaiser Carls d. Gr., ein Ueberrest des dritten Baues, der beim Bau der vierten, der gegenwärtigen Kirche, hier eingemauert wurde. Von dem alten Bau ist nur die ebenfalls erneuerte Bonifaciuscapelle, eine Krypta, übrig, in welche man vom Chor auf Stufen hinabsteigt. Sie birgt unter dem Altar den Leichnam des heil. Bonifacius (Winfried), des christlichen glaubenseifrigen Sendboten, den im J. 754 die heidnischen Friesen bei Dockum in Westfriesland erschlugen.

Die kleine *St. Michaelskirche*, neben dem Dom, wurde 822 eingeweiht; die Krypta ist wahrscheinlich noch aus jener Zeit. Der Oberbau gehört einer Erneuerung vom Ende des 11. Jahrh. an, eine Begräbnisskirche, in den Formen der h. Grabkirche zu Jerusalem, die kleine Kuppel von 8 Säulen getragen.

Vor dem kurfürstl. Schloss das *Standbild des h. Bonifacius*, von Henschel in Cassel, in Erzguss, mit der Inschrift: „*St. Bonifacius, Germanorum Apostolus. Verbum Domini manet in aeternum.*"

Eilwagen täglich nach Brückenau in 4½ St., nach Giessen (S. 264) in 12 St., nach Cassel über Bebra (S. 234) in 10 St.

1¾ *Neuhof*, mit ansehnlichem herrschaftlichem Amtshaus.

2 *Schlüchtern* an der *Kinzig*. Die Strasse führt durch *Steinau*, Städtchen mit einzelnen alterthümlichen Gebäuden, namentlich einem ehem. Schloss, dann weiter durch wenig fruchtbares Ackerland, zu den Seiten in einiger Entfernung bewaldete Höhen.

2 *Saalmünster* (Post).

2¼ **Gelnhausen** *(Hess. Hof, Hirsch)*, alte Reichsstadt, malerisch auf rothem Felsboden an grünen Weinbergen gelegen. Auf einer Insel der Kinzig im untern Theil der Stadt, unfern des östl. Eingangs, die Trümmer des um 1144 von Friedrich I. erbauten *Kaiserpalasts*. Manches ist ziemlich erhalten, besonders einzelne Bildwerke, darunter ein Kopf, von dem Schenkendorf singt:

Zu Gelnhausen an der Mauer	Und das Haupt, es scheint zu grüssen,
Steht ein steinern altes Haupt,	Fragend uns halb streng, halb mild;
Einsam an dem Haus der Trauer	Lasst es uns in Demuth küssen,
Das der Epheu grün umlaubt.	Das ist Kaiser Friedrichs Bild u. s. w.

Auch der Hohenstaufische Löwe ist noch zu sehen. Capelle und Reichssaal sind ebenfalls merkwürdig. In diesem Palast hielt Kaiser Friedrich I. (Barbarossa) 1180 die grosse Versammlung wegen der Reichsacht gegen Herzog Heinrich den Löwen.

HANAU. *75. Route.* 263

An der Brücke über die Kinzig, wo 1813 der Sohn des Obersten von Massenbach (S. 189) fiel, steht ein weisses Marmorkreuz von Schadow.

Die schöne reich geschmückte *Pfarrkirche*, in der ersten Hälfte des 13. Jahrh. erbaut, zeigt den Uebergang vom Rund- in den Spitzbogen. Die Fenster haben schöne Glasmalereien. Einer der beiden Thürme läuft in einer geneigten Spitze aus. Hinter Gelnhausen wird die Gegend flach. Links in einiger Entfernung liegt *Meerholz*, mit einem Schloss des Grafen Wächtersbach, gradaus *Langenselbold* mit einem stattlichen Isenburgschen Schloss, 1851 von Dom Miguel von Portugal angekauft. Dann tritt rechts das Taunusgebirge hervor, links der Spessart.

Vor Hanau führt die Strasse durch den *Lamboiwald*, über das *Schlachtfeld*, auf welchem am 30. und 31. Oct. 1813 Napoleon mit den von Leipzig flüchtigen 80,000 Franzosen, die 40.000 Baiern, Russen und Oesterreicher unter Wrede schlug, welche seinen Rückzug hemmen wollten. Jenseit des Mains sieht man *Steinheim*.

Neben dem neuen Leichenhaus links erhebt sich eine Spitzsäule, von rothem Sandstein zur Erinnerung an die Erbauung der Strasse nach Aschaffenburg unter dem Landgrafen Carl im Jahr 1746. Auf dem Kirchhof das Denkmal eines in der Schlacht bei Hanau gefallenen Prinzen von Oettingen-Wallerstein.

3 **Hanau** *(Carlsberg, Riese, Adler)*, freundliche kurhess. Stadt mit 15,175 Einwohnern (800 Kath., 600 Juden), unfern des Einflusses der Kinzig in den Main, in der fruchtbarsten Gegend der Wetterau. Der neuere Theil der Stadt entstand 1597 durch reformirte Niederländer flämischer und wallonischer Zungen, welche der Religion wegen aus ihrem Vaterlande vertrieben, in Frankfurt keine Aufnahme fanden. Ihre Gewerbe, Seiden- und Wollenweberei, Silber- und Goldschmiede, blühen heute noch. Eine Inschrift an der Kinzigbrücke berichtet, dass am 31. Oct. 1813 Graf Carl Wrede hier verwundet worden ist.

Vor der Stadt am Main liegt das kurfürstliche Schloss *Philippsruhe*, mit grossen Orangeriegärten, zu Anfang des vor. Jahrh. im neuitalienischen Styl grossartig aufgeführt, eine Zeit lang, durch Geschenk Napoleons, Eigenthum seiner Schwester Pauline († 1825), Gemahlin des Fürsten Camillo Borghese. Nach der Schlacht von Hanau wurde das Schloss als Lazareth benutzt.

Von Hanau bis Frankfurt *Eisenbahn* in $1/2$ St. Sie führt am *Wilhelmsbad*, einem von Frankfurt aus viel besuchten Vergnügungsort, vorbei. Links jenseit des Mains sieht man *Rumpenheim*, Dorf mit Schloss, Eigenthum des Landgrafen Wilhelm zu Hessen-Cassel, des muthmasslichen kurhessischen Thronerben.

Rechts auf den Hügeln liegt *Bergen*, Preussen und Hessen fochten hier 1759 unter Herzog Ferdinand von Braunschweig unglücklich gegen die Franzosen unter dem Herzog von Broglio; am 28. Nov. 1792 kämpften wiederum hier Heere derselben Völker, diesmal aber mit günstigem Erfolg für die deutschen Waffen. Kosaken und Franzosen hatten am 31. October 1813 ebenfalls bei Bergen ein Gefecht.

2 *Frankfurt* s. S. 151.

76. Von Giessen nach Fulda.

12 1/2 Meile. Eilwagen täglich in 12 Stunden.

Die Strasse durchschneidet die ganze Hessen-Darmstädtische Provinz Oberhessen, hier hügeliges Land ohne besondere landschaftliche Schönheit, wenig ergiebig, wasserarm aber steinreich.

Nach der Abfahrt aus Giessen hübscher Rückblick, im Hintergrund die Burgen *Felsberg* und *Gleiberg* (S. 150). Von dem südlichen basaltischen Gebirgskamm blickt das grossherzogliche Schloss *Schiffenberg* (S. 150) ins Thal herab.

2 3/4 *Grünberg* (Krone), altes Landstädtchen. Weiter links in der Ebene an der unweit des Uebergangs der Strasse entspringenden Ohm (S. 149) die Trümmer des Schlosses *Merlau* oder *Mörla*, „welches Land-Graff Ludwig der ältere auf das zierlichste erbawet hat", wie der alte Merian (1655) sagt. Den Gesichtskreis begrenzt das basaltische *Vogelsgebirge*. Schloss *Ulrichstein* auf einem Bergkegel, einer der höchsten Puncte (1814'), tritt besonders hervor.

Zu *Ruppertenrod* zweigt sich rechts eine Strasse ab, welche geradezu mit einem kleinen Bogen über Ulrichstein nach Lauterbach führt, den grossen fast spitzen Winkel, den die Poststrasse über Alsfeld macht, vermeidend.

2 *Ermenrod*, ärmliches Dorf.

2 *Alsfeld* (*Schwan), die älteste Stadt in Oberhessen, mit manchen hübschen alten Häusern. Das Rathhaus, 1512 erbaut, ist eine freistehende wunderliche viereckige Steinmasse, der hölzerne Oberbau in lauter spitzwinkeligen Erkern ausspringend. Die daneben stehende Kirche verdient ebenfalls besondere Beachtung. „Sie ist ein anschnlich Gebäw, in welches das Evangelium zu Lutheri Zeiten zum allerersten geprediget, und ist dies die erste Stadt, so die Religion nach der Reformation angenommen." (*Merian 1655.*)

2 1/4 *Lauterbach* (*Ruprecht, Post), ansehnliches Landstädchen. Hinter Lauterbach zeigt sich alljährlich ein kleiner Bergschlipf: die Anhöhe rechts schiebt von Zeit zu Zeit Steine und Erdreich auf die Landstrasse.

Auf der Höhe vor *Gross-Lüder*, der Grenze zwischen den beiden Hessen, überblickt man die ganze Kette des Rhöngebirges, links die am schärfsten vortretende waldbewachsene *Milzeburg*. Die Aussicht auf das thurmreiche Fulda ist sehr hübsch.

3 *Fulda* s. S. 262.

Register.

Wo mehrere Zahlen stehen, deutet die stehende (Antiqua-) Schrift auf die Hauptbeschreibung.

Achim 60.
Adalbertscapelle, d. 103.
Adersbach 178. *181.*
Adlerhorst 100.
Ahlbeck 73.
Ahlen 130.
Ahrendsbergerklippe 157.
Aken 111.
Albendorf 190.
Albrechtsburg 201. 216.
Alexandrowska, Col. 31.
Alexisbad 166.
Alfeld 154.
Algermissen 118.
Allendorf 249.
Aller, die 59. 60.
Alme, die 138.
Alsfeld 264.
Alster, die 39.
Alt-Boyen 94. 169.
Altefähre 75.
Altena 141.
Altenbecken 138.
Altenberga 251.
Altenburg in Sachs. 229.
— in Hessen 148.
Altenhundem 141.
Altenkirchen (Rügen) 78.
Alten-Morschen 234.
Altenstein 252.
Altfelde 103.
Altmannshöhe 42.
Altona 43.
Altranstädt 200.
Altwasser 179. 180.
Alwernia 192.
Amack (Amager) 79. 82.
Ameisenberg, der 178.
Amöneburg 140.
Amselgrund, der 220.
Amt-Gehren 249.
Anclam 58.
Andreasberg 160. *147.*
Angeln 47.
Angermünde 71.
Angern 191.
Annaberg (Sachs.) 225.
— (Schles.) 190.
—, der 192.
Annencapelle, die 183.
Annenthal, das 243.
Apolda 232.
Arcona 74. 77.

Ardeygebirge, das 133.
Arendsee, der 58.
Arnsberg 142.
Arnsberg, der 119.
Arnsburg 119.
Arnstadt 233.
Arnswalde 94.
Arolsen 142.
Aschenbergstein 254.
Aschendorf 70.
Aschersleben 112.
Aue 228.
Aue, die goldene 147.
Auerberg, der 168.
Auerstädt 232.
Augustusburg 224. 227.
Augustwalde 94.
Aupe, die 183.
Aupefall, der 185.
Aupegrund, der 183. 185.
Aurich 68.
Aussig 223.
Babelsberg 34.
Ballenstedt 167. *112. 166.*
Baltrum 65.
Bamberg 230.
Banteln 154.
Banz 230.
Barchfeld 256.
Bardewieck 59.
Bärensteine 220.
Barmen 132.
Bastei, die 219.
Baumannshöhle, die 164.
Bautzen 173.
Bebra 234.
Bechstädt 249.
Reczwa, die 191.
Beeke, die 138.
Benrath 131.
Beerberg, der 251.
Begerburg 225.
Beiseförth 234.
Belgard 101.
Benhausen 138.
Benninghausen 137.
Berge-Borbeck 131.
Bergedorf 36.
Bergen a. Main 263.
— auf Rügen 78. 74. *74.*
Bergwitz 111.
Beringhausen 137.
Berka 234.

Berka a. d. Ilm 238.
Berlin:
  Academie 8.
  Alterth., nord. 19.
  Antiquarium 16.
  Artillerie-Sch. 7.
  Bauschule 10.
  Bellevue 24.
  *Bethanien 22.
  Bibliothek 8.
  Borsigs Fabrik 24.
  *Botan. Garten 26.
  *Brandenb. Thor 6.
  Casernen 22.
  Dom 21.
  Festungsmodelle 10.
  Friedenssäule 22.
  *Friedr. d. Gr. Denkm. 7.
  *— Wilhelm III. — 25.
  *Gemäldegallerie 14.
  Gypsabgüsse 17.
  Hedwigskirche 9.
  Kirchen 21.
  Kirche, kathol. 9.
  Kirchhöfe 26.
  Königswache 9.
  Krankenhaus, kath. 22.
  *Kreuzberg, der 28.
  *Kroll 4.
  Kunstkammer 19.
  Kupferstichsamml. 19.
  Linden 7.
  Luisenincel 24.
  Lustgarten 10.
  Mineraliensammlung 8.
  Moabit 25.
  Münzcabinet 16.
  *Museum 11.
  *— neues 16.
  — anatom. u. zoolog. 8.
  *National-Krieger-Denkmal 26.
  Opernhaus 9.
  Paläste 22.
  Pal. d. Pr. Fr. Wilh. 9.
  Porzellanmanufactur 4.
  *Raczinsky's Gem. 24.
  *Ravené's Gem. 23.
  Sammlung, histor. 19.
  Sammlg. f. Völkerkde 20.
  Schinkel's Museum 10.
  *Schloss 10.
  *Schlossbrücke 10.

REGISTER.

Berlin:
*Sculpturengallerie 13.
Singacademie 9.
*Standbilder 7.
Sternwarte 22.
Theater 4.
*Thiergarten 24.
Umgebungen 28.
Universität 8.
*Wagners Gem. 23.
Wasserleitung 26.
*Zellengefängniss 22.
Zeughaus 9.
*Zoolog. Garten 25.
Bernau 70.
Bernburg 110. 112.
Bernsen 119.
Bertelsdorf 176.
Bevensen 59.
Beverungen 151.
Bialoslive 94.
Biela, die 222.
Bielefeld 129. 130.
Bielergrund 223.
Bielshöhle, die 164.
Bienenbüttel 59.
Biesenthal 71.
Bilay 186.
Billwärder 36.
Binz 74.
Bischofsberg, der 97.
Bischofswerda 173.
Bisdamitz 77.
Bisenz 191.
Bitkowitz 190.
Bitterfeld 111.
Blankenau 151.
Blankenberg 54.
Blankenburg am Harz 164.
— in Thüringen 248.
Blankenese 43.
Blasewitz 216.
Blechhammer, der 166.
Blomenburg, die 45.
Blumberg 117.
Blumendorf 188.
Bobbin 77.
Bober, der 169. 182. 188.
Bockau 228.
Bockenheim 151.
Bode, die 164. 167.
Bodenbach 222. 223.
Bodenfelde 151.
Bodenwerder 152.
Bofzen 152.
Bojanowo 94.
Boitzenburg 36.
Boltenhagen 54.
Bonames 151.
Bonenburg 138.
Borbeck 131.
Bordesholm 44.

Boringen 228.
Borken 148.
Borkum 67.
Borsberg, der 218.
Borsdorf 200.
Börssum 154.
Borup 45.
Brackwede 130.
Brahe, die 94.
Brahlsdorf 36.
Brake 64. 129.
Bramburg 151.
Brand, der 220.
Brandenburg a. d. Havel 114.
— a. d Werra 234.
— am Haff 103.
Brauhausberg, der 35.
Braunau 186. 190.
Braunlage 160.
Braunsberg 103.
Braunschweig 120. 118.
Aegidienkirche 123.
*Altstadtmarkt 122.
*   „   Rathhaus 122.
Andreaskirche 122.
Brüdernkirche 123.
Burg-Caserne 121.
Casernen 124.
Catharinenkirche 122.
Colleg. Carol. 123.
*Dom 121.
Exerzierplatz 124.
Kirchhöfe 125.
Lessing's Standb. 124.
*Löwe 121.
Magnikirche 123.
Martinikirche 122.
*Monumente 124.
*Museum 123.
OlfermannsDenkm.125
Petrikirche 122.
*Schills Denkmal 125.
*Schloss 121.
Theater 124.
Ulrichskirche 123.
Zeughaus 123.
Brechelshof 169.
Bredelar 142.
Breege 78.
Breitenau 234.
Breitenfeld 111. 200.
Breiten-Güssbach 230.
Bremen 61.
Bremerhaven 64. 60.
Breslau 170.
Brevörde 152.
Brieg 191.
Briesen 91.
Brilon 142.
Brocken,der162.118.157. 160.
Bromberg 94.

Brösen 96.
Broterode 253.
Brückenau 259.
Brückenberg 184.
Brunsberg 152.
Brüster Orth 107.
Büchen 36. 48.
Buchfahrt 238.
Buchwald 178. 188.
Buckau 117.
Bückeburg 119.
Budisin 173.
Bülowshöhe, die 165.
Buitjadinger Land 65.
Buke 138.
Bünde 137.
Bunzlau 169.
Burg 115.
Burgberg, der 156. 160.
Burgkemnitz 111.
Burgkunstadt 230.
Burgsdorf 108.
Bursfelde 154.
Buttlar 261.
Butzbach 150.
Bützow 54.
Cadienen 109.
Calcum 131.
Callenberg 227. 259. 260.
Camen 130.
Camenz 189.
Camerberg 250.
Cammin 73. 74.
Cansdorf 228.
Canth 178.
Capellenberg, der 170.
Cappeln 47.
Carlsbad 228. 225.
Carlsberg 190.
Carlsberg, der 99. 186.
Carlshafen 139. 151.
Carlshöhe 101.
Carnin 56.
Carlhaus 100.
Carolinenhorst 94.
Carolinen-Siel 65. 68.
Carolinenthal, das 224.
Cassel 143. 139.
Castrop 131.
Cattenstedt 165.
Caulsdorf 247.
Cavalierberg, der 188.
Celle 59.
Cempin 169.
Charlottenbrunn 186.
Charlottenburg 25.
Charlottenhof 34.
Chemnitz 227.
Chorin 71.
Chrsanow 192.
Clausthal 159. 155. 157.
Clus-Dörpen 70.
Coburg 257. 247. 256.

Colberg 101.
Colmberg, der 224.
Cöpenik 91.
Corbetha 230. 231.
Cörlin 101.
Corvey 152.
Cöslin 101.
Coswig 200.
Cöthen 112. 110.
Crampas 74.
Cranz 107.
Creuzthal 141.
Crimmitschau 229.
Cudowa 190.
Culm 95.
Culmbach 230.
Cunnersdorf 176.
Cüstrin 92.
Cuxhaven 51. 60.
Cybina, die 93.
Czempin 94.
Czeppelwitz 192.
Czerwinsk 95.
Czorneboh, der 174. 178.
Dahlen 200.
Damm 94.
Dammsche See 71. 73. 94.
Dammgarten 56.
Dänewerk, das 46.
Dänholm, der 56.
Danzig 95.
Daube 218.
Dedesdorf 64.
Deistergeb., d. 118. 154.
Delfzyl 70.
Delitzsch 111.
Delmenhorst 68.
Demker 58.
Dennewitz 109.
Desenberg 139.
Dessau 110.
Detmold 139.
Deutz 132.
Diemel, die 139.
Dietharz 251.
Dietrichsburg, die 137.
Dievenow, die 73.
Dirschau 101. 95.
Ditmarschen, die 46.
Dittersdorf 181.
Doberan 55.
Döbeln 221.
Dockenhuden 43.
Dodendorf 117.
Dohna 216. 223.
Dölitz in Pommern 94.
— in Sachsen 196. 228.
Dollart, der 69.
Dölme 152.
Domberg, der 281.
Dorfgaarden 44.
Dörnberge, die 139.
Dornburg 247.

Dortelweil 151.
Dortmund 130.
Dösengrund 186.
Dosse, die 85.
Döverden 59.
Dragör 79.
Dransfeld 155.
Dreibergen 54.
Dreiherrnbrücke 161.
Drei Steine, die 184.
Drensteinfurt 133.
Dresden 201.
  Academie 203.
  *Alterthüm., vaterl. 214.
  *Antikencab. 213.
  *Bibliothek 213.
  *Brücken 203.
  *Brühlsche Terr. 203.
  Canaletto's Gemälde 210.
  Frauenkirche 212.
  Garten, grosser 214.
  *Gemäldegallerie 206.
  *Grünes Gewölbe 204.
  Kath. Kirche 204.
  *Kaufmann's acust. Cabinet 213.
  Kirchhöfe 215.
  *Kupferstichsamml. 210.
  Mineraliencabinet 212.
  Moreau's Denkmal 215.
  Moritzmonument 204.
  Münz-Cabinet 213.
  *Museum, hist. 210.
  *Museum der Gypsabgüsse 210.
  Museum, naturh. 212.
  Palais, japan. 213.
  Porzellansamml. 213.
  Post 212.
  Schloss 204.
  Synagoge 204.
  *Theater 205.
  Vergnügungsorte 202.
  Zwinger 205.
Driesen 92.
Drogden 79.
Dronninggard 89.
Drösing 191.
Druse, die 253.
Dryburg 138.
Dubberworth 76.
Duisburg 131.
Dumröse 101.
Dürnkrut 191.
Dürrenberg 230.
Düsseldorf 131.
Düsternbrook 45.
Duvenstedt 46.
Ebenheit 223.
Ebensfeld 230.
Eberstein, der 249.
Eckartshöhe 165.

Ecker, die 161.
Eckernförde 46.
Edder, die 148.
Eggebeck 47.
Eggegebirge, das 138.
Ehrenberg, Schloss 224.
Ehrenburg 283.
Eichau 189.
Eichfeld 248.
Eichigt 247.
Eider, die 45. 46. 48.
Eiland 223.
Eilsen 119.
Eimbeck 154.
Eisbergen 154.
Eisenach 241. 232.
Eisfeld 256.
Eisleben 148.
Eistrup 60.
Elbbrunnen, der 185.
Elbe, die 38. 43. 45. 51. 59. 109. 110. 111. 115. 168. 203. 215. 217. 219.
Elbfall, der 185.
Elberfeld 132. 131.
Elbersdorf 256.
Elbing 103.
Elbingerode 163.
Eldena 58.
Elend 160.
Elgersburg 233. 250.
Elisabethhöhe, die 186.
Ellingstedt 47.
Elm, die 118.
Elmshorn 44.
Elsfleth 64.
Elster, die 193. 229. 230. 231.
—, die schwarze 108.
—, die weisse 229.
—, Bad 229.
Elze 154.
Emden 69.
Ems, die 69. 70. 130. 134.
Emstetten 136.
Enger 129.
Ennepe, die 133.
Eppendorf 38.
Erdbeerenberg 47.
Erdmannsdorf 178. 184. 187.
Erfurt 238. 232.
Erkner 91.
Erkrath 132.
Erlau 224.
Ernstthal 227.
Ermenrod 264.
Eschede 59.
Esens 65.
Essen 131.
Ettersberg 233.
Ettersburg, die 237.
Eulengebirge, das 189.

REGISTER.

Eutin 50.
Externsteine, die 140.
Falkenberg 108.
Falkenstein a. Harz 167.
— in Thüringen 251.
Falsterbo 79.
Farnroda 245.
Fehrbellin 35.
Felsberg 148.
Felsenmeer 142.
Ferse, die 96.
Fetzberg 150.
Fichtelgebirge, das 229.
Filehne 94.
Finkenbrück 58.
Finkenheerd 168.
Finnentrop 141.
Finow-Canal, der 71.
Finsterbergen 251.
Fischbach 173. 178. 187.
Fischbeck 154.
Fischhausen 103.
Flensburg 47.
Flinsberg 178.
Flöhe, die 224. 227.
Florisdorf 191.
Flottbeck 43.
Franeker 70.
Frankenberg 224.
Frankenhausen 147. 148.
Frankenscharner Hütte 158.
Frankenstein 179. 189.
Frankfurt a./M. 151.
Frankfurt a. d O. 91.
Franzensbad 229.
Frauenburg 103.
Frauendorf 73
Fraustadt 169.
Freden 154.
Freiberg 226. 235.
Freiburg i. Schles. 178. 179.
— i. Sachsen 231.
Freienwalde 101.
Freiheit 186.
Freiwaldau 191.
Freyenwalde 71.
Friedberg 150.
Friedensburg 88.
Friedenstein 240.
Friedland i. Böh 177. 178.
— i. Schles. 181.
Friedrichsburg 88.
Friedrichshafen 79.
Friedrichsroda 251. 254.
Friedrichsruh 36.
Friedrichsstadt 48.
Friesack 35.
Friesensteine, die 182.
Frohse 112.
Fronhausen 150.
Fröttstedt 239.

Fuchsthurm, der 248.
Fuhne, die 112.
Fulda 264.
—, die 143. 155. 230. 233.
Fuure-See, der 89.
Fürstenberg 152. 168.
Fürstenstein 178. 179. 180.
Fürstenwalde 91.
Gabelbach 250.
Galgenberg 248.
Galtgarben, der 107.
Gänserndorf 191.
Garz 79. 94.
Geeste, die 64.
Geestemünde 64.
Gellendorf 94.
Gelnhausen 262.
Gelsenkirchen 131.
Gemarke 132.
Gensungen 148.
Genthin 115
Georgenberg 224.
Georgenthal 251.
Georgsböhe 165.
Gera, die 230. 233. 238.
German 107.
Gernrode 166. 166.
Gerresheim 132.
Gerstungen 234.
Gertrudenberg 136.
Gescke 138.
Gesenke, das 191.
Giebichenstein 113.
Giersdorf 178.
Giershagen 142.
Giessen 150.
Gimte 151.
Glatz 189.
Glauchau 227.
Gleiberg 150.
Gleichberge, die 255.
Gleichen 233.
Gleiwitz 192.
Glewitz 75.
Glienicke 34.
Glogau 168.
Glostrup 45.
Glöven 35.
Glücksbrunn 252.
Glückstadt 45. 48.
Gnadau 112.
Gnadenberg 169.
Gnadenfrei 189.
Göding 191.
Gohlis 196.
Göbrder Wald, der 59.
Goldberg 170.
Goldene Höhe, die 215.
Goligberg 215.
Gollenberg, der 101.
Gollner, der 147.
Göltzschthal, das 229.
Goor 77.

Gorichstein, der 220.
Gorkau 179.
Görlitz 175.
Gosek 231.
Goslar 157.
Gössnitz 227. 229.
Gotha 239. 253.
Gottesberg 182.
Gottesgabe 225.
Göttingen 155.
Gottorf 47.
Götzige Berge, die 114.
Gräbersteine, die 184.
Grabow 35.
Gräfenberg 191.
Gräfenhainichen 111.
Gräfenthal 247.
Granitz, die 76.
Grasbrook 39.
Graudenz 95.
Grave 152.
Grebenstein 139.
Greifenstein 188. 248.
Greifswald 57.
GreifswalderBodden,der 58.
Grenzbauden, die 183.
Greven 138
Grevenbrück 141.
Grevismühlen 50.
Grimmenthal 256.
Grohnde 153.
Groningen 70.
Gross-Almerode 147.
Gross-Aupe 185.
Grossbecren 108.
Grossenbaum 131.
Grossenhayn 200.
Grossen-Wieden 154.
Gross-Görschen 231.
Gross-Karben 151.
Gross-Kreuz 114.
Gross-Lüder 264.
Gross-Rosen 169.
Grosse Salze 112.
Grossschönau 176.
Grossvaterstuhl, der 190.
Grotenburg, die 139.
Groteveen, das 68.
Grüllenburg 225.
Grüna 227.
Grünau 108.
Grund 159.
Grüne 141.
Grünberg 264.
Gruppe 95.
Grürmannshöhle,die141.
Grüssau 182.
Grüsselbach 261.
Guben 168.
Guckshoben 234.
Gudensberg 148.
Güldenboden 103.

REGISTER.

Guntershausen 148. 234.
Güsen 112.
Güstrow 55.
Gütersloh 130.
Haase, die 70.
Habichtswald, der 234.
Habichtsgrund, der 221.
Hachen 142.
Hadmersleben 117.
Haff, das grosse 73.
—, das frische 103.
—, das kurische 108.
Hagelsberg, der 97.
Hagen in Hannover 60.
— in der Grafschaft Mark 133. 131. 141.
Hagenburg 60.
Hagenohsen 153.
Hagenow 36.
Hainau 169.
Halbau 169.
Halberstadt 117.
Halle 112. 231.
Hamburg 36.
Hameln 153.
Hamm 130.
Hanau 263.
Hannover 125. 119.
Hansdorf 169.
Hansgörgenstadt 228.
Harbleck 48.
Harburg 59. 60.
Hardenberg 155.
Harlingen 70.
Harrel, der 119.
Harsum 118.
Hartaberg, der 189.
Harvestehude 38.
Harz, der 156.
Harzburg 156. 160.
Harzgerode 168. 112.
Hassberg, der 45.
Hassenhausen 232.
Hasserode 164.
Haste 119.
Hastenbeck 153.
Hausberge 129. 154.
Hausenberg 107.
Havel, die 35. 114.
Havelberg 35.
Havelsee 114.
Hedehusene 45.
Hehlen 152.
Heide 48.
Heidecksburg 247.
Heidelberg, der 165.
Heiligenbeil 103.
Heiligenberg 148.
Heiligendamm 55.
Heiligenstadt 147.
Heiligenstein 245.
Heinrichsburg 178. 187.
Heinsen 152.

Hela 99.
Helfenstein 191.
Helgoland 51.
Helikon 188.
Helmarshausen 139.
Helme, die 147.
Helmstädt 118.
Helpensen 153.
Helsa 147.
Helsingborg 90.
Helsingör 89.
Hemeln 151.
Heppens 68.
Herdecke 133. 141.
Herdersruhe 237.
Herdringen 142.
Herges 253.
Herford 129.
Heringsdorf 73.
Herlassgrün 229.
Herleshausen 233.
Hermannsdenkmal 139.
Hermannstein 250.
Hermsdorf 166. 178. 179. 182.
Herne 131.
Hernsdorf 188.
Herrenhausen 119. 128.
Herrnhut 176. 178.
Herrnskretschen 222.
Herstelle 151.
Herthaburg 76.
Herthahain 74.
Herthasee, der 74. 76.
Herzberg an der Elster 108.
— am Harz 160.
Herzhorn 45.
Hesel 68. 70.
Hessenstein 45.
Hetschburg 238.
Heuscheuer 179. 185. 186. 190.
Hexen-Tanzplatz 165.
Heyde 186.
Hiddensöe 78.
Hildburghausen 256.
Hildesheim 118.
Hilgenrieder Siel 69.
Hilleröd 88.
Hilwartshausen 151.
Himmelfahrt, Grube 225.
Himmelkron 230.
Hirschberg 170. 178. 188. 187.
Hirschberger Thal 178.
Hirschstein 244.
Hochdahl 132.
Hochbilgord, der 74. 78.
Hochkirch 173. 178.
Hoch-Moor, das 68.
Hochstein 178.
Höchstädt 230.

Hochwald, der 177.
Hockerode 247.
Hockstein, der 220.
Hof 229.
Hofgeismar 139.
Höganäs 90.
Hohenstein i. Pr. 95.
— in Hessen 154.
— in Sachsen 227.
Hohe Stein, der 58.
Hohenau 191.
Hohe Rad, das 185.
Hohenstadt 191.
Hohen-Syburg 133. 141.
Hohenwaldau 182.
Hohen-Zillerthal 184.
Hohe Sonne, die 244.
Hohnstein 220.
Höllengrund, der 186.
Holm 47.
Holm, der 97. 99.
Holtenau 46.
Holzberg, der 175.
Holzdorf 108.
Holzemme, die 117. 164.
Holzkrug 47.
Holzminden 152.
Hönebach 234.
Hönne, die 142.
Hopfgarten 233.
Hoppelsberg, der 166.
Horkel, der 215.
Horn bei Hamburg 42.
— i. Lipp. 140.
Hörsel, die 230. 233.
Hörselberg, der 233.
Hörstel 130.
Hosterwitz 216.
Höxter 152.
Hradisch 191.
Hubertsburg 192. 200.
Hubertusbrunnen 166.
Humlebek 89.
Hümme 139.
Hundemthal 141.
Hünfeld 262.
Hunte, die 61.
Hüsten 142.
Husum 47.
Hutberg, der 176. 188.
Hütten, die 223.
Hüttenrode 164.
Huy 166.
Hveen 89.
Hylde, die 58.
Hyndorf 188.
Jacobsberg, der 129. 154.
Jagdschloss auf Rügen 76.
Jägerberg, der 119.
Jahde, die 65. 68.
Jaromirz 190.
Jasmund 76. 77.
Jauer 169. 179.

REGISTER.

Ibbenbüren 136.
Jena 246.
Jerxheim 118.
Jeschkenthal, das 99.
Jessnitz 168.
Jever 68.
Jettenhöhle, die 160.
Ihna, die 94.
Ihrhove 70.
Ilm, die 230. 232. 234.
Ilmenau 250. 233.
Ilse, die 161.
Ilsenburg 161. 160.
Ilsenstein, der 162.
Innerste, die 154.
Immelborn 252. 256.
Ingramsdorf 179.
Inselsberg, der 253.
Joachimsthal, das 225.
Johann-Georgenstadt 228.
Johannisbad 186.
Johannisberg, der 99. 130. 150.
Joketa 229.
Jonsdorf 177.
Jordan, der 140.
Josephinenhütte, die 178.
Josephshöhe, die 168.
Josephsstadt 177. 190.
Iserlohn 141.
Itz, die 256. 260.
Itzehoe 46.
Juist 66.
Juliushöhe 139.
Juliusruhe 77.
Jüterbog 108.
Kabarz 253.
Kahla 247.
Kahlberg 103.
Kahleberg, der 188.
Kaidtz 215.
Kaiserkrone, die 220.
Kaiserswerth 131.
Kalkofen 224.
Kalte Thal, das 161.
Kamenz 189.
Kamnitz, die 222.
Kandrzin 190. 192.
Kanth 178.
Kassubenland, das 100.
Kattenburg 144.
Kattern 191.
Katz 100.
Katzbach, die 169. 170.
Keilhau 248.
Kellerberg 70.
Kellersee, der 50.
Kellingbusen 44.
Kelmienen 108.
Kemnade 153.
Keppgrund, der 216.
Kickelhahn 250.

Kieköwer 74. 76.
Kiel 44.
Kienhaus, das 249.
Kieritzsch 229.
Kinzig, die 262.
Kiöge-Bai, die 79.
Kirchhain 149.
Kirchrode 128.
Kirnitzsch 220.
Kistenecke 158.
Kizenkammer, die 147.
Klampenborg 89.
Kleinen 54.
Klein-Ankerholz 101.
Klein-Aupa 178.
Klein-Hennesdorf 220.
Klein-Katz 100.
Klein-Ladney 186.
Klopschen 169.
Kloster Berge 112.
Klosterkrug 46.
Kloster Seven 153.
Klus, die 158.
Klusenstein, der 142.
Klüt, der 153.
Kobbelbude 108.
Köditz 249.
Kohlfurth 169.
Kohlstädt 140.
Köln 132.
Königgräz 177. 190.
Königsberg 103. 104.
Königsbrunn 223.
Königshof 180.
Königshütte 192.
Königsee 249.
Königssitz 128.
Königstein 222. 220.221. 223.
Königsstuhl, der 77.
Königszelt 169. 179.
Kopenhagen 80.
  Amack 82.
  Amalienburg 82.
  Antikencabinet 86.
  *Börse 86.
  Charlottenlund 88.
  *Christiansburg 85.
  Christianshafen 82.
  Citadelle 82.
  Eremitage 89.
  Erlöserkirche 87.
  *Ethnogr. Museum 86.
  Exerzierplatz 87.
  Festungswerke 82.
  *Frauenkirche 83.
  Freiheitssäule 88.
  Friedensburg 88.
  *Friedrichsberg 88.
  Friedrichsburg 88.
  Garten, bot. 83.
  H. Geistkirche 87.
  Gemäldesammlung 85.

Kopenhagen:
  Hafen 82.
  Holmenskirche 87.
  *Kirchhöfe 87.
  Klampenburg 89.
  Krankenh., neue 88.
  *Königs-Neumarkt 82.
  Kriegsschule 82.
  Kunst-Museum 86.
  Kupferstich Cabinet 86.
  Marstall 85.
  *Museum n. Alterth. 85.
  Neubuden 87.
  Neuhafen 83.
  Rathhaus 83.
  Rosenburg 86.
  *Runder Thurm 87.
  *Seebäder 80.
  Standbilder 83.
  Sternwarte 87.
  Theater 81.
  *Thiergarten 88.
  *Thorwaldsen's Museum 84.
  *Tivoli 81.
  Universität 83.
  Werfte 82.
Koppe, die 183.
Koppenplan, der 184.
Korsör 45.
Kosel 192.
Kösen 232.
Koserow 73.
Kosswig 110. 200.
Kosten 94.
Kötschau 230. 245.
Kötschenbroda 217.
Krakau 192.
Kranz 107.
Krciensen 154.
Krempe 46.
Kreuz 92. 94.
Kreuzberg 259. 262.
Krewe 79.
Kreyscha 215.
Kriblowitz 178.
Kriebstein 224.
Krippen 223.
Krobsdorf 188.
Kröllwitz 114.
Kronburg 89.
Krücken, die 44.
Kruckeburg 139.
Krumbübel 183. 178.
Krzanowitz 190.
Krzeszowice 192.
Kückelhahn, der 250.
Kuhstall, der 221.
Kuhthurm 196.
Kullagard 90.
Kullen, die 90.
Kumendorf 188.
Kunersdorf 91.

Kunitzer See, der 170.
Kuppelberge, die 220.
Küppersteg 132.
Kyffhäuser, der 148.
Kynast, der 178. 186.
Kynsburg 179.
Kyritz 35.
Labes 101.
Laer 142.
Lage 139.
Lahn, die 149.
Lahnberg 185.
Lamboiwald, der 263.
Landeck 189.
Landeshut 182.
Landgrafenloch, das 244.
Landsberg a. d. Warte 92.
— i. Sachsen 256.
Landskrone, die 175.
Langenbogen 148.
Langenfeld 131.
Langenselbold 263.
Langenweddingen 117.
Langenwiesen 249.
Langeroog 65.
Langfuhr 99.
Langgöns 150.
Lang-Waltersdorf 181.
Langwedel 60.
Lanker See, der 51.
Lastadie 71.
Lathen 70.
Lauenburg a. d. Elbe 36.
— a. d. Leba 101.
— i. Harz 166.
Lauenförde 151.
Laurenburg 166.
Lausche, die 177. 178.
Lauterbach a. Rügen 74.
— in Hessen 264.
Lauter 228.
Lauter, die 228.
Leba, die 101.
Lebbin 73.
Lebus 92.
Lechau 186.
Leda, die 70.
Leer 70.
Leeuwarden 70.
Lehrte 59. 118.
Leierberg, der 190.
Leine, die 119. 126. 154.
Leipnik 191.
Leipzig 192.
Leisewitz 191.
Leitmeritz 224.
Lenne, die 141.
St. Leonhard 125.
Lerbach 155. 159.
Leschede 70.
Lesum, die 64.
Lethmate 141.
Leuchtenburg 247.

Leuthen 170.
Lewin 190.
Lichtenfels 230. 256.
Lichtenhainer Fall 221.
Lichtenstadt 228.
Lichtenstein 227.
Lichtenwalde 224.
Liebau 178.
Liebenau 139.
Liebenstein 251.
Liebertwolkwitz 198. 200.
Liebethal 217.
Liebsgen 168.
Liebwerda 177. 178.
Liegnitz 169. 179.
Lilienstein, der 222. 220. 221.
Limburg 141.
Limmeritz 224.
Lindhorst 119.
Lingen 70.
Linsburg 60.
Lippe, die 138. 140.
Lipperhaide, die 131.
Lippoldsberge 151.
Lippspringe 138. 140.
Lippstadt 138.
Lissa 94. 169. 170.
Löbau 174.
Löbnitz 56.
Lobositz 223.
Lochstädt 103.
Lochmühle, die 218.
Lockwitz 215.
Lohmen 218.
Löhne 129. 137.
Lollar 150.
Lopshorn 139.
Loquitz, die 247.
Louisium, das 110.
Loschwitz 216.
Lösnitz 201.
Lossen 192.
Löwen 192.
Löwenburg 146.
Lübbensteine, die 118.
Lübeck 48.
Lubij 174.
Luckenwalde 108.
Ludener Klippe 119.
Ludwigsarth 103.
Ludwigsburg 247.
Ludwigslust 35.
Luhe, die 59.
Luisenbrunnen, der 70.
Lund 90.
Lundenburg 191.
Lüneburg 59.
Lupow, die 101.
Lütjenburg 45.
Lutterbach, der 130.
Lützen 231.
Lützschena 195.

Lyngby 89.
Machau 188.
Machern 200.
Maczki 192.
Mädelsteine, die 185.
Mädelwiese, die 185.
Madü-See, der 94.
Magdeburg 115.
Mägdesprung, der 167.
Mägdetrappe, die 167.
Mahlwinkel 58.
Mährisch-Ostrau 190.
Mainleus 230.
Main, der 230. 263.
Malmö 90. 79.
Malsch 170.
Manebach 250.
Marburg 149.
Margarethen-Cluse 129.
Marienburg 102. 154.
Marienlust 90.
Marien-Paradies 100.
Marienthal, das 243.
Marienwerder 95.
Markersdorf 175.
Markranstedt 230.
Marksuhl 255.
Marsberg 142.
Marschen, die 45.
Marschendorf 185.
Martinsroda 233.
Maxen 215.
Meerana 227.
Meerholz 263.
Mehlawischken 108.
Mehltheuer 229.
Meinberg 140.
Meiningen 256.
Meisdorf 167.
Meiseberg, der 167.
Meissen 200.
Meissner, der 144. 147.
Melden 186.
Meldorf 46. 48.
Melle 137.
Melnik 224.
Melsungen 234.
Meltheuer 229.
Melzergrund, der 183.
Memel, die 108.
Menden 142.
Mengede 131.
Mensegebirge, das 189.
Meppen 70.
Merkelsdorf 181.
Merlau 264.
Merzdorf 178.
Merseburg 231.
Meschede 142.
Mesum 136.
Metkau 178. 179.
Meusdorf 198.
Mewe 95.

REGISTER.

Miasteczko 94.
Milbitz 248.
Milspe 133.
Milzeburg 262.
Minden 120.
Mittweida 224.
Moabit 25.
Möckern 114. *195. 230.*
Möckow 58.
Möen 78
Moldau, die 224.
Mölln 48.
Mollwitz 191.
Montbrillant 128.
Mönchehof 139.
Mönchgut 74. 76.
Montau 102.
Moorburg 68.
Moorlose 63.
Mordgrund, der 216.
Moritzburg 113. 217.
Mörla 264.
Mosczyn 94. 169.
Mottlau, die 96.
Mövenberg, der 47.
Mucran 74.
Mügeln 216. 228
Müggelsberge, die 91.
Müggelsee, der 91.
Müglitzthal, das 216.
Mühlberg 233.
Mühlberge, die 175.
Mühlhausen 103.
Mühlheim 132.
Mulde, die 110. 200. 224. 225. 227.
Müllroser Canal 168.
Münchberg 230.
München-Nienburg 112.
Münden 151. 155.
Münster 133.
Münzenberg 150.
Muskau 169.
Myslowitz 192.
Nachod 190.
Nakel 94.
Napajedl 191.
Nassow 101.
Nauen 35.
Nauheim 150.
Naumburg 232.
Nausenei 186.
Neermor 70.
Neheim 142.
Nehrung, d. frische 99. 103.
— die kurische 107.
Neisiss 233.
Neisse 191.
Neisse, die 168. 176. 189.
Netze, die 92. 94.
Netschkau 229.
Neu-Dietendorf 233.
Neudorf 45. 109. 191.

Neuenbeeken 138.
Neuencamp 75.
Neuenheerse 138
Neuenkirchen 74. 78.
Neuenmarkt 230.
Neufähr 96.
Neufahrwasser 96. 99.
Neuharlinger Siel 65.
Neuhaus 181.
Neuhayn 191.
Neuhof 262.
Neukubren 107.
Neumarkt 170. 227. 229.
Neumühlen 45.
Neumünster 44.
Neurode 189.
Neusalzwerk 129.
Neuses 259. 260.
Neustadt in Böhm. 188.
— in Preussen 101.
— an der Dosse 35.
Neustadt-Eberswalde 71.
— in Hannover 60.
— in Hessen 149
— in Thüringen 247.
Neuwerk 51.
Neuzelle 168.
Nicolstadt 169.
Nidda, die 151.
Niederau 200.
Niederfüllbach 256.
Niedergörsdorf 109.
Niedergrund 223.
Nieder-Oderwitz 176.
Nieder Wöllstadt 151.
Niederzimmern 233.
Nienburg 60.
Nienstädten 43.
Nimkau 170.
Nogat, die 102.
Noakaiten 108.
Norden 68. *66. 67.*
Norderdeich 68.
Norderney 65. 69.
Nordhausen 147.
Nordheim 154.
Nordstemmen 154.
Nordstrand, Insel 47.
Nörten 155.
Nortorf 46.
Nötbnitz 215.
Oberberg, der 189.
Oberhausen 131.
Oberhof 233. 251.
Oberkotzau 229.
Oberlichtenau 224.
Obernigk 94.
Obernitz 247.
Oberpoyritz 218.
Oberrottenbach 249.
Ober-Weimar 237.
Oberwiesenthal 225.
Ochsenkopf, der 230.

Oder, die 91. 94. 168. 170. 190. 191.
Oderberg 190.
Oderbrück 160.
Oderteich, der 157. 160.
Oderwitz 176.
Oedelsheim 151.
Oederan 227.
Oeslau 256.
Oeynhausen, Bad 129.
Oclde 130.
Ohlau 191.
Ohm, die 149.
Ohr 153.
Ohra 95.
Obrberg 153
Obrdruff 251. 260.
Oker 157. 159.
—, die 124. 156.
Oldenburg 68.
Oldendorf 154.
Oldersum 70
Oliva 100. 99.
Oppeln 192.
Orlamünde 247.
Oschatz 200. 224.
Oschersleben 117.
Osnabrück 138.
Osning, der 130.
Ossiek 94.
Ossmanstedt 232.
Ostenwalde 137.
Osterburg 58.
Osterode 155. 157. 159.
Oster-Orstedt 47.
Ostrau 224.
Ottensen 43.
Ottersberg 60.
Ottilienstein, der 261.
Overhagen 137.
Owschlag 46.
Oxhöfft 100.
Oybin, der 177. 178.
Paarsteiner See, der 71.
Pader, die 138.
Paderborn 138.
Panker 45.
Panknin 101.
Pankow 70.
Pansdorf 50.
Pansdorfer See, der 169.
Pantlitz 56.
Papenburg 70.
Papenwasser, das 73.
Papstein, der 220. 219.
Paradies 217.
Pardubitz 177. 190.
Parschnitz 186.
Parthe, die 114. 193.
Paschenburg, die 119. 154.
Pasewalk 58.
Passarge, die 103.
Passberg, der 189.

REGISTER.

Passendorf 186.
Passow 58. 71.
Patzig 74.
Paulinenau 35.
Paulinzelle 219. *248*.
Paunsdorf 200.
Peene, die 58. 73.
Peerd, Vorgeb. 74.
Pegelsdorf 152.
Peine 118.
Pelplin 95.
Persante, die 101.
Pesekenkopf, der 161.
Petersbaude, die 185.
Petersberg, der 112.
Petersdorf 178. 185. 186.
Peterswaldau 189.
Peterswalde 223.
Petzerkretscham, der 185.
Pfaffenstein, der 220.
Pfannenstiel 228.
Pfaueninsel 35.
Pfingstberg, der 34.
Pflastersloss 161.
Philippsruhe 263.
Pichelsberge 35.
Pielsberg, der 45.
Pillau 103.
Pillnitz 218. *216*.
Pinneberg 44.
Pirna 223.
Plagwitz 193.
Planitz 228.
Plassenburg 230.
Platten 228.
Plaue 233.
Plauesche See, der 114.
Plauen b. Dresd. 225.
— im Voigtland 229.
Plauensche Grund 225.
Pleisse, die 193. 228.
Plesse 155.
Plettenberg 141.
Plœn 50. *45*.
Podelzig 92.
Poganitz 101.
Pogauen 107.
Pohl 191.
Polenzthal, das 220.
Pölitz 79. 186.
Polle 152.
Polzenthal 220.
Pommerenzdorf 71.
Pommeritz 173.
Porsberg, der 218.
Porta Westph. 129. 140. 154.
Posen 92. *90. 169*.
Possen, der 147.
Postelwitz 222.
Potschappel 225.
Potsdam 29.
Pözscha 219. 223.

Praust 95.
Prebischthor, das 221.
Preetz 51.
Pregel, der 103.
Prenzlau 58.
Prerau 191.
Pristewitz 200.
Probstei 45.
Probstheyde 198.
Prökuls 108.
Prora, die 76.
Prudelberg, der 187.
Putbus 75. 73. 74.
Pyrmont 153.
Qualisch 186.
Querbach 188.
Quedlinburg 167.
Queis, der 160. 188.
Quittelsdorf 248.
Quoltitz 77.
Räcknitz 215.
Rad, das hohe 184.
Radaune, die 96.
Radeberg 173.
Radowenz 182. 186.
Radschin 229.
Ragkwitz 111.
Rahrbacher Höfe 141.
Raimannsfelde 103.
Raisdorf 51.
Ramlösa 90.
Ramberg, der 166.
Rammelsberg, der 158.
Ramsbeck 142.
Randow, die 71.
Rantzau 45.
Raspenau 178.
Rastorf 45. 51.
Rathen 219. 223.
Rathewalde 220.
Ratibor 190.
Ratiborer-Hammer 190.
Ratzeburg 48.
Raudnitz 224.
Rauensche Berge 91.
Rauhes Haus, das 42.
Rauscha 169.
Rawicz 94.
Reckniz, die 56.
Redebas 56.
Regenstein, der 164.
Reglitz, die 91.
Rehberger Graben 160.
Rehburg 119.
Rehme 129. 154.
Reichenbach i. d. Lausitz 174.
— i. Sachsen 189. 229.
— i. Schlesien 169. 179.
Reichenberg 177.
Reichenstein 189.
Reichmannsdorf 247.
Reichstadt 177.

Reifträger, der 185.
Reileiltzen 152.
Reimannsfelde 103.
Reinbeck 36.
Reinberg 57. 75.
Reinerz 189.
Reinhardsbrunn 223. 251. 254.
Reinhardswald, der 151.
Reinstein s. Regenstein.
Reisen 94.
Rellingen 44.
Rendsburg 46.
Rennsteig 244.
Rennweg 247.
Rethen 154.
Reuschenberg 131.
Reuth 229.
Rheda 130.
Rheine 70. 136.
Rheme 129.
Ribnitz 56.
Richmond 118.
Rick, der 58.
Riesa 200.
Riesenbaude, die 184.
Riesengebirge 178.
Riesengrund, der 183.
Riesenkoppe, die 183.
Ringsthal 224.
Rinkerode 133.
Rinteln 154.
Rippach, die 231.
Rittershausen 182.
Ritzebüttel 51.
Rochlitz 224.
Rodach, die 230.
Rodenkirchen 64.
Röderau 108. 200.
Roeskilde 89. *46*.
Rogätz 58.
Röhr, die 142.
Rokietnica 92.
Römhild 256.
Rönnebeck 63.
Rosalienthal, das 179.
Rosenau 260.
Rosenberg, der 220.
Rosenthal, das 196.
Rossbach 231.
Rossla 148.
Rosslau 110.
Rosstrappe, die 163. 165.
Rostock 55.
Rotenburg 60. 234.
Rottenstein 247.
Rothenburg 148.
Rothersberg, der 187.
Rübeland 164.
Ruda 192.
Rudelsburg 232.
Ruden, Insel 74.
Rüdersdorf 91.

Bædeker's Deutschland II. 10. Aufl. 18

Rudolstadt 247. 248.
Rugard, der 74. 78.
Rügen 75. 73.
Rügenwalde 101.
Ruhla 245. 244.
Rühle 152.
Ruhlsdorf 108.
Ruhr, die 130. 141.
Rumpenheim 263.
Rungstedt 89.
Ruppertenrod 264.
Saale, die 112. 113. 168.
 229. 230. 231.
Saaleck 232.
Saaler Bodden, der 56.
Saalfeld 247.
Saalmünster 262.
Sachsenburg 224.
Sachsenwald, der 36.
Sächs. Schweiz 217. 223.
Sagan 169.
Sagard 74. 76.
Saltholm, Insel 79.
Salzau 45.
Salzbergen 70.
Salzbrunn 178. 179. 180.
Salzderhelden 154.
Salzgitter 154.
Salzkotten 138.
Salzuffeln 139.
Salzungen 255.
Samland, das 107.
Samtens 79.
Samiter 92.
Sande 36.
Sandersfeld 68.
Sandrup 136.
Sangerhausen 147. 148.
Sanssouci b. Potsd. 31.
— i. Westphalen 142.
Sarau 179.
Sarstedt 154.
Sassendorf 137.
Sassnitz 74.
Saudnig 191.
Sauerland, das 137.
Schaabe, die 77.
Schaafberg, der 189.
Schaala 248.
Schäferwand, die 223.
Schallloch, das 166.
Schandau 220.
Schanzenberg 76.
Scharfenstein 161. 225.
Schaumburg, die 119.154.
Schebitz 91.
Schellenberg 224. 227.
Schersberg 47.
Schierke 160.
Schievelbein 104.
Schiffenberg 150.
Schildesche 130.
Schillerhöhle 160.

Schkeuditz 114.
Schlackenwerth 225.
Schladen 156.
Schlangen 140.
Schlawe 101.
Schlei, die 46.
Schlema 228.
Schlesierthal, das 179.
Schleswig 47.
Schleusingen 261.
Schlingelbaude, die 184.
Schlobitten 103.
Schlüchtern 262.
Schmachtersee, der 76.
Schmale Heide, die 76.
Schmalkalden 256.
Schmidtsdorf 181
Schmiedeberg 182. 178.
Schmolz 178.
Schmücke, die 250.
Schnecke, die 246.
Schneeberg 189. 223.228.
—, der 189. 220. 228. 230.
Schneegruben, die 185.
Schneekopf, der 250.
Schneekoppe,die178.183.
Schneidemühl 91.
Schnepfenthal 233. 255.
Schölmar 139.
Schömberg 178.
Schöna 222.
Schönau 170.
Schönberg 191.
Schönberge, die 91.
Schönbrunn 190.
Schönburg 231.
Schönebeck 112.
Schönfeld 114.
Schönfels 229.
Schönhausen 28.
Schönlanke 94.
Schoonen 79. 89.
Schöppenstedt 118.
Schorgast 230.
Schoritz 79.
Schreckenstein 223.
Schreiherhau 185.
Schulenburg 159.
Schulendorf 50.
Schulpforte 232.
Schwaan 55.
Schwabenthal 99.
Schwalm, die 148.
Schwartau 50.
Schwarza 217. 248.
Schwarzbad 188.
Schwarzburg 248.
Schwarze Berg 59.
Schwarze Koppe, die
 183.
Schwarzenbach 229.
Schwarzenbeck 36.
Schwarzenberg 228.

Schwarzwasser, das 94.
 169. 228.
Schwedt 71.
Schweidnitz 179.
Schweinsteine 185.
Schweiz, sächsische 217.
 223.
Schwelm 133. 131.
Schwentine, die 45.
Schwerin 53.
Schwesing 47.
Schweiz 95.
Sczepanowitz 192.
Sebaldsbruck 60.
Sedemünden 153.
Sedlitz 215. 223.
Seeberg, der 233. 255.
Seedorf 169.
Seehausen 58.
Seeland 79.
Seelent 45.
Seelenter See 45.
Seelze 119.
Seesen 154.
Sehnde 118.
Seidau 173.
Seidorf 185.
Selke, die 166.
Sellerhausen 200.
Senne, die 140.
Sieben Berge oder Sieben
 Brüder 154.
Sieber, die 160.
Siebleben 233.
Siegen 141.
Sielbeck 50.
Siethwende 45.
Sieversbausen 118.
Silberberg 189.
Silberkamm, der 185.
Skaane s. Schoonen.
Skovsborg 89.
Slagelse 45.
Soest 137.
Sollerup 47.
Solling, der 151.
Sommerschenburg 59.
Sommerfeld 168.
Sondershausen 147.
Sonneberg 247. 256.
Sonnenkoppe, die 189.
Sonnenstein 189. 223.
Sorau 168.
Sorbenburg, die 217.
Soröe 45.
Söse, die 150.
Spandow 35.
Sparenberg 130.
Speicher Insel 96.
Spiegelberge, die 118.
Spikeroog 65.
Spindlerbaude, die 185.
Spitzberg, der 176. 185.

REGISTER.

Spree, die 85. 168. 173.
Sprottau 169.
Spyker 77.
Stade 51.
Stadthagen 119.
Staffelstein 230.
Staffelberg, der 230.
Stahlbrode 75.
Stambach 230.
Stangenberg, der 187.
Stargard 94. 101.
Stassfurt 112.
Staudnig 191.
Staufenberg 150.
—, der 151.
Stecklenberg 168.
Stecknitz, die 36.
St. Egidien 227.
Steiger, der 239. 248.
Stein, Schloss, i. Sachs. 228
—, Burg, i. Thür. 252.
Steinau 262.
Steinbach, der 165.
Steinhausen in Westph. 133.
— i. Franken 230.
Steinheim 263.
Steinhuder Meer 60. 119.
Steinkunzendorf 189.
Steinwärder 39.
Stendal 58.
Stepenitz 73.
Stettin 71. 79.
Stirndl, das 184.
Stohnsdorf 178. 187.
Stolberg 168.
Stolp 101.
Stolpe, die 101.
Stoer, die 46.
Stöss 45.
Stötteritz 198. 200.
Stralow 28.
Stralsund 56.
Strassberg 188.
Strelasund, der 56.
Streckelberg, der 73.
Stresow 75.
Striegau 169. 179.
Strohhausen 64.
Stubbenitz 76.
Stubbenkammer 76. 74.
Stubenberg 163. 166.
Studentenklippe 159.
Stumsdorf 112.
Sturmhaube, die 184.
Suderode 166.
Suhl 261.
Sullberg, der 44.
Sulza 232.
Sund, der 90.
Sundwich 142.
Suterburg 59.
Swentine, die 45.

Swine, die 73.
Swinemünde 73.
Sylt 47.
Szameitkehmen 108.
Szczakowa 192.
Taarbek 89.
Tabarz 253.
Tafelfichte, die 178.
Tambach 251.
Tamsel 92.
Tangerbütte 58.
Tangermünde 59.
Tantow 71.
Tapiau 107.
Taplaken 108.
Tarnowitz 192.
Tarp 47.
Taucha 198.
Tauroggen 108.
Teltow 108.
Tenkitten 103.
Tenneberg 233. 255.
Teplitz 223.
Terespol 95.
Tetschen 222.
Teufelsküche, die 218.
Teufelsmauer, die 164. 166.
Teutoburger Wald 130. 140. 136.
Thale 165.
Tharandt 225.
Themar 256.
Theresienstadt 224.
Thorn 94.
Thorstein, der 254.
Thüringer Wald 248.
— Thal 253.
Tieffurth 237.
Tilsit 108.
Todtenhausen 120.
Tönning 48.
Tornesch 44.
Tostedt 60.
Trachenberg 94.
Tränkegrund, der 189.
Trautenau 185. 186.
Trave, die 48.
Travemünde 50.
Trebbin 108.
Treen, die 48.
Trendelburg 139.
Trent 78.
Treppenstein 159.
Treptow 28.
Treisa 148.
Tribbewitz 74.
Trippstein, der 249.
Trompke 101.
Truse, die 253.
Trzbinia 192.
Tündern 153.
Ucker, die 58.
Uebelberg, der 253. 254.

Uelzen 59.
Uetersen 44.
Uffeln 154.
Uglei-See, der 50.
Uhlenhorst 38.
Ullersdorf 188.
Ulrichstein 264.
Ulster, die 261.
Unna 137.
Unstrut, die 231. 232.
Unter-Berschkowitz 224.
Unter-Köditz 249.
Unterlüss 59.
Unter-Steinach 230.
Upatallsboom, der 68.
Usedom 73.
Uttewalder Grund 218.
Vacha 261.
Varel 68.
Varenholz 154.
Vechelde 118.
Veckerhagen 151.
Vedbeck 89.
Veentiefe, die 68.
Vegesack 64.
Veitsberg, der 230.
Velpe 136.
Veltheim 154.
Verden 60.
Victorshöhe 166.
Vienenburg 157.
Vieregge 74. 78.
Vierlande, die 36.
Vierzehnheiligen 230. 245.
Vieselbach 233.
Vietz 92.
Vilbel 151.
Vilm, Insel 74.
Vitte 77.
Vlotho 154.
Vogelsgebirge, das 264.
Vogelsteine, die 185.
Vohwinkel 132.
Voigtland, das 229.
Volkstedt 247. 248.
Volme, die 133. 141.
Wabern 148.
Wachau 196.
Wachsenburg 233.
Wachstein, der 244.
Wachwitz 216.
Wagram 191.
Wahlstadt 169.
Waldenburg 180. 178. 179.
Waldheim 224.
Waldkater, der 165.
Waldschlösschen, d. 216.
Walldorf 256.
Wallendorf 247.
Waltersdorf 177.
Waltershausen 233. 253.
Wandsbeck 43.
Wang 182. 184.

18*

REGISTER.

Wangerin 101.
Wangeroog 65. 68.
Warburg 138.
Warfleth 64.
Warlubien 95.
Warmbrunn 187. 170. 177.
Warnemünde 55.
Warnow 85.
—, die 55.
Wartburg, die 242. 233.
Wartha 189.
Warthaberg 189.
Warthe, die 92.
Wasungen 256.
Watt, das 69.
Weckelsdorf 181. 178.
Weckersdorf 186.
Weddersleben 165. 166.
Weddinghausen 142.
Wedigenstein 154.
Wegstädtel 224.
Wehlen 223.
Wehrbergen 154.
Wehrden 152.
Weichsel, die 94. 95. 96. 97. 102.
Weichselmünde 97. 99.
Weimar 233. 234.
Weintraube 217.
Weisse Elster, die 229.
Weisseritzthal 225.
Weissenfels 231.
Weisskirchen 191.
Weisstrop 201.
Wellnitz 166.
Welschen-Ernest 141.
Welse, die 71.
Weltrus 221.
Werdau 227. 229.
Werdenberg 108.
Werder 114.
Werdohl 141.
Werl 137.
Wernigerode 164. 161.
Wernshausen 258.
Werra, die 147. 155. 230. 233. 255.
Werre, die 129.
Wesenstein 216.
Weser, die 120. 151. 155.

Weserscharte, die 128.
Westerhusen 112.
Wetter 133.
Wettinshöhe 217.
Wichlinghausen 132.
Wieck, das Tromper 74.
Wien 191.
Wienrode 165.
Wiera, die 149.
Wiesenberg 181.
Wildenfels 228.
Wildungen 148.
Wilhelminenhöhe 45.
Wilhelmsbad 268.
Wilhelmsburg 256.
Wilhelmshöhe 146. 148.
Wilhelmstein 60.
Wilhelmsthal 244.
Willebadessen 138.
William, Fort 64.
Williamscastle 118.
Wilsnack 35.
Wimbern 142.
Windberg, der 215.
Wineta 73.
Winsen 59.
Winsenburg 154.
Winterberg, der 220. 221.
Wipper, die 101.
Wirsitz 94.
Wismar 54.
Wissingen 137.
Wittekind, Bad 114.
Wittekindsberg 129. 154.
Witten 131. 133.
Wittenberg 109.
Wittenberge 35.
Wittensee 46.
Wittich, die 178.
Wittmund 66.
Wittow 77.
Wittstock 35.
Witzenhausen 147.
Wöbbelin 36.
Woldenberg 94.
Wolfenbüttel 118.
Wölfelsfall, der 189.
Wolfsberg 216.
Wolgast 58.
Wollnik 103.

Wolkenstein 225.
Wollin 73.
Wollmirstädt 58.
Wörlitz 110.
Wrist 44.
Wronke 92.
Wuischke 174.
Wulfen 112.
Wülfingerode 147.
Wünschelberg 190.
Wunstorf 60. 119.
Wupper, die 132.
Wurzen 200.
Wüstenbrand 227.
Wusterwitz 115.
Wutha 244. 245.
Wyk, Bad auf Insel Föhr 47.
Zabrze 192.
Zacken, der 185. 188.
Zanow 101.
Zantoch 92.
Zapfendorf 230.
Zauchtl 191.
Zellerfeld 159.
Zerbst 110.
Zernitz 35.
Zernsee, der 114.
Zidow 173.
Ziegenhain in Hessen 148.
— in Thüringen 247.
Ziegenkopf, der 164.
Ziegenrücken 159.
Zillerthal 187.
Zimmersrode 148.
Zirkelstein, der 220.
Zittau 176. 174. 178.
Zoblitz 174.
Zobten, der 179. 170. 178.
Zoppot 100.
Zörbig 112.
Zorndorf 92.
Zschärnegrund, der 219.
Zschirnstein, der 220.
Zschopau, die 224. 227.
Zschortau 111.
Zudar 79.
Zwickau 227.
Zwischenahn 68.

Druck von G. D. Bädeker in Essen.

www.ingramcontent.com/pod-product-compliance
Lightning Source LLC
Chambersburg PA
CBHW022024240426
43667CB00042B/1141